월경자의 정치사

일본인들의 아시아태평양지역 이민과 식민

지은이
시오데 히로유키 塩出浩之, Shiode Hiroyuki
1974년 히로시마(広島)에서 태어났다. 2004년 도쿄대학 대학원 총합문화연구과 지역문화연구 전공에서 박사학위를 취득했다. 일본정치외교사, 미디어사 등을 중심 테마로 일본근현대사를 연구하고 있다. 2011년에는 근대 일본에서 '아시아'의 의미를 성찰한 『岡倉天心と大川周明-「アジア」を考えた知識人たち』(山川出版社)를 집필했다. 2015년에는 박사논문을 토대로 한 저서 『越境者の政治史-アジア太平洋における日本人の移民と植民』을 간행하여 마이니치출판문화상, 산토리학예상 등을 수상했다. 이외에도 『公論と交際の東アジア近代』(東京大学出版会, 2016), 『二つの大戦と帝国主義 I 20世紀前半』(岩波書店, 2022) 등 다수의 공저가 있다. 류큐대학 법문학부 교수를 거쳐 현재 교토대학 대학원 문학연구과 교수로 재직 중이다.

옮긴이
임경화 林慶花, Lim Kyoung-hwa
2002년 도쿄대학 대학원 인문사회계연구과 일본문화연구 전공에서 박사학위를 취득했다. 일본 마이너리티 연구, 코리안 디아스포라 비교연구 등을 주제로 『두 번째 전후-1960~1970년대 아시아와 마주친 일본』(공저, 2017), 『냉전 아시아와 오키나와라는 물음』(공저, 2022) 등을 집필했다. 역서에 『해방 공간의 재일조선인사』(2019), 『오키나와 반환과 동아시아 냉전체제』(2022), 『북으로 간 언어학자 김수경』(2024) 등이 있다. 현재 중앙대학교 중앙사학연구소 부교수로 재직 중이다.

은희녕 殷烯寧, Eun Hee-nyung
중앙대학교 대학원 역사학과 한국근현대사 전공 박사과정을 수료했다. 한국현대사를 전공하며 「안호상의 국가지상주의와 '민주적 민족교육론'」(2016), 「개항기(1876~1910) 한국 '복지' 개념의 변용」(2021) 등의 논문을 집필했다. 역서에 『만국박람회와 인간의 역사』(공역, 2020) 등이 있다. 현재 국외소재문화재재단에 재직 중이다.

이승찬 李昇璨, Lee Sung-chan
중앙대학교 대학원 역사학과 동양사 박사과정에 있으며, 타이완 근현대사를 전공하고 있다. 논문에 「皇民化時期(1937~1945) 대만 지식인의 민족정체성과 전쟁인식」(2016), 「『每日申報』(1910~1945) 기사를 통해 본 식민지 조선의 臺灣 인식」(2017), 「일제시기 臺灣 知識人의 朝鮮 認識」(2018), 역서에 『만국박람회와 인간의 역사』(공역, 2020) 등이 있다.

월경자의 정치사

초판발행	2024년 7월 15일
지은이	시오데 히로유키
옮긴이	임경화 · 은희녕 · 이승찬
펴낸이	박성모
펴낸곳	소명출판
출판등록	제1998-000017호
주소	06641 서울시 서초구 사임당로14길 15 서광빌딩 2층
전화	02-585-7840
팩스	02-585-7848
이메일	somyungbooks@daum.net
홈페이지	www.somyong.co.kr
ISBN	979-11-5905-929-2 93910
정가	50,000원

이 역서는 2017년 대한민국 교육부와 한국연구재단의 지원을 받아 수행된 연구임(NRF-2017S1A6A3A03079318)

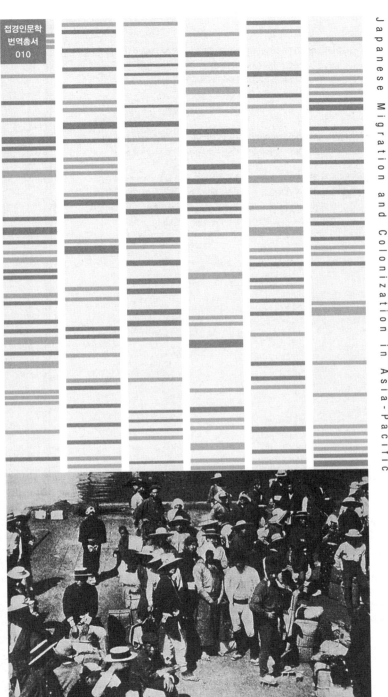

접경인문학
번역총서
010

월경자의 정치사
일본인들의 아시아태평양지역 이민과 식민

Political History of the Cross-border Migrants:
Japanese Migration and Colonization in Asia-Pacific

시오데 히로유키 지음
임경화·은희녕·이승찬 옮김

일러두기

1. 이 책은 塩出浩之『越境者の政治史—アジア太平洋における日本人の移民と植民』(名古屋大学出版会, 2015)을 완역한 것이며, 한국어 번역본을 이용하는 독자들의 편의를 위해 원저에는 없는 '참고문헌'을 추가하였다.
2. 역주는 각주에 '역주'라고 표기하여 원주와 구별한다. 본문의 내주는 [ ]로 표기한다.
3. 인명, 지명 등 일본어 고유명사는 아래와 같이 한글 표기한다.
   1) 국립국어원의 외래어표기법에 따른다.
   2) 각 장의 첫 사례에만 한자를 병기하며 한자는 신자체(新字体)로 표기한다.
4. 국명이나 지역명 표기는 기본적으로 원전에 따라 표기한다. 다만, 조선반도는 한반도로, 남조선은 경우에 따라 한국으로, 북조선은 경우에 따라 북한으로 표기한다.
5. 몇 가지 용어는 현행 한국어 용례에 따라 수정한다.
   예) 日露戦争→러일전쟁, 日中戦争→중일전쟁 등

총서 발간사

중앙대 · 한국외대 HK+ 접경인문학연구단은 2017년 한국연구재단의 인문한국사업HK+에 선정되어 1단계 사업을 3년에 걸쳐 수행한 후, 2020년부터 2단계 사업을 시작했습니다. 접경 인문학에서 접경은 타국과 맞닿은 국경이나 변경만을 의미하지 않습니다. 같은 공간 안에서도 인종, 언어, 성, 종교, 이념, 계급 등 다양한 내부 요인에 의해 대립과 갈등이 발생하기 때문입니다. 연구단이 지향하는 접경 인문학 연구는 경계선만이 아니라 이 모두를 아우르는 공간을 대상으로 진행됩니다. 다양한 요인들이 접촉 충돌하는 접경 공간Contact Zone 속에서 개인과 집단이 이를 어떻게 인식하고 변화시키려 했는지를 추적하고 분석하는 것이 접경 인문학의 목표입니다.

연구단은 2단계의 핵심 과제로 접경 인문학 연구의 심화와 확장, 이론으로서의 접경 인문학 정립, 융합 학문의 창출을 선택하였습니다. 1단계 연구에서 우리는 다양한 접경을 발견하고 그곳의 역사와 문화를 '조우와 충돌', '잡거와 혼종', '융합과 공존'의 관점에서 규명하였습니다. 이 성과를 바탕으로 삼아 2단계에서는 접경 인문학을 화해와 공존을 위한 학술적이면서 동시에 실천적인 방법론으로 제시하고자 합니다. 연구단은 이 성과물들을 연구 총서와 번역 총서 및 자료 총서로 간행하여 학계에 참고 자원으로 제공하고 문고 총서의 발간으로 사회적 확산에 이바지하고자 합니다.

유례없는 팬데믹은 끝이 보이지 않는 전란의 시대로 이어져, 각종 국가주의와 민족주의가 횡행하며 국가와 민족 사이의 충돌은 더욱더 첨예해지고 있습니다. 접경은 국가주의의 허구성, 국가나 민족 단위의 제한성, 그리고 이분법적 사고의 한계성을 여실히 드러내는 대안적인 공간이자 역동적인 생각의 틀이라 생각합니다. 우리 연구단은 유라시아의 접경에서 일어나는 다양한 조우들이 연대와 화해의 역사 문화를 선취하는 여정을 끝까지 기록할 수 있도록 최선을 다하겠습니다.

중앙대·한국외대 HK+ 접경인문학연구단 단장

손준식

한국어판을 위한 서문

이 책이 언어의 장벽을 넘어 한국 독자에게로 '월경'하는 것은 저에게 커다란 기쁨입니다.

돌이켜보면 1990년대 후반 학창 시절에 한국인 유학생들을 만난 것은 제가 '이민과 식민'을 연구주제로 선택한 커다란 계기였습니다. 그래도 저는 자신의 연구주제조차 제대로 설명할 수 없을 정도로 헤매고 있던 학생이어서, 예를 들어 유학을 국제 인구 이동의 한 형태로 파악하려는 명확한 시점이 있었던 것은 전혀 아닙니다. 다만 유학생들과 만나서 일본의 근현대사에 대해서 한국이나 중국, 타이완 사람들과 논의한다는 것은 어떤 것일까 하는 문제에 처음으로 눈을 뜨게 되었습니다. 그때부터 자연스럽게 유학생(이었던) 친구들과 공유할 수 있는 일본 근현대사, 나아가 국경이나 언어를 초월한 독자에게도 열린 일본 근현대사를 쓰려고 하는 생각이 싹튼 것이 아닐까 생각합니다.

이 책에서 조선인[한반도 출신자]은 매우 중요한 요소입니다. 다만 대부분의 장면에서 조선인이 '일본 국적 보유자'의 일부로 등장하는 것에 대해 독자 여러분은 위화감을 느끼실 수 있습니다. 이는 일본이 한국병합에 따라 조선인에게 강제로 일본 국적을 부여한 데 따른 것입니다. 저의 의도는 국경이나 국적이 얼마나 국가에 의해 쉽게 좌우되는지, 또한 따라서 국경이나 국적이 민족의 정체성과 얼마나 다른지를 밝히는 데 있었습니다. 1910년부터 1945년까지의 한반도에 대해서 한국 측에서는 일본이 강제로 점령한 것으로 이해하고 있는 반면, 일본 측에서는 일본 영토였던 것으로 이해하고 있다는 큰 인식의 단절이 있습니다. 그러나 어느 쪽의 입장을 취하든 일본의 지배하에 조선인이 일본 국적에 구속되었다는 사실은 변하지 않는다고 할 수 있습니다.

여기에서는 2015년에 본서의 원저가 일본에서 간행된 후에 제가 생각한 것에 대해서 본서의 보충을 겸하여 기술하고자 합니다.

일본에서는 원저가 간행된 이후 최근까지 고맙게도 제 연구에 대해 다양한 사회적 관심이 집중되었습니다. 그중에서도 특히 많았던 것은 현재 일본에서의 '이민 문제', 즉 외국인 노동자의 수용에 대해 어떻게 생각하느냐는 질문이었습니다. 이런 질문의 배경에는 '저출산 대책으로 이민을 받아들여야 한다'는 주장이나, 반대로 '이민을 받아들이면 일본이 변해 버리지 않을까[고유한 문화가 상실될 것이다]'라는 우려가 깔린 것 같습니다. 다만 어느 쪽이든 공통되는 문제점이 두 가지 있습니다.

첫째, 오늘날 일본이 이미 아시아 각국으로부터 다수의 노동자를 받아들여 극단적인 저임금과 열악한 대우로 일을 시키고 있다는 현실에 대한 인식이 부족하다는 것입니다. 현재 일본 정부는 영주권을 가지는 '단순 노동자[전문적인 기능을 보유하지 않은 노동자]'만을 '이민'으로 정의하고 이민은 받아들이지 않는다는 입장을 취하고 있습니다. 그러나 국제 노동력 이동이라는 관점에서 보면, 일본은 이민을 받아들이고 있다고 할 수밖에 없습니다. 게다가 영주권을 인정하지 않는 만큼 매우 차별적인 이민정책이라고 할 수 있을 것입니다. 이민을 받아들여야 할지 말지에 대한 탁상공론 이전에, 우선 이미 일본 사회를 지탱하고 있는 외국인 노동자에 대해 생각해 보기를 바라고 있습니다.

둘째, 외국인 노동자를 사회의 일원으로 파악하는 발상이 부족하다는 점입니다. 굳이 강조할 필요도 없이 일본 사회는 일본 국적을 가진 사람들로만 구성되어 있는 것이 아닙니다. 덧붙여 국적이란 국가가 정하는 법적 지위이며 민족의 정체성과는 다르기 때문에, 일본 국적 보유 여부와 관계없이, 일본 사회는 다양한 민족으로 구성되어 있습니다.

이러한 관점에서 다시 되돌아보아야 하는 것은, 일본에서의 재일조선인의 처지입니다[여기에서 말하는 '조선인'도, 물론 북한 국적 보유자를 가리키는 것이 아니라, 한반도 출신자를 의미합니다]. 1910년부터 1945년 사이에 일을 찾아서 혹은 강제 연행의 결과로 일본[본토]에 온 조선인들은 전후 점령군에 의해 한반도로 귀환할지 일본에 잔류할지의 선택을 강요당했습니다. 잔류를 선택한 사람들이 오늘날의 재일조선인인데, 그들은 샌프란시스코 강화조약 발효와 함께 일본 국적을 박탈당하고 국적 미확인 상태가 되었습니다. 그 후 그들 중에는 남한 혹은 북한 국적을 확인한 사람들도 있고, 일본 국적을 취득한 사람들도 있습니다. 그러나 국적에 상관없이 그들은 혹독한 사회적 차별을 극복하고 일본 사회에 뿌리를 내렸고, 또 조국의 분단에 곤란을 겪으면서도 한반도와 연결된 민족으로 살아왔습니다. 지금까지도 일본의 재일조선인에 대한 몰이해와 차별은 유감스럽게도 뿌리가 깊습니다. 이것을 극복함으로써 일본 사회가 스스로의 다양성을 자각하고, 사회적 약자에 대해 한층 더 열린 사회로 바뀌기를 저는 바라고 있습니다.

마지막으로 아주 최근에 있었던 일도 언급하고자 합니다. 2020년 이후 코로나19 확산에 대한 대책으로 국경을 넘는 인구 이동이 갑자기 멈춘 것은 저에게는 허를 찔린 듯한 충격이었습니다. 제2차 세계대전 직후처럼 국제 인구 이동이 극도로 제한된 시대는 있었지만, 그러한 사태는 이 세계화시대에는 일어나지 않을 것으로 믿었기 때문입니다. 그러나 시간이 지나면서 저는 코로나 유행이라는 사태도 제2차 세계대전 이후의 상황과 마찬가지로 근대 세계에서 글로벌 인구 이동의 역사의 일부로 설명되어야 한다고 생각하게 되었습니다.

특히 중요한 것은 국제 인구 이동에서 국적이 갖는 의미입니다. 코로나 팬데믹 속에서 세계 각국은 국경을 대단히 엄격하게 관리하게 되었지만 공통적으로 두드러지게 확인된 것은 자국민과 외국인의 처우 차이였습니다. 자국민에 관해서는 귀국을 원칙적으로 인정한 후 귀국 후의 방역책이 과제가 된 반면, 외국인에 관해서는 반대로 입국 금지나 제한을 기본으로 하고 사정에 따라 입국을 허가한다는 방침이 채택되었습니다.

국경 관리에 있어서 자국민과 외국인을 준별하는 것은 근대국가의 하나의 본질이라고 할 수 있습니다. 로저스 브루베이커Rogers Brubaker는 『프랑스와 독일의 국적과 네이션Citizenship and Nationhood in France and Germany』 1992에서 국민이란 "무조건 국가의 영내에 체류하고 거주할 권리"를 가진 자로, 그것은 "어떤 이유로 국외로 나갔을 경우에 재입국할 수 있는 권리"도 포함한다고 지적하고 있습니다. 반면에 "국가는 다른 국가에 속해 있는 인간만을 그 (다른 국가의) 영역으로 추방할 수 있다"는 것입니다.

브루베이커가 보여준 견해는 일본인 이민의 경험과도 깊이 관련되어 있습니다. 이 책에서 밝힌 바와 같이 제2차 세계대전까지 일본인 이민의 대부분은 일본 영토나 지배지역으로 이주했으며, 남북미 각국 등의 외국에 거주하던 이민은 비율로 따지면 극히 적었습니다. 이는 남북미 각국으로의 이민이 상대국의 입국 관리정책에 의해 제약된 반면, 일본이 지배하는 지역으로의 이민에는 장벽이 없었기 때문입니다. 즉 일본의 영토나 지배지역의 확대는 일본인이 자유롭게 이주할 수 있는 영역의 확대를 의미했습니다. 그러나 제2차 세계대전 후에는 일본의 포츠담 선언 수락에 따른 국경 변경으로 구 식민지에 거주하는 일본인들은 외국인이 되어 축소된 일본으로 강제 송환된 것입니다.

이미 국경을 넘는 인구 이동은 대규모로 재개되었고, 저도 작년에 한국이나 중국 연구자들과 3년 만에 '대면' 교류를 할 수 있었습니다. 코로나 팬데믹 중의 경험도 급속히 잊혀질지도 모릅니다. 그러나 그 사건이 일시적인 비상사태가 아니라 근대국가의 본질에 뿌리를 두고 있다는 것을 잊지 않았으면 합니다.

이 책을 한국의 독서계와 학계에 소개하는 수고를 해주신 소명출판과 임경화 선생님을 비롯한 번역가 여러분께 진심으로 감사의 말씀을 드립니다.

2023년 10월 2일
드디어 조금 가을다워진 교토에서
시오데 히로유키

차례

서장
근대 아시아태평양지역에서
일본인의 이민과 식민

1. 본서의 목적

이 책은 근대 아시아태평양의 여러 지역으로 이주한 일본인 '월경자越境者'들을 '이민과 식민'이라는 관점에서 파악하고, 그들을 주역으로 하는 정치사를 그려보고자 한다.

'이민과 식민'이라는 단어를 보면 어떠한 의미가 떠오르는가. 많은 경우 '이민'이란 일본에서 미국이나 남미 같은 '해외', '외국'으로 건너가는 것을 가리키며, '식민'이란 일본이 일찍부터 타이완이나 조선에 가한 '식민지 지배'를 가리킨다는 의미를 바로 떠올리지 않을까. 이런 경우 '이민'과 '식민'은 다른 개념이 된다. 그러나 '홋카이도 이민'이나 '만주 이민' 등의 존재를 떠올리는 사람도 있을 것이다. 그렇다면 이들의 존재는 앞서 제시한 의미를 적용할 때 '이민'과 '식민' 중 어느 쪽에 적합한 것일까.

이 책의 기본적인 입장은 새로운 영역으로의 이주, 즉 '사람의 이동'을 의미하는 한, '이민'과 '식민'을 명확하게 구별하기 어렵다는 것이다. '이민'이 이주 그 자체나 이주한 사람을 가리키는 데 비해 '식민'에는 이주한 후 그 토지에 정착할 뿐만 아니라, 해당 토지를 소유한다는 함의가 있다. 따라서 그 연장선에서 '식민지'라는 표현은 일반적으로 국가가 지배를 확장한 지역을 가리킬 때 사용된다. 그러나 세계적인 '대량 이민의 시대'[1]였던 19세기 후반부터 20세기 중반까지 아시아태평양지역에서 일본인의 이주 활동은 일본 이외의 국가가 지배한 영역과 일본이 새롭게 지배하게 된 영역 모두에서 이루어졌다. 게다가 일본이라는 국가가 지배하는 영역은

---

1   杉原薫, 「近代世界システムと人間の移動」, 樺山紘一ほか編, 『岩波講座世界歴史 19 移動と移民』, 岩波書店, 1999.

이 시기에 크게 변동된다. 일본인의 이주 활동을 '이민'과 '식민'으로 나누어 명확하게 구분하는 것은 어려운 일이며, 이러한 구분은 결과적으로 '사람의 이동'이라는 의미를 무화시키는 것이다.

또한 이 책은 정치사의 입장에서 '일본인의 이민과 식민'을 고찰하는 것이 목적이다. 기존의 정치사는 많은 경우 '중앙'-'지방'이라는 구도에서 파악된, 전후戰後 일본의 국경 안에 속한 균질한 일본국가라는 이미지를 명확한 전제로 삼아,[2] '중앙'에서 정치외교 상으로 쟁점이 된 경우에 한하여 '이민'이나 '식민지'를 다루어 왔다. 그러나 이러한 정치사의 구도는 새로운 영역으로 이주했던 사람들도 마찬가지로 국민 통합의 과정에 있던 '일본인'이라는 집단의 일부였다는 것을 은폐한 것이라고 할 수 있을 것이다. 따라서 이 책은 이주했던 사람들 자체를 정치 주체로 분석하고, 이들이 일본국가, 그리고 아시아태평양지역에서 정치 질서의 변동 요인이 되었다는 것을 밝히고자 한다.

즉, 이 책의 목적은 근대 일본인의 이민과 식민이 일본이라는 국가 및 아시아태평양지역의 정치 질서와 어떠한 관계를 맺었는지를 묻는 데에 있다. 이 책은 근대 일본을 '국민국가'로 규정하든, '식민지 제국'으로 규정하든, 주권국가의 지배 영역으로 구획했던 정치사와는 달리 분석의 중심에 민족집단으로서의 '일본인'을 두고 파악한 정치사의 시도이다.

2　阿部武司・三谷博, 「はしがき」, 近代日本研究会編, 『年報 近代日本研究 19 地域史の可能性』, 山川出版社, 1997. 중요한 예외로 히라노 겐이치로(平野健一郎)의 '만주국' 연구나 오카모토 마키코(岡本真希子)의 타이완・조선연구 등이 있다.

2. 연구사와 본서의 과제

전후 오랫동안 일본에서 '이민'에 관한 역사 연구와 일본의 '식민지 지배'에 관한 역사 연구는 별개로 진행되어 왔다. 전자의 연구는 국가 간의 외교상 쟁점이라든지 이주국移住國의 국민으로 통합되는 문제로 이해되었고, 후자의 연구는 이민족 지배의 문제로 이해되어 온 것이다. 그러나 전전戰前에는 이민과 식민을 연속적인 현상으로 보는 시각이 그렇게 예외적인 것은 아니었다.

먼저 식민정책학의 입장에서 정치적 경계를 넘나든 사람이나 자본의 이동에 높은 관심을 가졌던 야나이하라 다다오矢內原忠雄는 이민과 식민의 구별을 명백히 부정했다. 야나이하라는 '식민'을 한 '사회군'이 새로운 지역에 이주한 것이라고 규정했다. 이러한 정의를 바탕으로 이주한 지역이 출신지모국와의 사이에서 '정치적 종속관계'를 갖는지의 여부는 '환경', '조건'의 차이일 뿐이라고 하며, '정치적 종속관계'의 여부가 "식민과 이민 사이의 **본질적 구별**"이라고 보는 '통설'을 부정했다[강조는 원문]. 야나이하라는 '식민지'를 단순히 통치식민정책의 대상으로 파악하지 않았다. 그는 '식민지'를 '제국주의'의 지배하에 놓인 지역으로 보고, 그 실태를 고찰하는 가운데 사람이나 자본의 이동과 지배-종속관계 등이 어떻게 상호작용하고 있는가를 밝히고자 했다. 이를 위해 실제로는 밀접하게 연관되어 있던 양자를 구태여 독립적인 개념으로 규정한 것이다. 야나이하라는 이후 이 분석 구도를 바탕으로 타이완이나 남양군도, '만주국' 등에 관한 고전적인 실증적 연구성과를 저술했다. 동시에 일본인의 북미·남미로의 이주와 조선·'만주국'으로의 이주를 식민 현상의 관점에서 비교하는 논고도 발표했다.[3]

이민과 식민을 구별하지 않은 야나이하라의 개념 규정은 마르크스-레닌주의의 입장에서 비판받았으나, 한편으로 제국 일본 안팎의 다양한 사람의 이동을 포착하고자 했던 동시대의 지리학에 큰 영향력을 미쳤다.[4]

다음으로 국외 이민을 대상으로 한 연구에서도 일본이 지배하고 있던 지역으로의 이민을 제외하기 어려운 상황이 있었다. 이리에 도라지入江寅次는 메이지 유신 이후 하와이나 동남아시아, 북미로 향하기 시작한 일본인의 이민이 북미 내에서의 배일排日 과정을 거쳐 남미나 필리핀, 그리고 일본의 통치하에 놓인 남양군도나 만주로의 이민으로 변해가는 과정을 그렸다.[5] 또한 아사토 노부安里延는 '오키나와인'의 '해외 발전'을 류큐 왕국에 의한 무역으로 설명하기 시작하여 일본의 류큐 병합廢藩置縣 이후 하와이, 북미, 필리핀, 남양군도, 만주, 남미로의 이민을 논했다.[6] 남양군도나 '만주국'이 일본의 지배하에 놓여 있었지만, 일본의 영토가 아니었다는 사실이 이들의 연구에 영향을 주었다고 할 수 있다. 그리고 이러한 연구들이 나타난 이후 일본은 대미對美, 대영對英전쟁을 개시했고, 필리핀 등의 동남아시아에서 구미歐美 여러 나라의 지배를 받던 지역들은 일본군에 점령당했다.

또한 요시다 히데오吉田秀夫는 청일전쟁 이전에는 '국내 이주론国內移住論'으로서의 '홋카이도 척식론'과, '해외 식민론海外植民論'으로서의 '하와이 이주 노동론' 등이 병존했음을 지적했다. 그리고 그 이유를 '이민과 식민'이 인구 증가를 전제로 한 대책의 일환으로 추진되었기 때문이라고 설명했다. 일본인이 인구 증가와 함께 '이민과 식민'을 추진했다는 입장에서 국경의 안이

3   矢内原忠雄, 『植民及植民政策』, 1926(『矢内原忠雄全集』 第一巻, 岩波書店, 1963).
4   三木理史, 『移住型植民地樺太の形成』, 塙書房, 2012, 3~16쪽.
5   入江寅次, 『邦人海外発展史』, 井田書店, 1942(원저는 1938).
6   安里延, 『日本南方発展史－沖縄海洋発展史』, 三省堂, 1941.

든 바깥이든 큰 차이가 작용하지 않았다는 것을 명확하게 밝힌 것이다.[7]

일본의 패전 이후 이민과 식민이라는 연구 영역은 침략전쟁과 결부된 것이었기 때문에 한때 터부시되었다. 특히 일본의 지배지역에 있었던 일본인들이 대부분 일본으로 송환된 결과, 그들의 활동에 관한 연구는 일본 대장성大藏省 재외재산조사국在外財産調査局의 조사 등을 제외하고는 볼 수 없게 되었고, 당사자의 기록이나 회상이 축적되는 데 그쳤다.[8] 1950년대에 역사 연구로서 재개된 식민지 연구는 '일본 제국주의'의 지배와 이에 저항한 민족운동의 관계에 관심이 집중되었다.[9] 한편, 이민 연구도 대부분 남북아메리카 대륙의 여러 나라로 떠난 '해외 이민'에 한정되었다. 또한 이민자들이 어떻게 이주국의 국민으로 통합되었는지에 관한 관심이 지배적이었다.[10] 이민과 식민을 연속적으로 파악하려는 연구는 '공백의 시대'를 맞이한 것이다.[11]

그러나 1970년대 이후 식민지 연구와 이민 연구는 쌍방에서 서로 겹치는 영역으로 나아갔다. 식민지 연구에서는, 제국주의 연구의 입장에서 만주 농업 이민이나 타이완·조선·만주의 일본인 상공업자에 관한 연구가 크게 진전되었다. 이민 연구에서는 이시카와 유키石川友紀가 일본·오키나와에서 하와이·남북아메리카로의 인구 이동을 분석하며 일본에서 홋카

7   吉田秀夫, 『日本人口論の史的研究』, 河出書房, 1944.

8   小林英夫監修(원저는 大藏省管理局), 『日本人の海外活動に関する歴史的調査』 全23巻, ゆまに書房, 2002.

9   岡部牧夫, 「帝国主義論と植民地研究」, 日本植民地研究会編, 『日本植民地研究の現状と課題』, アテネ社, 2008, 21~27쪽.

10 移民研究会編, 『日本の移民研究i動向と文献目録』 I, 明石書店, 2008.

11 柳沢遊, 「移民と植民」, 柳沢遊·岡部牧夫編, 『展望日本歴史 20 帝国主義と植民地』, 東京堂出版, 2001, 130쪽.

이도나 만주, 오키나와에서 '일본 본토'나 남양군도, 타이완 등으로 향한 인구 이동의 규모를 지적했다. 또한 하와이 재류 일본인의 역사와 조선 재류 일본인의 역사를 함께 연구한 기무라 겐지木村健二는 이민과 식민이라는 연구 영역을 포괄적인 틀로 제시했다. 근대 일본인의 '해외 활동'은 일본인이 '억압자', '동화시키는 측'이 되는 '세력권＝식민권'동아시아과, 일본인이 '피억압자' '동화되는 측'이 되는 '비세력권＝이민권'태평양・남북아메리카으로 이루어진다고 논한 것이다.[12]

또한 1970년대 이후에는 남북아메리카 일본계 주민의 역사 연구에서도 신보 미쓰루新保満, 마에야마 다카시前山隆, 유지 이치오카이치오카 유지(市岡雄二), 구메이 데루코粂井輝子 등에 의해 마이너리티의 국민 통합이라는 역사상을 상대화하고, 일본과 이민국 사이에서 살아갔던 이민자들의 모습을 밝히는 연구가 등장했다.[13] 와카쓰키 야스오若槻泰雄가 전후 남아메리카 이민을 연구할 때, 야나이하라 다다오의 식민개념을 참조하여 전전의 홋카이도 이민・만주 이민과의 비교를 실시한 연구도 주목받았다.[14] 이들은 결과적으로 이민과 식민을 연속적으로 파악하는 연구와 접점을 갖는 것이다.

1990년대 이후 냉전의 종결 및 세계화의 심화와 함께, 이민 연구와 식민지 연구는 상호 간의 소통이 한층 더 진전되어 '사람의 이동'이라는 공

12 柳沢, 「移民と植民」; 石川友紀, 『日本移民の地理学的研究－沖縄・広島・山口』, 榕樹書林, 1997; 木村健二, 「近代日本の移民・植民活動と中間層」, 『歴史学研究』613, 1990.
13 新保満, 『石をもて追わるるごとく－日系カナタ入社会史』, 大陸時報社, 1975(신판, 御茶の水書房, 1996); 前山隆, 『移民の日本回帰運動』, 日本放送出版協会, 1982; 前山隆, 『エスニシティとブラジル日系人－文化人類学的研究』, 御茶の水書房, 1996; ユウジ・イチオカ, 富田虎男ほか訳, 『一世－黎明期アメリカ移民の物語り』, 万水書房, 1992; ユウジ・イチオカ, 関元訳, 『抑留まで－戦間期の在米日系人』, 彩流社, 2013; 粂井輝子, 『外国人をめぐる社会史－近代アメリカと日本人移民』, 雄山閣, 1995.
14 若槻泰雄, 『海外移住政策史論』, 福村出紋, 1975.

통된 관심 아래에 일체화되고 있다.[15] 일본의 패전에 따른 '귀환'에 대한 연구가 진행된 것도 최근의 특징이다.[16] 이런 가운데 하나의 도달점이라 할 수 있는 아라라기 신조蘭信三 등의 공동연구는 '일본 제국'의 형성과 붕괴가 일본인뿐만 아니라 여러 민족이 다양한 방향으로 이동하는 결과를 가져왔음을 밝혀내기에 이르렀다.[17] 이들은 국제적인 연구 동향에서 말하자면 '입식자의 식민주의Settler Colonialism'라는 개념에 의해 파악되고 있는 문제군과 접점을 가지고 있다.[18]

이상에서 본 이민과 식민이라는 영역에서 전전戰前 이래 연구들이 확립해 온 것은, 1945년까지 일본이 지배한 지역으로 향한 일본인의 이주와 그 이외의 지역으로 향한 일본인의 이주를 사람의 이동이라는 공통의 틀로 파악하는 시점이라고 할 수 있다. 그러나 이러한 일본인의 이동이 일본이라는 국가, 그리고 아시아태평양지역의 정치 질서와 어떠한 관계에 있었는가라는 문제는 충분히 검토되지 않았다. 특히 필요한 것은 메이지 유

15　大江志乃夫 외編,『岩波講座近代日本と植民地5 膨張する帝国の人流』, 岩波書店, 1993; 蘭信三,「『満洲移民」の歴史社会学』, 行路社, 1994; 移民研究会編,『戦争と日本人移民』, 東洋書林, 1997; 岡部牧夫,『海を渡った日本人』, 山川出版社, 2002; 米山裕・河原典史編,『日系人の移動と国際移動-在外日本人・移民の近現代史』, 人文書院, 2011; 日本移民学会編,『移民研究と多文化共生』, 御茶の水書房, 2011; 吉原和男 외編,『人の移動事典-日本からアジアへ・アジアから日本へ』, 丸善出版, 2013 등.

16　若槻泰雄,『戦後引揚げの記録』, 時事通信社, 1991; 阿部安成・加藤聖文,「「引揚げ」という歴史の問い方 (上)・(下)」, 滋賀大学経済学部,『彦根論叢』, 第348・349号, 2004. 5・7.

17　蘭信三編著,『日本帝国をめぐる人口移動の国際社会学』, 不二出版, 2008; 蘭信三編,『帝国崩壊とひとの再移動-引揚げ, 送還, そして残留』, 勉誠出版, 2011; 蘭信三編著,『帝国以後の人の移動-ポストコロニアリズムとグローバリズムの交錯点』, 勉誠出版, 2013.

18　Caroline Elkins and Susan Pedersen ed., Settler Colonialism in the Twentieth Century : Projects, Practices, Legacies, New York and London : Routledge, 2005; The South Atlantic Quarterly, 107(4), 2008의 특집 'Settler Colonialism' 참조.

신 이후 국민 통합이 한창이었을 때, 일본인이 새로운 영역으로 이주한 것이 정치 질서에 어떠한 영향을 주었는지를 전체적으로 공통의 틀로 파악하는 것이다.

첫 번째로 고려해야 할 것은 이주 이전의 지역이 어떠한 정치 권력 아래 놓여 있었고, 이민자들이 어떠한 정치적 처지에 놓였냐라는 문제이다. 기무라 겐지가 제시한 '식민권'의 '억압'과 '이민권'의 '피억압'이라는 견해는 이러한 관점에서 일정한 유효성을 갖는다고 할 수 있다. 이주지의 정치 권력의 차이에 따라, 민족 간 지배-종속관계의 차이가 발생했음을 지적한 것이다. 그러나 일본인을 하나의 사회집단 혹은 민족집단으로 분석하는 시각에서 이 구별은 야나이하라가 지적한 것처럼 어디까지나 환경이나 조건의 차이에 머무른다. 일본인들이 새로운 영역으로 이주한 것이 해당 영역의 정치 질서에 어떠한 영향을 주었는가를 고찰할 때에는 환경·조건의 차이와 동시에 이주 자체가 사회에 가져온 변화를 살펴봐야 한다. 또한 환경·조건 자체에 대해서도 법적 지위나 정치적 권리의 상태에 입각하여 검토해야 할 것이다.

두 번째로 앞서 서술한 바와 같이, 한 사회집단이 새로운 영역으로 이동한 것이 사회에 가져올 변화를 고찰하기 위해 중요한 것은 우선 해당 집단이 어느 정도의 규모로 이주하여 인구 구성에 어떠한 변화를 주었는가이다. 그리고 다음으로 어떠한 입장으로 이주했는가, 즉 관료, 군이나 자본가로서 이주한 것인지, 농가나 노동자, 중소상공업자로서 이주한 것인지 그 차이이다. 이 가운데 이주자의 입장은 환경·조건에 좌우되는 부분이 크다. 그러나 사람의 이동으로 인한 인구 구성의 변화는 해당 영역의 권력관계와는 별도로 발생하는 것이며, 또한 그 질서에 상당히 많은 영향을 준다고 할 수 있다. 예를 들어 미국 통치하의 하와이에서 일본계 주민은 20 세기 전반에 인구 규모상 최대 민족집단을 이루었다. 이것이 정치 질서에 어떠한 영향을 주었는가는 미국의 하와이 통치라는 요인만으로는 설명할 수 없다. 또한 근대 일본의 속령 가운데 홋카이도와 남사할린의 경우에는 오키나와나 타이완, 조선과 달리 압도적으로 인구의 다수를 본국에서 온 이민자들이 차지했다. 이것이 정치 질서에 어떠한 영향을 주었는지에 대해서는 지금까지 충분히 검토되지 않았다.

세 번째로 들어야 할 것은 첫 번째의 환경·조건과 밀접하게 관련되어 있는데, 아시아태평양지역의 일본 및 각국의 국경·지배 영역이 근대를 거치며 자주 변동되어 왔다는 점이다. 국경의 변동이라는 문제는 전후 이민 연구·식민지 연구에서 누차 배제되어 왔다. 예를 들면, 홋카이도로의 이주를 이민·식민이라고 하는 관점에서 다루는 연구는 지리학을 제외하면 부족하다.[19] 또한 이 관점에서 다루어지는 경우에도 흔히 '국내 이민', '국내 식민지'로 파악하여, 다른 이주와는 구별한다.[20] 그러나 20세기 전반에 홋카이도로의 이주는 남사할린으로의 이주와 연속성을 가지고 있기 때문에 홋카이도를 '국내'로 예외시하는 인식은 전후 일본의 국경을 전제로 하지 않는 한 성립할 수 없다. 이러한 틀로는 근대에 사람의 이동이 가져온 정치 질서의 변동은 파악할 수 없다. 그리고 국경·지배 영역의 변동이라는 관점에서 이민·식민과 정치 질서의 관계에 중대한 초점이 되는 것이 '만주국'의 위치이다. '만주국'은 실질적으로는 일본 지배하에 있는 동

19 平井松午,「近代日本における移民の創出過程と多出地域の形成－北海道移民と海外移民との比較から」,『歴史地理学』207, 2002; 三木,『移住型植民地樺太の形成』.

20 岡部,『海を渡った日本人』; 坂口満宏,「出移民の記憶」, 日本移民学会編,『移民研究と多文化共生』.

시에 대외적으로는 '독립국'으로 규정되어 있었기 때문에 '만주국'으로 이
주한 일본인들은 식민자인 동시에 외국으로 간 이민자였기 때문이다.

이 책에서는 이상의 문제의식을 바탕으로 근대 일본의 이민·식민이 가
져온 정치 질서의 변동을 고찰하기 위하여 정치사적 분석을 하고자 한다.
아래에서는 그 예비적 고찰로서 분석 개념을 정리하고, 일본인의 이동에
관하여 통사적으로 개관한다.

3. 분석 개념

1) 속령·식민·식민주의

우선 이민·식민이라는 현상을 파악하기 위한 분석 개념을 야나이하라
다다오의 식민 개념, 그리고 최근 위르겐 오스터함멜Jürgen Osterhammel의
식민주의 연구를 참고하여 정리해보려 한다.

첫 번째로 이 책에서는 이민·식민을 연속적인 사람의 이동 현상으로
파악하기 위해, 주권국가 내 지역 간의 지배-종속관계에 대하여 '식민지'
의 개념을 사용하지 않고, 야나이하라의 개념 규정을 바탕으로 '본국'-'속
령' 구분을 사용한다. 어떠한 특정 지역이 본국중앙정부를 포함한 영역과는 다른
영역으로 통치되고, 본국과 해당 지역 사이에 정치적인 지배-종속관계가
발생하는 경우, 그 지역을 속령dependency이라고 칭한다.[21] 본국과 속령 사
이에는 법제도를 비롯한 다양한 차이가 있으나, 주권국가의 국경 내에 있

---

21 矢内原, 『植民及植民政策』, 26~39쪽. 대영제국의 '속령' 개념 구분에 대해서는 平田雅
博, 『イギリス帝国と世界システム』, 晃洋書房, 2000, '제4장' 참조.

다는 사실에는 변함이 없다. 다만 주권국가는 국경 외부의 영역에서도 실질적인 지배를 실시하는 경우도 있기 때문에 이 부분에 대해서는 후술할 지배 식민지라는 개념으로 파악하는 것이 타당하다고 생각한다.

두 번째로 '식민 (활동)' 또는 '식민지화colonization'란, 한 사회집단이 기존에 활동해 온 영역국가·지역에서 이동하여 새로운 영역국가·지역에서 활동하는 것을 가리키며, 그 대상 지역을 '식민지colony'로 정의한다. 이는 야나이하라의 '실질적 식민지' 개념을 바탕으로 한 것이지만, 오스터함멜도 '식민지'에 대하여 같은 정의를 내렸다. 야나이하라에 따르면 '실질적 식민지'는 사람의 이동으로 형성된 이주 식민지와 자본의 이동으로 형성된 투자 식민지로 이루어진다.[22] 물론 사람의 이동과 자본의 이동은 상호배타적인 것이 아니므로 중첩되는 부분도 있고, 이와 같은 구분은 기능적으로 구분하는 것이라고 할 수 있다. 이 책에서 주요 분석대상으로 삼는 것은 이주 식민지이다. 지금까지 서술해 온 바와 같이 이민과 식민은 명확하게 구별할 수 없으나, 이민자가 새로운 영역에서 일정한 인구 규모를 형성하고 사회적 세력을 가진 정주자定住者가 된 것을 이주 식민지화로 파악하고자 한다.

다만, 식민지에는 군대의 이동으로 형성된 군사 식민지, 관료기구의 이동에 의해 형성된 지배 식민지가 있다. 야나이하라는 '실질적 식민지'라는 개념에서 정치적 측면을 배제하기 위해 이들을 '형식적 식민지', 즉 '속령'으로 규정했다. 그러나 그 결과 국가의 지배가 주권의 범위 밖으로도 확대되는 현상은 파악하기 어렵게 되었다. 이 점에서 오스터함멜이 본국에 의

---

22 矢内原, 위의 책, 13~23 · 134~145쪽; ユルゲン・オースタハメル, 石井良訳, 『植民地主義とは何か』, 論創社, 2005, 12~13쪽.

한 군대와 관료의 파견을 '식민지 지배'의 근간으로 본 것은 중요하다.[23] 이 책에서는 군사 식민지·지배 식민지를 한 사회집단의 이동이 국가의 지배 확대와 결부된 결절점結節点으로 파악하고자 한다.

이러한 의미에서 식민 활동은 주권국가의 영토 확장과는 구분되지만, 역사적으로 양자가 밀접한 관계를 맺고 있다는 것은 명백하다. 특히 영토를 확장하는 경우 사람이 살지 않는 장소가 아닌 이상 지배 식민지화는 반드시 일어나게 된다. 그러나 여기에서 지배란, 주권의 유무를 가리키는 것이 아니며 어디까지나 기능적 의미로서의 지배를 가리킨다. 예를 들어, '만주국'은 일본의 공식 영토에 포함되지 않는 주권국가의 체재를 갖추었으나, 동시에 지배 식민지또한 투자·이주 식민지였다고 볼 수 있다.

세 번째로 식민지화에 동반되는 서로 상이한 사회집단민족으로 인식되는 이주자 집단과 현지인 집단 사이에 지배-종속관계가 발생하는 경우, 이를 오스터함멜의 개념 규정을 바탕으로 '식민주의colonialism'라고 정의한다. 야나이하라도 이 두 집단의 접촉으로 발생하는 '사회적 관계들'을 식민연구의 가장 중요한 과제로 평가했는데, 그중에서도 권력관계의 유무가 중요하다고 할 수 있다.[24] 이 관계는 앞서 서술한 본국-속령이라는 지역 간의 지배-종속관계와 구분된다. 식민주의는 식민지 활동으로 인한 국가·지역 간의 연결로 인하여 발생되지만, 이는 어디까지나 사회집단민족 사이에서 발생하는 관계이다. 또한, 특정 지역이 '국내'로 불리는가, '식민지'로 불리는가, 혹은 '외국'으로 불리는가 등에 상관없이 존재할 수 있다.

---

23 矢內原, 위의 책, 25~34·140~142쪽; オースタハメル, 위의 책, 20~29·43·105~140쪽.
24 矢內原, 위의 책, 23~24쪽; オースタハメル, 위의 책, 33~39쪽.

2) 국적·시민권·민족집단

다음으로 이민 활동이 새로운 영역 내 정치 질서와 얼마나 관계를 맺고 있는지 분석하기 위하여 필요한 개념을 생각해 보자.

이민으로 인한 정치적인 환경·조건을 분석하기 위해서는 국적과 시민권이 중요하다. 근대 주권국가의 탄생이란 국가의 정치적 지배가 신분 집단이나 주종관계 등의 인적관계들로 이루어진 중층적인 지배에서, 경계선으로 둘러싸인 영역을 단일하게 지배하는 체제로 전환되었다는 것을 의미한다. 인적관계에 의한 지배가 해체되면서 특정 영역에서 지배의 대상이 된 주민에게는 국가 구성원으로서의 자격, 즉 시티즌십citizenship이 부여된다.[25] 그로 인해 국경을 넘은 이민자는 통상적으로 출신국의 시티즌십을 가진 상태이며, 새로운 국가에서는 시티즌십이 없는 외국인이 된다. 이민자가 거주국의 시티즌십을 취득하는지의 여부, 또한 그것이 가능한지의 여부는 이민자에게는 물론 거주국, 출신국에도 중요한 문제가 되는 것이다.

그리고 주의해야 할 것은 시티즌십에는 국적이라는 지위와 시민권이라는 권리라는 두 개의 측면이 있다는 것이다. 현재 유럽 각국에서는 이민자가 국적을 변경하지 않아도 시민권의 일부를 부여하는 경우가 있다.[26] 이러한 구별은 국가 간의 이민에만 한정된 것이 아니며, 속령 등으로의 이민에서도 중요하다고 할 수 있을 것이다. 본국에 종속된 속령에 거주하는 경우 이민자는 해당 국가의 국적을 보유하지만, 시민권 특히 정치적 권리에서 배제되는 경우가 있기 때문이다.

---

25 ロジャース・ブルーベイカー, 佐藤成基・佐々木てる監訳,『フランスとドイツの国籍とネーション─国籍形成の比較歴史社会学』, 明石書店, 2005.

26 クリスチャン・ヨプケ, 遠藤乾ほか訳,『軽いシティズンシップ─市民, 外国人, リベラリズムのゆくえ』, 岩波書店, 2013.

근대 일본의 시티즌십을 국적과 시민권이라는 관점에서 정리해보자. 메이지 유신 직후 일본이 주권국가로 전환되면서 도입되었던 시티즌십 제도는 호적법1871년이었다.[27] 호적이란 일본 정부의 통치 대상이 된 주민을 '이에[가문]' 단위로 등록하는 제도이며, 1899년에 국적법이 제정되기 전까지는 호적에 편입되어야만 일본 국적을 부여했다. 1899년 이후 일본 국적과 일본 호적은 개념적으로는 분리되었으나, 양자는 밀접하게 연관되어 있었다. 일본 호적 보유자는 일본 국적 보유자로 제한되었고, 일본 국적의 득실得失은 호적을 단위로 했으며, 아내와 자식의 국적은 가장남편·아버지의 국적과 일치하도록 부여하는 것을 원칙으로 하는 형태였기 때문이다.[28]

호적과 국적이라는 이중적 제도는 일본의 제국帝國 지배와 깊은 관계를 맺는다. 홋카이도 영유1869년, 오가사와라 제도小笠原諸島 영유1876년, 류큐 병합1879년 이후 홋카이도의 아이누, 오가사와라의 유럽·미국·하와이계 주민, 오키나와인은 각각 호적에 등록·편입되어 일본 국적 보유자가 되었다. 그러나 본국법이 자동적으로 적용되지는 않았던 타이완[1895년 영유], 남가라후토[南樺太, 1905년 영유], 조선[1910년 병합]에서는, 국적법은 타이완과 남가라후토의 주민에게만, 호적법은 남가라후토의 일본 호적 보유자에게만 적용되었으며 조선에는 어느 것도 적용되지 않았다. 이 때문에 타이완인, 조선인, 남가라후토의 현지인[남가라후토의 아이누, 윌타, 니브흐 등]은 일본 국적 보유자이지만 일본 호적은 없었고, 각각 타이완 호적, 조선 호적, '가라후토 토인土人'의 '호구부戶口簿'에 등록되었다. 또한 조선인은 국적법이 적용되지 않아 일본 국적에서 이탈하는 것이 불가능하게 되었다. 또한 가라후토 아

27　松沢裕作, 『町村合併から生まれた日本近代－明治の経験』, 講談社, 2013.
28　遠藤正敬, 『戸籍と国籍の近現代史－民族・血統・日本人』, 明石書店, 2013.

이누는 1933년에 일본 호적으로 편입되었다.[29]

이처럼 일본 국적 보유자 중에는 일본 호적을 가진 사람과 가지지 못한 사람이 있었는데, 이는 시민권, 특히 정치적 권리의 문제와 구분할 필요가 있다. 20세기 초엽까지 홋카이도와 오키나와현, 1945년 4월까지의 타이완, 남가라후토, 조선 및 패전까지의 오가사와라 제도는 중의원의원선거법의 시행범위에서 제외되었다.[30] 다만 호적제도가 속인屬人적으로 적용된 것에 비해 이러한 정치적 권리는 속지屬地적으로 적용되었다. 예를 들어 일본 본국으로 이주한 조선인에게는 일본 호적이 부여되지는 않았지만, 중의원선거법 상 선거·피선거권은 부여되었다. 한편, 본국에서 조선으로 이주한 일본 호적 보유자는 일본 호적을 상실하지는 않았지만, 중의원선거법 상 선거·피선거권은 박탈되었다.[31]

그런데 이민과 정치 질서의 관계를 파악하기 위해서는 이상과 같은 환경·조건에 더하여, 민족집단ethnic group으로서의 측면을 이해할 필요가 있다. 민족으로서의 아이덴티티는 한 사회집단이 역사나 언어, 문화, 외견적 특징 등을 공유하고, 혈연·가족을 통해 이를 유지함에 따라 다른 집단과 구별된다는 인식에서 생기는 것이며, 법이나 제도를 통해 지배되는 것은 아니다.[32] 그러나 동시에 중요한 것은 첫째, 국가권력이 민족집단을 법이나 제도에 따라 파악하려고 한다는 것, 둘째, 민족집단의 아이덴티티도 내셔널리

---

29 遠藤, 『戸籍と国籍の近現代史』; 塩出浩之, 「北海道・沖縄・小笠原諸島と近代日本－主権国家・属領統治・植民地主義」, 大津透ほか編, 『岩波講座日本歴史15 近現代一』, 岩波書店, 2014.

30 塩出, 「北海道・沖縄・小笠原諸島と近代日本」.

31 小熊英二, 『日本人の境界－沖縄・アイヌ・台湾・朝鮮植民地支配から復帰運動まで』, 新曜社, 1998, 147~166・195~214쪽.

32 ヨプケ, 『軽いシティズンシップ』, 155~201쪽.

즘을 통해서 자신이 속한 국가 혹은 과거에 속한 국가 등에 대한 귀속의식과 결부된다는 것이다. 더욱이 이민자의 경우에는 출신지의 법적 귀속과 민족집단의 양자가 모두 이주지에서 자기 자신을 규정하는 요인이 되었다.

이 책에서는 근대 일본의 민족집단을 법적인 규정, 특히 앞서 서술한 호적과 국적을 바탕으로 파악하고자 한다. 그 이유는 무엇보다 이 규정이 실제로 사람들을 지배해 왔기 때문이다. 또한 이 규정 자체가 일본에서 우월적 지위에 있었던 민족집단, 즉 이 책에서 '야마토인大和人'이라고 부르는 사람들의 민족의식을 반영해 왔다고 생각되기 때문이다.

먼저 이미 서술한 바와 같이 일본 국적 보유자는 일본 호적 보유자와 일본 호적 비非보유자로 구별되는데, 이 책에서는 일본 호적 보유자를 '일본인'으로 칭한다. 이에 반해 일본 호적 비보유자는 주로 조선인, 타이완인, 가라후토 아이누[1933년까지], 윌타, 니브흐로 구성된다. 물론 일본 국적 보유자일본제국 신민 전체를 '일본인'이라고 부르는 것도 가능하지만, 이 책의 고찰을 통해 명확해지듯이, 이민자들의 국적과 민족집단의 불일치를 고려할 때 이 정의가 유효하다. 또한 전후에 일본 호적 보유자 이외에는 일본 국적이 박탈되었기 때문에 현재와의 관계도 파악하기 쉽다.

다음으로 '일본인', 즉 일본 호적 보유자는 주로 야마토인, 홋카이도 아이누, 오키나와인, 오가사와라의 구미 · 하와이계 주민, 가라후토 아이누[1933년 이후]로 구성된다. '야마토인'이란 필자가 판적봉환版籍奉還, 1869년] 시점에서 일본 정부의 통치 대상이었던 사람들과 그 자손들을 규정한 개념이다. 이들에게 '일본인'이라는 호칭을 사용하지 않는 것은 일본 호적 보유자 중 '야마토인' 이외의 존재를 '일본인'에서 배제하는 함의가 발생하는 것을 피하기 위해서이다. 이 일본 호적 보유자 집단 내의 민족 구분은 아이누를 '구토인舊土人'으로 규정한 것으로 대표되는 것처럼, 행정적으로도 야마토인 이외의 사람들을 구속했다.[33]

4. 근대 아시아태평양지역 내 일본인의 이동

이상의 문제 설정과 분석 구도를 바탕으로 근대 아시아태평양지역의 일본인 이동에 대해서 개관하고자 한다.

19세기 중반에는 세계의 일체화와 함께 세계 각지의 많은 사람들이 고향을 떠나 국경이나 바다를 넘어 이동하게 되었다. 그 국제적인 이동 현상은 '대량 이민의 시대'라고 불린다.[34] 아시아태평양지역에서 먼저 두드러진 것은 중국인의 동남아시아나 타이완, 만주, 신장新疆으로의 이민과 구미 여러 나라의 무역 상인 등에 의한 광역적인 교통망 형성이다. 게다가 아편전쟁 이후, 중국 각지에 개항지가 만들어지자 중국인들은 쿨리苦力 무역 등을 통해 동남아시아뿐만 아니라 하와이나 남북아메리카, 호주 등으로 대규모로 이민을 떠나고 있었다.[35] 일본에서는 막부 말기인 개국 이후, 요코하마橫浜나 고베神戸 등의 개항지에 구미인이나 중국인이 왕래하게 되었다. 더욱이 쇄국하에 금지되었던 해외 도항이 1866년에 해금된 이후, 일본인도 이 세계적인 이주 활동에 참여했다. 그 단서는 1868년에 하와이 왕국

---

33 塩出, 「北海道·沖縄·小笠原諸島と近代日本」. 전전에는 '내지인'이라는 호칭이 자주 사용되었지만, '내지'의 범위 자체가 불명확하고, 또한 '야마토인'과 기타 민족과의 구별이 속지적인 것으로 받아들여질 가능성이 있기 때문에 이 책에서는 사용하지 않는다.

34 杉原, 「近代世界システムと人間の移動」.

35 斯波義信, 『華僑』, 岩波書店, 1995.

주일영사였던 미국인 반 리드Eugene M. Van Reed에 의해 하와이에 노동력으로 보내진 153명의 '원년자元年者'나 유학하기 위해 미국으로 건너간 사람들이다.[36]

다만 이 시기에 가장 대규모의 이민이 나타난 것은 홋카이도였다. 근세에 이 섬은 '에조섬蝦夷島'이라고 불렸다. 일부 '화인지[和人地, 야마토인이 정주했던 에조섬 남서부 지역-역주]'가 있었다고 하지만 기본적으로 가라후토사할린나 쿠릴열도지시마 열도와 함께 아이누가 거주하는 '에조지蝦夷地'였다. 그러나 막 말 유신기에 (일본과) 러시아 사이에서 가라후토가 국경 획정의 쟁점이 되었고 일본은 입식入植 경쟁에서 패배하여 가라후토를 포기했다. 한편, 메이지 유신 직후 신정부에 의해 에조섬은 일본령으로서 홋카이도라고 명명되었으며, 정부 주도의 개척·입식사업이 추진되었다. 사족士族 이민자나 둔전병을 앞세운 야마토인들의 이민은 자본주의 경제의 침투에 따른 농민층의 분해로 1890년 전후부터 급속하게 증가했고, 그 기세는 1920년대까지 이어졌다. 원주민인 아이누는 기존의 생활환경을 빼앗겼고 급속히 마이너리티가 되었다.[37]

일본 국외로의 이주 중 가장 먼저 증가한 것은 조선으로의 도항이었다. 조일수호조규朝日修好條規, 1876년로 1880년 무렵부터 일본에 개국한 조선을 향해 상업·어업을 목적으로 하는 도항이 증가한 것이다. 부산이나 원산, 인천에는 일본의 전관專管 거류지가 설치되었으며 일본인 거류민단이나 상업회의소가 설립되었다. 특히 청일전쟁 이후 조선으로 건너가는 일본인은 급증했다.[38]

---

36 岡部, 『海を渡った日本人』, 23~27쪽.
37 塩出, 「北海道·沖縄·小笠原諸島と近代日本」.

1880년대 후반에는 하와이 왕국이나 미합중국을 비롯한 태평양 방면
으로의 이민이 본격화되었다. 그리고 1890년대에는 캐나다나 호주 등도
이민지가 되었다. 이러한 나라들의 경우 쿨리로 도입되었던 중국인들의
이민이 제한 또는 금지된 이후, 이를 대신하는 저렴한 노동력으로서 일본
인들을 도입한 것이다. 한편 이 시기 일본에서는 앞서 서술한 것처럼 농민
층이 분해되어, 자본의 축적이나 농지의 획득을 원하는 사람들이 임금노
동자로서 이민을 떠났다. 그러나 일본인 이민자들의 급격한 증가로 인해
20세기 초엽에는 이러한 나라들 안에서 배일운동이 활발해졌다. 특히
1898년에 병합된 하와이를 포함한 미국으로 건너간 이민자들은 1908년
의 미일신사협약美日紳士協約에 따라 친족을 불러들이는 것이 제한되었고,
1924년 이민법 개정으로 전면 금지되었다. 외국으로의 이민은 1908년에
시작된 브라질 이민을 대표로 하는 남미 각국으로의 이민이 주류가 되었
고, 또한 미국령 필리핀으로의 이민도 1910년대 후반부터 20년대 사이에
증가했다. 브라질로의 이민은 1925년 이후 일본 정부가 도항비를 전액 지
급하는 형태로 국책으로 추진되었다.[39]

이러한 국외 이민과 병행하여 청일전쟁 이후, 러일전쟁 이후에 각각 일
본의 속령이 된 타이완1895년 · 남가라후토1905년로도 일본인 이민자들이
보내졌다. 게다가 러일전쟁 이후부터 급증한 조선으로의 이민은, 한일병
합1910년과 함께 외국 이민에서 속령 이민으로 성질이 변했다. 타이완과 조
선에서는 인구 비율로 보면 각각 타이완인과 조선인이 압도적 다수로 남
아 있었지만, 남가라후토는 홋카이도와 마찬가지로 원주민은 얼마 되지

38   木村健二, 『在朝日本人の社会史』, 未来社, 1989.
39   石川, 『日本移民の地理学的研究』, 106~125쪽; 岡部, 『海を渡った日本人』, 27~44쪽.

않았고 일본인 이민자들이 인구의 대부분을 차지했다.[40]

또한 러일전쟁의 결과, 이상에서 본 일본 주권하의 속령에 더하여 1905년에는 일본이 러시아로부터 획득하여 일본 통치권 아래에 두었던 관동주 조차지·남만주철도 부속지, 그리고 제1차 세계대전 후인 1919년에 국제 연맹의 위임 통치령으로서 일본 지배하에 들어온 남양군도로도 일본인들은 이민을 떠났다. 그리고 1932년에 사실상 일본의 지배 아래에서 건국된 '만주국'도 일본인의 이민지가 되었다. 이는 브라질이 1934년에 헌법을 개정한 이후, 일본인 이민자 수용을 대폭 제한했던 것도 한 요인이 되었으며, 특히 1932년 이후에는 '만주국'으로의 농업 이민이 국책이 되어 대규모로 추진되었다. 또한 중일전쟁 이후 중국 내 점령지에도 이민자들이 보내졌다. 더욱이 일본의 대미·대영 개전 이후는 동남아시아 점령지에도 다수의 일본인이 건너갔으리라고 추측된다.[41] 패전 이후 일본인들의 이동에 대해서는 제8장에서 다루고자 한다.

이상에서 개관한 일본인의 이동과 아울러 확인해 두고자 하는 것은, 근대에는 오키나와인과 조선인의 이동이 일본의 오키나와·조선 지배에 영향을 받으면서 대규모로 이루어졌다는 것이다.

우선 1899년 이후, 일본인 이민자 중에는 오키나와인이 포함되었다. 일본 정부는 1879년에 류큐 병합을 강행하여 오키나와현을 설치했다. 그 후구 왕부王府 세력이나 중국이 왕국의 파멸을 인정하지 않은 정치 상황 속에서 통치의 안정을 위해 구관舊慣제도 유지를 기본정책으로 삼았다. 이 시기류큐의 사족 중에는 나라의 복권을 탄원하기 위해 중국으로 밀항한 '탈청

40 小林監修, 『日本人の海外活動に関する歴史的調査』 第一巻, 203~240쪽.
41 岡部, 『海を渡った日本人』, 37~52쪽.

인脫淸人'이 있었다.[42] 다만 일본 국적 보유자로서 외국으로 건너간 오키나와인의 기록은 없다. 그러나 청일전쟁에서 승리하여 병합이 불가역적인 상황에 이르자, 1899년 12월 도야마 규조 當山久三의 지도 아래 하와이로 향한 이민자들[도착은 1900년 1월]을 최초로, 오키나와인은 일본 여권을 가지고 일본국 밖으로 이민을 떠나게 된 것이다. 청일전쟁 후에 일본 정부는 오키나와현에 본국에 준하는 제도를 도입했다. 이를 시작으로 1898년에는 지할地割제도를 폐지하여 토지소유권을 설정한 토지정리사업을 개시했다. 이 사업은 오키나와인들이 토지에서 벗어나 이민을 떠나는 것을 쉽게 했다. 또한 자본주의 경제가 본격적으로 침투하면서 오키나와에서도 농민층이 분해되어 임금노동자로 유출되었다. 오키나와인은 하와이나 미국, 브라질을 비롯한 남미의 여러 나라, 필리핀 등으로 활발히 이주했다. 그리고 오키나와인은 일본 국내의 본국 다른 부현府縣이나 타이완 등으로도 계속해서 이주했으며, 또한 일본 통치하의 남양군도로 건너간 일본인의 대다수는 오키나와인이었다.[43]

한편, 조선인의 이민은 1910년 한국병합 이전부터 대규모로 만주나 극동 러시아 등을 향해 이루어지고 있었고, 일부는 미국령 하와이로 이민을 떠나기도 했다. 한국병합은 조선인의 이민 활동에 세 가지 큰 변화를 가져왔다. 첫째로, 한국병합으로 인해 이미 조선에서 다른 지역으로 떠난 조선인 이민자들에게도 강제적으로 일본 국적이 부여되었으며, 또한 조선인이 조선에서 미국[하와이를 포함] 등으로 도항하기 위해서는 일본 여권이 필요하

---

42 赤嶺守,「淸朝の対日琉球帰属問題交渉と脱淸人」, 石橋秀雄編, 『淸代中国の諸問題』, 山川出版社, 1995.
43 石川, 『日本移民の地理学的研究』, 311~386·539~551쪽.

〈표 0-1〉 1940년 당시 일본인 거주 인구 분포

지역		인구수	백분율(%)
일본(본국)	부현	68,581,370	91.28
	홋카이도	3,228,652	4.30
	소계	71,810,022	95.58
일본(속령)	타이완	346,663	0.46
	남가라후토	380,803	0.51
	조선	689,747	0.92
	소계	1,417,213	1.89
일본 지배지역	남양군도	81,011	0.11
	관동주	202,827	0.27
	'만주국'	862,245	1.15
	소계	1,146,083	1.53
아시아	극동러시아	811	0.00
	중화민국	284,021	0.38
	홍콩	659	0.00
	태국	566	0.00
	프랑스령 인도차이나	76	0.00
	영국령 말레이·보르네오	10,603	0.01
	네덜란드령 동인도	5,989	0.01
	미국령 필리핀	19,233	0.03
	호주	2,455	0.00
	기타	110	0.00
	소계	324,523	0.43
북아메리카	아메리카 본토	94,731	0.13
	하와이	92,097	0.12
	캐나다	20,043	0.03
	소계	206,871	0.28
남아메리카	멕시코	4,942	0.01
	페루	20,056	0.03
	브라질	193,156	0.26
	아르헨티나	5,838	0.01
	기타	2,855	0.00
	소계	226,847	0.30
유럽		1,429	0.00
아프리카		172	0.00
합계		75,133,160	100.00

출처: 外務省調査部, 『海外各地在留本邦內地人職業別人口表』(1940년 10월 1일 현재), 1941; 総理府統計局編, 『昭和15年国勢調査報告』第1巻, 1961; 小林英夫監修, 『日本人の海外活動に関する歴史的調査』第1巻(総論), ゆまに書房, 2002; 石川友紀, 『日本移民の地理学的研究』, 棺樹書林, 1997, 109쪽을 참고하여 작성.

게 되었다. 둘째로, 일본의 통치하에서 조선 내 농민층의 분해가 진행되어 이민자 송출에 대한 압력이 높아졌다. 또한, 독립운동 세력이 일본의 지배가 미치지 않는 지역으로 거점을 구한 것도 이민의 한 가지 요인이 되었다. 그리고 셋째로, 일본 국적 보유자가 된 조선인은 일본 국내인 본국이나 남가라후토 등으로도 이주하게 되었다. 또한, 한국병합 이후 위세가 올라가던 조선인의 만주 이주는 '만주국' 건국과 함께 급증했다. 다만, 조선인의 일본 본국 이동은 자유롭지 않았으며 관리되고 있었다. 게다가 중일전쟁 개전 후에는 조선인 노동자들

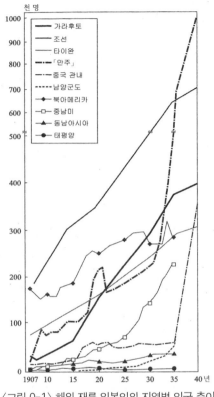

〈그림 0-1〉해외 재류 일본인의 지역별 인구 추이 (1907~1940년)
출처 : 三木理史, 『移住型植民地樺太の形成』, 塙書房, 2012.

이 일본 본국이나 남가라후토, 남양군도로 동원되었고 종종 강제 연행이 이루어졌다.[44]

마지막으로 근대 일본인의 이동에 대해 수량적 파악을 시도한다. 〈표

---

44 水野直樹, 「朝鮮人の国外移住と日本帝国」, 樺山ほか編, 『岩波講座世界歴史』 19; 外村大, 「総説」, 蘭編, 『日本帝国をめぐる人口移動の国際社会学』; 田中隆一, 「朝鮮人の満洲移住」; 三木, 『移住型植民地樺太の形成』; Wayne Patterson, *The Ilse : First Generation Korean Immigrants in Hawai'i, 1903~1973*, Honolulu : University of Hawaii Press, 2000.

〈표 0-2〉 1940년 당시 본국 이외의 일본인 인구 분포

지역		인구수	백분율(%)
속령		1,417,213	42.6
일본 지배지역		1,146,083	34.5
외국	아시아	324,523	9.8
	북미	206,871	6.2
	남미	226,847	6.8
	기타	1,601	0.0
	소계	759,842	22.9
합계		3,323,138	100.0

출처 : 〈표 0-1〉에 기초해 작성
주 : 홋카이도는 속령에 포함되지 않음

0-1〉은 1940년 당시 일본인의 지역별 거주 인구를 필자가 정리한 것이다. 또한 다카하시 야스타카高橋泰隆와 미키 마사후미三木理史가 작성한 〈그림 0-1〉은 1907년부터 1940년까지 (홋카이도, 오키나와현을 포함한) 일본 본국 이외 지역의 일본인 인구 추이를 보여준다. 〈표 0-1〉, 〈그림 0-1〉 모두 '일본인'은 일본 호적 보유자를 가리키며, 아이누나 오키나와인을 포함하지만, 조선인이나 타이완인은 포함되지 않는다. 또한 〈표 0-1〉에서는 본국의 거주 인구를 홋카이도와 부현府県으로 구별했으나, 〈그림 0-1〉에서 홋카이도 거주 인구의 추이를 확인하는 것은 불가능하다.

〈표 0-1〉에서 볼 수 있듯이 1940년 당시 전체 일본인의 4.4%는 본국 이외의 지역에 거주했다. 본국 내 홋카이도의 인구는 전체 일본인의 4.3%이므로 규모가 거의 같았다고 할 수 있다. 1873년 당시 홋카이도의 '야마토인' 수는 151,786명, 아이누 인구는 16,272명이다. 이후 통계적으로 아이누 인구는 전전戰前을 통틀어 16,000명대에서 18,000명대였기 때문에, 1940년 당시 홋카이도 일본인 인구의 대부분은 이민 온 '야마토인'과 그 자손이었다고 할 수 있다.[45]

〈표 0-3〉 일본 본국 내 '외지인'·외국인 인구 추이(1900~1940년)

종별		1900년	1920년	1930년	1940년
외지인	조선인	193	40,755	419,009	1,241,315
	타이완인	–	1,703	4,611	22,499
	기타 일본령인	–	34	40	1,235
	소계	193	42,492	423,660	1,265,049
외국인	중국인	6,890	22,427	39,440	19,453
	아메리카인	1,462	3,966	3,640	4,755
	러시아인	177	1,714	3,587	731
	영국인	2,044	4,188	3,793	1,693
	독일인	540	630	1,228	2,713
	기타	1,230	2,644	2,632	9,892
	소계	12,343	35,569	54,320	39,237
합계		12,536	78,061	477,980	1,304,286
총인구		43,847,000	55,963,053	64,450,005	71,419,880
총인구 중 외지인		0.00%	0.08%	0.66%	1.77%
총인구 중 외국인		0.03%	0.06%	0.08%	0.05%

출처 : 小林監修, 『日本人の海外活動に関する歴史的調査』 第1巻; 總理府統計局編, 『昭和15年国勢調査報告』 第1巻을 참고하여 작성.
주 : '외지인'은 일본 국적 보유자 가운데 일본 호적 비보유자를 가리킨다(단, 1900년의 조선인은 외국인). 1940년의 '기타 일본령인'은 '가라후토인' 986명과 '남양인' 249명으로 구성된다. 1940년의 '기타' 외국인은 '만주국인' 3,787명을 포함한다.

〈표 0-1〉을 바탕으로 본국 이외의 영역에 살았던 일본인의 분포를 〈표 0-2〉로 제시했다. 속령에서 살던 일본인은 42.6%, 그 외의 일본 지배지역은 34.5%, 외국은 22.9%이다. 외국 중에는 아시아가 9.8%로 가장 많다. 일본 지배지역이나 아시아의 비중이 높은 것은 〈그림 0-1〉이 보여주듯이 1930년대에 '만주국'이나 중국으로의 이주자가 급격히 증가한 것에 기인한 부분이 크다. 그러나 이 점을 감안하더라도 전체적으로 남북미 여러 나라로의 이민자 수가 속령이나 일본 지배지역으로 향한 이민자 수보다는 적었다고 할 수 있다. 더욱이 〈그림 0-1〉은 1920년대 후반부터 북미

45 北海道編, 『新北海道史』 第9巻 史料3, 北海道, 1980, 769~773쪽.

의 일본인 수가 증가하지 않았음을 보여주는데, 이는 1924년의 미국 이민법 개정이 그 주요 원인이라고 할 수 있다.

더불어 〈표 0-3〉에 1900년부터 1940년까지 일본 본국 내 일본인일본호적 보유자 이외의 일본 국적 보유자의 인구 및 외국인 인구의 추이를 제시했다. 제2장에서 검토하듯이, 1890년대에는 조약 개정 후 '내지 잡거內地雜居'로 인해 유럽인과 미국인이 일본에서 식민 활동을 할지도 모른다는 의구심이 점차 나타나고 있었다. 그러나 인구로 한정하여 말한다면 유럽과 미국인 거주자 수는 근소한 정도였으며, 일본 국내의 외국인 인구 대부분은 중국인이었다. 게다가 일본 국적 보유자로서 일본 본국으로 이주한 조선인 인구는 외국인 인구 총수를 훨씬 상회하고 있었다.

5. 본서의 구성

이 책은 전체 3부로 구성되어 있다. 제1부에서는 19세기 후반부터 20세기 초반까지의 이민·식민 행위에 대하여 고찰한다. 이 시기에 일본은 한편으로는 주권국가로서 국경 획정을 시도하고, 다른 한편에서는 세계시장에 접속했다. 동시에 일본 내외에서 활발하게 이루어지는 인간의 이동 현상에 맞닥뜨린다. 제1장에서는 주권국가가 된 일본의 이민·식민 행위의 시작점으로 메이지 유신 직후에 일본령이 된 홋카이도에서 이루어진 속령 통치와 이주 식민지화의 과정을 검토한다. 이를 바탕으로 속령 통치하에서 정치적 권리 획득을 요구한 '야마토인' 이민자들의 정치적 행위 및 그들이 식민자로서 가지고 있던 민족의식에 초점을 두고 분석한다. 제1장에서 지적하는 바와 같이, 초기 홋카이도에서는 외국인에 의한 입식入植·개발의 가능성이 검토되었는데, 제2장에서는 1880년대부터 1890년대 일본에서 외국인들의 일본 이주 자유화 가능성 유무를 둘러싸고 일어난 '내지 잡거 논쟁'을 분석한다. 막 말의 개국 이후, 기존에 이미 거류지에서 살고 있던 유럽인, 미국인이나 중국인의 이주 활동이 이 논쟁 과정에서 일본으로의 이민 또는 일본에 대한 식민 활동으로 이어질 위험성이라는 관점에서 논의되고 있었다는 것을 밝힌다. 그리고 이러한 이민·식민에 대한 관심이 민족집단을 단위로 하는 내셔널리즘과 직결되어 있었다는 것, 나아가 일본인들이 국경 내외로 이민·식민할 수 있는 가능성도 활발히 논의되고 있었다는 점을 밝힌다. 그리고 이 '내지 잡거 논쟁'에서 일본인의 이민 목적지로 홋카이도와 함께 주목받았던 하와이의 일본인 이민이 이어지는 제3장의 분석대상이다. 주로 1880년대 후반 이후, 세계시장의 노동력으로서 국경을 넘었던 이들 일본인 이민자들이 하와이 왕국 말기부터 미국에 의한 하와이 병합 직후까지의 시기에 하와이의 일본인 인구 비율을 급격하게 늘렸고, 그러면서 동시에 일본국가에서 이탈하지 않고 현지에서 정치 참가나 '자치'를 계속 요구했던 사실을 밝힌다.

제2부에서는 일본이 동아시아 내 지배지역을 확대하는 가운데, 아시아태평양지역에서 이루어진 사람들의 이동이 중층화·다양화되었던 것을 밝힌다. 또한 제국의 세계 지배라는 현실과 민족자결·국민국가라는 이념이 길항하는 가운데 국제질서가 변용한 20세기 전반의 이민·식민에 대하여 분석한다. 제4장에서는, 서장에서도 다룬 식민정책학자 야나이하라 다다오의 '식민' 개념을 1920~1930년대의 제국·국제질서 속에서 다시금 자리매김하며 고찰한다. 나아가 같은 시기에 남북아메리카 및 조선·만주

로 건너간 일본인 이민자들을 비교 고찰한 야나이하라의 논의를 분석하여 이후 제2부, 제3부에서 다룰 이민자들의 정치적 행위 분석의 실마리로 삼고자 한다. 제5장에서는 러일전쟁 후의 속령 통치와 이주 식민지화 과정에 입각하여, 참정권 획득과 본국 편입 문제가 쟁점이 되었던 1920년대 후반 이후를 중심으로 일본령 남가라후토의 일본인 이민자들의 정치적 행위를 고찰한다. 아이누를 비롯한 선주민에 비해 일본인야마토인이 압도적 다수를 점하고 있던 남가라후토는 홋카이도제1장와 강한 연속성을 지닌다. 동시에 20세기 전반 일본의 속령이었던 조선·타이완과의 상관관계나 비교를 빼놓고는 논할 수 없다. 보론 1에서는 조선·타이완 내 일본인 이민자의 정치적 행위에 대한 분석을 시도했다. 두 지역이 남가라후토와 크게 다른 점은, 제6장에서 다룰 '만주국'과 같이 일본의 지배 아래 놓여 있으면서도 일본인 이민자가 인구 규모상 소수였다는 점이다. 반면, '만주국'이 일본의 주권 하에 놓여 있었던 타이완·남가라후토·조선의 어느 지역과도 달랐던 점은, 사실상 일본이 지배함에도 불구하고 국제적으로는 '독립국' 체재를 취하고 있었다는 것이다. 제6장에서는 이러한 조건 아래 놓인 '만주국'에서 식민자이자 동시에 외국에서 이민을 온 일본인을 '일본계 만주 국민'으로서 정치에 참여시키려는 시도가 있었고, 더욱이 정치 참여의 장이 된 '만주국협화회滿洲國協和會'에서 명백한 일본 지배에도 불구하고, 다음에서 볼 미국령 하와이로 착각할 정도로 다민족 간의 정치가 전개되었던 것을 밝힌다.

제3부에서는 제2차 세계대전의 경험을 거쳐 국제 사회에서 국민국가 규범이 체제화되는 과정에서 일어난 이민·식민 활동의 대변동을 고찰한다. 제7장에서는 20세기 전반의 미국령 하와이에서 일본계 주민[일본인 및 일

본계 미국 시민]의 정치 행위에 대하여, 제3장과는 달리 미국의 속령 통치와 백인 지배하에 놓인 하와이 내 다민족 간의 정치에 초점을 두고 분석한다. 일본계 주민이 인구상 다수를 차지했다는 점을 중시하며, 아시아계 시민의 정치 참여나 동아시아의 국제분쟁을 둘러싼 중층적인 민족 간 정치를 분석한다. 이를 바탕으로 미일전쟁이라는 난국을 거쳐 일본계 주민이 아시아계 미국 시민으로 통합되어가는 과정까지를 논한다. 보론 2에서는 남북아메리카 여러 나라의 일본계 주민에 대하여 이들이 하와이의 일본계 주민과 많은 특징을 공유하고 있음을 밝힌다. 그런 한편 그들이 하와이와 달리 인구적으로는 소수였다는 점에 입각하면서, 이들의 국경을 넘는 삶의 방식이 제2차 세계대전으로 인해 격변하는 과정을 논한다. 나아가 하와이나 남북아메리카 일본계 주민의 경험이 일본 지배지역 내 일본인 이민자들의 경험과도 강하게 연결되어 있음을 다시금 보여주는 것이 마지막 제8장이다. 이 장에서는 이상의 모든 고찰을 바탕으로 일본이 연합국에 패배한 1945년 이후 일본 지배지역 안팎에서 진행된 인양/송환, 일본·오키나와에서 이루어진 전후 개척, 일본·오키나와에서 이루어진 해외 이주라는 세 가지의 사람의 이동이, 국경 변경과 이에 따른 '일본인' 재편, 그리고 미국의 일본 점령과 오키나와 통치를 규정 요인으로 하면서 전개된 과정을 분석한다.

마지막으로 종장에서는 이 책의 분석을 총괄하고, 민족 간 정치라는 관점에 입각하여 근대 아시아태평양지역에서 이루어진 일본인의 이민·식민이 정치 질서에 미친 영향을 고찰한다.

이 책은 근대 아시아태평양지역 내 일본인의 이민·식민에 관한 포괄적인 정치사를 의도한다. 그러나 이상의 소개에서 드러나는 것처럼 모든 지역을 반드시 똑같은 밀도로 고찰하는 것은 아니다. 다만, 첫째로 홋카이도 및 남가라후토, 둘째로 하와이, 셋째로 '만주국'을 중점 대상 지역으로 삼아 분석을 시도한다. 홋카이도·남가라후토와 하와이로의 일본인 이민은 그들의 이주 자체가 현지 사회의 인구 구성을 일변하게 했다는 점에서 사람의 이동과 정치 질서의 관계를 묻는 이 책의 문제의식의 기초가 된다. 또한 '만주국'으로의 일본인 이민은 국경선의 유무에 따라 이민과 식민을 이분법적으로 구분하는 구도의 한계를 명백히 드러낸다는 점에서 핵심적인 고찰 대상이다. 한편, 조선·타이완이나 남북아메리카 지역으로의 일본인 이민에 대해서는 이미 상당한 선행 연구가 축적되어 있으나, 이 책의 구도상 분석대상으로 반드시 다루어야 한다. 때문에 이 책의 문제의식에 입각한 비교 고찰의 대상으로 삼기 위해서 보론이라는 형태로 추가 검토했다. 남양군도나 미국령 필리핀 등 그 외 지역으로의 일본인 이민은 선행 연구를 바탕으로 제8장에서 개관하는 데 그쳤다. 특히 남양군도에 대해서는 이미 상당한 선행연구가 있지만, 일본인 이민자가 차지하는 인구 비중의 크기나 위임통치령이라는 국제적 위치 등으로 미루어 보았을 때 이 책의 관심에 입각한 정치사적 분석의 여지가 여전히 남아 있다고 생각한다. 그러나 이에 대해서는 다음을 기약하고자 한다.

제1부

주권국가·세계시장과
이민·식민

홋카이도 속령 통치와 야마토인 이민자들의 정치 행동

참정권 획득운동과 식민자 의식

1. 들어가며

1869년에 일본 정부가 에조섬蝦夷島을 홋카이도로 명명하고 영유한 이후 홋카이도에서는 본국부·현과 다른 속령 통치하에 야마토인의 이민과 개척·입식入植이 추진되었다. 이 속령 통치를 위해 1889년 2월에 제국헌법과 함께 제정된 중의원의원선거법에서 홋카이도는 오키나와현·오가사와라 제도와 함께 시행범위 외 지역으로 규정되었다. 홋카이도가 정치 참여 범위에서 배제된 것은 홋카이도 내 야마토인 이민자들의 정치운동을 활성화시켰다. 제1장에서는 이 정치운동을 중심으로 야마토인에 의한 홋카이도 이주 식민지화가 초래한 정치 질서의 변용에 관하여 고찰한다.

근대 시기 홋카이도는, 전전에는 개척·입식을 자명한 가치로 삼는 개척 사관에 기초하여 인식되었다. 반면, 이주 식민지화의 측면에서 홋카이도와 (남)가라후토와의 연속성 등도 중시되었다. 그러나 전후에는 국경이 변경되면서 홋카이도의 전후 개척이 추진되는 가운데[제8장 참조] 홋카이도는 일본 국내의 '변경邊境', 혹은 '내국 식민지內国植民地'로 규정되었다.[1] 1890년대의 정치운동은 나가이 히데오永井秀夫나 후나쓰 이사오船津功에 의해 연구되었다. 이들의 연구를 통해 지역 간의 논리 차이나, 정치 권리 요구와 개척 촉진 요구 사이의 충돌 등, 제1장에서도 중시하는 논점이 등장했다. 그러나 기본적으로 이 정치운동은 홋카이도를 타이완이나 조선 등의 '식민지'와는 달리 일본의 일부로 보는 관점에서 '자유민권운동'에 상응하는 것으로 의미 부여되었다.[2]

필자는 이상의 연구와 견해를 달리하여 첫째로, 근대 홋카이도는 일관되게 야마토인에 의한 이주 식민지화의 대상지였다고 간주한다. 또한 둘째로, 이와 구분하여 메이지 유신부터 20세기 초엽까지 홋카이도는 속령이었다고 파악한다. 중의원선거법 제정 이후의 정치운동은 속령 통치와 야마토인에 의한 이주 식민지화라는 두 가지 조건을 바탕에 두고 검토해야 한다.

제1장 제2절에서는 메이지 유신 이후 홋카이도에서의 속령 통치와 이주 식민지화의 양상에 관해 고찰한다. 더불어 개척사開拓使[북방 개척을 위해 1869년부터 1882년까지 설치되었던 일본의 관청 - 역주]에서 검토된 외국인 입식入植 문제에 관해서도 검토한다. 제3절에서는 홋카이도 내 중의원선거법에 대한 야마토인 이민자들의 반응 및 본국 내 조약 개정 문제에 대한 반응을 분석한다. 나아

---

1   高倉新一郎, 『北海道拓殖史』, 柏葉書院, 1947; 永井秀夫, 『日本の近代化と北海道』, 北海道大学出版会, 2007.

2   北海道編, 『新北海道史』第四巻通説三, 北海道, 1973; 永井秀夫, 『北海道民権史料集』, 北海道大学図書刊行会, 1986; 船津功, 『北海道議会開設運動の研究』, 北海道大学図書刊行会, 1992; 永井, 『日本の近代化と北海道』.

가 이들의 식민자로서의 정치의식 형성을 밝히고자 한다. 제4절에서는 제국 의회를 향한 홋카이도의 청원운동을 분석하고, 이 운동이 결코 홋카이도의 본국 편입을 추구하지 않았다는 점을 살펴볼 것이다. 마지막으로 제5절에서는 홋카이도가 본국으로 편입된 과정에 대하여 고찰할 것이다.

2. 홋카이도 속령 통치와 이주 식민지화

1) 국경 획정과 속령 통치 개시

근세 시기 아이누가 사는 땅을 의미하는 에조지蝦夷地[에조섬, 가라후토, 쿠릴 열도]에는 에조섬 서남쪽의 마쓰마에松前를 중심으로 하는 영역에 약간의 '화인지和人地'가 있었을 뿐이었다. 또한 러시아에 대한 위기의식을 배경으로 마쓰마에번松前藩・도쿠가와德川 정권이 아이누를 복속시켰는데, 이 주종관계 자체를 근거로 아이누의 거주지인 에조지는 일본의 지배 영역으로 여겨져 왔던 것이다. 이는 국경 관념에 의한 영토 지배와는 다른 것이다. 그러나 막부 말기, 러시아가 일본에 가라후토[사할린] 내의 국경 획정을 요구하자 상황은 크게 달라졌다. 러시아와 일본 양국이 러일통호조약露日通好條約, 1855년을 통해 쿠릴 열도를 남북으로 분할하여 영유하고 가라후토에는 국경을 설치하지 않기로 합의한 후, 가라후토에는 도쿠가와 정권의 입식사업과 러시아 군인의 주둔이 함께 이루어졌다. 또한 도쿠가와 정권은 에조섬에서도 입식사업을 시행했다. 메이지 유신으로 성립된 일본 정부는, 1869년 에조섬을 '홋카이도北海道'라고 명명하여 주권국가로서 영유권을 명확히 했다. 그뿐만 아니라, 개척사를 설치하여 국경을 획정하지 않았던 가라후토와 함께 홋카이도를 개척·입식 행정의 대상지로 결정했다. 일본 영토가 된 홋카이도의 아이누는 1871년의 호적법 제정 이후 개척사를 통해 일본 호적을 부여받았다. 동시에 이것은 아이누가 일본 국적에 편입되었다는 것을 의미한다. 아이누는 호적상으로 야마토인 풍의 성씨를 쓰게 되어 평민으로 등록되었으나 행정상으로는 '구토인舊土人'으로 구분되었다.[3]

일본 정부의 가라후토정책은, 1870년 이 지역을 시찰한 구로다 기요타카黑田淸隆 개척 차관의 건의를 계기로 전환되었다. 구로다는 러시아군 세력이 일본의 입식사업을 압도하고 있다고 인식했다. 그래서 러시아와의 분쟁을 피하여 이 지역을 포기하고 홋카이도 개척에 주력하도록 설득했던 것이다. 1875년에 러시아와 일본 사이에 체결된 가라후토·지시마 교환조약樺太·千島交換条約[상트페테르부르크 조약-역주]에 따라 일본은 가라후토사할린에 대한 권리를 러시아에 양도하고, 러시아는 우루프Urup섬 이북의 쿠릴 열도를 일본에 양도했다. 각 지역에 살고 있던 아이누 등의 선주민은 현지에 머물다가 이 땅을 영유한 정부에 귀속되거나, 귀속되기를 원하는 정부의 영토로 이주하여 러시아와 일본 중 어느 한쪽의 국적을 3년 이내에 선택해야 했다.[4] 러시아와 일본 간의 국경 획정으로, 영토는 물론 현지의 선주민들 또한 두 나라로 분할되었던 것이다.

러시아령이 된 사할린에서 홋카이도로 이주한 아이누 841명은, 그들이 거주하기를 간절하게 바랐던 소야宗谷에 일시적으로 머문 뒤, 개척사에 의

3 　榎森進, 『アイヌ民族の歴史』, 草風館, 2007; 秋月俊幸, 『日露関係とサハリン島-幕末明治初年の領土問題』, 筑摩書房, 1994; 高倉新一郎, 『新版アイヌ政策史』, 三一書房, 1972; 北海道編, 『新北海道史』第七巻史料一, 北海道, 1969, 761~772쪽.
4 　秋月, 『日露関係とサハリン島』, 197~238쪽; 外務省調査部編, 『日本外交文書』第八巻, 日本国際協会, 1940, 261~262쪽.

해 강제적으로 쓰이시카리対雁[삿포로시 근교-역주]로 이송되었다. 또한 지시마국千島国으로 편입된 우루프섬 이북의 쿠릴 열도북지시마에는 러시아화된 아이누와 알레우트인Aleut이 거주해 왔다. 알레우트인과 일부 아이누는 러시아령으로 이주했다. 잔류한 아이누들은, 이들이 캄차카를 통해 왕래하거나 러시아에 대한 귀속의식을 가지게 될 수도 있음을 문제시한 네무로현根室県에 의해, 1884년 당시 거주하고 있던 97명 전원이 시코탄섬色丹島으로 이주되었다.[5]

2) 개척사와 외국인 입식 문제

1869년에 설치된 개척사는 태정관太政官 직속으로 각 성省과 동등한 지위를 가지며 홋카이도와 가라후토의 개척을 관할한 행정기구이다. 나아가 일본 정부는 1871년 개척사장관에게 성경省卿과 동등한 위임 권한을 부여했다. 폐번치현廃藩置県 이후 중앙집권화정책 아래에서 처음에는 대장성大藏省, 이후에는 내무성內務省의 포괄적인 지휘·감독 아래 놓였던 부현의 지방통치기구지방관와는 달리 이러한 개척사의 지위·권한은 독립성이 강했다. 개척사장관에게는 태정관에 보고할 필요 없는 전결사항이 광범위하게 인정되었다.[6]

한편, 처음에는 개척사의 개척·입식사업이 결코 순조롭지 않았다. 일본 정부는 이후 개척사 10년 계획이라고 불린 홋카이도 개척을 위해 1871년에 정액금을 결정한다. 이후 개척사는 국가 세출의 4~5%를 이용하여 개

---

5   樺太アイヌ史研究会編, 『対雁の碑』, 北海道出版企画センター, 1992; 海保嶺夫, 「北海道の「開拓」と経営」, 朝尾直弘ほか編, 『岩波講座日本歴史 16 近代 3』, 岩波書店, 1976.
6   「開拓使ヘ委任ノ条款ヲ定ム」, 「太政類典 第一編 第七六巻 地方·特別地方開拓使」, 国立公文書館ニ A-09-太00076.

척·입식정책을 추진했다. 그러나 같은 해 개척사가 개시한 관모이민官募移民사업의 성적은 부진했고, 다음 해인 1872년에는 중지되었다.[7] 이는 옛 좌막파佐幕派에 속하는 각 번이 주축이 된 사족단을 중심으로 진행되어 온 입식사업을 대신한 것이었다. 그리고 뒤에서 볼 수 있듯이 초기의 개척사는 외국인의 입식에 의한 홋카이도 개척을 본격적으로 검토하고 있었다.

1871년에 홋카이도 개척사의 고문으로 초빙된 호레이스 캐프론Horace Capron[전 미국 농무장관]은, 일본에 내방한지 얼마 되지 않았던 무렵, 히가시쿠제 미치토미東久世通禧 개척장관 및 구로다 기요타카 차관과 함께 입궐한 날 다음과 같은 일기를 남겼다.

오늘 에조섬the Island of Yesso 개발에 관해 요인과 길게 대화를 나누었다. 그 가운데 <u>외국인 이민자</u>foreign immigration에게 섬을 개방하는 것은 어떠한가라는 놀랄 만한 이야기가 나왔다. [1871년 10월 30일, 밑줄은 원문][8]

'요인'이 누구인지는 분명하지 않으나, 이후의 경위를 통해 볼 때 개척사의 실권을 쥐고 있던 구로다가 홋카이도로의 외국인 입식을 고려하고 있었다는 점은 의심의 여지가 없다. 캐프론은 이를 '놀랄만한 이야기'로 받아들였으나, 후일 구로다에게 보낸 보고서[1872년 1월 2일 자]에는 다음과 같이 답했다.

---

7   高倉, 『北海道拓殖史』; 永井, 『日本の近代化と北海道』.

8   ホーレス・ケプロン, 西島照男訳, 『ケプロン日誌—蝦夷と江戸』, 北海道新聞社, 1985, 58쪽. 번역을 일부 수정했다. *Memoirs of Horace Capron, Volume2 : Expedition to Japan, 1871~1875*(copied by U.S. Dept. of Agriculture in 1952), pp.43~44.

만약 미국에 입식한 강건한 사람들을 통한다면 에조(섬)의 입식은 쉬울 것이다. 합중국 정부가 유사한 경우에 제시했던 관대한 조건으로 입식을 개방한다면, 입수 가능한 토지는 전부 빠르게 소유될 것이다. [일본의] 본국민 native citizens에게만 한정된 입식이 된다면 이야기는 다를 것이다. 일본의 온화한 기후에서 배양된 국민이 에조(섬)의 훨씬 혹독한 기후에 쉽게 순응하리라고 기대하기는 어렵다. 그들은 서서히 적응해야만 한다.[9]

즉, 캐프론은 찬성 여부를 논한 것은 아니지만, 야마토인만으로 입식하는 것보다는 유럽 출신자[아마도 백인]와 같이 한랭지에 적응한 입식자를 구하는 편이 쉬울 것이라고 답한 것이다. 개척사 고문인 캐프론에게 요구되었던 것은 미국의 경험에 기반한 지도와 조언이었으나, 단순히 개척정책에 관한 것뿐만 아니라 입식자를 어떻게 불러들여야 할 것인가 등의 문제도 포함되었다. 또한 캐프론은 외국인도 홋카이도에 입식시킨다는, 그 자신에게는 '놀랄만한' 가능성도 고용주의 의향에 응하기 위해 고려해야 할 필요가 있었던 것이다.

개척사 당국이 외국인의 입식을 검토한 첫 번째 요인은, 야마토인 이민자를 홋카이로도 향하게 하는 것이 부진했기 때문이라고 생각되지만, 두 번째 요인은, 외국 자본에 의한 홋카이도 개발을 기대했기 때문이었다. 구로다[1874년부터 개척장관]는 1875년에 캐프론에게 "에조섬을 외국 자본과 기업에 개방하기 위해 실행 가능한 방법"에 대하여 문의했다. 그러나 안세이 5개국조약安政五個国條約 같은 막 말에 일본이 구미 각국과 맺은 조약은 거류

9　　Horace Capron and his Foreign Assistants, *Reports and Official Letters to the Kaitakushi*, Tokei : Kaitakushi, 1875, pp.45~46.

지 이외의 지역에서 외국인이 활동하는 것을 금지하고 있었다. 그리고 아래에서 볼 수 있듯이 캐프론 측은 홋카이도로의 외자 도입이 거류지 제도에 저촉될 가능성을 지적했다.

캐프론은 구로다의 문의를 외자를 통해 광물 자원을 개발하려는 의도라고 해석하고 다음과 같이 답했다. 이것은 의의가 있는 일이지만, '외국인 여행' 금지 및 '특별재판제도'에 저촉된다. 아직까지도 일본인은 어떠한 것이라도 외국인의 간섭을 좋아하지 않는다. 그렇다고 홋카이도에 한해서 외국인에게 일본의 법률을 따르게 하는 것을 조약국이 인정할 리가 없다. 또한 만약 외국인[자본가·노동자]이 귀화한다면 재판권 문제는 피해갈 수 있으나, 그들이 법에 의한 보증이나 보호를 충분히 인정받지 못하는 일본으로 귀화까지 할 것이라고 보기는 어렵다. 그러나, 일본 정부가 제정하고 입식자[외국인]의 본국 법관이 운용하는 법률·규칙에 따르는 외국의 자본·기업에 여권을 발행하여 홋카이도를 개방한다면 각국은 받아들일 것이다. 이는 물론 일본 정부의 의도와는 다를 것이나 유일하게 실행 가능한 방법이다. 또한 인구가 희박한 홋카이도라면 외국인에 대한 편견이나 반발이 적고, 그 자본과 지식을 통해 개발되어 야마토인의 이주native immigration도 촉진될 것이라는 답변이다.[10]

캐프론 본인은 홋카이도를 외국인에게 개방하는 정책에 적극적이지 않았다고 추측된다.[11] 그런데 그보다 더 문제였던 것은 구로다가 거류지 제도를 고려하지 않았다고 여겨지는 대목이다. 구로다는 1874년에 태정관의 질문에 답하며 외국인의 내지 여행 허가가 시기상조라는 의견서를 제

---

10   Capron et al., *Reports and Official Letters to the Kaitakushi*, pp.574~579.
11   北海道庁編, 『新撰北海道史』 第三巻通説二, 北海道庁, 1937, 334쪽.

출했다.[12] 정리하여 설명하면, 구로다는 홋카이도를 그 범위 밖으로 생각하고 있었다고 볼 수밖에 없을 것이다.

또한 광산업에 대하여 일본 정부는 이미 1872년 3월에 광산심득서鑛山心得書에서 외국 자본의 배제를 결정했다. 그러나 개척사의 관리하에 놓인 홋카이도의 광산에는 광산심득서의 내용이 적용되지 않았다. 같은 해 5월에 개척사는 외자를 통한 채굴 금지 내용을 포함한 광산개채윤허약칙鑛山開採允許略則을 제정하고 태정관의 재가를 얻었다. 그러나 1873년 일본 정부는 광산심득서를 일반규칙화한 일본갱법日本坑法, 태정관포고 제259호을 제정했고, 이후 1895년에는 홋카이도의 광산도 이에 준거한다는 내용이 공시되었다. 홋카이도에서는 개척사 아래에서 외자 도입이 검토되는 가운데 일본갱법의 적용이 보류되었던 것이다.[13] 구로다는 1875년 무렵에 작성한 홋카이도의 '광갱산림원야鑛坑山林原野 등의 땅'을 '외국인'에게 대여하는 허가를 요구하는 문서 및 규칙안에서도 '일본갱법'을 '참작'한다고 언급하여 홋카이도를 예외지역으로 다루고 있었다.[14]

개척사가 홋카이도에서 외국인의 입식이나 외국 자본에 의한 개발 등, 일본의 법제상 인정되지 않았던 정책의 입안을 시도했던 것은 홋카이도의 속령 통치제도의 근간과 관계된 문제였다. 당시 개척사는 홋카이도 통치를 개척 행정에 수반되는 부차적 업무로 여겨 부현의 지방관과는 다른 지위·권한을 고수하고, 법령을 시행할 때에도 종종 지역의 특수사정을 이

---

12 「外国人內地旅行規則の義に付意見」, 『黒田清隆関係文書』 8114, 1874.6.17.
13 田中修, 『日本資本主義と北海道』, 北海道大学図書刊行会, 1986, 144~153쪽; 石村善助, 「鉱業法(法体制確立期)」, 鵜飼信成ほか編, 『講座日本近代法発達史』 三, 勁草書房, 1958.
14 北海道庁編, 『新撰北海道史』 第三巻, 335~338쪽.

유로 취사선택하고 있었다.[15] 개척사는 홋카이도를 부현본국과는 다른 속령으로 통치한다는 것을 전제로 하고, 법적으로도 본국과는 다른 영역으로 통치하고자 했던 것이다.

　나아가 캐프론이 미국으로 돌아가기 직전인 1875년 4월에 구로다는 캐프론에게 홋카이도로의 외국 기술·자본 도입을 위해 영국이 지배하는 호주나 인도에서 '외국인 입식자'에게 적용되었던 법이나 규칙에 관한 조사를 의뢰했다. 이 시기의 대응은 식민지와 속령에 관한 양자의 인식을 고찰하기 위해 주목된다. 캐프론은 홋카이도의 입식·개발 촉진을 위해 외국에서 자본이나 숙련된 노동자를 도입하는 의의를 다시금 인정하면서도 호주나 인도의 사례는 참고되지 않는다고 답했다. 호주의 경우에는 영국인에 의한 식민colonization의 존재는 인정하지만, 본래 유형流刑 식민지였기 때문에 계획적으로 개발된 것은 아니라고 설명하는 데 그쳤다. 인도의 경우에는 애초에 "엄밀하게 본다면 인도가 영국인에게 식민지화된 것은 아니다"라고 언급하며, 영국의 인도 정복을 이끈 동아시아회사의 독점무역에 입식이나 개발이라는 목적은 없었다고 설명했다.[16] 즉, 구로다는 인도나 호주를 영국의 식민지 개발 대상지로 보고, 미국과 마찬가지로 홋카이도에 참고가 된다고 포착했다. 이와 반대로 캐프론은 인도는 영국의 속령이지만 이주 식민지는 아니며, 미국이나 호주, 홋카이도와는 다르다는 인식을 보여준 것이다. 이민자를 동반하지 않은 영국의 인도 지배가 식민지화인가 여부를 가리는 논의는 제2장에서 검토할 내지 잡거 논쟁에서도 반복된다.

15　鈴江英一, 『開拓使文書を読む』, 雄山閣出版, 1989, 50~76쪽.
16　Capron et al., *Reports and Official Letters to the Kaitakushi*, pp.637~654.

구로다는 캐프론의 귀국 이후에도 홋카이도로의 외국인 이입에 열의를 보였다. 1876년에는 삿포로 농학교札幌農学校에 부임한 미국인 윌리엄 클라크William S. Clark에게 이시카리강石狩川 연안으로의 미국인 입식에 관하여 의견을 구했다. 클라크는 ① 미국인의 귀화, ② 토지의 분여分與, ③ 도항비·간이주택 지급, ④ 수년간의 조세·병역의무 면제, 자치 허가, ⑤ 상·공·어·광업에서 일본 국민과 동일한 권리·특권 등의 조건을 덧붙여 구로다에게 찬성한다는 뜻을 보였다. 그러나 본국 정부는 구로다의 제안을 채용하지 않았다.[17] 더욱이 1879년에 간행된 캐프론 보고서집의 일본어 번역본에는 구로다 측이 캐프론에게 외자도입책에 관해 질문한 내용이 제대로 번역되어 있지 않는 등, 아마도 본국 정부의 방침으로 의도적으로 오역되었다. 구미로부터의 이민자·자본 도입이라는 구로다의 계획은 실현되지 못하고, 구로다가 홋카이도에서 외자 도입을 검토했던 것도 은폐된 것이다.[18]

그러나 다른 한편으로 구로다는 '청국 인민'의 노동력을 통한 홋카이도 개척을 계획하고 있었다. 1876년에는 실제로 10명의 중국인을 이주시켰다. 1875년 외무성 고문이었던 미국인 샤를 W. 르 장드르Charles W. Le Gen-dre는 "캘리포니아나 지나支那 본방本邦의 지나인에게 권장하여 에조지에 내주來住시킬" 것을 정부에 제시했는데, 이를 구로다가 참고했다고 생각된다.[19] 10명의 중국인 가운데 8명은 머지않아 사망하거나 귀국했으나, 남은 2명은 1879년 일본 국적에 편입되어 "홋카이도에서 영주하여 생계를

---

17 逢坂信吾, 『クラーク先生詳伝』, クラーク先生詳伝刊行会, 1956, 226~229쪽.
18 中村政則·石井寛治, 「明治前期における資本主義体制の構想」, 中村政則ほか編, 『経済構想』(日本近代思想大系8), 岩波書店, 1988, 501~502쪽.
19 北海道庁編, 『新撰北海道史』第三巻, 338~341쪽; 「第四十八号覚書」, 大隈文書A4445, 1875.6.30.

영위"하기를 희망했다. 개척사는 태정관에 그들을 개척사 관할의 일본 호적[평민]으로 편입하는 것을 허가하도록 요청했고, 태정관에서는 법제국이 내무성과 외무성 두 성에 문의했다. 이에 대하여 내무성은, 귀화하는 것에는 아직 '확정된 법제'가 없고, 법적 정비가 되기 전까지는 허가하지 않는 것이 좋을 것이라며 거절했다. 다만, 홋카이도는 '창개創開의 땅'이며 "인민의 이주를 권장"해야 하는 사정이 있으므로, "내지의 부현 일반의 형편"과는 처리를 달리해야 하기 때문에, 오가사와라 제도의 영유 후에 이루어진 구미·하와이계 주민의 귀화까지 언급하며 특별 허가를 제안했다. 또한 외무성도 중국인이 "홋카이도와 같은 우리 식민지"에서 "국적을 취득하여 영주 생계를 영위"하고 싶다면 '간이 귀화법'에 따라 허가해야 한다고 답했다. 그 결과 특별히 귀화를 인정한다는 결정이 내려졌다.[20] 즉, 홋카이도는 오가사와라 제도와 마찬가지로 본국과는 다른 영역을 만들기 위해서 원칙적으로는 인정되지 않는 외국인 귀화가 허가되었던 것이다.

이상에서 본 바와 같이 홋카이도를 속령으로 통치하고, 개척·입식정책을 추진한 개척사는 홋카이도 내 외국인의 입식·투자를 검토하고 있었다. 개척사의 입장에서는 야마토인에 의한 입식 진전이 뜻대로 되지 않는 상황에서, 유럽 각국에서 미국으로 이민을 떠난 백인이나, 아시아태평양지역에서 노동력으로 대규모 이민을 시작한 중국인을 홋카이도 개척에 도입하는 것, 또한 구미의 자본을 통해 광산을 개발하는 것 등은 현실적인 문제였다. 또한 당시 일본은 막 말의 구미와의 조약에 따라 거류지 이외의 지역에서 외국인의 활동을 금지하고 있었으나, 홋카이도를 본국과 다른

---

20 「傭清国人笵永吉外二名帰化願ノ件」, 『公文録』 第156巻, 明治12年(1879) 4~6月, 開拓使; 嘉本伊都子, 『国際結婚の誕生−〈文明国日本〉への道』, 新曜社, 2001, 202~204쪽.

영역으로 통치한 개척사는 이 점에서도 홋카이도를 예외로 하는 것이 가능하다고 생각했던 것이다.

3) 야마토인에 의한 이주 식민지화와 속령 통치

1882년에 개척사는 10년 계획의 만기로 폐지되었고, 홋카이도에는 하코다테函館, 삿포로札幌, 네무로根室 3개 현이 설치되었다. 옛 개척사가 관장하던 여러 사업은 각 성으로 분배되어, 1883년에 농상무성 홋카이도사무관리국農商務省北海道事務管理局의 관할 아래 놓이게 되었다. 한편, 3개 현은 다른 부현과 동일하게 내무성 관할하의 지방통치기구가 되었다.[21] 그러나 정부는 개척 행정·통치 행정의 이원화로 인한 폐해와 개척사 이래 존재해 온 정실情實·이권의 온존을 문제시하고, 개척 행정·통치 행정을 통합한 새로운 행정기구를 확립하고자 했다. 이를 위해 1886년에 3개 현을 폐지하고 내각으로 직속시켜 그 지휘·감독을 맡은 홋카이도청을 설치했다.[22] 홋카이도청은 1890년에 내무성으로 이관되었으나, 지방관 관제地方官官制[1886년]에는 포함되지 않았다. 개척사와 같은 지위·권한의 독립성은 주어지지 않았으나 본국의 지방관과는 구별되었던 것이다.

이 시기 내내 야마토인의 이민은 쉽게 진행되지는 않았다. 개척사는 에조지에서 시행해 온 야마토인 상인의 청부에 의한 어업 경영, 즉 장소청부제場所請負制를 1869년에 어장지제漁場持制로 고친 후, 1876년에 폐지했다. 그리고 장소청부인場所請負人이 점유하고 있던 어장·토지를 어민에게 개방했다. 또한 지소규칙地所規則, 토지매대규칙土地賣貸規則[1872년], 홋카이도지권발

---

21   北海道編, 『新北海道史』 第三巻 通説二, 北海道, 1971, 727~764쪽.
22   永井, 『日本の近代化と北海道』, 56~70쪽.

행조약北海道地券發行條約[1877년]에 따라 홋카이도에 토지소유권을 설정했다. 이와 함께 토지의 대여·불허拂下나 토지세의 면제 등 이민자의 입식을 위한 환경을 정비했다.[23] 당초 이민자에 대한 다양한 보호지급保護支給에도 불구하고 1874년부터 설치된 둔전병이나, 1878년에 시작된 사족수산결사士族授産結社[24]의 입식 등을 제외하면 이주자 수의 증가는 완만했다. 또한 홋카이도청이 설치되자 보호지급은 일단 중단되었다. 그러나 1890년 전후부터 본국 농촌 내 농민층의 분해나 민간 자본의 도입을 노린 홋카이도청의 대규모 토지 처분, 도로·항만의 정비 등으로 인해 이민자의 유입이 급증했다.[25] 홋카이도의 이주 식민지화로 인해 선주민인 아이누들은 생활환경의 격변을 겪었다. 토지소유권은 본래 아이누가 어렵漁獵이나 벌목 활동을 해온 장소에도 예외 없이 설정되었다.[26] 또한 장소청부제의 폐지로 인해 개방된 곳은, 장소청부인을 통해 사역의 형태로 아이누가 지켜온 어로 활동의 장소였다. 그리고 이민자의 입식에 따라 아이누의 거주지는 자주 이전되었다.[27] 본국의 야마토인이 일본의 법을 바탕으로 유입됨에 따라 같은 일본법 아래 놓인 아이누는 생활 공간의 축소를 강요받았던 것이다. 또한 홋카이도의 총인구에서 아이누의 인구수와 비율은 1873년 168,058명

---

23 北海道庁編, 『新撰北海道史』第三巻, 144~154·315~327쪽.

24 [역주] 메이지 유신 후 신정부는 직업을 잃은 사족(무사)의 구제를 위해 일시금 지급을 비롯하여 농공상업으로의 전직 허가, 관림(官林)이나 황무지의 저렴한 불하, 홋카이도 이주 장려 등 다양한 대책을 시행했다. 이를 '사족수산'이라 했고, 이 사업의 주체로 만들어진 단체가 사족수산결사이다.

25 北海道庁編, 『新撰北海道史』, 第四巻 通説三, 北海道庁, 1937, 334~379쪽; 高倉, 『北海道拓殖史』, 76~185쪽; 永井, 『日本の近代化と北海道』, 71~101쪽.

26 高倉, 『新版アイヌ政策史』, 402~406쪽; 小川正人, 『近代アイヌ教育制度史研究』, 北海道大学図書刊行会, 1997, 19쪽.

27 加藤規子, 「北海道三県一局時代の対アイヌ政策とその実情」, 『北大史学』20, 1980; 小川, 『近代アイヌ教育制度史研究』, 51~53쪽.

중 16,272명9.7%, 1888년 354,821명 중 17,062명4.8%, 1903년 1,077,280명 중 17,783명1.7%으로 변한다.[28] 야마토인 이민자의 급증과 함께 아이누는 급속히 마이너리티화되었던 것이다.

제도 측면에서 본다면 야마토인 이민자의 증가는 홋카이도와 본국의 균질화를 가져왔다기보다, 속령 통치의 종속성을 두드러지게 했다. 홋카이도에서는 이민자의 보호를 위해 세금 제도상 토지세는 지가의 100분의 1로 했고, 그 징수도 장기간 면제되었다. 그 외에도 다양한 면세 조치가 존재했다.[29] 또한 징병령은 1889년 제국헌법·중의원선거법의 제정 직전에 하코다테·에사시江差·후쿠야마福山[옛 야마토지]에 시행되었을 뿐이다.[30] 그러나 반면에 홋카이도에 자치제도는 대부분 마련되지 않았다. 부현회규칙府縣會規則·지방세규칙地方稅規則·군구정촌편제법郡區町村編制法, 이른바 3신법三新法[1878년]의 시행 대상은 부와 현이었고, 개척사 관할인 홋카이도는 제외되었다. 1879년에 군구정촌편제법만이 개척사 포달布達[메이지 초기의 행정명령 – 역주]로 적용되었으나,[31] 3신법의 시행 자체는 홋카이도가 3개 현의 통치 아래 놓인 이후에도, 또한 홋카이도청이 3개 현을 대신하게 된 이후에도 이루어지지 않았다. 더욱이 홋카이도에서는 구정촌회법區町村會法[1880년], 시제정촌제市制町村制도 시행되지 않았다. 1881년 구정촌회법에 준거하여 제정된 하코다테구회규칙函館區會規則을 제외하고 이에 상응하는 독자적인 제도도 제정되지 않았다.[32] 즉, 하코다테 등의 옛 화인지를 중심으로, 부분적

---

28 北海道編, 『新北海道史』第九巻 史料三, 北海道, 1980, 764~771쪽.
29 明治財政史編纂会編, 『明治財政史』第五巻租税(一), 明治財政史発行所, 1928, 927~953쪽.
30 北海道庁編, 『新撰北海道史』第四巻, 1022쪽.
31 「郡区編制ノ件」, 「稟裁録自明治一一年一月至同年一二月」, 北海道立文書館, 簿書一〇七五六号; 大蔵省, 『開拓使事業報告附録 布令類聚』上, 大蔵省, 1885, 209쪽.

으로는 본국의 제도가 적용되었으나 홋카이도 전체적으로는 본국과 다른 영역으로 통치된 것이다.

1889년 2월 11일에 제국헌법과 함께 제정되었던 중의원선거법에서 홋카이도는 오키나와현, 오가사와라 제도와 함께 "장래 일반 지방제도를 준행"하기 전까지 적용 범위 외 지역으로 정해졌다[법률 제3호, 제111조]. 야마토인에 의한 이주 식민지화가 진행되고 있던 홋카이도는, 일본 본국에서 입헌제가 성립되고 의회정치가 시작된 1890년대에 속령 통치 아래에서 개척 보호와 정치적 무권리라는 조건 아래에 놓여 있었던 것이다.

3. 야마토인 이민자들의 정치적 활성화와 식민자 의식

1) 중의원선거법 제외와 홋카이도 이민자의 정치화

홋카이도로 건너간 야마토인 이민자들은 본국에서 고양된 자유민권운동에 큰 관심을 보이지 않았다. 정치운동에 대한 소극성은 홋카이도 이민자들이 가진 개척자로서의 의식에 깊게 기인하고 있다. 메이지 초기 입식의 중심이 된 사족개척단士族開拓團이나 둔전병은 홋카이도의 개척에 따라 '황국 북문의 번병'이 됨으로써 특권적 신분의식을 수호하고자 했다. 이 의식은 평민인 입식자에게도 큰 영향을 미쳐, 혹독한 자연 속에서의 개척에서 아이덴티티를 추구하는 한편 정치에 대한 관심은 의식적으로 배제했다. 1879년 지바현千葉県의 민권운동가 사쿠라이 시즈카桜井静가 『하코다테

---

32 鈴江英一, 『北海道町村制度史の研究』, 北海道大学図書刊行会, 1985, 379~389쪽.

신문函館新聞』[1878년 창간, 이하 『하코신(函新)』]에 보낸 국회 개설운동 참가 호소에 대하여, 이 신문에서는 "우리 도道는 세상 사람들이 알고 있는 대로 여러 가지 사정이 내지와는 다르다. 아직 개척되지 않은 곳이기에 정치도 특별한 일", "우리 개척사 관할 아래의 의형제들은 발 벗고 나설 이유가 없다"라며 냉담한 반응을 보였다. 그러나 자유민권운동의 자극은 『하코신』의 '홋카이도 민회'北海道民會 개설론[1880년] 등 자치에 대한 요구를 불러일으켰다. 이는 앞서 서술한 1881년의 하코다테구회규칙을 바탕으로 한 하코다테 구회函館區會의 설립으로 결실을 맺었다. 나아가, 같은 해 하코다테에서는 구로다 기요타카가 고다이 도모아쓰五代友厚에게 개척사의 관영사업을 값싸게 불하하여 민권파의 비판을 받은, 이른바 '관유물 불하사건官有物拂下事件'의 부당성을 고발하는 운동이 재지호상在地豪商·구회 의원들을 중심으로 전개되었다. 그러나 한편으로 사족 개간 결사인 적심사赤心社가 개최한 농담연설회農談演說會는, 『하코신』에 의해 "헛되고 과격한 정담政談보다는, 우리 도道에는 긴요緊要하고 적절한" 것이라는 평을 받았다.[33]

1886년에 본국에서 시작된 대동단결운동에도 홋카이도 출신 참가자는 얼마 되지 않았고, 지속적인 참가도 보이지 않는다.[34] 이는 속령 통치로 인해 조건이 결여된 탓이다. 대동단결운동의 주요 목적은 부현회府縣會의 장에서 성장한 '지방 유지자地方有志者' 세력을 국회 개설을 위해 결집하는

---

33 榎本守恵, 『北海道開拓精神の形成』, 雄山閣出版, 1976, '第1~2章'.
34 원로원(元老院)에 건백서(建白書)를 제출한 이노우에 게이지로(井上敬次郎) 등은 「1부 20현 및 홋카이도의 유지 제군(一府二十県及北海道の有志諸君)」으로부터 위임을 받았고[指原安三編, 『明治政史』, 1892(吉野作造編, 『明治文化全集』 第二巻 正史編上, 日本評論社, 1928), 530쪽] 또한 1887년 11월 15일의 유지 대간담회(有志大懇親会, 東京鵬遊館)에서는 홋카이도의 이스지 무네카즈(井筋宗一), 구보타 미야조(久保田宮三)가 참가했다(板垣退助監修, 『自由党史』 下, 1910, 岩波書店, 197쪽).

것이었다.[35] 그런데 앞서 서술한 바와 같이 홋카이도는 애초에 부현회규칙을 적용받지 않았던 것이다.

그러나 헌법이 제정될 무렵, 본국 의회로부터 참정권을 받지 못했다는 사실은 홋카이도 이민자들의 정치에 대한 관심을 전례 없이 자극했다. 1889년 2월 『하코신』은 제국헌법의 '대요大要'를 소개했다. 동시에 특히 중의원선거법과 관련하여 "홋카이도는 일반적인 지방제도를 실행하기 전까지 시행되지 않는다"고 보도했다. 나아가 이 신문은 홋카이도는 '시정촌제도'를 비롯하여 제반에서 '내지'와 제도가 다른 '식민지'이기 때문에 "23년 [메이지 23년, 1890년 - 역주]의 국회 개설에는 참여할 수" 없다고 해설하고 다음과 같이 기술했다.

> 혹은 이런 일도 있을 것이라고 이전부터 소문이 있었으나, 아무래도 이렇게 정해지면…… 우리들은 다만 하루라도 빨리 우리 도道의 해륙식산海陸殖産을 일으켜 그 개진을 촉구하고, 국민으로서의 진정한 자격을 얻는 날을 희망해야 한다.[36]

즉, 지방제도의 미비 등 홋카이도와 본국 사이의 제도적 격차는 이전부터 인식되었으나, 국정 참가에서 제외되는 것은 '국민'으로서의 '진정한 자격'이 결여되는 것이라고 심각하게 받아들인 것이다. 삿포로의 『홋카이도 마이니치신문北海道每日新聞』[1887년 창간, 이하 『호쿠마이』]도 같은 해 3월에 '참

---

35 鳥海靖, 「帝国議会開設に至る『民党』の形成」, 1963(坂根義久編, 『論集日本歴史10 自由民権』, 有精堂, 1973.

36 「憲法の大要」, 『函新』, 1889.2.13; 「国会議員の員数」, 『函新』, 2.14.

정 권리'를 얻지 못한 것은 "우리 홋카이도 인민"에 대한 '도외시'로 간주하며, "제군은 언제까지고 우리는 개척과 식민에 바빠 다른 일을 돌아볼 여유가 없다고 하며 가만히 있을 생각인가"라고 질문을 던졌다.[37] 또한 같은 시기에 무로란室蘭에 거주하는 옛 자유당自由党 당원이었던 혼다 아라타本田新 등은 「우리 도道에서 국회의원을 선출하는 건의서」를 집필했다.[38]

이리하여 중의원선거법에서 홋카이도를 제외하는 안건은 야마토인 이민자들의 정치에 대한 관심을 자극했고, 언론 활동과 정치 활동을 활성화했다. 여기에서 우선 첫 번째로 홋카이도와 본국 사이의 정치적 관계를 어떻게 파악할 것인가 하는 기본적인 논점이 문제가 되었다. 그리고 두 번째로 이 시기에 오쿠마 시게노부大隈重信 외상의 조약 개정안이 본국에서 중대한 정치 대립을 일으킨 일에 대한 대응이 문제시 되었다. 1889년 6월 말 이후, 오쿠마의 조약안 가운데 대심원大審院에 외국인 법관을 임용하는 내용은 헌법 위반이라는 지적이 있었다. 이에 옛 자유당과 국권파는 맹렬히 개정 중지를 요구했다. 이에 반해 오쿠마를 실질적인 당수로 하는 입헌개진당立憲改進党은 개정 단행을 주장했다. 대동단결운동으로 형성된 본국 부현의 지방 결사는 중지나 단행을 주장하는 건의서를 다수 제출했다.[39] 또한 오쿠마 개정안의 쟁점 중 하나는 내지 잡거, 즉 조약 개정에 따라 일본 국내에서 외국인의 자유로운 거주와 활동을 인정할 것인지 그 여부에 관한 것이었다. 이는 홋카이도의 지위에 특수성을 부여했다. 메이지 초기의

---

37 「札幌の市民諸君よ」, 『北每』, 1889.3.2; 「諸君ハ何時まて睡り玉ふか」, 12.3.

38 本田新ほか八名, 「本道ヨリ国会議員撰出スルノ義建言」, 1889.3, 永井編, 『北海道民権史料集』, 670~672쪽.

39 井上清, 『条約改正－明治の民族問題』, 岩波書店, 1955, 第四章; 小宮一夫, 『条約改正と国内政治』, 吉川弘文館, 2001, 第二章; 渡辺隆喜, 『日本政党成立史序説』, 日本経済評論社, 2007, 第六章.

개척사에서 나왔던 논의와는 반대로, 입식·개발의 대상인 홋카이도는 본국과 구별하여 외국인의 잡거를 금지·제한해야 한다는 주장이 있었던 것이다[제2장]. 이 시기 홋카이도 이민자들의 언론·정치 활동의 중심지인 하코다테, 삿포로, 무로란 세 지역의 움직임을 각각 살펴보자.

하코다테 옛 일본인의 땅이며 막 말 이래로 개항지였던 하코다테에서는 정치 참가 자격에 관해 하코다테와 홋카이도의 다른 지역을 구분하는 모습이 확인된다. 『하코신』은 1889년 8월 「하코다테에는 자치제도가 없을 뿐」이라는 제목으로 다음과 같은 내용의 기사를 냈다. 그 내용을 요약하면 즉, "북미의 여러 주"를 필두로 '식민지'에서 "식민을 통해 새로운 사회를 세우는 것"은 처음에는 '간난신고艱難辛苦'를 면치 못하나 이후 발전은 신속히 이루어지며, 때때로 "역으로 그 본국보다 강성해진"다. 그런데, 하코다테도 이러한 '식민 신지植民新地'이며, 특히 일본 개국과 함께 '선박 폭주의 요충지'가 되어 '구미의 새로운 사물事物'을 들여오는 것에 유리하기 때문에 오늘날에는 '일본 전국의 각 지방'에 '뒤떨어진 곳'이 아니라는 것이다. 분명히 "정치를 담론하여 나랏일에 진력"하고, "조약 개정에 이의를 제기하여 건백서를 올려 국사 범죄자國事犯罪者를 내고, 장사將士를 배출하는" 부분에서는 "우리 홋카이도의 특수한 하코다테"가 '다른 부현'에 미치지 못하지만, "능히 국민으로서 해야 할 본분을 지키고, 의무를 다하며 직업에 힘쓰고, 서로 단결하여 국리민복國利民福을 도모하는 것"이야말로 '독립자치의 민民'의 자격이다. 그렇기에 하코다테는 "홋카이도라는 호칭 안에" 있기 때문에 '일반 자치제'가 시행되지 않았다 하더라도, "자치제의 아래에 서 있어야 할 자격은 충분"하다는 것이다.[40] 즉, '식민지'인 홋카이도 안에서도 개항지로 발전한 하코다테에서는 '독립자치의 민'이 성장하고 있어 '일반' 지방자치제도가 시행될 수 있다고 주장한 것이다. 여기에서는 중의원 선거법 시행에 대한 기대도 헤아려볼 수 있다. 다만 『하코신』은 "국민으로서 해야 할 본분"을 '국사'에 관여하는 것과는 구별짓고, 홋카이도에서 조약 개정 문제를 둘러싼 정치운동에 관여하지 않는 것을 긍정적으로 보았다. '식민지'가 성숙해져야만 '독립자치의 민', '국민'으로 인정받을 수 있을 것이라고 주장한 것이다.

그러나 하코다테에서는 나아가 조약 개정 문제에 적극적으로 관련하는 움직임도 나타났다. 우선 조약 개정 문제에 대한 관심을 보인 것은 1889년 5월에 창간된 신문 『홋카이北海』이다. 이 신문은 와다 모토에몬和田元右衛門, 구도 야헤이工藤弥兵衛, 하야시 우사부로林宇三郎, 다무라 리키사부로田村力三郎 등 하코다테 구회의원을 역임하고, 관유물 불하 반대운동에도 가담했던 사람들을 발기인으로 하여 홋카이도, 특히 하코다테에 '정사政事 상의 진보'를 요구하는 태도를 표방했다. 『홋카이』는 입헌개진당과 밀접한 관계가 있었다. 때문에 당초부터 오쿠마 조약안 반대운동을 향해 '국가의 가장 중요한 문제'를 방해하지 말라며 비판했다. 그러나 이들은 머지않아 조약 개정 문제에 대한 찬반을 따지지 않고, 정치운동에 참가할 것을 요구하는 변화된 모습을 보였다.[41]

먼저 이 신문이 게재한 '하코다테항 상인 아무개函館港商人某'의 투서는 '단

---

40 「函館には自治制無きのみ」, 『函新』, 1889.8.24.

41 函館市史編さん室編, 『函館市史』 通説編 第二巻, 函館市, 1990, 1442쪽; 榎本, 『北海道開拓精神の形成』 第二章, 「発刊の趣旨及将来の目的」, 『北毎』, 1889.5.11; 矢野文雄, 「北海」及び北海道の前途」, 6.28; 「漫に条約改正に言をなすものは亡国の徒にあらずして何ぞ」, 7.31・8.4・9・10.

행과 중지라는 두 파'의 운동이 '당파심'뿐만 아니라 '애국'의 뜻에 따른 것으로 '홋카이도의 인사ㅗㅗ', 특히 개항장을 통해 외국과 직접적으로 관계를 맺는 '하코다테의 인사'가 어째서 조약안의 시비를 논하지 않는가라며 호소했다. 조약안에 대한 의견표명은 찬반과 관계없이 '애국' 행위라고 주장한 것이다. 계속해서 『홋카이』 자체적으로도 "조약 개정의 의견을 고백하자"고 주장했다. 이들은 다음과 같은 내용의 기사를 게재했다. 우선, "홋카이도 중 가장 개명한 인종인 하코다테 구민"이 조약 개정에 '냉담'한 이유를 묻고, "홋카이도는 일본국의 판도"이자, "하코다테는 일본국 5개 항구의 첫 번째"이며, "생식生息하는 사람들은 일본제국의 신민"이라고 했다. 또한 '개척'도 '상업적 이익'도 '일본 국민으로서 얻는 것'인 이상 '하코다테 구민'은 "일본국의 성쇠부침을 함께"하기 때문에 "아직 정권이 없는 민民", "아직 자치하지 않는 민民"이라고 해서 이 '국가의 대사大事'에 무관심해서는 안 되며, 조약안 찬반과 관계없이 의견을 표명해야 한다고 했다. 하코다테 구민은 홋카이도에서 '가장 개명'하다는 자부심을 바탕으로 '일본 국민'으로서 조약 개정 문제에 관여해야 한다고 주장한 것이다.[42]

나아가 하코다테에서는 10월 14일 고바시 에이타로小橋榮太郎를 대표로 하는 '유지' 83명이 「조약개정단행건條約改正斷行建白」을 제출했다. 고바시가 같은 해 11월에 간행한 잡지 『호쿠신北辰』에는 입헌개진당 관계자가 축사를 보냈으며, 분명 조약 개정 단행론은 개진당과의 연결고리를 의미했다. 그러나 중요한 것은 이 잡지가 『홋카이』와 마찬가지로, 홋카이도 주민도 '국민'으로서 의견을 표명하고 '애국자'로서의 "정신을 이제 조금씩 외

---

42 函館港商人某(寄書), 「新条約の行止如何を北海道にトす」, 『北海』, 1889.9.1; 「条約改正の意見を告白せよ」, 9.13.

부에 발표"해야 한다고 주장하며, 조약 개정 문제에 관여하는 것을 '국민'으로서 인정받기 위한 행위라고 의의를 부여한 것이다. 이러한 가운데 국회 개설을 앞둔 1890년 9월에는『하코신』도 '조약 개정의 국가 문제'나 '의원 선거' 등에 대한 홋카이도의 무반응에 위기감을 보이고, "홋카이도 주민도 또한 정치 세계의 한 요소"라고 서술하기에 이르렀다.[43]

나아가 외국인 잡거에 관해 하코다테에서는 홋카이도를 본국 부현과 구별하여 일정한 경계를 보이면서도 개항지로서의 이해관계나 경험에 입각하여 잡거를 받아들이는 모습이 보인다.『하코신』은 잡거의 '영향'이 '가장 현저하고 가장 심각한' 것은 "일찍이 외인들이 주목하고 탐낸" 홋카이도라며 주의를 촉구했다. 그러나 잡거가 실현된다면 홋카이도는 블라디보스토크 등 '러시아 북부의 여러 항구'와의 무역을 통해 "번창함이 증가할" 것이라고 기대했다. 때문에 이 신문은 잡거 자체에는 반대하지 않고, 러시아에서 '추방된 사람', '흉악한 무리凶徒輩'가 "끊이지 않고 밀려들어오는 것" 같은 '만일'의 경우에 대비하여 "방비책을 강구"하면 좋을 것이라고 주장했다.[44] 또한『홋카이』도 홋카이도에 '남는 이익遺利'은 "내지에 비할 바가 아니다"라고 하며 외국인 잡거는 '강 건너 불'이 아니라고 호소했다. 다만, 동시에 '5개 항구의 민民'의 일원으로서 "외인의 수완은 두려워할 것이 아니다"라고 주장하며, "홋카이도의 이익의 자물쇠와 열쇠가 하코다테를 비롯하여 오타루小樽, 삿포로 등지의 유지들의 손에 쥐어져 있고, 외인에게 쉽게 열리지 않을 실력이 있다는 것을 보여"주어야 한다고 주장했다.[45]

---

43 「条約改正断行建白」,『北毎』, 1889.10.15;「発刊の趣意」,『北辰』1, 1889;「冷熱」,『函新』, 1890.9.25・26.
44 「目下の急務」,『函新』, 1889.6.6;「条約改正の我国商業上に影響する如何」, 6.28;「北海道経済論の概要」, 8.13・16.

이상과 같이 하코다테에서는 참정권자치, 국정의 결여에 대한 불만이 하코
다테를 홋카이도의 다른 지역과 구별하는 인식과 결부되었다. 초기에 적
극적인 태도를 보였던 조약 개정 문제에 대해서도 '국민'으로서의 인정을
요구하며 관여하는 세력이 나타났다. 이후 그 연장선상에서 하코다테에서
는 홋카이도의 속령 통치로부터 하코다테를 분리하려는 주장이 등장했다.

삿포로 수부首府 삿포로에서는 홋카이도의 식민지 개발을 둘러싸고 본국
과 이해관계가 상이하다는 인식이 있었고, 이것은 정치 참여를 둘러싼 논의
에도 영향을 미쳤다. 『호쿠마이』의 사주인 아베 우노하치阿部宇之八는 1889
년 4월 '홋카이도 인사'들은 현재 "대부분 전국 정치 세계의 밖에 놓여"있으
나, 머지않아 '전국 각 부현'의 '자극'으로 "정치적인 일에 진력"하게 될 것
이고, "부현의 인사는 홋카이도 정략의 여하를 논"하게 될 것이라고 예견했
다. 그리고 자신의 정치적 입장을 공표했다. 특히 아베는 "홋카이도의 개척
은 일본 전국의 이익"이라고 주장하면서도, 다른 한편으로는 '홋카이도의
인사'는 "개진당 등 각 정당의 밖에 놓여" 있다는 태도를 취했다. 아베에 따
르면 '정치의 개량'은 '홋카이도의 인사'를 포함한 '전국 인민'의 과제이지
만, 문제는 홋카이도 개척이라는 '실익'에 비례하는 '대소경중大小輕重'에 있
다. 그리고 '각 부현의 인민'이 '정치 개량'에 종사하는 현재, 홋카이도 개척
의 당사자는 '홋카이도의 인사'뿐이며 개척사업을 최우선으로 여겨야만 한
다. 그러나 정당 세력이 본국에서와 같이 홋카이도에서 세력을 확장한다면
개척을 '지체'시킬 우려가 있다. 또한 본국 부현을 거점으로 하는 정당이

---

45 「条約改正の意見を告白せよ」; 任天居士, 「北海道は果して内地雑居を不利なりと云ふ
乎」, 『北毎』, 1884.10.13.

"세계藏計가 허용하지 않는다"며 '비개척론'을 주장할 가능성도 있다는 것이었다.[46] 즉,『호쿠마이』는 첫째로 정치운동이 개척을 방해할 가능성을 유념하고, 둘째로 재정적 관점에서 홋카이도의 개발사업비를 부담하는 본국과 이에 의존하는 홋카이도 사이의 이해 대립을 경계했다. 그 때문에 정당으로부터의 독립을 요구했던 것이다. 무엇보다도 아베는 본래 개진당계의 신문기자이며 양부인 아베 오킨도阿部興人도 유력한 개진당원이었다. 앞서 본 바와 같이 정당으로부터의 독립을 표명한 직후『호쿠마이』는 정당 중에서 개진당을 '가장 유망'하다고 평가했다. 아베와『호쿠마이』는 홋카이도와 본국 정당과의 잠재적인 이해 대립을 의식하면서 실제로는 입헌개진당과 관계를 유지하고 있었다고 여겨진다.[47]

더욱이『호쿠마이』는 '홋카이도 인민'의 '참정 권리'를 요구하는 입장을 명확히 밝히면서도 이것이 홋카이도의 식민지 개발체제의 해체로 이어질 것을 우려했다. 이 신문은 '홋카이도 인민'이 '식민정략' 때문에 '특별 시정施政 상 향복자享福者의 지위'에 있고, 국고보조를 통한 지방비 부담 면제, 병역 면제, 국세 면제·경감 등을 받고 있는 것을 큰 은혜라고 평가했다. 그러면서도 그 반면에 중의원, 홋카이도 단위의 의회, '정촌町村 자치' 등, '참정 권리 상 무능력자의 지위'에 있다는 점을 문제시했다. 또한 '개척 식민의 사업'이라는 '애국적 동작動作'에 종사하고 있는 '홋카이도 인민'은 '참정권'을 통해 "일본 국민으로서의 자격을 완수할" 필요가 있다고 호소했다. 이 신문은 "항복자의 감소를 근거로 참정의 권리를 살" 수는 없다고 우려했다. 그러

---

46 「政治上に於る阿部の意見」,『北毎』, 1889.4.9~16.
47 阿部宇之八伝記刊行会,『阿部宇之八伝』, 阿部宇之八伝記刊行会, 1933;「政党の未来」,『北毎』, 1889.4.18~27.

나 홋카이도의 지방비에는 '통치 정략' 즉, 통치 행정과 관련 있는 경비뿐만 아니라, '식민 정략' 즉, 식민지 개발 행정과 관련 있는 경비가 포함되어 있으므로 '홋카이도 인민'은 전자만을 부담하면 되며, 국고보조는 후자에 속하는 것이기 때문에 폐지할 필요가 없다고 주장했다.[48] 속령 통치와 식민지 개발체제의 결부로 인한 딜레마는 이후에도 일관된 문제였다.

또한 조약 개정 문제를 둘러싼 정치 대립은 홋카이도와 본국 사이의 이해 대립이라는 『호쿠마이』의 우려를 표면으로 드러냈다. 앞서 서술했듯이 정당으로부터의 독립을 표방하면서 사실상 개진당계였던 『호쿠마이』는 오쿠보 조약이 정치 문제화되자 「조약개정단행론」을 게재했다. 그리고 외국인의 잡거나 토지 소유도 문제가 없다고 주장했다. 그러나 다른 논설에서는 '홋카이도의 개척사업'에 '외인'이 참여하는 것은 '좌시'하지 않겠다고 잘라 말했다. 그러면서도 "식산흥업의 권세를 외인의 손에 양도하고, 홋카이도의 지주가 모두 외인이 된다면 국가 인민의 이익을 잃기" 때문에, 홋카이도에 투자하지 않는 '부현의 자본가'들에게 '깊이 반성'할 것을 요구했다.[49] 이는 얼핏 보기에는 앞서 서술한 하코다테의 잡거용인론雜居容認論과 유사해 보인다. 그러나 식민지 개발을 위해 홋카이도 외부의 자본에 의존했기 때문에 굴절된 형태로, 보다 절박하게 외자外資에 대한 위기감을 보이고 있었다고 할 수 있다. 『호쿠마이』의 기자인 야나기우치 요시노신柳內義之進은 일찍이 홋카이도 내 외국인 잡거로 인한 구미 자본의 '우리 도道 제반사업'의 '전유專有', 러시아인에 의한 '희랍교希臘教' 포교, 중국인의 '저렴한 노동력' 유입 등의 가능성을 언급했다. 그러나 「단행론」이 게재된 직

---

48 「政治上に於る北海道人民の進路」, 『北毎』, 1889.5.24.~6.1.
49 「条約改正断行論」, 『北毎』, 1889.8.13~29; 「府県資本家の猛省を望む」, 10.3.

후에는 퇴사하여 자유당계의 홋카이도 구락부를 결성하고, 『호쿠마이』를 "갈아낸 참마 속에 뱀장어를 넣은 것 같이 미끌미끌해서 잡을 곳이 없다", "홋카이도주의北海道主義라고 해도 기실은 개진주의開進主義"라며 야유했다.[50] 아마도 『호쿠마이』는 개진당의 조약 개정 단행론을 지지한 결과, 홋카이도 잡거 논쟁에 관한 주장의 일관성을 잃어버린 것이다.

1889년 말 오쿠보 외상의 사임과 함께 조약 개정안을 둘러싼 정치운동이 종식된 직후, 『호쿠마이』는 본국의 정치에서의 '홋카이도 문제'에 대한 위기감을 재차 표명했다. 애초에 홋카이도와 본국 '부현' 사이에는 홋카이도청의 경비를 부현이 부담한다는 이해 대립이 있다. 게다가 조약 개정에 관한 각 정당의 '엄청난 논쟁'으로 본다면 '홋카이도 문제'도 본국에서 '정당 쟁론의 초점'이 되어, '국민의 행복'을 살피지 않고 '비非개척론'에 이를 우려가 있다고 서술한 것이다. 홋카이도 잡거 문제를 둘러싼 혼란은 『호쿠마이』의 위기감을 증대시켰을 것으로 생각된다. 이후 『호쿠마이』는 '부현 인민'의 "비개척론을 방해"하기 위해 '홋카이도민'이 각 정당에 가입하지 않고, '개척주의'에 의한 '독립독행獨立獨行', '일치결합'운동을 단행해야 한다고 앞장서서 주장했다.[51]

이상과 같이 삿포로는 하코다테와 마찬가지로 '일본 국민'의 '자격'으로 참정권을 요구했으나 홋카이도의 식민지 개발을 둘러싼 본국과의 이해 대립을 염려했다. 또한 참정권을 부여받는 대신, 속령 통치하의 식민지 개

---

50   柳內義之進, 「北海道問題」, 『北海新聞』, 1887.7.19; 編輯小僧, 「柳內農学土の演説を拝聴す」, 『北毎』, 1889.12.14; 河西英通, 「北海民権家の軌跡柳內義之進論」, 永井秀夫編, 『近代日本と北海道-「開拓」をめぐる虚像と実像』, 河出書房新社, 1998.

51   「政党の加盟と自家の製肘」, 『北毎』, 1889.12.3~5; 「北海道民の政治主義」, 12.12・14・18・19; 「松前同志会の運動に就て」, 1890.1.17; 「各地方の有志者に望む」, 1.23.

발에 따른 보호를 상실할 것에 대하여 염려한 점은 하코다테와 달랐다고 할 수 있다. 이러한 우려는 홋카이도청의 개발·통치 행정을 위한 예산이 본국 부현 주민의 부담에 의존하는 구조를 전제로 한다. 또한 조약 개정 문제는 홋카이도와 본국 사이의 이해관계에 차이가 있을 가능성을 겉으로 드러냈다. 더욱이 『호쿠마이』에 한해서 본다면, 삿포로에서는 홋카이도 안에서 하코다테를 특별취급하는 관점은 보이지 않았고, 명백히 홋카이도를 하나의 단위로 보는 관점이 전제에 놓여 있었다고 생각된다.

네무로 수산업을 중심으로 발전해 온 네무로에서는 본국의 정치운동과는 선을 긋고 홋카이도 개척에 종사하여 본국에 지원을 요청하는 것을 가장 우선으로 생각하는 태도가 보인다. 1889년 9월 야나기다 도키치柳田藤吉, 어업나 야마가타 유자부로山県勇三郎, 해운업 등 네무로의 유력 실업가들이 출자자로 참여한 북우샤北友社는 주간지 『호쿠유北友』를 창간했다.[52] 그 간행 취지는 일본의 '최대 급무'인 홋카이도 개척에 대한 '내지 인사'들의 '냉안시'冷眼視를 바꾸어 자본과 노동력을 가져오는 것이었기 때문에, '정치상의 일'에는 관여하지 않는다고 표명했다. 이 잡지는 조약 개정이 달성된 후 '모험기업의 정신'으로 재산이 많은 외국인이 잡거를 통해서 홋카이도의 "풍요로운 수생물과 농산물로 이익을 움켜"쥘 것이라는 우려를 인정했다. 그리고 이를 막기 위해서는 '우국애민 지사'가 스스로 "분발하여 우리 도道의 개척사업에 종사"해야 한다고 주장했다. 나아가 주필인 사토 기요요시佐藤喜代吉는 '우국애민 지사'라면 '전국적 큰 문제'로 "홋카이도와 중대한 관

52　糟谷英司, 「根室の新聞」, 『根室市博物館開設準備室紀要』 7, 1993.

계를 가진" 조약 개정 문제에 관해 의견을 보이라는 비판에 응하여, "정론을 논하는 자만 애국자"라는 주장은 '크게 그릇된 견해'라고 논박했다. "식산흥업이 발달하지 않은" 일본에서 "어농공상 제반의 업무에 종사하는" 것은 '가장 애국적인 행위'이며, 그 무엇보다도 "세상 사람들이 머뭇거리고 주저"하는 홋카이도에서 "제국의 부원富源을 개발하여 북방의 관문을 걸어 잠그려 하는 인사"가 '애국자'가 아닐 리 없다는 것이었다.[53]

이처럼 일본령 홋카이도의 식민지 개발을 '애국 행위'로 규정하고, '정치'에 관여하지 않는 것을 적극적으로 긍정한 『호쿠유』의 논리는 개척에서 아이덴티티을 추구하는 홋카이도 이민자의 의식에서 기인한 것이라고 할 수 있다. 그러나 동시에 『호쿠유』는, 홋카이도 개척을 위해 본국 부현의 '정치' 자체의 변화를 요구한다는 의미에서는 오히려 상당히 정치적이었다. 이 잡지는 본국의 '정치열'이 홋카이도 개척을 방치하고, 특히 부유한 평민이 "빈궁한 사족인 경솔하고 시끄러운 자들과 함께 유지 등으로 칭하며 정치상으로 분주한" 것은 '심히 감복할 수 없는 일'이라고 비판했다. 그리고 그들의 '금전적 힘'은 "같은 일본 국내인 홋카이도의 부원富源"에 투하되는 것이 바람직하다고 설명했다.[54]

또한 1890년 초 『호쿠유』 차석次席 기자인 미야자키 만이치宮崎万一는 다가올 제국 의회에 관하여 삿포로의 『호쿠마이』와 마찬가지로 홋카이도 사업비를 둘러싼 본국 부현과의 이해 대립을 염려하며 다음과 같이 논했다. 요약하자면, "대의사代議士[중의원 의원 - 역주]가 없고 참정의 권리를 얻지 못한"

---

53 「北友発行要旨」, 『北友』 1, 1889; 佐藤含和, 「政治を談ずる者独り愛国者にあらず」, 『北友』 3, 1889.

54 「平民諸君に告ぐ」, 『北友』 17, 1890.

것에 대하여 언급하자면, 홋카이도 인민이 "국회와 전혀 관계가 없다고 생각하여 이를 방관하는" 것은 잘못되었다. '우리 홋카이도의 장래'는 '3백 명의 중의원 의원'이 하기 나름이다. 게다가 "우리 홋카이도 인민과 내지 인민의 이해관계"는 다르다. 이들 대의사들은 "홋카이도 개척사開拓使 이래 수천만의 경비는 곧, 우리 내지 인민의 두통을 일으키는 조세일 뿐"이라는 입장을 가지고, '개척해야 할 평원'은 '내지'에도 있고, 또한 '이주지'가 필요하다면 '남북아메리카'로 "일부분 보호를 해주며 이주를 권유"하면 되고, 또는 홋카이도를 "외국 자본가의 자유 개척에 일임하는 것도 한 가지 방법"이라는 등, 홋카이도 사업비 부담을 거부할 우려가 충분히 있다. 따라서 이를 막기 위해서는 '홋카이도 전체의 일치단결'한 '정치운동'을 통해 "정부의 실정을 막고, 의회의 그릇된 의결을 피하게 할" 수밖에 없다는 것이다. 또한 머지않아 '척지식민拓地植民의 실력'이 올라가면 '국회의 의원'이 "우리 도의 경비에 참견할" 이유가 없어져 홋카이도에는 '일반 지방제도 준행', '중의원의원 선거법 시행'의 시기가 오게 될 것이라고 주장한 것이다.[55] 즉, 본국 의회에 이익대표를 내지 못한 것에 대한 위기의식이 본국 정부·의회를 향한 정치운동의 필요라는 주장으로 이어진 것이다. 더욱이 미야자키가 남북아메리카를 '이주지'로서 홋카이도와 경합하는 지역으로 파악했던 것은 당시 이민의 양상을 잘 보여주고 있다. 실제로 『호쿠유』의 출자자인 야마가타 유자부로도 1880년에 홋카이도로 건너가기 전에는 '북아메리카행'에 뜻이 있었다. 또한 1908년에는 브라질로 건너가 개척 이민의 선구자가 되었다.[56]

---

55 宮崎英峰, 「本道人民の国会に対する用意は如何」, 『北友』18~20, 1890.2.19·26·3.5.

이처럼 네무로의『호쿠유』는 홋카이도 개척에는 국가적 의의가 있기 때문에 조약 개정 문제를 필두로 한 본국의 정치운동에는 관여하지 않는 태도를 취했다. 그러나 이는 본국 의회에서 부현의 대표들이 홋카이도 개발 사업비를 좌우하는 것에 대한 위기감과 결부되었다. 그래서 이러한 사태를 막기 위한 정치운동이나 정치 참여에는 적극적인 뜻을 보였던 것이다.

이상에서 본 바와 같이 홋카이도에서는 중의원선거법에서 제외된 것을 '국민'의 '자격' 상실로 받아들였다. 그리고 정치 참여 요구와 함께 홋카이도 개척에 '국민'의 임무라는 의의를 부여하는 주장이 나타났다. 조약 개정 문제에 관해 하코다테와 삿포로에서는 본국 정치 사회로 접근하는 모습이 보이는 한편, 네무로는 관여하지 않는 태도를 취했다. 다만 참정권 문제의 경우 삿포로와 네무로에서는 본국 부현 대표와의 이해 대립에 위기감을 보인 반면, 하코다테에서는 하코다테를 다른 지역과 구분하여 본국 측에 서고자 했다. 더욱이 홋카이도 내 외국인 잡거 문제에 관해서 하코다테는 개항지로서 가진 경험을 통해 문제시하지 않았다. 이에 비해 삿포로나 네무로에서는 어느 정도 경계하는 모습을 보였다. 이는 각지에서 이주 식민지화를 둘러싼 인식의 차이를 반영했던 것이라고 할 수 있다.

2) 식민자 의식의 형성

중의원선거법 제정 이후 홋카이도의 정치에 대한 관심은 높아졌다. 그런 가운데 홋카이도 내 야마토인 사회에서는 각 지역의 입장 차이를 넘어서 식민자 의식이라고 할 만한 정치의식이 형성되고 있었다. 앞서 서술했

56　押本直正, 「ある明治人の生涯-山県勇三郎に関する研究ノート(1)」, 『移住研究』 8, 1972; 前田康, 『火焔樹の蔭−風雲児山県勇三郎伝』, 近代文藝社, 1995.

듯이 이들이 홋카이도 개척에서 아이덴티티를 추구하고, '애국' 행위라고 의의를 부여한 것이나 참정권의 결여를 '국민'의 '자격' 상실로 받아들인 것은 그 자체로 식민자 의식을 드러낸 것이었다. 그러나 이뿐만 아니라 식민자 의식에는 야마토인 이민자들의 민족의식의 요소가 강했다.

우선 '식민지'라는 단어부터 확인해 보자. '식민지'로서 홋카이도란 무엇보다도 문자 그대로 개척·입식의 대상지를 의미한다. 그로 인해 홋카이도의 통치가 부현과 차이를 보이는 것으로 여겨지나 '식민지'라는 것 자체가 곧 종속성에 합의한 것이라고 할 수는 없다. 오히려 '식민지'로서의 특수성은 국가적 보호나 제도적 특례 요구를 정당화하는 근거로 인식되고 있었다. 그러나 '식민지'인 것이 정치적 무권리를 필두로 하는 종속성이나, 일본 본국으로의 '국민'적 통합에 지장을 주는 것으로 이어지는 부분에 대해서는 큰 우려를 보였다. 그럴 때 사용된 것은 "정부는 홋카이도 인민을 자치제도 밖에 두고 국회에 참여하지 못하게 한다. 우리를 대우하는 것은 마치 이방 인종을 대하는 것과 유사하다",[57] "애초에 홋카이도는 순전한 식민속국이 아니며 동등하게 제국의 성城 내에 있다"[58]라는 논법이었다. 즉, 야마토인 이민자들은 식민지로서 홋카이도가 단순한 특별지역이 아니라, 정치적으로 본국에 종속된 속령이라는 점에 대하여 반발했던 것이다.

또한 이러한 논리는 홋카이도 주민의 대부분이 야마토인 이민자라는 인식과 밀접한 관계가 있다. "홋카이도 인민은 모두 내지인과 동일"[59]한 것, "홋카이도에 있는 인민은 내지에서 이주한 자가 상당히 많"은 것은[60] 종속

---

57 「官民の權衡」, 『北毎』, 1890.10.24.
58 廿一回生(寄書), 「出てゝ棄と野に謀れ」, 『北毎』, 1891.1.16.
59 위의 글.
60 「官民の權衡」, 『北海』, 1890.10.25.

적 지위를 거부하는 유력한 논거가 되었던 것이다. 이처럼 야마토인 이민자가 홋카이도민의 대부분을 점유하고 있는 것을 강조했다. 그 결과 식민자 의식은 다음과 같이 다른 민족을 특히 차별화하고, 낮은 지위로 서열화시키는 논리를 만들었다.

첫째로, 동일한 속령 통치하에 놓여 중의원선거법이 시행되지 않았던 오키나와 및 오가사와라 제도와의 대비이다. 이들 지역은 "인지人智로 보아도 민력으로 보아도, 다른 제반의 것이 모두 내지와 다른 차이가 있다. 말할 것도 없이 (홋카이도와) 같이 논해서는 안 될 것"이라고 평가되었다. 그 근거는 홋카이도 주민의 대부분이 본국에서 이주한 야마토인이라는 것 외에는 없다.[61] "내지 인민이 우리 홋카이도 인민을 보는 시선도, 영국 인민이 인도 인민을 보듯이 하거나, 설령 그렇지 않다고 해도 언제까지나 오늘날의 류큐 인민을 보듯이 한다면 어떻겠는가"[62]라며, 홋카이도의 야마토인이 속령 통치에 따라 오키나와인과 같은 수준으로 취급되는 것에 대해 강한 불만을 가지고 있는 것이 확인된다. 게다가 오키나와인은 언어나 풍속으로 보아도 '특별 인종'이라고 주장되었다.[63]

둘째로, 이러한 식민 의식은 야마토인과 홋카이도 원주민인 아이누의 차이를 강조했다. 스스로가 "내지 각 부현에서 이주했다"라는 것은, 바꾸어 말하면 "우리 홋카이도 주민은 전부 아이누"가 아니라는 주장이 되었다.[64] 또한 홋카이도민이 참정권을 얻는 과정에서 '처음으로 제기되어야 할 의문'으로, '아이누 인종의 처분법'을 검토한 『하코신』의 논설에서는

61　「中央政府に望む」, 『北海』, 1890.9.10.
62　「区内に存在する諸種の会を聯合せんことを望む」, 『北海』, 1889.8.13.
63　「官民の親和」, 『北海』, 1891.4.29.
64　「北海道に地方議会を設くるの議」, 『北海』, 1891.1.21~24.

다음과 같은 논의가 이루어졌다. 즉, 일본의 선거법은 재산 제한 선거로 '지식적 제한법'이 아니기 때문에 아이누는 '일본 신민의 일부', '정치 사회의 한 요소'이며, "어느 정도의 재산을 가지고 법률이 정한 의무"를 다하는 한 참정권을 주는 것이 '도리'라는 것이다. 그러나 아이누는 '일본인'과 '언어', '풍습', '역사 종교'를 공유하지 않는 '열등한 종족'이며, "도저히 입헌 치하의 민으로서 적합한 사상"을 가지고 있다고 할 수 없다. 따라서 '지식이 일본인과 동등'해지기 전까지는 "정권을 빼앗아야" 한다는 것이다. 여기에서 '일본 신민'은 일본 국적·호적 보유자, '일본인'은 야마토인으로 볼 수 있을 것이다. 게다가 이 논자는 "아이누 인종은 찬撰·피찬被撰의 자격을 갖추기에 충분할 정도의 재산을 가질 수 없다"라는 견해를 제시한 후, 이를 "의심할 바 없이 억지스러운 판단이며 선천적인 약속이라고는 할 수는 없다"고 치부하며, 아이누를 제도적으로 끝까지 참정권에서 배제할 것을 주장했다.[65] 즉, 참정권 부여에서 일본 국적·호적 보유자 사이에 민족 간 격차를 두는 것에는 제도적 근거가 없었으나, 이 논자는 이것이 필요하다고 본 것이다.

이상과 같이 홋카이도에서 야마토인 이민자의 식민자 의식이란, 식민자인 스스로를 '국민'으로 인지할 것을 요구하고, 정치적 종속성이 해소되기를 바라는 것이었다. 또한 그들은 스스로가 본국 출신인 야마토인이며, 원주민인 아이누나 같은 속령 통치 아래에 있던 오키나와의 오키나와인, 오가사와라 제도의 구미·하와이계와는 다르다는 주장으로 그들의 요청에 대한 근거를 만들고자 했던 것이다.

---

65 「アイノを如何せん」, 『函新』, 1890.4.1·5·6·8·9·11·12·15.

4. 정치 참여와 식민지화의 딜레마

1) 지역 간 대립의 표면화

홋카이도 각지의 언론 활동과 정치 활동은 본국 의회의 개설 이후 조직적 청원운동으로 조직되었다. 특히 중의원에 홋카이도에 관한 사항이 심의에 올랐던 것이 이 운동을 촉진했다.[66] 다만, 청원운동은 정치적 권리 요구로만 전개된 것은 아니며, 또한 전체적으로 일치한 것도 아니었다. 개척 행정이나 식민지화를 둘러싼 홋카이도 내부의 지역적인 입장 차이는 의회 개설을 앞두고 하코다테와 삿포로 간의 이해관계와 정치 구상의 대립으로 표면화되었다. 두 지역의 긴장관계는 청원운동을 규정하는 요인이 된 것이다.

하코다테와 삿포로는 모두 홋카이도의 정치적 종속성 해소를 모색하고 있었다. 그러나 1890년 초에 두 지역의 구상이 명확하게 엇갈리게 되었다. 먼저 대립의 소재가 현저하게 나타난 것은 하코다테『홋카이』의 하코다테 분현론分縣論이다.

1887년 말에 홋카이도로 건너와『홋카이』의 주필이 된 사세 세이치佐瀬精一[전『우편호치신문(郵便報知新聞)』기자]는, 이듬해 2월부터 다음과 같이 하코다테 분현론을 전개했다.[67] 첫째로, '홋카이도의 인민'이 '동등한 이 제국의 신민'이면서 '국회 밖에 놓인' 것은 '무엇보다도 유감'이다. 그런데 그중에서도 '우리 하코다테 구민'의 '정치상의 지위'는 개선이 필요하다. 왜냐하면, 홋카이도는 '간섭 보호 아래'에 있는 '식민의 땅'이므로 '자치제도'가 아직

---

66   船津,『北海道議会開設運動の研究』.
67   「函館区民に告く」,『北海』, 1890.2.12・13;「有志者諸君に告く」, 3.6・7.

이르다고 하는 주장은 '민도民度'도 '내지'에 비견되고 '제반 세율', '병역의무'의 부담도 '거의 내지 각 부현과 같은' '옛 하코다테현'에는 적합하지 않다는 것이다.

둘째로, 사세는 '홋카이도청 경비經費'의 '거치据置'라는 "헌법 해석이 파괴"되어 "국회에 제출해야" 한다면, 홋카이도에서 제국 의회에 의원을 보내는 것은 필수적이라고 지적했다. '거치'를 논한 것은 홋카이도청 경비특별규정北海道廳経費特別規程[1887년]에서 도청 경비 및 예산은 도청의 수입과 국고보조의 합계에 따라 정액으로 되어 있었기 때문에 제국헌법 제67조의 '기정 세출'에 해당되어 심의 대상이 되지 않는다는 해석을 가리킨다고 판단된다. 그러나 '기정 세출'이란 1890년도 예산으로 정해진 것만을 가리킨다는 보도[68]를 접한 사세는 이 해석이 부정된 것으로 이해하고, 도청 경비 심의를 위해 홋카이도에서 제국 의회로 대표를 보내는 것이 급선무라고 주장한 것이다.

셋째로, 이상에 따라 사세는 하코다테를 홋카이도에서 분리하여 '현'으로 만드는 것을 제안했다. 홋카이도에서 제국 의회에 의원을 보내기 위해서는 홋카이도 전체의 지방자치제 준행에 앞서 우선 "홋카이도 중 1위를 점"하는 하코다테에 "자치제를 선포"해야 하고, 나아가 "하코다테 인민이 정치상의 지위를 높"이기 위한 최선의 방책은 "홋카이도청의 지배에서 벗어나 새롭게 현을 두어 내지와 같은 구조를 세워"야 한다고 주장한 것이다.

즉, 사세는 하코다테 주민이 본국 주민과 비슷하게 의무를 부담하고 있다는 이유를 들어 홋카이도 내의 다른 지역처럼 정치적 무권리 상태에 놓

---

68 「国会の議定権は僅に千五百七十万円に過ぎず」, 『朝野新聞』, 1890.2.9.

인 것이 불공평하다고 주장했다. 또한 이를 근거로 척식사업의 주체가 되어야 할 홋카이도 내 다른 지역에서 옛 하코다테현을 떼어내 제도상 본국으로 편입시킬 것을 주장한 것이다. 1890년 7월 『하코신』도 '옛 하코다테현하'를 "분리하여 특별한 치청治廳을 설치하는" 것은 고려할 가치가 있다고 논했다.[69]

그러나 홋카이도에서 제국 의회에 의원을 보내는 것과 하코다테를 홋카이도청에서 분리해서 본국으로 편입하는 것은 제안으로서 정합적이지 않다. 하코다테에서만 선출되는 대의원은 더이상 홋카이도의 대표가 아니기 때문이다. 앞서 서술했듯이 제국 의회의 도청 경비 처우에 큰 우려를 품은 삿포로 『호쿠마이』는 사세의 하코다테 분현론에 즉각 반론을 제기했다. 즉, 훗날 홋카이도가 '부현 인민'에 비견된다면 '홋카이도의 척지拓地 식민'에 대한 정부의 '보호 정략'은 모두 폐지될 것이므로, 나중을 위해 자치제도는 '특별한 규칙', '간단한 방안'이라도 도입해야 한다는 것이다. 다만 문제는 그 순서와 방법에 있는데, 하코다테의 '분리론'은 "다른 지방은 열등하기 때문에 (…중략…) 신경 쓸 필요 없고, 그저 하코다테 인민만 참정권을 얻으면 그만이라는 어투"가 있어 '온당'치 못하다고 했다. 또한 도청 경비에서 "삿포로, 네무로 두 지방의 사업에 사용해야 할 비율"을 늘린다고 생각하면 이것도 "혹은 개척의 첩경"일지 모르나, 하코다테가 '아무리 유력'하다고 해도 '오늘날의 정태情態'를 "내지內地 일반의 시정"으로 유지할 수 있다고 생각되지는 않는다고 했다. 예를 들어 '수도 공사'나 앞으로 '축항築港'을 할 때 "독력獨力으로 이를 성축할" 수 있을지 의문이 있으며, 오

69 「機は来れり」, 『函新』, 1890.7.4.

히려 "홋카이도 전체를 하나의 단체로 만들"어 자치제도 시행을 목표로 삼아야 한다는 것이었다.[70]

즉, 『호쿠마이』는 홋카이도 개척사업이 장래적으로 홋카이도 전체에 본국과의 평준화를 가져올 것이라고 주장했다. 그리고 하코다테는 삿포로나 네무로를 포기하며 본국으로 편입되기를 바라고 있다고 비판한 것이다. 『호쿠마이』는 이 주장을 보강하고자 현재의 단계에서도 '개척 정략'을 유지한 채 홋카이도 전체에 자치제를 시행하는 것이 가능하다고 주장했다.[71] 이전과 마찬가지로 도청 경비가 '행정사무'에 더해 '개척사무'도 조달하고 있음을 지적한 후, 양자를 경비상 '분별'하면 된다고 주장한 것이다. 구체적으로 이 신문은, 국세인 수산세를 지방세로 이관한다면 이를 재원으로 '지방비 독립'이 가능하고, 통치행정 경비를 확보할 수 있다고 설명했다. 수산세의 이관은 이전부터 홋카이도청 내부에서 마쓰다 마나부松田学 세무과장이 홋카이도 '지방 경제 독립' 수단으로 제안한 것이었다. 『호쿠마이』가 노린 것은 개발 행정과 통치 행정을 경비상으로 변별한 후에 어디까지나 홋카이도청 아래에서 불가분하게 일체화된 것으로 여겨, 하코다테의 분현·본국 편입 가능성을 부정하는 데 있었다고 할 수 있다. 때문에 하코다테의 항만 정비도 홋카이도청의 식민지 개발사업의 일환으로 홋카이도청 아래에서 실시되어야 한다고 주장한 것이다.

그러나 『홋카이』는 『호쿠마이』의 비판에 대하여 분현론을 수정하기는 커녕, 한층 더 홋카이도청과 삿포로를 향한 비판을 전개해 나갔다. 한편으

70　不侮生恭夫, 「自治制度の施行方針」, 『北毎』, 1890.2.18~20.
71　不侮生恭夫, 「開拓政略と自治制度」, 『北毎』, 1890.2.26~28; 今里準太郎, 『北海道会史』, 今里準太郎, 1918, 36~37쪽.

로는 '홋카이도청의 행위'가 '민업 보호상 불공평한 것이 있다'고 하면서 '실정失政에 대한 비난', '공의公議의 공격'을 면할 수 없다고 주장했다. 그러면서 한편으로는 '소수의 인사'가 '관권'을 '남용'함으로써 '다수 인민의 공익'을 희생하여 '사리私利'를 취하고 있다고 비난했다.[72] 이는 삿포로의 '소수 인사'와 결탁한 보호 편중이 도청의 '실정' 가운데 중요한 부분을 차지한다는 비판임이 틀림없다. 그리하여 '개척 정략'에 의거한 삿포로의 『호쿠마이』에 대해 하코다테의 『홋카이』는 도청과 삿포로를 향한 대립 태세를 명확히 드러냈다. 이러한 태세를 가능하게 한 것은 하코다테가 도청으로부터의 독립이나 본국 편입도 가능한 정도의 발전을 이루고 있다는 인식이었다고 생각된다.

아울러 회계법[1889년, 법률 제4호]이 1890년도부터 시행됨에 따라 홋카이도청 경비 특별규정은 폐지되었다. 도청의 경비 수지는 모두 대장성 소관의 일반회계로 되었다. 따라서 이는 명확하게 본국 의회의 심의 대상이 되었다.

2) 삿포로의 개척사업비 청원운동

앞서 살펴본 것처럼, 삿포로 『호쿠마이』는 일찍이 본국 의회에서 정당에 의해 홋카이도 개척사업비가 감액될 것을 우려하고 있었다. 그리고 의회 개설 직후인 1890년 11월에 자유당과 입헌개진당이 제출한 이른바 '민당民黨' 예산사정안豫算査定案에서 홋카이도 관계비 24만 엔이 삭감된 것은

---

72 「誰れか北海道庁に失政なしと謂ふや」, 『北毎』, 1890.7.3; 「札幌の空気を一洗す可し」, 7.4; 「北海道を分割して新政庁を設く可し」, 『北海公論』, 1890.9.1. 『홋카이공론(北海公論)』은 『홋카이』가 발행 정지된 후의 대체지.

이 우려가 현실화된 것으로 받아들여졌다. 실제로는 '민당' 사정안에서 삭감 대상이 된 것은 도청 관리의 봉급 여비뿐이었고, 다른 성省 및 청廳과 동등한 '정비政費 절감'이었다.[73] 그러나 『호쿠마이』는 이를 "홋카이도를 모르는 것"이라고 보도하고, 아베 우노하치를 청원위원으로 하여 삿포로에서 본국 의회로 신규사업비 증가를 요구하는 청원이 제출되었던 것이다(심의에 이르지 못함). 청원 협의 과정에서는 앞선 감액분 24만 엔을 사업비 증액에 충당할 것, 자치제도의 준행과 '지방의회' 설치, 나아가 중의원선거법의 시행이 구체적인 청원 내용으로 올라갔다. 자치제 조항은 같은 시기에 자치제 시행 청원을 계획했던 오타루와의 제휴를 위해 포함된 것이었는데, 앞서 언급한 수산세를 지방세로 이관하여 도청사업을 통치 행정과 개발 행정으로 분할한다는 『호쿠마이』의 지론과도 결부되어 있었다. 다만, 요점은 어디까지나 사업비 증액이며 삿포로의 유력 실업가·쓰시마 가사부로対馬嘉三郎 등의 반대로 인해 오타루와의 제휴가 해소되었을 뿐만 아니라, 실제 청원에서는 자치제 조항 자체가 철회되었다. 오타루는 결국 따로 청원을 제기했다.[74]

자유당과 개진당이 감세 요구를 중심으로 정부와 대결하는 상황에서 본국 의회에서 개척사업비 증액을 정당화하기는 곤란했다고 할 수 있을 것이다. 『호쿠마이』는 '홋카이도의 척지拓地 식민'은, "구미의 여러 나라가 식민지에 대"하여 "민관이 일치하여 해마다 거액의 국비를 투입"하고 있는 것과 동일한 '국가적 사업'이며 "단지 식민지방의 이익을 도모"하거나 "한

---

73 『第一回帝国議会衆議院議事速記録』, 1891.1.13.
74 「北海道人民諸君は沈黙せんと欲するか或は之に反し大に論争せんと欲するか」, 『北毎』, 1891.1.4; 「速かに請願委員を上京せしむべし」, 1.9; 「請願の要旨に就て」, 1.24; 船津, 『北海道議会開設運動の研究』第2~3章.

지방에만 이바지하는" 것과 같은 '지방적 사업'은 아니라고 설명했다.[75] 그러나 홋카이도 개척사업비의 요구가 일면으로 본국 부현의 공공사업과 마찬가지로 지역적 이익의 요구를 의미하는 것은 피할 수 없었다. 이후 1894년 『호쿠몬 신보北門新報』[삿포로]의 나카노 지로中野二郎는 홋카이도 협회 삿포로 지부에서 한 연설에서 "중요한 국가 문제 즉, 본도本道 척식사업"의 중대성을 설명하며 다음과 같이 말했다.

> 국가 부원 개발의 열매를 얻고자 한다면 저 당폐黨弊의 결과인 썩은 논리를 물리쳐야 한다. 무엇을 썩은 논리라 하리요. 저 무지한 소민小民에게 한때 환심을 얻은, 가로되 지가地價 수정, 가로되 지세 경감 문제와 같은 이른바 민력 휴양民力休養 문제라고 일컫는 것, 바로 이것이다.[76]

본국 의회의 '민력휴양' 요구가 '썩은 논리'라는 비판은 직접적으로는 '당폐'에 대한 비판이었다고 해도, '무지한 소민'이란 분명 정당을 지지하는 본국 부현의 유권자를 가리키고 있었다. 홋카이도 개척사업비 요구는 아무리 '국가적 사업'으로 정당화되더라도 잠재적으로는 본국 부현과의 대립을 의미했다.

이상과 같이 삿포로의 청원운동의 핵심은 홋카이도 개척사업비의 증액 요구였으나 정치적 권리를 요구하는 것이기도 했다. 그리고 오타루와의

---

75 「北海道の拓地殖民は国家的事業なり」, 『北毎』, 1891.2.25; 「事業の性質を吟味せよ」, 3.1.
76 中野二郎, 「北海道協会」, 『北毎』, 1894.1.28. 홋카이도협회(北海道協会)는 1893년 3월에 고노에 아쓰마로(近衛篤麿)를 회의 대표로 세워 홋카이도 척식 진전을 위해 "내지와 홋카이도를 연결"하여 귀족원·중의원을 움직이게 하고자 결성되었다.(佐藤司, 「明治中期の拓殖政策と北海道協会」, 『日本近代史研究』 5, 法政大学, 1960).

제휴를 시도한 것에 머무르지 않고, 그들은 홋카이도 전체의 일치된 운동을 계획했다. 하코다테에서는 당초부터 독자적인 '홋카이도 의회' 구상에 따른 청원운동이 조직되어 있었지만, 『호쿠마이』는 이것을 삿포로척식사업·오타루자치제도가 각각 '당착撞着'하는 것이 아니라, 제휴를 통해 '홋카이도민의 여론'을 형성해야 한다고 호소한 것이다.[77] 그러나 다음에서 볼 수 있듯이 하코다테와 삿포로 사이에는 운동 방침이나 목적에 큰 차이가 있었다.

3) 하코다테의 홋카이도 의회설치 청원운동

하코다테의 '홋카이도 의회' 구상은 본국 의회 개설 직전에 나타났다. 하코다테에서는 1890년 7월에 나가야마 다케시로永山武四郎 홋카이도청장관이 홋카이도의 '자치제 시행'이나 중의원선거법 시행 등과 함께 '홋카이도 의회' 설치를 본국 정부에 상신했다는 보도가 주목을 끌었다. 그리고 10월 중반에는 직전까지 하코다테 분현론을 주장하고 있던 『홋카이』가 '홋카이도 의회' 설치를 주장했다. 홋카이도는 '특별제도' 아래에 놓여 있지만, '일본제국의 판도에 속하'는 이상은 "여론 정치를 시행하지 않을 수 없다"고 하며, '홋카이도 내 국회'로서 홋카이도 의회 설치를 제안한 것이다. 또한 1891년 1월에 다카쓰 나카지로高津仲次郎, 자유당가 중의원으로 「홋카이도에 지방의회를 설치하는 것의 건의」를 제출한 일이 보도된 것을 계기로 홋카이도 의회 설치운동이 구체화되었다. 여기에는 현지의 유력 해운업자인 히라데 기사부로平出喜三郎나 『하코신』도 가담했다. 2월에는 '홋카

---

77 「北海道民の輿論」, 『北每』, 1891.2.1.

이도 의회' 설립을 요구하는 청원서가 작성되어, 상경한 구도 야헤『홋카이』의 경영주와 바바 다미노리馬場民則[변호사]를 통해 본국 의회에 제출되었다[심의에 이르지 않음].78

나가야마의 '홋카이도 의회'안이란 수산세의 지방세 이관을 전제로 "부현회처럼 지방세의 수지를 논의"하는 '간이' '식민의회'를 설치하는 것이다. 또한 다카쓰의 '지방의회'안도 홋카이도에서 "사업상의 폐해를 교정"하고 "회계상의 정리를 위"하여 도청 경비 중 "다른 부현에서는 당연히 부현회에서 논의할" 금액을 의논하는 것으로 "행정관을 철주掣肘 감독"하는 부현회와 동등한 의회였다.79 그러나 하코다테의 홋카이도 의회안은 홋카이도 지방비 의결이나 청령廳令에 대한 의견 진술 같은 부현회와 동일한 권한뿐만 아니라, 홋카이도 사업비국고의 예산 수지 의결권, 제국 의회에 위원 파견도 규정했다. 청원서는 이를 단적으로 '식민지'의 특례로서 '제국 의회와 지방의회의 중간에 위치'하는 의회라고 설명했다.80

홋카이도 의회가 사업비 의결권을 얻기 위한 구체적 방안으로는, 홋카이도청에서 본국 의회에 사업비를 요구하기 전에 홋카이도 의회가 그 제출안을 의결할 것, 그리고 본국 의회에서는 홋카이도 의회에서 파견된 위원이 도청 경비 및 홋카이도 관계 법안 심의 시에 의견을 진술할 것이 상정되었다. 이러한 절차가 필요하게 된 것은 본국 의회의 예산협찬권予算協贊權을 침해하지 않기 위해서였다. 또한 『하코신』에 따르면 '단순한 지방의회'로는 부족하지만, "홋카이도 전반의 정치, 경제 모든 사항을 결정할 권

---

78 「機は来れり」, 『函新』, 1890.7.2~5; 「風説信す可きか」, 『北每』, 1890.7.12; 「北海道議会を設く可し」, 10.18; 船津, 『北海道議会開設運動の研究』, 10~16쪽.

79 今里, 『北海道会史』 37쪽; 「地方議会開設の議」, 『函新』, 1891.1.21.

80 「北海道議会設立之意見書」, 永井編, 『北海道民権史料集』, 1891.2, 343~351쪽.

한을 주는 것은 마치 이 홋카이도를 일본 판도 내에서 제척除斥하는 것과 동일"하다는 인식에 따른 것이다. 이들이 원한 것은 '식민지'로 말미암은 '특별의회'였으며, 청원서에는 '영국 식민의회의 예'[아마 캐나다 등]도 참조되어 있었다. 그러나 이로 인해 홋카이도 의회가 본국 입헌정치의 외부에 놓일 가능성이 고려되었고, 이와 같은 사태를 회피하려는 의도가 작용했던 것이다. 또한 홋카이도 의회안이 하코다테 분현론과 양립할 수 없다는 것은 자명했기 때문에, 이 안의 성립과 함께 『홋카이』는 "도 전체 일반 인민의 지위를 발달"시키기 위하여 분현론을 포기했다.[81]

하코다테의 홋카이도 의회안에 대하여 삿포로의 『호쿠마이』는 즉석에서 반론을 주장했다. 이미 언급한 대로 삿포로의 청원운동은 사업비 증액을 주안점으로 삼았다. 그러면서도 오타루와 협의를 거쳐 지방의회 설치, 자치제도 준행, 중의원선거법 시행을 청원 사항에 포함시켜 전도 일치全道一致를 통한 운동을 꾀하고 있었다. 이것은 홋카이도청 아래에서 식민지 개발체제 유지·강화를 요구하는 한편, 정치적 권리상으로는 본국으로의 통합을 지향한 것이었다고 할 수 있을 것이다. 『호쿠마이』는 하코다테의 홋카이도 의회안에 대하여 다음과 같이 비판했다. 첫째, 개척사업비는 '국고의 사정'과 '제국 의회의 의견'으로 결정해야 하며, 이를 본국 부현의 국고보급비國庫補給費로 의정하는 것은 '국가적 사업'을 홋카이도 의회의 손에 보내는 것으로 실현이 불가능하다며 사업비 심의권 요구를 비판했다. 또한 둘째, 만일 그렇지 않고 사업비 사전 의결에 따라 홋카이도 의회를 '정부의 고문顧問회', '정부위원의 배후세력'으로 만들고 싶을 뿐이라면, '하코다

---

81 「北海道議会設立之意見書」; 「北海道議会論」, 『函新』, 1891.2.4; 「北海道人民に告ぐ」, 『北海』, 1891.2.1.

테 유지'도 '참정의 권리'를 요구하고 있기 때문에, 삿포로 안과 마찬가지로 "의원을 제국 의회로 보내"는 것을 통해 "홋카이도의 이해利害를 논쟁하고, 홋카이도의 문제를 의결할 수 있는 권리가 있다면" 족하다고 했다. 이는 즉, 본국 의회에 대한 참정권을 요구해야 한다고 주장한 것이었다. 그리고 『호쿠마이』는 '삿포로, 오타루 유지의 의견'은 '도 전체 인민의 희망'이라고 자인하고, '변칙적 의회'를 요구하는 하코다테 안과 '동일한 운동'이 될 수 없다고 비판했다.[82]

그러나 하코다테 측은 마찬가지로 '전도全道'적 요구를 표방하면서 삿포로와의 제휴에 응하지 않으려 했다. 우선 중의원에서 '민당' 사정안의 도청 관리 봉급비 삭감에 대하여 하코다테의 『홋카이』, 『하코신』은 둘 다 큰 문제로 보지 않았다. 오히려 '정비政費 절감'은 정당하다고 파악했다. 홋카이도청의 시정에 강한 불만을 보였던 『홋카이』의 입장에서 본국 의회를 통과한 도청의 행정 정리는 환영해야 할 '민간의 여론'이었다. 물론 하코다테에서도 사업비 삭감은 바람직하지 않았지만, 『홋카이』는 홋카이도 의회 설치에 따라 사업 경영을 "관청에 일임하지 않고", "민관일치로 함께 힘을 다하"는 것이야말로 홋카이도 개척사업에 대한 본국 의회의 이해를 얻는 최선의 방책이라고 주장했다. 홋카이도 단위의 의회 설치에 의해 식민지 개발정책을 포함해서 홋카이도청의 행정을 시정하려한 것이다.[83]

하코다테의 홋카이도 의회안이 사업비 의정권을 규정한 것은 단순히 도

---

82 「函館有志者の北海道議会」, 『北毎』, 1891.2.3・4; 「何故に請願の趣旨を異にしたるか」, 2.6.

83 「北海道庁経費節減せられんとす」, 『北海』, 1891.1.7~11; 「帝国議会議員諸君に望む」, 1891.2.5; 「内地諸新聞記者に告ぐ」, 2.7・8; 「心得違も亦た甚し」, 2.13~15; 「予算査定案に対する本道有志者の運動」, 『函新』, 1891.1.22~28; 「札幌人士の思想亦た特別なり」, 『北海公論』, 1891.2.16.

청 시정뿐 아니라 수부首府인 삿포로에 편중된 개발정책을 시정하려는 의도가 컸다. 『홋카이』의 기대는 무엇보다도 '도청의 전단專斷'에서 기인한 '한 지방에 치우칠 우려'를 해소하는 데 있었다. 그리고 홋카이도 의회안 협의 과정에서 '소수 인사', '오리汚吏나 간상奸商' 때문에, "국고금이 아무리 많아도 도 전체로 보면 그 정도의 효능이 없다"는 인식에 따라 사업비 의정권이 고안된 것이다. 아울러 삿포로의 『호쿠마이』는 이와 대조적으로 다카쓰의 '지방의회'안에 대하여 그 취지에는 찬동하면서도 현재 의회가 없는 것이 '회사의 보호' 등 "홋카이도청의 시정에 여러 가지 폐해"를 초래하고 있다는 견해는 합당하지 않다고 반론했다.[84]

더욱이 하코다테의 홋카이도 의회 구상에는 이익분배를 단순히 공평하게 하는 것 이상의 목적도 있었다. 1891년 2월 21일 도쿄의 『곳카이国会』 신문은 하코다테의 청원에 대하여 다음과 같이 논평했다. 즉, "내지와 사정을 동등하게 하는 것뿐 아니라, 오히려 오우奧羽[현재의 도호쿠(東北) 지방] 지방보다 더 열려" 있는 '오시마国渡島国'[85] '하코다테 후쿠야마 지방福山地方'은 '인구가 희박한 홋카이도 지방 일반'과 동일시할 수는 없으며, 하코다테의 청원을 "이것을 곧 홋카이도 인민의 청원이라고 전"하는 것은 문제라는 것이다. 그리고 "이른바 홋카이도 의회라는 것이 인구상, 재력상, 피선거권도 선거권도 그저 오시마 한 지방에 취합"해서 '홋카이도 전체의 정권'을 장악한다면 가공할 일이라고 했다. 이는 하코다테의 요구대로 홋카이도

---

84 「北海道に地方議会を設くるの議」, 「函館有志者の大会」, 『北海』, 1891.1.29; 「北海道地方議会」, 『北毎』, 1.25.

85 [역주] 1869년에 에조지를 홋카이도로 개편하면서 설치된 11개국 중 하나로 홋카이도 최남단에 위치한 지역을 가리키며 개척사 하코다테 지청 소관을 거쳐 1886년부터 홋카이도청 관하에 놓이게 되었다.

의회를 설치하면 그들이 홋카이도 전체를 지배할 수도 있다고 판단한 것이었다. 이 기사에 『홋카이』는 여러 가지 논란을 더하면서도, "인력, 재력, 지력智力 상에서 가장 많"은 '오시마국 인민', "인민의 의무든, 제세의 부담이든 다른 지방 인민보다 훨씬 무거운" '하코다테, 후쿠야마, 에사시江差'가 홋카이도 의회에서 "다른 여러 국國에 비해 세력을 갖"는 것은 '본도의 상태'에서 당연하다며 해석 자체는 부정하지 않았다. 『홋카이』의 입장에서는 하코다테 분현론을 포기한 경위도 있어, 홋카이도 의회에서 하코다테가 중심세력이 되는 것에 큰 기대가 있던 것은 아니었을 것이다.[86]

4) 통일운동의 모색과 좌절

1891년 말에도 전도 제휴 청원운동全道提携請願運動이 시도되었다. 무로란의 구 자유당원 혼다 아라타 등의 중개도 있었기 때문에 우선 삿포로와 오타루 사이에서 협의가 있었다. 그리고 하코다테를 포함하여 협의한 결과, 난항 끝에 ① 사업비 150만 엔 지출, ② 홋카이도 의회 설치사업비 자문, ③ 구정촌제 시행, ④ 중의원선거법 시행이라는 청원안이 성립되었다[의회 해산으로 미제출].[87] ①, ②의 병존을 통해 명확하게 드러나는 것처럼, 이것은 각 지역의 요구들의 절충안이라고 할 수 있다.

그러나 이 제휴가 견고한 것은 아니었다. 삿포로에서는 이후 쓰시마 가사부로, 다니 시치타로谷七太郎 등의 기업가들이 '척식진흥회拓殖振興會'를 조직하고, 본국 의회에 사업 확장[철도, 항만 정비, 도로 개착]만을 취지로 하는 청원

---

86 「北海道人民の請願」, 『国会』, 1891.2.21; 「再び国会記者の妄を弁ず」, 『北海』, 1891.
    2.27. 다만 『하코신』은 「인구 과소의 땅(人口過小の地)」에서는 선거인의 상정에 예외를
    두려 했다(「北海道議会論」, 『函新』, 1891.2.13).

87 船津, 『北海道議会開設運動の研究』, 20~23쪽.

을 내는 등, 참정권 문제와 분리된 움직임이 나타났다. 또한 다른 지역에서는 각각의 지역개발 문제에 치우쳐 있었음을 볼 수 있다. 1892년 여름에 하코다테의 유력자들은 신임 도청장관인 기타가키 구니미치北垣国道가 부임 도중에 방문한 이후, 기타가키를 통하여 축항을 실현하고자 힘썼다. 또한 1891년 11월에 무로란의 혼다 아라타 휘하에서는 하코다테안에 가까운 "지방의회와 국회를 절충"한 '홋카이도 의회' 구상을 포함한 팸플릿이 작성되었다. 이 활동의 중심은 철도 부설을 위한 무로란항 매립운동에 있었다.[88]

그러나 삿포로의 『호쿠마이』는 여전히 전도 청원운동 실현에 의욕을 보였다. 1893년 7월부터 11월에는 이 신문의 기자인 히사마쓰 요시노리久松義典[전 입헌개진당]가 「홋카이도 식민지회의 개설 건에 대한 청원」이라는 제목의 초안을 들고, 도내 각지를 순회하며 찬동해 줄 것을 요청했다. 청원안의 구성은 다음과 같다.

① 개척 방침, ② 계속사업비 지출, ③ 관제 개혁植民省, ④ 토지 정리, ⑤ 이민자 보호, ⑥ 어업 장려, ⑦ 지시마千島 개척, ⑧ 철도사업, ⑨ 구정촌제도 개정, ⑩ 홋카이도 의회개척사업 감찰 포함, ⑪ 대의원 선거홋카이도 문제 변론과 개척사업 감독만, 혹은 의결권 없음[89]

---

88 위의 책, 150~151쪽; 斉藤虎之助著・千歳篤編, 『函館ドック五十年の回顧』, 道南の歴史研究協議会, 1980, 161쪽; 北垣国道, 『塵海』(京都府立総合資料館所蔵), 257쪽; 駒木佐助, 「添田家文書から―室蘭郡民の主義」, 『茂呂瀾』 35, 2001.
89 江差町史編集室, 『江差町史』第4巻資料4, 江差町, 1981, 1393~1396쪽; 船津, 『北海道議会開設運動の研究』, 151쪽.

척식사업, 홋카이도 의회, 자치제도, 중의원의원 선출 등 모든 것을 담은 내용에서는 이전보다 더욱 홋카이도 전체의 의사 통일을 제일로 꼽고 있음을 엿볼 수 있다. 다음의『네무로마이니치 신문根室每日新聞』北友社의 기사는 히사마쓰가 네무로를 방문한 모습을 알린 것으로, 전도 제휴운동의 경위와 함께 네무로 측의 반응을 알 수 있어 흥미롭다. 홋카이도에서 본국 의회를 향해 전개한 청원운동에서 네무로의 동향은 충분히 알 수 없다. 다만 네무로는 처음에는 하코다테와 제휴했고, 1891년 말에는 삿포로, 오타루와 제휴하는 흔들리는 행보를 보였다.[90]

히사마쓰는 네무로의 '거듭되는 몇몇 신사들'과의 회합에서 방문 취지를 다음과 같이 전했다.[91] 즉, "홋카이도 의회를 설립하는 일은 이미 한 번뿐만 아니라 두 번이나 제국 의회에 청원"했지만 목적을 달성하지 못했다. 게다가 "각 지역 간의 사정은 서로 통하지 않기 때문에", 두 번 모두 '유감'스럽게도 "이름은 홋카이도 전도全道이지만 실제로는 삿포로 일부에 머물"렀다. 그래서 세 번째 청원에서는 히사마쓰가 스스로 "우선 전도를 주유"해 합의 조달에 힘쓰게 되었다. 구체적인 구상에 대해서는 "아일랜드 의회와 같이 거의 독립적인 의회로서 제국 의회의 일부가 되"는 것, "온전한 부현회 같은 지방행정 감독부로 하려는 것", 또는 "토목회의土木會議, 철도회의鐵道會議 같이 일종의 척식을 목적으로 조직된 민관 혼합의 회의체를 만들자는 설"과 같은 '여러 가지 주문'이 있다. 그러나 "이러한 방법상의 문제는 모두 제국 의회에 일임"하고, 조건은 최소한 전체의 청원을 실현해야 하는

---

90 「根室有志者の会合」,『函新』, 1891.2.21;「根室有志者の運動」,『北海』, 1891.2.22;「根室有志者の請願書」, 3.5; 船津,『北海道議会開設運動の研究』, 40・44쪽.
91 「根室に於ける拓殖同盟会の遊説」,『根室毎日新聞』, 1893.8.20.

데, 이를 위해 '청원서 요구 항목'에 "대체로 각위의 찬성을 얻고"자 한다는 것이었다.

히사마쓰는 홋카이도 의회 설립을 청원의 주안점으로 삼고 있다. 그러나 의회의 구상 자체가 크게 3개의 설이 병립하고 있었다고 언급하는 것은 주의할 필요가 있다. 우선 '독립적 의회', '부현회'의 형태는 각각 이전의 하코다테안, 삿포로·오타루 안과 동일한 것으로 봐도 좋을 것이다. 하코다테안으로 보이는 '독립적 의회'가 아일랜드 의회로 비유된 것은, 앞서 서술한 '영국 식민의회'에 대한 언급과 함께 흥미롭다. 그리고 히사마쓰의 발언에서 또 한 가지 눈길을 끄는 것은, 식민지 개발사업만을 목적으로 한 '관민 혼합 회의체'라는 의회제라기보다 자문기관과 같은 구상도 존재했다는 점이다. 이와 같이 상호 간에 대부분 서로 통하지 않는 안들을 끌어안은 채, 『호쿠마이』는 굳이 방향성을 좁히지 않고, 홋카이도 전체의 합의를 조달하려한 것이다.

네무로 측의 반응은 어땠을까. 연설이 끝나고 "좌중은 듣고 나서도 한마디 하는 자가 없었다. 뺨을 쓰다듬으며 흘끗 천장을 곁눈질하는 그 상황"에서 홀로 히사마쓰에게 질문을 던진 사람은 야마가타 유자부로였다. 야마가타는 청원 초안의 '개척 방침'이 "본도의 수부首府의 위치를 확정하고, 삿포로를 영세불역永世不易의 기초로 삼아, 우선 수부 근방의 촌락 연안, 이미 만들어진 구정촌 및 식민지에 한결같이 경비를 투입할 방침을 취한다"고 되어 있는 것에 대하여 "[히사마쓰]군은 홋카이도의 척식에 정략적인 방침을 채택할 필요가 있다는 지론인가"라고 질문했다. 그는 "무릇 척식의 방침에는 정략적인 것과 자연적인 것 두 가지가 있"고, '삿포로의 산골' 개척은 '정략적 개척 방법'인데, "홋카이도는 지금까지 몇 차례 실험하여 몇 차례를 실패했고, 그 실패를 다시 하려는 것에 지나지"않는다고 했다. 그리고 홋카이도의 척식은 '자연적 방침'을 택하여, "우선 해안의 실리實利가 있는 곳부터 착수하여 점차 산속으로 나아가야만 한다고 믿을 수밖에" 없다고 했다. 현재의 홋카이도 개발 방침은 삿포로를 중심으로 한 '정략적'인 것으로, '자연적 방침'에서 본다면 시작점으로 삼아야 할 '해안의 실리', 즉 네무로 같은 실제로 수익이 있는 어업지를 경시하고 있는 것은 아닌지 의문을 제기한 것이다. 네무로는 홋카이도 사업비 삭감에 대한 위기감을 삿포로와 공유하고 있는 한편, 도청의 개발정책이 불공평하다는 인식을 하코다테와 공유하고 있던 것으로 추측된다. 더욱이 야마가타를 향해 히사마쓰는 "자연적 척식 방침은 지극히 동의합니다라며 받아넘겼"다.

히사마쓰의 보고에 따르면 1893년에 실시한 도내 순회 결과, 하코다테와 네무로를 포함한 26곳의 '유지'들은 "청원 초안 찬성에 약간의 차이"가 있었으나, "과반수는 이미 수정의견을 내세우고 조인調印"을 마쳐 의견 통일에 성공했다고 한다. 그러나 『호쿠마이』에 의한 전도 통일은, 역으로 삿포로에서의 의견 분열을 초래했다. 히사마쓰의 귀환을 계기로 삿포로에서는 청원안 확정을 위해 협의가 이루어졌다. 그런데 이때 '부현회와 같은 지방의회'의 설치만을 요구하는 마쓰다 마나부[전 도청관리]의 초안이 등장하며 히사마쓰안과의 사이에 분규가 일어난 것이다. 히사마쓰에 따르면, 협의의 장에서 그는 개척사업비 자문조항[히사마쓰안 ⑩]에 대하여 "반복하여 논변을 다했다"고 하여 하코다테 등과의 합의 성립이 전제되었음을 엿볼 수 있다. 이에 반해 마쓰다안은 쓰시마 가사부로 등, 이전부터 삿포로에서 척식사업진흥청원을 중심으로 운동을 전개한 일파의 지지를 받았다. 결과적으로 히사마쓰안에서 ⑨~⑪을 삭제한 「홋카이도 개척조사회의 개설 건에 관한 청원」과 마쓰다안에 의한 「홋카이도 지방의회 및 시정촌제 건에 관한 청원」이라는 2개의 청원서가 작성되었다[중의원 해산으로 미제출].[92] 대의원 선출과 개척사업 감찰 조항은 삭제된 것이다. 이후 홋카이도에서 같은 종류의 청원이 등장한 흔적은 보이지 않는다.

이상과 같이 1890년대 전반에 본국 의회를 향한 청원을 중심으로 이루어진 홋카이도 이민자들의 정치운동에서는 공통적으로 정치적 권리 획득을 요구했다. 그러나 다수의 논리나 목적이 지역 간 대립과 결부되면서 상호 충돌한 결과, 통일운동은 실현되지 않았다. 하코다테에서는 당초부터 하코다테를 홋카이도에서 분현分縣하여 본국으로 편입시킬 것이 제안되었다. 그러나 이후에는 삿포로 중심의 개발정책을 시정하기 위해, 본국의 부현회와는 달리 홋카이도 사업비 심의권을 갖는 홋카이도 의회 설치를 추구했다. 한편, 삿포로에서는 홋카이도의 장래적인 본국 편입을 염두에 두고 지방자치제도의 확충이나 중의원선거법 시행이 목표로 여겨졌다. 다만 종종 정치적 권리보다 사업비 증액 요구가 우선시되었다. 앞서 서술한 바와 같이 홋카이도 이민자들은 중의원선거법에서 제외된 것을 '국민'의 '자격' 상실로 받아들였다. 그러나 속령 통치와 식민지 개발체제의 결합 때문에, 그들이 홋카이도의 직접적인 본국 편입에 의한 참정권 획득을 반드시 원한 것은 아니었다.

---

[92] 久松義典, 「北海道請願運動の顛末」, 『北毎』, 1893.12.2.

5. 홋카이도의 일본 본국 편입

1) 홋카이도의 본국 편입

마지막으로, 홋카이도의 본국 편입 과정을 고찰한다.

우선 청일전쟁 직전 시기에 본국 정부는 홋카이도에 부현회에 상응하는 의회를 설치하는 것에 대하여 소극적인 자세를 취했다. 1893년 말 중의원에서는 입헌개진당의 가토 마사노스케加藤政之助 등이 홋카이도 의회 법안을 제출하고, 수산세의 지방세 이관을 전제로 지방비 심의권을 갖는 홋카이도 의회를 설치하도록 요구했다. 그러나 정부위원인 쓰즈키 게이로쿠都築馨六[내무성 참사관]는 홋카이도에서는 '정촌町村의 조직 권한'조차 정해진 바 없고, 농·어촌 간의 세금 부담력 격차로 보아도 '지방적 사업'을 부담할 수 있는 '지방 단체'로서는 미성숙하다고 하며 부정적인 견해를 보였던 것이다[심의 미필]. 특히 정촌 수준의 지방자치제도의 미정비는 중대한 요인이었다고 할 수 있다.[93]

청일전쟁 이후, 일본의 속령 통치체제에서 홋카이도의 위상은 새로운 영토 타이완과 묶여 본국으로 편입되는 것으로 크게 바뀌었다. 1896년에는 타이완총독부가 설치될 무렵 홋카이도청과 타이완총독부를 관할하는 척식무성拓殖務省이 설치되었다. 척식무성 입안이 진행될 무렵, 정부에서는 타이완과 홋카이도를 함께 본국의 부현과는 다른 개척·식민 행정의 대상으로 삼는다는 인식이 나타났다. 또한 척식무성의 관제를 심의할 때는 오키나와현을 관할에 추가하는 것도 검토되었다.[94] 이것은 필시 속령을 일

---

93 『第五回帝国議会衆議院議事速記録』, 1893.12.8; 北海道編, 『新北海道史』第4巻, 80~81쪽.

괄적으로 통치하려는 구상이었다. 그러나 1897년에는 홋카이도 구제北海道區制와 홋카이도 1급·2급 정촌제町村制가 제정되었다[칙령 제158~160호]. 각 제도가 모두 즉시 시행되지는 않았지만, 홋카이도는 본국 부현에 준하는 제도를 도입해 나간다. 같은 해, 척식무성은 설치된 지 1년여 만에 폐지되었고, 홋카이도청은 다시 내무성으로 이관되었다. 또한 1896년에는 인구 증가를 이유로 홋카이도의 오시마渡島, 시리베시後志, 이부리胆振, 이시카리石狩에 징병령이 시행되었으며, 1898년에는 오키나와현·오가사와라 제도와 함께 홋카이도 전역에 징병령이 시행되었다.[95]

한편 홋카이도에서는 타이완과 함께 척식무성의 관할하에 놓인 것에 대하여 특별히 저항하거나 비판하는 모습이 보이지 않는다. 오히려 척식무성 폐지 후에는 "홋카이도는 다시 내무일우內務一偶의 관치로 돌아가고, (…중략…) 당시 왕성하게 남북[타이완과 홋카이도-역주]에서 함께 일어난 척식대업의 장기壯氣와 예지銳志는 그 흔적이라도 남기를 간절히 바란다"라며 이를 애석해하는 의견이 있었다.[96] 오히려 타이완과 분리되어 홋카이도의 식민지 개발 진전에 방해가 될 것을 우려했던 것이다.

1900년에는 중의원선거법이 개정되어 홋카이도[지시마 열도 제외]와 오키나와현[미야코·야에야마 제외]에 선거구가 설치되었다. 이는 오키나와의 자하나 노보루謝花昇 등이 전개한 1899년의 청원운동이 직접적인 계기였지만,[97] 1890년대 전반에 전개된 홋카이도의 청원운동도 한 요인이라고 할 수 있

---

94   狩野雄一, 『拓殖務省の設置と北海道』, 安岡昭男編, 『近代日本の形成と展開』, 厳南堂書店, 1998.
95   阿部剛, 「北海道における徴兵制の展開-「国民皆兵」の虚実」, 『年報新人文学』 6, 2009.
96   「当年の意気」, 『北門新報』, 1899.1.7.
97   大里康永, 『沖縄の自由民権運動-先駆者謝花昇の思想と行動』, 太平出版社, 1969(원저 1935).

다. 다만 홋카이도 내에서 그 전년도에 홋카이도 구제가 시행된 삿포로, 하코다테, 오타루 이외의 지역은 오키나와현과 함께, 실제 시행은 칙령으로 다시 지정되었다. 홋카이도 1급 정촌제의 개정 시행[1900년, 칙령 제51호], 홋카이도 의회 설치[1901년, 법률 제2호], 홋카이도 2급 정촌제 개정 시행[1902년, 칙령 제37호]을 거쳐, 1903년 중의원선거법이 지시마 열도를 제외한 홋카이도 전역에 시행되었다. 이에 따라 홋카이도는 본국으로 편입되었다.

2) 본국 편입 이후의 홋카이도

중의원선거법 시행에 따라 홋카이도는 본국 정치 사회의 일부가 되었다. 먼저 일어난 것은 정당의 당세 확장이었다. 1901년에 삿포로 신문인 『호쿠마이』, 『호쿠몬 신보北門新報』, 『홋카이 시사北海時事』가 합병하여 정우회政友會의 기관지인 『홋카이 타임스北海タイムス』가 탄생한 것은 그 상징이라 할 수 있다.[98] 또한 부현과 마찬가지로 홋카이도 또한 정치 참여를 통해서 지방의 이익을 요구할 수 있는 지위를 얻었다. 네무로의 야나기다 도키치는 1904년 홋카이도 3구區 외에서는 처음이었던 중의원 총선거에서 지역 어업인들의 지원을 받아 정우회를 통해 입후보했고 구시로釧路 축항 실현 등을 호소하여 당선되었다. 또한 1906년에 『네무로 신보根室新報』는 네무로항을 특별 수출항으로 지정할 것을 청원하자고 주장했다. 이는 "도회 의원을 배출하고 중의원의원을 배출할 수 있는 우리 네무로 인사"들이 "지방 문제를 제기"하는 것은 '하등의 거리낄 것'이 없는 당연한 행위였기 때문이었다.[99]

---

98 佐藤忠雄, 『新聞に見る北海道の明治大正 - 報道と論説の功罪』, 北海道新聞社出版局, 1980, 139~144쪽; 功刀真一, 『北海道樺太の新聞雑誌 - その歩みと言論人』, 北海道新聞社, 1985, 138~142쪽.

99 黒坂博, 『釧路地方政党史考』上, 釧路市, 1984; 「根室を大ならしむるの議 (九)」, 『根室

이처럼 홋카이도는 국정에 참여한다는 의미에서는 본국으로 편입되었다. 그러나 이후에도 지방관 관제에 속하지 않는 홋카이도청의 통치 아래에 놓여 있었고, 부현과 동등한 위치의 지방 자치 단체는 아니었다. 우선 홋카이도의 구제 및 1급·2급 정촌제의 경우 공선의결기관公選議決機關인 구회, 정촌회를 설치하고, 구장區長·1급 정촌장町村長은 구회·정촌회의 공선으로 결정했으나, 2급 정촌장은 관선官選이었다. 또한 전체적으로 의결기관보다 집행기관으로서의 권한이 강했고, 홋카이도청의 광범위한 감독권이 규정되는 등, 부현의 시제市制나 정촌제와 동일하지 않았다. 또한 2급 정촌제조차 시행되지 않은 지역이 이후에도 널리 잔존했다. 이러한 특수제도의 필요성에 대하여 정부가 그 주된 이유로 들었던 것은 재정 기반의 취약성이었으며, 이주 식민지화의 진척 상황이 판단 기준이었다고 할 수 있다.[100]

다음으로 홋카이도회의 의결사항은 기본적으로 지방비 세입·출 예산, 지방세 과목 비율뿐이었다. 또한 참사회參事會도 설치되지 않았다. 한편으로, 하코다테에서 일찍이 심의권을 요구했던 개척사업비도 홋카이도회의 권한 밖이었다. 홋카이도회의 설치는 홋카이도 지방비법北海道地方費法[1901년]에 따라, 국고에서 홋카이도의 재정 독립 및 척식사업국고과 지방사업지방비의 분리를 동반했다. 홋카이도회법北海道會法과 홋카이도 지방비법은 척식사업의 확장을 계획한 홋카이도 10년 계획北海道十年計劃안과 함께 홋카이도청에서 제국 의회에 제출하여 가결된 것이었다.[101] 홋카이도청은 홋카이도의 개발 행정과 통치 행정을 모두 관할하는 행정기구로서 그 역할을 유지했고, 홋카

新報』, 1906.6.2.
100 鈴江, 『北海道町村制度史の研究』, 436~445쪽.
101 北海道庁編, 『新撰北海道史』 第4卷, 288~333쪽.

이도회를 통한 자치는 통치 행정의 일부에 관여하는 데 그쳤던 것이다.

마지막으로 홋카이도의 본국 편입은 말할 것도 없이 야마토인과 아이누 사이의 식민주의를 해소한 것은 아니었다. 앞서 서술한 바와 같이 본국 편입 이후에도 1920년경까지 홋카이도의 이주 식민지화는 활발하게 진행되었고, 계속해서 아이누의 생활 공간을 축소했다. 또한 본국 편입과 함께 제정된 「홋카이도 구토인보호법北海道舊土人保護法」1899년은 농업 종사로 제한한 토지급여와 동화교육 등, 아이누에 대한 '구제', '보호'정책을 법으로 정비함으로써 아이누의 생활에 심대한 영향을 미쳤던 것이다.[102]

6. 나가며

근세에 아이누를 비롯한 여러 민족이 살았던 에조섬·쿠릴 열도지시마 열도·가라후토사할린는 19세기 중반 러시아와 일본 두 나라의 국경 획정 대상이 되었고, 에조섬은 메이지 유신 직후 일본령 홋카이도가 되었다. 홋카이도에서는 속령 통치 아래 야마토인에 의한 이주 식민지화가 추진되었지만, 처음에는 본국에서 받아들여지지 않았던 외국인의 입식이나 투자도 검토되었다. 그러나 1890년경부터 야마토인의 입식이 급속히 진행되어 선주민인 아이누는 마이너리티로서 생활 공간의 축소를 피할 수 없게 되었다.

---

102 加藤, 「北海道三県一局時代の対アイヌ政策とその実情」; 小川, 『近代アイヌ教育制度史研究』; 山田伸一, 『近代北海道とアイヌ民族－狩猟規制と土地問題』, 北海道大学出版会, 2011.

야마토인 이민자가 증가하는 한편, 본국에서 시작된 의회정치에서 홋카이도가 제외된 것은 속령 통치의 종속성을 강하게 의식하게 했다. 이민자들은 '국민'으로서의 '자격'을 요구하는 가운데 식민자로서의 정치의식을 형성했다. 홋카이도 개척을 '애국'적 행위로 자인하는 한편 홋카이도 주민의 대부분이 본국 출신 야마토인이며, 선주민인 아이누는 얼마 되지 않는다는 점을 근거로 오키나와나 오가사와라 제도와 구별하도록 요구한 것이다.

홋카이도의 속령 통치는 이주 식민지로서 개발 보호체제와 결부되어 있었기 때문에 야마토인 이민자에 의한 정치 참여 요구는 본국 편입 요구로 직결되지 않았다. 홋카이도 사업비를 둘러싼 본국 부현과의 대립을 두려워한 삿포로는 장래에 본국으로 편입되기를 바라면서도 사업비 증액 요구를 우선시했다. 하코다테는 홋카이도에서 하코다테를 분리하여 본국으로 편입한다는 구상을 거쳐 사업비 심의권을 가진 홋카이도 단위의 '식민의회'를 요구했다. 1900년 전후로 홋카이도는 본국으로 편입되었지만, 척식무성의 폐지에 대한 반응에서 볼 수 있듯이 홋카이도의 야마토인 이민자들은 본국 편입과 식민지화 사이의 딜레마를 계속해서 겪고 있었다. 본국 편입 이후에도 홋카이도에서는 야마토인에 의한 이주 식민지화는 계속되었고, 야마토인과 아이누 사이의 식민주의도 계속되었다.

제1장의 고찰은 근대의 홋카이도를 균질한 일본의 일부로 보는 것은 곤란하다는 것을 여실히 보여주고 있다. '국민'으로 인지할 것을 요구하는 야마토인 이민자들의 정치운동을 거쳐 속령 통치 아래에 놓여 있었던 홋카이도가 본국으로 편입된 것은 중요한 변화였다. 그러나 이로 인해 홋카이도가 부현과 균질한 영역이 되었다고 할 수는 없다. 일본령 홋카이도라는 새로운 영역에 대한 야마토인의 이동은 어디까지나 야마토인 이민자와

선주민 아이누로 구성된 새로운 정치 공간을 낳은 것이며, 본국 편입 이전이든 이후든 균질적인 것은 일본의 주권에 의한 지배뿐이었다고 할 수 있을 것이다. 그러나 이러한 구조는 야마토인의 압도적인 규모의 입식으로 가시화되지 않았던 것이다.

그런데, 이러한 주권국가의 지배와 다른 차원에서 정치 질서의 변화를 가져올 수 있는 사람의 이동에 대하여, 막 말의 개국 이후 일본의 사람들은 애초에 어떻게 인식하고 있었을까. 제2장에서는 1880~1890년대 외국인의 일본 내주來住 여부를 둘러싸고 벌어진 '내지 잡거 논쟁'을 통하여 개국 이후 일본의 이민·식민 인식의 겨냥도를 그려보자.

'내지 잡거 논쟁'과 이민, 식민

개국과 민족 내셔널리즘

1. 들어가며

제2장에서는 1880년대부터 1890년대 사이에 전개된 일본의 내지 잡거 논쟁, 즉 조약 개정에 따라 거류지 제도를 철폐하고 외국인에게 일본 국내에서의 거주나 여러 활동의 자유를 인정하는 것을 둘러싼 시비 논쟁을 분석한다. 특히 이 논쟁에서 쟁점이 되었던 것은 구미인歐美人이 일본에서 이민 또는 식민 활동을 전개할 가능성에 대한 것이었음을 밝히고, 당시 일본의 이민·식민에 대한 인식과 이것이 정치 질서에 미친 영향을 고찰한다.

1880년대 이후 조약 개정 교섭에서 일본 정부가 최우선시했던 과제는 '법권'의 회복, 즉 막 말의 '안세이 5개국 조약安政五ヵ国条約' 등에서 일본이 여러 나라의 권리로 인정한 영사재판권의 철폐였다. 이 영사재판권과 한 세트를 이룬 것이 거류지 제도, 즉 일본 국내에서 조약 체결국 사람들의 거주나 영업 등의 여러 활동이 개항지·개시장(나가사키(長崎)·하코다테·요코하마·

고베·오사카(大阪)·도쿄·니가타(新潟)]에 설치된 거류지(·잡거지)에서만 가능하도록 한정한 제도였다. 내지 잡거란, 영사재판권의 철폐와 함께 거류지 제도를 철폐하고 조약 체결국 사람들에게 자유로운 이동·거주, 또한 그 외의 모든 활동[영업, 토지 소유 등]을 인정해 주는 것을 의미한다. 조약 개정, 특히 법권 회복을 일본의 국가 목표로 삼는다는 함의가 넓게 형성되어 있었음에도 불구하고, 내지 잡거에 대해서는 찬성론만 있던 것은 아니라 반대를 주장하는 '잡거 상조론'이 존재했다. 내지 잡거에 대한 시비 논쟁은 민간에서 활발하게 이루어져 초기 제국 의회에서도 쟁점이 되었다. 이것이 내지 잡거 논쟁이다.[1]

이미 오카 요시타케岡義武는 내지 잡거에 반대한 잡거 상조론자들은 일본에 내주來住한 구미인과 일본인 사이에 맹렬한 '경쟁'이 일어나, 전자는 경제·정치·문화적으로 후자를 압도하여 '민족의 독립'을 위험에 빠뜨릴 수 있다고 우려했다. 이에 반해 잡거 찬성론자는 마찬가지로 '민족의 독립'을 위해 오히려 구미인의 내주를 통하여 일본인의 '진보'를 기대했다고 지적하고 있다.[2] 또한 오구마 에이지小熊英二는 잡거 상조론자가 "국민의 민족적 균질성을 우선하고 섬나라에 갇히"고자 한 것과 달리, 잡거 찬성론자는 "이민족을 동화 흡수하면서 해외 진출에 적극적으로 나서"고자 했다고 지적하고 있다.[3] 이러한 지적은 기본적으로 타당하다. 다만 이러한 논의를 바탕으로 제2장에서 초점을 맞춘 것은, 구미인의 일본 내주를 둘러싸고 전개된 내지 잡거 논쟁이 구미인에 의한 이민·식민의 가능성을 둘러싼 논

---

1   岡義武, 「条約改正論議に現れた当時の対外意識」, 1953(『岡義武著作集』第6巻, 岩波書店, 1993); 稲生典太郎, 『条約改正論の歴史的展開』, 小峯書房, 1976.
2   岡, 「条約改正論議に現れた当時の対外意識」.
3   小熊英二, 『単一民族神話の起源―〈日本人〉の自画像の系譜』, 新曜社, 1995, '제2장'.

쟁이었다는 것이다. 즉, 두 연구에서는 충분히 파헤쳐지지 않았던 사람의 이동과 정치 질서의 관계라는 관점에서 내지 잡거 논쟁을 분석하는 것이 제2장의 주제이다.

제2장에서는 먼저 제2절에서 잡거 찬성론을 대표하는 다구치 우키치田口卯吉의 주장을 분석한다. 반대로 제3절에서는 잡거 상조론자의 주장을 분석함으로써 내지 잡거 논쟁의 핵심에는 구미인의 이민·식민 활동에 대한 관심이 있었다는 것을 밝힌다. 다음으로 제4절에서는 이 논쟁의 토양을 이루는 민족집단으로서의 일본인야마토인을 일본의 국가적 독립 주체로 간주하는 내셔널리즘에 대하여 검토한다. 나아가 제5절에서 중국인의 잡거를 둘러싼 논의를 검토하고, 제6절에서는 일본인의 이민·식민을 둘러싼 논의와 내지 잡거 논쟁의 연관성을 밝힌다. 마지막으로 제7절에서는 내지 잡거가 실현된 이후의 외국인 법제를 검토하고, 외국인 법제와 내지 잡거 논쟁과의 관계, 더 나아가 미국의 일본인 이민 문제와의 관계도 밝힌다.

2. 다구치 우키치의 잡거 찬성론

1) 거류지 제도에 대한 위기의식

『도쿄 경제잡지東京経済雑誌』[1879년 창간]의 주필로 활약했던 경제학자이자 저널리스트인 다구치 우키치는 일찍부터 일관되게 내지 잡거 찬성을 주장했다. 다구치의 잡거 찬성론이 특히 주목받는 이유는 내지 잡거를 조약 개정의 부수적인 것으로 여겨 필요시 했다기보다는, 내지 잡거 자체를 목표로 추구했기 때문이다. 그 가장 큰 요인은 거류지 제도에 대한 위기의식이었다.

다구치가 내지 잡거의 필요성에 대한 자신의 소견을 밝힌 논설 가운데 가장 이른 것은 아직 조약 개정 교섭에서 법권 회복 문제에 초점을 두지 않은 1879년 6월에 발표되었다. 그리고 다구치가 처음부터 일관되게 문제로 삼았던 것은 거류지 제도의 위험성이었다. 다구치는 "인류가 서로 화목하고 서로 친한 것은 그 이해를 함께하는 교차점에 있다"라는 관점에서, 현재의 '내외 인민의 갈등'은 거류지라는 구획을 통해 일본인과 외국인이 "이해를 달리"하는 것에 근본적 원인이 있다고 보았다. 이것은 현재는 상업상 폐해에 불과하지만, 방치한다면 독립성이 강해져 '하나의 작은 적국一小敵國'이 될 우려가 있고, 나아가 일본이 '동인도'처럼 지배될 가능성마저 있다. 그러나 역으로 내지 잡거가 이루어지면 '내외 인민'의 이해가 공유되어 위험은 없어질 것이라고 다구치는 주장했다.[4] 내지 잡거는 구미인의 정치적 독립을 초래할 가능성이 있는 거류지 제도를 해체하기 위해 필요하다고 주장했던 것이다.

시간이 흘러 1889년에 다구치는 다음과 같이 거류지 제도의 위험을 언급했다.

> 만약 요코하마가 훗날 우리의 외국 무역 발달과 함께 발달하여, 외국 정부가 여기에 군대나 군함을 두는 때에는 처지가 곤란합니다. 왜냐하면 거류지 안에는 자치제의 구조가 자체적으로 이루어지고 있으므로 단결하여 일체가 되어 움직일 수 있기 때문입니다.[5]

---

4 田口卯吉, 「內地雜居論」, 1879(鼎軒田口卯吉全集刊行会編, 『鼎軒田口卯吉全集』 第五巻, 大島秀雄, 1928), 80~83쪽. 조약 개정 교섭에 대해서는 五百旗頭薫, 『条約改正史 −法権回復への展望とナショナリズム』, 有斐閣, 2010.

5 田口卯吉(演説筆記), 『条約改正論』, 1889(『田口全集』第五巻), 48쪽.

즉, 다구치가 주로 염두에 두었던 거류지는 요코하마이며, 또한 다구치는 거류지의 정치적 독립, 구체적으로는 자치행정의 존재를 지적하면서 군대 설치의 가능성을 경계하고 있었던 것이다. 다구치는 '가장 우리 일본의 수부首府인 도쿄에 가까운' 요코하마를 '가장 우려가 되는' 거류지로 지목하고, 그 '독립'화의 잠재적 가능성에 강한 경계심을 보였다.[6]

막 말에는 다구치가 염려한 군대의 설치나 자치행정이 요코하마 거류지에서 실제로 이루어지고 있었다. 1860년 요코하마에서는 프랑스가 전관 거류지 설정을 꾀했다. 또한 영국, 미국, 네덜란드 3국이 자치행정 규약을 체결했다. 여기에 도쿠가와 정권의 승인은 없었지만, 같은 해에 나가사키 거류지에서는 4개국 영사들이 도쿠가와 정권으로부터 거류지회Municipal Council와 경찰권을 포함한 자치권을 획득했다. 일본 거류지에서 여러 나라가 자치를 추구한 이러한 움직임은 중국 상하이의 공동조계 형성과 병행되는 것이었다. 요코하마 거류지에서는 1863년에 영국과 프랑스군이 양이파攘夷派 낭사浪土로부터의 경호를 이유로 도쿠가와 정권의 허가를 받아 주둔했다. 게다가 1864년에 영국, 미국, 프랑스, 네덜란드 4개국 공사는 각 거류지의 확장·분배에 관한 각국의 광범위한 권한과 요코하마에서의 자치행정을 도쿠가와 정권에 요구했다. 도쿠가와 정권은 전자는 거절했지만 후자는 승인했고, 이에 요코하마에서는 1865년 각국 영사단의 인허認許·위임委任하에서 시참사회市參事會, Municipal Council의 자치행정이 시행되었다. 시참사회는 경찰·위생 등에 관하여 모든 거류민에 대한 구속력을 갖는 법규를 제정할 수 있는 행정 권한을 가졌다. 거류지의 관리는 주로 예

---

6 「横浜居留地を全廃するの方法は単に条約改正に依るべからず」, 『東京経済雑誌』497·498, 1889.

산 부족 때문에 1867년에 시참사회에서 도쿠가와 정권으로 이관되었다. 거류민의 참정권은 상실되었지만, 가나가와 봉행神奈川奉行[훗날 가나가와 현령] 아래에서 외국인 거류지 단속장관外国人居留地取締長官을 두어 실질적으로 행정권[특히 경찰권]을 장악했다. 또한 같은 형태의 거류지 자치는, 오사카와 고베에서도 1868년 왕정복고 직후 신정부에 의해 인정되었다. 거류지가 실제로는 설치되지 않아 잡거지가 된 하코다테, 거류지 외에 사적으로 고용된 외국인을 포함한 많은 외국인에게 거주가 허용된 도쿄, 외국인이 적어 거류지가 설치되지 않은 니가타에서는 자치행정이 이루어지지 않았다.[7]

신정부는 1871년부터 요코하마 거류지의 영국·프랑스군의 철수를 요구했는데, 철병은 1875년에 실현되었다. 또한 신정부는 1877년에 요코하마 거류지 단속장관을 해임한 뒤 폐지하고, 자치권을 회수했다. 해임에 대하여 영국 공사 해리 파크스Harry S. Parkes는 외국 대표의 협의를 요구했으나, 미국 공사 존 빙엄John Bingham은 일본 정부를 지지했다. 1882년 이노우에 가오루井上馨 외무경이 조약개정예의회條約改正豫議會를 주최할 즈음에는, 요코하마 거류지의 외국인 305명이 가나가와현의 경찰, 위생, 가로등 정비, 영업 단속 등 거류지 행정 미비를 근거로 고베나 상하이의 예에 따라 외국인 조차인의 행정사무 참여를 요구하는 의견서를 파크스에게 제출했다. 그러나 조약개정예의회는 이 문제를 다루지 않았다. 또한 가나가와 현령인 오키 모리카타沖守固는 거류지 행정의 개선은 일본의 행정법규가 완전히 적용되어야 가능하다고 회답하고 교섭을 거부했고, 1884년에 거류민 운동은 중단되었다.[8]

---

7 横浜市編, 『横浜市史』 第2巻, 横浜市, 1959; 大山梓, 『旧条約下に於ける開市開港の研究－日本に於ける外国人居留地』, 鳳書房, 1967.

또한 나가사키에서도 1876년에 거류지의 자치행정은 재정난으로 폐지되었지만 오사카와 고베에서는 내지 개방 시기까지 유지되었다. 1878년 당시 데라시마 무네노리寺島宗則 외무경은 조약 개정을 통한 두 거류지의 자치권 회수를 검토하고 있었다. 그러나 1880년에 오사카부大阪府는 "오사카 외국인 거류지는 동맹 각국의 공영지로 일본제국의 범위 밖"이라고 말하며 경찰권의 회수를 요구했다. 1881년에는 효고현兵庫縣도 고베 거류지의 경찰권 회수를 요구했다. 이에 대하여 정부는 이노우에 외무경 아래에서 내지 개방을 조약 개정 교섭 카드로 삼는 한편, 개정 달성까지 거류지 제도의 현 상태를 유지할 방침을 취했다.[9]

이처럼 다구치가 거류지 제도의 위험성을 논하기 시작한 시기에는 요코하마 거류지의 군대 주둔이나 자치행정은 이미 폐지되었지만, 거류지의 자치 문제는 조약 개정 문제와 밀접하게 연관되어 있으면서도 이에 완전히 포섭되지 않은 정치 쟁점이 되어 갔다. 오사카와 고베에서는 거류지 자치를 존속시키는 것에 대한 지방정부의 불만이 표면으로 드러났고, 또한 요코하마의 외국인은 고베나 상하이의 사례를 근거로 들어 거류지 자치의 부활을 원하고 있었던 것이다. 같은 시기 상하이 조계의 외국인 자치와의 관계는 특히 주의해야 할 것이다. 다구치는 1893년에 저술한 『거류지 제도와 내지 잡거居留地制度ト內地雜居』』에서 "외국인으로 하여금 한 구역 안에서 단결하도록 하는" 거류지를 존속시킨다면, "저 청국淸國의 상하이가 청불전쟁 때에 국외局外 중립을 선언"한 것과 같은 사태가 "우리 요코하마에서도

8   橫浜市編, 『橫浜市史』 第3卷 下・第4卷 下・橫浜市, 1963・1968; 大山, 『旧条約下に於ける開市開港の硏究』.
9   大山, 『旧条約下に於ける開市開港の硏究』; 五百旗頭, 『条約改正史』.

훗날" 일어날 수 있다고 경계했다.[10]

다만, 다구치는 일본 국내에 외국인이 내주하는 것을 문제삼았던 것은 아니다. 다구치에 따르면 거류지 제도의 위험성이란 어디까지나 '이해관계'의 차이로 인한 것이지, 외국인이 도쿄에서처럼 '산재散在'한다면 "단결하여 국가를 배반하는 거동을 하"는 일은 없을 것이다. "대체로 경제의 원리는 사람일본인이든 외국인이든으로 인해 달라지는 바가 아니"[11]라는 것이 다구치의 기본적인 견해였다. 그 때문에 다구치의 계획은 거류지를 '박멸'하여 내지 잡거를 실현함으로써 '외국 인민'과 '내지 인민'의 '이해관계', '인정과 기풍'을 '일치'시키고, 나아가서는 "외국 인민을 동화시켜 우리 내지 사람으로 만드는" 것에 있었던 것이다.[12]

즉, 다구치에게 외국인이 일본에 내주하는 것은 내지 잡거 아래에서라면 오히려 환영할 만한 일이었다. 다구치의 잡거 찬성론은 거류지의 정치적 위험성과 더불어 다음과 같이 내지 잡거에 의한 경제적 이익을 논거로 삼고 있었던 것이다.

2) 내지 잡거의 경제적 이익

조약 개정 논의가 고조된 1880년대 중반 이후, 다구치는 내지 잡거가 구미인의 자본·기술의 유입을 통해 일본 경제의 발전을 가져올 수 있다고 주장했다. 다구치는 1884년에 잡거하는 '외인外人'이 "유형 자본을 이입"하는 동시에 "지식 숙련과 같은 무형 자본을 가지고" 옴으로써 '토지'와

---

10 田口卯吉, 『居留地制度ト內地雑居』, 1893(『田口全集』 第5巻), 62~63쪽.
11 「內地雑居の利」, 『東京経済雑誌』 490, 1889.
12 「横浜居留地を全廃するの方法は単に条約改正に依るべからず」.

'노동'이 풍부해지며 '자본'이 부족한 일본에 '산업 홍기'를 가져올 것이라는 전망을 제시했다. 특히 구미의 '철도, 광산, 운수, 제조 등 백반百般의 사업'을 "우리에게 가져오고자 한"다면, 정부의 입장에서는 "보호간섭의 정략을 발發하는 것도 피하기 어려운 사정이 있겠"지만, 이를 위해서는 "조세를 증가하거나, 혹은 공채를 모집하는" 수밖에 없다. 그러나 이것이 '동시에 인민의 부담'이 되는 것은 명백하고, "민력이 조락凋落하는 오늘날"에는 곤란한 것이다. 따라서 오히려 "백반의 사업을 자연스럽게 일으키"기 위해서 '구인歐人 잡거'를 통해 외자 이입을 유도하는 것이 '가장 급선무'라고 했다.[13] 다구치는 보호정책만으로 식산흥업을 추진하기보다는 외자 유입을 가져오는 것이 좋은 정책이라며 내지 개방을 주장했던 것이다.

외자도입책으로 내지 잡거를 해야 한다는 주장은, 이른바 마쓰카타松方 디플레이션에 대한 대처책이라는 측면이 있었다고 생각해도 괜찮을 것이다. 자본가들 중에서도 여기에 동조하는 움직임이 일어났다. 1885년 5월에 농상무성農商務省에서 "농·상·공업이 상당히 쇠운衰運에 빠져있는 실황"에 대하여 하문을 받은 도쿄 상공회東京商工會가 '불경기 구치책救治策'의 하나로 "외자 이입의 길을 열어 외인에게 내지 잡거를 허용하는 건"을 다루었던 것이다. 결과적으로 이 건은 별개의 건으로서 1886년 10월 세권稅權 회복 요구 등이 포함된 「조약 개정의 건에 부치는 건의」로 외무성에 제출되었다.[14] 다구치는 도쿄 상공회의 일원은 아니었는데, 다구치와 친밀했던 시마다 사부로島田三郎[입헌개진당]가 건의서 집필에 조력했다. 무엇보다도 당

---

13 「内地雑居を論ず」, 『東京経済雑誌』204·205, 1884.
14 渋沢青淵記念財団竜門社編, 『渋沢栄一伝記資料』第18巻, 渋沢栄一伝記史料刊行会, 1958, 471~491·535~552쪽.

시, 실제로 외자 도입이 이루어질 것인지 그 여부에는 의문의 여지가 있었다. 1883년에 정부가 발행한 나카센도 철도 공채中山道鉄道公債와 금찰 교환 무기명 공채金札引換無記名公債는 외자를 통한 정화正貨 축적을 노리고 외국인의 응모를 인정했다. 다구치도 나카센도 철도 공채에 대하여 "외자 이입의 일단이 될 것"이라며 기대를 보이고 있었다. 그러나 실제로는 두 공채 모두 외국인의 응모는 거의 없었다.[15]

오쿠마 시게노부 외상이 조약 개정안의 결함을 지적하며 정치 문제가 되었던 1889년 이후에는, 내지 잡거에 대한 반대론, 이른바 잡거 상조론이 전에 없이 확대되었다. 뒤에서 서술하겠지만, 이는 구미인의 내주가 일본의 독립에는 위험하며, 내지 잡거는 시기상조라는 주장이다. 이 주장에는 외자 도입이 위험하다는 주장도 포함되어 있었다. 그러나 다구치는 잡거 상조론에 대응하며 일관되게 외자 도입과 외국인 내주는 환영할 만한 것이며 어떠한 위험성도 없고, 거류지 제도야말로 진정한 폐해라고 주장하며 논박했다.[16]

거류지 제도의 정치적 위험과 내지 잡거의 경제적 이익이라는 다구치의 주장이 내포한 의미는 뒤이어 살펴볼 이다 기로飯田旗郎와 대조해 보면 보다 명확해진다. 벨기에에서 '상업학'을 공부한 이다는 홍콩·광둥·상하이 시찰을 경험하고 『동양상략東洋商略』1891을 저술했다. 이 책에서 그는 중일무역을 중심으로 하는 '일본의 동양상업책'을 논했다.[17] 이다는 일본의 상인

---

15 神山恒雄, 『明治経済政策史の研究』, 塙書房, 1995, 20~29쪽; 「公債条例ヲ論ス」第二, 『東京経済雑誌』197, 1884.
16 「内地雑居の杞憂」, 『東京経済雑誌』478, 1889; 田口, 『条約改正論』; 田口, 『居留地制度 ト内地雑居』.
17 飯田旗郎, 『東洋商略』, 金港堂本店, 1891.

들이 현재의 '신용', '경험' 부족 상황에서는 "우리나라 및 동양의 무역을 현재 잠시 서양인에게 맡겨 둘" 필요가 있다고 인정한 후, 다음과 같이 "서양 상인을 더욱더 우리나라로 끌어들이기" 위한 방책을 논했다.

> 그 [서양인의] 생활을 본국에 있는 것과 같이 자유롭게 하고, 본국에서 얻을 수 있는 쾌락의 도구를 얻을 수 있게 한다. 그렇다면 그 목적으로 삼는 바는 단지 영리로만 향하는 것이 아니라, 토착심을 일으키고, 애국심까지도 발기시켜 영주永住하는 서양 일본인이어야 한다.[강조는 원문]

즉, 구미인을 '영주'시켜 '서양 일본인'을 만들고 '토착심'이나 '애국심'을 갖게 한다면 일본의 경제는 발전한다고 주장한 것이다. 이다는 같은 시대의 조약 개정이나 내지 잡거를 둘러싼 논의에 대해서는 전혀 언급하지 않았으나, 이 주장은 다구치의 잡거 찬성론과 통하는 부분이 있었다고 할 수 있다. 다만 이다가 다구치와 다른 점은, 서양인의 '영주'에 따른 번영의 긍정적인 사례로 '영국의 영지'인 홍콩 및 '흡사 (…중략…) 일개 공화 서양국共和西洋國'으로 변한 상하이를 들어 언급한 것이다. 홍콩이나 상하이가 중국의 지배하에 놓이지 않은 것을 이다는 전혀 문제 삼지 않았다. 특정 지역의 경제 발전을 정치적 귀속과 관계없이 추구한다는 의미에서 이것은 일관된 주장이었다. 그러나 다구치의 견지에서 본다면, 이것은 요코하마를 '하나의 작은 적국'으로 두어도 관계없다는 논의를 의미할 터였고, '영주하는 서양 일본인'을 만들고 싶다면 먼저 거류지 제도를 철폐할 필요가 있었다. 이것은 뒤에서 서술하겠지만, 다구치가 외국인의 일본 국적 취득, 즉 귀화를 지지했던 것과도 관계가 있다고 여겨진다.

그런데, 이상과 같이 외국인의 내주나 투자에 긍정적이고 거류지 제도를 위험시한 다구치의 잡거 찬성론은 다음 절에서 볼 수 있듯이 유럽인의 이민·식민 활동에 대한 구조적인 파악으로 증명되었다.

3) 잡거 찬성론의 이민·식민 인식

다구치는 1879년에 거류지 제도의 위험성을 논한 시점에서 이미 서술한 바와 같이 '동인도', 즉 영국의 인도 지배를 언급했다. 이는 다구치에게 내지 잡거나 이민·식민 문제와 밀접하게 관련되었다.

1883년에 다구치는 「식민제」라는 제목의 논설을 집필하여[18] '부국'과 '강병'의 양립이 일반적으로는 어렵다고 했다. 이어서 유럽인의 '식민'이 "일부는 상업에 관련이 있고, 일부는 경국經國에 관련이 있다", 즉 국가의 경제 발전 요구와 정치적 강대화 요구를 양립시켜 열강의 팽창을 초래하고 있는 것에 주의를 촉구했다. 나아가 다구치는 다음과 같이 서술했다.

> 본국에서는 이미 남아도는 직업조차 갖기 어려운 인민들을 이끌어 그들을 외국으로 보낸다. 이로써 충분히 생계를 꾸리게 하고, 이로써 크게 자손을 증식시키는 것은 즉, 그 국민을 증가시켜 속국을 늘리는 것과 동일한 결과이다. 이로 인한 국력의 진척은 아마도 예상을 뛰어넘을 것이다.

'식민', 즉 국외로의 인구 이동은 실질적으로 '국민'의 증가 또는 '속국'의 획득을 의미하는 것이었다. 그리고 다구치에 따르면, 이들 '외국의 자

---

18 田口卯吉, 「植民制」, 1883(鼎軒田口卯吉全集刊行会, 『鼎軒田口卯吉全集』第4巻, 大島秀雄, 1928), 95~116쪽.

손'은 본국과 '동일한 언어', '동일한 습관', '동일한 수요'를 갖기 때문에 "본국의 제조 화물은 물론, 서적, 신문 등에 이르기까지 전부 그 판매고를 증가시켜, 크게 유형무형의 문명을 진보"시키고, '항해', '상업'을 의도치 않게 발전시킨다. 이것은 "헛되이 해군을 확장하거나 상선을 증가"시키는 것에 비해 훨씬 뛰어난 '일거양득의 정책'이라는 것이었다.

'식민'의 역사에서 다구치가 특히 주목했던 것은 스페인이나 영국의 '미주 및 호주' 획득, 그리고 영국동인도 회사의 인도 지배인데, 주의해야 할 것은 이 두 '식민' 활동의 차이이다. 즉, 다구치의 지적에 따르면 남북아메리카나 오스트레일리아에서는 유럽인의 직접적인 점령과 인구 이출移出 현상이 일어났다. 이에 반해 "인구가 조밀"한 '아시아 땅'에서는 같은 양상의 전면적인 '식민' 활동은 어려웠고, 처음에는 거류지를 세우고자 하는 데에 그쳤다. 그러나 인도에서는 거류지의 군사 기지화를 단서로 삼아, 영국 동인도 회사가 벵갈 획득을 토대로 전쟁과 토지의 매점을 반복하여 인도를 '섬멸'했다는 것이다. 즉, 유럽인에 의한 '식민' 활동이 가공할만한 이유는 한편에서는 경제 활동을 하고, 다른 한편에서는 상대방의 지역을 지배하기에 이르기 때문이다. 다만 이는 일본을 포함한 아시아에서는 인구의 이출을 통해서가 아니라, 거류지로 나타난다고 파악한 것이다. 그런데 다구치는 「식민제」의 결론으로 "현재와 같이 여러 나라들이 대치하는 때에 이르러서는, 식민보다 무서워해야 할 것은 없으며, 식민보다 바라야 할 것은 없다"고 서술했다. 그런데 이를 위한 구체적 방책은, 한편에서는 "내지 잡거 제도를 세워 그[거류지]를 통해 단결하여 내지에 반하는 세력을 만들지 못하도록 하는 것", 다른 한편에서는 일본인이 스스로 "식민지를 건설"하는 것이었다.[19]

이상의 견지가 다구치의 잡거 찬성론의 바탕에 있었다는 점은 분명할 것이다. 일본으로 직접적인 인구 이입의 가능성이 부족하다고 예측된 이상, 유럽의 '식민' 활동으로부터 일본을 지키기 위해 경계해야 할 것은 거류지의 정치적 독립화이다. 또한 그렇기 때문에 역으로 잡거를 통한 자본·기술의 유입에는 기대할지언정, 위기감의 대상이 되지는 않았던 것이다. 더욱이 일본은 '식민'의 대상이 되지 않는다는 판단이 오히려 일본이 '식민'의 주체가 되어야 한다는 주장으로 이어진 것에 주의하고자 한다.

　덧붙여 강조하고 싶은 것은, 다구치가 거류지를 '식민'의 한 형태로 보면서도 그 본질이 인구 이입이 아닌 정치적 단결에 있다고 파악했던 것이다. 다구치는 1893년의 『거류지 제도와 내지 잡거』에서 "만약 내지 잡거를 허용한다면 외국인은 성난 파도가 둑을 무너뜨리고 흘러넘치듯이 우리나라에 도래할 것"이라는 잡거 상조론자들의 예상이 '상당한 오류이자, 동시에 기우'라고 했다. 그 논거로서 "동인도가 영국령에 속하게 된 이후에도 영국인들이 와서 이곳에 거주하는 일은 적었다"고 언급했다. 다구치는 1881년에 인도에 머물며 살던 영국인이 [약 3억 명 중] 89,798명에 불과하며, 그 다수[6할 이상]가 통치에 필요한 군인과 하급관료屬僚로, 내주자來住者 자체는 상당히 적었다고 지적했다. 게다가 일본은 "독립국으로서 내지 잡거를 허용"하는 것이므로 외국인의 내주는 더욱 없을 것이라고 주장했던 것이다. 또한 다구치는 "호주 같은 경우에는 우리 일본인도 꾀어서 끌어들

19　다구치의 거류지 제도 비판과 이민·식민론의 연관성에 대해서는 森久男, 「田口卯吉の植民論」, 小島麗逸編, 『日本帝国主義と東アジア』, アジア経済研究所, 1979에서도 지적하고 있으며, 오구마 에이지도 다구치의 '식민지화의 위협'에 대한 인식을 지적하고 있다(小熊, 『単一民族神話の起源』, 36쪽). 그러나, 이들은 영토 지배와 이민·식민 활동의 차이를 고려하지 않고 있다.

이고자 했다", 즉 영국령 오스트레일리아의 영국인 이민자 부족이 일본인 노동자 도입으로 이어졌다고 분석했다.[20] 다구치는 명백히 이민·식민을 국가에 의한 영토 지배와는 다른 현상으로 파악하고 있었다고 할 수 있다.

3. 잡거 상조론과 '국토', '국민'

1) '국토와 국민의 구별'

다음으로 잡거 상조론의 논리에 대해서 검토하고자 한다. 내지 잡거의 시비를 둘러싼 논의는 앞서 서술한 바와 같이 이노우에 가오루 외상의 조약 개정 교섭이 본격화된 1880년대 중반 이후 활발해졌다. 하지만 당초 내지 잡거 반대 의견은 소수파였다. 내지 잡거에 강경하게 반대하는 의견이 세력을 얻은 것은, 1889년 오쿠마 시게노부 외상의 조약 개정안이 정치 문제가 된 시점부터였다.[21] 뒤에서 서술하겠지만, 그 요인은 잡거 찬성론과는 논리를 달리하는 내셔널리즘의 출현으로 인한 것이라고 볼 수 있다.

구미에서 사람이나 자본이 유입되면 일본에 발전을 가져올 것이라는 다구치 우키치의 전망은 한정적인 의미에서는 잡거 상조론자도 공유하고 있었다. 그러나 이들의 차이는 그 평가에 있었다. 1889년 8월에 발간된 『도쿄 경제잡지』에서 관당거사貫堂居士라고 칭한 잡거 찬성론자는 내지 잡거가

---

20 田口, 『居留地制度ト內地雑居』, 59~75쪽.
21 稲生典太郎, 「內地雑居論の消長とその資料」, 稲生典太郎編, 『內地雑居論資料集成』第1 巻, 原書房, 1992.

일본의 발전을 가져올 것이라는 본인의 의견에 대한 반론을 다음과 같이 소개하고 있다.

오늘날 우리나라가 내지 잡거를 허용하여 외국인이 마음대로 거주하게 하고, 마음대로 식산흥업에 종사하게 하면, 일본은 매우 개량될 수 있고 진보할 수 있다. 그렇지만 지금까지 백인종이 들어온 나라는 어떠한 결과를 보여주고 있는가. 인도라든지, 안남安南이라든지, 섬라暹羅라든지 혹은 그 밖의 여러 나라라든지, 백인의 발자취가 닿은 곳은 모두 그 '네이션nation'이 훼손되지 않은 곳이 없다. 그러므로 일본에서 내지 잡거를 허용한다면 외형상으로는 개량될 수 있지만, 우리의 '네이션'은 어찌하랴.[22]

즉, 외국인의 거주를 통해 일본이 발전할 수 있다는 가능성은 인정하지만, 그것이 '외형상'으로는 '일본국'의 발전이기는 해도 '네이션'으로서의 발전은 아니라는 주장이다. 인도나 베트남, 시암에 대하여 언급한 것에서 볼 수 있듯이, 그 근거는 비非백인 국가는 구미인의 거주로 인해 '네이션'으로서 독립을 박탈당하고 있다는 관찰에 있었다. 이는 내지 잡거의 결과, 구미인이 일본에서 식민 활동을 할 것이라는 두려움을 의미했다고 할 수 있을 것이다.

같은 해인 1889년 8월에 정교사政敎社의 마쓰시타 조키치松下丈吉는 이 단체에서 발행한 잡지 『일본인日本人』에서 다음과 같은 주장을 전개했다. 외국인의 내지 잡거 허가, 부동산 소유권 허락에 대하여 "[일본의] 토지 주권이 외

---

22   貫蛍居士, 「条約改正論に対する判断の基礎」, 『東京経済雑誌』 481, 1889.

국인의 손에 쉽게 넘어갈 걱정이 없고, 도리어 저리(低利)의 자본을 이입하여 우리나라의 사업을 일으키고 국가의 번영을 가져올 바탕이 될 수 있다"는 주장이 있지만, 그것은 다르다. 확실히 내지가 개방되면 저리의 자본이 유입되어 사업이 발흥하고, '표면상의 번영'은 증가할 것이 틀림없다. 하지만 이것은 '일본 국토의 번영'이라고 할 수는 있지만, '일본 인민의 번영'은 아니다. 이 사업은 '외래의 자본', '멀리서 온 외객'이 주체가 되고, 일본인은 그 "우마(牛馬)의 노고를 제공하는" 것에 머무르기 때문이라는 것이다.[23] 마쓰시타는 외국인과 그들의 자본 이입을 통한 경제성장의 가능성은 인정하면서도, 이것이 '국토'로서의 일본을 발전시킬 뿐, '일본 인민'은 혜택을 받지 못할 뿐만 아니라, '국토'의 자원이나 실권은 외국인이 장악하고 단순히 노동력의 제공자가 되어 버린다고 주장한 것이다.

마쓰시타의 주장은 첫째, 내지 잡거로 인해 일본이 구미인의 투자 식민지가 되어 경제적으로 지배받을 것이라는 우려를 의미했다. 그리고 둘째, 마쓰시타는 이 우려에 대하여 일본이라는 국가의 구성 요소를 지배 영역인 '국토'와 사회집단인 '국민'으로 구별하여, '국토'의 발전이 전부 '국민'에게 돌아가지 않으면 의미가 없다고 설명한 것이다. 이 논법은 '국토와 국민의 구별'로 정식화되어 많은 잡거 상조론자에게 이용되었다. 어떠한 논자가 '국토'와 '국민'을 구별하는 것을 이해하지 못하는 것은, '미국 토인'이 콜럼버스의 아메리카 '발견' 이후에 자국의 발전을 자랑하는 것이라고 비유했듯이 '국토'와 '국민' 구별론은 구미인의 이민·식민에 대한 경계와 직결되어 있었다.[24] 잡거 상조론이란 내지 잡거의 결과로 일본의 '국

23　松下丈吉, 「条約改正案」, 『日本人』(第1次) 30, 1889.
24　「条約改正の我国将来の経済上に対する関係」, 『政論』, 1889.10.9·11. 그 밖에 大島貞

토'가 구미인의 식민 활동 대상이 되어 '국민'으로서 일본인이 독립을 빼앗긴다는 우려에서 나온 것이다.

2) 잡거 상조론의 이민 · 식민 인식

잡거 상조론자가 구미인의 식민 활동을 두려워한 것에 반해, 다구치 우키치와 같은 잡거 찬성론의 입장에서 위험한 것은 거류지 제도이지 구미인의 내주나 투자가 아니라는 반론이 나올 수 있었을 것이다. 그러나 잡거 상조론자는 이민 · 식민과 정치적 지배의 관계를 다구치와는 다른 측면에서 파악하고 있었다.

1889년 8월 조약 개정 중지운동에 종사하고 있던 보수당 중정파中正派의 기관지 『보수신론保守新論』에서 아야이 다케오綾井武夫는 '내지 잡거의 폐해'에 대하여 "동포형제를 제외하고 단순히 국토, 산천, 시가, 촌락의 개량"을 추구하는 것은 일본의 '부영富榮', '개화'를 의미하지 않는다고 주장하며 남아메리카의 사례를 언급했다. 아야이는 이때 남미의 여러 나라가 일찍이 '서반아西班牙의 속지屬地'였다는 것과 남미로 이주한 '구미 인종'의 지배적 지위를 구분하여 다루었다. 즉, 그는 남미의 여러 나라에서 '구미 인종'은 '토착 인종의 5분의 1'에 불과했지만, 여러 산업과 '기타 모든 사회에 미치는 영향'은 훨씬 강하고, "[자국의] 진보시키는 이익을 농단壟斷"하고 있다. '토착 인종'은 '구미 인종'과 '잡거 경쟁'한 결과, "자국 내 실력을 갖춘 곳은 모조리 구미 인종에게 약탈"당했다고 했다. 그리고 일단 '서반아의 속

益執筆, 『国家経済会報告号外 条約改正に関する事項』, 1891(稲生典太郎編, 『条約改正論資料集成』第3巻, 原書房, 1994); 竹内正志, 『大勢論』, 1892; 「大勢論 (六) · (十)」, 『国会』, 1893.

지'가 된 남미는 일본과 비교할 수 없다는 비판도 있으나, 스페인이나 북유럽 각국, 하와이 등 그 밖에도 "빈약한 국민이 부강한 국민과 잡거 경쟁"하여 "국내의 유리한 사업을 빼앗기는" 사례는 적지 않다고 했다.[25] 즉, 아야이는 이미 스페인의 속령 통치로부터 독립한 남미의 여러 나라에서도 인구상으로 다수파인 '토착 인종'이 소수인 '구미 인종'에게 '잡거 경쟁'에서 패배하는 사태가 이어지고 있다고 관찰하고 있었던 것이다. 덧붙여 아야이가 남미의 '구미 인종'이 인구상 마이너리티라는 점을 언급한 것은 사람의 이동에 따라 일어나는 '잡거 경쟁'이 인구 규모의 문제만은 아니라는 견해를 보여주고 있다. 이러한 파악을 바탕으로 아야이는 남미 각국의 경우 유럽에서 온 이민자가 경제적 지배자로서 '국토'의 발전을 전유하고, 원주민토착 인종이 '자국'의 발전에서 배제되고 있다고 주장했다. 여기에는 정치적 지배와는 별개로 '인종'이나 민족 사이에 지배-종속관계가 존재할 수 있다는 견해가 있었다고 할 수 있다. 뒤에서 다룰 귀화법제를 둘러싼 논의와도 관련이 있는데, 아야이가 일본의 '국민'이 아닌 '동포형제'를 문제로 삼았던 것은 국적과는 구별되는 '인종'이나 민족에 대한 관심을 보였던 것이라고 생각된다.

또한, 다구치가 거류지 제도의 위험성과 함께 내지 잡거로 인하여 인구가 이입될 가능성이 적다는 것을 보여주기 위해 언급한 인도에 대해서도 잡거 상조론자들은 다른 견해를 가지고 있었다. 1893년에 『잡거위언雜居危言』을 저술한 반룡굴주인[蟠龍窟主人, 본명 스즈키 소류(鈴木僧隆)]은 '외자 수입'은 '국민'을 '외국인의 노예'로 만든다고 주장하며, 인도가 '오늘날의 참혹한 모

---

25 綾井武夫, 「內地雜居の害」, 『保守新論』 8, 1889.

습'에 이른 이유를 언급했다. 즉, 그는 '독립 대제국'이었던 인도는 '외자 수입'으로 인해 '모든 제산製産사업'이나 '풍요로운 산하 국토'가 '외국인'의 소유가 되었고, "오직 지구상의 지리 때문에 인도국이라는 옛 이름만 남기에 이르렀"다고 했다. 그리고 "야마토 민족은 지리상의 국명을 원하는 것이 아니라, 대일본제국의 독립과 일본 국민의 실력을 전부 갖기를 기대해 마지않는 것이다"라고 주장했다.[26] 이처럼 경제적 지배를 문제로 삼는 입장에서는, 다구치가 지적했듯이 인도 내 영국인의 규모가 소수라는 점이 문제가 아니었다고 할 수 있을 것이다. 중요한 것은 인도의 사례 자체가 영국에 의한 속령 지배 및 투자 식민지화라는 두 가지 측면을 가지고 있었다는 점이다. 반룡굴주인에게 외국 자본으로 인한 투자 식민지화는 '일본 국민', '야마토 민족'의 경제적 '독립'을 상실하는 것을 의미하는 것이었다. 그로 인해 인도에서 영국인의 인구 규모가 작다는 다구치의 지적은 이러한 경제적 지배에 대한 우려를 완전히 불식시킨 것은 아니었다고 할 수 있다.

이상과 같이 잡거 상조론자에게도 영역적인 정치 지배와 이민·식민을 구분하는 인식이 있었다. 그러나 다구치 등과는 달리 영역적인 지배-종속관계와는 별개로 식민 활동이 사회집단국민, 민족 간의 지배-종속관계를 만들어낸다는 것에 대한 관심이 강하게 존재했다. 이러한 문제의식을 체계화한 저작이 1893년에 구가 가쓰난陸羯南이 저술한 『국제론国際論』이다.

신문 『일본日本』1889년 창간의 주필로 '국민주의'를 표방하며 언론 활동을 펼쳤던 구가 가쓰난은, 1890년대 전반에 대외강경파의 일익을 맡아 정부

---

26 蟠龍窟主人, 『雜居危言』, 1893(稲生典太郎編, 『內地雜居論資料集成』第2巻, 原書房, 1992), 241~245쪽.

의 조약 개정 교섭을 비판했다. 구가는 잡거 상조론과는 구분하여 『국제론』에서 '국제 경쟁'으로서의 이민·식민 활동에 강한 관심을 가지고, '조약 개정론자도, 내지 잡거론자도, 또한 비非내지 잡거론자도' 주목해야 할 것이라며 이를 논했다. 구가에 따르면 '국제 경쟁'에는 국가가 자발적인 의지로 타국의 영토를 침략하는 '낭탄狼呑'뿐만 아니라, '개인'이 '자가自家의 이익'을 위해 외국으로 이주한 결과, "우연히 다른 민족을 침식"하는 '잠식蠶食'이 있다. '낭탄'의 한 가지 좋은 예는 '우리나라의 개항장 내 거류지'였다. 그러나 구가는 그 이상으로, 내지 잡거가 아직 이루어지지 않은 현재의 시점에도 일본에 내주한 구미인들이 그들의 '국민적 정신'에 따라 일본인을 '감화'시켜 '신첩臣妾'으로 삼는 '잠식'이 이미 일어나고 있다고 경고했다. 구가에 따르면 내지 잡거의 가부를 논하는 것보다 중요한 것은, "일본국은 내이션이 아니라 에타Etat이다"라는 현실을 바꾸어 '낭탄, 잠식'을 방지하는 것이었다. 구가는 국경을 초월하는 사람의 이동이 국가의 영토 확장과는 다른 차원에서 사회집단민족 간에 지배-종속관계를 가져온다는 것을 지적하고, 일본의 독립에는 '물질적 조직'인 "에타국가"뿐만 아니라 '정신적 조직'인 '네이션국민'이 필요하다고 주장한 것이다.[27]

구가의 논의가 보여주듯이, 구미인의 이민·식민 활동이 국가의 지배 확대와는 다른 차원에서 일본 '국민'의 독립을 위협한다는 견해는 내지 잡거에 대한 찬반 논의를 초월하여 공유될 수 있었다. 여기에서 가장 유력한 위치를 차지한 것은 아래에서 살펴볼 제한 잡거론이었다.

---

27 陸掲南, 『原政及国際論』, 1893(西田長寿·植手通有編, 『陸羯南全集』第1巻, みすず書房, 1968). 근대 일본의 국제관계론 역사에서 『국제론(国際論)』에 관해서는 渡辺昭夫, 「近代日本における対外関係の諸特徴」, 中村隆英·伊藤隆編, 『近代日本研究入門増補版』, 東京大学出版会, 1983; 酒井哲哉, 『近代日本の国際秩序論』, 岩波書店, 2007 참조.

3) 제한 잡거론과 '국토', '국민'

영국의 인도 지배를 둘러싼 논의에서도 드러났듯이, 잡거 상조론자들이 주장한 '국토와 국민의 구별'은 단순히 외국인의 잡거를 인정할 것인가 말 것인가라는 문제뿐만이 아니라, 외국인에게 토지나 자원의 소유를 인정할 것인지 그 여부를 가리는 문제에 초점이 있었다. 그리고 외국인의 잡거를 인정하자는 논자들 내부에서도 토지나 자원의 소유는 제한 혹은 금지해야 한다는 주장이 상당히 넓게 자리 잡았다. 이들의 주장은 정치적으로도 강한 영향력을 가지고 있었다. 이와 같은 주장을 제한 잡거론이라고 부르고자 한다.

1890년에 개설된 제국 의회에서 조약 개정 교섭은 번벌藩閥 내각과 중의원의 정당 세력 사이에서 중대한 쟁점이 되었다. 그런데 여기에서 제한 잡거론은 가장 유력한 입장이 되었다. '민당民黨' 연합을 통해 번벌 정부에 대항하고 있던 자유당은 한계를 느끼고, 호시 도루星亨의 지도하에 대등조약對等條約을 방침으로 정하고 번벌 정부와의 협조를 모색하고자 했다. 이에 반해 오이 겐타로大井憲太郎 등 당내 잡거 상조론자들은 탈당하여 내지 잡거 강구회內地雜居講究會를 결성하고 대외강경노선으로 정부와 자유당을 향한 비판을 전개했다. 그러나 자유당도 마찬가지로 내지 잡거를 전면적으로 허용해야 한다는 입장은 아니었다. 1893년 2월에 자유당이 입헌개진당과 함께 135 대 121로 가결시켰던 조약 개정 상주안條約改正上奏案에는 내지 잡거를 인정했다. 그러나 홋카이도와 오키나와현에서는 잡거 구획을 제한하고 모든 도서 지역에서의 잡거는 금지했다. 이에 더하여, 외국인의 토지소유권 및 광산·철도·운하·선거船渠·조선소의 소유권 및 영업권은 법률로 금지하도록 요구했다.[28] 내지 잡거에 대한 강한 저항 속에서 우위를 확보하기 위해 정부의 조약 개정 방침을 전면적으로 지지하지 않고 제한 잡거론의 입장을 선택했던 것이다.

제한 잡거론은 어떠한 논리를 근거로 삼고 있었을까. 우선 홋카이도, 오키나와, 도서 지역을 특별하게 다룬 조약 개정 상주안의 전제는 "크게는 내지와의 제도를 달리하고, 현재의 정세에서 이곳을 개방하는 것은 유리한 계책이 아니다"라는 인식이다.[29] 문자 그대로 이해한다면, 이 지역들은 애초부터 내지 잡거에서 '내지'에 포함되지 않는다는 것이다. '내지'란 본래 국내를 의미하는 단어이다. 그런데 이 지역들은 일본의 영토였음에도 불구하고 외국인의 잡거 문제와 관련시켰을 때에는 '내지'와 구별되었다. 그 이유는 도서부 전체에 대한 군사적 고려에 따른 것이라고 생각할 수도 있다. 그러나 단적으로 말하면, 홋카이도나 오키나와, 오가사와라 제도가 본국과는 다른 속령이었기 때문이다. 이 점에 대해서는 다음 절에서 다시 검토하고자 한다.

다음으로 내지 잡거를 인정하면서 외국인 토지소유권의 제한을 요청하는 주장의 한 예인 히토미 이치타로見一太郎의 『국민적 대문제國民的大問題』1893를 살펴보자. 이 책은 도쿠토미 소호德富蘇峰가 이끈 민우사民友社의 잡지 『국민의 벗国民之友』에 연재된 「조약 개정론」을 정리한 것이며, 히토미도 민우사의 일원이었다. 히토미는 내지 잡거 자체는 바라고 있었으며, "일본의 일부분, 즉 일본 국민이 황무지, 황폐한 밭으로 여기는 장소를 동양의 백인 피서·피한지로 만들고, 이에 따라 일본의 절경을 세계에 광고하여 세계 인민의 발

---

28 小宮一夫, 『条約改正と国内政治』, 吉川弘文館, 2001. 상주문은 梅田又次郎, 『国民之大責任 条約改正論』, 大倉書店, 1893, 60~64쪽.

29 小宮, 『条約改正と国内政治』, 90쪽.

길을 이끌 수 있다면, 이 국토에 좋은 결과를 가져오는 바가 크지 않겠는가. 이것이 앉아서 세계의 부를 흡수하는 한 방책이 된다"고 했다. 즉, 구미인의 내주는 '국토'에 부를 가져올 것이라는 주장이었다. 또한 히토미는 일본은 이미 인구 밀도가 높고 '번식력'도 강하며, 임금도 세계에서 '최저인 나라 중 하나'이기 때문에 구미인이 '크게 난입'하지는 않을 것이라고 예측했다. 그러나 히토미는 외국인의 '토지, 광산 소유권'에 대해서는 완고하게 제한 해야 한다고 주장했다. 그 이유는 '국토와 인민' 자체가 '국가를 형성하는 2대 요소'이기 때문이다. 토지 소유란, 실제로는 '국가로부터 오랜 세월 동 안 땅을 빌리는 것永代借地'이다. 예를 들면 국내에서 대부호가 "전국의 전답 을 전유"하는 사태가 일어난다고 해도, 만약 '다수의 인민'이 "전유한 토지 를 몰수하는 법률을 제정"한다면 국가는 이를 이행하고 토지는 '다수 인민 에게 분배'된다. "그들[인민]은 직접적으로 토지를 갖지 않는다. 그러나 전국 인민의 집합적 권력인 국가를 통해 간접적으로 이 땅의 주인"라는 것이다. 즉, '국가'의 영역 지배를 매개로 하여 '토지'는 국가의 구성원인 '인민'과 밀접하게 연결되어 있다. 이러한 견지에서 히토미는 일찍이 이노우에와 오 쿠마 두 외상의 아래에서 만들어진 조약 개정안이 외국인의 토지소유권을 '무제한'으로 인정한 것에 대하여 비판했다. 설령 외국인이 토지를 소유한 다고 해도 이는 '대여'에 지나지 않으며, 조약이 아닌 국내법으로 규정되어 야만 한다는 것이었다.[30]

즉, 히토미는 한편으로는 다구치 우키치과 마찬가지로 구미인의 내주가 일본의 경제 발전을 가져올 것으로 생각하고 내지 잡거를 지지했다. 그러

30　人見一太郎, 『国民的大問題』, 1893(稲生編, 『内地雑居論資料集成』, 第2巻), 489~498쪽.

면서도 동시에 다른 한편으로는, 외국인에게는 토지나 광산 자원의 소유권을 인정하지 않고, 일본 '국토'의 경제 발전은 일본 '인민'의 소유물이라는 입장을 취하고 있었던 것이다. 이러한 주장은 조약 개정을 통한 법권 회복을 바라면서도 내지 잡거에 대한 우려를 품은 사람들 사이에 널리 지지를 얻었다고 할 수 있을 것이다.

이상에서 본 바와 같이, 잡거 상조론이란 내지 잡거로 인해 일본이 구미인의 이민·식민의 대상이 될 것을 걱정하고 두려워하는 주장이었다. 이것은 인구의 유입[이주 식민지화]뿐만 아니라, '국토'의 발전을 '국민'이 전유해야 하는 것으로 여겨 구미인에 의한 경제적 지배[투자 식민지화]를 두려워하는 태도이다. 그리고 조약 개정을 위해 내지 잡거는 용인하면서도 조건을 붙여야 한다는 제한 잡거론도 같은 우려를 공유하고 있었던 것이다. 다음 절에서는 '국토'와 '국민'을 둘러싼 인식에서 한 발 더 깊이 들어가, 일본의 국가 형성 및 지배 영역의 확대와 함께 발생한 민족ethnic 내셔널리즘의 의식 구조에 대하여 밝히고자 한다.

4. 내지 잡거 논쟁과 민족ethnic 내셔널리즘

1) 메이지 헌법체제와 '국토', '국민'

내지 잡거 논쟁에서 활발하게 언급되었던 '국토'와 '국민'이란 무엇일까. 또한 무엇이어야 한다고 관념화된 것일까. 이를 고찰하기 위해서 피할 수 없는 것이 1889년 2월 11일에 제정된 대일본제국헌법의 존재이다. 그리고 특히 주목해야 할 것은, 같은 해 6월 이노우에 가오루의 원안을 바탕으로 이토 히로부미伊藤博文의 이름으로 간행된『헌법의해憲法義解』에서 '국토 및 신민'에 관한 설명이 나타난 것이다. 이는 앞서 서술했던 것처럼 오쿠마 조약 개정안을 둘러싼 대립을 통해 '국토와 국민의 구별'이라는 논법이 급속히 확산되기 직전의 일이었다.

실제 작성자에 의한 제국헌법의 공식 해설서인『의해義解』는 헌법 제1조 "대일본제국은 만세일계의 천황이 이를 통치한다"에 대하여 '통치'의 대상을 '국토 및 신민'으로 환언하고, 다음과 같은 설명을 더했다. 즉, 일본의 '현재 강토'는 "옛 오야시마大八島, 엔기시키延喜式 66국 및 각 섬, 이와 함께 홋카이도·오키나와의 여러 섬 및 오가사와라 제도"이다. 그리고 "생각건대 토지와 인민이란 나라를 성립시키는 본바탕이며, 일정한 강토는 일정한 나라를 이룬다. 이때 일정한 헌장이 그 안에서 행해진다. 따라서 한 나라는 한 개인과 같으며, 한 나라의 강토는 한 개인의 체구와 같다. 이로써 통일되고 완전한 판도를 이룬다"고 설명되어 있다. 즉,『의해』는 첫째로 '국토'='토지'와 '신민'='인민'이 국가의 통치 대상이며 구성 요소라는 인식, 둘째로 '국토'는 헌법이 시행됨으로써 일체화된다는 인식을 보여주고 있는 것이다.[31]

『헌법의해』의 '국토 및 신민'과 내지 잡거 논쟁의 '국토와 국민의 구별'의 관계를 고찰해 보자면, 두 가지 중대한 문제를 지적할 수 있다. 첫 번째 문제는 '국토'의 비균질성이다.『의해』는 '국토'에서 홋카이도·오키나와·오가사와라 제도를 예부터 줄곧 일본의 영토로 삼았던 지역과는 구별하여 열거함으로써, 이 지역이 새롭게 부속된 영토라는 것을 언외로 보여주

---

31   伊藤博文,『憲法義解』, 1889(岩波書店, 1940), 22~23쪽.

고 있다. 이 사실은 헌법 아래 '국토'의 일체성이라는 이념 자체와 관련된 문제였다. 중의원을 통한 '신민'의 정치 참여는 제국헌법의 한 근간이었음에도 불구하고, 같은 날에 제정된 중의원의원선거법에서 이 세 지역은 그 적용 범위에서 제외되었다. 세 지역은 일본의 영토로 새로 편입되어 속령으로 통치되었다. 이로 인하여 이 지역의 주민들은 본국의 의회 참정권에서 제외되었던 것이다.[32]

두 번째 문제는 『의해』에서는 국가의 구성 요소로 '신민'이라는 표현을 사용했으나, 이와 달리 내지 잡거 논쟁에서는 '국민'이라는 표현이 사용되었다는 차이이다. 이를 고찰할 때 중요하게 보아야 하는 것은 1890년 전후에 한 시대를 풍미했던 정교사의 국수주의이다. 정교사는 오쿠마 조약안 반대운동의 일익을 담당했고, 그 기관지인 『일본인日本人』에서는 잡거상조론이 여러 차례 주장되었다. 앞 절에서 다루었던 '국토와 국민의 구별'을 가장 이른 시기에 제시한 마쓰시타 조키치의 논설도 그 하나였다.

정교사는 1888년에 시가 시게타카志賀重昂와 미야케 세쓰레이三宅雪嶺에 의해 창립되었고, 잡지 『일본인』을 중심으로 언론 활동을 전개했다. 이 잡지가 창간된 초기에 시가는 '국수 보존'이라는 사상의 의미가 '태서泰西의 개화'를 '일본 국토에 동화'시키는 것이 아니라, 오로지 "일본의 외면을 허식虛飾塗抹[겉을 치장하여 드러나지 않도록 가림－역주]"하기 위해 이용한 '도말塗抹하자는 주장'을 "일본 국민을 위해"서 '일본 국토에서 방축放逐, 소탕'하는 것에 있다고 설명했다. 일본은 서양의 근대화를 표면적으로 모방하는 것이 아니라, 오히려 서양 각국을 본받아 자국의 '국수내셔널리티'를 기초로 삼아 다

---

32 塩出浩之, 「北海道・沖縄・小笠原諸島と近代日本－主権国家・属領統治・植民地主義」, 大津透ほか編, 『岩波講座日本歴史 15 近現代 1』, 岩波書店, 2014.

른 요소를 흡수해야만 한다는 것이었다. 이러한 인식을 바탕으로 시가는 제국헌법이 발포되었을 때 "일본 국민은 메이지 22년 2월 11일로써 태어났다"라는 제목을 붙이고, 지금까지 '단순히 풍속, 습관, 언어를 같이 한 민족'에 지나지 않았던 '일본 인민'이 제국헌법의 제정으로 인해 '정치상으로 확고하게 결속되어 일체'가 된 '일본 국민'으로 새롭게 '태어났'다고 주장했다.[33] 이때 시가는 "명백히 의식적으로 '신민'이라는 두 글자를 피해"[鹿野政直], 단순한 피치자가 아닌 제국헌법에 입헌정치라는 내실을 부여하는 정치 주체를 자칭하는 표현으로 '국민'이라는 단어를 사용했다.[34] 바꾸어 말하면, '신민'이란 일본국가의 통치 대상, 즉 일본 국적 보유자였으나 '국민'에는 시민권의 의미가 포함되었던 것이다.

그리고 더욱 주의해야 하는 점으로 시가는 자칭으로서의 '국민'이, '풍속, 습관, 언어'를 공유하는 '민족'이라는 전제를 당연한 것처럼 도입하고 있었다는 것이다. 실제로 '일본 국민'은 전제 없이 '야마토 민족'으로 대체되었다. '야마토 민족'이란 아마도 오키나와인이나 아이누, 오가사와라의 구미·하와이계 주민 등을 제외한, 당시의 일본 호적·국적 보유자, 즉 이 책에서 말하는 야마토인과 동일한 의미라고 봐도 좋을 것이다. 게다가 시가는 이처럼 '야마토 민족'으로 대체 가능한 '일본 국민'은 일본의 '국토'를 전유해야 하는 존재라고도 생각했다. 시가는 '홋카이도'에서 '류큐 지방'에 이르는 '일본의 지형'의 풍요로움을 논한 뒤에, "이 아름다운 방토邦土를 소유하고, 이 부러워할 만한 방토를 이용하는 자"는 '야마토 민족'이

---

33 志賀重昂, 「「日本人」が懷抱する処の旨義を告白す」, 『日本人』 2, 1888; 「日本国民ハ明治二十二年二月十一日を以て生れたり」, 『日本人』 22, 1889.
34 鹿野政直, 『資本主義形成期の秩序意識』, 筑摩書房, 1969, 354~355쪽.

자 '일본 국민'이라고 말하며 '분기奮起'를 촉구하고 있었다.[35] 이와 같이 '야마토 민족'과 '일본 국민'을 동일시하는 사고 습관은 '국토' 상의 민족적 마이너리티에 대한 무시, 혹은 망각을 가져왔다고 할 수 있다. '야마토 민족' 이외의 사람들도 '신민'일본 국적 보유자이라면 '국민'이 될 수 있다는 문제는 시가와 같은 사람들의 관심사가 아니었던 것이다.

이상과 같이 제국헌법 아래에서 입헌정치가 개시된 시점에는 헌법 작성자 측이 '국토'와 '신민'을 일본국가의 통치 대상이나 구성 요소로 규정했다. 한편, 민간에서는 '국민'이라는 자칭으로 인해 시민권의 실질화가 추구되었다. 또한 '국민'은 '국토'를 전유해야 하는 존재로 관념화되었다. 그러나 새로운 '국토'인 홋카이도·오키나와·오가사와라 제도는 속령 통치 아래에 있었기 때문에 본국의 의회정치 영역 밖에 놓였다. 뿐만 아니라 '일본 국민'은 '야마토 민족'과 동일시되어, 세 지역의 영유·병합과 함께 추가로 '신민'이 된 사람들은 시야 밖에 있었던 것이다. 제1장에서 본 홋카이도의 야마토인 이민자들의 식민자 의식도 이러한 '민족'과 '국민'의 동일시라는 관점에서 설명할 수 있을 것이다.

2) 귀화법 문제와 민족 내셔널리즘

'일본 국민'을 단순히 일본 국적 보유자제국 신민로 보는 것이 아니라, 시민권을 가지는 동시에 동질적인 '야마토 민족'이라고 생각하는 사고방식은 내지 잡거라는 외래자의 배제/포섭을 둘러싼 문제에 어떠한 영향을 미쳤을까? 이러한 의미의 '국민'에게, 외국인의 내주로 인해 발생할 수 있는

35　志賀, 「「日本人」が懐抱する処の旨義を告白す」; 志賀, 「日本生産略」, 『日本人』 8, 1888.

가장 문제가 될 만한 지점은 귀화, 즉 일본 국적의 취득이었다. '국토와 국민의 구별'과 마찬가지로, 외국인의 귀화를 둘러싼 논의는 오쿠마 조약안을 둘러싼 정치 대립의 발생과 함께 등장하여 내지 잡거 논쟁의 논자들에게 주목받았다.

이노우에 가오루와 오쿠마 시게노부 두 외상에 의한 조약 개정 교섭 과정에서 구미 각국은 거류지 제도의 폐지 후, 옛 거류지의 외국인들에게 '일본국 신민과 같은 조건'으로 '지방 선거' 참정권을 부여할 것을 요구했다. 외국인에게 일본 국적 취득을 거치지 않고 지방 수준의 정치 참여를 인정하라는 이 요구에 대하여 일본 정부는 응할 여지가 없었다.[36] 그러나 한편으로 일본 정부는 조약 개정을 달성하기 위해 외국인을 '일본국 신민'으로 만들 가능성에 대한 검토를 서둘러야 했다. 1889년 오쿠마 조약 개정안에서 대심원에 외국인 법관 임용을 허용하는 조항이 제정된 지 얼마 지나지 않아, 제국헌법 제19조 "일본 신민은 법률 명령이 정하는 자격에 따라 모두 문무관에 임명될 수 있고 기타 공무를 맡을 수 있음"에 위반될 가능성이 있다고 인정되었다. 같은 해 7월에 이노우에 고와시井上毅 내각법제국장관은 정부에 제출한 의견서에서 헌법은 "설령 정조正條한 명문이 없다고 하더라도 국민의 공권이기 때문에 이것을 외국 인민에게 적용하지 않는 주의主義"라고 서술하고, 헌법 위반을 회피하기 위한 귀화법 제정을 제안했다.[37] 귀화법의 제정이 필요하다고 인식하게 된 이유는 애초에 외국인의 국적 취득을 위한 법 정비가 이루어지지 않았기 때문이다. 외국인의 귀화를 허용

---

36 大山, 『旧条約下に於ける開市開港の研究』, 236・253쪽.

37 井上毅, 「帰化法制定ニ関スル議」, 1889.7.4(外務省監修・日本学術振興会編, 『条約改正関係日本外交文書』 3巻上, 日本外交文書頒布会, 1956, 160~161쪽).

하는 규정은 당시에는 1873년 3월의 내외인민혼인조규內外人民婚姻條規[태정관포고 제103호]뿐이었다. 이 조규에 따르면 외국인 여성이 일본 남성의 아내가 되든지, 외국인 남성이 일본인 여성 밑에서 '데릴사위'가 되거나 '입부入夫[처가에 입적하는 일-역주]'하는 것 외에는 귀화할 방법이 없었다.[38]

이후 귀화법 제정은 오쿠마 외상에 의한 조약 개정 교섭의 중단을 위하여 보류되었지만,[39] 귀화법 문제는 내지 잡거 논쟁의 한 쟁점이 되었다. 우선 잡거 찬성론자를 대표하는 다구치 우키치는 외국인의 귀화에도 예상대로 긍정했다. 다구치는 1889년 당시에 이미 귀화 외국인의 임용에 찬동했다. 1893년에는 귀화란 "흡사 우리 내지에 시즈오카현静岡縣 관속管属인 사람이 도쿄부東京付로 적籍을 옮기는 것과 동일하고, 실로 간단한 것", 즉 국적의 취득은 호적의 이동과 마찬가지로 절차에 지나지 않는다고 서술했다. 그리고 "논자로서 외인의 내지 잡거를 꺼리더라도, 이들이 귀화를 청원한다면 이것을 거절할 수는 없는 것이다", "신분이 바뀌면 우리 내지의 어디에서든지 토지를 소유하고 주권株券을 매입하는 사업을 일으킬 수 있다"고 설명했다. 즉, 외국인이 귀화하면 일본 국적 보유자가 되기 때문에 내지 잡거를 금지하는 것은 법적으로 불가능하다고 지적한 것이다.[40]

그러나 외국인이라도 귀화하면 동등한 일본인이라는 견해에 대하여 저항을 한 사람은 드물지 않았다. 1891년 4월 『도쿄아사히신문東京朝日新聞』은 앞으로 제정해야 할 "귀화법을 엄격하게 할" 필요가 있다고 설명했다. 그

38　嘉本伊都子, 『国際結婚の誕生-〈文明国日本〉への道』, 新曜社, 2001.
39　다만 이노우에 고와시 등이 기초한 귀화법안은 1891년 12월에 제2의회(귀족원)에서 제출되었다[심의종료]. 『第二回帝国議会貴族院議事速記録』, 1891.12.4.
40　「居留地の制及び治外法権は如何」, 『東京経済雑誌』 483, 1889; 田口, 『居留地制度ト内地雑居』, 66~67쪽.

가장 큰 이유는 "인구가 많고 재화가 부족한" 일본의 현재 상황에서 외국인들이 다수 귀화하면, "적은 자본과 적은 토지는 점점 더 세분화되고, 세분화된 일부는 우리들 본래 국인國人의 손에서 떠나게 될" 것이기 때문이었다.[41] 또한 같은 시기에 정계의 잡거 상조론자인 오이 겐타로는 "귀화법을 만들어 외인이 쉽게 일본인이 될 수 있도록 하는 조항도 [조약] 개정안에 더해야 한다"는 '일설'에 대하여 언급하며, 이것을 구미인에 의한 국내 개발 촉진 의도로 해석한 뒤, "이 일본을 위해 고유의 민民과 귀화한 민 사이에서 가리는 바 없이 하려는가"라고 비판했다.[42] 이러한 논의들은 귀화제도를 통해 외국인이 '본래의 국인', '고유한 민'과 구별 없이 일본인의 일부가 되고, 동시에 경제적 지배자가 될 가능성에 대한 거부 반응이었다. 즉, '국토'를 전유해야 할 '국민'이란 단순한 일본 국적 보유자가 아니라 '본래'의 일본인, '고유'한 일본인이어야만 했다. 이것은 바꾸어 말하면 민족집단으로서의 일본인[야마도 야마토인]이었다고 할 수 있을 것이다.

이와 같은 외국인 귀화에 대한 저항의식에 대하여 조금 더 고찰해 보기 위해서 지식인 가운데 잡거 상조론을 주창한 대표자로 알려진 이노우에 데쓰지로井上哲次郞의 논의를 검토해 보자. 도쿄제국대학東京帝國大學에서 철학을 전공한 이노우에는 1889년에 저술한 『내지 잡거론內地雜居論』에서 내지 잡거로 인해 '우등 인종'인 구미인이 다수 거주한다면, 일본인은 '인종' 간의 '경쟁'에서 패배하여 '멸망'한다고 설명했다. 이노우에는 이때, 내지 잡거 후에는 "외국인이 일본의 법률에 따라 일본인과 같은 자격을 가져야 함

---

41 「帰化制度に就て (三)」, 『東京朝日新聞』, 1891.4.2; 「人口問題に関する新憂患」, 『東京朝日新聞』, 1891.3.28도 같은 취지.

42 大井憲太郎, 「条約改正問題に就て」, 『あづま新聞』, 1891.4.12.

은 물론이지만, 외국인은 결국 외국인이고 (…중략…) 일본인과 동일한 종족이 되는 것은 아니다"라고 했다. 즉, '일본인'은 하나의 '종족'을 이루고 있다는 견지에서 법률적 차원과는 별개로 '외국인'과의 구별을 논했던 것이다.[43]

이노우에가 말하는 '종족'이란 언어나 문화 등을 공유하는 민족집단이며, 동시에 '국민'이기도 했다. 이노우에와 다구치의 논쟁에서 다구치는 고대 일본에서 도래인渡來人의 귀화를 논거로 들어 잡거를 정당화했다. 이에 대하여 이노우에는 일본에 '공고鞏固한 국체國體'가 조직되기 전인 고대의 귀화를 현재와 연관시킬 수는 없다고 반론했다. 다구치는 일본에 '공고한 국체'가 있다면 잡거를 허용해도 좋을 것이라며 이노우에를 야유했으나, 이노우에는 이를 받아들이지 않았다. 지금 '국체'가 지속되고 있는 것은 현재의 '국민'이 동일한 '인종'·'언어'·'교육'·'정체政體' 아래에 있기 때문이며, 내지 잡거로 인해 '다른 인종인 영국, 미국, 프랑스, 독일, 러시아, 오스트리아 사람들 및 중국인, 조선인'이 다수 내주한다면, "국민은 순수하지 않고, 체재는 완전히 변이하여 자연히 국체가 파괴되는 것을 보기에 이를 것"이라고 했다.[44] 이노우에는 한편으로는 일본의 '국민'을 균질한 민족집단이라고 인식하고, 다른 한편으로는 그 균질성, 즉 '국체'는 구미인뿐만 아니라 일찍이 일본으로 귀화한 중국인이나 조선인이 내주해도 파괴될지도 모르는 취약성을 가지고 있다고 생각한 것이다. 이노우에가

---

43 井上哲次郎, 『內地雜居論』, 1889(吉野作造編, 『明治文化全集』第六卷 外交篇, 日本評論社, 1928), 475쪽; 小熊, 『単一民族神話の起源』.

44 井上哲次郎, 『內地雜居續論』, 1891(吉野編, 『明治文化全集』第六卷 外交篇), 492쪽; 井上, 「內地雜居論の批評を読む(国民之友に寄するの書)」, 1891(吉野編, 『明治文化全集』第六卷 外交篇), 515쪽; 「井上哲次郎氏に質す」, 『東京経済雑誌』573, 1891; 小熊, 『単一民族神話の起源』, 43~44쪽.

상정한 '종족'으로서의 일본 '국민'은 시가 시게타카가 말한 '민족'으로서의 '일본' 국민과 기본적으로 같은 관념이었다고 할 수 있을 것이다. 외국인의 유입, 특히 귀화로 인하여 일본 '국민'이 민족으로서의 동질성을 상실한다는 위기의식이 만들어지는 한편, 현재의 상황에서 '국민'의 민족적 동질성은 의심받지 않았던 것이다. 또한 당시 중국인의 거주는 뒤에서 살펴보는 바와 같이 구미인과 마찬가지로 거류지·잡거지에 한정되어 있었다. 그러나 조선인의 경우에는 1876년 조일수호조규에서 조선 측이 영사재판권을 갖지 못한 것이 요인이 되어 실제로는 일본국 내에서 자유로운 거주가 가능했다.[45]

이상과 같이 내지 잡거 논쟁의 한 쟁점이 되었던 외국인 귀화 문제에서 다구치는 외국인이 귀화하면 일본인이 되고, 내지 잡거를 거절할 근거는 없다는 견해를 보였다. 이에 반해 외국인 귀화에 대한 거부 반응의 근본에 있었던 것은 일본의 '국민'은 태생적으로 동질한 민족집단이며, 앞으로도 그 동질성이 지켜져야 한다는 관념이었다고 할 수 있다. 그러나 문제는 내지 잡거가 실현되지 않은 이 시점에도 일본인[일본 호적·국적 보유자]은 결코 동질한 민족집단이 아니었다는 것이다.

3) 아이누의 '동화' 문제

일본 '국민'의 민족적인 동질성을 주장한 논자들이 언제나 일본 국내의 민족적 마이너리티들을 무시해 온 것은 아니다. 특히 홋카이도 아이누의 존재는 점차 화제가 되었다. 그러나 아이누는 일본 국내에 야마토인 이외

---

45 山脇啓造, 『近代日本と外国人労働者―一八九〇年代後半と一九二〇年代前半における中国人·朝鮮人労働者問題』, 明石書店, 1994, 39~47쪽.

의 민족이 있다는 사례로 취급되기보다도 '동화'나 '우승열패優勝劣敗'의 대상으로 다루어졌다.

이것의 한 전형적인 모습을 보여준 이가 학계 내 잡거 상조론자의 대표자인 이노우에 데쓰지로였다. 이노우에의 주장에 따르면, "우리나라의 에조인蝦夷人이 점점 쇠멸하여 마침내 망멸亡滅하려" 하는 것은 '우등 인종'이 이주하여 '열등 인종'과 잡거한 것으로 인한 '우승열패'의 실제 사례였다.[46] 아이누의 존재는 일본 '국민'이 하나의 '종족'을 이룬다는 이노우에의 지론을 뒤엎을 수 있을 터였다. 그러나 이노우에는 이 점에 관한 논의를 전개하지 않았다. 다만 아이누가 가령 야마토인과의 잡거로 인해 완전히 '망멸'한다면 '종족'으로서의 동질성은 잃지 않게 될 것이다. 이 이론적 가능성은 1893년에 우메다 마타지로梅田又二郎가 저술한 『국민의 대책임 조약 개정론国民之大責 条約改正論』[1893년]의 논의를 통해 증명되었다.

우메다의 저작에는 호시 도루의 서문이 실려 있었고, 앞서 서술한 조약 개정 상주안을 상찬하는 등, 이른바 자유당의 조약 개정 문제에 관한 팸플릿이었다. 또한, 내지 잡거는 긍정하면서도 외국인의 토지 소유 금지 등을 요구하는 제한 잡거론의 입장을 표명하고 있었다. 그리고 주의해야 할 것은 우메다가 이노우에와는 반대로, 아이누의 존재를 내지 잡거를 긍정하는 논거로서 언급했다는 점이다. 내지 잡거로 인해 일본 '국민'이 구미인에게 '동화'되어 '국체'를 잃게 된다는 우려에 대하여 우메다는 "현재의 큰 걱정거리는 내지 잡거를 허용하여 국체를 잃는 것에 대한 두려움이 아니라, 내지 잡거를 허용하여 어떻게 외국인과 우리 국민을 동화시킬 것인가

---

46   井上, 『內地雜居論』, 480쪽; 井上, 『內地雜居統論』, 505쪽.

에 있다"고 설명하며, 실제로 '내지인과 잡거'한 '아이누 종족'은 "동화적 소멸에 임박"해 있다고 주장했다. 따라서 내지 잡거 후에 구미인이 일본인을 '동화'시킬 것이라는 사태, 즉 "우리 국민이 아이누 민족처럼 되는 날"은 상상할 수 없고, 오히려 몽골인이 "중화에 동화"된 것과 같이 "여러 외인을 일본화"하는 것도 충분히 가능하다고 주장한 것이다.[47]

즉, 우메다는 아이누의 존재를 강조하면서 그들이 '동화'되었다는 인식을 논거로 삼아 일본 '국민'의 민족적 동질성은 강인하다는 주장을 이끌어 갔다. 일본 '국민' 안에 종속적으로 '동화'시킨다면, 이분자異分子의 존재ㆍ유입이 민족적 동질성을 손상시키지 않는다고 논한 것이다. 그러나 이러한 '동화'론은 현실에서는 야마토인과 아이누 사이에 형성되었던 식민주의적인 지배-종속관계를 호도하는 논리에 지나지 않았다.

특히 놓쳐서는 안 될 지점은, 우메다가 아이누를 '동화'시킬 주체를 '내지인內地人'으로 칭했다는 것이다. 우메다는 저작의 다른 부분에서는 '야마토 민족'을 '일본 국민'과 거의 같은 의미로 사용하고 있었는데, 아이누에 대치적인 표현으로 '내지인'을 사용했다. 이미 서술한 바와 같이, 여기에서 '내지'는 홋카이도ㆍ오키나와ㆍ오가사와라 제도를 제외한 본국을 가리킨다. 따라서 '내지인'이란 본국에서 홋카이도로 이주한 야마토인을 가리킨다. 우메다가 반드시 자각하고 있었던 것은 아니었을지도 모르지만, 아마도 아이누가 '동화'로 인해 '민족', '종족'으로서는 소멸을 향해 가고 있다고 주장하기 위해서 '야마토 민족'과 아이누를 대치시키는 것을 피했고,

---

47 梅田, 『国民之大責任 条約改正論』, 115~177쪽. 또한 우메다(梅田)는 조약 개정 상주안이 홋카이도ㆍ오키나와ㆍ도서부 내 잡거 제한ㆍ금지를 요구하는 이유에 대하여, 외국인 토지 소유 금지 이유로서 "러시아가 홋카이도에서 요해(要害)의 토지를 매수"할 위험성을 언급한 것 외에는 명확하게 설명하지 않았다(梅田, 위의 책, 185쪽).

그러나 이와 동시에, 본국에서 홋카이도로 이주한 야마토인을 아이누와 구별할 필요성을 인정하고 있었기 때문에 공간적인 호칭인 '내지인'을 사용한 것이다. 따라서 아이누는 언어나 문화, 생활 습관 등에서 '동화'가 진행되어도 결국은 '내지인'과 구별되는데, 이는 제1장에서 살펴본 홋카이도 내 야마토인 이민자들의 식민자 의식과 공통적이다. 뿐만 아니라, 류큐 병합 후 오키나와인과 대비되는 야마토인이나, 이후에 일본의 통치 아래에 놓인 타이완인, 조선인과 대비되는 일본인에게 '내지인'이라는 호칭이 사용되었던 것과 마찬가지였다.[48]

또한, 내지 잡거 논쟁에서는 이러한 아이누의 '우승열패'나 '동화'가 논의되었던 한편, 오키나와인이나 오가사와라 제도의 구미·하와이계 주민에 관한 같은 양상의 논의는 필자의 조사에 따르면 보이지 않는다. 이는 당시에 야마토인에 의한 홋카이도의 이주 식민지화가 다른 지역에 비해 상당히 두드러진 현상이었기 때문일 것이다.[49] 이주 식민지로서의 홋카이도를 둘러싼 논의에 대해서는 제6절에서 내지 잡거 논쟁과 일본인의 이민·식민의 관계를 포괄적으로 다루며 다시 고찰해보고자 한다.

---

48 松田道之, 『琉球処分』, 1879(下村冨士男編, 『明治文化資料叢書』第4卷, 風間書房, 1962), 269쪽; 小熊英二, 『〈日本人〉の境界－沖縄·アイヌ·台湾·朝鮮植民地支配から復帰運動まで』, 新曜社, 1998.
49 塩出, 「北海道·沖縄·小笠原諸島と近代日本」.

5. 중국인을 둘러싼 내지 잡거 논쟁

1) 중국인 잡거 찬성론

내지 잡거 논쟁에서 중국인 잡거를 둘러싼 시비 논쟁은 구미인의 잡거
와는 위상을 달리하면서 중요한 쟁점이 되었다. 중국인의 이주 활동은 구
미인의 이주 활동뿐만 아니라 일본인의 이주 활동과도 비교되는 대상이
되었던 것이다. 일본인의 이민·식민을 둘러싼 논의를 고찰하기 전에 이
문제에 관하여 검토하고자 한다.

막 말에 일본이 구미 각국에 개국한 당시에는 일본과 중국 사이에 국교
도 조약도 맺어지지 않았다. 그러나 개항지에는 주로 광동 등지에서 들어
온 다수의 중국인이 구미인의 고용인의 형태로 내주했고, 일본 측에서는
이를 사실상 방임했다. 청일수호조규清日修好條規[1871년]에 따라 중국인의 일
본 재류는 법적 근거를 얻게 되었다. 또한, 이 조규는 일본과 중국 상호 간
에 영사재판권을 인정했기 때문에, 1877년 청조의 주일공사가 부임했다.
그리고 1878년에 요코하마, 고베, 나가사키, 하코다테에 영사관이 설치되
자 중국인도 영사재판권 아래에 놓이게 되었다. 거류지에서 중국인들은 인
구 규모가 가장 큰 외국인 집단이 되었다. 일본 정부는 아편 단속 등을 이
유로 거류지의 중국인에 대한 행정권을 요구했다. 나아가 구미와의 조약
개정 교섭에서 법권 회복을 중점적으로 요구하면서 중국에도 영사재판권
철폐를 요구했다. 그러나 청조 정부가 난색을 표했고 구미와의 교섭도 난
항을 겪은 결과, 교섭은 1888년에 중단된 상태로 청일전쟁이 발발했다.[50]

---

50 山脇, 『近代日本と外国人労働者』; 安井三吉, 『帝国日本と華僑－日本·台湾·朝鮮』, 靑
木書店, 2005; 五百旗頭, 『条約改正史』.

내지 잡거 논쟁에서 중국인의 잡거를 긍정한 논자는, 많은 경우 중국인 노동자가 유입될 가능성이 낮다는 점을 지적했다. 여기에서도 다구치 우키치의 견해를 소개하고자 한다. 다구치는 1884년의 논설에서 구미인의 잡거, 외자 이입의 의의는 이미 "여론이 용인한 바"라고 판단하고, 오히려 논의가 되는 것은 '지나인支那人 잡거라는 한 가지 일'이지만 그 우려는 불필요하다고 주장했다. 즉, ① 인구 밀도나 중국보다 일본이 임금이 저렴하다는 점에서 생각해보면, 미국과 같이 중국인이 대량 유입되는 것은 생각하기 어렵다. ② 만약 중국인이 일본에 내주하여 일본인 노동자와 경쟁한다면, 그것은 '재주財主의 이익', '소비자의 이익'이며 결국 외자 유입과 마찬가지로 '우리나라의 이익'이라고 했다.[51] 즉, 중국인의 미국 유입은 통화가치의 차이에 따른 것이며, 일본에는 들어맞지 않는다는 점을 지적하며 중국인 노동자의 대량 유입은 상정할 수 없다고 주장한 것이다. 그런 한편, 이입 그 자체도 경제 발전의 관점에서 환영해야 한다는 것이다.

경제에 관해서 사람의 출신을 문제 삼지 않는 다구치의 자세는 중국인 잡거에 대해서도 일관적이었다고 할 수 있다. 그런데 다구치가 중국인과 일본인의 임금을 비교한 것은 주목할 만하다. 이 시기는 북미나 하와이에서 중국인 이민자에 대한 배척이 격화되고, 특히 미합중국에서는 1882년에 배화법排華法이 실시되어 중국인의 입국이 금지된 직후였다. 다구치의 논의는 일본에서도 마찬가지로 중국인이 저렴한 노동력으로 유입될 가능성이 경계되고 있었음을 보여준다. 그러나 동시에 1880년대 중반은 일본인이 중국인을 대체할 저렴한 노동력으로 북미나 하와이를 향해 대량 이

---

51 「內地雜居を論ず」.

민이 시작된 시기이기도 했다. 이 점에서 다구치의 관찰은 정곡을 찔렀다고 할 수 있다.

2) 중국인 잡거 반대론

그러나 다구치 우키치와 같은 취지의 지적이 여타의 논자들에게도 점차 나타나고 있었음에도 불구하고, 중국인의 내지 잡거에 대한 반대의견은 널리 퍼져 있었다. 그 가운데에는 구미인의 잡거를 인정하는 논자도 현저하게 나타났다. 이와 같은 현상의 요인 중 하나는 중국인 상인의 경제 활동을 경계하기 위해서였다.[52] 1884년에 『내지 잡거 평론內地雜居評論』을 저술한 하야시 후사타로林房太郎는 구미인의 잡거나 자본 투하는 "우리의 부원富源을 연다"고 해서 환영했으나, 중국인의 잡거에는 강한 경계심을 보였다. 하야시는 중국인 노동자의 내주 여하는 미지수라고 했다. 그리고 어느 상하이 거주자의 관찰을 통해 중국인 상인에 비하면 도쿄의 일본인 상인은 "소민疎漫하고 부주의하여 놀랄 정도"이고, 홍콩에서도 중국인 상인이 영국인 상인을 '압도'하고 있다고 서술하며 내지 잡거 후에는 '소매 장사'를 위해 중국인이 다수 거주할 것이라고 예측했던 것이다.[53] 또한 히토미 이치타로는 구미인에 대해서는 제한 잡거론의 입장을 가지고 있었지만, 중국인의 잡거에는 명확히 반대했다. 히토미는, 중국인은 이미 미국이나 하와이, 오스트레일리아에서 일본인 노동자의 '경쟁자'가 되어 있는 데다가, 일본 내 외국인 인구의 대부분을 점유하고 있다고 지적했다. 그리고

---

52 岡, 「条約改正論議に現れた当時の対外意識」.
53 林房太郎, 『內地雜居評論』, 1884(稻生典太郎編, 『內地雜居論資料集成』第1卷, 原書房, 1992).

"나가사키의 경우에는 일본인의 나가사키가 아니며, 지나인의 나가사키라고 부르는 것이 적당하다고 할 것이다. 고베, 오사카, 요코하마의 상권 절반은 그들의 수중에 놓여 있지 않은가"라고 서술했다.[54] 즉, 히토미는 구미인의 자본에 의한 일본 경제의 발전을 기대하는 한편, 중국인과 일본인의 '경쟁'은 강하게 경계했던 것이다.

내지 잡거 논쟁이 활발하게 이루어진 1880년대부터 1890년대 중반 사이에, 중국인은 일본의 개항지 내 외국인 인구 가운데 가장 많은 수를 차지했다. 뿐만 아니라, 중국인 상인이 일본인 상인보다 훨씬 강한 세력이 되었다는 주장은 사실이었다. 요코하마를 중심으로 하는 대對구미 무역에서는 구미인 상인이 주체가 되었다. 그런 한편, 중국인 상인은 중국·일본의 개항지를 거점으로 하는 '상하이 네트워크'를 통해 아시아 간 무역의 주도권을 장악했던 것이다. 내지 잡거 후에 구미인이 다수 내주할 것이라는, 혹은 그들이 '국토'를 경제적으로 지배할 것이라는 의구심과 비교한다면, 중국인의 잡거에 대한 경계는 경제 실태에서 기인했다고 할 수 있을 것이다.[55] 또한 히토미가 중국인·일본인이 이민 노동자로서 '경쟁'하고 있음을 지적했던 것도, 논리적으로는 반드시 중국인 노동자의 일본 유입으로 이어지지는 않을 터이지만, 적어도 실제 사람의 이동을 전제로 한 주장이기는 했다.

그러나 중국인의 잡거를 반대하는 또 한 가지 요인, 아마도 근본적인 요인이 중국인에 대한 동족혐오적인 멸시였다는 점은 부정하기 어렵다. 하

---

54 人見, 『国民的大問題』, 505~506쪽.
55 籠谷直人, 『アジア国際通商秩序と近代日本』, 名古屋大学出版会, 2000, '제1장'; 古田和子, 『上海ネットワークと近代東アジア』, 東京大学出版会, 2000.

야시는 중국인을 '오예汚穢 파렴치'라고 평하며, "세계 문명 인종으로서 결코 상급에 오를 수" 없는 중국인이 일본인과 섞여 혼인을 한다면, "일본 인종의 혈맥을 오염시킨다"고 주장했다. 히토미는 '백석인종白晳人種'이 아닌, 같은 '황색인종'인 중국인이야말로 잡거를 금지해야 하며, 중국인은 두려워해야 할 '팽창력'을 가진 '개미와 닮은 인종'이라고 했다. 그러면서 "지나인의 강점은 그 천박하기 이를 데 없는 것이며, 일본인의 약점은 그 고상함에 있다"고 논했다. 우메다 마타지로도 중국인 잡거는 '노역 경쟁'을 방지하는 것뿐만 아니라, 미국이 배화정책排華政策을 취한 것과 마찬가지로 "풍기를 유지"하기 위해서라도 금지해야만 한다고 주장했다.[56] 그들은 아마도 일본인과 중국인이 모두 황색인종으로 구분되고 있으니, 그야말로 일본인을 구미인과 같은 '문명'의 세계에 세우고자 하여 중국인을 일부러 멸시했던 것이다.

한편, 상당히 흥미로운 점은 구미인의 잡거에 강경하게 반대했던 잡거 상조론자 가운데, 중국인 잡거의 시비 문제에 대해서 아무런 언급도 하지 않았던 이들이 드물지 않았다는 것이다. 그 이유는 명확하지 않지만, 중국인의 잡거가 구미인의 잡거보다 위험이 적다는 데라시 무네노리寺師宗德, 국가경제회의 지론이 시사점을 던져준다. 데라시는 1892년에 발표한 논설에서 다음과 같이 서술했다. 그는 중국인 잡거의 폐해는 '천노賤奴'의 '노동력'으로 "일본 국토의 부와 이익을 흡수하고, 일본 국민의 재원을 빼앗는" 데 그친다고 했다. 그러나 구미인의 잡거는 "지식으로 우리나라 사람을 변하게 하고, 자력資力으로 우리나라 사람을 사역하는" 것으로, 확실히 "국력을 신

---

56 林, 『內地雜居評論』 162~169쪽; 人見, 『国民的大問題』, 505~508쪽; 梅田, 『国民之大責任 条約改正論』, 186~187쪽.

장하고 민지民智를 향상시켜 국가로서 문명의 영역에 오르게 하는 이익"이 있으나, 그 결과로 "헌법을 개혁하여, 국체를 바꾼다". 바꾸어 말하자면 "그 나라의 토대를 무너뜨릴" 우려가 있다는 것이다.[57] 데라시가 중국인을 멸시하고 있던 것은 분명하다. 그러나 그는 내지 잡거의 시비 문제를 일본의 독립이라는 관점에서 평가하고, 중국인이 노동자로서 일본으로 유입될 뿐이라면 구미인보다 위험성은 작다고 생각했던 것이다. 이것은 잡거 상조론자들이, 일본에 내주하는 구미인의 인구가 적다고 해도, 점차 '국토'를 경제적으로 지배하게 되기 때문에 위험하다고 주장했던 것과 부합하는 견지였다고 할 수 있다. 여기에서도 분명 '문명'의 서열 의식 때문에 중국인의 이민·식민 활동이 구미인의 이민·식민 활동과 같은 사태를 초래한다고 생각하지는 않았던 것이다.

6. 내지 잡거 논쟁과 이민·식민론

1) 이민·식민지는 국내인가 국외인가

구미인의 이민·식민 활동에 대한 인식은 일본이 그 대상지가 되는지의 여부에 대한 논쟁을 낳았다. 뿐만 아니라 이는 일본에서 이민·식민을 추진하는 주장과도 연결되는 것이었다.[58] 내지 잡거 논쟁과 이민·식민론의 관련성에 대해서는 논쟁의 당사자들도 강하게 의식하고 있었다. 여기에서

---

57 寺師宗徳, 「支那人雑居の関係」, 『国光』 4(12)·5(1), 1892.
58 黒田謙一, 『日本植民思想史』, 弘文堂書房, 1942, 第2篇; 吉田秀夫, 『日本人口論の史的研究』, 河出書房, 1944, 第2章 第1節.

쟁점이 되었던 것은 일본인에게 이민·식민의 대상지란 국내여야 하는가, 국외여야 하는가라는 문제였다.

정계 내 잡거 상조론의 중심인물이었던 오이 겐타로는 1891년 9월에 신문 『일본日本』에 게재된 논설 「이주민론」에서 홋카이도에 대한 '식민정책'이 일본의 '국시國是'라고 주장했다. 동시에 "이 일대一大 급무를 잊고, 일본인을 다른 나라로 이주시키고, 외인을 국내에 잡거하게" 하는 것은 이해하기 어렵다고 비판했다. 오이에 따르면 '더욱 개척해야 할 옥야沃野'인 홋카이도를 대상으로 한 '식민' 활동은 "일거에 국방에 대비하여 한 개의 부원富源을 연다. 또한 빈민에게 일거리를 주는 일단을 얻는 효과"가 있어 '군사전략과 상업전략'의 양립이 가능한 것이었다. 실제로 당시 오이는 오카모토 류노스케岡本柳之助 등과 '홋카이도 의용단北海道義勇団'을 결성하고 '현재의 둔전병屯田兵'과 제휴하여 홋카이도 개척과 대對러시아 방비를 맡는 '홋카이도 의용병' 설치를 주장했다. 또한 이미 앞에서 다루었던 오이의 귀화법 비판도 '고유의 민'은 국외로 이민 보내면서 외국인을 귀화시키는 것은 모순이라고 주장한 것이었다. 오이의 인식에는 잡거 상조론, 홋카이도 식민론, 국외 이민 불요론不要論이라는 세 개의 주장이 내적으로 연관되어 있었던 것이다.[59]

그러나 홋카이도를 속령으로 생각할 뿐만 아니라 이민·식민의 대상지로서 특별하게 여긴 인식이 오이와 같은 잡거 상조론자에게만 있었던 것은 아니었다. 오히려 이른 시기부터 홋카이도를 특별하게 여긴 논자 중 한

---

[59] 大井憲太郎, 「移住民論」, 『日本』, 1891.9.20·1891.12.27; 安部井磐根宛大井憲太郎·岡本柳之助書翰, 国立国会図書館憲政資料室, 『安部井磐根関係文書』65(1); 岡本柳之助編, 『日魯交渉北海道史稿』, 1898; 田中三七, 下篇, 113~120쪽; 大井, 「条約改正問題に就て」.

명이 바로 잡거 찬성론을 대표하는 다구치 우키치였다. 다구치는 1881년
9월에 홋카이도 개척사 관유물 불하사건北海島開拓使官有物拂下事件을 접하고 홋
카이도 개척의 중요성을 논할 당시, "이미 1개의 적국을 5개의 항구에 두
었다. 그리고 북지北地 또한 강한 러시아의 식민에 인접한다"고 서술하고,
러시아인에 의한 '가라후토 개척'을 경계할 것을 촉구했다.[60] 홋카이도를
'5개 항구'의 '적국', 즉 거류지와 병렬시킨 것은 인구 밀도가 높은 일반
'아시아의 땅'과는 달리, 홋카이도에서는 인구 이입 자체에 대한 경계가
필요하다는 인식을 나타낸 것일 터이다. 무엇보다도 다구치의 경우에는,
필자가 조사한 범위 내에서는 홋카이도 내 잡거를 제한 · 금지해야 한다는
주장을 한 것으로는 보이지 않는다. 그런데 다구치와 가까운 시마다 사부
로는 1886년의 『마이니치 신문每日新聞』 논설에서 잡거 찬성론을 전개하며
홋카이도를 예외로 둘 필요가 있다고 주장했다. 즉, 개척이 진전되기 전까
지는 홋카이도에 한해서 외국인의 토지소유권을 제한하자는 제안을 한 것
이다. 시마다는 그 이유를 다음과 같이 서술했다.

애초에 우리가 잡거를 하는 것이 우리나라에 이익이 있다고 한 까닭은, 그
저 우리 토지를 번영시키겠다는 의미가 아니며 이 토지에 거주하는 일본 인
민의 진보와 번영에 이익이 있다는 것이다. 그런데 외인이 우리 내지에 거주
하고 토지를 소유하며 우리 인민과 잡거하거나 그들과 함께 이익을 나누어
누려야 할지라도, 외인이 홋카이도의 많은 토지를 소유하는 경우에는 그 이
익이 외인의 이익이 되며 일본 인민의 이익이 되지는 않을 것이다.[61]

---

60 田口卯吉, 「北海道開拓論」, 1881(『田口全集』 第4卷), 31~35쪽.
61 「內地雜居論 第4 北海道」(島田三郎考案, 岡村梅太郎筆), 『每日新聞』, 1886.9.16(大橋

시마다의 주장은 앞서 다룬 '국토와 국민의 구별'의 원형을 형성한 것이었다고 할 수 있다. 홋카이도는 일본의 영토이지만, '일본 인민'을 통해 이루어지는 개발이 충분하지 않다는 문제의식은, 한편으로는 일본인^{야마토인}뿐만 아니라 외국인의 내주도 포함하여 한층 더 홋카이도 개척의 진전을 요구하는 주장으로 연결되었다. 그리고 다른 한편으로 이 문제의식은 외국인의 토지소유권 제한이라는 주장과도 결부되어 있었던 것이다. 제1장에서 서술했던 것과 같이, 이 시기에는 (특히 개항지인 하코다테 이외) 홋카이도에 입식한 야마토인 중에서도 외국인 잡거에 대한 찬반이 나뉘어 있었다.

그러나 다구치나 시마다의 홋카이도에 대한 견해는 이주 식민지화의 진전을 관찰하면서 변화했다. 시마다는 1889년에 저술한 『조약 개정론^{条約改正論}』에서 '기선, 철도'의 발달에 따라 "북쪽 땅으로 향하는 인민이 점점 많아"지고 있으며, 또한 많은 수의 '토지', '광갱^{鑛坑}'이 관유^{官有}라는 것을 근거로, 홋카이도를 내지 잡거의 예외지역으로 할 필요는 없다고 주장하기에 이르렀다. 게다가 시마다는 "나는 그 외국인 중 홋카이도로 온 사람은 우리 국민에게 동화될 것이라고 믿는다"고 서술했다. 또한, 다구치도 1893년에 홋카이도를 시찰하고 "홋카이도에 인구, 물산이 증식하는 기세가 빠르다"라며 이주 식민지화의 진전에 주목했다.[62]

한편으로 다구치는 국외로의 이민·식민론에 강하게 치우쳐 있었다. 다구치는 1890년에 "우리 4천만 동포는 이미 국내에서 이득이 없어 고통을 겪고 있다"라는 인식 아래, 하와이로의 이민에 이익이 있음을 인정했다.

安治郎編, 『內地雜居論』, 文泉堂, 1887).
62 島田三郎, 『条約改正論』, 1889(吉野編, 『明治文化全集』第6巻 外交篇), 407~408쪽; 田口卯吉, 「北海道瞥見」, 1893(『田口全集』第四巻), 443쪽.

뿐만 아니라, '남양제도'로의 이민을 주장하며, 실제로 교역과 시찰을 위해 미크로네시아당시스페인령의 괌, 야프, 팔라우, 폰페이로 항해도 다녀왔다. 이러한 다구치의 '남양경략론南洋経略論'은 당시 정부 내에서 태평양제도나 동남아시아, 중남미로의 '식민'을 제창하고 있던 에노모토 다케아키榎本武揚와 호응한 것이었다. 관직을 사임한 후 에노모토는 '멕시코 식민'사업을 기획하여 1893년 2월에 식민협회를 설립했는데, 다구치도 여기에 참가했다. 다구치는 같은 해 10월에『거류지 제도와 내지 잡거』에서 잡거 상조론자가 '인종 경쟁'에서의 패배를 두려워하는 것을 비판하고, '일본 인종'은 오히려 '인종 경쟁'을 위해 "우리와 동일한 언어를 사용하고 동일한 풍속을 가진 동포를 세계에 퍼뜨려야" 한다고 주장했다.[63] 외국인의 귀화를 전혀 문제삼지 않았던 다구치도 일본인을 민족집단으로 파악하는 시각은 공유하고 있었다고 할 수 있다. 일본인이 이민·식민의 주체가 되어야 한다고 주장한 다구치의 잡거 찬성론은, 이처럼 일단 홋카이도 식민론을 경유하면서 국외 이민·식민론으로 전개된 것이다.

일본의 대세가 국외 이민으로 향하고 있다는 것을 이유로 들어 잡거 상조론을 비판한 주장은 다구치의 주장 외에도 종종 확인할 수 있다.[64] 이들은 일본의 높은 인구 밀도나 높은 인구증가율을 근거로 삼았고,[65] 또한, 구미인은 일본으로 오기보다는, 훨씬 토지가 넓고 인구가 적은 남아메리

---

63 田口卯吉,「南洋経略論」, 1890(『田口全集』第四卷), 371~373쪽; 田口,『居留地制度ト内地雑居』; 森,「田口卯吉の植民論」; 角山幸洋,「榎本武揚とメキシコ殖民移住(一)~(三)」, 関西大学,「経済論集」, 34(6)·35(1·2), 1985.

64 「大日本協会」,『東京日日新聞』, 1893.10.3;「日本帝国の臣民を以曖昧未開の蛮民に比する者は誰そ」,『郵便報知新聞』, 1894.10.6.

65 人見,『国民的大問題』, 467~471쪽, 梅田,『国民之大責任 条約改正論』, 135~150쪽,「小公議会記事」(持地六三郎演説),「国家学会雑誌」6(76), 1893.

카나 호주를 선택할 것이라고 주장했다. 이러한 지역은 동시에 일본에서도 유력한 이민지로 상정되고 있었다.[66] 마찬가지로 식민협회에 참가했던 자유당의 호시 도루도 1893년 7월에 다음과 같이 잡거 상조론을 비판했다. 그는 '비卑잡거설'이라는 것은 결국 "우리나라 인민이라는 자가 도저히 외국인과 경쟁할 수 없는 약한 인간이라고 하는" 논의라고 하며, "만약 이 의견이 옳다면 이제 하와이로 사람을 보내는 것은 부질없는 이야기이고, 미국으로 사람을 보내는 것은 부질없다는 이야기이다. 식민이든 이민이든 언급하는 것을 그만두는 것이 마땅하다고 해야 할 것이다"라고 했다. 호시는 조약 개정 문제의 관점에서 이렇게 주장한 것이기도 했지만, 제3장에서도 언급하듯이, 당시 실제로 북미나 하와이를 향한 이민사업에 강한 관심을 가지고 있었던 것이다.[67]

이상에서 살펴본 바와 같이 잡거 상조론과 잡거 찬성론의 대립은 일본인의 이민·식민의 대상지가 국내인가, 국외인가라는 차이로 연결되고 있었다. 그런데 이것은 보는 방식을 달리 하면 양자가 이민·식민론으로서는 연속되어 있었음을 의미한다. 다음 절에서 더욱 분명하게 언급하겠지만, 잡거 상조론을 지배하고 있던 민족 내셔널리즘의 이데올로기는 국외 이민을 추진한 사람들에게도 공유되고 있었던 것이다.

2) 이민·식민론과 민족 내셔널리즘

국외 이민·식민론자의 민족 내셔널리즘을 보여주는 좋은 예로, 우선

---

66 「今の時に当て条約問題を講究せよ(昨日の続)」, 『朝野新聞』, 1890.1.25; 梅田, 『国民之大責任 条約改正論』, 121~150쪽.

67 星亨(演説筆記), 「条約改正の速成を望む」, 『党報』 41, 自由党, 1893; 有泉貞夫, 『星亨』, 朝日新聞社, 1983, 第7章.

다쓰카와 운페이立川雲平와 가토 헤이시로加藤平四郎의 견해를 소개하고자 한다. 두 인물은 함께 자유당의 대의사로 1892년 5월에 중의원에 「식민탐검비이민지 탐검비에 관한 건의안」을 제출했다.[68] 이 건의안은 찬성하는 이가 소수였기 때문에 부결되었다. 그런데 다음 해인 1893년에 두 사람은 에노모토 다케아키가 식민협회를 조직하자 다구치 우키치, 호시 도루와 함께 이 단체에 참여했다.

다쓰가와는 1892년부터 1893년에 걸쳐 발표한 「해외식민론」에서 다음과 같은 문제를 제기했다. 그는 '국가를 조성하는 원소'에는 '그 국토뿐만'이 아니라 '그 국민'이 불가결하며, "나라를 지키"는 것은 국토와 국민을 지키는 것이어야 한다고 설명했다. 이어서 그는 그렇다면 "그 인민을 몰아서 다른 나라에 가게 하여 국토를 방치시키는" 것은 "국가의 목적과 배치背馳되는" 것이 아닌지 의문을 제기했다. 또한 '이주의 목적'은 '한 개인의 차원'에서 말한다면 '최대의 보수報酬'를 요구하는 '경제상의 원칙'에 따르는 것이나, '정치 문제' 차원이라면 무언가 정당한 이유가 필요하지 않겠냐고 주장했다. 다쓰가와는 이민을 '국가의 목적'이라고 볼 수 있는 이유로 먼저 '침략, 병탄倂吞, 방수防守' 등의 '정략적 식민'을 들었다. 그런데 이것은 "오늘날의 대세로 보면 도저히 우리나라가 할 수 있는 것이 없고, 마음대로 할 수 있는 것이라 해도 결코 언어상으로 논술할 수 있는 것"은 아니라고 하며 논하기를 피했다. 여기에서 다쓰가와가 이민을 정당화하는 최대의 '국가 이익'이라고 한 것은, '우리나라의 토지'로는 감당하지 못하는 "남아도는 인구를 내보내고, 그들이 생계를 이어갈 수 있도록 하

는” 것, 즉 인구 과잉 대책이었다. 그는 일본이 '본토' 외에 "조금도 영토를 부용附庸한 것이 없고, 이 본토를 떠나면 사해 도처가 모두 타국의 영토가 아닌 곳이 없다"고 인식했다. 이러한 인식을 바탕으로 다쓰가와는, 유망한 이주지로 '남양제도'태평양제도, 멕시코, 캐나다를 들었다. 홋카이도 이민에 대해서는 '정략상'으로는 '급무'라고 하며 국방상의 필요를 주장했다. 한편, 홋카이도 이민은 "금후 인구의 증가에 비하면 상당히 협소"하기 때문에 "인구를 이식"할 대상지는 국외에서 구해야 한다고 주장했다.[69]

다쓰가와가 인식했던 바와 같이 이 시기에 하와이나 아메리카로 건너간 사람들 자체는 본인이나 가족을 위해서 보다 큰 수입을 얻을 기회를 구한 것에 지나지 않는다. 그러나 국가의 요소를 '국토'와 '국민'에서 찾고 '국가의 이익'을 추구하는 입장에서 국외 이민이란, 영토의 확대를 상정할 수 없는 상황에서 인구 과잉 대책으로 부득이하게 추진해야만 하는 수단으로 평가되었다. 가토 헤이시로 또한 "설령 우리의 판도로서 식민지를 얻을 능력이 없다 하더라도, 인구가 희소하여 더욱 이익이 있는 땅을 구하여, 바야흐로 넘쳐흐를 인구를 해외로 보내는 계책을 세워야 한다"고 했다. 이역시 인구 과잉 대책의 관점에서 국외 이민을 판도 확대 차선책으로 평가한 것이다. 가토에 의하면 건의안 및 식민협회 설립 취지는 "다수의 인민을 옮겨 그 땅에 영주永住하게 하거나, 혹은 스스로 사업을 일으키게 하고, 이로써 그 이름은 우리의 판도가 아니라도, 실제로는 우리의 속국 정도의 것을 얻는다는 희망"이었다.[70] 즉, 일본의 영토 내부에서 이주지를 얻을 수 없기 때문에, 국외 이민지를 실질적인 '우리의 속국'으로 만든다는 소

---

69 立川雲平, 「海外殖民論」, 『党報』 24·25·27·31, 自由党, 1892·1893.
70 加藤平四郎, 「殖民事業に就て」, 『党報』 37, 自由党, 1893.

망을 주장한 것이다.

이와 같은 소망은, 민족 내셔널리즘의 관점에서 국외의 일본인 이민을 일본국가의 일부로 유지한다는 주장을 의미했다. 바꾸어 말하자면, 이는 영토 지배를 반드시 포함하는 것은 아닌 이주 식민지화에 대한 소망이었다고 할 수 있다. 하와이 이민은 이 점에서 특히 관심을 끌었다. 다구치는 하와이 이민에 대하여 '지방의 소작인'을 "이식함으로써 개간에 종사"시키는 것은 '우리 일본 인종의 품위를 발양하는 방법'은 아니라며 불만을 드러냈다. 그리고 "우리가 독립적으로 독행獨行하는 상공업으로 하여금 해외로 이주"시켜야 할 필요를 설명했다. 또한 구가 가쓰난도 『국제론國際論』에서 미국이나 하와이로 건너간 일본인은 '잠식蠶食'의 주체가 되지 못하고 있다고 비판했다.[71] 다구치도 구가도, 민족집단으로서의 일본인들이 국경의 외부에서도 사회적 세력이 될 것을 기대했던 것이다.

더욱이 제3장에서 논하는 바와 같이, 당시 하와이에서는 일본인이 일본 국적인 채로 참정권을 획득할 수 있는 가능성이 생겼고, 호시가 이끄는 자유당은 이를 제국 의회에서 쟁점으로 삼았다. 이때 정교사의 잡지 『아시아亜細亜』는 "일본인이 하와이의 참정권을 얻는다면, 인구상 부지불식간에, 마침내 새로운 일본국처럼 될 것이다"라고 기대했다.[72] 당시 하와이에서는 구미 출신인 백인에 의한 정권 장악이 완성되어 가고 있었다. 그런데, 일본인 이민자들이 만약 참정권을 획득한다면, 인구 규모로 보았을 때 큰 정치 세력이 될 가능성이 있었던 것은 사실이었다. 하와이의 '새로운 일본국'화라는 소망이 일본의 하와이 지배까지 의미했던 것인지 그 여부는 명

---

71 田口, 『居留地制度ト內地雑居』, 61쪽; 陸, 『原政及国際論』.
72 「第二の征韓論, 布哇参政権問題」, 『亜細亜』 2(6), 1893.

확하지 않다. 그러나 일본인에 의한 이주 식민지의 형성이라는 의미라면, 완전한 공상이었다고 할 수는 없는 것이다.

3) '내지 잡거'에서 '외지 잡거'로

이상과 같이 국외 이민·식민론자[동시에 잡거 찬성론자]가 품은 일본인의 이주 식민지 형성이라는 소망은 '국토'의 밖으로 '국민'을 보내는 이민을 민족 내셔널리즘의 관점에서 정당화하는 논리였다. 이에 대하여 잡거 상조론자인 오이 겐타로가 국외 이민을 비판하며 홋카이도로의 이민을 우선 주장한 것은, 이른바 '국민'을 '국토' 안에 머물게 하는 것에 대한 집착이었다. 양자는 대립하면서도 민족 내셔널리즘을 공유하고 있었던 것이다. 그리고 잡거 상조론자들도 또한 국외 이민을 완전히 부정한 것은 아니었다. 오이 는 1893년에 내지 잡거가 시기상조인 이유를 다음과 같이 설명했다.

우리 일본인은 자국의 안전을 보장하기 위해 우선 조선에 깊이 힘을 쓰지 않을 수 없다. 그리고 경우에 따라서는 대한對韓 정략상 한 걸음도 러시아나 청에 양보하지 않으리라는 각오를 하지 않을 수 없다. 떠난다면, 우리 일본인 은 향후 점점 대륙을 향하여 운동을 하지 않을 수 없다. 그중에서도 지나, 조 선으로 향할 필요가 있다고 하더라도, 일국一國의 인심은 아직 기꺼이 밖으로 향할 생각이 없다. 그런데도 먼저 외인을 내지로 들이고 이들과 힘겨루기를 하게 만든다면 점점 밖으로 향하려는 마음을 없애버리게 된다.[73]

---

73 「東邦協会に於る內地雑居問題(承前)」,『国会』, 1893.3.18.

즉, 조선을 둘러싼 중국과 일본의 대립이 고조되고 있던 이 시기에, 오이는 장차 일본인은 조선과 중국으로 세력을 확대하기 위해 이주해야 한다고 주장한 것이다. 그러면서 일본인의 '밖으로 향하는 마음'은 아직 충분히 자라지 않았기 때문에 현 단계에서는 구미인과의 경쟁에서 보호해야 한다고 주장했다. 오이는 국외로의 이민도 일본의 정치적 지배의 확대와 결부되어 있는 것이라면 인정했던 것이다.

잡거 상조론의 연장선상에서 일본의 지배 확대와 이민·식민을 결부시켜 파악하는 논리는 1894년에 영국과의 조약 개정 교섭에서 법권 회복이 달성되고, 1895년에 청일전쟁이 결착된 후에 더욱 명쾌한 형태로 나타난다. 1892년에 오이 등이 참여한 내지 잡거 강구회에서 잡거 상조론 팸플릿을 집필했던 저널리스트 구니토모 시게아키国友重章는 1895년에 조선으로 건너가 『한성신보漢城新報』[일본외무성의 보조를 받은 조선어·일본어 신문]의 주필을 맡으면서 민비시해사건에 관여했다. 방면된 후에 『일본인日本人』에 게재한 논설 「외지 잡거」에 의하면, 구니토모는 도한渡韓 이후 일본의 '국민적 세력'을 조선에 '영원'히 '수립'하기 위해 '이주 식민'의 필요성을 논했다. 구니토모에 따르면 이것은 오래전부터 지론인 잡거 상조론과 모순되지 않는 것이었다. 왜냐하면 조약 개정에 의해 내지 잡거가 불가피하게 된 이상, 이후에는 '국민적 자긍심'에 따라 "우리 국민이 우승優勝인지 열패劣敗인지" 그 여부가 결정되며, 청일전쟁의 승리를 통한 '국민 고유의 원기'의 '부활'을 발판으로 이후에는 '백인'을 모방한 '식민', 즉 '외지 잡거'를 시행하여 "국민적 세력을 해외로 신장"하는 동시에 "내지 잡거를 위해 국민의 자긍심을 양성"해야 한다는 것이었다. 즉, 일본이 '식민'의 대상이 되지 않기 위해서도 스스로 '식민'의 주체가 될 필요가 있다는 주장이다. 구니토모는 이것을 단적으로 "내지 잡거의 근심은 동화됨에 있고, 외지 잡거의 목적은 남을 동화시킴에 있다"고 설명했다.[74] 이것이 구니토모의 사상신조 차원에서 일어난 변화인지의 여부와 별개로, 정치 상황의 전환과 함께 잡거 상조론은 자각적으로 팽창주의적 이민·식민론으로 전환된 것이다.

이처럼 내지 잡거에 대한 찬반은 일본인야마토인의 이주지를 국외에서 찾을 것인지 홋카이도 등 국내에서 찾을 것인지의 차이와 결부되어 있었다. 그렇지만 양쪽 주장 모두 일본인과 일본국가의 결합을 고집하는 민족 내셔널리즘을 공유하고 있었다. 그러므로 잡거 찬성=국외 이민·식민론자는 일본인에 의한 이주 식민지의 형성을 요구했고, 잡거 상조=국내 이민·식민론자는 일본의 지배지역 확대와 결부된 이민·식민을 요구했던 것이다.

7. 내지 개방과 외국인 법제

1) 내지 개방과 국적법

일본 정부는 1894년에 체결된 영일통상항해조약日英通商航海條約을 시작으로 구미 각국과의 조약 개정을 통한 영사재판권의 철폐, 이른바 법권 회복을 달성했다. 이로써 일본 국내의 거류지는 철폐되었고 내지 잡거가 실현되었다. 이것을 내지 개방이라고 부른다. 그러나 내지 잡거 논쟁의 영향은 내지 개방 이후에도 외국인의 권리를 둘러싼 여러 가지 제한으로 나타났다.

---

74 国友重章, 『条約改正及内地雑居 一名内地雑居尚早論』, 内地雑居講究会, 1892; 国友重章, 「外地雑居 (乾)·(坤)」, 『日本人』(第3次) 21·22, 1896. 『漢城新報』에 대해서는, 佐々博雄, 「熊本国権党と朝鮮における新聞事業」, 『人文学会紀要』 9, 国士舘大学文学部, 1977.

1899년 7월에 일본 국내의 모든 외국인 거류지는 일본국의 시市와 구區로 편입되었다. 이때 고베와 오사카에서만 계속 이어지고 있던 거류지 자치도 폐지되어 각각의 행정권[경찰권 포함]이 효고현과 오사카부로 인계되었다.[75] 거류지 제도가 폐지되는 대신 조약국인條約國人은 일본 국내에서의 이동이나 거주의 자유를 인정받았다. 즉, 내지 잡거이다. 또한 내지 잡거와 함께 일본 국내에 거주하는 외국인은 관할 경찰관서에 의무적으로 신고해야 했다.[76]

내지 잡거의 범위에 대해, 홋카이도나 오키나와현, 도서부島嶼部 같은 일부 지역에서 제한·금지하는 등의 규정은 만들어지지 않았다. 문제는 1895년 청일강화조약에서 일본이 중국으로부터 할양받은 타이완이, 영일통상항해조약이 체결된 시점에는 일본의 영토가 아니었다는 점이다. 그로 인해 타이완총독부는 본국 정부에 새 조약에 기초한 내지 잡거를 타이완에 적용하지 않도록 요청하고, 조약국인을 중국 점령 시기의 외국인 거류지로 제한해야 한다는 주장도 했다. 그러나 1898년 본국 정부는 타이완도 내지 잡거의 범위로 삼을 것을 결정했다.[77]

이상의 과정에서 내지 잡거를 인정받은 외국인의 범위에 중국인이나 조선인은 포함되지 않았다. 조선인의 경우 앞서 서술한 것처럼, 1876년 이후 인정되었던 내지 잡거가 지속되었다. 그러나 중국인의 경우 1894년 청일전쟁 개전과 함께 청일수호조규가 효력을 상실했다. 중국인의 입국은 금지되었고, 일본 국내의 중국인은 기존에 거주를 허가받은 지역[거류지·잡

---

75 大山, 『旧条約下に於ける開市開港の研究』, 273~276쪽.
76 山脇, 『近代日本と外国人労働者』, 57~58쪽.
77 浅野豊美, 『帝国日本の植民地法制－法域統合と帝国秩序』, 名古屋大学出版会, 2008, 77·94~95쪽.

거지]에서 거주하는 것은 인정받았지만, 중국의 영사재판권이 상실되었기 때문에 일본의 재판소 관할 아래에 놓였다. 또한 부현지사府縣知事에게는 중국인을 국외로 추방시킬 수 있는 권한이 부여되었다[1894년, 칙령 제137호]. 이 규정은 전후에도 계속되었고, 일본 정부는 1899년 7월 조약국인의 내지 잡거를 실시한 직후에 겨우 중국인의 처우를 개선했다. 내무성은 중국인의 거주지를 종래의 거류지·잡거지로 제한하려고 했으나, 외무성이 이에 반대한 결과 중국인은 일본 국내의 자유로운 거주나 영업 등을 인정받았다. 다만, 그러면서도 노동자에 한해서는 종래의 거류지·잡거지 이외의 허가 없는 거주가 금지되었다[1899년, 칙령 제352호]. 이 제한은 중국인 노동자의 유입에 대한 강한 경계를 반영한 것이었다.[78]

중국인 노동자의 이입 규제는 1920년대 전후로 강화되어 중대한 정치·사회 문제가 되었다. 일본 정부는 1918년 내무성령內務省令 제1호외국인 입국 건에서 외국인에 대한 상륙 금지와 퇴거 명령을 규정했다. 그리고 1921년 이후 일본으로 도항한 중국인 무허가 노동자들이 급증하여 각지에서 입국 금지나 국외 퇴거가 실시되었다. 그 이유로는 저렴한 임금의 중국인 노동자들에게서 일본인 노동자를 보호한다는 목적이 내세워졌고, 실제로 일본인 노동자에 의한 중국인 노동자 배척운동도 일어났다. 주목해야 할 점은, 이와 같이 내무성이 주도한 중국인 노동자 규제에 대하여 재일중국인단체나 국민당 정부뿐만 아니라, 외무성에서도 일본이 미국의 일본인 이민 배척에 항의하던 것과는 모순되었음을 지적하며 철회를 요구했다는 것이다.

78 許淑真, 「日本における労働移民禁止法の成立」, 布目潮渢博士記念論集刊行会編集委員会編, 『東アジアの法と社会』, 汲古書院, 1990; 山脇, 『近代日本と外国人労働者』, 53~73쪽.

또한 실제로 1924년에 미국에서 일본인 이민자의 입국을 전면적으로 금지하는 이민법이 제정되면서, 배일운동 세력은 일본의 중국인 노동자 규제를 정당화하기 위해 이용했다. 그러나 내무성은 이후에도 중국인 노동자를 향한 규제정책을 크게 수정하지 않았다. 나아가 조선인은 한국병합이후 일본 국적 보유자가 되어 일본 본국에 도항할 수 있는 것처럼 보였으나, 1919년 이후에는 도항증명서 제도 등에 의해 규제되어 도항의 자유는 없었다.[79]

이상에서 본 외국인의 일본 입국에 관한 제도에 뒤이어, 일본 국내 외국인의 권리에 관해 논해보고자 한다. 외국인의 권리에 관하여 특히 중요하게 봐야 할 것은, 첫째가 귀화권, 둘째가 토지 및 그 외의 소유권이다. 두 번째 문제는 절을 바꾸어 논하기로 하고, 여기에서는 마지막으로 귀화권 문제에 대하여 서술해 두고자 한다. 내지 개방 직전에 국적법이 제정되어 [1899년, 법률 제66호], 일본에 거주하는 외국인은 내무대신의 허가가 있으면 일본 국적을 취득할 수 있게 되었다. 귀화 신청의 조건으로는 '품행 단정'이라는 막연한 규정이 세워졌고, 귀화한 자본성는 일부 고관이나 제국 의회 의원 등의 공직에 나아가는 것이 금지되었다. 국적법이 이처럼 귀화권이나 귀화 외국인의 시티즌십에 일정한 제한을 두었다는 것뿐만 아니라, 일본 국적 부여 과정에서 부계 혈통주의를 원칙으로 적용했다는 점도 중요하다. 즉, 일본 국적 보유자인 부친에게서 출생한 자는 일본 국적을 강제적으로 부여받으며, 일본 국적을 보유한 남성과 결혼한 외국인 여성과 그 자식, 일본 국적을 취득한 남성의 처와 자식도 강제적으로 일본 국적을 부

79　山脇, 『近代日本と外国人労働者』, 第2・3章.

여받았다. 또한, 외국인 남성의 아내인 여성은 남편과 함께하지 않는다면 일본 국적을 취득할 수 없는 것으로 간주되었다. 더욱이 일본 국적을 보유한 여성은 외국인 남성과 결혼하면 일본 국적을 상실한다고 간주되었던 것이다.[80] 다음 장에서도 논하겠지만, 이 국적법의 부계 혈통주의 때문에 미국 등 출생지주의로 국적을 부여하는 나라에서 일본인 이민자 아버지로부터 태어난 자식은 자동으로 이중국적이 되었다.

그리고 이 국적법에 의해 일본 국적으로 귀화한 외국인은 1900년부터 49년 사이에 309명, 이에 수반하여 일본 국적을 부여받은 가족은 141명으로, 합쳐도 450명에 불과했다. 309명 가운데 가장 많은 비중을 차지하는 것은 중국인으로 168명이며, 그 외에는 선교사나 여러 직업을 가진 구미인이었다.[81]

2) 외국인의 소유권과 일본인 이민

외국인의 소유권과 관련하여 먼저 주목해야 할 점은, 토지소유권이 처음에는 전혀 인정되지 않았다는 것이다. 일본 정부는 1890년 이후 조약 개정 교섭에서 외국인 토지 소유의 가능 여부를 조약이 아닌 국내법으로 정했다. 그리고 거류지의 영대차지권永代借地權[국내 거류 외국인에게 허용되는, 일정한 지대를 지불하고 영구히 토지를 사용하거나 처분할 수 있는 권리]을 토지소유권으로 변경한다는 방침을 취하고 영국에서도 이를 비공식적으로 승낙했다. 그러나 1893년 의회 내 대외강경파들의 근심을 키운 무쓰 무네미쓰陸奧宗光 외상은 토지소유권의 전면 불허를 위해 영대차지권을 존속한다는 방침으로 전환하고,

---

80　遠藤正敬, 『戸籍と国籍の近現代史-民族・血統・日本人』, 明石書店, 2013, 85~103쪽.
81　浅川晃弘, 『近代日本と帰化制度』, 溪水社, 2007.

영국도 이를 받아들였던 것이다[영일통상항해조약 제18조 제4항]. 이는 내지 잡거 논쟁에서 외국인 토지 소유를 제한해야 한다는 주장이 실제 정책 결정에 영향을 미친 사례로 보아도 좋을 것이다. 그런데 오히려 영대차지권은 세금제도상으로 유리했기 때문에 역으로 여러 나라의 특권이 되었다. 일본 정부는 이를 철폐하기 위해 1942년까지의 시간이 필요했다.[82]

다만 이러한 조약 개정을 거쳐 외국인의 소유권 가능 여부는 기본적으로 일본의 국내법적인 문제가 되었다. 그리고 청일전쟁 후에 일어난 적극적 외자 도입[83]이라는 정책 전환이 반영되어 외국인의 소유권은 실질적으로 확대되었다. 1896년에 제정된 민법[1898년 시행] 제2조는 "외국인은 법령 또는 조약으로 금지된 경우를 제외한 것 외에는 사권私權을 향유한다"고 정해졌다. 이에 따라 외국인은 일본 국내 회사[특정 은행, 거래소, 광업은 제외]의 주주가 될 수 있는 권리를 얻었다. 이 규정은 외국인의 토지 소유를 간접적으로 인정한다는 의미도 있었다.[84] 토지소유권의 다음으로 중요한 쟁점이 되었던 광업권은 1890년 광업조례鉱業条例, 법률 제87호에서 일본 국적 보유자로 한정되었다. 그러나 1900년의 개정 광업조례법률 제33호에 따라 외국인도 일본 국내 회사의 사원이 될 수 있다는 내용이 통과되어 광업권을 간접적으로 취득할 수 있게 되었다. 광산뿐만 아니라 철도나 공장으로의 외자 도입도 기대되었다. 외자 도입 시에 일본의 국내법에는 저당권 규정이 마

---

82 外務省監修, 『條約改正關係日本外交文書』第4巻, 日本國際連合協会, 1950, 74~75·229~230쪽; 山本茂, 『條約改正史』, 高山書院, 1943; 坂根義久, 『明治外交と青木周蔵』, 刀水書房, 1985.

83 堀江安蔵, 『外資輸入の回顧と展望』, 有斐閣, 1950, 47~55쪽; 神山, 『明治経済政策史の研究』, 第3章.

84 外務省監修, 『條約改正關係日本外交文書』第4巻, 371~372쪽; 外務省編, 『日本外交文書』第31巻 第1冊, 日本國際連合協会, 1954, 28~29쪽.

련되어 있지 않았다는 문제가 있었으나, 기업가들의 요청을 받아들여 1905년에는 철도·공장·광산의 3저당법과 담보부사채신탁법担保附社債信託法 등이 제정되어 이 문제도 해소되었다.[85]

그러나 외자 도입을 위한 제도 만들기가 진행되는 한편으로, 그 범위에는 중대한 제한이 있었다. 일본이 1895년에 영유한 타이완과 1910년에 병합한 조선에는, 본국의 법령이 원칙적으로 적용되지 않았기 때문에 외국인의 소유권에 관한 규정도 각각의 총독부에 위임되었다. 타이완에서는 전매제도에 의해 장뇌樟腦나 아편 등의 산업에서 외국인이 배제되었다. 조선에서는 병합 전까지 구미의 많은 자본이 광업 분야로 진출하고 있었으나, 1913년 이후 조선총독부는 조선에 본점을 두지 않은 회사로의 광업권 양도를 인정하지 않을 것을 결정하여 구미 자본의 유입을 사실상 금지했다.[86] 또한 두 지역이 일본령이 되기 전에 외국인이 취득한 토지소유권은 인정했으나, 새로운 토지 소유는 금지되었다.[87]

외국인의 토지소유권을 처음으로 규정한 것은 1910년 외국인토지소유권법法律 제51호이다. 고무라 주타로小村寿太郎 외상은 중의원 심의에서 이 법의 취지에 대하여 '완전한 대등 조약', 즉 조약 개정에 따른 관세 자주권 회복을 위해 일본에 재류하는 외국인을 '보통의 여러 문명국가에서 행하고 있는 위치'에 두는 것이라고 설명했다. 그러나 이 법에는 3개의 중요한 한정 조항이 마련되어 있었다. 첫째로 외국인에게 토지 소유를 인정하는 것은

---

85 野田正穂, 『日本証券市場成立史─明治期の鉄道と株式会社金融』, 有斐閣, 1980, 178~184쪽. 다만 일본의 간선철도는 머지않아 국유화되었다.

86 矢内原忠雄, 『帝国主義下の台湾』, 岩波書店, 1929, 33~39쪽; 小林賢治, 「朝鮮植民地化過程における日本の鉱業政策」, 『経済科学』 34(4), 名古屋大学経済学部, 1987.

87 타이완에 대해서는 1900년 1월 율령 제1호. 조선에 대해서는 宮嶋博史, 『朝鮮土地調査事業史の研究』, 東京大学東洋文化研究所, 1991, 499쪽 참조.

'일본의 내지뿐'이었다. 홋카이도, 타이완, 남가라후토는 '현재 아직 식민지의 지위'이고, "토지를 기반으로 하는 식민자를 되도록 많이 이주시킬 필요"가 있다고 하여 "국방상 필요한 지역"과 함께 제외되었다[한국은 병합 직전]. 둘째로 이 법은 '완전한 상호주의'의 입장을 취하여 '우리 신민에게 토지소유권을 허용하고 있는 여러 나라의 인민'에게만 토지소유권을 인정하는 것이었다. 그리고 셋째로 이 법의 시행 시기는 칙령에 따라 지정되는 것으로 결정되었으나, 실제로는 시행에 이르지 않았다.[88]

　일본인이 이주 식민지화를 시행할 필요가 있다는 이유로 외국인토지소유권법에서 홋카이도·타이완·남가라후토를 제외한 것은, 내지 잡거 논쟁의 '국토와 국민의 구별'의 연장선에 있었다고 할 수 있다. 그러나 새로운 요소인 상호주의 조항은 다음에서 볼 수 있듯이 미국 내 일본인 이민자의 토지소유권을 둘러싼 문제와 밀접하게 관련되어 있었다.

　미국 본국으로 건너간 일본인 이민자의 대부분이 거주하고 게다가 농업에 진출했던 캘리포니아주에서는 배일운동이 고양됨에 따라 일본인의 토지 소유 금지를 목적으로 하는 외국인토지법안이 1907년 무렵부터 주의회에 제출되었다.[89] 상호주의 조항은 이 움직임을 염두에 둔 것이다. 외국인토지소유권법 제정 직후 미국 측은 조약 개정 교섭에서 '다수의 주'가 일본인에게 토지소유권을 인정해 주고 있다는 것을 근거로 미국인에게 토지소유권을 인정해 줄 것을 요구했다. 이에 대하여 우치다 고사이[內田康哉] 대사는 "각 지방에서 누차 발생하고 있는 토지소유권에 대한 배일적 법안

88　『第二六回帝国議会衆議院 外国人ノ土地所有権二関スル法律案委員会議録』第2回, 1910. 3.1.
89　粂井輝子, 『外国人をめぐる社会史－近代アメリカと日本人移民』, 雄山閣出版, 1995, 115쪽.

이 통과 실시되지 않을 경우에 한해" 토지소유권을 인정한다고 회답했다. 1913년 캘리포니아주의회에서 '귀화 불능 외국인'의 토지소유권을 금지하고 차지권借地權도 제한하는 외국인토지법안의 가결이 임박하자, 진다 스테미珍田捨巳 대사는 외국인토지소유권법을 실시하여 "캘리포니아주 사람에게 토지소유권을 인정하는 것"을 교환조건으로 미국에 중지를 요구했다. 그러나 이 요구는 효력을 발휘하지 못했고, 외국인토지법은 제정되었다. 더욱이 1920년부터 1921년에 시데하라 기주로幣原喜重郎 대사가 캘리포니아주 내 일본인의 토지소유권을 인정해 줄 것을 요구하자, 미국 측은 현재 일본이 미국인에게 토지소유권을 인정하지 않는 이상 요구에 응할 수 없다며 거절했다.[90] 즉, 일본 정부는 외국인토지소유권법을 교섭의 카드로 일본인 이민자의 토지소유권을 요구했지만, 그것은 완전히 실패로 끝난 것이다. 이후 미국에서는 워싱턴주 등에서도 마찬가지인 외국인토지법이 제정되었다. 또한 앞서 서술한 것처럼, 1924년에는 일본인의 이민을 전면 금지하는 이민법이 제정되었다[보론 2 참조].

일본 내 외국인 토지소유권은 외국인토지소유권법의 시행을 보지 못한 채, 1925년 외국인토지법을 통해서 다시 인정되었다[법률 제42호]. 상호주의 조항은 일본인의 토지소유권을 금지·제한하는 나라의 외국인에게 똑같이 금지·제한을 가능하도록 하는 완화된 형태로 남겨졌다. 중의원 심의에서 오가와 헤이키치小川平吉 사법대신[정우회 일원]은 '우리가 경제계와 일반 사회의 진보'에서 볼 때 "이미 외국인에게 토지소유권을 부여해도 지장이 없다"고 설명했다. 또한 외무대신이 된 시데하라는 "종래 미국의 각 주에

---

90 外務省編, 『日本外交文書 対米移民問題経過概要』, 外務省, 1972, 417~419·437~438·650~663쪽.

서 배일排日 토지법이라는 것이 제정될 때는, 언제든 일본 스스로가 미국인의 토지소유권을 허락하지 않을 것이라는 주장이 유력한 이유의 하나였다"고 설명했다.[91] 외국인토지법은 같은 해, 본국[홋카이도를 포함]과 남가라후토를 범위로 시행되었다[칙령 제332·333회]. 타이완과 조선은 원래 '법안의 적용 범위 외'였지만 본국과 남가라후토에서 외국인의 '풍부한 자본'에 의한 미개간지 '사재기'는 "이미 우려할 것도 없을 것"이라고 판단했던 것이다.[92] 다만 본국과 남가라후토의 전역에 걸쳐서 '국방상'의 필요에 의해 외국인토지소유권의 금지·제한이 가능한 지구가 다수 지정되었다. 이 시점까지 외국인 토지소유권이 인정되지 않았던 요인은 첫째, 내지 잡거 논쟁 이래의 강한 저항의식의 존재, 둘째, 일본인 이민자의 토지소유권을 둘러싼 미국과 일본 간 교섭의 영향이었다고 할 수 있다.

이상과 같이 1899년의 거류지 폐지와 함께 외국인은 일본 국내에서의 자유로운 이동이나 거주가 인정되었지만, 중국인 노동자는 규제 대상이 되었다. 또한, 외자 도입을 위한 법제도가 정비되는 한편, 외국인의 토지소유권은 1925년까지 인정되지 않았다. 게다가 타이완과 조선은 외자 도입이나 외국인 토지소유권의 울타리 밖에 놓여 있었다. '국민'에 의한 '국토'의 독점적 개발을 요구하는 민족 내셔널리즘, 그리고 중국인에 대한 천시는 내지 개방 이후에도 강한 영향력을 가지고 있었다고 할 수 있다. 그런 한편, 중국인 노동자의 규제나 외국인 토지소유권이라는 쟁점은 미국 내 일본인 이민 배척 문제와 결부되었다. 국외 이민이 본격화되면서 내지 잡거 문제가 일본인 이민자의 처지와 직결되는 사태가 현실화된 것이다.

---

91 『第五〇回帝国議会衆議院議事速記録』, 1925.3.18.
92 위의 글, 1925.3.16.

8. 나가며

내지 잡거 논쟁의 과정에서, 거류지 제도의 위험을 이유로 내지 잡거에 찬성한 다구치 우키치는 구미에서 온 사람이나 자본의 유입 자체는 정치적 지배로 연결되지 않으며, 경제 발전을 가져온다는 이민·식민 인식을 가지고 있었다. 그러나 잡거 상조론자나 제한 잡거론자는 '국토와 국민의 구별'이라는 논법에서 볼 수 있듯이, 구미인의 투자 식민지화로 인한 일본의 독립 상실을 상당히 두려워하고 있었다. 그 전제에는 민족집단인 일본인야마토인이 입헌정치 아래에서 시민권을 보유하는 '국민'으로서 일본의 국가적 독립과 경제 발전의 주체가 되어 '국토'를 전유해야 한다는 민족 내셔널리즘이 자리했다. 또한 이 민족 내셔널리즘은 '신민臣民'[일본 국적 보유자]이 된 홋카이도의 아이누나 오키나와인, 오가사와라 제도의 구미·하와이계 주민 등 속령의 선주민을 '국민'이 될 수 있는 존재로 파악하는 시점이 결여된 것이었다.

내지 잡거 논쟁에서는 중국인의 잡거도 쟁점이 되었다. 당시 개항지에서는 중국인 상인이 구미인 상인과 함께 세력을 가졌다. 그런 한편, 하와이나 미국에서는 중국인 노동자들이 배척되었고, 일본인 노동자들이 그 자리를 대체하고 있었다. 그런데 중국인 잡거를 반대하는 의견은 이와 같은 사람의 이동에 대한 관찰에서 비롯된 것이었으면서도, 그 이상으로 중국인에 대한 동족혐오적인 멸시에서 기인한 것이었다. 그로 인해 실제로 내지 개방 후에는 중국인 노동자가 규제 대상이 되었다.

잡거 상조론을 주장한 오이 겐타로는 일본인의 이민·식민 활동이 홋카이도 등의 일본 국내로 향할 수밖에 없다고 주장했다. 이에 반해 다구치를 비롯한 잡거 찬성론자는 홋카이도 개발의 필요를 인정하면서도, 국외로의 이민·식민 활동이 가진 큰 가능성을 발견했다. 다만 민족 내셔널리즘은 쌍방에 공유되고 있었다. 잡거 찬성=국외 이민·식민론자는 국경을 넘은 일본인이 일본국가의 일부로 유지될 것을 기대했다. 한편으로 잡거 상조=국내 이민·식민론자는 이민·식민과 일본 지배지역의 확대를 일치시키기를 바랐다.

법권 회복과 청일전쟁을 거쳐 내지 개방이 실현되기까지 일본에서는 외자의 적극적 도입이라는 정책 전환이 일어났다. 그런데 외국인의 토지소유권은 오랜 기간 인정되지 않았고, 타이완·조선에서는 외자 도입이 제한되었다. 미국에서 고양된 일본인 이민 배척은 이와 같은 일본 내 외국인의 권리 문제와 연동되었다.

이상에서 살펴본 내지 잡거 논쟁은, 한편으로는 개국 후 일본이 세계시장의 일부가 됨으로써 거류지에 구미인이나 중국인이 내주할 뿐만 아니라, 일본인이 이민 노동자가 되어 하와이나 미국으로 건너가게 되었고, 다른 한편으로는 주권국가 일본의 속령 통치하에 놓인 홋카이도에서 이주 식민지화가 진행된다는, 19세기 말 일본을 둘러싼 사람의 이동 실태에서 기인했다. 그리고 내지 잡거 논쟁 가운데 현저하게 드러난 민족 내셔널리즘은 자본주의 경제의 침투와 주권국가 형성 과정에서 탄생한 국민국가 이데올로기였다고 할 수 있다. 물론, 논쟁에 가담한 사람들이 대부분 몸소 이민·식민 활동의 당사자가 된 것은 아니었다. 그러나 실제로 바다를 건너, 경계를 넘어서 이주한 사람들도 민족집단으로서의 의식을 형성했다. 이 의식은 일본본국 내 민족 내셔널리즘의 영향 아래에 있었다. 제1장에서 검토한 홋카이도 내 야마토인 이민자의 식민자적 의식이 보여주듯이, 이주한 지역의 환경이나 시티즌십, 그리고 인구 구성 등에 따라 민족의식은 이민자들의 정치 행동과 결부되었다. 제3장에서는 하와이로 건너간 일본인 이민자의 정치 행동을 분석하고, 그들에게 일본국가와의 연결이 가진 의미를 검토하고자 한다.

나아가 제6장에서 볼 수 있듯이, 여기에서 고찰한 조약 개정에 동반한 외국인의 내지 잡거라는 정치 쟁점은, 1930년대 일본과 '만주국'의 조약 개정에 따라 일본인이 '만주국'에서 내지 잡거를 한다는 전혀 다른 문제 설정 아래에서 재현된다. 한편으로는 일본인에 의한 '만주국' 투자·이주 식민지화 추진을 위해, 다른 한편으로는 '만주국'이 주권국가로서 독립해 있음을 국제적으로 보여주기 위해 조약 개정과 내지 잡거가 추진된 것이다.

미국의 하와이 왕국 병합과 일본인 이민자들의 정치 활동

참정권 획득운동에서 일본인의 '자치'로

1. 들어가며

제3장에서는 19세기 말부터 20세기 초에 하와이로 건너간 일본인 이민자들의 정치 행동에 대하여 고찰한다. 우선 하와이 왕국은 구미인백인들이 일으킨 하와이 혁명을 거쳐 미국에 병합된 1890년대에 일본인들이 하와이에서 참정권을 요구한 운동을 다루고, 다음으로 미국 통치 초기인 1900년대에 일본인이 미국령 하와이에서 일본인의 '자치'를 요구한 운동을 다룬다.

하와이로 떠난 일본인 이민자에 관한 선행연구는 일본에서 하와이로의 이민이 본격적으로 개시된 1885년부터, 1924년에 미국의 이민법 개정에 의해 이민이 금지될 때까지를 하나의 시기로 취급한다. 특히 미일신사협약에 따라 1908년에 신규 이민이 금지될 때까지인 '관약官約 이민'시대 1885~1894년와 '사약私約 이민'시대1894~1908년를 '이주 노동시대'로 규정하고, 그 이후의 '영주永住', '일본계'의 시대와 구별해 왔다.[1] 이는 이주 형태의 시기구분으로는 유효하지만, 이민자들의 정치 행동을 분석하기에는 미흡하다고 할 수 있다.

첫째로 기존의 연구에서는 하와이라는 국가가 미국에 병합되었다는 큰 정치 변동과 일본인 이민 사이의 관계를 파악하지 않았다. 1880년대부터 1990년대에 하와이에서는 구미歐美 출신 백인들이 하와이를 투자 식민지화하고, 하와이인에게서 정권을 찬탈하려는 움직임이 있었다. 또 한편으로 백인들의 사탕수수 농장에 중국인과 일본인의 노동력이 대규모로 도입되었다. 미국-하와이 병합은 단순히 일본인의 이주 형태에 변화를 가져온 것뿐만 아니라, 일본인 이민을 하와이라는 지역의 중층적인 민족 간 정치의 일부로 만든 것이다.

둘째로 '이주 노동'에서 '영주永住'로의 변화는 그 자체가 이민의 보편적 현상이며, 계약근로자로서 하와이로 건너간 초기의 일본인들이 일반적으로 일본으로 귀환하는 것을 전제로 하고 있었던 것은 사실이다. 그러나 최근의 일본계 미국 이민자 연구는 그들이 1924년 이후에도 일본을 이탈한 것은 아니며, 미일개전美日開戰의 시기까지 줄곧 두 국가에 걸쳐 있는 존재였음을 밝히고 있다.[2] 그렇다면 '이주 노동' 시대의 하와이 이민자들이 일본에서 이탈하는 것을 전제로 하지 않았다 하더라도, 이는 하와이 현지 정착이라는 지향점과 병존할 수 있는 것이 아니었을까.

---

1 ハワイ日本人移民史刊行委員会編, 『ハワイ日本人移民史』, 布哇日系人連合協会, 1964, 165쪽; 白水繁彦, 『エスニック・メディア研究-越境・多文化・アイデンテイティ』, 明石書店, 2004, 227쪽; 移民研究会編, 『日本の移民研究-動向と文献目録』Ⅰ, 明石書店, 2008, 98~108쪽.

2 東栄一郎, 飯野正子監訳, 『日系アメリカ移民 二つの帝国のはざまで-忘れられた記憶一八六八~一九四五』, 明石書店, 2014.

셋째로 기존의 연구에서 충분히 주목받지 못했던 것은 하와이에 이민을 떠난 일본인이 현지에서 차지한 인구 규모이다. 중국인과 일본인이 노동력으로 대거 도입된 하와이에서는 원주민인 하와이인도, 지배자가 된 백인도 인구상으로는 다수가 될 수 없었다. 특히 20세기 초에는 일본인이 인구 규모 측면에서는 최대의 민족집단이 되었다. 일본인1세이 하와이나 미국 국적을 취득하는 것은 얼마 안 되는 예외를 제외하고는 불가능했다. 또한, 그들 스스로도 이미 서술한 것처럼 즉시 일본에서 이탈하는 것을 지향했다고 할 수는 없다. 그러나 그럴수록 일본인이 하와이에서 대규모의 인구집단을 형성했다는 것은 정치 질서를 뒤흔드는 문제가 되었다.

제3장에서는 우선 제2절에서 일본인의 하와이 이주가 시작된 경위를 개관하고, 하와이 혁명 과정에서 하와이 재류 일본인의 참정권이 정치·외교상의 문제가 되어 일본인들도 자발적으로 참정권을 요구하는 운동을 일으켰음을 고찰한다. 이 문제에 대해서는 힐러리 콘로이Hilary Conroy나 이마이 테루코今井輝子, 쓰마루 준코都丸潤子의 연구가 있다. 그러나 이들의 연구는 모두 외교 교섭 분석이 중심으로, 이민자들의 정치 행동에 대한 관심이 적다. 또한, 교섭 과정에서 후술할 귀화 문제가 중요한 쟁점이 된 일도 파악하지 못했다. 다음으로 제3절에서는 미국-하와이 병합을 거쳐 일본인이 미국령 하와이에 정착한다는 관심에서 '자치' 단체의 성격을 가진 '중앙일본인회中央日本人會'를 결성하고 이것이 단기간에 해체될 때까지의 과정을 고찰한다. 기무라 겐지木村健二는 중앙일본인회를 구 자유당계 이민회사와 게이힌 은행京浜銀行의 '이해를 대변하는 기관'으로 고찰하고, '대표의회적 측면'과 '일본인의 단속기관적인 내실'이 있었음을 지적했다. 제3장에서는 이 견해를 바탕으로 하와이 일본계 주민의 변용 과정에 중앙일본인

회의 형성·해체의 의미를 살펴보고자 한다.[3]

　제3장에서 말하는 '일본인'은 일본 호적·국적 보유자를 가리킨다. 이민을 떠난 일본인이 일본 국적에서 이탈하여 하와이나 미국으로 귀화하는 것은 극히 예외적이었다. 한편 하와이 출생자는 미국 병합 이후 미국 시민권 국적을 부여받았다. 단, 제2장에서 다룬 것과 같이 일본 국적법[1899년]은 일본인 아버지를 둔 자에게 일본 국적을 부여했다. 그로 인해 이들은 1916·1924년의 국적법 개정으로 국적 이탈 규정이 생기기 전까지 자동적으로 이중국적자가 되었다.[4] 이 책에서는 이 쌍방을 포함한 집단을 '일본계 주민'이라고 칭한다. 또한, 서장에서 언급한 바와 같이 하와이로 이민을 떠난 일본인에 오키나와인이 포함되는 것은 1900년 이후이며, 그 이전의 일본인은 거의 야마토인으로 분류된다.

2. 하와이 혁명과 일본인의 참정권 획득 문제

1) 하와이 왕국 헌법 개정과 일본인 참정권

하와이는 1778년 제임스 쿡 선장이 내항한 뒤 얼마 지나지 않아, 18세

3　Hilary Conroy, *The Japanese Frontier in Hawaii, 1868~1898*, Berkeley and Los Angeles : University of California Press, 1953; 今井輝子, 「米布併合をめぐる日米関係」, 『国際関係学研究』6, 1979; 都丸潤子, 「アメリカとハワイの日本進出－初期ハワイ在留邦人の参政権をめぐって」, 東京大学教養学部教養学科国際関係論分科　1985年度卒業論文; 木村健二, 「京浜銀行の成立と崩壊－近代日本移民史の一側面」, 『金融経済』214, 1985.

4　坂口満宏, 「二重国籍問題とハワイの日系アメリカ人」, 『新しい歴史学のために』207, 1992.

기 말에 카메하메하Kamehameha가 세운 하와이 왕국으로 통일되었다. 그런 한편 19세기 초에는 구미 각국에서 상업 및 포경을 목적으로 백인들이 빈번히 찾아오게 되었다. 하와이에 거점을 둔 백인들 가운데에는 대토지 소유를 확립하여 사탕수수 농장을 경영하고 하와이 왕국 정부에도 강한 영향력을 미치는 사람들이 나타났다. 1840년대 말 이후, 미국에서는 하와이에 대한 경제적, 군사적 관심이 강해졌다. 이에 따라 하와이 거주 백인들은 호혜조약 체결을 원했고, 1870년 이후에는 진주만의 조차 또는 할양을 주장했다. 1875년 하와이 왕국은 호혜조약을 체결하여 타국에 항만을 제공하지 않을 것을 미국과 약속했으며, 1887년에는 해군 주둔지로 미국에 진주만의 독점사용권을 부여했다. 이 과정에서 하와이인의 내셔널리즘이 강해졌고, 백인 측은 정치권력 장악을 본격적으로 추구하게 되었다.[5] 또한, 뒤에서 서술하듯이, 대부분의 백인들은 하와이로 귀화하지 않고 구미의 국적을 유지하고 있었다.

일본에서 하와이 왕국으로의 이민은 1868년에 하와이 총영사인 미국인 유진 반 리드Eugene Van Reed가 알선한 '원년자元年者'가 시초이다. 1850년대부터 백인이 경영하는 사탕수수 농장에서는 중국인 노동자를 노동력으로 도입하게 되었으며, 마찬가지로 일본인 노동자의 유입도 기대되고 있었다. 이에 반 리드는 요코하마에서 3년 계약 및 월급 4달러라는 조건으로 하와이 이주노동자를 모집했다. 명확한 행선지도 모른 채 부를 찾아 응모한 약 150명 중에는 35일간의 항해 중 사망한 자도 있었다. 그러나 선상에서 태

---

5 Merzw Tate, *Hawaii : Reciprocity or Annexation*(East Lansing : Michigan State University Press, 1968); Gary Y. Okihiro, *Cane Fires*(Philadelphia : Temple University Press, 1991), pp.7~11.

어난 사람도 있었기 때문에 하와이에 도착한 인원수는 거의 그대로였다. 가혹한 노동조건 및 실제로는 2달러밖에 지불되지 않은 월급 등으로 인해 농장에서는 일본인 이민자와 감독, 농장주 사이의 충돌이 빈번히 발생했다. 1870년에 일본과 하와이 양측 정부의 교섭 결과로 일본인 40명이 희망에 따라 귀국했다. 1871년에는 양국 간에 수호통상조약이 체결되어, 일본 정부는 하와이 내 일본인 노동자 고용 및 그를 위한 도항 허가를 인정했으나, 이민사업 개시는 이루어지지 못했다.[6]

1882년에는 하와이 국왕 칼라카우아Kalākaua가 일본에 와서 다시금 일본인의 하와이 이민을 촉구했다. 이는 하와이에서 중국인 노동자에 대한 배척이 시작되었기 때문이었다. 일본 정부는 이민사업에 동의하여 1885년 1월에 일본 노동이민 약정서가 작성되었다. 이에 따라 사탕수수 농장에서의 3년간 계약노동을 조건으로 도항비 및 식비, 주거는 하와이 측이 지급하는 '관약이민官約移民'이 시작되었다. 또한, 제3회 이후의 관약이민은 일포도항조약日布渡航條約, 1886년에 근거하여 이루어졌다.[7]

관약이민이 시작된 지 얼마 되지 않은 1887년 7월 6일에 하와이 왕국은 헌법을 개정했다. 하와이 왕국에는 1840년에 헌법을 제정한 뒤, 1852년과 1864년에 2번의 헌법 개정을 거쳐 귀족원과 대의원의 이원제 의회[국왕이 최종적인 법안거부권을 지닌다]가 구성되어 있었다. 그러나 이 해에 왕국 신민 및 외국인[주로 미국인] 양측으로 구성된 단체 '하와이언 리그'가 국왕 칼라카우아와 재상 겸 외무장관 월터 깁슨Walter M. Gibson의 통치하에서 재정이

---

6   Conroy, *Japanese Frontier Hawaii*, pp.15~53; 福永郁雄, 「ヴァンリードは"悪徳商人"なのか―横浜とハワイを結ぶ移民問題」, 横浜開港資料館・横浜居留地研究会編, 『横浜居留地と異文化交流―一九世紀後半の国際都市を読む』, 山川出版社, 1996.

7   Conroy, *Japanese Frontier Hawaii*, pp.54~80.

파탄 난 것을 주된 이유로 삼아 쿠데타를 일으켜 국왕에게 신헌법을 강제로 수락하게 했다.

1887년 헌법의 중대한 변경점은 참정권에 있었다. 1864년 헌법에서는 선거 자격이 남자 신민subject으로 한정되어 있었으나, 1887년 헌법에서는 남자 주민resident으로 하와이 및 구미 출생 또는 혈통birth or descent으로 변경되었다[모두 납세자에 한한다].[8] 즉, 구미인에 한해 재류 외국인이 귀화할 필요 없이 선거 자격을 획득한 셈이며, 동시에 구미인 이외의 외국인은 귀화하는 경우에도 참정권을 획득하지 못하게 된 것이다. 이는 명백히 백인이 하와이의 국정에 대한 영향력을 강화하기 위한 헌법 개정이었으나, 그들은 한편으로 "하와이 내에 가득 찬 중국인을 이 특권[참정권]에서 제외"할 필요성을 인정했다.[9] 그러나 여기에서 중국인과 마찬가지로 참정권의 대상에서 제외된 일본인의 지위를 둘러싼 문제가 발생했다.

1887년에는 관약이민 도항이 3회 이루어졌고, 하와이의 일본인 인구는 3천 명을 웃돌았다.[10] 호놀룰루 일본 총영사[1886~1889년] 안도 다로安藤太郎는 헌법 개정에 대하여 "향후 국회의 주권을 백인이 장악"하고자 하는 의도를 추측하는 한편, 재류 구미인이 "귀화 절차를 밟지 않고도" 선거권을 획득하는 것에 대하여 "조약을 맺지 않은 중국인은 그렇다 치더라도", 일포수호통상조약日布修好通商条約 제2조에 따라 최혜국대우 자격을 보유한 일본이 '균점均霑', 즉 동등한 이익을 받지 못하는 것은 체면상 문제라고 외무

---

8   Donald Rowland, "Orientals and the Suffrage in Hawaii", *Pacific Historical Review*, XII(1943). 두 헌법의 원문은 Lorrin A. Thurston ed., *The Fundamental Law of Hawaii*, Honolulu : The Hawaiian Gazette, 1904.

9   大隈重信外相宛安藤太郎, 1888.7.30(外務省編, 『日本外交文書』第21卷, 日本国際連合協会, 1949, 424쪽).

10 木原隆吉, 『布睦日本人史』, 文成社, 1935, 152~153쪽.

성에 보고했다. 또한 안도 스스로는 대부분의 일본인이 '무산無産 농부'이므로 하와이 정부에 대한 이의 제기는 불필요하다고 생각했으나, '노동자' 이외의 일본인 중에는 "일본인과 구미 제국의 국민이 대등하게 비견되지 못하는 점을 이유로 중간에 불만을 가진 자"가 있었다. 아마도 이민 노동자를 관리, 보호하기 위해 하와이로 건너간 이민감독관[하와이 정부 고용인]이나 의사, 또는 통역이나 종교인, 상인 같은 일본인들 가운데 이러한 목소리가 나온 것으로 추측된다.[11]

안도는 그들의 불만을 가라앉히기 위해 다음과 같이 타일렀다. 즉, 확실히 외국인 참정권 부여 대상에서 제외된 것은 '무조약국無條約国의 유민'인 중국인을 제외하면 일본인뿐이며, 게다가 하와이 신헌법에서는 외국인이 선거권 획득을 위해 "본국 신민으로서의 자격을 폐기"하고 '왕국의 신민'이 될 필요가 없다. 곧 '두 임금을 섬기는 것double allegiance'을 피할 수 있다. 그러나 '국민으로서 정사상 가장 긴요한 고유물'인 참정권이 '균점'의 대상이 될 수 있는지, 특히 본국에서는 "입헌정부하에서 의원 선거가 무엇인지"를 알고 있는 구미인이라면 몰라도, '만사를 타인에게 의지하는 우리 인민'에게는 이러한 '특권'은 '실익'이 없지 않은가라는 것이었다.[12]

안도가 지적한 '균점', '두 임금을 섬기는 것', '입헌정부'라는 세 논점은 이후의 상황을 관통하는 문제이다. 우선 당초 문제가 된 것은 '균점'과 '두 임금을 섬기는 것'의 관계에 대한 것이다. 이노우에 가오루 외상은 안도가 보낸 통신을 받고, 향후 '우리 국민 중 자산이 있는 자'가 도항할 수도 있

---

11 井上馨外相宛安藤(外務省調査局編, 『日本外交文書』第20卷, 國際連合調査会, 1947),
    1887.7.29, 399~402쪽.
12 井上宛安藤(위의 책), 1887.9.6, 417~420쪽.

으며, 도항자의 자산 증가도 예상된다며 '신헌법의 균점'을 위한 교섭 개시를 지시했다.[13] 그러나 안도가 교섭을 시작한 직후 하와이 외상 고드프리 브라운Godfrey Brown에게 받은 질문은 "만약 신헌법이 개정되는 날에 이르러 동등한 권리를 완전히 귀화한 인민에 한해 인정하는 경우, 일본인은 이를 향유하기 위해 하와이의 신민이 될 수 있는지", 즉 다시 '하와이의 신민'에게만 참정권을 한정하는 형태로 구미인과 일본인이 '동등한 권리'가 되었을 때, 일본인을 귀화시켜서라도 참정권을 획득하게 할 것인가라는 문제였다. 이에 대하여 안도는 "귀화 건은 물론 우리 인민 스스로의 뜻에 따르는 것으로, 지금 미리 그 유무를 확언할 수는 없다"고 확답을 피하며 어디까지나 '균점'만을 요구하는 자세를 취할 수밖에 없었다.[14]

또한 귀화를 어떻게 다루어야 할지에 관한 안도의 문의에 대하여 일본 정부 측도 "여태까지 우리 국민이 외국에 귀화하는 것을 인정한 사례도 없으며, 미리 훈시하기는 어려우므로, 그사이 실제로 그러한 자가 있는 경우에는 그때 처분을 어떻게 할지 전달할 것"[15]이라 하여 귀화를 어디까지나 예외로 취급하며 소극적인 자세를 보였다. 1899년 국적법 시행 전, 일본 정부는 일본인의 외국 귀화를 원칙적으로 인정하지 않았던 것이다.[16] 애초에 이전의 왕국헌법에서는 일본인이나 구미인 모두 참정권 획득을 위해서는 귀화가 필수였기 때문에, 일본 측이 재류민의 참정권을 요구할 근거는 없었으므로, 1887년 헌법에서 처음으로 쟁점이 될 여지가 생겨났다. 따라서 참정권 문제는 어디까지나 일본 국민의 권리 문제로서만 다툴 수밖에

---

13   安藤宛井上訓示案(위의 책), 1887.9.17, 425~427쪽.
14   伊藤博文外相宛安藤(위의 책), 1887.10.20, 428~429쪽.
15   安藤宛伊藤(위의 책), 1887.9.26, 427쪽.
16   嘉本伊都子,『国際結婚の誕生ー〈文明国日本〉への道』, 新曜社, 2001, 第6章.

없었고, 이 때문에 일본 국민의 하와이 귀화, 즉 일본 국적 이탈을 굳이 촉구하는 것은 스스로 전제를 뒤집는 행위를 의미했다. 또한, 당시 외무차관이었던 아오키 슈조青木周藏는 후에 일본인 이민자들의 미국 시민권 획득에 대하여 '권리의 문제'로 중요하지만, "일본 국민을 외국적으로 옮기는" 것은 '우리 일본인 관리로서'는 "주선은 못 한다"고 서술하고 있다.[17]

이 교섭에서 귀화의 여부가 걸림돌이 된다는 안도의 견해는 다음과 같은 상황 인식을 통해서도 뒷받침된다. 즉, 하와이는 "체면상으로는 독립 왕국을 가장하고 있으나, 실상을 한마디로 말하면 구미의 공유 영지라고 해야 할 상황"이기에 구미인은 '공공연히 귀화한 자'조차 "그 이해득실이 걸려 있을 때는 즉시 본국 영사의 보호"를 받을 수 있는 '기이한 광경'을 보여 주고 있으나, "우리나라는 하와이에서 구미 제국과 상황이 다른 부분이 애당초 적지 않다"고 한 것이다.[18] 즉 일본은 하와이와 구미처럼 최혜국대우 조항이 포함된 조약을 체결하기는 했지만, 구미인이 실권을 반쯤 장악하고 있는 상황을 고려하면 일본인의 입장은 현저하게 약하기 때문에 귀화를 한다면 일본에서 보호하거나 간섭할 여지가 없다고 여겨진 것이다.

또한, 이 시점에는 일본인의 하와이 정착 여부가 의문시되었다. 1888년 7월에 하와이 측은 일본인 대부분이 노동자이며 참정권의 실익이 없는 데다가, 이들 노동자는 일본 정부의 제한으로 인해 계약 기간중에 저금을 일본에 송금하고 있어 "정기 해약 후에는 영주 체재"할 가능성이 보이지 않는다고 주장했다. 그러나 이에 대하여 안도는 "무리 없는 주장이며 이 또한 적지 않다"고 인정했다.[19] 이민이 이주 노동에 그친다면 귀화 여부, '두

---

17 「青木大使亦市民権に就て語る」, 『やまと新聞』, 1906.7.12.
18 井上宛安藤, 1887.9.6.

임금을 섬기는 것'을 물을 것까지도 없으며 참정권 획득의 의미는 희박해진다.

그리고 입헌정부의 문제이다. 교섭은 이토 히로부미, 오쿠마 시게노부 외상 아래에서도 속행되었다. 특히 오쿠마의 재임 시기에는 "균점 요구를 거절한다면 이주민의 도항은 우선 정지한다는 각오를 가질 것"이라며 관약이민의 존속 여부를 조건으로 "하와이 정부의 이해심에 호소"하는 교섭이 시도되었다. 그러나 1887년 말에 이르러 하와이 외상은 안도에게 내각이 작성한 균점 요구 거절 초안서를 비밀리에 제시했다. 그 주요 논거는 선거제도가 없는 국가에서 다른 나라에 참정권을 요구하는 것은 호혜로 성립할 수 없다는 것이었다. 오쿠마는 이에 대하여 참정권 균점에 관한 헌법 개정안이 "다음 국회에 제출"된다는 공문이 제시된다면 강요할 필요는 없다고 지시해 협상은 중단되었다.[20] 오쿠마가 이후 구미와의 조약 개정 교섭에 분주해진 것도 한 가지 원인이었겠지만 그보다는 아직 일본에 입헌정치가 도입되지 않았다는 하와이 측의 지적은 일본이 직후에 헌법 반포, 국회 개설을 준비하고 있었어도 유효한 것이었다고 생각된다. 이후 하와이에서도 하와이인 세력과 백인 세력 간의 대립이 심화되어 의회 운영이 불안정해지면서 일본인 참정권 문제는 일단 뒤로 물러났다. 또한, 일본 국내에서는 이상의 교섭이 보도된 흔적이 없었고, 따라서 정치 쟁점화되는 일도 없었다.

---

19 大隈宛安藤(外務省編, 『日本外交文書』第21卷), 1888.7.30, 424~427쪽. 이 시점에는 제1회, 제2회 도항자의 계약노동기간이 끝나가고 있었다.

20 大隈宛安藤(위의 책), 1888.7.30, 426쪽; 安藤宛大隈(같은 책), 1888.9.27, 444쪽; 大隈宛安藤(같은 책), 1888.12.31, 459~464쪽; 安藤宛大隈(같은 책), 1888.1.24, 464쪽. 都丸, 「アメリカとハワイの日本進出」도 참조.

2) 하와이 혁명과 일본인 참정권 요구

참정권 문제가 다시 재부상하게 된 계기는 1889년 하와이 혁명의 발발이었다. 즉, 1891년에 왕위를 계승한 여왕 릴리우오칼라니Lili'uokalani는 하와이인 세력왕당파의 지지를 모아 1893년 1월 14일에 헌법 개정을 선언했다. 그러나 이것은 독단이었을 뿐만 아니라, 내용적으로도 강제적인 왕권 강화를 의미하는 것이었다.[21] 이 때문에 반反 왕당파는 역으로 쿠데타를 일으켰다. 1월 17일에는 릴리우오칼라니가 폐위되어 하와이 왕국이 무너지고, 장래 미합중국과 합병을 전제로 하는 하와이공화국 임시정부가 설치되었다. 혁명 소식을 접한 일본 정부는 그 직전에 호놀룰루 총영사로 부임한 후지이 사부로藤井三郎에게 다음과 같이 지시했다.

하와이국이 독립 공화국을 건설하기 위해서는 물론 그 헌법이 개정되어야 한다. 또한 설령 미국에 합동合同하더라도 미국의 여러 주州와 다소 그 취지를 달리하는 경우에는 그 나라 특유의 법률을 세우는 것이 마땅하다. 이러한 경우에 귀관은 그 기회를 놓치지 말고 제국 신민으로 하여금 유럽 여러 나라의 신민과 같은 권리를 갖게 하는 데 진력해야 한다.[22]

'제국 신민'이 "유럽 여러 나라의 신민과 동일하게' 획득해야 할 권리란 구체적으로는 참정권뿐이다. 혁명의 발발에 따른 하와이의 국제國制 대변동은 현안을 해결하기 위한 절호의 기회로 여겨진 것이다. 후지이는 3월

---

21 대의원(代議院)의 선거권을 남자인 신민(부동산 150달러 또는 수입 75달러 이상)으로 제한하고, 그때까지 공선(公選)이었던 귀족원(貴族院) 의원을 칙임(勅任)으로 하고, 또한 내각원(內閣員)의 임면을 여왕의 전권, 내각은 의회에 대한 책임이 없는 것으로 하는 등.
22 藤井宛陸奥宗光外相(外務省記錄1-4-2-1, 第2卷), 1893.2.6.

23일에 선거권 균점을 요구하는 서한을 하와이 대통령 겸 외상인 샌퍼드 돌Sanford B. Dole에게 보낸 것을 시작으로 '오랫동안 중단되었던 담판'을 재개했다. 후지이는 이 교섭에서 일포수호통상조약의 '최혜국 조관'의 '이행'을 근거로 들어 일본 측의 요구가 어디까지나 조약에 따른 특권 균점이며, '하와이국의 헌법 개정'이라는 '내사內事 간섭'을 '직접 목적'으로 하는 것은 아니라는 입장을 견지하며 정력적으로 교섭에 나섰다. 후지이에 의하면, 하와이 국내의 '연합당 급진파', 즉 미국과의 합병을 급진적으로 실현하려는 그룹 이외의 세력은 일본인, 특히 '상등 사회의 일본인'에게 참정권을 부여하라는 요구가 결코 부당하다고 여긴 것은 아니었고, 참정권 획득의 계획이 없는 것은 아니었다.[23]

또 한편으로 1893년 4일 29일에 주일하와이공사 로버트 어윈Robert W. Irwin은 돌 대통령에게 다음과 같은 편지를 보내며 일본인에게 참정권을 부여할 것을 촉구했다.

> 현재 일본에서는 공론public opinion이 매우 강력하여 내각과 의회를 좌우하고 있다. 일본의 신문은 이 문제[참정권 획득 요구]에 모두 찬동하고 있다. 나는 각하께서 일본 외무대신의 요구에 응하도록 자신의 위대한 영향력을 행사할 것을 강력히 추천한다. 이 문제가 감정적인 것에 지나지 않고 실제적이지는 않더라도, 이에 관용으로 대응하지 않는다면 우리의 일대 산업인 이민 조약을 위험에 빠뜨리는 결정이 다음 제국 의회에서 내려질지도 모른다.[24]

---

23 陸奥宛藤井(外務省編, 『日本外交文書』第26巻, 日本国際連合協会, 1952), 1893.4.11, 759~762쪽; 陸奥宛藤井(같은 책), 1893.5.11, 763~765쪽; 陸奥宛藤井(같은 책), 1893.6.27, 771~772쪽; 都丸, 「アメリカとハワイの日本進出」.
24 藤井宛林董外務次官(위의 책), 1893.5.12, 769쪽.

우선 확인해야 할 것은 이전 교섭에서 하와이 측이 참정권 요구 거절의 근거 중 하나로 제시했던 '입헌 정부'의 부재라는 문제가 이미 해소되었다는 점이다. 일본 국내에서도, 예를 들면 시가 시게타카나 미야케 세쓰레이 三宅雪嶺 등이 설립한 정교사의 『아세아』는, "아직 대의정체代議體를 개시"하지 않은 안도 다로 총영사 시절에는 "조금은 그에게 관용을 베풀어야 할 것"이 있었지만, "오늘날 우리의 업業이 이미 대의정체를 개시"한 이상 "이를[참정권을] 소망하는 것은 마땅하다"고 주장했다.[25]

그리고 두 번째로 앞서 본 『아세아』의 논조에서도 알 수 있듯이, 일본 국내의 '공론'이 하와이 내 일본인의 참정권 획득을 지지한 것은 사실이었다. 이미 혁명 발발 직전인 1893년 1월에 세야 쇼지瀨谷正二[전 하와이 정부 내무성 이주민국 이민감독관]는 『하와이국 이주민의 처리布哇国移住民始末』를 간행하여 하와이 참정권 문제에 대한 세간의 관심을 촉구했다. 세야의 주장은 하와이의 헌법 개정으로 "일본인의 참정권이 박탈"된 것은, 일포통상조약뿐만 아니라 "하와이국의 헌법 및 법률에 준하여 가장 완전하고 동시에 유효한 보호를 제공한"다고 기록한 일포도항조약에도 위배된다는 것이었다.[26] 더욱이 혁명 소식이 전해지자 국내 언론에서는 하와이 혁명이 참정권 문제를 해결할 수 있는 좋은 기회라는 주장도 나타났다. 특히 구가 가쓰난의 『일본日本』에서는 참정권 문제가 구미와의 조약 개정 교섭과 마찬가지로 "국권 및 국리国利 득실에 관한 중요 문제"라며 하와이 측이 1887년 헌법의 부당성을 인정하고 이를 바로잡지 않으면 "단연 우리 이주민인 그 땅에 있는 자

---

25 「第二の征韓論, 布哇参政権問題」, 『亜細亜』 6, 1893.
26 瀨谷正二, 『布哇国移住民始末』, 新井喜平, 1893, 7~13쪽. 실제로는 귀화에 따른 참정권 획득이 도항조약 체결의 전제였다고 생각하기는 어렵다.

모두를 소환해 국민의 그림자 하나도 다시는 그 나라에 머무르게 하지 않을 것"이라고 설명했다.[27] 이는 어원이 말한 '위험'에 부합하는 것이라고 할 수 있다.

또한 제국 의회에서는 실제로 하와이 참정권 문제가 의장에서 거론되었다. 1893년 2월 17일에 오리타 가네타카折田兼至[자유당]·나카무라 야로쿠中村弥六[무소속]는 「하와이국 이주민에 관한 질문」을 제출하고, 세야와 같은 관점에서 "우리 이주민이 참정권을 얻을 기회를 놓쳐 버린" 것의 시비에 관해 정부의 견해를 물었다. 무쓰 무네미쓰 외상은 이에 대하여 "본디 그 나라의 주권에 속하며 타국이 간섭할 수 있는 것이 아니다"라고 회답했을 뿐이었다. 또한 오리타의 주장이 다른 이와 달랐던 것은 그가 '국민'을 국외로 '이주'시키는 것의 부당함을 국적 및 참정권의 유무와 연관시킨 것이다. 말하자면 도항조약 체결 시점에는 참정권의 획득을 "명확하게 알고 있던" 것이 아니라면, "결코 우리 정부가 그 원양고도遠洋孤島를 향해 많은 국민을 이주시키는 따위의 일은 하지 않았을 것이다". 왜냐하면 '이주민인 자'가 '보통의 이주 노동'과는 달리 "토지를 소유하고 재산을 마련"한 끝에 "적籍을 그곳으로 옮길" 가능성이 있는 이상, "참정의 권리를 얻을 길이 없"다면, "결코 원해서 이주를 하는 자"는 없을 것이라고 본 것이다.[28] 즉 외교상의 체면이나 일본의 세력 부식扶植 같은 맥락과는 별개로, 이민의 결과로서 일본인이 일본 국적에서 이탈할 가능성이 있기 때문에, 이민지에서의 참정권 취득이 가능해야 한다고 논한 것이다. 오리타는 이민자의 관점

---

27 「布哇国問題如何」, 『毎日新聞』, 1893.3.4; 「国権不可不尊重, 条約不可使蹂躙」, 『日本』, 1893.2.14.
28 『第四回帝国議会衆議院議事速記録』, 1893.2.17·28.

에서 득실을 고려함으로써 귀화를 하지 않는 참정권 획득이라는 교섭의 요구 내용과는 다른 견지에 서 있었다고 할 수 있다.

더욱이 자유당은 뒤에서 서술할 '재미일본인애국동맹在米日本人愛国同盟'의 스가와라 덴菅原伝 등이 "하와이국 내 일본인의 정권 참여"는 "하와이 내 재류 일본민족의 지위를 높일 뿐만 아니라, 실로 일본국의 국위를 전 세계로 발양하는 것"이라고 호소한 것을 받아들여, 같은 해 6~7월에는 '하와이 문제'를 당의黨議로 삼아 "국민 여론을 환기"하기로 결정했다.[29] 당시 자유당의 영수로 지목된 호시 도루는 1889~1890년에 구미 시찰 후 "해외에 [우리 판도의] 식민지를 세우거나 [타국으로] 인민을 이주시키는 것은 앞으로 계획해야 할 급선무"라고 서술했다.[30] 하와이의 일본인 참정권 문제는 이와 같은 호시의 이민·식민론과도 통하는 것이었다.

어윈의 보고나 뉴욕의 잡지 *The Literary Digest*의 일본 보도를 통해 하와이 정부는 일본 측의 태도에 의구심을 품고, 7월에 미국에서 시찰 방문한 제임스 블런트James H. Blount 공사에게 조력을 구했다. 그러나 블런트는 미국이 합병 여부에 대하여 태도를 분명히 할 때까지 참정권 문제를 미루라고 권하는 데 그쳤다.[31] 그러나 결국 미국 대통령 그로버 클리블랜드Grover Cleveland는 하와이의 합병 신청을 거절했다. 그로 인해 하와이의 선택지는 일단 독립한 후, 공화국을 건설할 것인지 왕국을 부활시킬 것인지로 한정되었다. 따라서 임시정부는 자력으로 정권을 안정시킬 필요가 있었고, 일

---

29 「愛国同盟員意見書」, 『党報』 34, 自由党, 1893; 「布哇問題取調委員」, 『党報』 38, 1893; 「部長会及代議士総会」, 『党報』 40, 1893.

30 「星亨氏の政治意見」, 『東京朝日新聞』, 1890.10.21.

31 William Adam Russ, Jr., *The Hawaiian Revolution*, Selinsgrove, PA : Susquehanna University Press, 1959, pp.162~163.

본인의 참정권 획득은 상당히 유망하다고 관측되었다. 후지이는 같은 해 12월에 하라 다카시原敬 외무성 통상국장에게 "지금으로서는 독립 공화가 되든, 제정 복고가 되든 선거권은 충분히 얻을 수 있는 상황입니다"[32]라고 보고하기에 이른 것이다.

3) 재류 일본인의 참정권 요구운동

한편 하와이에서는 재류 일본인들의 참정권 요구를 위한 움직임이 나타났다. 이미 1887년 헌법 개정 당시에도 '불만을 품은 자'가 나타났다고 했는데, 1887년에는 3천여 명에 불과했던 일본인 인구는 1890년에 12,000명, 1893년에는 20,000명을 넘기에 이르렀다.[33] 계약노동을 마친 사람들 가운데 일부는 현지에 남아 상업 등을 시작하기도 했다. 또한, 경제적으로도 1888~1889년에 일본인 납세 연인원은 5,916명에 달했고,[34] 1892년에는 오노메 분이치로小野目文一郎의 신문 『일본주보日本週報』[35]가 발행되는 등, 일본인은 하와이 현지에서 일정한 커뮤니티를 형성해 나가고 있었다. 또한, 이 납세 인원과 1890년의 하와이 전체 유권자 수〈표 3-1〉 참조를 통해 추측해보면 만일 일본인이 구미인과 같은 참정권 자격을 얻는 경우 적어도 3,000~4,000명 정도는 선거권을 보유하게 되어 실질적인 정치세력을 구성할 수 있는 상태이기도 했다.

우선 1893년 3월 15일, 하와이 재류 일본인 68명은 후지이 사부로 총

---

32 原宛藤井書翰(原敬文書研究会編, 『原敬関係文書』第3巻, 日本放送出版協会, 1985, 151쪽), 1893.12.28.

33 木原, 『布哇日本人史』, 152~153쪽.

34 青木外相宛正木退蔵領事(外務省編, 『日本外交文書』第23巻, 日本国際連合協会, 1952, 445쪽), 1890.9.20.

35 坪井みゑ子, 『ハワイ最初の日本語新聞を発行した男』, 朝日新聞社, 2000.

<表 3-1> 1890년 당시 하와이의 인구·유권자 인구(단위 : 명)

	인구	유권자
하와이인	34,436	8,777
혼혈 하와이인	6,186	777
하와이 출생 외국인	7,495	146
아메리카인	1,928	637
영국인	1,344	505
독일인	1,034	382
프랑스인	70	22
포르투갈인	8,602	2,092
노르웨이인	227	78
중국인	15,301	-
일본인	12,610	-
폴리네시아인	588	42
기타 외국인	419	136

출처 : 「布哇国目下ノ形勢」, 1893(外務省記録, 1-4-2-1). 순서는 원사료에 따름. 이 사료에는 일본인 인구만 1893년 현재의 수치(20,149명)로 적혀 있어, 이하를 참조하여 1890년의 인구로 치환했다. Elenor C. Nordyke, *The Peopling of Hawai'i*, 2nd ed., Honolulu : University of Hawaii Press, 1989.

영사에게 내각총리대신 이토 히로부미 앞으로 건백서를 제출했다.[36] 68명 중에는 나카야마 조지中山譲治[이민감독관], 오구라 가이치로小倉嘉一郎[이민감독관, 상업], 우치다 시게요시內田重吉[의사], 이마니시 겐지今西兼二[요코하마 쇼킨은행] 등 유력자를 비롯한 호놀룰루오아후섬 거주자 49명, 오쓰키 고노스케大槻幸之助[상업], 오노메 분이치로 등 '히로하와이섬 재류 일본인 유지 대표' 15명 외에, 스가와라 덴 등 '재미일본인애국동맹 대표' 4명도 포함되어 있었다. 애국동맹이란 미국으로 건너간 자유민권운동 활동가를 중심으로 하는 샌프란시스코의 단체이다.[37] 본국의 자유당과도 밀접한 관계를 맺고 있던 스가와라[전 재흥자유당(再興自由党) 당원]와 그 일파는 혁명 소식을 접하자 "합중국의 대對하와이 전략은 바야흐로 결정되려 한다. 하와이 신헌법은 그와 동시에 반

---

36 「布哇国政権参与ノ義ニ関シ櫻田孝治郎外六拾七名ヨリ建白書提出之件」(外務省記録 3-8-2-30).

37 新井勝紘·田村紀雄, 「在米日系新聞の発達史研究（5）自由民権期における桑港湾岸地区の活動」, 『人文自然科学論集』65, 東京経済大学, 1983.

포되어야 하며, 일본인의 참정권을 획득하는 데 이 기회를 놓친다면 지극히 곤란할 것"이라고 하며 하와이에 건너가 참정권 획득운동을 전개했다. 애국동맹은 하와이에 지부를 설치하기에 이르렀으며, 그들의 하와이 방문이 재류 일본인의 정치화를 촉진시켰음은 쉽게 상상할 수 있다.[38]

건백서의 주장은 다음과 같다. 즉, 하와이에 재류하는 '2만여 명의 동포'가 '하와이국의 일대 요소'라 부를 만한 세력을 이루고 있음에도 불구하고 '정권 참여 권리'를 보유하지 못하고 있기 때문에 "구미인 등이 규정하는 법률 아래에 굴복"하여 "그들과 동등한 지위를 향유"하지 못하고 있는 현재의 상황은 "참으로 일본 신민으로서의 지위를 실추"시키는 일이라는 것이다. 또한, 구미인이 주권을 무너뜨리고 미국으로 "합병하는 방책을 강구"하고 있는 '이 위급한 존망의 시기'에조차 일본인은 '수수방관'할 수밖에 없다. 그러나 '신정부 건설'이 이루어지는 오늘날은 반대로 "국정 참여 권리를 장악"하여 "우리 일본 국민의 권리를 신장"해야 할 '아주 좋은 기회'이다. 게다가 '국가의 백년지대계'로 보아 미국이나 멕시코, 오스트레일리아 등 '일본민족'의 장래 '식민 이주'지로서의 지위를 높이기 위해, 또한 구미인의 '경멸감'을 초래하여 조약 개정 교섭에 악영향을 미치는 사태를 피하기 위해서라도 하와이에서 참정권을 획득하는 것은 필수라는 것이다.

이 건백서의 주장에서 볼 수 있는 일관된 특징은 '일본 신민', '일본 국민'으로서 하와이 참정권을 획득한다는 논리이다. 애당초 하와이 정부가 아니라 일본 정부를 향해 의견을 전달한 것 자체가 이를 뒷받침하고 있었

38　「愛国同盟会員菅原大草両氏の帰朝」, 『桑港新報』, 1894.1.18.

다. 즉, 참정권 획득은 하와이 국민이 되는 것과는 별개의 문제라고 받아들여졌던 것이다. 스가와라가 이후 일본에 귀국하여 다음과 같이 서술한 이상, 그들은 1887년 헌법에 대한 지식을 바탕으로 참정권을 획득하기 위해서 반드시 귀화해야 할 필요는 없다고 이해했던 것으로 보인다.

> 미국인이나 포르투갈인, 영국인은 하와이에 귀화하면 응당 참정권을 얻게 됩니다. 아니, 그들은 귀화하지 않고 반半귀화, 즉 재류인이라도 정권을 쥐고 있다.[39]

> 만약 일본인이 그 자격을 얻는다면, 현행 헌법에 의거하더라도 수천의 참정권 소유자를 배출하게 될 터이다.[40]

더욱이 건백서에 함께한 하와이 재류 일본인의 논리는 어떠한 것이었는지 『하와이 신문布哇新聞』의 논조를 검토하며 고찰해보고자 한다. 이 신문은 1893년 5월에 앞서 언급한 건백서의 서명자이자 호놀룰루 측의 중심인물 중 한 사람이었던 우치다가 창간했다.[41]

「재하와이 일본인의 장래에 관한 의견」이라고 제목을 붙인 논설[42]에서 이 신문은 "아아, 일본인이 갈망하는 참정권은 획득되어야만 한다 (…중

---

39 菅原伝演説, 「布哇問題」, 『党報』 38, 自由党, 1893. 엄밀하게는 반(半)귀화(denization)를 거친다면 단순한 재류민이 아니게 된다.

40 菅原, 「布哇論」, 『党報』 40, 自由党, 1893.

41 蛯原八郎, 『海外邦字新聞雑誌史 附・海外邦人外字新聞雑誌史』(東京大学法学部明治新聞雑誌文庫所蔵), 学而書院, 1936, 87쪽.

42 「在布日本人之将来に於ける管見 緒論」, 『布哇新聞』 27, 1893 ; 「在布日本人之将来に於ける管見其一 政治家」, 『布哇新聞』 28, 1893.

략…) 이에 대하여 우리의 각오는 되어 있는가"라며 참정권 획득에 대한 전망을 제시하고 미래를 바라보며 하와이 재류 일본인의 의식 향상을 추구했다. 여기에서 문제가 된 것은 "다수 공중公衆의 여론을 작위作爲하거나 혹은 이를 통괄"해야 할 '재야 정치가'의 부재였다. 애초부터 "오늘날의 여론을 이루는 참정권을 획득하지 못하여 우리나라의 국위를 훼손시킨" 원인은 '정부의 정치가'[외교관을 의미하는 것으로 보임]에게 '재야의 정치가'가 "그저 한마디의 비평을 더하는 것"도 하지 않은 데에 있다고 하며, 일본인 참정권 문제 발생 초기의 무방비함을 반성하고 재류 일본인이 '현재와 장래'에 분기奮起할 것을 촉구했다. 단, 여기에서 요구한 것은 '농업인', '상업인', '공인工人'이 자신의 '천직'을 소홀히 하고 '정치가'가 되는 것은 아니었다. 『하와이 신문』은 다음과 같이 서술한다.

우리가 논하는 바는 단순히 국가적 관념이다. 만약 사람으로서 국가적 관념이 있다면, 한 나라의 위급함과 국가의 운명을 점치는 시기에 자신을 버리고 국가를 위해 희생코자 하는 정신을 일으키지 않는 자는 한 사람도 없을 것이다. 따라서 정치가나 유지들의 행위는 오로지 이 국가적 관념과 그 수준의 경중후박輕重厚薄 여부에 있을 따름이다. 보라, 그 나라에 혁명이 일어나자 아침부터 저녁까지 손발은 물론, 코끝에 이르기까지 땀 흘리며 일하는 그 대장장이도 아모리Armory에서 열린 대회에서 크게 외치지 않았는가. 처음부터 그 논리와 목적의 여부를 불문하고 이들 역시 재야의 정치가이다. '투 베치', '쓰리 베치' 하고 외치는 경매상옥셔널도 또한 천하의 추기樞機를 쥐고 참사參事의 자리에 가담하지 않았는가. 마찬가지로 이들은 정치가이다. 그렇다면 우리는 지금 상인이자 정치가이고, 농업인이라 해도 또한 정치가이며, 대장장이이지만 정치가이다. 특히 해외에 있는 우리는 오히려 정치가이면서 상업인이며, 농업인이며, 공인ᅩ人이라고 불러야만 한다. (…중략…) 아아, 우리는 국가적 관념 (이를 바꿔 말한다면) 정치사상에서 한순간도 떠나지 않고, 한시도 잊어서는 안 된다.

즉, 단순히 '국가적 관념'을 가지기만 하면 그들은 동시에 "정치가가 되고, 유지 되는" 것이 가능하다는 내용이다. 이 '국가적 관념'이 바로 하와이의 일본인들에게 가장 결여된 것이면서 필요한 것으로 여겨졌다. 그러나 여기에서 말하는 '국가적 관념'의 의미가 무엇인지 명확하지 않다. 한편으로는 '정치사상'으로 '치환'되는 부분이나, 하와이 혁명 발발 당시에 현지 상공업인들의 활발한 정치 활동이 그들에게 자극을 주었던 것이 드러내듯이 '국가적 관념'이란 정치 참여 의식을 의미했다. 그러나 다른 한편으로 '국가적 관념'이란 "자신을 버리고 국가를 위해 희생코자 하는 정신", 즉 '애국의 열정'이나 다름없었다.

이러한 정치 참여와 애국심의 결합은 당시 일본 국내 정치 사회에서는 기본적인 논리 구조를 이루는 것이었다.[43] 이 무렵 『하와이 신문』은 후지이 총영사가 "재하와이의 동포 관민의 일치 화합"의 필요성을 인식하고 "친히 민간을 방문하여 여론을 일으켜 관민의 조화를 도모"하고 있다며 크게 칭찬했다. 특히 11월 3일에는 후지이의 제안으로 천장절天長節[천황 생일 - 역주] 축하회가 개최되어 "재하와이 일본인이 갈망하는 국가적 관념, 관민 조화"는 이날 "처음으로 성취되었다고 해도 과언이 아니다"라고 특필했다.

---

43 塩出浩之, 「帝国議会開設前後の諸政党と大井憲太郎 - 議会制の運用をめぐって」, 『史学雑誌』 107(9), 1998.

이 모임에서 축사를 한 우치다는 "이렇게 성대한 관민 일치의 축하회를 개최하기에 이른 것은 실로 후지이 씨의 시대에 이르러 처음"이라고 칭송했다. 또한, 오노 쓰치타로大野槌太郎[건백서 제출자 중 한 사람]는 "우리 국민의 특성인 존왕심尊王心과 국가적 관념이 이 성대한 모임이 열리게 한 것이 아니겠는가"라고 했다.[44] 아마도 참정권운동을 통해 후지이 총영사와 재류민 사이의 관계는 긴밀해졌고, '관민 일치', '국가적 관념'과 같은 일본 국내 정치사회를 방불케 하는 상황이 생긴 것이다.

하지만 이러한 유비가 재하와이 일본인의 참정권 획득이라는 문제를 설명하는 데 꼭 유효한 것은 아니다. 정치 참여 의식은 하와이를, 애국심은 일본을 향한다고 한다면 오히려 이율배반적이다. 그럼에도 불구하고 이러한 논리가 일시적으로나마 도출된 요인은 역시 귀화가 필요하지 않은 참정권 획득을 염두에 두었기 때문이었을 것이다. 우치다가 "상하화충上下和衷, 협동하여 이윽고 국권을 선양하고, 언젠가 태평양의 신일본국을 건설할 각오가 있기를 바란다"고 했듯이, 그들은 일본국가에 귀속된 채 하와이의 정치에 참여하고자 했다.[45]

다만 당시 하와이 재류 일본인에 의한 참정권 요망의 논리는 한 가지만은 아니었던 것으로 보인다. 1893년 10월 9일 하와이섬 힐로에 거주하는 오카베 지로岡部次郎 목사, 오쓰키 고노스케 등 '하와이섬 일본인동맹회布哇島日本人同盟会' 위원 11명 또한 이토 수상한테 보내는 건백서를 후지이 총영사에게 제출하여 참정권 획득을 청원했다. 오쓰키를 포함한 4명[오노메(小野目), 도미카와 유조(富川勇造), 스스마고 류노스케(煤孫龍之助, 사진업)]은 앞서 서술한 3월의 건백

44 「奉祝天長節」, 『布哇新聞』 25, 1893; 「当夜アーモリーに於ける祝会の状」.
45 「当夜アーモリーに於ける祝会の状」.

서에도 이름을 올렸으나 이 시기에 이르러 별도의 건백을 실시한 것이다. 이들에 따르면 '본국인'은 이제야 "이 나라에서 노동권을 전유"하고, "은연중에 식민지의 기초를 형성하기에 이르"렀다는 것이다. 그러나 '참정권'의 결여는 "작게는 우리 재류 본국인의 생명, 재산이 안전하지 않고, 크게는 제국의 국권을 손상"시키며, 이 '천재일우'의 때에 "정권 회복이라는 작은 뜻을 완수"해야 한다. '식민 정략' 상으로도 '아직 알지 못하는 땅'에 새로운 '거액의 자본', '노력'을 들이는 것보다 "이미 기초가 세워진 이 나라에서 마땅히 얻어야 할 권리를 회복"하고 "재류 본국인을 보호 유도함으로써 영주하게" 하는 것이 낫다는 것이다.[46]

우선 그들의 요구 역시 '제국' 일본의 범위 내에 있는 '재류 본국인'으로서 이루어진 점은 3월에 제출된 건백서와 동일하다. 오카베가 1894년 초에 요코이 도키오의 『기독교신문基督教新聞』에 보낸 통신은 10월의 건백서와 일부 거의 같은 문장을 포함하고 있으며, 그 글을 기초한 것은 거의 확실하다. 하지만 그 통신에서 오카베는 후지이 총영사의 '참정권 획득 담판'을 언급하며 다음과 같이 서술했다.

다행히 정권을 획득할 수 있다면 실로 벤케이弁慶가 쇠몽둥이를 얻은 것과 같으며,[47] 향후의 진보운동은 대개 한층 더 두드러질 것이다. 나는 한때 여러 섬을 순회했는데, 우연히 천장절이어서 곳곳에 욱일기가 펄럭였고 축하연을 열어 격검擊劍, 스모 등의 쾌기快技를 시연하여 서로 축하하는 모습을 보았다.

---

46 「布哇国政権参与之義ニ関シ岡部次郎外十名ヨリ提出之件」(外務省記録 3-8-2-30).
47 [역주] 벤케이(弁慶)는 가마쿠라(鎌倉)시대의 승병으로 영웅호걸의 대명사로 회자되는 전설적인 인물이며 손에 쇠몽둥이를 포함하여 7개의 도구를 들고 있다.

한마디로 말하자면, 우리 민족은 이미 이 낙원의 뒤편에 식민지의 기초를 형성하는 데 이르렀다.[48]

즉 아베가 생각한 '야마토 민족'의 '식민지'는 천장절에 일장기를 걸고 축하연회를 열고, '제국 신민'으로서 일본인의 바람직한 정체성과 밀접하게 결부되어 있었던 것이다.

그러나 다른 한편으로 참정권의 '회복'이 '생명, 재산의 안전', '영주'라는 목적과 결부되어 있었음을 간과해서는 안 될 것이다. 실제로 제출자의 한사람인 오쓰키는 제1회 계약이민에서 고용주들의 계약 위반을 고발하는 등 지도적인 입장이었고, "1889~1890년 무렵부터 영주 식민 의견"을 가지고 '기업가'라고 칭해지기 전까지의 지보地步를 하와이에서 쌓아 올린 인물이었다.[49] '영주'가 일본의 테두리를 넘어서고, 나아가 귀화로 이어질 가능성도 있었는지 여부는 판단하기 어렵다. 그러나 '영주'를 위한 참정권 획득이라는 논리에는 일본국가에 귀속됨을 전제로 하는 '국가적 관념'과는 다른 지향성이 포함되어 있었다고 할 수 있다.

4) 참정권 문제의 귀결

이상에서 살펴본 바와 같이 하와이 내 일본인 참정권 문제는 애초에 하와이 왕국의 헌법 개정에 따라 재류 구미인이 귀화하지 않고 참정권을 얻은 것에 대하여 일본이 균점 요구를 하며 외교상의 쟁점이 되었다. 그리고 '영주'를 지향하는 등 내부에서는 방향성의 차이가 있을지언정 이러한 전

48　「布哇来信」, 『基督教新聞』, 1894.2.23.
49　本庄京三郎, 「大槻幸之助君起業談」, 『殖民協会報告』 17, 1894.

제가 있었기 때문에 하와이의 일본인들도 '일본 국민', '제국 신민'으로서 일본 정부에 참정권 획득을 요구한 것이다. 다른 한편으로 국내 정당이 이 문제에 관심을 기울였던 것을 고려했을 때, 언뜻 보면 이 상황은 마치 동시기에 진행되고 있던 홋카이도 입식자의 정치운동제1장과 유사했다. 어느 쪽이든 일본 본국 밖으로 이주한 사람들이 일본 국민으로서 현지의 정치적 권리를 요구한 것이다. 그러나 일본령 홋카이도가 1900년대에 본국으로 편입된 데에 비해, 공화국헌법 제정 이후 하와이의 일본인들은 스스로 일본 외부에 있음을 다시금 확인할 수밖에 없었다.

즉 정리하자면, 1894년 7월 4일에 제정된 하와이공화국헌법에서는 참정권의 인종 규정은 삭제되었으나, 그 자격은 하와이 시민권국적 보유자영어 또는 하와이어를 사용하는 자로 한정되었다.[50] 이를 접한 후지이 사부로는 하라 다카시에게 "이 땅에서도 점차 어제부터 지극히 평온하고 무사하게 공화정부를 창립했고, 헌법에도 이번에는 일본인을 차별하지 않았습니다"라고 보고했다.[51] 언어 자격을 떠나 일본인이 하와이에 귀화하면 구미인과 마찬가지로 참정권을 획득할 수 있게 된 이상, 이것은 일본 정부로서도 충분한 성과였다. 그러나 참정권 획득운동이 고양되었던 중요한 전제인 귀화를 필요로 하지 않는 참정권 획득이라는 틀은 소멸한 것이다. 다만, 하와이에서의 노동이 목적인 사람들에게는 일본인이 일본 국적인 채로 하와이의 정치에 참여할 길이 없어졌다고 해서 이것이 즉시 도항의 시시비비를 가릴 문제는 아니었다고 할 수 있을 것이다. 일본에서 하와이로의 이민이

---

50 Thurston ed., *The Fundamental Law of Hawaii*, pp.201~242.
51 原宛藤井書翰, 1894.7.5.
   (原敬文書研究会編, 『原敬関係文書』 第3巻, 153~154쪽)

본격화된 것은 오히려 그 이후였다. 1900년대에는 일본계 주민이 하와이 인구의 가장 많은 부분을 차지하게 되었고, 미국에 병합된다는 조건의 변화도 더해져 하와이의 일본계 주민에게는 다시금 현지 사회에서의 자신의 위치를 묻지 않을 수 없는 상황이 발생한 것이다.

3. 중앙일본인회의 형성과 해체

1) 1900년대 하와이와 일본계 주민

제3절에서는 20세기 초에 조직되어 '하와이 재류민 유일의 통일 대표 기관'이 된 중앙일본인회의 성립부터 해체까지의 과정을 살펴봄으로써 미국-하와이 병합1898년 이후 하와이 내 일본계 주민의 정치 행동을 검토한다.[52]

우선 참정권 문제 이후 일본인 하와이 이민자의 상황에 대하여 개관하고자 한다. 하와이로 건너간 이민 노동자들이 고향으로 송금하거나 그 일부가 축재蓄財하여 귀향하게 되자, 1890년대에 일본에서는 더 많은 사람들이 하와이로의 이민을 원하게 되었다. 일본인 노동자는 하와이 현지에서는 상당히 적은 임금을 받았지만, 통화가치의 차이로 인해 그들이 저금을 일본에 보내면 거액의 부가 되었던 것이다. 그러나 하와이에서 권력을 장악한 백인 지배층은 일본인의 도항비를 부담하는 것에 소극적인 자세를 취했다. 또한, 참정권 문제가 일본과의 외교 문제가 된 경위를 감안하여

---

52   ハワイ日本人移民史刊行委員会編, 『ハワイ日本人移民史』, 163쪽.

	하와이섬	카우아이섬	니하우섬	마우이섬·라나이섬	몰로카이	오아후섬			합계
						호놀룰루	그 외	합계	
백인	18,750	6,070	171	10,951	2,008	23,919	5,021	28,940	66,890
흑인	44	23	0	13	2	147	4	151	233
중국계	4,668	3,640	0	3,382	82	9,061	4,934	13,998	25,767
일본계 1세	21,314	9,735	1	10,465	382	(불명)	(불명)	14,337	56,234
일본계 2세	2,067	1,094	0	605	30	(불명)	(불명)	1,081	4,877
일본계 합계	23,381	10,829	1	11,070	412	9,239	9,239	15,418	61,111
합계	46,843	20,562	172	25,416	2,504	19,198	19,198	58,504	154,001

출처 : U.S. Census Office, *Twelfth Census of the United States, Taken in the Year 1900 : Population, Part 1*, Washington, D.C. : GPO, 1901에서 작성.

주 : '백인'에는 하와이인(혼혈 포함) 총 37,656명, 포르투갈계 총 18,272명을 포함한다. Eleanor C. Nordyke, *The Peopling of Hawai'i*, 2nd ed., Honolulu : University of Hawai'i Press, 1989 참조. U.S. Census에서 일본 출생 인구를 '1세', 그 수를 전체에서 뺀 만큼을 '2세'로 했다.

조약을 통한 이민사업의 폐지를 바라고 있었다. 이 무렵 하와이 이민사업에 강한 관심을 보인 이들이 참정권 획득운동을 위해 하와이로 건너간 스가와라 덴菅原伝를 비롯한 자유당계 정치 활동가들이었다. 이들은 자유당호시 도루에게 이민사업 계획을 제안했고, 호시는 무쓰 무네미쓰 외상에게 의뢰하여 하와이 이민사업을 민간에 맡기는 제도를 마련하도록 했다. 그리하여 1894년에는 이민보호규칙이 제정되어 관약이민을 대신해 허가를 얻은 민간업자를 통해서만 외국으로 이민 노동자들의 도항이 허용되었다. 이 규칙을 바탕으로 설립된 이민회사 중에서도 유력했던 히로시마 해외도항회사広島海外渡航會社, 구마모토 이민회사熊本移民會社, 모리오카 상회森岡商會는 자유당 계열의 정치 활동가들이 간부로 있었으며, 이들 회사의 이익 중일부는 자유당의 정치자금이 되었다. 1896년 이민보호규칙은 보다 정비된 이민보호법률 제70호으로 개정되었다. 이민회사를 통해 한층 더 많은 사람들이 일본에서 하와이로 건너갔다.[53]

또한, 1895년에는 징병령이 개정되어 외국 재류자에 대한 징집 유예가만 28세에서 만32세로 늘어났다. 이와 함께 기존에 유예의 사유를 유학留學에만 국한시켰던 제한도 사라지게 되었다[법률 제15호]. 이는 하와이 등 원격지로의 이민자를 정식 유예 대상으로 인정한 것으로 여겨졌다.[54]

하와이 내 일본계 주민의 증가와 장기재류를 지향하는 이들이 증가한 것에 대하여 개관하기 위해 1900년 당시의 하와이 각 섬별 인구 구성을 제시한다〈표 3-2〉. 여기에서는 세 가지 부분을 확인해 두고자 한다. 첫째로 1세·2세를 합한 일본계 주민은 전체에서 약 40%를 차지하며, 대부분의 섬에서 상당히 규모가 큰 인구집단이었다. '백인'을 하와이인과 그 이외구미계로 구분하면 분명히 일본계 주민은 최대 인구집단이었다. 둘째로 일본계 주민은 섬마다 분산되어 있었다. 또한, 오아후섬에서는 수부首府인 호놀룰루도시지역뿐만 아니라, 농장 등이 있는 다른 지역에도 다수 거주하고 있었다. 그리고 셋째로, 현지에서 태어나 미국 시민권을 갖는 2세도 조금씩 증가하고 있었다. 앞서 서술한 바와 같이 일본 국적법은 일본인을 아버지로 둔 자에게 국적을 부여했으므로 2세는 자동적으로 이중국적이 되었다. 2세의 증가와 성장은 바로 이 시민권 때문에 일본계 주민에게도, 하와이 현지 사회에도 중대한 문제를 가져오게 된다.

하와이에서 일본계 주민의 존재가 커져감에 따라 이들의 정치의식, 특히 일본에 대한 귀속의식은 문제를 중대시켰다. 그 한 가지 계기가 된 것

---

53 ユウジ・イチオカ, 富田虎男ほか訳, 『一世—黎明期アメリカ移民の物語り』, 刀水書房, 1992, 54~55쪽; 有泉貞夫, 『星亨』, 朝日新聞社, 1983, 217~227쪽; 木村健二, 「近代日本移民史における国家と民衆—移民保護法下の北米本土転航を中心に」, 『歴史学研究』 582, 1988; 都丸潤子, 「多民族社会ハワイの形成—併合前の「排日」とその「ハワイ的」解決」, 『国際関係論研究』 7, 1989.
54 加藤陽子, 『徴兵制と近代日本 一八六八~一九四五』, 吉川弘文館, 1996, 141~142·153~154쪽.

이 청일전쟁이었다. 개전 직후인 1894년 10월 2일에는 일본계 주민 가운데 유력자들이 일본적십자사에 의연금을 보냈다. 또한, 전쟁에서 승리한 후에는 성대한 승전축하 연회가 열렸던 것이다.[55] 이러한 일들에 참여한 일원의 상당수는 참정권운동에도 관계되어 있었고, 필시 의식적인 측면에서도 연속되어 있었다. 그러나 청일전쟁의 충격은 일본계 주민의 증가에 대한 불만이 점점 커지고 있던 하와이의 백인 지배층 중 일부, 특히 미국 병합 추진파에게는 일본인 위협론을 크게 퍼뜨리는 계기가 되었다는 의미를 가진다. 일본계 노동자를 고용하던 농장주들이 여기에 반드시 관여했던 것은 아니었지만, 공화국 정부는 일본인 배척이라는 기운을 강화해 갔다. 이로 인해 1897년 3월에는 일본인 이민자들의 상륙이 거절되는 사건도 일어났다. 이에 대하여 오쿠마 시게노부 외상은 상륙 거절사건에 항의하기 위해 군함 나니와浪速를 하와이로 보냈다. 또한, 주미공사인 호시를 통해 미국에 병합되는 것에 반대한다는 의견을 전달했다. 하와이와 미국 양측의 병합 추진파는 일본 정부가 하와이를 지배할 생각이라고 선전하면서 일본인 이민자들을 그 첨병으로 규정했다.[56]

이러한 가운데 일본계 주민들 사이에서는 참정권운동 시점과는 달리 '국가', '국민'의 체면을 표방하는 것만으로는 자신들의 이익 증진을 도모할 수 없는 국면이 보이기 시작했다. 호놀룰루의 이민회사, 은행, 상점주, 여관업자 등 '재류동포 원로'들은 백인 지배층의 '혐오'를 경계하고 '단결'을 통한 대처를 계획하여 1897년 2월 '일본인회 설치'를 고안했다[실현되지

---

55 藤井秀五郎, 『新布哇』, 文献社, 1902, 524~535쪽; 부록 「在布出身録」, 1~3쪽.

56 都丸, 「多民族社会ハワイの形成」; Akira Iriye, *Pacific Estrangement : Japanese and American Expansion, 1897~1911*, Cambridge, MA : Harvard University Press, 1972, pp.49~55.

는 않았다]. 이때는 무無조약 국민, 즉 자국 정부의 비호가 없음에도 불구하고 "때로는 주권자인 서양인을 능가"하기까지 하는 '지나인支那人'의 '단결' '실력'을 '일본 신민'은 본받아야 한다는 주장도 있었다.[57] 이들 '원로'는 앞에서 서술한 일본인 이민자의 상륙 거절사건 무렵 자유당계 장사壯士 다이나카 구스에몬胎中楠右衛門이 "하와이는 지금 당장 일본의 것으로 삼지 않으면 안 된다"며 계획한 '하와이 정청政廳 방화'를 저지했다.[58] 여기에서 나타난 것은 하와이 사회에 적응하기 위한 일본인으로서의 '단결'이라는 두 가지 지향점이 동거하는 논리였다. 다음에서 살펴보듯이, 이 논리는 미국의 하와이 합병 이후에 더욱 명확하게 나타나 중앙일본인회라는 조직으로 결실을 맺었으나, 이 조직의 조기 해체라는 형태로 두 가지 지향점의 균열이 표면화되었다.

제3절에서는 사료로 『야마토신문やまと新聞』의 논설 기사를 주로 인용한다. 이 신문이하『야마토』은 자유당계 이민회사의 자본으로 경영되었기 때문에 그들의 대변자라는 측면을 가지고 있다. 다만 호놀룰루를 중심으로 한 일본계 주민의 여론 형성에 일익을 담당하여 중앙일본인회의 조직 과정에서도 중심적인 역할을 했다.[59]

2) '기득권 침해'에서 '미국 헌정'으로

1898년에 미국은 미국-스페인전쟁 개시와 함께 하와이를 군사 거점으

---

57 「団結確固, 実力養成」, 『やまと新聞』, 1897.2.23・25.
58 「胎中楠右衛門氏談話速記」, 1939(広瀬順皓編, 『憲政史編纂会旧蔵・政治談話速記録』 第5巻, ゆまに書房, 1998), 278~282쪽.
59 白水, 『エスニック・メディア研究』第10章; 相賀安太郎, 『五十年間のハワイ回顧』, 「五十年間のハワイ回顧」刊行会, 1953, 113쪽.

로 삼고자 하여 하와이 병합을 단행했다. 병합 직후부터 미국은 하와이에 육·해군 기지를 설치했다.[60]

병합 직후부터 일본계 주민의 관심이 집중된 것은 자신들의 권리와 지위였다. 『야마토』는 「합병 댄스의 개막에」라는 제목으로, 일본인은 이 '하와이와 미국 합병이라는 연극'의 '구경꾼'에 지나지 않는다고 하지만, "조금은 일본인에게 걸맞은 일을 하게 하고 싶으므로" "완전히 우리를 없는 존재로 여기는 교겐狂言[일본의 전통 가면극인 노가쿠(能樂)의 막간에 상연하는 희극-역주]을 하게 두고 싶지 않다"고 했다. 즉, 일본계 주민도 하와이 사회의 구성 요소인 이상, 합병의 추이를 방관하여 불리한 일을 당해서는 안 된다고 경계심을 보인 것이다. 그렇더라도 이 시점에 일본계 주민은 국적상 거의 일본인이며, 정치적 발언권의 근거는 명료하지 않았다고 할 수 있다. 이 논설은 "구경꾼이 있어야 비로소 연극이 있다. 이를 어렵게 말하면 국민이 있어야 비로소 정부가 있다"고 설명했지만, 일본인은 하와이의 '국민'도, 하물며 미국 '국민'도 아니었다. 다른 한편으로 "투표권이라는 춤 같은 것은 이미 흥행사 쪽에서 제한이 있어서 이것은 안 된다"라며 귀화하지 않는 한 참정권이 없다는 것은 인식되고 있었지만, 그럼에도 "선호하는 연극을 하게 하기" 위해서는 "우리의 세력을 늘리는" 수밖에 없고, '일치단결'하여 "기득권리의 보호라고 적은 무대막이라도 하나 기증할 필요"가 있다고 했다.[61] 병합으로 인해 일본과 하와이 사이의 여러 조약이 무효가 되는 것은 명백했다. 다만 이로 인해 우선은 공화국 통치하에서 이들이 가진 권리와 지위

---

60 Eleanor C. Nordyke, *The Peopling of Hawai'i*, 2nd ed., Honolulu : University of Hawai'i Press, 1989, pp.113~114.

61 長脇差子, 「合併ダンスの幕明きに」, 『やまと』, 1898.8.18・20.

를 잃지 않는 것이 목표가 되어, 이를 위해서라도 일본계 주민의 인구 증가라든지, '단결'과 같은 것을 기대했던 것이다.

그러나 1900년에 제정된 하와이 기본법에는 이미 공화국 시민권을 가진 자, 즉 대부분 구미인과 하와이인만이 미국 시민으로 인정받았다.[62] 미국에서는 1870년 이후 '자유로운 백인'과 아프리카계 주민에게만 귀화권이 주어졌다. 또한, 1882년에 중국인의 귀화권이 부정된 결과, 일본인1세의 귀화는 거의 불가능하게 되었다.[63] 일본 측에서는 1899년 3월에 국적법으로 "자기의 지망에 따라 외국 국적을 취득한 자는 일본 국적을 잃는다"고 규정은 하고 있었으나제19조, 이는 미국령 하와이의 일본인에게는 무의미한 규정이 된 것이다. 『야마토』는 '참정권'에서 일본인과 중국인을 배제시킨 것을 「일본인의 기득권 침해」라는 제목으로 보도했다. 이에 따르면 공화국헌법 상으로 귀화가 필요하다고 해도, 참정권의 인종 조항이 철폐된 것은 '실제가 어떻든 문장상'으로는 중요한 권리 획득이었고, 이것을 잃은 것에 대해 "한마디 하지 않을 수 없다"는 것이다.[64]

그렇지만 이후 하와이의 일본계 주민들이 미국의 통치에 대해 불만만 쌓아갔던 것은 아니다. 시간이 흘러 1901년 6월 13일에 『야마토』는 「기념해야 할 1주년」이라는 제목으로 1년 전부터 '미국 헌정하에' 놓여 '자유의 큰 기운'을 누렸던 것은 '일본 이민의 역사에 하나의 새로운 시기'를 열었다고 축사를 했다. 지난 1년 사이에 어떠한 일이 있었던 것일까.

---

62 Roger Bell, *Last among Equals : Hawaiian Statehood and American Politics*, Honolulu : University of Hawaii Press, 1894, p.39.

63 E. P. Hutchinson, *Legislative History of American Immigration Policy, 1798~1965*, Philadelphia : University of Pennsylvania Press, 1981, p.58.

64 「日本人の既得権侵害」, 『やまと』, 1898.12.10・13・15.

하나는 하와이 준주의회準州議會 총선거에서 밝혀진 사실로, 병합 이전에 하와이 국적을 보유하고 있던 일본계와 중국계 남성에게는 시민권이 부여되었던 것을 들 수 있다[전자는 3명, 후자는 70여 명].[65] 3명의 일본계 시민 중 1명은 1896년에 유타주에서 미국으로의 귀화를 예외적으로 인정받은 가쓰누마 도미勝沼富造,[66] 1명은 1868년에 하와이로 건너간 '원년자' 오자와 긴타로小沢金太郎와 도미 부부의 아들로 1877년에 하와이에서 태어난 2세 1호인 오자와 겐자부로小沢健三郎,[67] 그리고 나머지 1명은 '아베 순시巡査'라는 인물이다. 이듬해의 회고에 따르면 참정권운동이 전개될 무렵에 '아베 다메키치阿部為吉 외 2명여'가 "귀화를 신청"했다고 한다.[68] 한편으로 하와이 측 기록에 따르면 'TOMA ABE'라는 일본인경찰관이 하와이 혁명 무렵에 총을 지니고 다니며 임시정부에서 일한 것으로 인해 1894년 9월 1일에 특별공민권SPECIAL RIGHTS OF CITIZENSHIP을 얻었다고 한다.[69] 이는 아마도 동일한 인물이었을 것이다. 인구수는 적었어도 최소한의 '기득권리'는 보호되었던 것이다. 이러한 일은 귀화할 수 없는 외국인이 된 일본인 1세와는 달리, 미국 시민권을 부여받았던 현지 출생 2세들은 참정권을 얻을 수 있다는 확증으로 받아들여졌다고 생각된다. '언어', '혈족'을 달리하는 사람들이 "동등하게 성조기 아래에서 선거권"을 얻었던 것은 "하와이 역사에서 대

---

65 「本日の選挙」, 『やまと』, 1900.11.6.
66 가쓰누마의 귀화는 1904년에 이르러 그 정당성이 문제시되었다.(「勝沼氏と米国帰化法」, 『やまと』, 1904.6.29).
67 山下草園, 『元年者移民ハワイ渡航史』, 米布時報社, 1956.
68 高桑与市, 「半世紀の日本人史実」, 相賀安太郎監修, 日布時事編輯局編, 『布哇同胞発展回顧誌』, 日布時事社, 1921, 206쪽.
69 Maude Jones, "Naturalization of Orientals in Hawaii Prior to 1900", *Forty First Annual Report of the Hawaiian Historical Society for the Year 1932*, 1933.

서특필해야 할 사건"이라고 평가되었다.[70]

또한, 단기적으로 본다면, 여기에 더해 1900년 1월에 일어난 페스트 소각사건ベスト燒払い事件의 변상 문제가 하와이 준주의회를 통해 해결을 보았던 것이 '미국 헌정'이 환영받은 중요한 계기가 되었다고 생각된다.

1899년 말부터 호놀룰루에서 유행한 페스트를 소멸시키기 위해 공화국 정부 위생국은 중국계 주민이나 일본계 주민이 다수 거주하고 있던 차이나타운에서 감염자 거주 가옥이나 소유물의 소각을 단행했다. 이때 강풍으로 불씨가 옮겨붙어 대화재가 발생했다. 사망자는 없었지만 시가지 대부분이 "완전히 없어"졌고, 일본계 주민 약 3,600명을 포함한 12,000~13,000명이 가옥과 소유물을 잃었다.[71] 이에 대하여 일본계 주민은 '임시 일본인회'를 조직하여 피해자 구제와 배상청구 준비에 착수하고, 호놀룰루 일본영사관도 공화국 정부와의 교섭을 개시했다. 다만 공화국 정부는 배상을 위해 열어야 했던 청구재판Claim Court을 준비하려고 하지 않았다. 사이토 간斎藤幹 총영사의 관찰에 따르면, 공화국 정부가 페스트 대응에 실패하여 '국고 저장금'을 소진했고, 공채모집을 위해 의회를 소집하려 해도 "이 정부 의회는 시간이 경과하여 미국과 하와이의 합병이라는 결과에 따라 함께 이미 그 의정권을 상실"했다는 것이다. 4월 2일에 간신히 공포된 청구재판에 관한 '행정령'도 "절대적으로 손해의 책임을 지지 않는다는 결의"에 기반하여 "이미 성실히 임한 의사가 없는" 것이었다. 이러한 공화국 정부의 대응을 부당하다고 여긴 일본계 주민들은 중국계 주민들과 공동으

---

70 「第一布哇県会開かる」, 『やまと』, 1901.2.21.
71 青木宛平井深造書記官(外務省編, 『日本外交文書』第33巻, 日本国際連合協会, 1956),
    1900.2.24; 山本英政, 『ハワイの日本人移民ー人種差別事件が語る, もうひとつの移民
    像』, 明石書店, 2005, 第4章.

로 4월 7일에 '연합 대연설회'를 개최하고, 규정 변경을 요구하는 결의를 채택하여 돌Dole 대통령에게 제출했다. 그러나 청구재판은 성립조차 되지 못하고 곧바로 폐쇄되었다.[72]

그러나 같은 해 6월 15일 미국 하와이 준주정부準州政府가 들어서자 상황은 달라졌다. 준주지사準州知事가 된 돌Dole은 7월 31일에 사이토 총영사에게 이듬해 2월로 예정된 준주의회의 개설 전까지는 배상사건의 심리가 불가능하다고 전했다. 이것은 심리를 보류한 것이기는 했으나, 결과적으로는 의회에서 심의할 것을 약정하는 의미가 있었다. 이후 일본계 주민은 다시금 피해자 대표 위원회를 조직하고, 일본 총영사관의 지원 아래 의회를 향해 손해조사를 진행했다.[73] 그리고 예정대로 1901년 2월에 개설된 '기다리고 기다리던 하와이 지방의회'[가토 이와키치(加藤岩吉)가 피해자대회에서 연설]는 3월에 들어와 「청구법안」 심의를 개시하고, 여러 개의 안이 논의된 끝에 4월 말에는 '비교적 정당한' 조건의 법안이 의결되기에 이르렀다.[74] 즉, '미국 헌정'에 의해 사건이 해결된 것이라고 할 수 있다.

이 사건은 또한 일본계 주민의 조직화를 크게 촉진했다. 앞서 서술한 임시 일본인회에 참여한 상업자 그룹을 중심으로 '호놀룰루 일본상인동지회'가 결성되었다.[75] 이에 더하여 이민 노동자의 의료를 충실히 하기 위해 1892년에 결성되었으나 활동이 저조했던 '일본인 자선회'도 이재민 구호

---

72 青木宛斎藤(外務省編, 『日本外交文書』第33巻), 1900.3.2; 青木宛斎藤(같은 책), 1900. 4.7; 青木宛斎藤(같은 책), 1900.4.18; 藤井, 『新布哇』, 686~690쪽.

73 青木宛斎藤(外務省編, 『日本外交文書』第33巻), 1900.8.3; 加藤高明外相宛斎藤(外務省編, 『日本外交文書』第34巻, 日本国際連合協会, 1956), 1901.1.31.

74 「布哇のかゞみ」, 『やまと』, 1901.2.14; 「要償法案下院を通過す」, 1901.4.18; 加藤宛斎藤(外務省編, 『日本外交文書』第34巻), 1901.4.30.

75 相賀監修, 日布時事編輯局編, 『布哇同胞発展回顧誌』, 224쪽.

활동을 계기로 활성화되어 1900년 9월에는 '일본인 자선병원'이 개설되기에 이르렀다.[76] 이렇게 '미국 헌정' 아래에서 일본계 주민의 발전이라는 기운이 고양되는 가운데 조직의 통일화를 위한 움직임이 활성화되어 갔다.

3) 아메리카호사건과 하와이 일본인회

1901년 7월 25일에 호놀룰루에 입항한 아메리카호에서 상륙한 일본인 여성 4명이 검역을 받을 때 남성 검역관들에게서 과도한 촉진觸診을 강요받았다고 보도되었다. 이에 격앙된 일본계 주민 유지들은 '하와이 일본인회'를 조직하여 미국 정부에 항의했다. 이는 검역관들을 경질하는 것으로 마무리되었다. 이 일련의 사건은 '아메리카호사건'이라고 불린다.[77]

이때 조직된 하와이 일본인회는 소가 야스타로相賀安太郎[1898년 10월부터 『하와이 신보(布哇新報)』 기자]에 따르면, 중앙일본인회의 원형이 되었다. "아메리카호사건이 1901년에 돌발했을 때는 호놀룰루의 동포들 사이에서 하와이 일본인회가 빠르게 설립되었다. 그러나 이것은 임시적인 것이었기 때문에 아무래도 모든 섬에 걸쳐 영구적인 단체를 만들 필요를 느꼈고, 1903년 7월에 이르러 중앙일본인회 창립운동이 일어났"던 것이다.[78]

사실 이 사건은 일부 일본계 주민 유력자들에 의해 의도적으로 정치 쟁점화되었던 것으로 보인다. 이 가운데 한 사람이 전 자유당계 신문기자로 1900년에 하와이로 와서 『야마토』의 주간이 된 이시카와 단石川淡이다.[79]

---

76 山中速人, 『エスニシティと社会機関－ハワイ日系人医療の形成と展開』, 有斐閣, 1998.
77 「日本人屈辱事件」, 『やまと』, 1901.7.27; ハワイ日本人移民史刊行委員会編, 『ハワイ日本人移民史』, 159~160쪽.
78 相賀, 『五十年間のハワイ回顧』, 64・155쪽.
79 藤井, 附録 「在布出身録」, 『新布哇』. 일본계 주민의 경력은 이하 별도의 기술이 없는 한 동일하다.

이시카와는 앞서 서술한 페스트 소각 문제 당시에도 피해자 대표위원의 한 사람으로 선두에 서서 활동했다. 그런데 아메리카호사건이 일어나자 『야마토』는 즉시 '동포 궐기', '국민적 세력'의 '발양'을 위한 '가장 좋은 기회', '천재일우'라고 의의를 부여하고,[80] 일본인회의 '영구 상설'화도 제안했다.[81] 게다가 일본인 여성 중 1명은 오카베 사부로 영사관보의 부인이었는데, 오카베는 검역을 받을 당시에 일본인을 '구별'하긴 했어도 '능욕'은 없었다고 했다. 그럼에도 불구하고 『야마토』는 이를 '사실무근'으로 보며, 오카베는 "만천하를 기만하는 자"라고 비판했다.[82] 진위 여부를 떠나 이시카와 등은 처음부터 이 사건을 일본인회 결성의 발판으로 삼으려는 의도에서 캠페인을 벌였다고 봐야 할 것이다.

사건이 종식된 후에도 하와이 일본인회는 해산하지 않고, 11월 3일 '천장절 축하회' 후에 정식으로 '발회식'을 가졌다. 임원으로 선출된 전체 27명 가운데 회장은 게이힌 은행 하와이 지점장인 시오다 오쿠조塩田奥造가 맡았다. 게이힌 은행은 자유당계를 중심으로 하는 각 이민회사가 이민 노동자에게 도항 자금의 대출이나 임금의 강제적인 적립을 실시하고자 1898년에 공동으로 설립한 금융기관이다. 따라서 하와이 일본인회의 뒤에는 이러한 이민회사들이 있었다는 점은 의심할 여지가 없다. 그러나 그 외의 임원을 보면 이시카와 이외에도 시오자와 주자부로志保沢忠三郎, 『하와이 신보』, 가쓰누마 도미조, 오자와 겐자부로, 고바야시 기로쿠小林喜六, 가와사키 기요조川崎喜代藏, 모토시게 와스케本重和助, 상점주, 소가相賀 등 페스트 소각 청구운

---

80 「同胞蹶起の秋」, 『やまと』, 1901.7.27; 「千載乃一遇」, 1901.8.1.
81 「日本人会の成立を歓迎して吾人の希望を述ぶ」, 『やまと』, 1901.7.30.
82 「領事報告事件の落着」, 『やまと』, 1901.9.3; 「凌辱事件に対する岡部領事官補の手記」, 9.10.

동에서 피해자 대표였던 사람들이 이름을 올리고 있어 이 운동 경험도 일본인회 결성의 한 요인이 되었다고 생각한다.[83] 아메리카호사건에 대한 대응에 관하여 『야마토』는 '평등과 자유를 표방하는 미국의 치하'에서 '인종의 같고 다름에 구애받지 않고 동등한 대우를 요구할 권리'를 '실제로 항득享得'해야 한다고 주장했다.[84] 일본계 주민들이 하와이에서 받고 있는 인종주의적 차별대우를 미국의 통치이념에 따라 해소하려는 태도를 표명한 것이다.

무엇보다도 『야마토』는 위의 주장을 통해 '동등한 대우'를 '문명 국민으로서의 대우'라고 바꾸어 말하기도 했다. '일본 국민'이라고 하는 자기규정은 포기되지 않았을 뿐만 아니라, 오히려 단결 의식의 고양을 위해 의식적으로 사용되고 있었다. 게다가 『야마토』는 '재류 국민'의 '일치운동'을 강조하는 한편, 사이토 간이나 오카베 등 영사관 측이 이 운동에 소극적인 자세를 보이자 비난했다. 즉, '국권의 성쇠'와 관련된 이 사건에 임하면서 "민관협동의 열매를 거두지" 않는 것은 '유감'이며, "재류 동포의 보호에 임해야 할 영사가, 스스로 기다리는 것이 마치 정부에 있는 위정자와 같으며, 그리하여 그 재류민을 보기를 재야의 반대당을 대하는 것 같은 태도를 취하는" 것은 "가장 말이 안 되며 도리에 어긋난"다는 것이다.[85] 이 신문이 '재류 국민' 규합을 위해 이용한 논리는 '국권'의 견지에서 '민'이 '관'을 비판한다는, 일본 국내에서 민간 정치세력이 이용한 '외부에 대한 강경한 자세對外硬'의 논리와 상당히 흡사했다.[86] 일본의 통치권 아래에 있는 것이

---

83 「布哇日本人会発会式」, 『やまと』, 1901.11.5;「布哇日本人会役員選挙の結果」, 11.7; 木村, 「京浜銀行の成立と崩壊」.
84 「大国民の自覚」, 『やまと』, 1901.8.3.
85 「大国民の自覚」;「日本人会の成立を歓迎して吾人の希望を述ぶ」.

아닌 미국령 하와이의 일본총영사와 일본인의 관계가 '재류 동포의 보호'
를 통해서 마치 일본 국가의 연장인 것처럼 논의되었던 것이다. 그러나 실
제로 하와이 일본인회는 상설화되지 못했기 때문에 여기에 숨겨진 문제가
겉으로 드러나지는 못했다.

4) 중앙일본인회의 성립과 '영구적 이주지'

1903년 6월 '핵hack 영업 문제'가 발발한 가운데, 『야마토』는 다시 '일
본인의 대동단결'을 주창했다. 이는 준주의회에서 새롭게 제정된 하와이
군 자치법이 영어 또는 하와이어를 읽고 쓸 수 없는 자의 마차hack 영업을
금지한 것에 반발하여 '임시 일본인협의회'가 결성되었고, "일본인이 조약
에 따라 향유하는 기득권리를 침해하는 것"이라며 항의로 이어지게 된 것
이다.[87] 『야마토』는 이 일본 국민으로서의 권리 문제가 쟁점화된 것을 절
호의 기회로 삼아 '일본인' 상설 단체의 필요성을 주장했던 것이다. 이 신
문은 '대동단결'의 의의 자체는 "그 누구도 다른 의견이 없는바"임에도 불
구하고, "여러 섬들이 떨어져 있어 교통이 불편한 데다가 이 대동단결을
이루어야만 하는 직접적인 이해 문제가 없기" 때문에 실현이 곤란하다고
서술했다. 이는 과거의 '단결'이 단발적인 사건 해결을 위해서만 기능했다
는 사실을 인정한 것으로도 해석할 수 있다. 여기에서 제안되었던 것은,
'재류민을 대표해야 할 적합한 기관'으로 모종의 '중앙본부'를 설치해 "일
본인 사이의 공공 사건을 처리하는 실권을 갖게 하는 것", 구체적으로는

---

86 塩出浩之, 「議会政治の成立過程における「民」と「国家」」, 三谷博編, 『東アジアの公論形
    成』, 東京大学出版会, 2004.

87 小村寿太郎外相宛斎藤(外務省記録3-8-2-198), 添付新聞切抜, 「ハック営業問題」,
    1903.11.12.

"오늘날 영사관에서 관리하는 어떠한 교육 및 구조 자금을 전부 일본인중앙본부에 옮겨, 총영사를 이것의 감사자監查者로 삼는" 것이다.[88] 즉, 영사관에서 재류민 보호 비용을 이관하고, 나아가 총영사 자신을 위에 앉혀 공적인 기관으로서 실권을 갖는 단체를 조직하자는 것이었다.

7월 17일 임시 일본인협의회 석상에서 중앙일본인회의 창립이 제안되고, '참석한 사람은 모두 창립위원'이 되어 창립회가 열렸다. 사이토 간 총영사는 이 단체의 결성에 "쌍수를 들어 찬성"했다. 회칙안에서도 "본회는 일본제국 총영사의 감독하에 성립되어야 한다"고 정해졌다.[89] 창립위원의 대부분은 앞서 서술한 청구운동이나 아메리카호사건 당시 중심이 되어 재하와이 일본인회를 결성한 그룹이고, 이시카와 단의 『야마토』는 '거의 이 단체의 기관신문'을 자임했다.[90] 다만 『야마토』 지면에서 청구운동에서 피해자 대표의 일부를 차지하면서 운동에 소극적이라는 비판을 받았던 일본인 상점주들은 두 일본인회에 거의 관여하지 않았다.[91] 중앙일본인회 창립위원회는 1903년 8월에 「중앙일본인회 취지서」를 기초하여 단체의 창설 목적을 밝혔다. 즉, 향후 하와이를 "영구적인 산업적 이주지로 간주"하고 "태평양상의 일본의 세력을 부식扶植"하기 위해서 '통일기관'을 통한 '일본 국민적 교육', '국민 품격 유지', '산업적 이익', '사회적 지위' 등을 추구하는 것이었다.[92]

'영구적인 산업적 이주지'란 무엇일까. 『야마토』는 8월 8일 취지서와

---

88 「団体には相応の実権を与へざるべからず」, 『やまと』, 1903.6.13.
89 「中央日本人会創立」, 『やまと』, 1903.7.15; 「中央日本人会創立会」, 9.18.
90 森田榮, 『布哇日本人発展史』, 真栄館, 1915, 429쪽.
91 「被害者の冷淡」, 『やまと』, 1901.2.7.
92 小村外相宛斎藤(外務省記録3-8-2-198), 1903.12.2, 첨부 자료.

함께 「일본의 영구 이주지」라는 제목의 논설을 게재했다. 이 논설은 하와이는 일본인의 '이주 노동지'에서 "영구적인 이주지로 바뀌고 있으"나, '이주지'에서는 '식민지'와 달리 '본국과 정치적 관계'가 없으며 "영구적으로 이주하면 이민자들은 그 이주지로 흡수되어 버리고 만다"는 내용이었다. '영주'론 자체는 이주 노동의 비판 논리로서 1890년대부터 존재했으며, 그것은 '제국 신민', '일본 국민'이라는 자기인식과 공존하고 있었다. 그러나 이 논설에서는 '식민지'를 일본 '본국'과 '정치적 관계'를 갖는 영역으로 파악하고, '영구 이주지'로서의 하와이는 '식민지'와는 다르다고 확인한 것이다. 여기에서 '식민지'란 분명히 타이완을 염두에 둔 것이다. 『야마토』는 6월의 논설에서 일본은 타이완밖에 '자기의 영지'로서의 '식민지'를 갖지 않는 이상, 인구의 '방사구放射口'를 찾아 '외국령', 그중에서도 하와이에 '사실상의 식민'을 실시해야 한다고 서술한 바가 있다.[93] '영구 이주지'론의 배후에는, 타이완은 '식민지'이기는 하지만 일본인의 이주지로는 적합하지 않다는 인식도 있었던 것이다.

이러한 현상 인식과 "일본의 세력을 부식"한다는 문장은 어떻게 연관되어 있었을까. 1903년 1월에 『야마토』의 주필이 된 사쿠마 히데오佐久間秀雄 [이시카와는 여전히 주간을 담당]가 작성한 「재하와이 중앙일본인회의 목적」[94]에서는 다음과 같이 설명되어 있다. 즉, 하와이는 일본의 '이주 노동지'에서 '영구 이주지'로 바뀌려 하고 있으며, 이는 "자손이 이 땅에서 번성하게"

---

93 「日本の永久移住地」, 『やまと』, 1903.8.8;「在外民の責任」, 6.17~19.
94 『やまと』, 1903.9.3~21. 『布哇』 2, 1903에서 옮김. 이 잡지(보지 못함)는 야마토신문사(やまと新聞社)의 발행으로 사쿠마(佐久間)가 오카베 시로(岡部四郎), 오노데라 도시오(小野寺寿雄) 등과 "기독교주의의 견지에서 동포 이민자의 건전한 사상을 발휘"시킬 목적으로 발행된 것(「中央新聞と月刊『布哇』」, 1903.9.14).

되면 '사실상으로는 자국의 식민지'와 동일한 '이익'이 있다는 것이다. 다만, 물론 "일본에 합병하는 것 따위의 몽상은 어리석음"에 지나지 않는다. 그렇기는 하지만 '일본인의 처신 하나'로 '정권에 참여'하는 것도 불가능한 것은 아니며, '하와이 출생 일본인'[1900년에 4,881명][95]은 "미국 시민의 대열에 들어가 선거권을 가질" 가능성이 있다. 그러나 이를 위해서는 불가피하게 미국에 '동화', '미국화'되어야 하고, 그렇지 않다면 "이주의 조류에 크게 제한을 받게" 되더라도 어쩔 수 없다. 다른 나라, 특히 '고등 문명'인 '미국인'이 "정권을 쥐고 있는" 하와이에서 일본인이 '영원한 사업'을 실행하기 위해서는 '대외적 의미'의 '단결', '고립되어 작은 일본을 만들고자 하는 것'으로 인해 위험시되어서는 안 된다. 그리고 '다른 나라의 문명'을 취하는 것은 '치욕'이 아니다. 단, 그 결과로 '일본과 이민의 연쇄'가 완전히 끊어지면 "이주자가 발생하는 것은 곧 그 나라 사람을 잃는 것과 같"은 것이 되므로, '일본인 소학교'와 중앙일본인회를 통해 이 '연쇄'를 유지해야 한다는 것이다. 이와 같은 주장에서 중요한 것은 미국 시민권 획득과 2세의 교육이 관련되어 있으면서 동시에 양가적인 문제로 받아들여지고 있다는 점일 것이다. 하와이를 일본의 '영구 이주지'로 만들기 위해서는 시민권을 가진 2세의 성장을 기다리는 것이 최선이라고 생각하면서도, 그 전제로서 불가피하게 2세들이 미국에 철저히 '동화'되어 그 결과로 일본계 주민들이 일본과의 관계를 상실하게 될 것을 우려하고 있었던 것이다.

그렇다면 일본과의 '연쇄'는 어떠한 형태로 지킬 수 있는 것일까. 위의 논설이 게재된 직후부터 다시 『야마토』는 「하와이 일본인의 교육」이라는

---

95 같은 해 합중국 총조사(census)에 따르면 4,877명. 〈표 3-2〉 참조.

제목의 논설을 게재한다.[96] 여기에서는 "국가는 일본인에게는 거의 종교와 같은 느낌"이 있으나, '지금 우리 재류민의 자제'들은 이 '애국심'을 잃을 "위험한 상황에 놓여 있다". "만약 일본인의 자손들이 미국의 국가적 관념이 있고, 미국의 사회 및 국가는 사랑하지만 일본에 대해서는 거의 알지 못하는 분위기"가 되면 "이 땅에 일본의 사실상의 식민지를 만든다는 희망도 공중으로 사라진다". 그래서 "이주민 자손들에게 일본을 가르칠 필요"가 있지만, 그것은 "일본 내지 안에서와 같은 생각을 갖는다"는 것은 아니다. 가르쳐야 할 '일본의 국가적 사상'은 '배외심拱外心'이 아니라 "결코 다른 나라와 병립하는 것을 방해하지 않는" 것이어야 한다는 내용이 담겨 있다.

주의할 것은 '국가적 관념사상'이라는 단어의 쓰임새이다. 앞서 서술했던 대로 하와이 혁명기에 이 단어는 귀화가 필요하지 않은 참정권 획득이라는 전제 아래에서 (하와이에서의) '정치의식'과 (일본에 대한) '애국심'이라는 두 가지 의미를 동시에 가지고 있었다. 그러나 이 시점에 '국가적 관념'은 '미국의 국가적 관념', '일본의 국가적 사상'으로 분절화되어 '미국 시민'으로 살아가는 '일본인의 자손'에게 기대하는 아이덴티티의 범주를 도출하기 위하여 사용된 것이다. 물론 '영주적 이민지'에 '일본 세력 부식'이라는 의의를 부여한 딜레마가 없어진 것은 아니었고, "미국 시민이 되는 것은 애국자이기 때문"이라는 주장에서도 같은 딜레마가 드러났다.[97] 그러나 여기에서 전개된 논리는 '종교'라고까지 생각한 하와이의 일본계 주민과 일본 국가의 관계를 하와이에서 '영주'하는 것에 알맞도록 틀을 다시

---

96 「布哇日本人の教育」, 『やまと』, 1903.10.9~16. 『布哇』에서 옮겼으며 아마도 사쿠마 (佐久間)의 글.

97 「米国の市民となる可し (3)」, 『やまと』, 1903.11.7.

만들고자 한 시도였다.

이상과 같이 중앙일본인회의 「취지서」에서 볼 수 있는 '영구적 이주지' 확립이란, 이전의 일본인 단체의 일시적인 목적이었던 재류민의 기득권 보호에서 더 나아가, 미국으로 '동화', 특히 '미국 시민'의 자격을 가진 2세의 성장과 일본과의 관계를 양립시킨다는 장기적인 전망에 입각한 사회 형성 시책이었다고 할 수 있다.

그러나 이러한 일본계 주민들의 모색과는 별개로, 사이토 총영사가 솔선하여 중앙일본인회 조직에 진력하고 스스로 회장에 취임한 목적은 따로 있었다. 본국 외무성으로 보낸 사이토의 보고에 따르면, 이 단체 결성의 취지는 '이주 노동자 단속' 즉, 일본인 노동자의 '경지 간 이전' 및 '미국 도항'을 막으려는 것이었다.[98]

우선 '경지 간 이전'에 관해 살펴보자. 1900년 하와이에서는 미국으로 병합됨에 따라 이민법이 시행되어 계약이민이 불가능해졌기 때문에 일본인 이민은 모두 자유이민이 되었다. 이로 인해 농장주와 일본인 노동자 사이의 계약에는 강제력이 사라져 이민 노동자는 보다 유리한 임금과 노동조건을 요구하며 지속적으로 다른 농장으로의 이전을 시도하게 되었다. 이것은 이민 노동자의 입장에서는 자유화였지만, 사이토가 말한 '이주 노동자 단속'이라는 관점에서는 "경지 주인의 신용을 잃는" 것을 의미했다.[99]

다음으로 예상한 바와 같이 미국-하와이 병합으로 인해 1902년 이후 문제가 되었던 것은 일본인 이민자들이 미국 본국으로 '전항轉航'하는 것이

---

98 小村宛斎藤, 1903.12.2.
99 小村宛斎藤(外務省記録3-8-2-198), 1903.11.12; 飯島真里子, 「ハワイ日本人移民の二段階移動-国際移動から国内移動へ」, 『アメリカ・カナダ研究』 28, 2011. 또한 미국에서 계약노동자가 금지되었던 것은 1885년이다.

었다. 본국의 노동자 단체들이 일으킨 일본인 이민 배척운동의 결과, 1900년 8월 이후 일본인이 미국 본국에 이민자로서 직접 입국하는 것은 엄격히 제한되었다. 그러나 미국의 속령준주이 된 하와이로 입국하는 것은 가능했기 때문에, 하와이행을 명분으로 입국한 후, 본국, 특히 캘리포니아주로 '전항'하는 이민자가 급증했던 것이다. 하와이에 일단 '토착'한 이민노동자 중에서도, 아마 '경지 간 이전'의 연장선상에서 보다 높은 임금을 요구하고, 전항자나 '중개업자周旋屋'의 권유에 따라 이에 가담하는 사람들이 나타났다. 사이토 총영사는 '전항'의 급증이 미국 내 일본인 배척의 "기염氣焰을 환기喚起"시킨다면 하와이 이민사업에 "장애를 줄" 위험이 있다고 우려했다.[100] 이러한 움직임을 억누르려는 사이토 총영사의 의도는 '영구이주지' 확립이라는 이념과 상반되지는 않더라도, 어디까지나 일본 외무성의 이민정책상의 견지에서 '단속'한 것이며, 또한 후술하듯이 이민회사의 뜻을 수용한 것이었다.

1903년 8월 이후 『야마토』가 중앙일본인회의 방침을 설명하는 한편, 이시카와 단, 시오자와 주자부로, 시오다 오쿠조, 소가 야스타로, 야스노 신타로安野伸太郎[『신일본(新日本)』 주필] 등 창립위원들은 '지방 지부' 설치를 위해 사이토 총영사 및 그 소속 관리들과 함께 각 섬의 농장을 유세하며 돌아다녔다.[101] 중앙일본인회는 11월 30일에 정식으로 발족했다. 사이토 총영사가 회장을 맡고, 참사원參事員에는 소가, 우치다 시게요시, 야스노, 기시미키타로岸幹太郎[요코하마쇼킨 은행(橫濱正金銀行)], 모토시게 와스케, 이사에는 이시

---

100 小村宛斎藤(外務省記録3-8-2-168), 1902.5.15; 小村宛斎藤(外務省記録3-8-2-168), 1905.4.26; 木村, 「近代日本移民史における国家と民衆」.
101 『やまと』, 1903.8~9, 기사 참조.

카와, 오자와 겐자부로가 이름을 올렸다. 또한, 회계는 시오다, 서기는 네고로 모토유키根来源之[미국법학사], 하야카와 가즈早川萬가 맡았다. 중앙일본인회는 하와이섬 전체에 49개의 지부를 두고, 각 지부에서 회원 수 500명[미만이 되는 경우는 300명 이상]마다 1명의 대의원을 선출하고, "매년 1회 대의원회를 열어 수지예산, 제규칙의 제정, 기타 중요한 사건을 의정"[102]한다는 '자치기관'[103]의 체재를 취했다. 만 17세 이상의 모든 일본인 남성이 성원이 될 자격을 가졌으며, 회비는 월 15센트였다.[104] 당초 대의원은 57명이었으며, 회원 수는 2만 명 전후가 되었을 것으로 생각된다. 같은 해 하와이 재류 일본인 인구는 86,740명이었다.[105]

5) 중앙일본인회의 붕괴

중앙일본인회의 발족이 처음부터 순조로웠다고 하기는 어렵다. 우선 결성 이전부터 중앙일본인회는 지도자층 사이의 내분을 안고 있었다. 10월 하순에 이 단체의 창립위원회 중심인물 중 한 사람이었던 시오자와 주자부로의 『하와이 신보』는 중앙일본인회가 '야심의 결정물로 이민회사의 도구'이며 사이토 간 총영사는 '관직을 문란케 하는 자, 노동자를 강박하고 기만하는 자'라고 비판하는 기사를 게재했다. 이를 『야마토』에서 비난하고 시오자와는 창립위원을 사임했던 것이다.[106] 이러한 대립이 발생한 이유는 무엇일까.

---

102 「中央日本人会会則」;「中央日本人会細則」(小村宛斎藤, 1903.12.2).
103 「理事は名誉職たるべし」, 『やまと』, 1903.11.14・16.
104 小村宛斎藤(外務省記録3-8-2-198), 1901.12.15.
105 永井松三編, 『日米文化交渉史5 移住編』, 洋々社, 1955, 550쪽.
106 「滑稽狂言 布哇新報」, 『やまと』, 1903.10.23;「中央日本人会創立委員志保沢忠三郎君の責任」, 10.24;「志保沢氏創立委員を辞す」, 10.26.

앞서 언급한 사이토의 '이주 노동자 단속'책은 실질적으로 이민회사의 이권 보호를 의미했다. 우선 계약이민제도가 폐지된 이상 '경지 간 이전'으로 인해 "경지 주인의 신용을 잃"은 것은 곧 이민회사의 존재 의의 상실을 의미했다. 게이힌 은행 지점장이었던 시오다 오쿠조가 중앙일본인회 회장으로 취임한 것은 이민회사의 새로운 이권 획득이라는 목적 때문이었다. 게이힌 은행의 설립 모체인 이민회사동맹회는 기선汽船회사와 교섭하여 이민자 1명의 뱃삯에서 2엔을 중앙일본인회에 기부하도록 정한 다음, 이 기부금은 "모두 중앙일본인회의 전망에 따라 마음대로 사용할 수 있는 것"이라고 주장했다.[107]

한편, '미국 전항'을 전제로 한 이민 알선은 미국 본국의 이민 노동자 알선업자와 하와이의 일본인 여관업자의 제휴로 추진되고 있었다. 그런데 이들은 이민자들이 게이힌 은행에 적립하도록 강요받은 예금을 전항비로 충당시키고자 이를 매각하도록 요구하고 있었다.[108] 게다가 시오자와의 『하와이 신보』는 1902년 말에 이민회사를 향해 "정계의 마력을 이용하여 그들과 결탁했다", "국가사업을 간판으로 삼아 사기 편취한 것이다"라는 비판을 가했다. 또한, 야스노 신타로의 『신일본新日本』[109]과 함께 게이힌 은행의 적립금제도를 비판하며, 『야마토』와 대립하고 있었다. 『야마토』는 두 신문의 비판을 일본인 노동자에 대한 '선동', '교란', '유혹'으로 간주했으며, 아마도 미국으로의 전항을 유발하는 것이라고 파악하고 있었다.[110]

---

107 小村宛斎藤(外務省記録3-8-2-198), 1904.12.1.
108 木村, 「近代日本移民史における国家と民衆」.
109 호놀룰루, 1897년 창간. 처음에는 '협객'으로 유명했던 군지 고로(郡司五郎)라는 인물이 경영하다가 1902년에 야스노(安野, 원래는 일본 술 수입업자)의 손으로 넘어갔다. 藤井, 『新布哇』, 648~649쪽; 森田, 『布哇日本人発展史』, 426쪽.
110 刀水, 「桀の犬を葬る」, 『やまと』, 1902.12.8; 「盲目新報と旧日本の妄を弁ず」, 11.29

그리고 사이토 총영사도 『신일본』에 대하여 "미국으로 전항 이민을 주선하는 자와 결탁"하여 "은밀히 저를 공격하기에 이르렀습니다"라고 외무성에 보고했다.[111] 진위 여부를 떠나 전항을 지지하는 것은 총영사 및 이민회사와의 대립을 의미했던 것이다.

『하와이 신보』의 기자인 소가 야스타로는 전항은 법적으로는 가능해도 "우리 이민자의 여러 자손에게 결코 이익될 일은 없다"고 하며 사이토를 지지했다. 이것으로 보아 『하와이 신보』가 반드시 전항업자와 결탁했다고 할 수는 없다.[112] 시오자와가 중앙일본인회 설립에 관여했던 것도, 본인의 변명에 따르면 경지 간 이전을 억지해야 한다는 뜻이 사이토 총영사와 일치했기 때문이었다.[113] 그러나 동시에 시오자와는 "관약이민 당시에는 정부가 노동자들을 보호했다. 이민회사의 계약시대에는 회사가 이들을 보호했다. 그러나 미국-하와이 합병 후에는 자유 도항이기 때문에 일본인회를 설치하여 이들을 보호할 필요가 있다"[114]라며, 자유 이민화에 따른 이민회사의 역할을 대체하는 것으로 중앙일본인회에 의의를 부여했다. 그로 인해 이민회사가 이 단체를 장악하는 것은 인정하지 않았고, 사이토 총영사와도 결렬되었던 것이다. 이리하여 경지 간 이전 및 미국 전항 문제는 일본계 주민의 지도자층에게 총영사·이민회사 대 전항업자·반反이민회사 세력이라는 양극대립을 형성했다.

지도자층의 분열이 일어나는 한편, 중앙일본인회가 성립된 당초부터 하

　· 12.1.
111 小村宛斎藤(外務省記録3-8-2-168), 1902.5.23.
112 小村宛斎藤(付属の切抜記事), 1902.5.23.
113 小村宛志保沢(外務省記録3-8-2-198), 1904.8.25.
114 「中央日本人会創立委員志保沢忠三郎君の責任」.

와이 전체의 일본계 주민을 통합하는 것은 매우 곤란하다는 사실도 드러났다. 성립과 함께 열린 대의원회에서 호놀룰루 의원과 '지방인地方人', '도지島地 의원' 사이의 대립이 표면화되어 '지방 독립'이라는 문제가 발생했던 것이다. 아다치 유타카足立豊 등 카우아이섬의 의원들은 "카우아이섬의 일본인회는 이미 수개월 전에 구체적으로 성립"된 이상, 중앙에서 경비를 징수하는 것은 '이중 부담'이 된다고 하며, "자치의 본령을 발휘"할 기회를 기다리지 않고 퇴석하는 행동에 나섰다. 그들은 '자치'는 필요했지만, 다른 섬의 일본계 주민과 공유해야 할 이해관계는 인정할 수 없었던 것이다. 또한 코나섬의 오타 다카시太田尚志[사탕수수 및 커피 재배업]의 경우에는 반대로, "국가의 팽창을 계획하고 권리를 증진"하기 위한 차원에서 중앙일본인회에 기대를 걸었지만, 대의원회가 종료된 후에는 '호놀룰루부 안에 있는 신사와 신상紳商'의 내분을 언급하고, "단지 생계의 면에서 사사로운 이익에 급급하여 공익을 도모하는 국가적 관념은 터럭만큼도 없다고 인정할 수밖에 없다"라며 불신감을 드러내었다.[115] 이 불신은 호놀룰루 지도층의 내분 때문만이 아니라 '국가적 관념'에서도 비롯되었을 것이다. 『야마토』에서는 이미 살펴본 바와 같이 일본과 직결되는 '국가적 관념'이 상대화되는 것이야말로 하와이의 '영주 이민지'화을 위해 필수적이라고 간주하고 있었다. 또한, 일본 외무성에서도 사이토에게 중앙일본인회가 '세력 부식', '국력 팽창'이라는 문구를 사용하는 것은 "하와이 도민들에게 염려를 불러일으킬" 수 있는 온당하지 않은 것이라며 주의를 주었다.[116] 그런데 실제

---

115 「島地議員諸君を送る」,「代議員会後日談」,『やまと』, 1903.12.8; 足立豊,「加哇島議員の行動」, 12.10; 太田尚志,「在布六万同胞に告ぐ」, 12.22. 아다치(足立)와 오타(太田)는 실제로 탈퇴했다.

116 斎藤宛小村(外務省記録3-8-2-198), 1903.12.22.

로 일본계 주민의 단결을 형성하는 과정에서 '국가적 관념'이라는 주술로 묶인 속박은 풀 수 없었던 것이다. 또한, 이와 관련해 문제가 된 것은 농장의 일본계 노동자들이 "중앙일본인회의 목적은 노동자 보호라는 한 점에 있을 뿐이라고 오해"하여 농장주에게 '반발적'으로 대하여 파업이 빈발했기 때문에 이 단체가 '대對백인동맹'으로 비칠 수 있는 상황이 발생한 것이다.[117] 특히 와이파후Waipahu[오아후섬] 지부에서는 1904년 5월과 7월 두 차례에 걸쳐 대규모 파업이 발발했다. 이때 『야마토』는 '경지 회원'을 향해 '중앙일본인회 설립의 취지'는 '백인사회와의 양립'에 있고, '일본인과 백인의 이익 일치'를 위해서 "파업은 쌍방에 손해"라고 논했다. 이와 동시에 '일본인 노동자의 신용'을 잃게 되어 "세계 속에서 노동의 장소를 감소"시키는 것은 "국가에 불충하다"고 설명했다.[118]

여기에는 중앙일본인회가 안고 있던 딜레마가 단적으로 표현되어 있다. 즉, 앞서 서술한 것처럼 사이토 총영사의 의도가 기본적으로 '이주 노동자 단속'이었던 데다가, '영주 이민지'화를 위해서는 백인 농장주와의 대립은 결사적으로 피해야만 하는 것이었다. 그러나 농장의 일본계 노동자들이 중앙일본인회를 환영했던 것은 "제국 총영사 스스로 창립위원장이 되어 출마함으로써 그들을 설득했고 (…중략…) 다년간의 고통에서 벗어나 자유를 주창하고 권리를 떨치는 가을이 도래했다"[119]고 받아들였기 때문이었다. 즉, '관민일치' 단체인 이상 중앙일본인회의 임무는 '일본제국 신민'의 권리 보호이며, 파업은 정당화될 수 있다고 이해한 것이다. 그리고 '국가에

---

117 「奇妙なる一転心」, 『やまと』, 1904.1.5.
118 「中央日本人会耕地会員に告ぐ (一)~(四)」, 『やまと』, 1904.6.1~4.
119 森田, 『布哇日本人発展史』, 612쪽. 다만 후년의 회고.

불충'이라는 문장에서 명확히 나타나듯이, 중앙일본인회와 『야마토』도, 비록 백인 지배층과의 대립을 피하기 위함이라고 해도, '국가'를 가져오지 않으면 일본계 노동자에게는 효과가 없다고 인식하고 있었던 것이다.

또한, 당시에는 러일전쟁이 한창이었으며, 하와이의 일본계 주민들 사이에서는 활발하게 헌금운동이나 축승회祝勝會가 실행되고 있었다. 『야마토』는 '축첩祝捷 행렬'을 '일본인의 세력을 광고하는 수단'으로 규정하여 "배일운동을 불러일으킬" 염려가 없다고 했다. 또한 '훌륭한 국민'으로서 '단정치 못'한 '일본옷'이 아닌 '양복'을 입으라는 등, 현지 사회의 눈을 의식하면서도 내셔널리즘이 고양되는 것은 긍정적으로 평가했다.[120] 그러나 그들의 바람과는 상관없이 '국가적 관념'과 결부된 일본계 노동자들의 운동은 이로 인해 더욱 통제하기 어렵게 되었을 것이다. 마우이섬 라하이나Lahaina에서는 1905년 5월에 농장의 감독자['루나'라고 불렸음]를 러시아인으로 오해한 것이 일본계 노동자들의 파업 신호탄 중 하나가 되었다.[121]

결국, 중앙일본인회는 와이파후의 파업을 조정하는 데 완전히 실패하고 그 신용은 실추되었다. 조정을 완수한 것은 시오자와나, 본원사本願寺 호놀룰루 출장소의 이마무라 에묘今村惠猛였다.[122] 『야마토』는 '경지 회원'들을 향해서 '고집'을 굽히지 않는 자는 중앙일본인회에서 제명해도 좋고, 만약 '지부 전체의 행동'이라면 지부 전체를 제외하지 않을 수 없다고 경고했다. 다만 실제로 1904년 10월[8월에 새로 선출]의 제2회 대의원회에는 지방지

120 柳田利夫·赤木妙子編著, 『ハワイ移民佐藤常蔵書翰-近代日本人海外移民史料』, 慶應通信, 1995, 185~187쪽; 相賀, 『五十年間のハワイ回顧』, 165쪽; 「ホノル〵婦人愛国会」, 『やまと』, 1904.2.13; 「祝勝会に就ての注意」, 6.15.
121 森田, 『布哇日本人発展史』, 651~652쪽.
122 위의 책, 620~627, 648~651, 652~655쪽. 모리타는 이 파업의 당사자.

부 의원의 대부분이 나타나지 않았다. 출석자는 23명뿐이었다. 출석자 가운데에는 일찍이 참정권 획득운동에 참여한 하와이섬의 오쓰키 고노스케도 있었다.[123] 또한, 오쓰키는 "경지에 세력을 가지"면서 "일부 사람들에게 신용이 있었으나, 한편으로 반대하는 사람이 있어서" 1908년까지는 일본에 귀국해 있었다.[124]

중앙일본인회의 붕괴를 결정지은 것은 1905년 5월에 시오자와를 중심으로 결성된 혁신동지회이다. 이 단체는 하와이 이민을 '이민보호법 이외'의 '자유 이민'으로 할 것, 게이힌 은행의 '불법행위' 정지 및 이 두 가지 목적을 수행하기 위해 사이토 총영사를 경질할 것을 '대목적'이라고 주장했다.[125] 이 단체에는 대의원으로 시오자와, 쓰루시마 한조鶴島半蔵[『하와이일일신문(布哇日日新聞)』],[126] 야스노安野, 하가 구사키芳賀日下[여관], 구리사키 미치마사栗崎道誠[의사], 하이다 가쓰고로灰田勝五郎[의사], 히야마 긴코檜山錦光[상점], 모토시게와스케本重和助[상점], 다카쿠와 요이치高桑与市[상점]가 이름을 올렸다. 또한 평의원으로 상점주 15명 및 야스무라 하루타다安村治忠[동양무역회사]가 참가했고 네고로 모토유키가 서기를 맡았다.[127]

시오자와가 이민회사 배제를 의도한 것도 있지만, 그뿐만 아니라 하이다 등의 의사그룹도 1900년 이후 이민회사들이 기부금 등을 통해 일본인자선회에 영향력을 확대하고 있는 것에 심각한 위기감을 느꼈고, 상인그룹도 이민회사·게이힌 은행의 착취가 노동자들의 구매력을 감퇴시킨다

---

123 「中央日本人会耕地会員に告ぐ (二)」, 「第二回代議員席次」, 『やまと』, 1904.10.31.

124 布哇日日新聞社編, 『布哇成功者実伝』, 布哇日日新聞社, 1908.

125 森田, 『布哇日本人発展史』, 640~645쪽.

126 ホノルル, 1903년 창간(森田, 『布哇日本人発展史』, 427쪽).

127 小村宛在布哇日本人革新同志会(外務省記録3-8-2-41), 1905.6.2.

는 불만을 가지고 있었다.[128] 게다가 하가, 야스무라, 네고로, 야스노 등은, 미국 전항 알선을 위해 사이토 총영사와 게이힌 은행 모두를 배척하려 했다고 여겨진다. 야스노, 네고로, 모토시게 등 중앙일본인회 임원들이 혁신동지회로 돌아섰던 것은 이 단체에 직접적인 타격을 주었을 것이다. 이들의 진정을 수용한 일본 외무성은 이민에 적립금 부과와 강제 고리대부, 및 이민회사 대리인을 폐지했고, 이민회사·게이힌 은행 그룹은 하와이에서 일소되었다. 사이토 총영사는 "휴가를 내린"다는 명분으로 일단 귀국을 지시받았지만 결국 유임되었다. 이 과정에서 중앙일본인회는 '호지부지' 없어졌다. 한편 혁신동지회도 1906년 9월 9일 이민회사·게이힌 은행 타파라는 "의지와 목적을 달성"한 이상 '공당公黨이 공당인 이유'를 드러내고자 해산했다.[129]

6) 중앙일본인회의 이념과 구조

이리하여 중앙일본인회는 '미국 헌정' 하의 하와이에서 일본계 주민들의 안정적 발전을 위하여 결성되어, 일본으로부터의 이탈을 전제로 한 '영주 이민지'화 계획을 제시하면서도 창립 후 불과 2년 만에 해체되고 말았다.

중앙일본인회가 제시한 일본계 주민의 자기 인식은 1890년대와 비교했을 때 새로운 단계를 보여주었다. 한때의 참정권 획득운동 당시, 하와이로의 정치 참여 의식과 일본에 대한 애국심이라는 두 가지 의미를 동시에 포함한 '국가적 관념'은, '영주 이민지'화, 즉 일본으로부터의 이탈이 전제됨

---

128 山中,『エスニシティと社会機関』第6章; 珍田捨巳外務次官宛斎藤(外務省記録3-8-2-41), 1905.6.1.

129 森田,『布哇日本人発展史』; 相賀,『五十年間のハワイ回顧』, 172쪽; 木原,『布哇日本人史』, 569~590쪽.

과 동시에 '미국 시민'인 이민 2세들의 성장 전망이 보이면서 처음으로 상대화의 대상이 된 것이다.

그러나 중앙일본인회는 충분한 활동을 하지 못하고 와해되었다. 이민 사회를 둘러싼 내분이나 전항 문제에서 드러나는 일본계 주민들의 유동성이 해체를 가속화했다. 뿐만 아니라, 근본적으로는 중앙일본인회의 조직 원리 그 자체가 문제를 내포하고 있었다. 앞서 살펴보았듯이 일본계 주민의 조직화에는 '대동단결', '자치', '관민일치' 등 일본 국내 정치의 아날로지가 종종 사용되었다. 또한, 그 내실을 갖추는 형태로 중앙일본인회가 결성되었다. 그러나 농장 노동자, 의료 단체_{일본인 자선회}, 상업자_{상인 동지회}, 숙박업자_{여관조합} 등 개개의 집단은 하와이의 현지 사회 내 독자적인 지위를 확보하는 과정에서 개별적인 이해관계를 형성해 나갔다. 이를 일본인 단위의 '자치'로 조정하는 것은 어려운 일이었다. 그로 인해 결과적으로는 이민 사회에 의한 새로운 이권 획득의 수단 그 이상의 의미를 가질 수 없었다. 더욱이 '관민일치' 체재를 갖추기 위해 사이토 간 총영사를 회장으로 삼은 것은 전항 금지 반대운동에서 볼 수 있듯이 오히려 대립을 경직화하는 방향으로 기능했다. "일치하기 위해 만든 단체가 오히려 당쟁을 초래한다"는 『야마토』의 개탄은 이 구조적 문제를 잘 보여주고 있다.[130]

나아가 총영사를 통해 일본 국가와 결합하는 것은 하와이 현지에서 미국 시민권을 지닌 2세를 포함한 일본계 주민들의 정착['영주 이민지'화]을 꾀하는 데에 역효과를 나타냈다. 앞서 서술했듯이 농장 노동자들은 중앙일본인회의 목적을 일본 국가에 의한 권리 확보로 받아들여 파업이 격화되기에

---

130 「日本人会の問題」, 『やまと』, 1904.1.21.

이르렀다. 그런데 중앙일본인회가 관여한 또 하나의 중요한 문제인 2세 교육에 대해서도 일본 국가와의 결합으로 인해 난제難題가 만들어졌다. 중앙일본인회는 2세들을 위해 현지 공립학교의 수업 시간을 피하여 개교한 일본어 학교에서 "본국과 방향성을 달리" 하는 '수업 방법, 교과서 선택'을 기획했다. 그러나 문부성은 총영사를 통해 국정 교과서를 사용할 것을 지시했다. 1910년을 전후하여 하와이의 일본계 주민 사이에서는 2세를 "일본인으로서 '제2국민'"으로 교육할지, "미국 시민권을 보유한 '미국 시민'"으로 교육할지 그 여부에 대한 노선 대립이 표면으로 떠올랐다. 그러나 이러한 선택의 폭 자체가 중앙일본인회의 해체로 인해 2세들의 교육 문제가 일본 정부의 손을 떠나게 되면서 발생한 것이라고 할 수 있다.[131]

요약하자면 중앙일본인회는 미국령 하와이에 거주하는 일본계 주민의 '영구 이주지' 형성이라는 이념을 스스로 저해한 결과로 해체된 것이라 할 수 있다. 일본계 주민이 계속해서 일본 본국의 정치, 사회의 연장선상에 있었던 것이 이러한 사태를 초래한 것이다.

7) 증급운동과 '사회적 단결심'

앞서 살펴보았듯이 중앙일본인회가 스스로의 역할이라고 인정하면서도 완수하지 못한 채 해체된 원인은 농장 노동자의 파업 조정이었다. 농장 노동자의 파업은 1908년부터 1909년의 '증급기성회增給期成會'의 운동[이하, 증급운동]을 시작으로 본격적으로 펼쳐졌다. 그러나 이는 이미 '국가'적 단결로서는 이루어지지 않았다. 1906년 8월에 『야마토』 사설[소가 야스타로인 듯하

---

131 沖田行司, 『ハワイ日系移民の教育史－日米文化, その出会いと相剋』, ミネルヴァ書房, 1997, 第2部 第1・3章.

대에 따르면 중앙일본인회의 '대정신大精神'은 호놀룰루를 제외한 하와이 각지에서 '지방적 단결과 자치'를 통해 생명을 얻었던 것이다.[132]

증급운동에서 큰 역할을 수행한 것은 소가의 『일포시사日布時事』『야마토』가 개명한 것]를 비롯한 신문이나, 히로시마, 야마구치를 비롯한 각종 현인회縣人會였다.[133] 현인회의 형성은 일본 본국에서의 도시 이주자와 마찬가지로, 출신 '현'에 대한 귀속의식이 하와이로의 이주와 함께 생겨난 것을 보여준다. 다만 어디까지나 일본 국가에 대한 유대와는 구별되는 동향 단체였다.

1909년에 증급운동이 한창인 가운데 창간된 『하와이 식민신문布哇殖民新聞』[하와이섬 힐로, 주필 에구치 가즈타미(江口一民)]은, 하와이의 '일본인 노동자'는 '이민적 상태', '이주 노동시대'에서 '식민적 상태', '정주시대'로 나아갔다는 인식을 보여주면서 "영주사상永住思想을 함양"하자고 논했다. 동시에 일본인은 '국가적 단결심'이 강하다는 '일대 특장特長'이 있으나, 한편으로 '사회적 단결심'은 크게 결여되어 있다고 비판했다. '사회적 단결심'의 일례로는 '청나라 상인'이 "공동의 자본하에서 공동의 상점을 경영"하여 하와이뿐 아니라 세계 각지에서 '개인주의'인 '일본인 상업가'를 아득하게 웃도는 성공을 거두고 있는 상황을 들었다. 이 논의의 배경에는 증급운동의 과정에서 호놀룰루의 일본상인동지회로부터는 적극적인 지지를 받지 못했으나 중국계 주민들로부터 원조를 받았다는 사정이 있었다. 특히 여기에서 주목한 것은 '국가적 단결심'과는 별개의 존재로 발견된 '사회적 단결

---

132 「何ぞ小異を捨てゝ団結せざる」, 『やまと』, 1906.8.27. 이 신문은 1905년 5월부터 소가(相賀)가 주필.

133 히로시마·야마구치 양 현인회(広島山口両県人会), 구마모토·후쿠오카 양 현인회(熊本福岡両県人会), 와카야마 현인회(和歌山県人会), 지바 현인회(千葉県人会), 니가타 현인회(新潟県人会) 등(根来源之, 『明治四十一~二年布哇邦人活躍史(一名 大罷工回顧史)』, 根来源之, 1915, 226쪽).

심'이다. '식민적 상태'는 명백하게 영토의 확장과는 달리, 다른 나라의 주권하에서 정주 사회를 세우는 것을 의미했다.[134] 제7장에서 상술하겠지만, 이러한 관점에서 하와이 내 중국계 주민의 발전은 일본계 주민의 롤모델이 되었다. 한편으로 '국가적 단결심'은 일본인의 '특장'으로 여겨지기는 했으나, 반대로 '국가'라는 틀을 벗어나면 '단결'하기 어렵다는 관점에서 상대화되었다. 현인회 활동도 이러한 인식을 뒷받침했을 것이다.

다만, 『하와이 식민신문』을 비롯하여 노동운동 지도자들은 때때로 하와이의 일본계 주민 전체의 조직화를 시도했다. 『하와이 식민신문』은 앞서 언급한 주장을 펼치면서 "일본인 전체를 망라"하는 '하와이 노동조합' 설립을 제창하고, '일본인 동포'가 하와이에서 정치적 권리를 지니지 못하는 것을 이유로 들어 '노동자 이외의 재류자'도 모두 가입한 조합을 구상했다. 그러나 일본계 주민 가운데에는 이 조합을 중앙일본인회와 '동일시'하는 사람들이 있었고, 『하와이 식민신문』은 '순수한 노동자'를 중심으로 하여 '8만 재류 동포의 사활 문제'를 위하여 조직한 이 조합이 중앙일본인회와 다르다고 주장했다. 그러나 이는 아마도 자연스럽게 소멸되어 끝나버린 것 같다.[135] 1910년대에 들어와서도 하와이 각지에서 지역별로 일본인회나 노동자 단체가 다수 조직되었다. 또한 일본인 자선회나 호놀룰루 일본인상업회의소[전 호놀룰루 일본상인동지회] 등의 동업자 단체는 한층 발전했다. 그러나 일본계 주민 전체의 '단결'은 역시 실현되지 못했다.[136] 1914년에는 증급

---

134 「労働組合と永住思想 (上)」, 『布哇殖民新聞』, 1909.7.28; 「労働組合と団体的訓練」, 같은 신문, 8.4; 「速に同情を表せよ」, 같은 신문, 5.28.
135 「労働組合と永住思想 (下)」, 『布哇殖民新聞』, 1909.7.30; 「労働組合の組織」, 같은 신문, 7.21. 노동자는 정회원(선거권·피선거권), 의사·상인이나 사업가는 특별회원(피선거권만), 총영사·각 종교인은 특별회원(간접적 찬조원)으로 한다는 구상이었다.
136 相賀監修, 日布時事編輯局編, 『布哇同胞発展回顧誌』, 97~99·173~180·189~190

운동을 지도한 네고로 모토유키를 비롯한『하와이호치布哇報知』그룹은 '하와이 일본인회'를 조직했지만, 아리타 하치로有田八朗 총영사 대리에 따르면 '상인동지회를 비롯하여 의사, 종교가, 은행가와 같은 견실한 분자'는 "그 존재를 오히려 유해무익"한 것으로 보고 '경원시'했다.[137] 제7장에서 서술하겠지만, 노동운동 지도자들이 종종 일본계 주민의 '단결'을 추구한 이유는 사탕수수 농장의 일본계 노동자들의 대우 개선이 백인 지배층의 억압으로 인해 지극히 어려운 일이었기 때문이라고 생각된다. 그러나 일본 국가와 결합해 전체 일본계 주민의 '자치'를 지향했기에 와해된 중앙일본인회를 경험한 후에는 이러한 일본인 모임이 만들어지지 않았다.

1910년대부터 1920년대까지 미국 본국에서는 2세들의 이중국적 문제를 해결하기 위해 각지의 일본인회를 통하여 일본인1세들이 왕성히 일본의회를 향한 운동을 벌였다. 이는 1916년, 1924년의 일본 국적법 개정을 가능케 했다[보론 2]. 그러나 하와이에서 이중국적 문제 해결운동에 종사한 것은 2세들이 1916년에 결성한 하와이 일본계 시민협회였으며, 일본에 대한 영향력은 충분하지 않았다. 2세들의 세력은 미국 본토보다도 성장했으나, 아마도 일본인회가 존재하지 않았기 때문에 일본 국내법 개정이라는 과제에는 오히려 대응하지 못했던 것이다.[138]

쪽;『コナ反響』, 1910.2.3.

137 加藤高明外相宛有田(外務省記録3-8-213), 1915.4.7.

138 坂口満宏,『日本人アメリカ移民史』, 不二出版, 2001, 第7章; 坂口満宏,「二重国籍問題とハワイの日系アメリカ人」; 相賀,『五十年間のハワイ回顧』, 345쪽.

4. 나가며

19세기를 거치며 하와이에서는 구미 출신의 백인 대토지 소유자에 의한 투자 식민지화와 함께 백인의 정치적 영향력이 증대했다. 그 결과 19세기 말에 하와이는 백인에 의한 '하와이 혁명'을 거쳐 태평양의 군사거점을 찾는 미국에 합병되었다. 그러나 이 사이에 하와이에서는 사탕수수 농장에 이민 노동자가 중국, 뒤이어 일본에서 대량으로 도입되어 인구 구성이 크게 바뀌게 되었다. 그로 인해 소수의 백인 지배층이 정치 권력을 획득하는 과정에서 아시아계 이민자들의 정치 참여가 중대한 쟁점으로 떠올랐던 것이다. 백인은 구미의 국적을 유지한 채로 참정권을 얻었으나, 중국인과 일본인은 이 테두리에서 배제되었다. 이에 대하여 일본 정부뿐만 아니라 하와이의 일본인들도 일본 국민의 권리라는 관점에서 귀화의 불필요함을 전제로 참정권을 요구했다. 하와이공화국헌법에서는 귀화가 불필요한 참정권이라는 테두리가 소멸되는 한편, 중국인과 일본인에게도 귀화권이 주어졌다. 그러나 미국령이 된 하와이에서 중국인과 일본인의 귀화권은 본국와 마찬가지로 사라졌다.

이 과정에서 하와이의 일본계 주민들에게 일본 국가의 의미가 복잡하게 변화했다. 하와이혁명하에서 전개된 참정권 획득운동으로 일본인 지도자들이 정치의식을 환기시키기 위해 '국가적 관념'을 말했을 때는 '국가'가 일본이라는 것은 주어진 것이며, 외교 당국자들과는 별개로 그들 스스로는 자신의 귀속이 의심받을 가능성에 대하여 의식하지 않았을 것이다. 그러나 1900년대 일본계 주민들 사이에서 미국령 하와이에서의 '영주'가 현실적 문제로 인식되기 시작하자, 첫째, '국가'란 일본인가 미국인가가 문제가 되었다. 또한, 둘째, 2세 시민을 둘러싼 논란에서 드러나듯이 첫 번째 문제를 인식했던 사람들주로 지도자층은 '국가적 관념'의 상대화를 필요로 했다. 그러나 다른 한편으로 셋째, 일본계 주민 전체특히 농장 노동자에게는 현지 사회에서의 지위를 향상시키기 위한 '단결'은 '국가적 관념'과 오히려 직결되는 것이 되었다. 게다가 청일전쟁과 러일전쟁은 하와이의 일본계 주민들에게도 일본 국가로의 귀속의식을 고양시켰다. 일본계 주민의 지도자층도 '모든 일본인의 자치'라는 구상에는 의문을 품지 않았고, 본국 정치 사회의 연장선상에서 계속 행동했다.

그러나 결과적으로 일본 국가에 대한 귀속의식과 결부된 '단결' 시도가 '모든 일본인의 자치'라는 형태로 결실을 맺은 것은 아니었다. 이는 근본적으로 방대한 인구 규모의 일본계 주민들이 하와이 현지 사회에서 발판을 구축해 나가는 과정에서, 각각의 이해관계의 다양성과 동시에 상호 간의 대립까지를 포함하게 되었기 때문에 모든 일본계 주민들의 '단결'을 통해서는 해결할 수 없게 되었다고 생각된다. 특히 중앙일본인회의 조기 해체는 같은 종류의 단체에 대한 기피감을 불러일으켰다. 이렇게 본격적인 계획 정주시대를 맞이한 일본계 주민들이 미국령 하와이의 다민족 사회에서 어떠한 정치 행동을 취했는지에 대해서는 제7장에서 다시 고찰하고자 한다.

제2부

제국·국제질서와
이민·식민

야나이하라 다다오의 '식민' 연구

제국 일본의 이민과 식민

1. 들어가며

　제4장에서는 1920년대부터 전후까지 식민지정책학·국제관계론의 연구자로서 제일선에서 활동한 야나이하라 다다오의 이민·식민론을 그 핵심인 '식민' 개념을 중심으로 분석한다. 야나이하라의 식민지연구는 사회적·경제적 현상으로서의 식민과 정치적인 지배-종속관계라는 두 가지 관점을 구별해서 파악하는 견해를 바탕으로 하고 있다. 그것은 야나이하라가 살았던 시대에도 결코 널리 공유된 견해는 아니었지만, 유연한 현상분석과 일본의 통치정책에 대한 날카로운 비판을 겸비한 야나이하라의 연구를 지탱하는 틀이 되었다. 일본이 동아시아에 광대한 지배지역을 가진 제국이 된 것은 일본인의 이민·식민을 비롯한 아시아태평양지역의 인간이동이 중층성을 더하는 가운데 야나이하라의 '식민' 개념과 이민·식민론은 중요한 관점을 제공하게 되었다.

제4장에서는 우선 제2절에서 야나이하라의 '식민' 개념을 '식민지'나 '식민주의'를 비롯한 개념사 속에서 다시 고찰한다. 그 다음 제3절에서는 야나이하라의 이민·식민론에 대해서 그 논리 구조와 1920년대부터 1930 년대의 동시대적 의미, 특히 일본의 팽창주의에 대한 비판과 남북아메리카, 조선, 만주로 향한 일본인의 이민·식민에 관한 분석과의 관계를 고찰한다.

2. 야나이하라 다다오의 '식민' 개념

1) 식민지 개념의 역사

'식민지 지배'라는 단어가 보여주듯이 오늘날 식민지라는 개념은 어떤 국가 아래에 정치적으로 종속된 영역을 의미한다고 이해되는 것이 일반적이다. 마르크스주의 경제학 아래에서 식민지 개념은 제국주의 개념과 결부되어, 식민지는 국가가 독점자본주의에 따라 상품·자본의 수출지로서 외부에 획득한 지배영역으로 파악되었다.[1] 더욱이 제1차 세계대전 이후 고양된 민족주의운동이 국제질서에 중대한 영향을 미치면서 '식민지 지배'는 이민족 지배를 의미하는 것으로 이해되었던 것이다.[2]

그러나 19세기 말까지 '식민지'는 기본적으로 사람의 이동에 의해서 형성된다고 이해되고 있었다. 19세기 중반 영국에서는 이미 독립한 미국이

---

1   藤原帰一,「帝国主義論と戦後世界」, 大江志乃夫ほか編,『岩波講座近代日本と植民地1 植民地帝国日本』, 岩波書店, 1992; 岡部牧夫,「帝国主義論と植民地研究」, 日本植民地 研究会編,『日本植民地研究の現状と課題』, アテネ社, 2008.

2   金子文夫,「日本における植民地研究の成立事情」, 小島麗逸編,『日本帝国主義と東アジア』, アジア経済研究所, 1979.

나 '속령'에서 탈피를 요구하는 캐나다가 그 정치적 지위와 관계없이 이민 송출지로서 '식민지'로 인식되었다. 한편 인도는 정치적으로 '속령'이어도 '식민지'가 아닌 것으로 파악되었다. 이러한 '식민지' 인식은 자본이나 민족의 문제를 시야 밖에 둔 것이었다. 하지만 그럼에도 불구하고 왜 역사적으로 경제적 지배-종속관계나 민족간의 지배-종속관계가 영토지배를 수반하지 않거나 혹은 영토지배가 해소된 경우에도 존재해 왔는가를 생각하는 데에는 일정한 유효성을 가지고 있었다고 할 수 있다.[3] 제1장에서 언급한 구로다 기요타카黑田清隆와 호레이스 캐프론의 문답이나, 제2장에서 고찰한 내지 잡거 논쟁에서 영국의 인도 지배 사례가 가지고 있던 양의성도 이러한 맥락에서 이해할 수 있다.

최근에 위르겐 오스터하멜Jürgen Osterhammel이 정식화한 '식민주의'의 개념은 사람의 이동이라는 본래의 뜻을 바탕으로 민족집단 간의 지배-종속관계를 파악하려고 하는 것이다. 즉 '식민지화Kolonisation, Colonization'·'식민지Kolonie, Colony'·'식민주의Kolonialismus, Colonialism' 모두 '한 사회가 원래의 생활권을 넘어 팽창한다는 의미'를 포함한다고 지적한 뒤, '집단 간의 지배·피지배의 관계'로서의 '식민주의'를 중심 개념으로 규정한 것이다.[4] 오스터하멜이 이러한 정의를 사용한 것은 한편으로 미국·캐나다·호주 등, 원주민이 얼마 없는 '식민주의 없는 식민지'로서의 이주 식민지가 존재하는 것, 다른 한편으로는 영국 내부의 겔트인 거주지역 등 본국과 식민지라는 관계를 취하지 않는 '식민지 없는 식민주의'가 존재할 수 있다는

---

3   平田雅博, 『イギリス帝国と世界システム』, 晃洋書房, 2000, 第四章; George Nadel,
    Perry Curtis編, 川上肇ほか訳, 『帝国主義と植民地主義』, 御茶の水書房, 1983도 참조.
4   Jürgen Osterhammel, 石井良訳, 『植民地主義とは何か』, 論創社, 2005.

것에 기인한다. 즉 역사적으로 '식민지' 개념이 본국에서 다른 지역으로의 이주를 수반하여 시작된 것을 근거로 하면서, 그것과 구별하여 지배-종속관계를 반드시 포함하는 개념으로 '식민주의'를 선택하는 것이다.

그런데 야나이하라가 스스로 중심적 개념으로 삼은 '식민'은 그 정의에 정치적인 지배-종속관계를 포함하지 않는다는 점에서 19세기적인 '식민지' 개념을 계승하고 있다. 하지만 다음에서 보듯이 그것은 오히려 제국주의시대 '식민지'의 지배-종속관계에 대한 강한 관심에 의해 뒷받침되고 있었다.

2) 『식민 및 식민정책』

1920년 도쿄제국대학 경제학부의 식민정책강좌 담당자가 된 야나이하라는 식민정책학의 논리적 정리를 시행한 『식민 및 식민정책』[5]1926년에서 먼저 식민·식민지·식민정책 세 가지의 개념을 열거했다. 그리고 그 중 '가장 기초적'인 것은 식민이며, 식민지는 식민이 시행되는 토지, 식민정책이란 식민에 관한 정책이라고 정의했다. 그리고 식민의 '본질'은 어떤 '사회군'이 새로운 지역에 이주하여 사회적·경제적으로 활동하는 현상이라고 규정했다. 게다가 식민의 연구에 가장 중요한 것은 '이주 사회군'과 '원주原主 사회군'의 접촉에 기인한 '사회적 제관계'를 분석하는 것이라고 주장했다. 이는 지배-종속관계를 의식적으로 제외한 정의였다. 이러한 정의를 바탕으로 야나이하라는 홋카이도에 대한 일본 본국의 '내국 식민'이나 만주·시베리아에 거주하는 조선인도 식민 현상으로 파악했다.

---

5   矢內原忠雄, 『植民及植民政策』, 有斐閣, 1926(『矢內原忠雄全集』第一巻, 岩波書店, 1963).

야나이하라는 '학자들의 통설'로는 '이민'과 '식민'이 '정치적 종속관계'의 유무에 따라 구별된다고 하면서 "나는 소위 식민과 이민의 **본질적 구별을 부정한다**"는 입장을 취했다[강조는 원문]. '정치적 종속관계'는 "속령의 요건이지만 식민지의 요건은 아니다". 즉, 식민 현상의 '환경', '조건'에 관한 구별이기는 해도 '본질'은 아니라고 한 것이다. 그 이유는 첫째로 '자국의 주권'을 가지지 않는 유대인의 팔레스타인 이주와 같은 사례를 설명할 수 있어야 할 것. 둘째로 예를 들어 일본의 주권 아래에 있는 조선, 조선과 '접양接壤'하고 일본이 '특수한 이해관계'를 가지고 있는 만주, 미국의 '속령'인 하와이는 일본과 '정치적 종속관계'의 유무나 존재 양상은 각각 다르지만, 각각의 지역에서 행해지는 '일본인의 이주 활동'에는 전혀 '사회적 실질상의 구별'이 인정되지 않는다는 것에 있었다. 지배-종속관계를 가리키는 단어로, 전술한 바와 같이 야나리하라는 속령dependency을 사용하고 있는데, 일반 용법을 고려해서인지 스스로 다음과 같이 '식민지' 개념을 두 가지로 구별하여 이를 설명했다.

형식적 식민지 : 속령정치적 종속관계·통치권[6]

실질적 식민지 : 식민 활동이주·투자이 존재하는 지역

두 가지의 '식민지' 개념은 정의로는 서로 독립적이다. 반면 그 해당 범위는 서로 배타적이지 않고 겹치는 부분과 겹치지 않는 부분이 있는 것이 중요했다. 야나이하라는 '실질적 식민지인 동시에 형식적 식민지'인 지역

---

6   새로운 영토(좁은 의미의 속령), 보호국, 조차지, 위임통치령을 포함한다.

이 "식민연구의 범위에 가장 많이 들어갈 것"이라고 했다. 그러면서 그것은 '그 지역의 정치적 지배'가 "본국 식민지, 식민자 및 원주자 등 관계 사회군에 대한 영향이 특히 현저"하기 때문이며, '실질적 식민의 사회적 제 관계'와 지배-종속관계를 어디까지나 구별하고 전자가 연구의 주된 대상이라고 보았다.[7]

또한, 야나이하라는 식민 활동의 '본질'로서 '사회군'의 이동은 이주노동 인구의 이동와 투자자본 수출 두 가지 요소로 이루어진다고 규정하고 있다. 자본주의 경제는 노동인구·자본 쌍방의 과잉을 초래하여 어느 쪽이든 '보다 생산적 사용'이 가능한 '새로운 지역'으로의 이동을 요구한다는 것이 그 근거이다. 물론 야나이하라는 마르크스주의 경제학의 자본주의·제국주의 분석을 근거로 하고 있었다. 다만 야나이하라는 이러한 노동인구·자본의 이동을 '국제적 분업'으로 간주해 '사회주의적 통제' 아래에서도 불가피하다고 예측했다.[8]

3) 식민과 지배의 구별

야나이하라가 식민을 지배-종속관계와 구별되는 사회적·경제적 현상으로 규정한 것은 무슨 의미일까.

야나이하라는 지배-종속관계를 비판적으로 파악하는 한편, 식민이라는 현상에 관해서는 긍정적으로 평가했다. 야나이하라는 '실질적 식민'의 가치는 '인류의 증식'을 가져올 뿐만 아니라, 노동력·자본의 '보다 생산적인 분포', 바꾸어 말하면 '국제적 분업'을 진전시켜 '세계 경제의 성립'

---

7   矢內原, 『植民及植民政策』, 13~34쪽.
8   위의 책, 68~75쪽.

으로 향하게 한다는 점에 있다고 파악하고 있다. "식민정책의 방법 혹은 식민지 영유의 가치에 관해서는 이를 공격하고 비평해야 할 부분이 있다. 그렇기는 하지만, 그것을 위해 실질적 식민의 가치 자체를 망각해서는 안 된다"라며, 정치 권력이 식민 현상을 어떻게 다루는가에 대해서는 검토의 필요를 인정했다. 또한, 식민 현상이 지배-종속관계와 결부되어 있는 것도 비판해야 할 점이라고 인정하면서, 식민이라는 현상 자체는 지향해야 할 '진보', '발전'으로 파악한 것이다.[9]

이러한 야나이하라의 식민 개념은 정치적 경계를 초월한 노동력·자본의 국제적 이동과 이에 동반하는 상호작용 문제를 시야에 넣었다. 이러한 야나이하라의 인식이 오늘날로 말하자면 트랜스내셔널한 분석 구조를 가졌다는 것은 최근에 점차 지적되고 있다.[10] 그러나 같은 시기나 전후에 야나이하라는 일본의 식민지 통치에 대한 비판자로 평가되기는 했으나, 그의 식민이라는 개념의 타당성에 대해서는 의문이 제기되었다.

동시대의 경제학자이자 야나이하라의 도쿄제국대학 경제학부 동료였던 오우치 효에大內兵衛는 '현대의 식민 문제'는 '식민국과 피식민국의 권력관계'에서 '파악'해야 한다고 보았다. 이러한 견지에서 『식민 및 식민정책』에 대해 "지금까지의 식민정책의 '유서類書'처럼, 피치자인 식민지인에게 보여주는 것이 곤란한" 것이 아니며, "시대의 의식을 반영한 일개의 '당대 자기비판'의 목소리"였다고 공감을 보였다. 다만 '통설'과 다른 야나이

---

9   위의 책, 196~207쪽; 米谷匡史, 「矢內原忠雄の〈植民·社会政策〉論－植民地帝国日本における「社会」統治の問題」, 『思想』 945, 2003.

10   村上勝彦, 「矢內原忠雄における植民論と植民政策」, 大江志乃夫ほか編, 『岩波講座近代日本と植民地4統合と支配の論理』 4, 岩波書店, 1993; 今泉裕美子, 「矢內原忠雄の国際関係研究と植民政策研究－講義ノートを読む」, 『国際関係学研究』 23, 1996; 米谷, 「矢內原忠雄の〈植民·社会政策〉論」; 酒井哲哉, 『近代日本の国際秩序論』, 岩波書店, 2007.

하라의 정의에는 의문을 드러냈다. '국가적이지 않은 식민'은 "근대적인 우리가 문제로 삼고 있는 식민과는 다소 성질이 다르"며, '권력관계'와 '인구 및 자본의 이동'을 "결부시켜 그 전체를 식민 현상이라고 하는 것이 사실에 부합한 설명"이라는 것이었다.[11] 오우치는 야나이하라의 연구 태도에 대해서는 '통치자를 위한 학문'에서 탈각했다고 평가했으나, 식민과 지배-종속관계를 구별하는 정의는 양자의 결합인 '현대 식민 문제'에서 '사실'을 파악하는 데 적합하지 않다고 비판한 것이다. 전후 식민지 경제사 연구자인 아사다 교지浅田喬二는 그 연장선상에서 야나이하라가 '자유주의 식민정책학자의 최고봉'임에도 불구하고, "식민지 문제의 본질인 민족 문제의 본격적 분석을 방기하는 중대한 이론적 결함"이 있다고 평가했다.[12] 아울러 최근에는 이민사 연구 분야에서 국외 이주뿐만 아니라, 제국 일본 내부에서 이루어지는 이주 활동도 이민으로 다루는 관점에서 야나이하라의 견해가 다시금 평가되고 있다. 그러나 이 경우에도 일본의 지배·권력이 미치는 지역과 그렇지 않은 지역은 분명 구별되어야 한다는 비판이나 유보가 더해지고 있다.[13]

그러나 (실질적) 식민과 지배-종속관계를 구별한 야나이하라의 정의는 식민이라는 현상에 지배-종속관계의 유무가 관계없다는 의미는 아니었다. 야나이하라가 가치를 인정한 '실질적 식민'의 존재 형태는 이른바 현상의 이념형이다. 동시에 야나이하라는 현실적으로는 어디까지나 '식민자',

11 大內兵衛, 「矢內原教授の『植民及び植民政策』」, 1926(『大內兵衛著作集』, 岩波書店, 1975); 村上, 「矢內原忠雄における植民論と植民政策」.
12 浅田喬二, 『日本植民地研究史論』, 未来社, 1990.
13 木村健二, 「近代日本の移植民研究における諸論点」, 『歷史評論』 513, 1993; 岡部牧夫, 『海を渡った日本人』, 山川出版社, 2002.

'식민국'의 이익이 전제되었다는 유보를 두고 있었다. 그는 한 지역에서 '식민자'의 '침입'에 의한 '원주자'와의 '접촉'은 '마찰과 저항'을 일으키며, "독립적 존재의 지반을 차지하려는 식민자의 노력은 원주자에게 통상 그 독립성, 특수성의 억압, 침해로 나타난다"고 했다. 이를 위해 '실질적 식민이 권력에 의한 정복을 동반하는' 사례는 많아진다는 것이었다.[14]

즉, 야나이하라는 형식적 식민지에서 행해지는 실질적 식민을 정치적인 지배-종속관계의 존재와 별개로 분석하는 것이 가능하다는 입장을 취한 것은 아니다. 야나이하라는 오히려 식민자의 이주·투자 활동과 원주자와의 상호작용에 정치적인 지배-종속관계가 미치는 작용을 명확하게 하기 위해서라도 양자를 변별하여 식민 현상 자체에는 지배-종속관계로 환언할 수 없는 요소가 있다고 인정했다.[15] 식민이라는 사회현상에 지배-종속관계가 밀접하게 관련 있다고 인정하면서, 그렇기 때문에 서로 독립된 개념으로 규정한 것이다.

3. 야나이하라 다다오의 이민·식민론

1) 이민·식민론과 인구 문제

지금까지 서술한 바와 같이 야나이하라가 제국 일본 내부의 지배-종속 관계 비판에 주안을 두면서도, 그와 별개로 식민 현상의 가치를 인정한 것

---

14 矢內原, 『植民及植民政策』, 146~147·222~228쪽.
15 『帝国主義下の台湾』(1929)는 이러한 관점에서 실증분석의 백미라고 할 수 있다. 若林 正丈, 「解説」, 若林正丈編, 『矢内原忠雄「帝国主義下の台湾」精読』, 岩波書店, 2001.

에는 구체적으로 어떠한 함의가 있었던 것일까. 여기에서 살펴보고자 하는 것은, 당시의 야나이하라를 향한 사회적인 요청은 무엇이었는가이다.

야나이하라가 식민정책학자로서 길을 걷기 시작한 1920년대는 조선·타이완 내에 민족주의운동이 발흥한 시기이기도 하다. 이러한 상황 속에서 어떻게 일본의 식민지 통치를 '개조'해 나갈 것인가라는 과제에 그가 학문적 정열을 기울였던 것은 말할 것도 없다.[16] 그러나 한편으로 일본본국에서 식민정책학자인 야나이하라를 향한 사회적 관심 및 그에게 요구된 것은 대부분 '인구 문제'나 '이식민 문제'에 대한 해설이었다고 생각된다. 이는 당대 강연 제목 등을 통해 알 수 있다.[17]

일본의 인구가 과잉되었다는 인식을 바탕으로 외국·속령형식적 식민지을 따지지 않고 일본에서 인구를 이출할 필요가 있다고 주장한 이민·식민론은 1900년 전후 이래로 민간에 뿌리 깊게 자리하고 있었다.[18] 실제로도 이 시기는 홋카이도·조선·하와이·북미로의 일본인 이주가 급증한 때였다. 그리고 제1차 세계대전이 종결된 전후로는 이민·식민론이 국제질서의 현상타파론, 일본의 대對미영 협조외교에 대한 비판과 결부되었다. 고노에 후미마로近衛文麿의 「영미 본위의 화평주의를 배척함」1918년이 대표적이다.[19] 특히 1924년에 미국이 일본인 이민 입국을 전면적으로 금지하자

---

16 若林,「解説」; 米谷,「矢内原忠雄の〈植民·社会政策〉論」.

17 「人口問題と移民」, 厚生省社会局職業課, 1927;「人口問題」, 樺太·知取第一小学校および大泊本願寺別館, 1928;「移植民問題」, 福山中学校, 1929;「各国の移民政策」国士館高等拓殖学校, 1931;「我国の移民問題」, 東洋協会海外事情講習会, 1933 등.「年譜」,『矢内原忠雄全集』29, 岩波書店, 1965 참조.

18 吉田秀夫,『日本人口論の史的研究』, 河出書房, 1944; 小野一一郎,「日本帝国主義と移民論-日露戦後の移民論」, 1973(『小野一一郎著作集3 資本輸出·開発と移民問題』, ミネルヴァ書房, 2000).

19 近衛文麿,「英米本位の平和主義を排す」, 1918(近衛文麿,『清談録』, 千倉書房, 1936).

미국의 '인종차별'에 대한 감정적 반발이 고양되었다. 그런 한편, 남미 각국을 새로운 이민 대상지로 삼을 뿐만 아니라 중국 동북부'만몽'로 세력을 확장하여 과잉 인구 문제를 해결해야 한다는 논의도 높아졌다.[20] 나아가 식민정책에 대한 사회적 요청을 잘 보여주는 것이 척무성拓務省 설치이다. 1920년대를 통틀어 본국 의회 내에서는 인구·식량 문제의 해결을 위해 '식민지'뿐만 아니라, 국외를 포함해서 '이식민'을 추진할 '식민성植民省', '척식성拓植省' 설치에 대한 요망이 높아졌다. 그리고 1929년에 설치된 척무성은 조선·타이완·관동주·남가라후토·남양군도 통치나 식민지 개발뿐만 아니라 '이식민' 행정을 담당했다. 또한 당초에는 브라질 등 중남미로의 이민자, 후에는 '만주국'이나 영국령 싱가포르, 미국령 필리핀으로 이동한 이민자에게 보호·지도·장려를 시행한 것이다.[21]

야나이하라는 유럽 유학 중 영국의 『타임스』지가 오스트레일리아의 백호주의白豪主義를 바탕으로 일본인 이민 금지론에 찬성 의사를 보이자, "White Civilization은 National Egoism의 발양에 지나지 않는다"라며 '분개'의 뜻을 일기에 남긴 적도 있다[1921년 1월 27일자].[22] 그러나 1920년대 후반부터 점차 '인구 문제'에 대해 발언하기 시작한 야나이하라는 이민·식민론이 고양되는 상황과는 거리를 두었다. 특히 이민·식민론이 국제질서의 현상타파라는 주장에는 명확하게 반대했다.

야나이하라는 애초에 '인구 문제'를 숫자상의 인구 증가만으로 파악해

20 長谷川雄一, 「一九二〇年代·日本の移民論 (一)~(三)」, 『外交時報』 1265·1272·1279, 1990·1991.
21 加藤聖文, 「政党内閣確立期における植民地支配体制の模索－拓務省設置問題の考察」, 『東アジア近代史』 1, 1998; 上田浄, 「拓務省設置以後の移民行政覚書」, 安岡昭男編, 『近代日本の形成と展開』, 巌南堂書店, 1998.
22 『矢内原忠雄全集』 28, 岩波書店, 1965, 553쪽.

서는 안 된다고 주장했다. 야나이하라는 '현실의 생활난'을 초래하고 있는 것은 '식량의 결핍'이 아닌 '취업난, 실업 등'이며, 그 원인은 "인구 측면에 있지 않으며 사업의 측면에 있다"고 설명했다. 요약하자면 인구 문제란, 마르크스가 명확히 밝힌 것처럼 자본주의화가 낳은 노동력의 '상대적 인구 과잉'이며 '사회 문제'이고, 근본적 해결을 위해서는 '사회제도'의 '개혁'이 필요하다고 주장한 것이다.[23] 요네타니 마사후미米谷匡史는 야나이하라가 제국 일본 전체의 사회주의적인 '개조'를 통해 본국·조선·타이완의 관계를 재편한다는 구상을 제기했다고 지적하고 있다.[24] 그런데 이는 일본의 인구 문제 해결을 포함한 처방전이었다고 할 수 있을 것이다. 야나이하라는 인구 문제를 인구 이출을 통해 해결할 수 있다는 발상을 상대화한 것이다.

다만 야나이하라는 '우리나라 이식민'의 '부진'함을 인정하고, 그 한 원인이 "인구의 국제적 이동이 부자유한 현상"에 있다는 것도 인정했다.[25] 그리고 '인구 및 물자의 국제적 이동'에서 가치를 찾아내는 관점에서, '인구 문제'의 '국제적 해결'로서의 이민은 그 효과의 유무와는 별개로 일정한 의의가 있음을 인정했다. 또한 '백색인종의 지구 독점정책', '현상 유지'는 '평화와 정의의 적'이라고 비판했다.[26] 이것은 명백하게 인구 과잉 해결을 이유로 국제질서의 현상황을 타파해야 한다는 주장을 염두에 둔 논의였다. 그러나 야나이하라가 이러한 주장에 동조했던 것은 아니었다.

---

23 矢内原忠雄, 『人口問題』, 1928(『矢内原忠雄全集』 2, 岩波書店, 1963), 131~161쪽.
24 米谷, 「矢内原忠雄の〈植民·社会政策〉論」.
25 矢内原忠雄, 「時論としての人口問題」, 1927(『矢内原忠雄全集』 4, 岩波書店, 1963), 512~513·520쪽.
26 矢内原, 『人口問題』, 171~172쪽.

야나이하라는 "인구 문제 해결을 전쟁으로까지 몰고 가려고 하는" 논자에 대해 '전승국도 패전국도 모두 전쟁의 피해자'가 된 제1차 세계대전의 '역사 체험을 기억'해야 한다고 경고했다.[27] 제1차 세계대전이 "패전국, 전승국, 중립국을 통틀어 세계적인 인구 문제의 심각화"를 낳았다는 것에 명백하듯이 '국제경제가 세계적인 오늘날' '노동자 수의 감소' 이상으로 '생산 및 시장의 파괴'를 초래하는 전쟁은 "인구 문제를 해결하지 않고 오히려 악화"시키는 것이었다.[28] 즉 야나이하라는 '인구 문제'를 해결할 필요를 인정하면서도 전쟁은 그 수단이 될 수 없다고 논한 것이다. 야나이하라는 『식민 및 식민정책』에서도 "만약 인구 및 재화가 모든 유리한 지역으로 자유롭게 이동하는 것이 가능하다면, 특별히 어떤 지역에 대해 정치적 영유를 주장할 필요가 생기지 않을 것"이라고 주장했다.[29] 그것은 '식민을 위한 지배'라는 논리에 대해 목적을 긍정하면서도 수단을 비판하는 논리였던 것이다.

이상과 같이 식민 현상과 지배-종속관계를 변별하고 전자의 가치를 긍정하면서 후자를 그 실현 수단으로 삼는 것을 비판하는 것이 야나이하라의 논리였다. 이 논리가 일본의 정치 정세 및 국내 여론과 밀접한 관계를 가지게 된 것은 만주사변의 발발[1931년 9월] 이후 '인구 문제'와 만주 문제 관련에서이다. 야나이하라는 '당시 대중의 문제 관심에 따른 어투村上勝彦'로 만주 이민이나 일만 경제 블록에 대한 실현 가능성에 물음표를 달면서 그 의의는 인정하지만 전쟁의 위기를 초래하는 방법으로 실현해서는 안

---

27 矢内原, 「時論としての人口問題」, 513~514쪽.
28 矢内原, 『人口問題』, 169~170쪽.
29 矢内原, 『植民及植民政策』, 213쪽.

된다고 호소했다. 결과적으로 이것은 야나이하라를 도쿄제국대학 사직으로 몰아넣는 언론 억압의 표적이 된 1937년 중일전쟁 비판으로 이어지는 주장이었다고 할 수 있다.[30]

2) 남북아메리카 이민과 조선·만주 이민

식민 현상에 대해, 지배-종속관계의 유무에 따른 차이에 입각하면서 비교 가능하다고 보는 야나이하라의 시점은 실제 이주 활동에 대한 견해에도 관철되어 있었다. 야나이하라는 북미·남미로의 이민과 조선·'만주국'으로의 이민을 모두 식민 현상으로 간주하고 비교·고찰했던 것이다.

1926년 야나이하라는 "나는 일찍이 북미 캘리포니아주 어떤 시의 공동 묘지에 여러 나라 이민자의 무덤이 수려한 반면 일본인 묘지는 풀밭에 묻히고 비석도 없는 모습을 목격하고 매우 한심스러운 생각이 들었다"고 말했다. 야나이하라는 이를 '국토 중심주의인 우리 국민 교육의 폐해'라고 비판하고 "영주 정착 생활을 기약"하고 "집을 짓고 무덤을 만들어", "이주지에 강고한 사회를 건설"하지 않으면 '이민 배척'을 '예방'할 수 없다고 하며, '브라질로의 이민 장래'에도 경종을 울렸다. 이 자체는 남북아메리카로 향한 국외 이민자가 일본으로의 귀환 욕구를 가지고 이주지에 정착하지 못하는 것에 대한 비판으로 결코 드문 논의는 아니었다. 그러나 주의해야 할 점은 야나이하라가 계속해서 "조선에 거주하는 내지인 중 조선에 무덤을 만들려는 마음을 가진 자는 적다"는 것을 지적하고, "그들은 조선 사람이 되지 않는다. 아무리 공존공영을 말해도 조선 및 조선인의 착취를

---

30 村上, 「矢內原忠雄における植民論と植民政策」, 将基面貴巳, 『言論抑圧-矢内原事件の構図』, 中央公論新社, 2014.

목적으로 조선으로 건너가는 것으로 보여도 어쩔 수 없는 것이다"라고 평했다. 야나이하라는 "조선은 조선인의 사회이고 타이완은 타이완인의 사회이다"라는 현실이 변하지 않는 이상, '식민지 의회'를 설치하여 '식민지인의 참정권'을 인정하지 않는 한 '착취'는 해소할 수 없다고 말했다.[31]

남북아메리카의 일본인이 수입국으로부터 '배척'당하는 것과 조선의 일본인이 '착취'의 주체로서 조선인으로부터 적대시되는 것은 지배-종속의 측면으로만 보면 역방향의 관계였다고 할 수 있다. 그러나 야나이하라는 어느 문제도 일본인이 현지에 정착·영주하겠다는 의향이 부족하다는 공통된 요인이 있다고 주장했다. 보론 1, 보론 2에서 알 수 있듯이 그것은 남북아메리카 및 조선(·타이완) 일본인 이민자의 실제 행동에 비추어 일정한 타당성을 가진 지적이었다. 이러한 야나이하라의 의견이 식민자와 원주자라는 '사회군'의 상호관계로서의 분석으로부터 나온 것은 분명하다. 다만 그 분석은 현실의 남북아메리카 및 조선에서의 일본인의 활동을 그대로 정당화하는 것은 아니었다. 야나이하라는 식민이 지배-종속관계로 환원될 수 없는 현상이기 때문에 각 지역에서 일본인 이민자와 '원주 사회군'이 다른 지배-종속관계 아래에서 다른 형태의 대립을 낳고 있다고 본 것이다.

더욱이 '만주국' 성립 이후 야나이하라는 만주 문제에 대해 일본·'만주국'의 지배-종속관계의 관점과 식민 현상의 관점을 중복시키면서 분석했다. 야나이하라는 정치적인 지배-종속의 관점에서 볼 때 애초에 만주의 일본 '특수권익'은 '지나 국민운동'의 반대에 직면했으며, '신만주국'에도

31　矢内原忠雄, 「日本の移植民政策」, 1926(『矢内原忠雄全集』 5, 岩波書店, 1963), 79~82쪽. 야나이하라는 1923년 1월 유럽 유학에서 귀환하는 길에 캘리포니아를 방문했다. 「年譜」, 826쪽.

'민족자결의 원칙'은 적용될 수 없다고 주장했다.[32] '만주국'이 국가라고 해도 그것은 만주의 '지나 국민주의적 민의'를 일본군이 '구축驅逐'하여 '반反지나 국민주의적 민의'로 치환함으로써 성립한 것이다. 그리고 "엄연한 '독립국가'인 동시에 일본과 특별하게 밀접한 '친선관계'에 섰다"는 '이중관계'에 입각해 있다. 만약 이 '이중관계'를 끝까지 양립시킨다면 결국은 "'만주국'에 대한 만주인의 적극적 관심', '만주국인 스스로의 국민주의'를 키울 수밖에 없고, 그렇기 위해서는 '일본-만주 양국인의 상대적 지위'를 대등하게 해나갈 수밖에 없다는 것이다.[33] 야나이하라는 '만주국'이 대외적으로 독립국의 체재를 취하는 점에서 종래의 일본 속령형식적 식민지과는 다르다고 인정하면서도, 역시 타이완·조선 통치책을 둘러싼 논의의 연장선에서 '만주국'의 '개조'를 모색하고 있었다고 할 수 있을 것이다.

그리고 야나이하라는 식민 현상의 관점에서 만주 이민을 다른 지역으로의 이민과 비교하며 논했다. 우선 야나이하라는 만주 이민의 성공 여부에 대해서 만주로의 이민 대부분이 중국인[한족, 1930년 278만 명]이며, 그를 잇는 '재만 조선인'[1927년에 80만 명]도 일본인[1930년에 22만 8천 명 씩 상회했다는 숫자를 근거로 하여 '만주국' 성립 후에도 대세는 변하지 않을 것으로 예측했다. 왜냐하면 지금까지 '정치적 장애'가 일본인의 이주를 방해했다는 추론은 타이완·조선으로의 일본인 이민이 얼마 되지 않는다는 점에서 성립하지 않으며, 문제는 '사회적·경제적 조건', 즉 '만주국 산업개발'의 필요에서 말하면 "생활 정도가 보다 높은 일본인을 유입시키기 위해서 보다 낮은 지나인의 입국을 제한"하는 것은 불가능하고, '재정적 보조'에도 한계

---

32 矢內原忠雄, 「満洲新国家論」, 1932(『矢內原忠雄全集』 2), 603~618쪽.
33 矢內原忠雄, 『満洲問題』, 1934(위의 책), 539~557·599~600쪽.

가 있기 때문이었다. 이리하여 야나이하라는 '만주국'도 조선·타이완과 마찬가지로 '투자 식민지'라고 규정했다. 또한 '일본 이민 문제의 관점'에서는 "널리 세계에서 이주지를 찾아야" 하지만, '정치적·군사적 사상'에 따라 만주 이민을 '국책 이민'으로 보고 '브라질로의 이민' 등과 별격으로 취급한다는 데에 의문을 제기했다.[34]

한편 브라질에서도 1934년 헌법 개정 이후 이민 제한이 시작되었는데, 야나이하라는 일본인 이민이 '배척'되는 것은 '그 국민의 동료가 되겠다는 정신', '국제적인 정신'이 결여되어 있기 때문이며, 또한 '일본의 영토로 삼을 음모'도 의심받고 있기 때문이라고 '반성'을 촉구한 후 만주 이민과의 경중을 논했다. 야나이하라는 '일본의 국책'으로서 추진된 만주 이민의 '성공'은 희망하지만, "종래 일본인의 이주로 가장 큰 것은 뭐니 뭐니 해도 브라질"이며 또한 그 밖에도 '남양'을 비롯한 '일본인이 이주하여 개발해야 할 토지'는 세계 곳곳에 있다고 했다. 아울러 "한 곳[만주]을 지키고 그 때문에 다른 곳을 잃는 것은 국가 백년대계가 아니다"라고 비판했다. 야나이하라는 일본인 이민이 '세계 각지의 개척'을 통해 "인류 문명의 진보를 돕는" 것[식민]은 인정하면서 식민을 지배와 결부시켜 만주를 고집하는 것은 국제적 고립을 초래하고 오히려 다른 지역으로의 식민을 방해한다고 호소했던 것이다.[35]

이처럼 만주 이민을 식민 현상으로 분석하면서, 중일 개전이 임박한 무렵

---

34 矢內原, 『滿洲問題』, 558~571쪽.
35 矢內原忠雄, 「人口問題と移植民」, 1937(『矢內原忠雄全集』4), 623~628쪽. 1935년의 강연. 여기에서 살펴볼 수 있는 야나이하라의 남양군도관이 내포한 문제에 대해서는 米谷, 「矢內原忠雄の〈植民·社會政策〉論」; 今泉裕美子, 「戰前期日本の國際關係研究にみる「地域」-矢內原忠雄の南洋群島委任統治研究を事例として」, 『國際政治經濟学研究』7, 2001 참조.

중국대륙 내 일본의 정치적 지위에 대한 고찰을 삽입하여 전개한 흥미로운 논의가 「대륙 경영과 이식민 교육」 1937년 3월이다.[36] 야나이하라는 '만몽滿蒙 북지北支의 경영'은 브라질 등의 '외국으로의 단순한 이민'과는 다른 '국가적 요소'가 있으며, 동시에 '조선, 타이완 등의 속령 경영'과 다른 '국제적 성질'이 있다고 했다. 그러면서 어느 쪽이든 '일본인의 해외 이주'라는 관점에서 "모두 같은 양상인 경제적 · 사회적 범주에 속한다"고 지적했다. 그리고 '대륙 경영의 이민'은 '자기의 이주지를 자자손손 영주할 향토로 만드는' '정신'이 없으면 성공하지 못한다고 했다. 이는 야나이하라가 다시금 '캘리포니아 새크라멘토'의 '방인邦人 묘지'로 상징되는 '일본인 이민의 이주 노동 근성'을 언급한 것이다. 여기에서도 조선의 경우와 마찬가지로, 미국 이민과의 비교 가능성을 통해 오히려 정치적 조건의 차이가 명확해졌다고 할 수 있다. 제6장에서 논하는 바와 같이, 일본인의 '만주국' 이민은 분명하게 일본 지배지역으로의 이민이면서 동시에 '만주국'이라는 별개의 국가로의 이민이기도 하다는 정치적 조건에 의해 규정되었던 것이다.

더불어 야나이하라는 이 논설에서 '이주자', '원주자'의 관계를 이러한 이주지의 정치적 조건의 차이에 따라 비교 고찰하고, 바람직한 '이식민 교육'을 논했다. 첫 번째로 외국으로 간 이민자는 '이주국의 정책이 허용하는 범위'에서 '본국어', '본국 문화'를 교육하는 수밖에 없으며, 이주국에 '동화되어 적응'할 수밖에 없다. 둘째로 '식민지'에서는 '본국어', '본국 문화'의 유지가 용이하며, 오히려 '식민지인'을 '동화'하는 차원에서 그들의 언어 · 문화를 '파괴할 혐의'가 있다. 그리고 세 번째로 '양자의 중간'인

---

36 矢內原忠雄「大陸經營と移植民教育」, 1937(『矢內原忠雄全集』5).

'대륙 경영'에서는 '이주자'가 '본국어', '본국 문화'를 유지하는 것이 용이하다. 그러나 다른 한편으로 '원주자'의 언어·문화를 '존중 유지'할 필요가 "식민지 통치의 경우보다도 한층 더 크다". 그래서 야나이하라는 이 경우에는 '이주자의 급속한 대륙화'도 '원주자의 급속한 일본화'도 '모두 불가'하다고 설명했다.

즉, 야나이하라는 일본이 '만주국'이나 화북을 사실상 지배하에 두면서도 대외적으로는 별도의 국가로 처우하고 있는 것을 역으로 이용했다. 식민 현상이라는 관점에서 볼 때 '이주자' = 일본인과 '원주민' = 중국인의 관계는 남북 아메리카 등의 외국과 다를 뿐만 아니라, '식민지 통치'와도 다르기 때문에 각지 다른 조건을 바탕에 두고 생각해야 한다고 논했다. 그리하여 '대륙 경영'에서는 일본에 동화시키는 정책을 펴서는 안 된다고 견제했던 것이다. 바람직한 '대륙 경영'이란 '상호적 존중' 위에서 성립하는 '사회적 융화'였다.

4. 나가며

전후의 야나이하라는 "일본은 더이상 식민지를 영유하는 제국주의적 세력이 아니다. 그러나 국제경제에 의존해야 할 필요성은 한층 더 커졌다. (…중략…) 식민지를 상실한 것을 한탄하지 말고, 평화를 사랑하는 자유 국민이 되기 위해 노력해야 할 것이다"라는 인식을 바탕으로, 자신의 식민 정책학을 국제관계론으로 재생했다.[37] 본래 야나이하라는 식민지 문제를 지배-종속관계만으로 환원하는 것이 아니라, 식민 현상이라는 트랜스내셔널한 노동력·자본의 이동으로 인한 '국제적 분업'의 관점에서 고찰했다. 이러한 야나이하라의 분석 틀은 탈식민화 이후의 세계에서 국제정치경제 현상도 파악할 수 있는 것이었다.[38]

야나이하라는 이전에 식민 현상으로 파악한 사실과 현상을, 전후 국제관계론에서는 '국제이민', '국제무역', '국제투자'로 나누어 보았다. 그리고 일본의 입장에서, '국제이민'은 브라질로의 노동력 이동이 활발하게 이루어질 가능성을 시사하고, '국제무역', '국제투자' 부분은 동남아시아 각국에 대한 배상을 언급했다.[39] 제8장에서 다룰 인구 이동과 개발을 둘러싼 전전·전후 일본의 단절과 연속이라는 두 측면이 야나이하라의 시점에서는 명료하게 관찰되는 것이다.

그러나 전후 일본의 역사학·사회과학은 식민지 연구를 오로지 지역 간의 지배-종속관계로 다루는 한편, 이민 연구는 '해외 이민'만을 대상으로 삼았다. 때문에 양자는 별개의 영역으로 나뉘어 성립되었고, 식민지 연구와 이민 연구의 접점이 되는 영역, 단적으로 말하자면 인구의 이동과 국경의 이동의 어긋남을 포착하는 시점이 일단 망각되었다. 야나이하라가 다시금 주목되기까지는 동서 냉전이 종결되고, 이와 같은 문제에 대한 관심이 '해동'되는 1990년대를 기다려야만 했다.

---

37 矢內原忠雄, 『國際經濟論』, 1955, 8~9쪽(『矢內原忠雄全集』 5).
38 今泉, 「矢內原忠雄の國際關係研究と植民政策研究」; 酒井, 『近代日本の國際秩序論』
39 矢內原, 『國際經濟論』, 44~45·53~54쪽.

남가라후토의 속령 통치와 일본인 이민자들의 정치 행동

참정권 획득운동에서 본국 편입 반대운동으로

1. 들어가며

제5장에서는 1905년부터 1945년까지 일본의 주권 아래에 있던 남가라후토사할린 남부에서의 일본인 이민의 정치 행동에 대해 분석한다.

러일전쟁의 결과로 일본령이 된 남가라후토는 가라후토청樺太廳에 의해 속령통치를 받았고 당초 주민들의 정치 참여가 일절 허용되지 않았다. 중의원의원선거법의 적용 범위를 벗어났을 뿐만 아니라 지방자치제도나 남가라후토 단위의 의회도 존재하지 않았던 것이다. 본국에서 이주하여 남가라후토 인구의 대부분을 차지한 일본인들은 이에 불만을 품었고, 1920년대 후반에는 본국 의회에 참정권 부여를 요구하는 운동이 고양되었다. 그러나 1929년에 정촌町村 단위의 지방 자치 제도는 도입되었지만, 중의원 선거법의 시행은 1945년까지 실현되지 않아 남가라후토 단위의 의회는 마련되지 않았다.

지금까지 식민지 연구에서 남가라후토는 타이완이나 조선과 달리 법적
·경제적 제도가 본국에 준거했기 때문에 '내지성'이 높은 식민지로 인식
되어 종종 연구 틀 자체에서 제외되어 왔다.[1] 그러나 이미 말했듯이 남가
라후토는 명확히 대부분의 영유 시기 동안 본국과 구별되는 속령이었다.
또한 남가라후토에서 시행된 여러 제도들이 본국에 준거한 것은 일본인
이민자가 원주민에 비해 압도적 다수를 차지했기 때문으로, 이는 오히려
이주 식민지로서의 성격을 뒷받침하는 사실이다. 최근에는 미키 마사후미
三木理史, 다케노 마나부竹野学, 나카야마 다이쇼中山大将 등이 이주 식민지로서
의 남가라후토의 특징을 연구하고 있지만, 속령 통치와 이주 식민지화의
관계를 충분히 파악하지는 못했다.[2] 문제의 핵심은 남가라후토로 건너간
일본인 이민자 자신의 정치 행동과 정치 질서에 미친 영향이다. 구스노키
세이이치로楠精一郎는 남가라후토에 중의원선거법을 시행하는 법안이 본국
의회에서 반복적으로 검토되었지만 무산된 것을 지적했는데, 그 요인은
본국 정부의 '시기상조론' 즉 선거법의 사할린 시행이 조선, 타이완 거주
민을 자극해 그 통치에 지장을 줄 수 있다고 생각했기 때문이라고 설명했
다.[3] 그러나 제5장에서 밝히는 바와 같이 이 과정에서 일본인 이민자의 행
동, 특히 참정권 획득운동에서 본국 편입 반대운동으로의 전환이 결정적

1   山本有造, 『日本植民地経済史研究』, 名古屋大学出版会, 1992; 竹野学, 「樺太」, 日本植
    民地研究会編, 『日本植民地研究の現状と課題』, アテネ社, 2008; 三木理史, 『移住型植
    民地樺太の形成』, 塙書房, 2012.
2   三木, 『移住型植民地樺太の形成』; 竹野学, 「人口問題と植民地－一九二〇・三〇年代の
    樺太を中心に」, 『経済学研究』 50(3), 2000; 中山大将, 『亜寒帯植民地樺太の移民社会
    形成－周縁的ナショナル・アイデンティティと植民地イデオロギー』, 京都大学学術出
    版会, 2014.
3   楠精一郎, 「樺太参政権問題」, 手塚豊編, 『近代日本史の新研究』 VIII, 北樹出版, 1990.

인 영향을 미쳤던 것이다.

제5장에서는 제2절에서 남가라후토의 속령 통치제도 형성에 대해 기술한 후, 제3절에서 초기 일본인 이민자의 정치 행동과 속령 통치제도와의 관계를 분석한다. 제4절에서는 1920년대 후반에 일어난 참정권 획득운동을 분석하고, 제5절에서는 이 운동이 1930년대 본국 편입 반대운동으로 전환된 과정과 요인 및 전시 하 남가라후토의 본국 편입과정에 대해 밝힌다. 주요 사료로는 각종 공문 외에 『가라후토일일신문樺太日日新聞』[1999년 창간, 이하 『가라니치樺日』] 및 잡지 『가라후토樺太』[1999년 창간]를 이용한다. 『가라니치』는 아래에서 서술하는 바와 같이 일본령 남가라후토에서 일관되게 중요한 정치적 행위자로 남아 있었다.

2. 이주 식민지화와 속령 통치

1) 남가라후토의 영유와 가라후토청의 설치

러일전쟁 말기인 1905년 8월 1일 사할린섬은 일본군에 점령되어 군정하에 놓였다. 그해 9월 포츠머스 조약 체결로 사할린섬의 북위 50도 이북은 러시아로 반환되었고 남가라후토는 정식으로 일본령이 되었다. 러일전쟁 개전 당시 러시아 통치하의 사할린섬에는 가라후토 아이누, 윌타, 니브흐 등 원주민 약 4,000명을 포함한 러시아인 약 4만 명이 있었다. 그러나 전쟁과 일본군의 압력 속에서의 송환과 퇴거의 결과, 1906년 시점의 남가라후토에는 원주민을 제외한 러시아인은 200명 미만으로 급감했다. 한편 남가라후토 군정을 맡았던 가라후토 민정서樺太民政署는 일단 원주민을 다른 러시아인과 함께 외국인으로 분류한 뒤, 일본 국적으로 편입시키기로 했다. 이후 원주민들은 일본 국적을 부여받았으나 호적은 부여되지 않았다. 가라후토 아이누 중 1875년의 사할린-쿠릴 교환에 따라 홋카이도로 이주시켜 일본 호적에 편입되었던 841명은 약 절반이 병사했다. 또 1890년부터는 여권을 얻어 사할린으로 건너가는 사람이 증가했지만, 남가라후토의 영유와 함께 생존자 대부분이 재이주했다.[4]

이처럼 원주민을 제외한 러시아인들이 사라지고 곧 일본인이 남가라후토 인구의 압도적 다수가 되었다. 사할린섬에서는 러시아령 시절부터 일본인 어업자들이 러시아가 공인한 이주노동어업[청어 등]을 활발히 전개하고 있었다. 그리고 남가라후토가 일본령이 되자 본국에서 도항하는 일본인은 어업인을 중심으로 급증했다. 1907년 말 남가라후토의 일본인[일본 호적 보유자] 인구는 이미 18,281명에 달하여, 총인구 20,469명의 89.3%를 차지했다. 원주민 인구는 1,909명[9.3%]이었으며, 외국인 269명[1.3%] 중 러시아인은 197명이었고, 나머지는 조선인 47명과 중국인 25명이었다.[5]

이상과 같은 남가라후토의 민족 구성의 변화는 일본[본국] 정부에 의한 속령 통치 제도를 결정하는 중요한 전제가 되었다. 1907년 가라후토청 관제가 제정되는 과정에서는 아래와 같이 정우회 정권과 육군의 노선 대립이 있었지만 다른 한 편으로는 일본인의 이주 식민지로서 남가라후토를 통치한다는 인식이 공유되었던 것이다.

4　樺太庁編, 『樺太庁施政三十年史』 上, 樺太庁, 1936, 43~47쪽; 板橋政樹, 「退去か, それとも残留か一一九〇五年夏, サハリン島民の「選択」」, 原輝之編, 『日露戦争とサハリン島』, 北海道大学出版会, 2011; 田村将人, 「先住民の島・サハリン―樺太アイヌの日露戦争への対処」; 樺太アイヌ史研究会編, 『対雁の碑』, 北海道出版企画センター, 1992.

5　樺太庁編, 『樺太要覧』, 樺太庁, 1908; 神長英輔, 「サハリン島水産業(1875~1904)をめぐる紛争―実態と構造」, 『スラブ研究』 50, 2003.

일본령이 된 직후 남가라후토는 점령군이 가라후토수비대로 개편되는 한편, 가라후토 민정서 아래에서 잠정적인 군정이 계속되고 있었다. 1906년 6월 이후 제1차 사이온지 긴모치西園寺公望 내각정우회은 남가라후토 통치 제도를 결정하고자 했지만, 통치방침은 쉽게 정해지지 않았다. 내무대신內相을 맡고 있던 하라 다카시의 일기에 의하면, 내각 내에서 하라가 "대체로 내지와 같다"며 '보통 행정 조직'을 주장한 데에 비해, 데라우치 마사타케寺內正毅 육군대신陸相이 "타이완과 유사"하다는 이유로 '타이완의 소형' 통치 방식을 제안했기 때문에 논란이 생겼다고 한다.[6]

다만 이 대립을 하라의 말대로 남가라후토를 내지나 마찬가지로 볼 것인가 타이완과 유사하다고 볼 것인가 하는 통치방침의 차이로 보는 것은 지나치게 단순하다. 대립 요인은 새로운 통치기구를 둘러싼 세력 다툼과 그 통치기구에 부여되는 권한 정리의 문제였다. 당시 실제로 타이완 총독부가 무관총독제나 율령[법률의 효력을 가지는 명령] 제정권에 의해서 조슈번長州閥의 권력 기반이 되고 있었기 때문에 의회 정당을 중심으로 한 정치 운영을 목표로 정우회의 권력 신장에 힘쓰고 있던 하라는 타이완 총독부의 권한을 축소시키고자 노력하고 있었다.[7] 이에 대해 데라우치-육군 측의 '가라후토청 관제안'의 골자는 "[가라후토청]장관은 육군 중장 또는 소장으로 충당"하는 것무관 전임제 및 장관이 "가라후토에 주재하는 육군부대를 통솔하고 내무대신의 지휘 감독을 받아 제반 정무를 총괄"하는 것[종합행정]에 있었

---

6   林茂·原奎一郎編, 『原敬日記』 2, 福村出版, 1965, 182~185쪽; 平井広一, 『日本植民地財政史研究』, ミネルヴァ書房, 1997, 178~179쪽; 山本四郎編, 『寺內正毅日記』, 京都女子大學, 1980, 374쪽.

7   春山明哲, 『近代日本と台湾―霧社事件·植民地統治政策の研究』, 藤原書店, 2008, 185~191쪽.

다.[8] '제반 정무'란 '지방장관'으로서의 행정 외에도 우편·전신이나 사법·감옥과 같은 본국 부현에서는 중앙관청이 관할하는 업무를 포함한다. 이 종합행정에 대응하여 하라가 '필요 없다'고 주장한 가라후토청 특별회계도 육군 측은 제안했다. 즉 하라가 비판한 '타이완의 소형'화란 가라후토청장관의 무관전임제 및 가라후토청 종합행정·특별회계였던 것이다. 그렇게 되면 또다시 "타이완 점령 초기처럼 육국 전횡이 극도에 달하는" 장래가 예상되었기 때문에 하라는 인정하지 않았던 것이다.[9]

한편, 하라-정우회의 남가라후토 통치방침과 데라우치안이 일치하는 부분이 없었던 것은 아니다. 먼저 무관전임제의 필요성에 대해 데라우치안은 "가라후토는 내국과 멀리 떨어져 있고 또한 외국[러시아]과 경계를 맞대고 있는 신영토이므로, 그 지역 장관은 문무의 권한을 총동원하고 위엄을 높여서 통치상의 편리를 도모하는 한편, 그 땅의 경비를 확실히 하는 것이 당연하다"고 설명했다. 한편, 하라는 당초부터 "가라후토장관은 이 지역 수비대장을 겸해도 지장은 없을 것이다", 즉 가라후토 수비대 사령관의 가라후토 청장관 겸임이라면 가능하다고 보고 있었다.[10] 하라는 어디까지나 무관전임제에 저항했을 뿐 대러시아 방위를 위해 잠정적으로라도 가라후토청장을 군인이 맡는 것은 용인한 것이다.

또한, 데라우치-육군 측도 가라후토청을 모든 면에서 '타이완의 소형'으로 만들 생각이었다고 할 수는 없다. 특히 문제가 되는 것은 타이완 총독의 율령 제정권에 해당하는 권한을 가라후토청장관에게 부여할 것인지

8　寺内正毅, 「樺太統治ニ関スル法律案外五件」, 1906.6.25(国立公文書館所蔵, 『公文雑纂』20).

9　林·原編, 『原敬日記』2, 182~184쪽.

10　寺内, 「樺太統治ニ関スル法律案外五件」, 위의 책, 182쪽.

여부인데, 데라우치안은 본국 법률을 '점차 그 전부 또는 일부'를 칙령에 의해 시행하는 것을 원칙으로 하고 있었다. 이는 '현행 법령을 현지에 시행하는 것에 관하여 특별한 결정이 필요하다'는 하라의 복안과 큰 차이가 없는 것이었다. 다만 한편으로 데라우치안은 타이완 총독의 율령 제정권을 언급하면서 '개발상 필요하거나 특별한 사정이 있는 사항'은 본국법과는 다른 법률을 제정하는 규정을 칙령으로 정할 필요가 있다고 주장해 부분적이나마 장관 권한을 확대하려 했다.[11]

나아가 양측은 남가라후토의 주민 구성에 대한 인식을 공유하고 있었다. 하라는 타이완 총독부 방식의 통치를 "인구가 희박한 이 섬[가라후토]에는 전혀 불필요하다"고 했으며 원주민 인구의 희소성을 근거로 '내지나 다름없는' 통치를 주장하고 있었다. 이에 대해 데라우치안도 "신영토인 가라후토는 내국과 전혀 사정이 다르므로 현행 법률규칙을 직접 이곳에 시행해 내지와 동일한 행정을 실시하는 것은 결코 불가능"하다고 본국과의 이질성을 지적하면서도 "거주민의 대부분은 내국에서 이주했으며 원주민은 극히 적고 타이완처럼 토비土匪 등이 없기" 때문에 율령방식을 원칙으로 주장하지는 않았다.[12] 양쪽 모두 남가라후토는 타이완과 마찬가지로 신영토이지만 주민 대부분이 본국에서 이주해 온 일본인이 차지하고 있다는 점에서 타이완과 다르다고 인식하고 있었던 것이다. 원주민이 적고 러시아인이 남가라후토에서 배제된 것이 이 전제에 있었다고 할 수 있다.

1906년 12월에 사이온지 수상의 조정으로 가라후토청 관제는 이윽고 큰 틀이 결정되었다.[13] 가라후토청 관제1907년를 비롯한 여러 법령에 의해

---

11 위의 글.
12 위의 글, 183~184쪽.

남가라후토에 시행된 통치제도는 다음과 같았다.

① 가라후토청장관은 무관 전임으로 하지 않는다.가라후토수비대 사령관에 의한 겸임
은 인정한다

② 종합행정·특별회계

③ 본국 법령을 칙령으로 개별 시행하거나 법률·칙령으로 남가라후토 한
정 법령을 제정

①은 가라후토청을 '타이완의 소형'으로 하지 않는다는 하라의 주장이
관철되었다고 할 수 있다. 1913년에 "가라후토 내치의 상태는 수비대를
존치할 필요가 없다"며 수비대가 폐지되자[14] 겸임을 인정하는 조항도 삭
제되었다[1913년, 칙령 제3109호]. 한편 ②는 데라우치안이 통과된 형태였다.
가라후토청은 본국의 부현이나 홋카이도청이 시행하는 지방행정 외에도
타이완 총독부나 이후의 조선총독부와 마찬가지로 철도·우편·전신·전
화·광산·국세 등 본국에서는 중앙부처가 관할하는 업무를 수행하게 되
어 재정제도상으로도 이에 대응하는 특별회계제도가 설치된 것이다.[15] 그
리고 ③은 하라·데라우치 두 안이 거의 일치한 점이었다. 이것은 남가라
후토 법제도의 근간과 관련된 논점이므로 다시 검토할 필요가 있다.

---

13 위의 책, 213쪽.

14 陸軍省軍事課, 「樺太守備隊及樺太衛戌病院廃止要領同細則制定及同守備隊同衛戌病院
編成表並樺太守備隊司令部條例廃止ノ件」, 1913(陸軍省, 『密大日記』, 明治45年·大正
元年).

15 平井, 『日本植民地財政史研究』, 178쪽.

2) 법역法域으로서의 남가라후토

타이완·조선 총독과 가라후토청장의 중요한 차이점 중 하나가 법령에 관한 권한이며, 이는 법제도상 타이완(·조선)과 남가라후토가 구별되었음을 의미한다. 전술한 바와 같이 타이완 총독에게는 본국 법률에 상당하는 명령율령을 제국 의회의 협찬을 거치지 않고 제정할 권한, 즉 사실상의 위임 입법권이 주어졌고, 이후의 조선 총독도 같은 '제령' 제정권이 주어졌으나 가라후토청장관에게 동등한 권한은 주어지지 않았다. 다만 신영토인 남가라후토에 본국 법률을 '그대로 내지와 동일하게' 시행하는 것은 "오늘의 사정에서는 불가능하기"[중의원에서의 하라 다카시의 설명]때문에, 「가라후토에 시행해야 하는 법령에 관한 법률」1907년, 법률 제25호이 정해졌다. 그 내용은 남가라후토는 원칙상 본국 법률이 당연히 시행되지 않는 이법 지역이지만 본국 법률을 필요에 따라 개별적으로 칙령에 따라 일부 또는 전부 시행한다는 것이었다. 단, '원주민에 관한 것'이나 '법률상의 기간에 관한 것'[동절기의 교통 혼란을 가리킨다] 등에 대해서는 칙령으로 '특별한 규정'을 둘 수 있도록 했다. 또한, 지역적 특수 사정으로 본국 법령을 시행할 수 없는 경우에는 칙령이나 제국 의회에 의해 남가라후토에만 시행하는 법령이 제정되었다.[16]

즉 희소한 원주민 인구를 전제로 남가라후토의 법제도는 타이완과 달리 본국법의 선택적 시행을 통해 본국에 준하게 되었다. 그러나 이는 법제도상 남가라후토가 본국과 같은 영역에 속했음을 의미하지는 않는다. 본국에서 제정된 법령이 자동으로 시행되지 않고 칙령에 의해 선택적으로만 시행된다는 점에서 남가라후토는 '내지나 다름없다'는 것이다.[17] 이처럼 본국

16　外務省編, 『日本統治下の樺太』, 外務省, 1969, 46~56쪽.
17　浅野豊美, 『帝国日本の植民地法制－法域統合と帝国秩序』, 名古屋大学出版会, 2008,

법의 선택적 시행을 기본으로 한 남가라후토의 법제도는 타이완(·조선)과 달랐고 본국과도 완전히 같지는 않았다. 확실히 1918년 일본 통치권 아래에 있는 다른 법역 간에 민사·형사법상 정합성을 부여하기 위해 제정된 공통법률 제39호에서 남가라후토는 타이완, 조선, 관동주와 달리 '내지'에 포함되었다. 그러나 그것은 "가라후토 사람은 내지인이다"[중의원에서의 아리마쓰 히데요시(有松英義) 정부위원의 설명], 즉 남가라후토 주민의 대부분이 일본인이기 때문에 사법제도상 본국과 구별하지 않는다는 의미에 지나지 않았다.[18]

남가라후토에 시행되지 않은 본국 법령 중 본국과의 차이를 가장 명확하게 보여주는 것이 정치적 권리의 문제이다. 남가라후토에서는 1909년에 관선 부락 총대總代가 설치되었고, 1915년에는 군정촌郡町村 편제가 실시되었다[칙령 제101호]. 그러나 본국과 같은 지방제도는 시행되지 않았고, 타이완·조선의 지방제도 개정[본론 1 참조]에 뒤이어 1922년에 제정된 가라후토 정촌제[칙령 제8호]도 관선 자문기관으로서 정촌평의회를 설치하는 데 그쳤다. 후술하는 바와 같이 공선 의결기관으로서의 정촌회를 보유한 가라후토 정촌제는 1929년에야 제정되었다[법률 제2호].[19] 더욱이 중의원선거법은 1945년까지 시행되지 않았고, 남가라후토 단위의 의회는 영유 기간 동안 설치되지 않았다.

3) 통치기구로서의 가라후토청

통치기구로서의 가라후토청은 본국 부현·홋카이도청과의 비교, 타이

313~324쪽; 塩出浩之, 「日本領樺太の形成－属領統治と移民社会」, 原編, 『日露戦争とサハリン島』.

18   『第四〇回帝国議会衆議院議事速記録』, 1918.3.1.

19   樺太庁編, 『樺太庁施政三十年史』上, 191~206쪽.

완·조선 총독부와의 비교 양쪽에서 파악할 필요가 있다. 우선 본국 정부로부터의 관할에 대해 살펴보면, 가라후토청은 당초 내무대신의 지휘 감독하에 놓였지만 본국 부현과 달리 지방국 관할에는 포함되지 않았다. 이는 타이완 총독부 및 홋카이도청과 같은 위치였다.[20] 타이완 총독부·가라후토청은 1910년 관동도독부외무성 관할·조선총독부신설와 함께 신설된 내각척식국內閣拓殖局으로 이관되었고, 가라후토청은 처음에 홋카이도청과 관할을 달리했으나 후술하듯 이후에 가라후토청을 폐지하고 홋카이도청의 한 지청으로 하는 방안이 검토되었다. 가라후토청과 홋카이도청 사이에 당초 명확한 위상 차이는 없었던 것이다. 또한 가라후토청이 관할하는 업무가 타이완 총독부나 이후의 조선총독부와 마찬가지로 종합행정이었음은 앞에서 설명한 바와 같다. 그러나 가라후토청 관제에서의 부국部局 구성은 본국 부현이나 홋카이도청을 참조한 것이며, 특히 지방관 관제에 없는 '척식' 담당 부국은 홋카이도청을 본뜬 것이었다.[21]

이처럼 통치기구로서의 가라후토청은 본국 부현과는 다르더라도 홋카이도청과 타이완·조선 양 총독부의 중간에 위치했고 오히려 홋카이도청과의 공통성이 강했다. 이는 단순히 형식의 문제만이 아니라 통치상의 요청이 달랐던 것과 관련이 있었다. 다무라 마사토田村将人가 밝힌 가라후토 아이누에 대한 집주정책, 어장 경영에서의 배제와 농업 장려 등 가라후토청의 다양한 원주민정책은 전체적으로 원주민을 일본의 지배에 복종시키고 입식자入植者의 관점에서 '토인'을 포위함으로써 일본인 이민자의 편의를 도모하는 것

20　1898年 勅令 第359號; 1907年 勅令 第166號.
21　法制局長官(岡野敬次郎),「樺太庁官制外五件起案上申」, 1906.11.29(『公文類聚』 31, 明治40年 第2卷).

이었다.[22] 그러나 인구 규모로 볼 때, 가라후토청의 원주민정책은 거의 통치상의 비용이 들지 않는 것이었다. 남가라후토가 홋카이도와 같은 이주 식민지로 규정되면서 원주민 지배가 주요 과제가 되지 않았기 때문에 가라후토청은 타이완·조선총독부와는 이질적인 조직이 된 것이다.

이상에서 살펴본 바와 같이 일본령이 된 남가라후토에서는 과거 입식자인 러시아인이 배제되고 원주민들이 일본 국적으로 편입되는 한편, 일본인에 의한 이주 식민지화가 급격히 진행되었다. 이 때문에 남가라후토의 속령 통치는 타이완이나 조선처럼 원주민 통치를 주된 과제로 삼지 않았고, 홋카이도와 마찬가지로 일본인 이민자를 주요 통치 대상으로 삼았다. 이에 가라후토청에는 타이완·조선총독부와 마찬가지로 종합행정·특별회계가 규정되었으나 법적으로는 본국 법령이 선택적으로 시행된 것이다. 본국에 준하는 제도의 존재가 남가라후토가 식민지가 아니었음을 의미하는 것은 아니다. 타이완이나 조선이 원칙적으로 본국 법령을 시행하지 않는 이법역이 된 것은 일본인과는 다른 민족타이완인, 조선인이 다수를 차지하는 두 지역을 일본이 지배한 결과였다. 마찬가지로 남가라후토가 본국 법령을 선택적으로 시행하는 이법역이 된 것은 러시아인을 배제하고 소수의 원주민만을 남긴 상태로 일본인에 의한 이주 식민지화를 추구한 결과이다. 그래서 남가라후토는 일본인의 이주 식민지인 동시에 속령이었다. 타이완이나 조선, 혹은 과거 홋카이도나 오키나와와 마찬가지로 남가라후토 주민에게는 정치적 권리가 주어지지 않았던 것이다.

---

22 田村将人, 「白浜における集住政策の意図と樺太アイヌの反応」, 『北海道開拓記念館研究紀要』 35, 2007; 田村, 「日露戦争前後における樺太アイヌと漁業の可能性」, 北海道開拓記念館編, 『北方の資源をめぐる先住者と移住者の近現代史—二〇〇五-〇七年度調査報告』, 北海道開拓記念館, 2008.

3. 속령 통치 초기의 일본인 이민

1) 어업제도를 둘러싼 대립

남가라후토로 건너간 일본인들은 한편으로는 속령 통치하에서 정치적 권리를 갖지 못하는 것에 불만을 가지면서 한편으로는 가라후토청의 개발 행정에 의존해야 하는 상황에서 식민자로서의 의식을 형성해 나갔다. 우선 초기의 남가라후토에서 일본인의 정치 행동에 강한 영향을 준 것은, 이주노동어업이 경제 활동의 중심에 위치하는 한편, 가라후토청이 농업 이민 장려를 중점으로 개발 행정을 진행하는 구조였다.

일본이 사할린섬을 점령했을 때 가라후토 민정서는 러시아령시대의 중심지인 남단 항만도시 오도마리大泊[코르사코프]에 있었으나 1908년 가라후토청은 농업개발과 군사거점 설치를 위해 오도마리에서 내륙의 도요하라豊原[옛 블라디미로프카, 현 유즈노사할린스크]로 이전했다. 이미 언급했듯이, 처음 남가라후토로 건너간 일본인들은 주로 러시아령시대 이래의 어업자들이었는데, 이들은 동절기에는 대부분 출신지로 돌아가는 등 정주성이 극히 낮았다. 이에 대해 가라후토청은 재정상으로는 어업자가 내는 어업료에 의존하면서도[후술] 정주자의 증가를 노리고 홋카이도처럼 내륙에서의 농업 이민을 장려한 것이다. 새롭게 도시가 건설된 도요하라에는 상공업자와 토목·건설업자가 증가하기 시작했다. 그러나 농업 이민은 부진하여 도요하라와 함께 인구가 증가한 것은 일제강점기 이전부터 일본인 어업인의 거점이었던 오도마리나 마오카真岡[마우카, 서해안의 어촌]였다.[23] 이러한 상황에서 초기

---

23 三木, 『移住型植民地樺太の形成』.

남가라후토의 중대한 정치 쟁점은 어제漁制 개혁 문제와 홋카이도·남가라후토 합병 문제이다.

우선 어제 개혁 문제란 남가라후토에 새로 들어온 일본인 중소어업자들이 어업 제도의 개혁을 요구하며 가라후토청과 대립한 문제이다. 가라후토 민정서가 작성한 가라후토섬 「어업임시규칙樺太島漁業仮規則」 1905년, 육군성 고시 제15호 및 가라후토청 설치 후 제정된 「가라후토 어업령樺太漁業令」 1907년, 칙령 제96호를 중심으로 한 어업제도의 골자는 러시아령 시절 어장을 인정받은 일본인 어업자에게 입찰어장과는 별도로 우선어장을 인정하고 주력인 청어를 건망대형 정치망으로 한정하는 데 있었다. 이는 러시아령시대의 이주노동어업 관행을 추인하고 일본인 어업자의 기득권을 보호하는 것이었지만 동시에 배제 논리도 작용했다. 첫째, 남가라후토가 일본령이 된 직후 러시아인들은 어업권을 박탈당했다. 둘째, 가라후토 아이누는 기존 러시아 신민으로서 보유하고 있던 어장을 몰수당하고 일본 호적을 보유하고 있던 홋카이도로부터의 귀환자들과 함께 '소어구'에 의한 어업을 시행하는 것으로 국한되었다.[24] 그리고 셋째, 새로 내주한 일본인 중소어업자들은 입찰 자금이나 설비 투자가 필요한 건망어업에는 참가할 수 없었고, 그들에게 가능한 자망刺網을 통한 청어잡이는 금지되어 있었다. 일본인 중소어업자는 1906년 이후 이들과 관계가 깊은 상인과 함께 가라후토 민정서·가라후토청에 자망을 통한 청어잡이 허가를 요청했다[이하 어제개혁파]. 건망업자의 대부분은 본국, 특히 홋카이도에 기반을 두고 있었기 때문에 어제개혁 요구는 "가라후토의 어업 이익 대부분을 가라후토에 균점시켜야 한다"

---

24 「樺太島ニ於ケル露国人旧漁場ノ財産ニ関スル件」, 陸軍省, 『満大日記』, 1906; 田村, 「日露戦争前後における樺太アイヌと漁業の可能性」.

는 주장도 포함했다. 그러나 건망업자들이 이에 반대했을 뿐만 아니라 가라후토 민정서・가라후토청도 이 개혁에는 소극적이었다. 가라후토 민정서・가라후토청에 의하면 자망에 의한 청어잡이를 금지하는 이유는 '어족 보호', 즉 남획을 막기 위해서였지만, 재정면에서 조세 수입이 부족한 가라후토 민정서・가라후토청은 건망업자가 납부하는 어업료조세 외에 강하게 의존하고 있었기 때문이었다.[25]

주목할 점은 어제개혁파가 1907년 이후 가라후토청장관에게 진정을 보내는 한편, 본국 정부에 대한 진정이나 중의원에 대한 청원을 반복했고, 또 대항하는 건망업자 측도 중의원 청원을 통해 어제개혁 반대운동을 전개했다는 점이다. 1909년 5월에 오도마리에서 조직된 가라후토 어제개혁 기성동맹회樺太漁制改革期成同盟會는 가라후토청장관에 대한 진정이 '받아들여지지 않기' 때문에, 어제개혁은 "중앙정계의 문제로 삼아 주무성[내무성]에 운동하는 것 외에 방법이 없다"고 판단했다. 즉 어제개혁파 입장에서 가라후토청이 요구를 받아들이지 않는 이상은, 사할린 어업령을 개폐할 권한을 가지는 본국 정부・의회를 향한 운동이 가장 효과적인 수단이었다. 본국 정부・의회가 남가라후토 어제개혁을 둘러싼 정치 대립의 장이 된 요인은 남가라후토가 주민 스스로의 정치 참여를 통해서는 어업 제도를 바꿀 수 없는 속령 통치 제도를 시행하고 있었기 때문이다. 가라후토 어제개혁 기성동맹회는 1909년 6월 시찰을 위해 오도마리에 온 이치키 기토쿠로─木喜德郎 내무차관에게 진정을 제기했을 때 헌병・경찰과 충돌해 폭동을 일으켰고, 가라후토 수비대에 의해 진압되었다.[26]

---

25 奇逸楼, 「其日便」, 『樺日』, 1915.6.9; 杉本善之助, 『樺太漁制改革沿革史』, 樺太漁制改革沿革史刊行会, 1935; 平井, 『日本植民地財政史研究』, 183~186쪽.

어제개혁파의 요구를 계속 거부한 가라후토청장관 히라오카 사다타로平
岡定太郎가 부정사건으로 1914년 사임하고, 신임 오카다 분지岡田文次 장관이
어제개혁파의 진정을 받아들이면서 어제개혁 문제는 해결되었다. 히라오
카의 부정이란 어업료 저감과 금어구역 개방을 요구하며 건망업자가 건넨
헌금을 정우회에 보낸 것으로, 가라후토청과 건망업자와의 밀접한 관계를
말해 주고 있었다. 가라후토 어업령은 1915년 가라후토청의 의견을 통해
개정되어 자망에 의한 청어잡이가 전용 어장에서 인정되었다. 다만 오카
다는 비슷한 시기에 어제개혁파의 본국 의회 청원을 '인민의 권리'로 인정
하면서도 "청원이 몇 차례 채택되었다고 해도 정부 당국에 뜻이 없으면 어
제개혁은 어차피 이루어질 수 없다"고 말한 바 있다. 어제개혁파의 진정을
수용하면서도 이들이 본국 의회를 통해 가라후토청의 시정을 좌우하려는
데는 불쾌감을 표시한 것이다.[27]

이처럼 어제개혁 문제는 남가라후토 어업 제도를 둘러싼 가라후토청 건
망업자와 중소어업인 사이의 이해 대립이 속령 통치 아래에서 교착된 문
제였다. 다만 장관 교체에 따른 해결로 이 갈등은 속령통치제도에 대한 비
판으로까지 발전하지는 못하고 해소되었다. 또 어제개혁 문제는 동시에
어디까지나 일본인 이민자의 정치 쟁점이었다. 일본 통치 개시 이후 가라
후토 아이누와 윌타, 니브흐 등 원주민들이 정치定置 어장을 요구하며 청원
을 하자 가라후토청은 1909년에 '토인 어장'을 설치했다. 그러나 '토인 어
장'은 실제로는 건망업자에게 대여되어 임대료가 '토인 보호비'로 충당되

---

26 塩出, 「日本領樺太の形成」; 杉本, 『樺太漁制改革沿革史』.
27 위의 글; 杉本健, 『樺太−還らざる島』, TBSブリタニカ, 1979; 「樺太の諸問題」, 『樺日』,
    1915.2.14 · 16.

었을 뿐, 원주민 자신에 의한 어장 경영은 그 후에도 인정되지 않았다.[28] 러시아인과 원주민들은 청어잡이를 둘러싼 정치 활동에서 사전에 배제되었던 것이다.

2) 홋카이도·남가라후토 합병 문제

홋카이도·남가라후토 합병 문제는 1911년 제2차 사이온지 긴모치 내각이 행정 정리의 일환으로 가라후토청을 폐지하고 홋카이도청의 한 지청으로 병합하는 방안을 검토한 것을 단초로 하는 정치 쟁점이다. 남가라후토가 홋카이도청 관할하에 들어간다는 것은 제도상 본국 편입을 의미했다. 그러나 이 방안에 대해 가라후토청이 반대했을 뿐만 아니라, 『가라니치』로 대표되는 도요하라의 일본인 이민자도 강경하게 반대하고 나섰다.[29] 이것은 결과적으로 남가라후토의 지방제도 정비로 이어졌다.

먼저, 『가라니치』의 창간 경위와 정치적 입장에 대해 확인해 보자. 영유 당초의 남가라후토에는 『가라후토 신보樺太新報』[1906년 창간]·『가라후토 시사樺太時事』[1907년 창간]가 가라후토청을 비판하는 논의를 전개했고, 이에 가라후토청의 '어용신문'인 『가라후토 일보樺太日報』[1906년 창간]가 대항하고 있었다. 이들 세 신문을 인수·합병하여 1908년에 『가라니치』를 창간시킨 것이 가라후토청 제1부장 나카가와 고주로中川小十郎이며, 나카가와에 의하면 『가라니치』는 『타이완 일일[신보]』, 『조선일보』와 같이 정부 식민정책의 한 기관'이었다. 덧붙여 『가라니치』의 경영상 실권을 잡은 것은, 도요

---

28 田村, 「日露戦争前後における樺太アイヌと漁業の可能性」.
29 「行政整理ニ関スル閣議案」, 1912.11.11(『公文別録』, 臨時制度整理局書類, 大正元年 第13巻); 塩出, 「日本領樺太の形成」.

하라의 유력 건설업자 엔도 요네시치遠藤米七였다. 『가라니치』는 가라후토 청의 기관지인 동시에, 그 개발정책과 깊은 이해관계가 있는 도요하라 일본인의 이해를 대변하는 신문이었던 것이다.[30]

즉, 『가라니치』의 기본 입장은 가라후토청과 그 개발정책을 지지하는 것으로, '가라후토 경영 문제'에 대해 본국 정부와 가라후토청장관의 의견이 대립할 경우 『가라니치』는 본국 정부에 대한 불만을 표명했다. 아울러 『가라니치』는 "정당의 공의가 가라후토에 미치지 못하"는 데도 불만을 표시했다. 『가라니치』는 '전가라후토주의全樺太主義'를 표방하며 '가라후토 개발의 대계'를 위한 '민심의 통일, 민관의 화합'을 요구했는데, 이는 종종 본국 정부 의회와의 대립을 의미했던 것이다. 더구나 이 불만은 식민통치상 가라후토 지위의 불확실성, '식민지로서 만주, 조선, 타이완 경영에 은폐되는 형세'인 것에 대한 불만이기도 했다. 과거 홋카이도와 마찬가지로 남가라후토가 식민지라는 주장에는 종속성에 대한 비판보다는 개발 요구가 담겨 있었고, 그로 인해 다른 식민지보다 우선순위가 낮다는 불만으로 이어진 것이다.[31]

『가라니치』는 이런 입장에서 홋카이도 합병에 대해 맹렬히 반발했다. 1912년 초 가라후토청을 홋카이도청에 합병하라는 중앙구락부中央俱楽部의 결의가 전해지자 『가라니치』는 "장차 발흥할 가라후토 산업을 좌절시키고 홋카이도의 일부 야심가를 위해 국가 이익을 희생"시키는 것이라고 비판했다. 홋카이도청 아래에서 남가라후토의 개발이 우선시될 리는 없고,

---

30 塩出, 「日本領樺太の形成」; 山野井洋, 「沖島鎌三論」, 『樺太』6(10), 1934; 沖島鎌三, 『振分け荷物』, 私家版, 1964.
31 「島是と国是」, 『樺太』, 1910.11.16·17; 「我社の立脚点」, 『樺太』, 1911.6.1.

'단순한 이주 노동 지역'으로 '치부되는' 것은 필수라는 것이었다. 남가라후토의 본국 편입 가능성은 기대도 고려도 되지 않았다. 반대로『가라니치』는 "모두 식민지에서의 획일제도를 선호하지" 않고, '각 식민지'의 "특수한 사정을 가장 능숙하게 계도하여 발달의 길을 제공하는 것이야말로 식민정책의 안목"이라고 주장했다.[32] 덧붙여 홋카이도에서 남가라후토 합병론은 기대를 모았다. 1913년에는 홋카이도회에서 합병을 요구하는 건의안[정우회 제출]이 가결되었고 1915년에는 홋카이도 기자記者대회에서 결의된 합병론에 홋카이도 선출 대의원 6명 중 4명이 찬동하는 등 열기를 보였다. 이에 대해『가라니치』는 그 목적은 '홋카이도 개발 척식의 진보'를 위해 "홋카이도청장관의 권한을 신장 확대"하는 데 있으며 "홋카이도가 현재 갖고 있는 재원을 할애해 가라후토 개발 척식에 이바지하는 것은 도저히 몽상에 지나지 않는다"고 비판했다.[33]

다만 합병 반대가 남가라후토 일본인의 공통된 의견은 아니었다. 1912년 시점에서『가라니치』는 "도내에도 합병론자가 없는 것은 아니다"라고 인정했던 것이다. 그들은 첫째, 가라후토청이 "서해안을 방치"하는 것에 '반역의 마음'을 가진 '마오카 유지들'이었고 둘째, '어제 문제 해결'에 불만을 품고 "합병 문제를 기치로 자망 문제를 끄집어내려"는 사람들이었다.[34]

우선 도요하라와 오도마리에 다음가는 시가지였던 마오카 주민들은 가라후토청의 개발정책에 불만을 품고 홋카이도 합병에 따른 시정을 기대했

---

32 「所謂併合説の虛妄」,『樺日』, 1912.1.20・21.
33 「拓殖振興並權利伸張ニ關スル件」, 北海道会第一三回通常会建議案第一号(北海道議会事務局編,『北海道議会史』2, 北海道議会事務局, 1955, 131~132쪽); 「併合論の愚暴」,『樺日』, 1915.8.28; 「併合論と五代議士」, 1915.10.5.
34 「日日小言」,『樺日』, 1912.6.12.

을 것으로 보인다. 『가라니치』는 1910년 마오카 주민이 항만 수축이나 도요하라-마오카 간 철도의 부설을 요구하는 운동을 일으킨 데 대해, '가라후토 개발'은 "정치적 중심인 도요하라에서 먼" 마오카보다, 도요하라에서 '가까운' 오도마리를 본국과의 중계항으로 정비하는 것이 우선이라고 주장했다.[35] 또한 1915년 가라후토청이 공비公費를 통한 항만 수축 대상지로 마오카 남쪽에 위치한 혼토本斗[현재의 네베리스크에 위치한 지역-역주]를 선정한 데 대해 마오카 축항기성회真岡築港期成會는 극렬히 반대했고, 도요하라·오도마리에서도 서명을 획득하여 제국 의회에 청원했다. 그러나 『가라니치』는 "서명은 다수[도요하라] 마을 주민의 의지에 어긋난다", "마을 주민의 대다수가 [혼토] 축항 찬성으로 기울어져 있기" 때문에 "피해가 적지 않다"고 비판했다.[36] 『가라니치』가 대변하는 도요하라를 중심으로 한 가라후토청의 개발정책은 마오카 주민들의 불만을 증폭시키고 있었던 것이다.

다음으로 이 시기 어제개혁 문제가 홋카이도로의 합병론과 결부된 것은 홋카이도에서는 이망二網제, 즉 자망에 의한 청어잡이를 인정하는 어업 제도가 취해지고 있었기 때문이다. 합병의 결과로 어제개혁파의 요구는 자연스럽게 실현될 수밖에 없었던 것이다. 한편 『가라니치』는 어제개혁파운동에 대해 '건망업자의 기득권', '가라후토청 수산 수입'을 어떻게 할 것인가라는 '구체적으로 완성된 의견' 없이 청원하는 것은 '탈선'이라고 비판했다.[37] 가라후토청의 재정을 지탱하는 어업제도에 대한 찬반이 홋카이도·남가라후토 합병에 대한 찬반과 연동되어 있었던 것이다. 다만 1914년

35　「開発と地方的要求」, 『樺日』, 1910.11.18~20.
36　「築港牽制運動続報」, 『樺日』, 1915.10.3;「築港問題と豊原」, 1915.12.16.
37　奇逸楼, 「其日便」.

12월에 홋카이도의 『홋카이도 타임스』가 관찰한 바로는 그해 초 비非병합 운동을 솔선했던 건망업자들이 경영난으로 이미 '합병 여부에 큰 고통'이 없는 상황에 이른 데 데해, 어제개혁파는 "어제 문제 외에는 관여하지 않는다"는 태도를 취하고 있었다.[38] 이 시점에서 오카다 분지 장관 아래 어제개혁 문제가 해결되고 있었던 것도 두 쟁점이 분리된 한 요인일 것이다.

3) 지방제도의 도입

남가라후토의 일본인 중 일부가 홋카이도 합병에 반대하지 않았다는 것은 마오카 축항 문제·어제개혁 문제와의 연결고리가 보여주듯 가라후토청의 정책이 현지 일본인들 사이에 형성한 이해와 대립을 반영하고 있었다는 것을 보여준다. 두 쟁점에서 가라후토청의 정책에 불만을 품은 사람들이 본국 정부·의회에 진정·청원했듯이, 이는 잠재적으로는 남가라후토의 속령통치제도에 대한 비판으로도 이어지는 것이었다. 반면 가라후토청과 그 정책을 지지하는 『가라니치』는 가라후토청을 폐지하고 홋카이도청의 일부가 되면 남가라후토 개발의 주도권을 잃을 것이라 우려했다. 이런 상황에서 『가라니치』는 남가라후토에 지방자치제도를 도입할 것을 주장한다. 1916년에 『가라니치』는 축항 문제를 둘러싼 분규에 대해 "가라후토에 아직 지방의회가 없는 것"이 '가장 큰 문제'라고 인정했다. '지방의회'란, 아마도 남가라후토를 단위로 하는 의회를 가리키는 것이었다. 신문은 "자치제가 시행되지 않고, 제반 제도 모두 내지와 다른" 현 상태로는 '지방의회'의 설치는 곤란하다면서, 우선 '각 시가市街 및 부락'에 '자치제'

38　「樺太併合問題」, 『北海タイムス』, 1914.12.12.

를 시행하는 것이 "이 섬의 개발상 필요"하다고 제창한 것이다.[39]

『가라니치』의 자치제도론은, 가라후토청의 의향을 반영하고 있었다고 생각된다. 『가라니치』는 1918년에 가라후토청과의 자금 관계를 해소했으나, 그 후에도 도요하라를 중심으로 하는 가라후토청의 개발정책을 지지하는 입장에는 변함이 없었다.[40] 이 신문은 1920년 1월 가라후토청이 '일반자치제 시행'을 제국 의회에 요망한다고 보도한 직후 "전 섬의 민의 여론을 대표"하는 '정청政廳 자문기관'이자 "전 섬 공의 민론을 통솔하고 이끄는" '도민 합의제 기관'이기도 한 기관, 즉 남가라후토를 단위로 하는 공선 자문기관 구상을 제기했다. 즉 "새로운 땅에 개발 척식의 정책을 실시"하는 '식민지'에서는, '통치자와 피통치자 사이'의 '제휴 보좌'뿐만 아니라, '피통치자 계급'의 '상호 보조'가 불가결하지만, 남가라후토에서는 '민관 사이'에 '하등의 알력'도 없는 데에 비해, '민간'에서는 '지방적으로 치우치고 국부적 이익을 독점하려는 경향'이 있는데, 예를 들면 그것은 '항로 문제', '철도 탈취전', '항만 수축 전후' 등이라는 것이다. 그러나 가라후토 청장을 의장으로 하는 공선 자문기관에서 가라후토 전체의 여러 문제를 토의 결정하면, '전 도민의 융화'를 실현할 수 있는 데다 "현재와 같이 문제마다 진정·청원을 시도하기 위해 상경 위원을 두는데도 그 공로가 따르지 않는 폐해"도 해소할 수 있다고 한 것이다.[41]

즉, 『가라니치』는 가라후토청에 대한 비판을 부정하면서도 주민 간의 이해 대립을 조정할 장소의 결여나, 주민이 요망을 해결하기 위해 본국 정

---

39 「病原存する所」,『樺日』, 1916.1.9; 「自治制を求む」, 1916.9.26.
40 山野井,「沖島鎌三論」.
41 「静平に満足せず」,『樺日』, 1920.1.17; 「政庁の諮詢機関 島民の合議機関」, 1920.1.21 ·22.

부·의회에 진정·청원하는 문제를 해소할 필요는 인정하여 남가라후토 단위의 공선 자문기관을 제안한 것이다. 같은 시기『가라니치』가 '식민 시정'에 대한 '모국 의회'의 '간섭'은 되도록 피해야 한다고 주장한 것[42]에도 분명하듯이 이 구상은 남가라후토의 본국 편입을 의미하지는 않았다. 어디까지나 가라후토청에 의한 속령 통치와 식민지 개발정책의 유지를 전제로 하여 지방자치제도의 연장선상에서 가라후토청의 정책을 둘러싼 일본인 이민자의 대립과 불만을 완화하기 위한 구상이었던 것이다.

또한,『가라니치』는 공선 자문기구를 설치해야 하는 근거로 '다른 식민지'와 달리 남가라후토 주민들이 '모국'에서 '참정이 허용되는 국민'임을 꼽았다.[43] 이 시기까지의 타이완·조선에서는 원칙적으로 일본인과 타이완인·조선인이 동일하게 정치 참여에서 배제되었는데,『가라니치』는 남가라후토의 일본인을 '참정이 허용되는' 본국의 일본인과 일체시한 것이다. 이러한 민족의식은 후술하는 1920년대 후반 참정권 획득운동에서는 더욱 명료하게 나타난다. 그것은 1890년대 홋카이도의 야마토인 정치운동이나 동시대 타이완·조선에서의 일본인 정치운동과 기본적으로 공통된 것이었다[제1장, 보론 1 참조].

다만,『가라니치』는 1920년 2월에 '우리 가라후토 도민'들이 '정치에 참여할 권리를 획득할 필요'에 대해 '무관심하다'고 불만을 표시하며 스스로의 제안에 대한 반응이 부족했음을 밝혔다. 가라후토청이 주도하는 지방제도의 도입이나『가라니치』가 주창한 공선 자문기관의 구상에 대해, 주민 측이 호응하는 움직임은 일어나지 않았던 것이다. 이어『가라니치』는

---

42 「殖民地予算」,『樺日』, 1920.1.27.
43 「政庁の諮詢機関 島民の合議機関」.

"그 수단방법은 허용되지 않더라도 피정복자이자 새로운 백성인 타이완인·조선인도 참정권을 요구하는데 [가라후토 도민은] 정치적 자각 정도가 그들 타이완인·조선인들에게조차 뒤쳐진다"고 호소했다.[44] 『가라니치』의 입장에서 남가라후토의 일본인이 스스로 보여준 무관심은 이 시기 타이완인·조선인에 의한 민족운동의 고양과 비교할 때 본국에서 '참정을 허용받는' 일본인으로서의 민족의식을 배신하는 것으로 비친 것이다.

가라후토청이 1920년에 본국 의회에 제출할 예정이던 지방제도법안은 중의원 해산을 거쳐 1921년에 다시 제출되었다. 가결·제정된 「가라후토의 지방제도에 관한 법률」법률 제47호은 「가라후토 정촌제」1922년, 칙령 제8호에 의한 세목 규정을 거쳐 1922년에 시행되었는데[이하 제1차 가라후토정촌제], 주민의 정치 참여는 관선 자문기관인 정촌평의회로 한정되며, 정촌장도 관선으로 임명되었다. 나가이 긴지로永井金次郎 가라후토청장관이 중의원에서 한 설명에 의하면 지방제도의 도입은 '가라후토 주민'이 '모두 내지에서 이주한 사람'으로, '가라후토 토착 원주민은 거의 없다'고 전제하고 있었지만, '최대 급선무'는 조세권과 사무관을 가진 '하급 행정기관'으로서의 정촌 설치이며, '완전한 자치'는 '공민'으로서의 낮은 '민도' 때문에 '시기상조'라고 판단한 것이다. 이는 결과적으로 1920년 조선·타이완에서 제정된 지방제도가 기본적으로 관선 자문기관에 의한 정치 참여를 인정한 것과 큰 차이가 없는 조치였다[다만 조선에서는 일부 일본인 집주지역[부와 지정 면]에서 공선제를 도입]. 조선·타이완과의 중요한 차이점은 양 지역에서는 조선인·타이완인에 비해 인구상 소수민족이었던 일본인이 제도적 조작에 의해 인구비를

44　「政治的自覚」, 『樺日』, 1920.2.13.

훨씬 웃도는 의석을 차지한 반면[보론 1], 남가라후토에서는 원주민을 거의 고려하지 않고 인구의 대부분을 차지하는 일본인을 대상으로 지방제도가 도입되었다는 점이다. 역시 나가이의 설명에 의하면, '원주민만의 부락'에 는 정촌제를 적용하지 않으며, 또 원래 호적을 부여받지 않은 원주민에게 징세할 생각도 없었던 것이다.[45]

이와 같이 영유 초기의 남가라후토에서는 가라후토청의 어업정책이나 개발정책에 관해 이해를 달리하는 일본인 이민자 사이에 지지와 비판을 축으로 하는 대립이 생겨 정치 참여가 불가능한 속령 통치라는 상황 속에 서 불만이 축적되었다. 홋카이도 합병론에 대한 일정한 지지는 속령 통치 자체에 대한 비판으로 이어질 가능성을 갖고 있었다. 이런 상황에 위기감 을 느낀 가라후토청과 『가라니치』는 1920년대 초 제한적으로 정치 참여 를 허용하는 지방제도를 통해 속령 통치와 개발정책을 유지하려 했다. 다 만 이상의 정치 과정은 러시아인의 퇴거를 전제로 했으며 또 원주민을 제 외하고 가라후토청과 일본인 이민자 사이에서만 진행한 것이었다.

4. 남가라후토의 참정권 획득운동

1) 일본인 이민 사회의 변용

제4절에서는 남가라후토의 일본인 이민자가 1920년대 후반에 전개한 참정권 획득운동의 과정과 그 논리를 분석하고, 또한 본국 정부가 이에 대

---

45 『第四四回帝国議会衆議院 樺太ノ地方制度ニ関スル法律案委員会議録』, 1921.3.19.

응하여 남가라후토의 지방자치제도를 정비했음을 보여준다. 우선 제1항에서는 1920년대 이후 남가라후토의 일본인 이민 사회에 대해 개관하고자 한다.

남가라후토에서 과거 중심 산업이었던 어업은 1910년대 말 이후 청어 어획량이 감소하자 일시적으로 침체되어 임업이 이를 대체했다. 가라후토 청은 1910년대 내내 어업료를 대체할 수입원을 찾아 국유림의 매각 제도를 정비했으며, 1916년 이후 제1차 세계대전 상황에서 제지업이 성장하자 임업을 본격화했다. 가라후토청의 농업 이민 장려에 따라 농업도 점차 성장했고 1920년대 후반에는 어업도 회복되었으나, 남가라후토에는 임업과 제지업을 중심으로 하는 산업 구조가 확립되었다. 산림자원 고갈을 우려한 가라후토청은 1930년대 이후 새로운 재원을 찾아 석탄자원 개발을 추진했다.[46]

이러한 산업 구조의 변화 속에서 남가라후토의 인구는 상공업·농업·노동자 인구 증가에 따라 1920년 105,899명에서 1930년 295,196명으로 증가했다. 각각의 해에 일본인은 102,841명[97.1%], 284,198명[96.3%]으로 인구의 대부분을 차지했는데, 이 시기에도 남가라후토의 인구 증가의 주요 요인은 본국으로부터의 일본인 이민이었다고 할 수 있다. 다만 1920년대의 새로운 현상은 한국병합에 의해 일본 국적 보유자가 되었던 조선인의 급증이다. 조선인의 이주는 1910년대 후반 조선에서 실시된 탄광 노동자 모집을 시작으로 본격화되었고, 나아가 1920년대 전반에는 일본군

---

46 平井, 「日本植民地財政史研究」 제5·6장; 三木, 『移住型植民地樺太の形成』 제9·10장; 小林英夫監修, 『日本人の海外活動に関する歴史的調査』 11, ゆまに書房, 2002, 28~29·44~146·183쪽.

의 시베리아 출병에 따른 북사할린 보장 점령保障占領・철병 과정에서 연해주・북사할린에서 조선인들이 남하했다. 1920년에 934명0.9%이었던 조선인은 1930년에는 8,301명2.8%에 달했다. 그 사이, 원주민은 1,954명1.8%에서 2,164명0.7%으로, 인구상으로는 점증했지만 비율상 마이너리티화가 진행되었다.[47]

조선・타이완의 일본인이 관리나 회사원이 많았기 때문에 정주 지향이 낮았던 반면[본론 1] 남가라후토의 일본인 대부분은 중소상공인이나 노동자, 농업인이었지만, 정주 지향은 역시 낮아 노동력 부족은 조선인 노동자 도입의 한 요인이 되기도 했다. 그럼에도 일본인 인구에서 남가라후토 출생자가 차지하는 비율은 1920년의 20.7%에서 1930년의 25.6%로 증가했다. 또한 1924년에는 남가라후토에 본국의 호적법이 시행되었기 때문에 일본인은 남가라후토에 본적을 두는 것이 가능해졌다. 1943년 시점에서 일본인 311,230명[단, 가라후토 아이누 1,512명을 포함하지 않는 '내지인'] 중 남가라후토를 본적으로 하는 자는 33.8%에 이르렀다.[48]

2) '식민지'와 '자치제도'

제1차 가라후토정촌제 도입은 남가라후토 일본인 이민 사회의 정치의식을 고조시키는 동시에 정치 참여와 속령 통치하의 식민지 개발 사이의 딜레마에 대한 관심을 가져왔다.

---

47 竹野学, 「戦前期樺太における商工業者の実像－豊原商工会議所の活動を中心に」, 蘭信三, 『日本帝国をめぐる人口移動の国際社会学』, 不二出版, 2008; 樺太庁編, 『国勢調査要覧表 第一回』, 樺太庁, 1922; 樺太庁編, 『昭和五年国勢調査結果表』, 樺太庁, 1934; 三木, 『移住型植民地樺太の形成』, '제2・8장'.

48 樺太庁編, 『国勢調査要覧表第一回』; 樺太庁編, 『昭和五年国勢調査結果表』; 三木, 『移住型植民地樺太の形成』; 樺太庁編, 『樺太庁施政三十年史』 上, 99~102쪽.

가라후토청의 지방제도 도입을 남가라후토 단위의 공선 자문기관이라는 구상과 연계시켜 찬양하던『가라니치』는 제1차 가라후토 정촌제를 '입헌'정치의 전제가 되는 '자치제'로 간주해 환영했다. 우선 가라후토 지방제도에 관한 법률 제정 직후인 1921년 4월에 엔도 요네시치와 오키시마가마[조沖島鎌三[1918년부터『가라니치』사장]는 도요하라에서 '자치제 시행'을 수용하여 '이해관계를 같이하는 자의 결합'을 기도하는 입헌공우회立憲公友會라는 단체를 결성했다. 이 모임은 '가라후토 최초의 정당'을 자칭하며 '도래할 도요하라정 민회 의원의 추천' 등을 주된 목적으로 했다. 더욱이 1922년 제1차 가라후토 정촌제 시행을 앞둔『가라니치』는 '자치제도'하에서의 '공무'는 '참정권' 부여의 전제가 되는 '입헌 치하의 국민으로서 정치적 요소'의 '훈련'으로서 필수적이라고 설파한 것이다.[49]

그러나 '입헌'이라는 문구에 본국과 같은 정치 참여에 대한 기대를 담으면서도『가라니치』는 식민지의 자치를 본국 편입과는 구별했다. 이 신문에 따르면 확실히 제1차 가라후토 정촌제는 '형식'상으로는 '자치'라고 하기 어렵다. 그러나 '발전 도상에 있는 식민지'는 '내지와 같은 취급'을 받으면 '오히려 불리한 경우'가 있고, '내지와 같은 진보'와 '발달이 미개한 다른 면'을 '잘 구분하여 사용하는 재주'를 발휘하면 "다소 무리한 요구도 통과되고 그 결과는 도민의 복리 증진으로 이어진다". 또한 '식민지 통치'에는 '본국 본위'와 '식민지 본위' 두 가지가 있으며, '오늘날 북미합중국' 등 '영국의 자치적으로 성공한 수많은 식민지'는 후자에 속한다. 따라서 '모국의 행정정리'를 이유로 "신흥 식민지를 내지와 같은 법제에 종속시키

---

49 「公友会に望む」,『樺日』, 1921.4.19;「雑感 公友会発会式」, 1921.4.20; 月都生,「自治制度施行の年を迎へて」, 1922.1.1.

라", "가라후토를 홋카이도청에 합병시키라"고 주창하는 것은 '전혀 몰이해'한 것이었다.[50] 『가라니치』는 제1차 가라후토정촌제 시행으로 남가라후토가 제도적으로 본국 입헌정치에 접근했음을 긍정적으로 평가하는 한편, 그렇기 때문에 본국 편입으로 식민지 개발의 자율성을 상실할 가능성을 인식하고 오히려 불완전한 '자치'가 바람직하다는 태도를 취한 것이다.

『가라니치』가 보여준 자치에 대한 양가적 태도는 가라후토청을 지지하지 않는 세력에게도 공유되었다. 1922년 도요하라의 『사가렌 신문サガレン新聞』[사가렌은 만주어에서 유래한 사할린을 가리키는 말. Saghalien-역주]은 제1차 가라후토정촌제의 정촌장관 선거에 불만을 표시하고, 또 '관료정치의 폐습'을 비판하며 현재 가라후토청의 시정은 '가라후토 발전'을 위해서는 불충분하며 "빨리 가라후토에 완전한 자치제를 시행하고 나아가 대의사를 낼" 필요가 있다며 본국 의회 참정권을 요구했다. 그러나 그 목적은 '정당과의 연락'을 통해 "자본가를 초청"하는 데 있었다. 이에 이 신문은 "현 상태대로 우물쭈물하다가는 홋카이도와 병합 운운하는 낭설이 실현되지 말라는 법이 없다"며 본국 편입을 의미하는 홋카이도 합병을 경계했다.[51] 남가라후토의 개발을 요구하는 입장이 한편으로는 본국 의회에의 참정권에 대한 기대, 한편으로는 속령 통치 해체에 대한 위기감으로 연결되어 있었으며, 이는 1920년대 후반 남가라후토에서 일어난 정치운동에 공통적으로 나타나는 특징이었다.

다만, 남가라후토 개발이라는 문제를 떠나더라도 제1차 가라후토 정촌

50　「自治制考案」, 『樺日』, 1922.1.22; 「植民地と母国」, 1922.3.19.
51　「自治と町長」, 『サガレン新聞』, 1922.2.10; 「借問状」, 1922.2.20; 「樺太の将来」, 1922.5.16.

제 시행은 본국과 같은 수준의 지방자치제도에 대한 요구를 널리 환기시켰다. 1924년 1월에 혼토정에서는 '깊이 신뢰하는' 정장이 '갑작스럽게' 오도마리 정장으로 전임된 것에 마을 주민들이 강하게 반발하는 사건이 일어났다. 마을 평의원 전원이 모인 집회에서 "민의를 무시당한" 것에 대한 항의로 총사퇴에 대한 합의가 행해졌고, 덧붙여 '가라후토 자치제의 결함' 등에 대해 '당국의 해명'을 요구하기로 결의되었다. 이 사건은 가라후토청 내무부장이 '전제專制'를 사과하고 '변태 자치제'의 조기 '정상'화 등을 약속함으로써 해소될 수 있었다.[52]

3) 홋카이도·남가라후토 합병 반대운동에서 참정권 획득운동으로

남가라후토에서 본국 의회 참정권 획득에 대한 관심이 급격히 높아진 것은 1924년이다. 다만 주의해야 할 것은, 그 발단은 홋카이도와의 합병에 대한 반대운동이었다는 것이다. 1924년 6월 30일 중의원에서는 후쿠시마福島 선출 나카노 도라키치中野寅吉가 「가라후토 중의원의원선거법 시행에 관한 건의안」을 제출했다. 남가라후토에서 중의원선거법 시행이 제안된 것은 이것이 최초이며, 『가라니치』도 즉시 속보를 냈다.[53] 그러나 이 건의안이 남가라후토의 참정권 획득운동을 일으킨 것은 아니다. 『가라니치』 보도도 지면을 참조하는 한, 전혀 반응을 일으키지 않았다.

한편 그해 8월 가토 다카아키加藤高明 내각의 행정정리 일환으로 홋카이도-남가라후토 합병이 다시 제안된 사실이 알려지자 남가라후토에서 대

---

52 「本斗町評議員は御慶事後総辞職」, 『樺日』, 1924.1.22; 「本斗町長問題解決」, 1924.2.14.
53 (拓務省)管理局, 『樺太ニ衆議院議員選挙法実施ニ関スル調査』, 1939; 「樺太に選挙法を」, 『樺日』, 1924.7.2.

규모 반대운동이 일어났다. 도요하라, 오도마리, 마오카, 오치아이정落合町,
사카에하마촌栄浜村 등 각지에서는 합병에 반대하는 주민 대회가 열렸고,
나아가 각지의 운동은『가라니치』의 오키시마 가마조를 발기인 대표로 하
여 도요하라에서 결성된 가라후토-홋카이도 합병 반대 동맹회에 집결했
다. 도요하라·오도마리·마오카 상업회의소는 반대운동을 위해 연합대
회를 개최했고, 또『가라니치』와 함께 오도마리의『가라후토 민우신문樺太
民友新聞』,『가라후토마이니치 신문樺太毎日新聞』과 마오카의『가라후토 시사樺
太時事』,『가라후토 실업樺太實業』 등 신문들도 반대운동에 동참했다.[54] 동맹
회는 도요하라·오도마리·마오카의 대표 및 전 중의원의원[지바(千葉), 헌정회
(憲政會)]으로 시즈카敷香에 거주하는 실업가 우자와 우하치鵜沢宇八를 상경 위
원으로 선출해 본국 정부·의회에서 진정운동을 전개했다.[55] 이 반대운동
은 남가라후토 각지에서 널리 제휴가 형성되었다고 할 수 있다.

반대운동 초기『가라니치』는 남가라후토의 속령 통치 유지·강화를 호
소했다. '내지 연장의 정치가 이미 행해지고 있는' 홋카이도와는 달리, 남
가라후토는 '현재의 가라후토청 조직으로도 불만족'한 '발달이 되지 않은
식민지'이므로 합병은커녕 "오히려 친임관 총독을 두어야 한다"고 주장한
것이다.[56] 합병 반대운동 속에서 본국 의회 참정권에 대한 관심이 높아졌

---

54 「大泊町住民大会」;「真岡でも町民大会」;「豊原町民奮起して」,『樺日』, 1924.8.8;「樺
北合併反対と真岡町民の熱狂」;「三商議連合大会」, 8.9;「決議文を各地に電送」;「落合
の町民大会」;「落合町の同盟会」;「栄浜村でもきのふ樺北合併反対の同盟会を開き気勢
を揚ぐ」, 8.13.

55 「其筋へ陳情の為反対同盟会から続々上京」,『樺日』, 1924.8.14;「合併反対同盟会豊原上
京委員昨日出発」, 1924.8.15;「本島の草分け 鵜沢氏決然起つ」, 1924.8.16. 우자와(鵜
沢)에 대해서는 経世社,『現代業界人物集』, 経世社出版部, 1935, 217~218쪽.

56 「不可解な整理案」,『樺日』, 1924.8.2.

다. 오도마리의 니시다 히코헤이西田彦平는 홋카이도·남가라후토 합병론 등의 '어처구니없는 문제'가 '들끓기 전에 예방'하려면 "가라후토에서 신속하게 대의사를 선출할 수 있도록 운동"해야 하며 "가라후토인이 반대해도 정당에 영향을 미칠 염려는 없기" 때문에 "결국 약자 죽이기가 되어 합당론 등이 제기"된다고 주장했다.[57] 즉 남가라후토의 이익대표를 본국 정치에 보내기 위해서 참정권이 필요하다는 논리가 생겨난 것이다.

나아가 가라후토-홋카이도 합병 반대 동맹회도 본국에서의 대표에 대한 관심을 보였다. 가토加藤 내각의 홋카이도-남가라후토 합병안은 8월 말에 소멸되었지만 동맹회에서는 이 모임을 해산하지 않고 "도민 여론을 실행하는 정치결사로 변경"시켜 '중앙에 나가 척식개발을 위해 크게 비약을 시도하는 기관'으로 만들면 '아무런 정치기관이 없는 도민으로서' 매우 유익하다는 주장이 나온 것이다. 일부는 해산을 주장하기도 했지만 9월에 열린 주민대회에서는 대부분 만장일치로 동맹회 존속이 결의되었다.[58] 이 결의 직후, 『가라니치』는 남가라후토에서 중의원 선거법을 시행하는 것에 대해, "향후 도민이 기대하는 목표로 지금부터 바로 실현운동에 옮긴다"고 제언했다. 이 신문은 "개발이 지지부진"한 것은 "직접적이고 권위 있는 민의 상달의 길이 없기" 때문이며 합병론과 같은 '불합리한 논의'가 나오는 것은 "가라후토의 사정을 이해하고 이를 대표해 충실히 변론하는 대의사"를 가지지 못했기 때문이라고 주장했다.[59] 『가라니치』는 또한 남가라후토의 이익대표를 위한 본국 의회 참정권이 필요하다는 논리를 채택한 것이다.

---

57 「要は弱い者虐め」, 『樺日』, 1924.8.17.
58 「合併反対奏功す」, 『樺日』, 1924.9.4; 「樺北合併反対同盟会を政治結社に改め輿論を実行する機関とし中央に雄飛の説」, 1924.9.10; 「反対の報告大会」, 1924.9.14.
59 「選挙法と我樺太」, 『樺日』, 1924.9.16.

다만 한편으로, 『가라니치』에 의하면, '오도마리의 모 유력자'는 참정권 획득 요구에서 '가라후토청의 전제'를 시정한다는 의의를 발견했다. 즉, "가라후토에는 입이 없고" '내지인'은 '모르는 게 약'이라고 믿고 있기 때문에 "가라후토 사람은 대부분 가라후토청의 동정심특히 동정심이라고 한다에 의해서만 발전할 수 있"는 것이 현실이다. 그러니 '가라후토 사람'은 가라후토청의 "정책을 비평"하여 '들춰낼' 수 없고, 또 가라후토청 자체도 '국고 보조금'을 위해서는 "정부나 정당의 눈치를 볼 수밖에" 없다. 그러나 결국은 '가라후토청의 전제'가 이제 "사회 상태도 전혀 내지에 비해 손색이 없는" 남가라후토에는 부당한 것이며, 이제는 '민의 향상의 길을 여는 것'이야말로 '가라후토를 개발하는 이유'라고 언급했다.[60] 이 '유력자'는 본국 의회에 이익대표를 보내기 위해 참정권을 요구한 것이 아니라 남가라후토 개발의 최우선 가치를 인정하면서도 그러기 위해서는 정치 참여를 통해 속령 통치의 폐해를 시정해야 한다고 주장한 것이다.

이와 같은 제1차 가라후토 정촌제 시행을 거치며 '자치'에 대한 관심이 높아진 남가라후토에서는 1924년에 홋카이도 합병에 반대하는 운동이 지역 간의 제휴를 만들었고, 나아가 본국 의회에의 참정권 획득을 주장하는 방향으로 전환되었다. 그 결과, 1910년대에 가라후토청의 개발정책에 반발하는 세력이 홋카이도로의 합병을 용인하는 경향을 보인 것과 달리, 참정권 획득 주장에는 남가라후토 개발을 위한 정치 대표의 필요와 속령 통치의 시정이라는 목적이 동거하게 된 것이다. 또한 1925년 초에는 정촌평의원의 공선을 요구하는 '일반 여론'이 높아졌고 또한 도요하라 신문기자

---

60   「不可解な整理案」, 『樺日』, 1924.9.18.

단의 제창에 의해 '모의 가라후토섬 의회'가 개최되었다. 본국 의회에 참정권을 요구하는 움직임뿐만 아니라, 지방제도의 확충이나 남가라후토 단위의 의회에 의한 자치를 요구하는 움직임도 생기고 있었던 것이다.[61]

4) 참정권 획득운동과 정촌회 의원 선거

참정권 획득운동은 1926년에 본격적으로 시작되었다. 우선 이에 앞서 『가라니치』는 1925년 8월에 「국민과 같은 권리」라는 제목으로 남가라후토에서 중의원선거법을 시행할 것을 요구해야 한다고 촉구하고, 그 근거에 대해 주로 두 가지 논점을 제시했다.[62] 이 두 가지 논점은 이후 참정권 획득운동에서도 반복적으로 주장된다.

첫째, 무엇보다 강조된 것은 주민 구성이다. 남가라후토는 '지금도 많이 발전하지 않은 시기'이기는 하지만 "16만 도민 중 원주민이 3천 명 정도이니 큰 관점에서 말한다면 완전한 내지의 연장"이며, "풍속습관을 달리하는 원주민이 대부분을 차지하고 순내지인이 그 수십 분의 일에 불과한" 타이완·조선과는 달리 '무의미하게 다른 식민지와 교제시킬 이유'가 없어 참정권 부여가 가능하다는 것이다. 즉 실제로는 속지적인 성격을 가진 본국 의회에 대한 참정권을 민족으로서의 일본인에게 주어져야 할 권리로 파악하고, 인구의 대부분을 일본인이 차지하는 남가라후토에서는 중의원선거법을 시행해야 한다고 주장한 것이다. 덧붙여 1926년에 도요하라정의 주민이 가라후토청에 제출한 진정서는, "홋카이도에 거주하는 '아이누' 인조

---

61 「評議員は公選に」, 『樺日』, 1925.2.1; 「樺太擬島会は今日」, 1925.3.1; 「盛会を極めた一日の模擬樺太島議会」, 1925.3.3; 「樺太全島民自治的活躍顕著」, 『樺太民報』, 1925.3.2.
62 「国民並みの権利」, 『樺日』, 1925.8.12.

차 선거권을 행사하고 있는 오늘, 이 섬에 참정권이 없는 것은 이미 균형을 잃은 것이다"라고 주장했다. 1903년에 중의원선거법이 홋카이도[지시마 제외]에 시행된 이후, 납세 조건을 만족시키는 아이누는 유권자가 되었겠지만, 아마도 염두에 두고 있던 것은 1925년의 중의원선거법 개정에 의한 남자 보통 선거의 실시일 것이다. 이러한 논리는 "가라후토에는 원주민이 없고, 인구의 99%은 내지인"이기 때문에 참정권을 민족으로서의 일본인에게 부여해야 한다는 인식과 일체였다.[63] 이러한 주장에 나타난 다수파 의식과 결부된 식민자 의식은 1890년대 홋카이도의 야마토인 이민과 흡사했다고 할 수 있다[제1장].

다만, 두 번째로 『가라니치』는, 남가라후토의 법제도가 본국에 준한다는 것도 지적하고 있었다. 남가라후토에는 자치제도도 있고 호적법이나 징병령도 본국과 마찬가지로 시행되고 국세도 징수되고 있지만, 의무의 강제에 비해 권리 부여는 한정되어 있다고 주장한 것이다. 남가라후토에 호적법이 국적법과 함께 시행된 것은 직전인 1924년 7월이었고 징병령 시행도 같은 해 8월이었다[칙령 제88호, 칙령 제125호]. 본국 정부가 남가라후토 주민 대부분이 일본인임을 전제로 한 조치라 할 수 있는 이 법령들의 시행은 참정권 획득운동에서 남가라후토를 타이완·조선과 구별하는 유력한 논거이기도 했다. 덧붙여 『가라니치』는, 제1차 가라후토 정촌제는 '자치 제도'가 없다는 반론을 예상해서인지, '변태의 자치제'인 이즈伊豆 제도에도 중의원선거법이 시행되고 있는 것을 지적했다.

1926년에 들어서자 각지에서 참정권 획득운동이 조직화되었다. 2월에

---

63 「豊原の陳情事項」, 『樺日』, 1926.9.18.

는 오도마리의 가라후토 자치회가 '변태 자치제 개정', '귀족원·중의원 양원 선거법 시행', '선박 항로 문제'에 대해 도요하라와 제휴해 운동을 벌이기로 결정하는 한편 도요하라에서는 가라후토 척식협회가 '도민대회'를 개최해 '자치제 개정', '참정권 획득', '상비군 설치'를 결의했다. 이 대회에서 오도마리 자치연구회 멤버와 오도마리의 신문인『다이호쿠 신보大北新報』,『신일본』의 기자들도 연설을 해 구슌나이久春內 자치연구회로부터 축전을 받았다.[64] 이와 같이 각지의 지지를 얻어 3월에는 엔도 요네시치·오키시마 가마조를 비롯한 도요하라·오도마리·마오카 상경 위원이 가라후토 정촌제 개정 및 남가라후토 중의원선거법 시행을 위한 진정 활동을 개시했다.[65]

중의원에서는 1926년 3월, 즉 진정 활동이 시작된 직후에 남가라후토에서의 중의원선거법 시행에 관한 의원법안이 2건 제출되었다[하야시다 가메타로(林田亀太郎) 등]. 법안은 중의원 위원회에서 만장일치로 통과되었으며 회기 종료로 인해 본회의에 상정되지는 않았지만 운동권의 기대감은 높아졌을 것으로 보인다. 같은 취지의 의원법안은 1927, 1929, 1931년에 거듭 제출되었고 그중에서도 1929년 법안은 고향 시마네현島根縣에서 중의원의원으로 선출된 오키시마[정우회]가 제출자였다. 그러나 이들 법안은 모두 중의원에서는 찬성 다수로 가결되었지만 귀족원에서는 심의되지 못했다.[66]

참정권 획득운동에 대해 중의원은 일관되게 긍정적이었지만 본국 정부

---

64 「樺太自治会総会」,『樺日』, 1926.2.2; 「大泊の樺太自治会」, 1926.2.10; 「聴衆六百の盛況」, 1926.2.13.
65 「参政権獲得の為奔走する人々に対して久春內からも激励の電報を発す」,『樺日』, 1926.3. 10; 「樺太に選挙法施行の件愈議会に提出さる」, 1926.3.11.
66 이하 남가라후토의 중의원선거법 시행에 관한 법안에 대해서는 楠, 「樺太参政権問題」; (拓務省)管理局,『樺太ニ衆議院議員選挙法実施ニ関スル調査』참조.

는 운동 측 주장에 이해를 표시하면서도 소극적인 태도를 보였다. 1926년 법안을 제출한 하야시다는 남가라후토에 오늘날까지 중의원선거법이 시행되지 않는 것은 1896년 타이완 총독의 율령 제정권을 규정한 법률 63호 제정 과정에서 헌법 제정 이후의 '신판도'에서는 헌법이 시행되지 않는다는 '잘못된 해석'이 나왔기 때문일 뿐이며, 남가라후토는 '이름은 신판도'이지만 가라후토·지시마 교환 이전에는 우리 제국의 일부이며 '풍속 습관', '인구'로 보아도 '내지'와 다를 바 없다고 주장했다.[67] 이 같은 주장에 대해 1927년에 정부위원인 다와라 마고이치俵孫一 내무정무차관은 "가라후토는 다른 식민지와는 주민의 민족관계, 또 그 밖의 관계에서 다른 부류에 속하는 것은 물론"이고 '대체로' "가라후토에서 선거법을 시행하는 것에 대해 반대하지 않는다"고 하며, 또한 "가라후토에서의 헌법 시행은 물론 정부가 인정"하고 있으므로 이는 '헌법론'의 문제가 아니라고 대답하면서도 '자치제도'나 '교통수단'의 미정비를 이유로 시기상조라는 입장을 취했다.[68] 본국 정부는 참정권운동을 주도하는 일본인이 인구의 대부분을 차지하는 남가라후토에서는 중의원선거법을 시행해야 한다는 주장을 인정하면서도 여전히 소극적인 자세를 취한 것이다.

본국 정부의 설명에 대해 운동 측은 "불완전한 자치제, 교통 불편 등은 반대 이유로는 실로 박약"하다고 간주하고 진상은 "가라후토에 선거권을 주면 다년간 문제가 되고 있는 조선이나 타이완 등에 대해서도 부여하지 않으면 안 된다는 피상적인 관찰에서 반대했다"고 추측하고 있었다. 운동

---

67 『第五一回常国議会衆議院議事速記録』, 1926.2.26.
68 『第五二回帝国議会衆議院 大正十四年法律第四十七号衆議院議員選挙法中改正法律案外一件委員会議事録』, 1927.2.4.

측은 본국 정부가 타이완, 조선과의 관계 때문에 중의원선거법을 남가라후토에 시행하지 않는 것으로 파악하고 있었던 것이다. 이에 운동 측은 '다른 식민지에 대한 균형상의 문제'를 해소하기 위해서라도 우선 "이론적 근거를 유력하게 하"기 위해 "자치제를 개정해 내지와 동일하게 하는" 것을 목표로 했다.[69]

가라후토 정촌제의 개정은 정부의 법안 제출에 의해 1929년에 실현되었다[법률 제2호]. 본국 정부가 이 개정을 실행한 것은 후술하는 바와 같이 남가라후토에서의 중의원선거법 시행의 준비 때문이었다. 이 제2차 가라후토정촌제는 공선 의결기관으로서의 정촌회를 가지며, 1급 정촌장은 정촌회에서의 선거, 2급 정촌장은 관선이라는 홋카이도 1급·2급 정촌제에 가까운 제도였다. 1929년 8월 말에는 첫 정촌회 의원 선거가 실시되었으며, 『가라니치』는 이를 '참정권으로의 첫걸음'이라고 환영했다. 같은 해 12월에는 마쓰다 겐지松田源治 척무대신[하마구치 오사치(浜口雄幸) 내각]이 "가라후토에 선거법을 시행하는 데 주저해야 할 이유가 없다"고 언명하기에 이르렀다.[70]

1929년 남가라후토에서 실시된 제1회 정촌회 의원 선거 결과에서 특히 주목되는 것은 당선된 534명 중 4명0.7%이 조선인이었다는 점이다.[71] 이미 언급한 바와 같이 1920년대를 통해 남가라후토에는 조선인 이민자가 증가하고 있었으며, 1930년 시점에서 일본 국적 보유자의 2.8%가 조선인이었다. 그리고 참정권은 속지적으로 부여되기 때문에 조선인은 일본 본

---

69 「参政権問題其他に関する在京運動経過」, 『樺日』, 1927.6.15(沖島鎌三 연설)·1927. 6.18(栗岡巳八 연설);「樺太拓殖の問題」(沖島鎌三 담화), 1928.6.1.

70 「選挙は好成績 今後を誠む」, 『樺日』, 1929.9.4;「樺太の選挙方施行には躊躇の理由なし」, 1929.12.17.

71 「衆議院議員選挙法ヲ樺太ニ施行スル件」, 1930.9.2(拓務省管理局,「樺太調査委員会関係資料」, 国立公文書館自治省移管文書四八, 3A-13-08·96).

국으로 이민 간 경우와 마찬가지로 유권자가 되었다. 『가라니치』에 따르면 혼토정 정회의원 선거에서 최고 득표로 당선된 조선인 박병일朴炳―[전 조선총독부 관료, 농장 경영]은 "조선인 투표는 겨우 40표 정도에 불과"했고, '다른 70표' 가까이는 '모두 내지인'이었다며, 이는 '내지인'이 '우리 조선인'에게 큰 동정과 친애를 보여주는 것으로 "일선인日鮮人 친선을 위해 참으로 기쁘다"며 '감동의 눈물'을 흘렸다. 또 『가라니치』 자신도 조선인 4명의 당선에 대해 '야마토 민족'의 '동화의 힘', '내선융화의 표상'이라고 칭찬했다. 일본인과 조선인이 함께 남가라후토로 이민을 간 결과 양자의 식민주의적 관계 또한 이 땅으로 유입되었다. 게다가 남가라후토에서 조선인은 인구상의 마이너리티이기도 했기 때문에 일본인의 '동정과 친애'에 의존해야 할 처지였다.[72]

반면, 가라후토 아이누, 윌타, 니브호를 비롯한 원주민들은 정촌회 의원 선거의 피선거권을 부여받지 못했다. 남가라후토 영유 시 원주민들은 일본 호적을 부여받지 못했고 타이완인이나 조선인처럼 일본 호적과는 다른 별도의 민적·호적을 부여받지도 않았기 때문이다. 『가라니치』는 앞서 언급한 바와 같이 조선인의 당선을 칭찬하는 동시에 '선주민족 무적無籍 문제'는 '잘못된 정치'라고 비판하고, 조선인과 마찬가지로 '새로운 백성'이며, '제국의 신민'으로서 '자각하고 있는' 원주민에게 "적籍을 주어야 한다"고 주장했다. 지금까지 참정권 획득의 논거는 남가라후토 인구의 대부분이 일본인이고 토착민은 미미하다는 점이 강조되어 왔지만, 지방 차원의 정치 참여가 실현되자 일본인의 압도적 다수를 전제로 한 상태에서 원주

---

72 「朴炳一君感泣す」, 『樺日』, 1929.9.10; 「我等に先つ籍を与へよ」, 1929.9.11; 一記者, 「開拓の第一線に立つ人々」, 『樺太』 2(2), 1930.

민은 조선인과 마찬가지로 '동화'에 의한 포섭 대상으로 간주되었던 것이다. 또 『가라니치』는 홋카이도에서 귀환한 가라후토 아이누만 "적을 갖는 것"은 '이상하다'고 호소했다. 1933년에 원주민 중 가라후토 아이누는 민사관습民事慣習의 '내지화'를 이유로 홋카이도로부터의 귀환자 이외에도 민법의 적용을 받아 이에 기초하여 일본 호적을 부여받았다[1932년, 칙령 제373호 및 사법성령 제47회]. '원시적 풍습'을 유지하는 것으로 간주된 다른 원주민들은 이후에도 호적을 부여받지 못했다.[73]

5. 남가라후토의 본국 편입 문제

1) 남가라후토의 내무성 이관안

참정권 획득운동이 본국 의회에서 지지를 얻고 본국 정부가 가라후토 정촌제 개정을 시작으로 중의원선거법 시행을 위한 준비를 시작한 것은 남가라후토의 일본인 이민자를 심각한 딜레마에 빠지게 했다. 본국 정부가 남가라후토를 본국에 편입하는 방안을 본격적으로 검토하기 시작한 것이다.

남가라후토의 본국 편입안은 1926년 와카쓰키 레이지로若槻礼次郎 내각[헌정회] 아래 타이완총독부·조선총독부·관동청·남양청을 관할하는 척식성의 설치안이 논의되면서 처음 등장했다. 그동안 두 총독부·관동청과 함께 내각 척식국 관할하에 있던 가라후토청을 내무성으로 이관하는 방안이 나타난 것이다. 전술한 바와 같이 설치 초기 가라후토청은 홋카이도청·

---

73 「我等に先つ籍を与へよ」, 遠藤正敬, 『戸籍と国籍の近現代史―民族·血統·日本人』, 明石書店, 2013, '제4장'.

타이완총독부와 함께 내무성 관할하에 있었으나, 이 내무성 이관안은 남가라후토를 타이완·조선 등의 식민지 개발과 분리하여 홋카이도와 마찬가지로 본국에 편입시키는 것을 의미했다. 1927년에도 다나카 기이치田中義一 내각[정우회] 아래에서 다시 척식성 설치안이 나왔는데, "가라후토의 제반 사정은 내지와 유사하다"는 입장에서 '가라후토청 관할 변경'이 제안되었다. 그러나 이 제안은 결국 '유보'되었고, 1929년 설치된 척무성이 가라후토청을 관할하게 되었다.[74]

내무성 이관을 통한 남가라후토의 '내지 병합' 방안에 대해 『가라니치』는 1926년 시점에서 "식민정책에 이해가 없고 그 통치상 특수사정을 무시할 수 있는 사람들"이 '자치제', '선거권' 요청을 접하고 나서 '오해'한 데 따른 '어리석은 생각'이라고 비판했다. 남가라후토가 "다른 식민지와 연혁을 달리하고", '소위 새로운 사람이 적은' 것은 참정권이나 자치제의 논거가 되더라도 이를 근거로 내무성 이관을 주장하는 것은 '식민정책'에 필요상 있어서는 안 된다는 것이었다. 그러나 "내무성으로 이관되면 참정권 문제도 자연히 해결이 뒤따를 것"임은 분명했고, 그 때문에 1927년 『가라니치』의 입장은 '종합행정·특별회계의 전부 또는 주요 부분 유지'라는 '조건부 이관'이라는 타협안으로 변화했다. 가라후토청의 속령 통치와 일체였던 식민지 개발을 위한 행정·재정 제도를 본국 편입 이후에도 남기도록 요구한 것이다. 그러나 1928년 『가라니치』는 "가라후토가 식민지 취급을 받아 척식성 관할하에 있는 것이 이익인가", "내무성 관하로 옮

---

74 加藤聖文, 「政党内閣確立期における植民地支配体制の模索－拓務省設置問題の考察」, 『東アジア近代史』1, 1998; 「立憲政友会政務調査会案第二(拓殖省新設其ノ他)」(内務省地方局; 「大正一四年行政制度審議会関係書類(三)」, 国立公文書館自治省移管文書四八, 3A-13-7·79).

겨져 (…중략…) 종합행정의 주요한 것을 유지하고, 사실상 식민지로서의 특혜를 유지하며, 다른 한편에서는 내지 연장 정치의 특권을 누리는 것이 이익인가"라고 하여, '조건부 이관'을 통한 참정권 획득조차 노선을 좁히지 못하고 있었다.[75]『다이호쿠 신보』오도마리의 나카무라 쇼지로中村正次郎는 1930년에 잡지『가라후토』에 발표한 논설「가라후토여 어디로 가는가?」에서 '민권 신장'을 위해 '내무행정으로 옮겨야' 할지, '개발' '척식'을 위해 '식민지 수준의 제도', 즉 종합행정·특별회계를 고수할지의 선택을 '통증과 가려움의 딜레마'라고 표현했다.[76] 후술하는 바와 같이 나카무라나 오도마리 그룹은 곧 '민권'을 위한 내무성 이관론으로 전환해 나가는데, 그들 또한『가라니치』과 같은 '딜레마'를 인정하고 있었던 것이다.

남가라후토의 본국 편입안은, 1930년 6월 이후 하마구치 오사치 내각 [입헌민정당(立憲民政党)] 아래에서 행정·재정 정리정책의 일환으로 재부상했다. "내지의 상태에 가깝고", "특히 이민족 문제는 거의" 없으며, "척식 문제가 존재할 뿐"인 남가라후토는 "홋카이도와 유사하다"는 인식하에, "입헌제의 발달을 억제"하는 속령 통치, '적정'한 '감독'이 곤란한 종합행정, '이유'나 '의미'가 부족한 특별회계를 유지할 필요는 없다고 했다. 덧붙여 "중의원의원선거법의 시행은 때때로 민간에서 요청되어 오직 시기의 문제라고 이해할 수 있는 점"에도 비추어 봤을 때 남가라후토에 '홋카이도 각 부현과 유사한 행정제도'를 실시, 단적으로 '가라후토현'을 설치하는 안이 작성되었던 것이다.[77] 이는 분명히『가라니치』가 원했던 '조건부 이관'과

---

75 「樺太內地併合案」,『樺日』, 1926.8.25;「移管問題の成行」(沖島鎌三 담화), 1927.9.2;「移管問題批判」, 1927.9.9;「拓殖省と樺太」, 1928.7.8.

76 中村正次郎,「樺太よ何処に行く?」,『樺太』2(6), 1930. 나카무라에 대해서는 西鶴定嘉,『新撰大泊史』, 大泊町役場, 1939; 日下部威編,『中村蒙堂文集』, 大北新報社, 1934.

는 맞지 않는 방안이었다. 한편 참정권 문제의 경우 그해 9월 척무성 가라후토 조사위원회가 "중의원의원선거법은 신속하게 가라후토에서 시행하는 것이 적당하다고 인정한다"는 답신을 작성했다. 그 이유는 '주민의 대부분이 내지인'인 "가라후토는 다른 식민지와는 별개의 취급을 받을 수 있고", '교통수단', '정촌제'라는 이전의 '소극적 조건'이 '대부분 제거'되었기 때문이었다.[78]

이상의 남가라후토 본국 편입 구상은 공표되지는 않았지만, 마쓰다 겐지 척무대신은 1930년 8월에 "가라후토 척식의 근본 방침은 내지의 연장주의"라고 언명했고, 『가라니치』는 이것을, '의결기관으로서의 도회島會'가 설치되는 단계에서 특별회계가 폐지되어 '내지의 부현 수준'이 된다고 해석했다. 그리고 '도회' 설치에 대해 이 신문은 "흠잡을 데 없는 척계[척식계획] 방안이 있고 선거법 시행이 있다면 도회 설치 지연은 별로 문제 삼을 일이 아니다"라며 소극적인 자세를 보였다.[79] '도회' 즉 남가라후토 단위 의회의 결여는 오래전부터 가라후토청장에게 보내는 진정과 청원이 끊이지 않는 근본 요인으로 지적되어 왔다. 『가라니치』도 그 필요성을 인정하고 있으며, 특히 1929년 정우회에서 입헌민정당으로 정권이 교체되면서 가라후토청장관이 경질되자 '영속하는 도민의 위정 의지를 반영 보류해야 하는 기관'으로서 '도회 설치'를 제창했고, 1930년 4월경에는 가라후토 중앙협회를 중심으로 진정서를 제출했다.[80] 그럼에도 불구하고 『가라니

---

77 「樺太行政制度改正案」, 1930.6(大蔵省財政室編, 『昭和財政史資料』, 1-112-36); 「樺太県案」, 1930.7.8・15(大蔵省財政室編, 『昭和財政史資料』, 1-112-37).

78 「衆議院議員選挙法ヲ樺太ニ施行スル件」, 1930.9.2.

79 「內地延長主義の樺太の将来」, 『樺日』, 1930.8.21.

80 奥山朗々, 「陳情請願運動の続出は要するに民意暢達機関なき為」, 『樺日』, 1927.9.1; 「民意の発露」, 1928.6.29; 「刻下の急務」, 1929.7.16; 「島会の運命」, 1930.4.16.

치』는 '도회' 설치가 특별회계 폐지를 가져온다고 판단되자 일변하여 소극적인 태도를 보인 것이다. 애초에 참정권 요구의 목적 자체가 남가라후토 식민지 개발을 위해 본국 의회에 이익대표를 보내는 것이었기 때문에 이 신문이 원했던 것은 결국 "이른바 내지 연장의 작은 부분에 불과한 선거권만 요구한" 것이었다.[81]

그러나 참정권에 국한된 '내지 연장'이라는 요망은 본국 정부에 의해 부정되었다. 1931년에 「가라후토 중의원의원선거법 시행에 관한 법률안」의 귀족원 특별위원회 심의에서 정부위원인 다케토미 와타루武富済[척무참여관]는 "취지는 적당하며, 결코 이를 회피해서는 안 된다"고 인정하면서 중의원선거법 시행을 위한 세 가지 조건을 들었다. 첫째, "법률제도가 내지와 완전히 같지 않"은 점의 '개정과 폐지' 필요, 둘째, '특별회계'에서 '일반회계로 편입'할 것, 셋째, '척식계획의 수립'이었다. 한편, "조선·타이완과의 관계를 고려할 필요"의 유무에 대한 고쿠보 기시치小久保喜七[정우회]의 질문에 다케토미는 '다소 고려할 필요'는 있지만 남가라후토는 '내지의 연장이라기보다는 이른바 내지 그 자체'이기 때문에 "머지않아 조사를 수행한 후 선거권을 주어야 한다". 그러나 조선·타이완은 "가라후토와 상황이 대체로 달라" 참정권을 주면 통치에 '상당히 영향'이 있다. 따라서 "가라후토에 선거권을 주는 것이 조선인 및 타이완인의 마음가짐을 자극하고, 우리에게도 이를 부여하라는 외침이 일어나는 원인이 될 것임에 틀림없"지만 '지금으로서는' 조선인이나 타이완인에게 참정권을 부여할 생각은 "정부로서는 갖고 있지 않다"고 대답했다.[82]

---

81 「樺太の選挙権」, 『樺日』, 1931.1.7.
82 『第五九回帝国議会貴族院 樺太ニ衆議院議員選挙法施行ニ関スル法律案特別委員会速記

즉, 다케토미는 확실히 조선인이나 타이완인에 대한 '고려'를 인정했지만, 그것이 남가라후토의 중의원선거법 시행을 방해하는 근본적 요인은 아니라고 한 것이다. 이미 살펴본 바와 같이 하마구치 내각하에서 남가라후토의 본국 편입을 전제로 중의원선거법 시행이 계획되었던 것으로 미루어 볼 때, 이 '고려'는 남가라후토를 본국에 편입시켜 타이완·조선의 속령 통치와 분리시킴으로써 해소될 것이었다고 본 것이다. 법제도·재정제도 상의 본국 편입은 중의원선거법 시행에의 거의 마지막 '조건'이었던 것이다. 이상의 심의에 대해 아가타 시노부縣忍 가라후토청장관이 "가라후토 도민에게 선거권을 부여하려면 어차피 내무성으로 이관한 후 이를 행하는 것이 합리적이지 않느냐는 의견이 유력했다"고 언급한 것은 이 해석과 부합할 것이다. 이리하여 제2차 와카쓰키 내각[입헌민정당]에서는 척무성 폐지를 포함한 대형 행정정리안의 일환으로 다시 가라후토청 특별회계 폐지를 포함한 내무성 이관본국 편입 방안이 검토되었다.[83]

2) 내무성 이관 반대운동으로의 전환

1931년 본국 의회의 심의 결과는 참정권에 한정된 '내지 연장'이라는 가능성을 완전히 부정했다. 같은 해 6월에 『가라니치』는 "이 운동은 아마도 반대로 되었다"고 술회하고, 다음과 같이 말했다. "가라후토는 다른 식민지와 달리" "내지와 같으니 선거권을 달라"고 한다면 "오직 선거권만 내지 연장할 것이고, 섬의 행정 전체를 내지 연장으로 한다면 필연적으로 선

錄」, 1931.3.27.
83　「島民としては意見を纏めよ」, 『樺日』, 1931.6.25; 井上準之助論叢編纂会編, 『井上準之助伝』, 井上準之助論叢編纂会編, 1935, 752쪽; 「樺太庁昭和七年度歳入歳出予算額査定表」, 1931.7.17(『昭和財政史資料』, 1-112-38).

거권은 따라온다". 문제는 '내무성 이관 여부'라고 본 것이다. 도요하라에서는 10월에 엔도 요네시치 등의 가라후토청 이관 대책협의회樺太廳移管対策協議會가 종합행정·특별회계 존속을 결의하여 "전도에 격문을 돌렸다".『가라니치』도 이에 발맞추어 "선거권을 달라고 하는 것은 내지인으로 취급해달라는 외침"이고, 또 "가라후토가 내무성 관하로 옮겨지는 것은 가라후토인을 내지인으로 취급하는 것"으로 "가라후토인으로서 누구나 기뻐하지만" 재정상 '어른 취급을 받을 만한 실력'이 없다는 점에서 "종합행정은 그대로 두고 내지의 반열에 오르고 싶다"고 말했다.『가라니치』는 남가라후토는 제도상 본국에 준한다는 종래의 주장을 스스로 반쯤 부정하고 종합행정이나 특별회계의 존치를 요청하여 '내지인' 취급, 즉 주민의 대부분이 일본인이라는 것만을 근거로 참정권을 요구한 것이다. 이후의 진정운동에서도 가라후토청 이관 대책협의회는 참정권 획득은 "일본 국민으로서 당연한 권리에 근거한 것으로, 결단코 행정의 내무성 이관과의 교환을 조건으로 하는 것이 아니다"라고 주장했다.[84]

이때 오도마리 그룹은 도요하라 그룹 및『가라니치』의 운동과 상당한 간격이 있었고, 통일운동을 위한 협상도 결렬되었다.[85] 오도마리는 나카무라 쇼지로의 제안에 따라 가라후토청의 사업 중 철도·체신[특히 전신전화] 사업만을 떼어내 각각 철도성·체신성으로 이관하고, 후에 종합행정·특별회계를 유지한 채 내무성으로 이관해 '참정권', '지방자치권'을 얻는 방

84 「選擧權と內地延長」,『樺日』, 1931.6.25;「總合行政の存續を全島に撤して高唱」, 1931.10.14;「內地になる樺太の悩み」, 1931.10.17;「要路の大官に提示せる棟情書」, 1931.11.6.
85 「島民大会から大泊にも交渉」,『樺日』, 1931.10.22;「大泊頗る強硬 交渉遂に決裂」, 1931.10.23.

안을 생각하고 있었다. 그 목적은 "손실이 계속되고" 있던 철도·체신사업만을 본국 정부로 이관하고 토목·척식·권업비의 지불이나, 가라후토청의 주수입인 삼림사업을 유지하여 지방세의 부담을 경감하는 데 있었다고 생각된다. 그러나 도요하라 상업회의소 의원에 따르면 그것은 "전도적으로 봐서 좋을지 모르며" "오도마리의 입장에서는 철도, 체신을 떼어내도 좋을 것"이지만 "도요하라의 상공업 입장에서 보면 반대해야 하는" 선택이었다.[86] 도요하라와 오도마리의 지역적 이해 대립이 내무성 이관 여부와 그 조건을 둘러싼 대립으로 표면화된 것이다.

그러나 오도마리를 제외한 많은 마을들은 도요하라 그룹의 운동에 동조했는데,[87] 남가라후토 제3의 도시인 마오카도 내무성 이관 문제에 대해 "도요하라가 맹렬히 일어난 것은 가라후토청 소재지이기 때문"이며 또한 "오도마리와 의견을 달리하는 것은 선거권 부여를 원하기 때문"이라고 관측하면서 결국 이관 반대를 결정했다.[88] 과거 어제개혁운동 지도자 중 한 명이었던 마오카의 스기모토 젠노스케杉本善之助도 이관 반대를 적극 주장했다. 오도마리의 이관 찬성이 '불가능한 조건'을 전제로 하고 있고, "과연 종합행정을 시행하는 오늘날보다 그 이상으로 가라후토에 친절한 그리고 성의 있는 시설이 이루어질 것인가"라는 '의구심'를 불식시킬 수 없기 때문이었다. 실제로 산림사업은 농림성 이관이 '상당히 유력'하다고 이미 보도되고 있어 오도마리안의 실현 가능성은 부족했지만, 스기모토의 '의구

---

86 「内務省移管問題研究座談会」,『樺太』3(8), 1931; 天空堂人,「移管問題のからくり」, 같은 책, 3(12), 1931;「大泊の樺太行政研究会」,『樺日』, 1931.11.14.
87 恵須取町,『樺日』, 1931.10.24; 落合町, 1931.11.5; 栄浜村, 1931.11.7; 白縫村, 1931. 11.11; 泊居, 1931.11.7; 知取町, 1931.11.18.
88 「移管問題に対する真岡の有志懇談会」,『樺日』, 1931.10.29.

심'이란 근본적으로는 '내일의 생활'에 대한 '불안'이었다.[89] 이관 반대운동의 근저에 있었던 것은 아무리 가라후토청의 시정에 불만이 있더라도 본국 편입에 의해 종래의 '생활' 기반을 잃는 것은 피하고 싶다는 일본인 이민자의 심정이었다고 할 수 있다.

11월 7일에 '가라후토청 이관 대책 도민대회'는 도요하라, 마오카, 혼토, 구슌나이, 루타키留多加 등 각지 정촌에서 상경 위원을 보내 이관 저지를 위한 진정운동을 전개했다. 그러나 내무성 이관안은 11월 5일에 와카쓰키 레이지로 내각의 행정심의회를 통과했으며 14일에 진정을 청취한 와카쓰키 수상 (겸 척무대신)도, 가라후토청이 '삼림 수입'을 '주요 재원'으로 하는 한 '척식사업의 원만한 발달'은 기대할 수 없고, "현행의 종합행정을 해체해 분할행정으로 바꾸어 좀 더 홋카이도나 내지 수준의 조직으로 만들어 개척하는 것이 좋다고 생각한다"고 대답했다. 남가라후토의 본국 편입이 확실해진 것이다.[90]

그런데 얼마 지나지 않아 남가라후토의 본국 편입은 정권교체에 의해 폐지되었다. 와카쓰키 내각은 9월 만주사변 발발로, 시도중이던 정우회와의 제휴 공작에 실패해 12월 1일 총사퇴했다. 그리고 이누카이 쓰요시犬養毅 내각(정우회)은 '산업입국' 노선 아래, 9월 말에 일단 폐지가 정해져 있던 척무성을 부활시켰고 가라후토청 재정의 일반회계 편입도 중지했다.[91]

---

89 杉本善之助, 「樺太の移管を反対する理由」, 1931(杉本善之助編, 『樺太の思い出』, 杉本善之助, 1959); 「森林の農林省移管は一案として調査さる」, 『樺日』, 1931.10.23; 「『樺太の森林移管は将来の為めである』と」, 1931.10.15.

90 「樺太開発の為めには政府で遺憾なきを期す」, 『樺日』, 1931.11.7; 「樺太の移管愈々確定的」, 1931.11.26; 「樺太の移管問題も遂に一段落ついた」(縣忍長官 담화), 1931.12.5; 杉本編, 『樺太の思い出』, 96~97 · 105쪽.

91 井上準之助論叢編纂会編, 『井上準之助伝』, 759~760쪽; 「大体に於て踏襲する前内閣

3) 참정권 획득운동의 단절

이후 참정권 문제와 본국 편입 문제를 둘러싼 의견은 크게 분열되었다. 오도마리의 고참 유력 상인인 오노 준마쓰大野順末[정장, 정평의회·정회의장, 상공회의소 회장 등 역임]는 와카쓰키 레이지로 내각의 행정심의회가 내무성 이관안을 결정한 시점에서 전술한 나카무라 쇼지로의 철도·체신 이관안을 '자기 멋대로'였다고 비판했다. 종합행정이 '영유 이래 25년' 동안 "아무런 실적을 올리지 못한" 이상, '이번에는 좋은 기회'라고 완전한 내무성 이관론을 주장한 것이다. 오노는 이관 중지 후에도 '가라후토 어업'의 '침체'는 '가라후토청의 독재정치가 초래한 대표적인 죄악'이라고 하고, '수산행정의 확립'을 위해서라도 내무성 이관은 '절호의 기회'이며 '참정권', '지방자치제'에 의해 "가라후토의 행정은 도민의 의지가 반영되어 점점 더 좋아질 것"이라고 설파했다. 오노에게는 내무성으로 이관하면 대장성으로부터 어업 자금의 차입이 가능하다는 계산도 있었지만, 어쨌든 가라후토청의 통치를 버리고 본국 편입을 통해 '도민'의 정치 참여를 확보하여 시정을 개선하는 길을 선택한 것이다.[92]

한편 내무성 이관 반대운동의 중심이 되었던 도요하라에서도 잡지 『가라후토』는 내무성 이관·참정권 획득을 선택했다. 이 잡지는 '농민·어민'의 '궁핍한 상황'을 초래한 가라후토청의 방임주의적 식민을 비판하고 현 제도의 '삼림 수입' 감소로 인해 가라후토청의 예산 축소가 불가피하다고 지적했다. 그리고 내무성 이관 반대운동은 "일정한 주관이 없으며" 특히

の行政整理案」, 『樺日』, 1931.12.18.

92　「大泊の樺太行政研究会」, 『樺日』, 1931.11.14; 大野順末, 「内務省移管に依って水産行政を確立せよ」, 『樺太』 4(1), 1932. 오노에 대해서는 西鶴, 『新撰大泊史』.

"도요하라파가 3년 전부터 참정권 획득운동을 하고 있으면서 종합행정을 해체한 참정권 부여에는 반대"를 주창하는 것은 '몰이해'의 극치라고 비판한 것이다.[93]

그러나 『가라니치』의 주장에는 큰 변화가 없었다. 1932년 3월 논설에서 이 신문은 내무성 이관은 재정 핍박 때문에 장래적으로는 불가피하다고 인정하면서도 "가라후토는 아직 독립할 수 있는 성인이 아니"라며 이관은 시기상조라는 입장을 고수하고, 나아가 '개발 정도'는 '참정권 문제와는 별개'라며 종합행정이든 특별회계든 선거법을 시행하는 데에는 아무런 지장이 없다고 본국 편입 없이 참정권을 요구해야 한다는 입장을 재차 밝힌 것이다.[94] 즉 남가라후토의 본국 편입내무성 이관에 대한 찬반은 더 이상 지역 간 갈등의 문제가 아니라 가라후토청의 속령 통치와 결합한 식민지 개발을 지지하느냐의 여부만으로 분열되기에 이르렀다. 게다가 본국 편입 반대파가 그 주장과 양립하기 어려운 참정권 요구를 고집했기 때문에 참정권 획득 여부는 명확한 쟁점이 되지 못했다.

이리하여 본국 의회 참정권 획득운동은 본국 편입 찬성·반대 여부에 대한 시비로 암초에 걸렸다. 그 후 일어난 큰 변화는 남가라후토 단위의 정치 참여로의 전환이다. 『가라니치』는 1936년에 이르러, '독재 행정과 민의와의 조화'를 위해, 남가라후토 단위의 자문기관을 설치하자고 재차 제창했다. 이 신문은 '가라후토 거주자'의 '민권 신장 요구'가 "단순히 일본인으로서 가질 수 있는 민권 전부를 내지 거주자와 동일하게 누리고 싶은 욕심"이라면 종합행정·특별회계 해체로 인해 가라후토 개발을 희생할

---

93 「実情を認識して島是の確立を期せ附・移管問題厳正批判」, 『樺太』 3(12), 1931.
94 「樺太の移管と参政権問題」, 『樺日』, 1932.3.8.

정도의 필연성은 없다고 일축하면서 "모종의 중압감에 대한 반발과 자기 구제를 동기로 하는 지방자치권이나 참정권에 대한 요구"는 "한 발 잘못 디디면 가라후토 개발에 일시적 타격을 줄 수밖에 없다"고 인정했다. 그리고 장래적인 '섬 행정상의 의결기관' 설치에 대해 타이완 총독부 평의회를 본뜬 자문기관을 설치해 '민의 창달 기관'으로 할 것을 제언했다. 당시에도 본국 정부와 의회는 거듭 남가라후토의 내무성 이관을 검토하고 있어 '민의 창달 기관' 제안은 가라후토청에 대한 남가라후토 주민들의 불만이 본국 편입 찬성으로 가는 것을 막기 위한 것으로 보인다.[95]

1937년 4월에 가라후토청은 관선 자문기관으로서 가라후토청 평의회를 설치했다[가라후토청 훈령 제10호]. 잡지 『가라후토』는 평의회 제도에 대해 "어떤 식견이라도 만약 그것이 당국의 식견과 상충된다면 결국 울며 겨자 먹기로 끝나야 한다", "인물 선정 초기에 관에 강경 의견을 토로하는 사람을 배제할 것"이라고 비판하면서 "기존에 완전한 비밀독재로 운영되었던 도정이 개략적으로나마 공개되는 것만으로도 앞으로 뭔가 보탬이 될 수 있다"고 평가했다. 1939년에는 또한 무네스에 슌이치棟居俊一 가라후토청장관이 '지방의회 즉 가라후토 도회'의 설치를 본국 정부에 제안했다. 이에 대해 『가라후토』는 '지금의 평의원회보다 한발 전진한 것'이며, 중의원선거법 시행의 "전제를 만든다"고 했고, 또한 '가라후토청 당국과 도민과의 유기적 통일'을 가져올 것이라고 '기대'를 걸었지만, 실현에는 이르지 못했다.[96]

---

95 「地方議会なき樺太の行政」, 『樺日』, 1936.4.21; 「民権伸暢要望の動機は何」, 1936.6.
    30; 「民意暢達機関設置の方途」, 1936.9.26; 「長官, 諮問機関問題を考究」, 1937.2.20.
96 「樺太春秋」, 『樺太』9(5), 1937; 「長官上京の鞄の中と拓務省」, 같은 책, 11(12), 1939;
    「樺太地方費法案」, 1939.10(內務省地方局行政課, 「昭和一四年地方制度関係(樺太)」,
    国立公文書館自治省移管文書四八, 3A・13-8・99).

한편 가라후토청 평의회 설치 직전인 1937년 3월 중의원에서는 다시 남가라후토에 중의원선거법을 시행할 것을 요구하는 법률안이 제출되었다. 이 법안의 제출자 중에는 전 가라후토청 사무관 이시자카 도요카즈石坂豊一[도야마(富山), 정우회]나 시즈카에 거주하는 우자와 우하치[지바, 입헌민정당] 등이 있었다. 이시자카에 따르면 법안 제출의 계기는 전년에 남가라후토에서 열린 '시정 제30주년 기념 박람회'에 방문한 중의원의원단이 "이 땅에 중의원의원선거법을 실시하지 않는다는 것은 참으로 유감스러운 일이라고 이구동성으로 말한" 것이었다. 이 법안은 위원회를 통과했지만 중의원 해산으로 심의 미필로 끝났다. 잡지 『가라후토』는 이를 가라후토 도민들에게는 가장 유감스러운 것이라고 평했지만 『가라니치』의 반응은 불분명하다.[97] 1940년 중의원에서 이시자카가 다시 제출한 법안도 심의 미필로 끝났고, 이후 같은 취지의 법안은 보이지 않는다.[98] 1941년 『가라후토』는 '가라후토의 내지 이관'에 반대하는 '척무성과 가라후토청에 둥지를 틀고 있는 일부 관료'들을 비판했지만 『가라니치』의 오키시마 가마조는 '현재의 특별회계 · 종합행정제도'의 '유지'를 위해 '척무성 관하 그대로'의 중의원선거법 시행을 주장하고 있다.[99]

이상과 같이 1920년대 후반 이후 남가라후토에서 중의원선거법을 시행하는 방안에 대해 주민의 대부분이 일본인이기 때문에 필요하다는 인식이 남가라후토 측의 참정권 획득운동뿐만 아니라 본국 정부 · 의회에도 공

---

97 衆議院編, 『第七〇議会帝国議会法律案』(議員提出法律案) 第25號, 1937; 『第七〇回帝国議会衆議院議事速記録』, 1937.3.28; 「其後の彼氏」, 『樺太』 9(5), 1937. 이시자카에 대해서는 金岡幸一編, 『石坂豊一 · 修一追悼集』, 石坂誠一, 1973.
98 『第七五議会帝国議会衆議院議事速記録』, 1940.3.24.
99 「国内行政機構改革と樺太の内地編入」, 『樺太』 13(1), 1941; 沖島鎌三, 「樺太現下の諸問題」.

유되고 있었다. 그러나 본국 정부는 지방자치제도를 정비하고 남가라후토를 내무성으로 이관하여 본국에 편입하려 한 반면, 참정권 획득운동은 가라후토청 아래서의 식민지 개발체제를 상실할 것을 우려하여 내무성 이관 반대운동을 전개했고, 이후 본국 편입 여부를 둘러싸고 장기간 분열이 일어났다.

4) 남가라후토의 본국 편입

마지막으로 전시하 남가라후토의 본국 편입 과정을 살펴보자. 1942년 9월 1일 도조 히데키東條英機 내각은 대동아성大東亞省의 설치와 함께 "가라후토를 내지 행정에 편입한다"고 각의 결정했다. 동년 10월 13일의 척무성 안에서 가라후토청은 '홋카이도청에 준하는 독립 관청'으로 여겨져 철도 · 체신 행정의 각 주무성 이관, 특별회계 폐지, 지방비 회계 설치 등이 입안되었다.[100] 그러나 종합행정 · 특별회계 폐지에 대해 가라후토청과 일본인 이민자는 즉각 반대의 목소리를 냈다.

우선 10월 19일에 오가와 마사노리小河正儀 가라후토청장관은, "내지 편입은 가라후토 현지의 특수사정에 비추어 척식의 진전을 저해하지 않을" 필요가 있다면서, 다음과 같이 제안했다.

① 철도 · 체신 행정 이관 후 가라후토청장관에 대한 광범위한 권한 위임
② 철도 · 체신을 제외한 특별회계 존치

---

100 馬場明, 『日中関係と外政機構の研究』, 原書房, 1983, 410~427쪽; 拓務省, 「樺太内地編入ニ伴フ行政財政措置大綱(案)」, 1942.10.13(内務省管理局, 「樺太庁内地編入関係ノ一」, 国立公文書館自治省移管文書四八, 3A · 13-8 · 93).

③ 1944년도부터 지방비 설정 · 지방의회 개설

④ '되도록 신속'한 중의원선거법 시행 · 귀족원 고액납세자 의원 선출[101]

이어 10월 30일 남가라후토 각지의 시정촌장, 시회 · 정회 의장, 상공회의소 회장 등 24명은 가라후토청의 내무성 이관에 관해 행정상의 '특수제도' 필요, 특별회계의 '절대적' 존속을 호소하는 진정서를 척무대신에게 제출했다. 제출자 중에는 한 번은 내무성 이관에 찬성했던 오노 준마쓰[오도마리 정회 의장, 오도마리 상공회의소 회장]의 이름도 있었다.[102]

가라후토청 및 일본인 이민의 운동은 본국 정부의 남가라후토 편입 방안에 영향을 미쳤다. 척무성은 10월 말에 폐지되어 편입안의 검토는 내무성으로 인계되었지만, 1월 24일 내무성안은 "가라후토의 지리적 특성, 개발 현황 및 통치 연혁 등 제반 사정에 비추어" 다음과 같이 변경되었다.

① 철도 · 체신[1943년도부터 이관]을 제외한 '광범한 행정 권한'과 '종합적 관리'

② 특별회계를 '일단' 1943년도는 존치

③ 지방비 · 지방의회에 관한 '신중한 고려'

④ 중의원선거법의 '되도록 신속'한 시행에 대한 '고려'

이 내무성안에 기록된 "입안 시 정부 방침을 지키고 장관, 가라후토 도민의 의향도 들었다"는 메모는 원안 수정 경위를 여실히 보여준다. 덧붙여

---

101 樺太長官, 「樺太內地編入ニ伴フ措置ノ件」, 1942.10.19(「樺太庁內地編入関係ノ一」).

102 「陳情書」, 1942.10.30(「樺太庁內地編入関係ノ一」). 1937년의 가라후토시제(법률 제1호)에 의해 도요하라에는 시제가 시행되고 있었다.

'지방비 및 지방의회'에 대해서는 별도의 문서로, 재정적 견지에서 "설치해도 대부분 그 기능은 일부로 한정된다"는 관측이 제시되어 있었다.[103]

이상의 수정을 거친 본국 편입안은 1943년 1월 20일에 각의 결정되었다.[104] 같은 해 4월에 가라후토청 관제는 전면 개정되었고, 또한 가라후토에 시행해야 하는 법령에 관한 법률1907년이 폐지되었다[칙령 제196호, 법률 제85호]. 후자는 법제상 남가라후토가 본국에 편입되었음을 의미한다. 그러나 전자의 가라후토청 관제 개정에 대해서는 철도·체신 행정 분리를 제외하면 각 주무부장관이 가라후토청장관에게 감독·지휘한다고 정해졌을 뿐 종합행정의 체재는 유지되었다. 그리고 가라후토청 특별회계는 결국 폐지되지 않았다.[105] 남가라후토의 본국 편입은 종합행정·특별회계를 해체하지 않고 이루어진 것이다. 내무성이 추밀원樞密院 심의를 위해 작성한 '예상질의'1943년 3월에는 특별회계 유지의 이유에 대해 지방비 설정이 곤란한 것과 "가라후토 도민이 특별회계의 존속을 일종의 안정감으로 여기고 강하게 희망하고 있기 때문에 그것도 고려했다"고 적혀 있다.[106] 가라후토청의 식민지 개발체제를 유지한 채 남가라후토를 본국으로 편입하자는 요구는 분명히 이루어졌던 것이다.

다만, 중의원선거법은 본국 편입으로부터 꼬박 2년이 지난 1945년 4월의 개정으로 조선·타이완과 함께 겨우 남가라후토에 시행되었다. 1944년 9월 고이소 구니아키小磯国昭 내각은 조선인·타이완인이 병역을 수행하

---

103 內務省, 「樺太內地編入ニ伴フ行政財政措置大綱(案)」, 1942.11.24(「樺太庁內地編入関係ノ一」), 「樺太地方費設置ニ関スル意見」.

104 「樺太內地編入ニ伴フ行政財政措置要綱ヲ定ム」(『公文類聚』 67(51)·官職四五·官制四五[都庁府県二], 1944).

105 일본 패전 후에 폐지되었다(1946년 법률 제21호).

106 內務省管理局, 「樺太內地編入関係資料(質疑応答)」, 1943.3(「樺太庁內地編入関係ノ一」).

는 대가 등을 이유로 조선·타이완에 중의원선거법을 시행하기로 방침을 정했기 때문에 남가라후토도 이와 일괄 처리된 것으로 보인다.[107] 전시 총 동원이나 황민화정책에 의해 조선인·타이완인이 민족간 평등을 강하게 요구하는 가운데[보론 1], 주민의 대부분이 일본인인 남가라후토에만 중의원선거법을 시행한다고 하는 선택은 채택되지 않았던 것이다. 남가라후토 단위의 지방의회는 결국 설치되지 않았지만, 이에 대해서도 앞서 언급한 재정적 이유와 더불어 조선의회나 타이완의회가 설치되지 않았다는 점을 고려해야 할 것이다. 어쨌든 일본 패전의 결과로 이들 3개 지역에서 중의원의원 선거가 실시되지는 않았다.

6. 나가며

남가라후토의 속령통치제도는 홋카이도청과 유사한 가라후토청에 의한 통치나 본국에 준하는 법제도를 특징으로 하고 있으며, 남가라후토는 일본인이 인구의 대부분을 차지하고 있는 이주 식민지라는 인식이 그 전제가 되었다. 다만 이 틀은 러일전쟁 이전에 정착했던 러시아인들을 퇴거시키고 또 가라후토 아이누, 니브흐, 윌타 등 소수의 원주민을 일본인과 대등한 존재로 취급하지 않음으로써 이루어졌다.

남가라후토의 속령 통치가 홋카이도를 포함한 본국과 크게 달랐던 것은 첫째, 가라후토청이 타이완·조선 두 총독부와 같은 종합행정·특별회계

---

107 岡本真希子, 「アジア・太平洋戦争末期における朝鮮人・台湾人参政権問題」, 『日本史研究』 401, 1996; 楠, 「樺太参政権問題」.

를 가진 점, 둘째, 지방자치제도나 남가라후토 단위의 의회가 없고 중의원 선거법도 시행되지 않았다는 점이다. 어제개혁 문제와 개발 방침을 비롯한 문제로 일본 이민자들과 가라후토청의 정책 갈등이 일찍이 발생했지만, 정치 참여를 통한 해결의 길은 막혀 있었다. 이들의 불만이 홋카이도와의 합병 등 가라후토청의 식민지 개발체제를 뒤집는 방향으로 가는 것을 가라후토청과 『가라니치』가 두려워한 결과, 1922년에는 관선 자문기관인 정촌평의회가 설치되었다[제1차 가라후토정촌제].

1924년 본국 정부·의회에서 홋카이도·남가라후토 합병안이 다시 검토되었지만, 남가라후토에서는 각지의 일본인들이 반대운동을 조직했다. 합병안이 폐지된 후에는 남가라후토의 이익을 대변하는 대표가 필요하다는 인식 속에 본국 의회에 참정권 획득을 요구했다. 1926년 이후 본격화되는 참정권 획득운동은 남가라후토 주민의 대부분이 일본인이라는 점, 법제도가 본국에 준한다는 점을 주요 논거로 하고 있었다. 본국 정부·의회는 이 요구에 이해를 표명했는데, 정부는 지방제도의 정비가 필요하다고 보고 1929년에 정촌회를 설치했을 뿐만 아니라[제2차 가라후토정촌제], 나아가 남가라후토를 타이완·조선의 속령 통치와 구별하기 위해 본국으로 편입하려고 했다. 그러나 본국 편입이 종합행정·특별회계 폐지를 의미한다고 인식한 남가라후토의 일본인들은 이에 반대하는 운동을 전개했다. 이때문에 남가라후토의 본국 편입은 전시 중인 1943년까지 실현되지 않았고, 중의원 선거법은 1945년 조선·타이완과 함께 시행되었다. 가라후토청장관이나 일본인 이민자의 요청에 따라 종합행정과 특별회계는 폐지되지 않았다. 일본인 이민자의 정치운동은 처음에는 남가라후토의 본국 편입을 추진하는 요인이 되었으나, 나중에는 본국 편입을 지연시키고 식민지 개발체제를 유지시키는 요인이 되었던 것이다.

　남가라후토가 일본인의 이주 식민지였다는 것은 본국에 준하는 제도의 존재나 본국 편입과 전혀 모순되지 않는다. 그것은 홋카이도가 본국 편입 이전·이후를 통해 소수의 원주민을 에워싸면서 일본인야마토인에 의해 이주 식민지화된 것과 같다. 또 만약 러일전쟁 때 러시아인들을 퇴거시키지 않았다면 남가라후토도 타이완·조선과 마찬가지로 이민족 통치를 중대한 과제로 삼는 속령이 되었을 것이다. 그러나 일본인 이민자가 인구의 대부분을 차지했기 때문에 일본인임을 근거로 본국과 같은 정치 참여를 요구하는 이들의 민족의식은 조선이나 타이완에서와는 달리 머저리티로서의 의식과 결부되었다[본론 1 참조]. 1920년대에 증가한 조선인 이민자가 제2차 가라후토 정촌제 아래에서 일본인 이민자와 함께 정치에 참여했을 때의 '감동의 눈물'로 알 수 있듯이, 일본인과 조선인 사이에도 인구 구성과 결합된 식민주의가 유지되었다. 덧붙여 남가라후토 주민의 정치 참여 문제는, 본국 정부 입장에서 현지민이 인구상의 머저리티인 조선·타이완의 그것과 항상 연동되어 있었다. 남가라후토 일본인 이민자의 정치운동이 거리상 본국과 가깝다는 점이나 일본인의 많음을 강조한 것 자체가 이 지역에 일본 지배영역의 변동과 인간의 이동에 따른 민족 간 정치가 발생했음을 보여주는 것이다.

조선과 타이완 일본인 이민자들의 정치 행동

1. 들어가며

20세기 전반 조선과 타이완은 제5장에서 다루었듯이 남가라후토와 동일하게 일본의 속령 통치하에 놓였으며 다수의 일본인이 이주한 지역이다. 다만 이주 경위를 보면, 조선은 1910년 한국병합에 앞서, 1876년 개국 이후 이미 개항지를 중심으로 일본인 사회가 형성되어 있었다. 이에 비해 일본인의 타이완 이주는 기본적으로 1895년 영유 이후였다. 남가라후토는 러시아령시대에도 이주 노동 어업자 등의 일본인은 있었으나, 이주가 이루어진 것은 1905년 영유 이후이다. 1940년 무렵의 일본인[일본 호적보유자] 인구는 조선이 약 69만 명, 남가라후토가 약 38만 명, 타이완이 약 35만 명 순이었다. 그런데 남가라후토에서는 일본인[단, 가라후토 아이누 제외]이 인구의 95.5%를 점유한 것과는 달리, 조선에서는 인구의 2.9%[조선인이 96.8%], 타이완에서는 인구의 5.8%[타이완인이 93.4%]에 지나지 않았다. 일본인의 직종을 비교하면, 남가라후토에서는 농림어업의 비율이 높았던 것에 비해 조선과 타이완에서는 관리·자유업이나 상공업의 비율이 높았다. 이주 식민지화된 남가라후토에 반해 조선과 타이완은 투자 식민지적 성격이 강했고, 더욱이 조선인·타이완인을 통치하기 위해 남가라후토에 비해 현저하게 많은 일본인 관료가 필요했기 때문이다.[1]

속령 통치하의 조선·타이완으로 이민을 떠난 일본인 이민자들은 조선인이나 타이완인과 똑같이 종속적 지위에 놓여 있던 것에 불만을 품고, 스스로가 일본인인 것을 근거로 본국에서와 같은 정치적 권리를 요구했다. 그 자체는 남가라후토와 같았다. 그러나 조선·타이완에서는 정치질서의 주요한 문제가 남가라후토와는 달랐다. 즉, 인구의 대부분을 점한 조선인·타이완인이 일본의 통치를 받아들일 것인가, 나아가 어떠한 조건에서 이를 받아들일 것인가가 주된 문제였다. 인구적인 측면에서 마이너리티인 일본인은 지배민족으로서 우위를 가지고자 하면서, 민족의 자치나 일본인과의 평등을 요구하는 조선인·타이완인의 압력에 직면했던 것이다.

2. 조선과 타이완 일본인 이민 사회의 형성

조선 조일수호조규에 따라 1876년 조선이 일본에 개국하자 중소상업인

---

1   樺太庁內政部総務課編, 『樺太庁統計書 昭和一五年』, 樺太庁, 1943; 朝鮮総督府編, 『朝鮮総督府統計年報昭和一五年』, 朝鮮総督府, 1942; 台湾総督府総務局編, 『台湾人口動態統計昭和一五年』, 台湾総督府総務局, 1943; 三木理史, 『移住型植民地樺太の形成』, 塙書房. 2012, 85~89쪽; 岡本真希子, 『植民地官僚の政治史─朝鮮·台湾総督府と帝国日本』, 三元社, 2008, '제1장'.

을 중심으로 조선으로 건너가는 일본인이 나타났다. 개항지인 부산[1877년], 원산[1880년], 인천[1883년]에는 거류지가 설치되었고 나아가 조영조약[1883년]의 균점 원칙에 따라 거류지 주변 10리 이내는 조선인·외국인의 잡거지가 되었다. 조중상민수륙무역장정[朝中商民水陸貿易章程, 1882년]의 균점 원칙에 의해 잡거지가 된 수도 한성에도 1884년 일본 거류지가 설치되었다. 이들 지역에서 일본 영사는 일본인 거류민에 대하여 일방적인 영사재판권을 가졌을 뿐만 아니라 거류민의 보호·단속을 위해 영사관 경찰을 설치했다. 일본인의 조선 도항은 청일전쟁 이후 급증했다. 일본 정부도 1902년에 한국[1897년 국호를 대한제국으로 개칭]·중국으로의 도항을 이민보호법에 의한 규제 대상에서 제외하는 등 편의를 도모했다. 러일전쟁이 시작된 1904년에는 한국으로 도항하는 데 여권이 전혀 필요 없었다. 청일전쟁 이후 개항지가 증가하는 한편, 거류지·잡거지 이외의 일본인의 위법한 거주나 토지·가옥 소유가 계속 증대되었다. 하지만 러일전쟁 이후 한국이 보호국화 되자 일본이 설치한 통감부는 1906년에 조선의 외국인 내지 잡거를 토지·가옥 소유를 포함하여 인정하기에 이르렀다. 1890년 일본인 인구는 7,245명이었지만 한국병합이 이루어진 1910년 시점의 인구 구성은 일본인이 171,543명[1.3%], 한국인이 13,128,780명[98.6%], 외국인[대부분 중국인]이 12,694명[0.1%]이었다.[2]

한국병합으로 인해 조선의 일본인 이민자는 외국인인 거류민에서 일본의 속령 내 입식자로 성격이 바뀌었다. 일본인은 계속 증가했고 또한 종래

---

2   木村健二, 『在朝日本人の社会史』, 未来社, 1989; 高崎宗二, 『植民地朝鮮の日本人』, 岩波書店, 2002; 朴俊炯, 「東アジアにおける雑居と居留地·租界」, 大津透ほか編, 『岩波講座日本歴史 20 地域編』, 岩波書店, 2014; 副島昭一, 「朝鮮における日本の領事館警察」, 『和歌山大学教育学部紀要 人文科学』 35, 1986; 朝鮮総督府, 『朝鮮の人口現象』, 朝鮮総督府, 1927.

와 같이 중소상업자 등에 더하여 관리나 회사원 등의 비중이 증가했다. 일본 정부가 1908년에 설립한 동양척식회사는 조선인 소작인을 퇴거시키고 일본인 농업 이민을 추진했다. 하지만 결과적으로 일본인 대토지 소유나 부재지주화가 진행되는 것에 비해 정착하는 일본인은 미미했다. 일본인 대부분은 옛 거류지를 중심으로 하는 지역에 집단 거주했고 조선인과는 동떨어진 커뮤니티를 형성했다. 관리의 비율이 높았을 뿐만 아니라 가족을 본국에 남겨둔 사람이나 돈을 벌러 온 사람이 많아 정주하려고 하는 사람의 비율은 낮았지만, 1930에는 조선에서 출생한 일본인이 29.4%에 이르렀다. 학교교육, 특히 초등교육의 경우 일본인은 조선인과 다른 학교에서 본국에 준거한 교육을 받았다. 조선에서 태어난 일본인에게는 일본인으로서의 민족적 자각이 요구되었다.[3]

타이완 17세기 이후 타이완은 대륙에서 온 한인漢人에 의한 이주 식민지화가 급속하게 진행되어 원주민의 생활공간이 축소되고 있었다. 청일전쟁의 결과 중국에서 일본으로 할양된 타이완에 거주하는 일본인은 1896년에는 8,633명에 지나지 않았다. 그러나 1905년 시점의 인구 구성은 일본인 59,618명1.9%, 타이완인이 한인 2,979,018명95.4% 및 원주민 76,443명2.5%, 외국인[주로 중국인]이 8,223명0.3%이었다. 일본인은 관리나 자유업 종사자가 주로 증가했고 여기에 상공업자 등이 뒤를 이었다. 타이완총독

---

3 高崎, 『植民地朝鮮の日本人』; 轟博志, 「朝鮮における日本人農業移民－東洋拓殖と不二農村の事例を中心として」, 米山裕・河原典史編, 『日系人の経験と国際移動－在外日本人・移民の近現代史』, 人文書院, 2007; 朝鮮総督府編, 『昭和五年国勢調査報告 全鮮編 第一巻 結果表』, 朝鮮総督府, 1935; 駒込武, 「植民地支配と教育」, 辻本雅史・沖田行司編, 『新体系日本史16 教育社会史』, 山川出版社, 2002; Jun Uchida, *Brokers of Empire : Japanese Settler Colonialism in Korea, 1876~1945*, Cambridge and London : Harvard University Asia Center, 2011, pp.58~90・342~346.

부는 1909년에 관영 농업이민사업을 개시했지만, 미간지가 많았던 타이완 동부 몇 군데에 일본인 농촌이 창설되었을 뿐 1917년에 중단되었다. 1929년 시점에서 이러한 농촌에 거주하는 일본인은 약 3,800명에 머물렀다. 일본인 대다수는 타이베이台北나 지룽基隆 등의 도시에 집단 거주했고 조선에서와 마찬가지로 타이완인과는 별개의 커뮤니티를 형성했다. 관리나 회사원이 많았기 때문에 정주하고자 하는 일본인의 비율은 역시 낮았지만, 1930년 시점에서 일본인 중 타이완 출생자가 33.1%에 이르렀다. 학교교육, 특히 초등교육의 경우 일본인은 타이완인과 다른 학교에서 본국에 준거한 교육을 받았다. 오랫동안 거주한 일본인 중에는 자녀교육을 위해 본국으로 돌아가는 사람도 있었다.[4]

3. 조선과 타이완 일본인 이민자들의 정치 참여

조선 병합 이전의 조선한국 내 일본인 거류민은 거류지의 일본인 내부에서 일정한 자치권을 보유하고 있었다. 각 거류지에서는 각각의 개항과 함께 대표자總代 직위나 거류민회가 설치되었다. 그리고 1887년에는 각지의

---

4   周婉窈, 濱島敦俊ほか訳, 『図説台湾の歴史』, 平凡社, 2007; 岡本真希子, 「植民地統治初期台湾における内地人の政治・言論活動－六三法体制をめぐる相剋」, 『社会科学』 86, 同志社大学人文科学研究所, 2010; 松田ヒロ子, 「総説」, 蘭信三編著, 『日本帝国をめぐる人口移動の国際社会学』, 不二出版, 2008; 矢内原忠雄, 『帝国主義下の台湾』, 岩波書店, 1929(復刻版, 1988), 136~145쪽; 台湾総督官房臨時国勢調査部編, 『昭和五年国勢調査結果表 全島編』, 台湾総督官房臨時国勢調査部, 1934; 近藤正己, 「植民者の戦争経験－総督政治下の台湾」, 倉沢愛子ほか編, 『岩波講座アジア・太平洋戦争 4 帝国の戦争経験』, 岩波書店, 2006.

일본영사관에 의해 대표자 선출 및 거류민회 운영을 공선제公選制로 하는 거류지 규칙·거류민 규칙이 제정되었다. 거류민회는 일본인 거류민에게 비용을 징수하여 토목·교육·위생 등의 자치행정을 시행했다. 러일전쟁 개전 직후 한국 각지의 거류민회는 일본인의 급증을 이유로 일본 정부에 '거류지의 자치제 시행'을 요구했다. 1905년에는 중국·한국의 거류지나 잡거지 내 일본 국적 보유자를 대상으로 한 거류민단법이 제정되었다. 거류민회는, 톈진天津의 거류민회가 영국을 모방하여 요구한 경찰권 이양은 인정되지 않았지만, 일본본국의 법에 근거한 자치 단체가 되어 과세권도 강화되었다.[5]

한국이 병합되자 일본인만의 자치를 유지하는 것은 어렵게 되었다. 이미 1908년에는 통감부령에 의해 거류민단장을 관선으로 선출하게 되었는데, 이는 통감부에 따르면 향후 일본인과 조선인을 동일한 관리하에 둘 때, 조선인에게 선거·피선거권을 주지 않기 위한 조치였다. 더욱이 한국병합 직후인 1911년에 조선총독부는 거류지 철폐와 함께 거류민단을 폐지한다고 통고했다. 거류민단장 선발의 관선화에도 반발하던 각지의 거류민단은 마찬가지로 폐지에도 강하게 반대하고, '내지인'에 의한 '자치제도'의 존속을 총독부나 본국 정부·의회에 요구했다. 이들은 '지방의 상황'에 따라서는 '일본인·조선인 합동'의 자치도 인정했다. 그러나 기본적으로 조선인은 일본의 '신민'이어도 '일본인'이 아니므로, 본국에서는 입헌정치하에 있는 일본인이 조선인과 동일한 제도하에서 자치를 잃는 것에 강하게 저항했다. 결과적으로 1914년 총독부는 거류민단을 폐지하고 동시에 거류

5   木村,『在朝日本人の社会史』, 67~79쪽; 木村, 「在外居留民の社会活動」, 大江志乃夫ほか編,『岩波講座近代日本と植民地5 膨張する帝国の人流』, 岩波書店, 1993.

민단이 있는 12개의 지역에 부제府制를 시행했다. 부府[본국의 시(市)에 상응]에는 관선으로 구성되는 자문기관으로서 부협의회가 설치되어 협의원의 약 60%가 일본인, 약 40%가 조선인으로 구성되었다. 일본인 협의원의 다수는 옛 거류민회의 의원이었다. 또한 옛 거류민단의 자치권은 교육행정에 한해 학교 조합의 형태로 남았다.[6]

조선총독은 후술하는 타이완총독과 같이 조선 내 위임입법권인 제령制令의 제정권을 갖고 있었다. 조선에서는 중의원의원선거법이 적용되지 않았다. 뿐만 아니라 조선인의 항일운동을 억압하는 동시에 '일시동인一視同仁'을 표방한 총독부는 일본 국적 보유자인 일본인·조선인 어느 쪽이든 부협의회 이외에는 정치 참여를 인정하지 않았다. 잡지『조선朝鮮』의 샤쿠오 슌조釈尾春芿는 총독부의 '무단정치'를 조선인에 대한 정책으로는 지지하면서도 일본인에 대한 통치는 구별해야 한다고 비판했다. 그러나 1919년의 3·1독립운동에서 조선인의 내셔널리즘이 고양된 것을 목격하자, 본국 정부하라 다카시 내각·총독부는 통치 안정을 위해 '문화정치'로 전환했다. 뿐만 아니라 일본인 이민자들이 조선 내 이익이나 지위를 유지하기 위해서는 조선인의 민족적 반감을 피할 필요가 있다는 인식이 나타나, 일본인 유력자는 총독부의 '내선융화'정책에 적극적으로 관여했다.[7]

총독부는 1920년과 1930년의 지방제도 개정을 통해 정치 참여를 확대했다. 1920년에는 공선제로 구성되는 자문기관인 부협의회에 더해, 자문기관으로서 면협의회·도평의회가 설치되었다. 면面[정(町)과 촌(村)에 상응]에서

---

6 木村,『在朝日本人の社会史』, 79~81쪽; 姜再鎬,『植民地朝鮮の地方制度』, 東京大学出版会, 2001, 143~154쪽; Uchida, *Brokers of Empire*, pp.128~131.
7 Uchida, 위의 책, pp.132~153.

는 일본인이 집단 거주하는 지정면指定面에서 공선제가 시행되고, 도道[縣에 상응]에서는 의원의 2/3가 부·면의원이 선출한 약 2배수가량의 후보자 중에서 관선으로 선출되었다. 선거권은 납세액 조건을 충족한 남자에 한해 주어졌다. 1926년 당시에는 일본인 인구의 비율이 부에서 27.5%, 지정면에서 17.4%였던 것에 비해, 일본인 유권자 수의 비율은 부에서 58.4%, 지정면에서 50.8%였다. 일본인 의석 비율은 1920년에 도에서는 공선 9.9%, 전체 24.0%, 부에서는 70.0%, 지정면에서는 50.8%, 보통면관선에서는 2.2%였다. 뒤이어 1930년에는 공선제 의결기관으로서 부회府會·읍회邑會[읍은 옛 지정면] 의원의 2/3를 공선하여 구성하는 의결기관으로서 도회道會가 설치되어 면협의회도 공선제 자문기관이 되었다. 1941년 일본인 의석 비율은 도에서는 공선 13.4%, 전체 28.9%, 부에서는 51.2%, 읍에서는 36.4%, 면에서는 4.5%였다. 총독부는 조선인의 지지를 얻기 위해 지방 레벨의 정치 참여를 확대했으며, 선거에서는 일본인이 인구비를 훨씬 상회한 대표를 낼 수 있도록 제도를 조작한 것이다.[8]

지방의회 내 정치 참여는 일본인·조선인의 대립과 제휴의 장을 만들었다. 조선인의 다수가 주장한 조선 단위의 의회를 통한 자치 요구에 대해 이해를 보인 일본인은 일부에 그쳤고, 대부분은 '내지 연장' 즉, 중의원의 참정권 부여를 주장했다. 나아가 일본인의 집주 지역에 한하여 선거구의 설치를 요구하는 이도 있었다. 이것은 조선인이 '내선융화'의 선전을 역으로 이용하여 일본의 통치하에서 '민족의 자치·일본인과의 평등'을 요구한 것에 비해, 일본인은 '조선인의 동화·일본인의 우위'를 고집한 것을

---

8   並木真人, 「植民地期朝鮮人の政治参加について─解放後史との関連において」, 『朝鮮史研究会論文集』 31, 1993; 姜, 『植民地朝鮮の地方制度』, 226~247쪽.

의미한다. 그러나 총독부의 전제專制를 비판할 때나 본국에 조선의 개발을 요구할 때에는 일본인 유력자와 조선인 지배층 사이에 일정한 이해가 공유되어 서로 이용하는 관계가 만들어졌다.[9]

이와 유사한 대립과 제휴의 양상은 1915년 이후 총독부의 장려로 일본인·조선인의 합동이 진행된 각지의 상업회의소[1930년부터 상공회의소]에서도 전개되었다. 납세액을 회원 자격으로 하는 상업회의소에서 일본인 상공업자는 경영 규모의 크기로 인해 회원 수·의원 수에서 압도적 다수를 점했다. 때문에 '조선 본위'의 개발을 요구한 조선인 대표와 대립했다. 그러나 지역 시장에 접근할 수 있도록 요구한 일본인은 조선인 상공업자와의 협력이 불가피했다. 또한 총독부는 통치의 안정을 위해 조선인의 요구를 무시할 수 없었다. 지방의회나 상업회의소에서 전개된 민족 간 정치에서 일본인은 인구상 압도적 다수파인 조선인에게 우위를 빼앗겼다는 불안을 겪으면서도, 조선인의 협력을 구하지 않을 수 없었던 것이다. 만주사변 이후에는 만주 개발도 지방의회나 상공회의소에서 일본인·조선인의 공통적인 쟁점이 되었다.[10]

타이완 1896년에 설치된 타이완총독부는 총독이 율령[법률의 효력을 가진 명령]의 제정권, 즉 타이완의 위임입법권을 부여받았다. 타이완에 중의원선거법은 적용되지 않아 총독부는 일본인, 타이완인을 막론하고 주민의 정치 참여를 인정하지 않았다. 지방행정조직의 기능은 대부분 징세와 치안 유지에 한정되어 있었다.[11]

9   並木, 「植民地期朝鮮人の政治参加について」; Uchida, *Brokers of Empire*, pp.263~327.
10 Uchida, 위의 책, pp.228~262; 波形昭一, 「台北商工会議所の設立と展開過程」, 柳沢遊・木村健二編著, 『戦時下アジアの日本経済団体』, 日本経済評論社, 2004.
11 春山明哲, 『近代日本と台湾－霧社事件・植民地統治政策の研究』, 藤原書店, 2008, 157

타이완으로 건너간 일본인은 총독부의 통치를 전제적이라고 비판했는데, 그것은 일본인을 타이완인보다 우대하라는 요구와 일치했다. 1900년부터 1904년까지 일본인 변호사가 간행한 『타이완 민보台灣民報』는 타이완 정치에 '민의'를 반영하라고 총독부에 요구했다. 하지만 '민의'란 '재대在台내지인'의 민의를 가리키며, '토인' 즉 타이완인의 '민의'는 포함되지 않았다. 일본인에게는 본국과 같은 정치적 권리를 주고 타이완인에게는 '타이완적'인 취급을 하도록 요구했던 것이다. 더욱이 이 요구는 총독부가 타이완인 유력자의 "눈치를 보고" 있다는 비판과 결부되어 있었다. 총독부가 타이완의 개발[투자 식민지화]을 추진하기 위해 다수인 타이완인과의 관계 구축을 중시했던 것은 일본인에게는 불만거리였다. 또한, 1914년에 이타가키 다이스케板垣退助의 협력을 얻어 타이완인 유력자가 조직한 타이완 동화회台灣同化會가 일본으로의 동화를 통한 참정권 부여[아마도 본국 의회], 일본인·타이완인의 평등 대우를 기도하자 일본인으로부터 강한 반발이 나타났다. 속령 통치에 대한 비판을 공유하면서도 동화회의 목표는 일본인의 우위 상실을 의미했기 때문에 일본인은 총독부 측에 서서 이것을 반대했던 것이다.[12]

조선에서 발생한 3·1독립운동에 대한 대응을 계기로 본국 정부는 타이완에서도 속령 통치의 궤도수정을 단행했다. 본국법의 지정에 의한 시행이 원칙이 되고 율령의 제정이 특례화되는 한편, 총독부 아래에서 지방제도의 개정이 이루어졌던 것이다. 다만 조선과 달리 공선제는 도입되지 않

~172쪽; 近藤正己, 『総力戦と台湾-日本植民地崩壊の研究』, 刀水書房, 1996, 141~142쪽.

12 岡本真希子, 「植民地統治初期台湾における内地人の政治・言論活動」; 岡本真希子, 「植民地在住者の政治参加をめぐる相剋-「台湾同化會」事件を中心として」, 『社会科学』89, 同志社大学人文科学研究所, 2010; 許世楷, 『日本統治下の台湾』, 東京大学出版会, 1972, 168~178쪽.

았다. 1920년에는 주・시・가장街庄[각각 본국의 현・시・정촌(町村)에 해당]에 자문기관으로서 협의회가 설치되었고, 1921년에는 총독부의 자문기구로서 평의회가 설치되었는데, 이것은 모두 관선이었다. 당초 일본인 의석 비율은 주는 64.3%, 시는 68.6%, 가장은 23.4%, 부평의회는 64.0%였다. 일본인유력자는 이들 기관을 통해 총독부의 통치기구에 편입되어 '민칙民勅[민간 칙임관]'이라고 불리는 지배자층이 형성되었다. 이러한 제도 개정은 타이완인의 정치적 권리 획득과는 거리가 멀었기 때문에 타이완인 유력자는 1921년 이후 총독부의 율령제정권을 통한 타이완 단위의 자치의회를 실현하고자 타이완의회 설치운동을 전개했다. 다만 지방행정에 관여하고자 할 때는 일본인・타이완인 유력자 사이에 공공기관의 유치나 지역 진흥 등 공통의 이해에 기반한 정치 행동을 보이는 이들도 있었다.[13]

본국 정부는 내지연장주의의 입장에서 장기간에 걸친 타이완의회 설치운동에 대해서 일관되게 부정적인 반응을 보였고, 우선 지방 레벨의 자치를 요구했다. 총독부도 타이완의회 설치운동을 억압하는 한편, 지방제도의 개정은 필요하다고 인정했다. 타이완인 측은 1930년에 타이완 지방자치연맹台灣地方自治聯盟을 결성하여 지방자치의 요구로 중점을 옮겼다. 자치연맹은 보통 선거를 주장했는데 타이완인에 의한 주도권 장악을 원했던 것

13 春山, 『近代日本と台湾』, 194~214쪽; 若林正丈, 『台湾抗日運動史研究(増補版)』, 研文出版, 2001; 近藤, 「植民者の戦争経験」; 駒込武, 「「民勅」との相互依存関係−内海忠司と在台日本人」, 近藤正己ほか編, 『内海忠司日記 一九二八−一九三九−帝国日本の官僚と植民地台湾』, 京都大学学術出版会, 2012; 藤井康子, 「一九二〇年代台湾における地方有力者の政治参加の一形態−嘉義街における日台人の協力関係に着目して」, 『日本台湾学会報』9, 2007; 藤井康子, 「一九二〇年代台湾における高雄州設置と中等学校誘致問題−高雄・鳳山・扁東各街の日台人の動向に着目して」, 『日本台湾学会報』12, 2010; 藤井康子, 「一九二〇年代台湾における市制運動の展開−地方制度改正後の台南州嘉義街における日・台人の動向を中心に」, 『歴史学研究』918, 2014.

으로 생각된다. 한편 일본인 측에서는 가라사와 노부오唐沢信夫 등의 『신고신보新高新報』가 지방행정에서의 '타이완 도민의 정치 참여' 즉 타이완인을 포함한 공선제를 요구했다. 그러나 이 신문은 타이완의회 설치운동에 대해서는 '타이완인을 위한 타이완'이라고 반대하고 공선제도 일본인이 집단 거주하는 지역부터 도입해야 한다고 요구했다. 더욱이 1933년에 타이중台中의 일본인 유력자가 결성한 타이완 개진당台湾改進黨은 '내지인 제일주의'를 주창했는데, 타이완의회 설치운동뿐만 아니라 지방제도 개정에도 반대하며, 관공리에 타이완인을 채용하지 말 것을 요구했다. 일본인 중에는 총독부가 '일시동인'의 결과로 타이완인에게 '영합'하고 있다고 비판하는 사람도 있었다. 이 같은 일본인 우위에 대한 고집은 인구상 소수이기 때문에 가졌던 불안과 표리일체였다.[14]

　타이완 지방제도의 경우 1935년에 겨우 공선제가 도입되었다. 결의기관으로서 주회·시회가 설치되었는데 자문기관인 가장협의회와 더불어 의석의 반수가 공선이었다. 선거권은 납세액의 조건을 만족한 남자로 한정되었는데, 1935년 시점에서 일본인 인구비율은 시에서는 21.3%, 전체에서는 5.2%였지만[단, 분모에 약간의 외국인 포함], 일본인 유권자수 비율은 시에서는 51.9%, 가장에서는 7.5%, 전체에서는 17.6%였다. 동년 일본인 의석 비율은 주는 공선으로 50.8%, 전체에서 58.8%, 가장은 공선으로 7.6%, 전체에서 19.6%였다. 조선과 마찬가지로 공선제의 도입 후에도 일본인은 인구비를 훨씬 웃도는 대표를 유지했다고 말할 수 있다.[15]

14　若林, 『台湾抗日運動史研究』; 岡本真希子, 「在台湾「内地」人の「民権」論－植民地在住者の政治参加の一側面」, 『日本史攷究』 25, 1999; 岡本真希子, 「一九三〇年代における台湾地方選挙問題」, 『日本史研究』 452, 2000; 近藤, 『総力戦と台湾』, 25~26·37~38쪽; 近藤, 「植民者の戦争経験」.

또한, 타이완의 상공회의소는 1936년에 비로소 설립되었다. 일본인 상공업자는 일찍이 타이완인 상공업자와 함께 상거래 문제를 협의할 장소를 요구했다. 1908년에 이미 총독부에 상업회의소의 설립을 요청했는데 일본인 상공업자도 총독부도 회원의 다수가 일본인이어야 한다는 것을 당연하게 여겼다. 그러나 타이완에서는 납세액을 회원 자격으로 하면 일본인보다 경영 규모가 큰 타이완인이 회원·의원의 대다수가 되는 것은 피하기 어려웠기 때문에 설립은 좌절되었다. 총독부는 1936년에 아마도 전년의 지방제도 개정을 계기로 상공회의소의 설립을 단행했다. 하지만 회원의 과반수는 타이완인이었음에도 불구하고 의원의 반수는 관선으로 뽑아 일본인이 주도권을 쥐게 했다. 이러한 제도 조작은 상공회의소 자체의 기능을 유명무실하게 만들었다. 1944년 각지의 상공회의소는 전시 통제 단체로서 상공경제회商工經濟會로 개조되었다.[16]

4. 총력전체제하 조선과 타이완의 일본인 이민

조선·타이완 1937년에 중일전쟁이 발발하자 조선과 타이완에서는 총력전체제 구축과 조선인·타이완인에 대한 황민화정책이 시행되었다. 이에 따라 조선인·타이완인은 다음과 같이 일본인과 동일한 제도하에 놓이게 되었다. 첫째, 병역은 원래 일본인일본 호적 보유자에 대한 징병제로 한정되어

---

15 近藤, 『総力戦と台湾』, '제3장'; 岡本, 「一九三〇年代における台湾地方選挙問題」; 東京市政調査会編, 『日本都市年鑑』 8, 1939.

16 波形昭一, 「台湾における経済団体の形成と商業会議所設立問題」, 波形昭一編著, 『近代アジアの日本人経済団体』, 同文舘, 1997; 波形昭一, 「台北商工会議所の設立と展開過程」.

있었지만, 1938년에는 조선인 육군지원병제도가 도입되었고, 1941년에는 타이완인 특별지원병제도가 도입되었다. 둘째, 조선인·타이완인의 초등교육제도는 지원병제도의 도입과 연동되어 일본인과 동일한 구조로 개편되었다. 조선에서는 보통학교[조선인 초등교육기관]가 1938년에 소학교로 개편되었고, 수의과목선택제이었던 조선어는 폐지되었다. 타이완에서는 공학교[타이완인 초등교육기관]의 한문과가 1922년에 이미 수의과목이 되었다가 1937년 1월에 전폐되었다. 또한, 중일전쟁 개전 후에는 국어[일본어] 상용운동이 추진되었고 1941년에는 공학교가 소학교와 함께 국민학교로 개편되었다. 국민학교는 1943년에 의무화되었다. 셋째, 1940년에는 조선에서 창씨개명정책이 실시되어 조선인의 성명이 강제로 일본식 성명으로 변경되었다. 한편 타이완에서도 호구규칙이 개정되어 일본어 상용 가정이 성명을 일본식 성명으로 변경하는 개성명改姓名이 허가·장려되었다. 넷째, 징병제도는 1943년에는 조선인, 1944년에는 타이완인에 대해서 시행되었다.[17]

총력전체제 아래에서 조선인·타이완인 유력자들의 민족주의운동이나 사회주의운동은 심하게 탄압받았고 동원과 동화를 강하게 요청받았다. 그들은 그 가운데 전쟁에 대한 협력과 동화의 수용을 수단으로 일본인과의 평등한 대우를 요구하는 전략을 짰다. 조선인은 조선총독부가 주창한 '내선일체'의 슬로건을 역이용해 병역을 받는 대신 일본인과의 차별철폐를 요구했다. 타이완인 유력자로 동화회운동이나 타이완의회 설치운동에 관계했던 린셴탕林献堂은 타이완인 지원병제도나 타이완인 징병제의 추진자

---

17 宮田節子, 『朝鮮民衆化と「皇民化」政策』, 未来社, 1985; 水野直樹, 『創氏改名』, 岩波書店, 2008; 陳培豊, 『「同化」の同床異夢-日本統治下台湾の国語教育史再考』, 三元社, 2001; 近藤, 『総力戦と台湾』; 駒込, 「植民地支配と教育」.

가 되었다. 1942년 본국 정부가 '내외지 행정 일원화'의 방침을 밝히자 타이완인 유력자들은 일본인과 동등한 권리를 얻을 수 있을 것이라는 기대를 나타냈다. 다만 전쟁 협력을 통해 조선인과 타이완인은 일본인과 함께 '대동아공영권'의 지배자 측에 서게 되기도 했다.[18]

한편, 조선·타이완의 일본인 이민자에게 조선인·타이완인의 전쟁 협력과 황민화는 중의적인 것이었다. 일본인 중에 양 총독부의 총동원·황민화정책에 적극적으로 협력하는 사람이 있었는데 그 동기의 하나는 동화의 강제가 일본인의 우위로 이어질 것이라는 기대였다. 타이완의 일본인은 국어 상용운동을 환영했으며 그중에는 '만어灣語'의 금지를 요구하는 사람도 있었다. 전시하에 인구상 마이너리티로서 고립감이 깊어진 일본인에게 타이완인이 '타이완어'로 '속삭이는' 것은 불안의 씨앗이었던 것이다. 그러나 한편 조선인·타이완인이 동화를 통해 일본인과의 평등을 요구하는 것에는 강한 기피 반응이 있었다. 조선의 일본인 중에는 조선인의 병역에 대해서 병역은 일본인의 특권이라고 주장하는 사람이나 참정권 부여로 이어진다고 반대하는 사람, 조선인의 충성심에 의문을 표시하는 사람이 있었다. 또한 창씨개명에 대해서는 민족의 순수성이 없어진다는 우려를 보이는 사람이 있었다. 타이완의 일본인 역시 일본인과 타이완인의 구별이 없어진다는 우려 때문에 개성명을 반대하거나 시기상조론을 주장하였다.[19]

1944년에 조선총독에서 수상이 된 고이소 구니아키小磯国昭는 조선인·타이완인에게 본국 의회에 대한 참정권을 부여하는 방침을 취했다. 그 주

18　宮田, 『朝鮮民衆と「皇民化」政策』; 近藤, 『総力戦と台湾』; Uchida, *Borkers of Empire*, pp. 353~393.
19　Uchida, 위의 책, pp.355~393; 近藤, 『総力戦と台湾』; 近藤, 「植民者の戦争経験」.

된 이유는 조선인·타이완인에 대한 징병제 시행의 대가, 그리고 연합국 측의 '선전'[아마도 카이로선언 등]이 조선·타이완의 "독립운동을 기획"하고 있는 것에 대항하기 위한 '처우 개선'이었다. 중의원선거법은 속지법이었기 때문에 조선인·타이완인에게 참정권을 부여한 결과, 조선·타이완의 일본인도 처음으로 참정권을 얻을 예정이었다. 그러나 조선의 일본인은 조선인에게 본국 참정권을 부여하는 것에 대해 '조선인의 거만한 기운 증대', '장래 반도조선의 내지인 지위 위험' 등의 우려 때문에 소극적 의향을 나타냈다. 조선인과의 제도적 평등이 일본인의 우위 상실로 이어진다고 본 것이다. 결과적으로 중의원선거법은 1945년 4월에 개정되었고, 1943년에 법적으로 본국에 편입된 남가라후토와 함께 조선·타이완에 선거구가 설치되었다. 다만 남가라후토의 경우 都·道·府·縣과 마찬가지로 남자 보통 선거가 적용된 것과 달리 조선·타이완에서는 15엔 이상을 납세하는 25세 이상 남자에게 특별히 선거권이 부여되었다. 이에 따라 조선에서는 유권자의 23.3%, 타이완에서는 유권자의 14.3%를 일본인이 차지할 예정이었다. 조선인·타이완인은 다수를 차지했지만, 일본인은 인구보다 큰 유권자 비율을 확보한 것이다. 하지만 이 중의원선거법에 기반한 선거가 실시되는 일은 없었다.[20]

---

20 岡本真希子, 「アジア·太平洋戦争末期における朝鮮人·台湾人参政権問題」, 『日本史研究』 401, 1996; 岡本真希子, 「戦時下の朝鮮人·台湾人参政権問題」, 『文学研究科紀要』 42(4), 早稲田大学大学院, 1996; Uchida, 위의 책, pp.384~386.

5. 나가며

19세기 말부터 20세기 전반에 조선·타이완으로 건너간 일본인은, 이전에는 기본적으로 일본인의 활동 영토가 아니었던 두 지역에 민족집단적인 커뮤니티를 형성했다. 한국병합 이전에 조선으로 건너간 일본인은 분명히 국경을 넘은 이민자이다. 또한 일본령이 된 이후 두 지역에 건너간 일본인도 국외 이민과 비교할 수 있는 여러 가지 특징을 가지고 있었다. 낮은 정착 지향성[출신 지역과의 유대]이나 일본 학교 교육에 대한 고집, 그리고 일본국가에 대한 의존은 하와이나 남북미의 일본인 이민자에게도 현저하게 나타난 경향이다[제3장, 제7장, 보론 2 참조]. 타이완인·조선인이 각각 압도적 다수를 점한 두 지역에서 생활 거점을 구축하고자 한 일본인은, 특히 일본국가의 지원을 요구했다. 하와이나 남북미와의 큰 차이는 무엇보다 일본정부가 한국병합 이전의 영사관 행정이나 두 지역의 속령 통치를 통해 실제로 강력한 뒷배가 되었다는 것이다. 일본령이 된 두 지역에서 일본인은 인구상 마이너리티라는 의식과 식민주의에 기반한 지배자 의식이 모두 복합된 민족의식을 형성하고 있었다.

그러나 시티즌십의 측면에서 보자면, 속령 통치하에서는 일본인과 조선인·타이완인 사이의 민족적 구분이 어려웠다. 분명히 호적이나 이에 근거한 징병제는 속인법 때문에 일본인에게만 적용되었다. 그러나 참정권은 속지주의가 원칙이었고, 더욱이 '일시동인' 이데올로기의 구속력 때문에 두 총독부는 당초 일본인에게도 조선인·타이완인에게도 동일하게 권리를 주지 않았던 것이다. 이에 두 지역에서 일본인은 민족적 특권으로서 정치 참여를 강하게 요구했다. 특히 조선에서는 병합 이전에 거류지에서 자치권을 가졌던 일본인이 이를 유지할 것을 강하게 요구했다. 그 결과 옛 거류지居留地 내 일본인·조선인의 지방행정 참가[단. 관선]가 조선보다 빨리 영유된 타이완보다 먼저 실현되었다. 그러나 1920년 이후 조선·타이완 내 정치 참여 확대는 기본적으로 조선인·타이완인의 민족주의운동에 대한 대응으로 초래되었다. 확실히 두 총독부는 납세액에 의한 제한이나 관선·공선의 병용을 통해 일본인 대표가 인구비보다 많아질 수 있도록 제도적 조작을 했다. 그러나 본국 정부·양 총독부가 통치의 안정을 위해 현지민에게 정치적 권리를 부여하지 않으면 일본인의 권리 획득 자체가 불가능했다. 즉 조선·타이완 내 일본인은 인구상 마이너리티라는 고립 때문에 지배민족으로서의 우위를 고집하며 제도적 평등에 저항했다. 그러나 일본인이 얻은 정치적 권리는 일본인과 타이완인·조선인의 차이가 인정되었던 결과라기보다는 속령통치체제 전체의 변화에 따른 것이었다.

지방행정이나 상업회의소 등에서 형성된 일본인과 조선인·타이완인의 민족 간 정치에서는 아무리 일본인에게 총독부의 우대가 있었다고 해도, 현실적으로 사회에서 압도적 다수를 점한 조선인·타이완인으로부터 합의·지지를 얻어야 하는 목적이 있기 때문에 조선인·타이완인의 요구를 완전히 억누르기는 어려웠다. 또한, 실제로 지역 이해나 개발정책 등에서는 공통의 이해에 따른 정치 행동이 존재했다. 조선인·타이완인의 요구가 민족의 자치에 초점이 맞춰져 있는 한, 일본인은 일본 정부·양 총독부와 함께 이를 봉쇄하는 측에 설 수 있었다. 그러나 중일전쟁의 개전 이후 총력전체제하에서 조선인·타이완인이 동원·황민화의 수용을 교환조건으로 민족 간 평등을 요구하자, 일본인은 우위 상실을 상당히 두려워하게 되었다.

다음 제6장에서 검토할 '만주국'의 일본인 이민자도 일본의 지배하에서 우위에 서 있는 한편, 인구상 마이너리티였다는 점은 조선이나 타이완과 같았다. 그러나 '만주국'은 대외적으로는 일본의 영토가 아닌 독립국으로 규정되었기 때문에 일본인의 시티즌십을 둘러싼 정치 과정은 전혀 다른 형태로 전개되었다.

'재만 일본인'인가 '일본계 만주 국민'인가

'만주국' 일본인의 정치 참여

1. 들어가며

제6장에서는 '만주국'[1932~1945년] 내 일본인일본 호적 보유자의 정치 참여와 관련하여 그 정치 행동을 분석한다. 이를 통해 그들이 실질적으로 일본 지배 아래에서 식민 활동을 전개하는 동시에 만주국이라는 국가의 이민자로 규정되어, 초기에는 '재만 일본인'으로서, 이후에는 '일본계 만주 국민'으로서 정치 참여를 추구했던 것을 밝힌다.

일본의 관동군이 만주사변을 통해 중국 동북부에 건국한 '만주국'은 일본군관동군이 주둔하여 방위를 담당하고 관동군과 일본인 관료가 통치조직을 장악한 일본의 지배 식민지이자, 일본인의 개발·입식入植 활동의 대상이 된 투자·이주 식민지이기도 했다. 그러나 동시에 중국으로 영토를 확장하는 것에 대한 국제 사회의 비판을 회피하기 위해 일본 정부·군부는 만주국이 일본과 불가분의 특수관계를 갖도록 하면서도, 주권국가로서의 통치형식을 취하도록 했다. 만주국에서 식민 활동을 전개한 일본인은 일본과는 별도인 만주국이라는 국가의 존립을 전제로 하는 한, 남미 이민자 등과 같은 외국으로 간 이민자였다. 더욱이 만주국은 국제 사회의 유력한 규범이 된 민족자결의 이념에 대응하여 일본인과 현지의 여러 민족 간의 '민족협화民族協和'에 기반한 국민국가로서 건국되었다. 그로 인해 만주국의 일본인은 중국인[주로 한인]이나 몽골인, 그리고 일본 국적 보유자인 조선인 등과 함께 '일본계' '만주국인'으로 통합될 것을 요청받았다. 다만, 그럼에도 불구하고 만주국 내 일본인의 식민 활동은 이 지역이 어디까지나 타이완이나 조선과 같은 일본의 지배영역이라는 인식을 바탕으로 추진되었다. 또한, 만주국 통치도 그 활동을 보장해야 하는 방향으로 행해졌다.

이상과 같이 만주국 내 일본인이 식민자로서의 '재만 일본인'인지, '일본계 만주 국민'이어야 할 국외 이민자인지의 문제는, 아시아태평양의 제국·국제질서에서 만주국이라고 불린 영역이 가지는 위치의 근간에 관련된 것이다. 이것을 달리 말하자면 일본인은 만주국에서 어떠한 정치적 귀속을 가지는가라는 문제였다.

이 문제는 선행연구에서 주로 만주국의 국적이라는 측면에서 검토되어 왔다. 야마무로 신이치山室信一나 아사노 도요미浅野豊美가 밝힌 것처럼, 만주국에서는 건국 초기부터 국민을 규정하는 국적법 제정이 검토되었다. 그러나 이 제정이 실현되지 않은 채로 만주국은 붕괴했다. 그 최대 요인은 재만 일본인의 만주국 국적 취득이 필요시되면서도, 이를 위해서 일본인을 일본국적에서 이탈시키는 것은 피하고자 했던 것에 있었다.[1] 또한, 엔

---

1   山室信一, 『キメラ―満洲国の肖像』, 中央公論社, 1993; 浅野豊美, 『帝国日本の植民地法制―法域統合と帝国秩序』, 名古屋大学出版会, 2008.

도 마사타키遠藤正敬가 밝힌 것처럼, 만주국에서는 영역 내에 생활 근거를 갖는 인민을 전부 '만주국 인민'으로 간주하는 관습법적인 국적 개념에 따라 일본인은 일본 국적을 유지하는 만주국 국민으로 간주되었지만, 성문에 의한 국적법은 결국 제정되지 않았다.[2]

그러나 국적은 정치적 귀속의 모든 것을 규정하는 요인이 아니며, 정치 참여 혹은 시티즌십의 관점에서는 다른 측면을 발견할 수 있다. 야마무로나 아사노는 재만 일본인 자신이 일본 국적에서 이탈하는 것을 바라지 않았다는 것을 지적했는데, 그 지적 자체는 타당하고 중요하다. 하지만 만주국의 일본인이 어떠한 정치 행동을 취하고 스스로의 정치적 귀속을 어떻게 파악하고 있었는가는 선행연구에서 충분히 밝혀졌다고 할 수는 없다. 제6장에서는 정치 참여가 재만 일본인의 중요한 요구 중 하나였던 것을 중시한다. 만주국 통치하에서는 그것이 일본인으로서의 참여인가, '만주 국민'으로서의 참여인가가 중대한 문제가 되었다.

재만 일본인은 만주국 건국 이전 관동주 조차지関東州租借地 · 만철 부속지満鉄附属地 · 개방지에서는 일본 측 기관 아래에서 일본인으로서 일정한 정치 참여가 가능했다. 그러나 만주국 건국 이후, 일본의 치외법권 철폐와 일본에서 만주국으로 부속지 행정권이 이양(1936~1937년)되면서 재만 일본인의 정치적 지위는 크게 변화했다. 한편 히라노 겐이치로平野健一郎가 밝혔듯이, '민족협화' 이념에 기반하여 국민 통합의 중심으로서 만주국에서 조직된 협화회는 일당제에 의한 '만주 국민'의 정치 참여와 그것에 의한 정치적 안정을 추구했다.[3] 치외법권 철폐와 부속지 행정권 이양 이후 재만 일본인

---

2   遠藤正敬, 『近代日本の植民地統治における国籍と戸籍－満洲・朝鮮・台湾』, 明石書店, 2010.

은 이 협화회의 구성요소로 규정되었던 것이다.

제6장에서는 제2절에서 만주국이 건국된 시점의 재만 일본인의 정치적 지위를 정리하고 건국 과정에서 이들의 정치적 귀속이 어떠한 형태로 쟁점화되었는지를 고찰한다. 제3절에서는 만철 부속지에 집단 거주하고 있었던 재만 일본인이 만주국의 일본 치외법권 철폐와 만철 부속지 행정권 이양에 따라 어떤 정치적 지위의 변동에 직면했는가를 확인하고 그 과정에서 그들이 어떤 정치 행동을 했는지를 밝힌다. 마지막으로 제4절에서는 치외법권 철폐·부속지 행정권 이양과 병행하여 이루어진 협화회에 의한 재만 일본인의 조직화, 즉 '일본계 공작'과 협화회 개조의 관계를 논한다. 이후 재만 일본인이 '일본계 만주 국민'으로서 협화회에 참가했던 것이 만주국의 정치적 통합에 무엇을 초래했는지를 전국연합협의회의 정치 과정을 중심으로 분석한다.

제6장에서 주로 사용한 사료는 일본 육군이나 일본 외무성의 각종 문서, 협화회가 작성한 각종 문서[특히 전국연합협의회에 관한 문서]에 더해 1907년에 창간되어 일관되게 만주의 주요 신문이었던 만철 기관지 『만주일보滿洲日報』『만주일일신문(滿洲日日新聞)』,[4] 1931년에 만주청년연맹滿洲青年聯盟[이후 협화회]의 고야마 사다토모小山貞知 등이 창간하고 다치바나 시라키橘樸가 편집책임자였던 협화회 기관지 『협화운동協和運動』 등이다.

---

3   平野健一部, 「満州国協和会の政治的展開－複数民族国家における政治的安定と国家動員」, 『年報政治学』, 1972·1973.

4   창간시에는 『満洲日日新聞』이었지만, 1927년 11월에 『満洲日報』, 1935년 8월에 『満洲日日新聞』, 1944년 4월에 『満洲日報』로 개칭을 거듭했다. 李相哲, 『満州における日本人経営新開の歴史』, 凱風社, 2000.

2. '만주국'의 건국과 재만 일본인

1) 만주사변 이전의 재만 일본인

청조 중국에서 만주중국 동북부는 만주족의 조국祖國으로서 외부의, 주로 한인漢人의 이주를 억제하는 봉금정책 아래 놓여 있었다. 그러나 한인의 개척·입식은 끊이지 않았고, 1894년에는 마침내 이주가 전면적으로 자유화되어 한인의 이주가 급증했다. 더욱이 러시아가 중동철도中東鐵道를 부설 1903년하자 만주에서 한인의 이주·입식이 가속화되었다. 20세기 초엽 만주에서는 일본과 러시아가 정치적 패권을 둘러싸고 쟁탈을 벌였다. 또한, 일본·러시아·미국이 앞다투어 투자하는 한편, 한인에 의한 이주 식민지화가 진행되었다.[5]

재만 일본인 사회의 형성은 러일전쟁 종결 후, 만주 각지에서 일본 측 기관이 설치되면서 본격화되었다. 포츠머스 조약1905년에 의해 일본은 러시아로부터 관동주 조차지와 중동철도동청철도의 일부[다렌(大連)~창춘(長春)]를 획득했다. 관동주는 관동도독부, 후에 관동청이 관할하여 일본 통치권하에 놓였을 뿐만 아니라 철도 연선沿線에는 일본이 러시아로부터 그 대부분을 계승한 '절대적 배타적 행정권'을 가진 철도 부속지가 있었고, 철도 경영을 위해 일본 정부가 설립한 남만주철도주식회사만철가 행정을 관할했다. 또한, 전쟁 전에는 개항지인 잉커우營口에만 있던 외무성 관할의 영사관이, 우선 러일전쟁 중의 점령지 군정서占領地軍政署의 뒤를 이어서 펑톈奉天과 안둥安東에 설치되었다. 그 다음으로 중국과 일본이 체결한 만주에 관한

---

5   小峰和夫, 『滿洲－起源·植民·覇權』, 御茶の水書房, 1991.

조약 부속협정1905년에 의해 외국인에게 개방된 만주 각지의 도시개방지에
도 설치되었다. 관동주와 만철 부속지 및 개방지에서는 일본인의 거주가
인정되어 만철의 사원들, 관동청 관리나 무역업자, 그리고 이들을 고객으
로 하는 상공업자 등의 일본인이 거주하게 되었다.[6]

또한, 농업 입식 등을 목적으로 한 조선인의 만주간도 이주는 19세기 말
부터 증가했다. 1909년에 중국과 일본이 체결한 간도협약에서 중국이 간
도 내 조선인의 거주나 토지소유권을 인정하고, 나아가 1910년에 일본이
한국을 병합하자 그 이후 이주가 급증하여 그 규모는 일본인을 훨씬 상회
했다. 그들에게는 일본 국적이 강제적으로 부여되었으나, 독자적인 재만
조선인 사회를 형성하기도 했다. 조선인 중에는 정치적 이유로 만주로 도
피한 사람들도 있고, 그 일부는 만주에서 항일 무장 투쟁을 전개했다.[7]

더욱이 1915년에는 이른바 대회華 21개 조 요구를 거쳐 중국과 일본이
체결한 남만주 및 동북 내몽고에 관한 조약에 의해 일본 국적 보유자는 남
만주에서 이동·거주·영업의 자유와 토지상조권土地商租權[30년간의 갱신 가능한
토지조차권]을 획득했다. 일본이 치외법권을 계속 유지한 채로 남만주는 일본
국적 보유자에게 내지 개방된 것이다.[8] 다만 만주사변1931년 이전에는 관
동주·만철 부속지·개방지 이외의 장소에 거주하는 재만 일본인의 수가
매우 적었다〈표6-1〉. 또한, 일본 측이 토지소유권과 동일시한 토지상조권
획득은 중국 내셔널리즘의 강한 비판의 대상이 되었다. 1920년대 후반에

---

6   外務省条約局法規課, 『外地法制誌第六部 関東州租借地と南満洲鉄道附属地』 前編, 外務
     省条約局法規課, 1966; 塚瀬進, 『満洲の日本人』, 吉川弘文館, 2004, 6~82쪽.
7   水野直樹, 「朝鮮人の国外移住と日本帝国」, 樺山紘一ほか編, 『岩波講座 世界歴史19 移
     動と移民』, 岩波書店, 1999; 田中隆一, 「朝鮮人の満洲移住」, 蘭信三編, 『日本帝国をめ
     ぐる人口移動の国際社会学』, 不二出版, 2008.
8   塚瀬, 『満洲の日本人』, 45~46쪽.

〈표 6-1〉 만주의 일본인 인구 분포(1915~1938년)(단위 : 명)

연도	관동주	만철 부속지	개방지	기타
1915	50,197	32,766	13,283	5,336
1920	73,896	61,671	19,701	4,794
1925	90,542	81,633	11,960	3,853
1930	116,052	96,813	12,215	3,704
1931	119,770	97,530	12,036	3,384
1932	125,935	113,412	20,689	9,133
1933	139,016	136,416	34,648	23,632
1934	149,492	161,237	55,954	41,141
1935	159,559	186,507	89,112	57,386
1936	166,369	199,006	117,053	69,510
1937	174,587	411,995		
1938	178,594	492,947		

출처 : 副島円照, 「戰前期中国在留日本人人口統計(稿)」, 『和歌山大学教育学部紀要 人文科学』 33, 1984 참조.
주 : 1915~1930년은 5년마다 추이를 나타냈다. 1937, 1938년은 관동주와 만주국(전체)

는 국민정부·동북정권이 중국인이 일본인·조선인에게 토지·가옥을 대여하는 것을 금지하고, 이미 대여된 토지·가옥도 회수하는 등의 조치를 취했기 때문에 실제로 토지상조권의 행사는 어려웠다.[9]

재만 일본인의 정치적 지위는 일본의 다양한 권익에 의해 보호되고 있었다. 먼저 관동주 조차지의 경우 주권 자체는 중국에 있으나, 헌법과 일본 법령이 적용되지 않는 것을 제외하면, 일본 영토에 준하는 통치가 행해졌다. 다롄시와 뤼순旅順시에서는 1915년에 의원 수의 절반을 공선으로 선출하는 의결기관인 시회市會가 설치되어 관동주 시제關東洲市制[1924년]에 의해 의원의 4/5 이상이 공선되었다. 정치 참여도 일본 지방자치제도에 준하는 형태로 정비되었던 것이다. 다만 시회 의원의 선거권·피선거권이 일본

---

9   浅田喬二, 『日本帝国主義下の民族革命運動』, 未来社, 1973, 325~372쪽.

국적 보유자[주로 일본인] 남자에 한해 부여되었던 한편, 관선 의원의 일부에
는 중국인이 선출되었다.[10]

다음으로 관동주 이외에, 후에 만주국이 건국되는 영역의 일본인은 청
일통상항해조약[日淸通商航海條約, 1896년]에 의거하여 편무적인 치외법권 아래에
있었다. 일본이 구미열국과 함께 중국에서 보유한 치외법권이란 영사재판
권뿐만 아니라 이것에 부수되는 영사경찰권이나 과세권도 포함되어 있었
다.[11] 이 때문에 개방지의 거류민은 각지의 영사관 경찰의 보호 아래에 있
었다.[12] 더욱이 만철 부속지에서 일본이 보유한 '절대적·배타적 행정권'
은 관동주 조차지의 완전한 통치권과는 다르지만, 철도수비병의 주둔권,
관동청이 관할하는 경찰 등의 행정권, 그리고 만철이 관할하는 과세권 및
토목·위생·교육행정권 등 매우 광범위한 것이었다.[13] 또한, 만철 부속지
와 개방지에서는 다음과 같이 재만 일본인이 일정한 정치 참여도 가능해
졌다.

만철 부속지의 경우 행정을 관할하는 만철 지방부 각지 지방사무소마다
당초부터 자문기관이 설치되었다. 특히 1921년에 설치된 지방 위원회는
"세계대전 후 정치사상의 발전과 부속지 거주자의 증가 및 민의 존중 등의
입장"을 고려하여 위원공선제가 실시되었다. 지방위원 선거는 국적에 관

---

10 관동주의 조선인 인구는 극히 적었다. 外務省条約局法規課, 『外地法制誌第六部』 前編,
    7~8·114~181쪽; 塚瀬, 『満洲の日本人』, 83~85쪽.
11 古賀元吉, 『支那及満洲に於ける治外法権及領事裁判権』, 日支問題研究会, 1933. 또한
    간도협약(間島協約)에 의해 간도의 조선인에 대한 재판은 중국 관할하에 놓였고, 일본영
    사관의 입회·조회가 허용되었다.
12 단, 일본 정부는 경찰권이 중국 측에 있는 미개방지에도 주재소를 두었다. 塚瀬, 『満洲の
    日本人』, 94~96쪽.
13 부속지의 법적 성질은 일국이 독점하는 거류지(조계), 즉 전관 거류지와 유사한 것이었
    다. 外務省条約局法規課, 『外地法制誌第六部』 前編, 299~350쪽.

계없이 남자에게 피선거권이 부여되었고, 국적·성별에 관계없이 만철이 징수하는 공비의 분담자에게 선거권이 부여되었다. 위원의 반수 이상은 일본 국적 보유자[주로 일본인·조선인]라는 제한이 있었지만, 타국인[주로 중국인]의 참여도 가능했던 것이다.[14] 더욱이 1924년에 만철은 각지 지방 위원회 대표의 요청에 따라 부속지 행정권 전체에 관한 자문기관으로서 지방 위원회의 대표의회인 지방 위원회 연합회를 설치했다.[15] 지방 위원회 연합회에서는 부속지에 '자치제'를 실시하자는 요청이 자주 논의되었고 결의에 이르기도 했다.[16]

한편, 개방지 각지의 영사관은 1906년 이후 영사관령에 따라 거류민회를 조직하여 관선 또는 공선의 의결기관 아래에서 거류민의 교육·위생행정 등을 집행하게 했다.[17] 재만 일본인의 대부분은 부속지 내에 거주했고 그 경향은 더욱 강해질 뿐이었기 때문에 거류민회의 활동은 그다지 활발하지 않았고 만철 지방사무소에 업무를 위탁하고 폐지되는 경우도 있었다. 하지만 그중에서도 펑톈 거류민회는 공선제인 평의원회[1913년 설치] 아래에서 자치기관으로서 활동을 계속했다. 이 평의원회에서는 일본인뿐만 아

---

14 예를 들면 만주국 건국 후의 「地委選挙戦漸く白熱」(『満洲日報』, 1933.9.25.)은 '내지인 (일본인)', '조선인', '만주인(한인)'에 의한 지방위원 선거의 상황을 보도하고 있다. 이 제도는 거류민단법(1905년)에 따라 톈진(天津)이나 상하이(上海) 등의 조계(거류지)에 설치된 거류민단의 행정위원회와 유사하다. 木村健二, 「在外居留民の社会活動」, 大江志乃夫ほか編, 『岩波講座近代日本と植民地5 膨張する帝国の人流』, 岩波書店, 1993 참조.

15 南満洲鉄道株式会社総裁室地方部残務整理委員会(이하 満鉄地方部残務整理委員会로 약칭) 『満鉄附属地経営沿革全史』上, 南満洲鉄道株式会社, 1939, 36~87쪽; 塚瀬, 『満洲の日本人』, 85~87쪽.

16 『第十一回全満地方委員会連合会定時会議々事録』, 1934.

17 안둥(安東)과 잉커우(営口)에서는 영사관령에 따라 거류민회뿐만 아니라 톈진이나 상하이 등과 마찬가지로 거류민단법(1905년)에 따라 거류민단이 설치되었다. 하지만 동시에 1923년에 만철부속지행정에 편입되었다. 満鉄地方部残務整理委員会, 『満鉄附属地経営沿革全史』中·下, 南満洲鉄道株式会社, 1939; 木村, 「在外居留民の社会活動」.

니라 조선인도 한정적으로 선거·피선거권을 부여받았다. 펑톈 총영사관으로부터 인가를 받아 1917년에 설립된 펑톈 조선인회가 1920년에 아마도 3·1독립운동의 영향을 경계한 펑톈 총영사관에 의해 해산을 명령받았을 때, 펑톈 거류민회는 조선인회를 합병했다. 동시에 부회장 2명 중 1명및 평의원 21명 중 5명[이후 25명 중 7명]을 조선인으로 정했다.[18]

이상과 같이 만주사변 이전의 재만 일본인은 관동주와 만철 부속지에서는 일본 측 기관의 지배하에 놓였고, 개방지에서도 영사관 행정에 의한 보호를 받았다. 1915년 남만주 전역에서 이동·거주·영업의 자유를 얻은후에도, 재만 일본인은 이러한 한정된 구역에 집중되어 있었다. 그것은 재만 일본인이 경제적으로 관동청이나 만철에 의존하고 있었기 때문만은 아니다. 한인에 의한 이주 식민지화가 부단히 진행되고 일본 본국과는 이질적인 사회 질서가 지배하는 만주에서 더욱이 중국 내셔널리즘도 강해지고있었기 때문에 재만 일본인은 일본 측 기관의 영향을 떠나려 하지 않았던것이다.

또한, 재만 일본인은 관동주에서는 다롄·뤼순 시회준 공선제 의결기관, 만철부속지에서는 지방 위원회공선제 자문기관, 개방지에서는 거류민회를 통해 일정한 정치 참여가 가능했다. 이는 일면 1910~1920년대 전반에 일본 본국에서 확대되고 있었던 시티즌십이 일본 측 기관 아래에서 연장된 것이라고 할 수 있다. 단, 다른 면에서 일본 국적 보유자인 조선인이나 인구상 다수인 중국인에게도 형태상 한정적으로 정치 참여를 인정한 것처럼, 재만

---

18 펑톈 거류민회 관내의 일본 국적 보유자 인구는 당초 일본인이 다수를 차지했지만, 1925년경부터 조선인의 비율이 급증하여 일본인의 2배 이상이 되었다. 野田涼編, 『奉天居留民會三十年史』, 奉天居留民会, 1936.

일본인 사회는 일본 측 기관 아래에 있어도 일본인만으로는 완결될 수 없었다고 할 수 있을 것이다.

이런 환경 아래에서 1928년에 재만 일본인이 결성한 만주청년연맹은 일본 측 기관의 지배와 개발 아래에서 재만 일본인의 발전을 중국 내셔널리즘과 양립시키고자 '일화화합日華和合', '만몽자치滿蒙自治'를 주창했다. 더욱이 장쉐량張學良 정권의 배일정책에 직면한 만주사변 직전기에는 재만 일본인의 '생존'을 위해 일본으로부터의 독립 가능성도 언급하며 '만몽의 현거주 제민족의 협화'를 주창하기에 이르렀다.[19] '민족협화'는 중국 내셔널리즘에 포위된 재만 일본인이 만주의 '현 거주 제민족'의 일원이 되는 것을 정당화하는 이념으로 형성된 것이다.

2) '만주국'의 건국과 재만 일본인의 국적·공민권 문제

1931년 9월의 류탸오후柳條湖사건을 계기로 발발한 만주사변을 통해 관동군의 이시와라 간지石原莞爾, 이타가키 세이시로板垣征四郎 등은 소련에 대한 안전보장을 주목적으로 만몽영유계획의 실현을 기도했다. 그러나 사변 발발 후 머지않아 육군중앙부가 영유를 반대하고 친일정권 수립을 제안하여 관동군은 '재만몽 제민족'의 독립국가 건설안으로 입장을 크게 전환했다. 1932년 1월에는 일본 정부도 이를 허가했다. 독립국가 건설은 열국과의 협조에 방해가 되는 일본의 영토 확장과는 다른 형태로 만주의 직접지배라는 관동군의 목적을 실현하기 위한 수단이었다.[20] 그러므로 필요한 독

---

19 緒方貞子, 『満州事変と政策の形成過程』, 原書房, 1966, 72~75쪽; 平野健一郎, 「満州事変前における在満日本人の動向―満州国性格形成の一要因」, 『国際政治』 43, 1970.
20 緒方, 『満州事変と政策の形成過程』.

립국가의 조건이란 ① 완전한 독립국가임과 동시에, ② 일본의 국책에 따르고, ③ 공동방위의 명분 아래 일본군이 주둔하여 국방을 담당하는 것이었다. 그리고 ①과 ②의 조건을 충족시키기 위해 관동군이 이끌어낸 구상이 당시 만주에 거주하는 여러 민족이 건국한 만주국에 일본인을 관리의 일부로 만들어 실권을 장악하는 것이었다.[21] 이로써 독립국가의 건설과 지배 식민지화의 양립을 도모했던 것이다. 이 구상은 만주사변 이전에 만주청년연맹이 주창했던 민족협화의 이념을 채용한 것으로 설명된다.[22] 민족협화의 이념은 중국 내셔널리즘을 제어하기 위해서 뿐만 아니라, 국제사회에 만주국의 건국과 민족자결 원칙의 정합성을 설명하기 위해서도 유효하다고 간주되었던 것이다.[23]

다만 민족협화의 이념과 일본인 관리의 실권 장악을 어떻게 절충하느냐의 문제는 별도로 하더라도, 일본인이 만주국의 관리가 되는 것과 만주국이 독립국이라는 것을 양립시키기 위해서는 일본인 관리가 만주국의 일원, 즉 만주 국민이 될 필요가 있다고 인식되었다.[24] 그리고 민족협화의 이념에서 보면 관리뿐만 아니라 재만 일본인과 조선인이 한인, 몽골인 등과 함께 만주 국민이 될 필요가 있다고 여겨졌다.[25]

문제는 재만 일본인이 만주국 국적을 취득하여 일본 국적에서 이탈하는

---

21 山室信一, 「「満洲国」統治過程論」, 山本有造編, 『満洲国』の研究』, 京都大学人文科学研究所, 1993, 87~89쪽; 山室信一, 『キメラ』, 167~181쪽.
22 緒方, 『満州事変と政策の形成過程』, 207~218쪽; 山室, 『キメラ』, 96~99쪽.
23 「満洲国協和会設立委員会説明」, 稲葉正夫ほか編, 『現代史資料11 続・満洲事変』, みすず書房, 1965, 828~829쪽.
24 遠藤, 『近代日本の植民地統治における国籍と戸籍』, 202~203・206~207쪽.
25 金井章次, 「東北自由国建設要領」, 1931.10.23(稲葉ほか編, 『現代史資料』11), 561~562쪽; 高木翔之助, 『満蒙独立建国論』, 1932.1(稲葉ほか編, 『現代史資料』11), 580~581쪽.

것을 받아들일지 여부였다. 만주사변 이전인 1929년에 이미 만주청년연맹은 '만몽자치국'이 성립될 경우 일본인이 '참여'하기 위해 '국적을 옮길' 필요가 있다고 인식하여 찬반양론을 제출했다.[26] 그리고 1932년 1월에 펑톈에서 『도쿄아사히신문東京朝日新聞』이 주최한 좌담회에서 관동군의 이시와라가 '신국가에서 활동하고 싶은' 재만 일본인은 "그 국가로 국적을 옮긴다"고 발언했다. 이에 대해 펑톈 거류민 회장인 노구치 다나이野口多內는 "국적을 이탈한 일본인이 신국가에 예속되는 것은 찬성할 수 없다"고 반론했다. 일본 국적 이탈을 거절할 의향을 명확하게 보여준 것이다.[27]

다만 재만 일본인이 만주국 아래에서 일본 국적을 유지할 필요가 있다고 해도 단순히 외국인으로서의 지위를 원했다고 볼 수는 없다. 노구치는 위의 발언에 이어 다음과 같이 말했다.

국적을 이탈하지 않더라도 그 주민으로서 5년 또는 10년 정도 거주하는 일본인은 그 나라의 참정권을 얻거나 그 밖의 방법으로 지나인과 적어도 동등한 권리와 대우를 받고 이익을 향유할 수 있으면 좋을 것이다.[28]

즉 일본 국적을 가진 채로 만주 국민과 동등한 자격으로 정치 참여 등이 가능한 시티즌십을 취득할 것을 요구한 것이다.

관동군이나 자치지도부 등의 건국운동 관계자는 노구치의 발언에 나타난 바와 같은 재만 일본인의 뜻을 파악하고 만주국 국적으로의 귀화 문제

---

26 平野, 「満州事変前における在満日本人の動向」.
27 「本社主催 満蒙経営座談会 (二)」, 『東京朝日新聞』, 1932.1.14; 「新満蒙の建設」(稲葉ほか編, 『現代史資料』 11), 626~627쪽; 浅野, 『帝国日本の植民地法制』, 405~406쪽.
28 「本社主催 満蒙経営座談会 (二)」

가 만주국 정부에서 "일본인 측의 인재를 흡수"하는 데 장애가 될까 염려 했다.[29] 그래서 첫째로 이중국적의 부여, 둘째로 국적에 따르지 않는 공민권의 부여를 고안하고 있었다.

이중국적이란 만주국 내의 거주자 모두에게 '동일 권리'를 부여하고 재만 일본인·조선인에게 '이중국적'을 부여하는 것이었다.[30] 일본의 국적법1899년, 법률 제66호은 제20조에서 "자신의 지망에 따라 외국의 국적을 취득한 자는 일본의 국적을 상실한다"고 규정하고 있어 만주국의 국적을 귀화[본인의 의사]에 의해 취득할 경우에는 일본 국적의 상실을 면할 수 없었다. 그러나 만주국 국적을 속지주의에 따라 만주국 거주자에게 강제로 부여하면 재만 일본인은 일본·만주국 이중국적자가 될 수 있었던 것이다. 또한, 재만 조선인의 경우 일본 국적법은 조선에는 시행되지 않아 일본 국적 이탈의 자유가 없었기 때문에 만주국 국적을 부여하면 반드시 이중국적자가 되었다.[31] 그런데 이중국적은 출생지주의에 따라 국적시민권을 부여하는 미국에서 1910~1920년대에 일본계 2세가 배일운동에 직면하게 된 요인이었다. 그 때문에 일본 국적법에 미국(·캐나다)에서 태어난 일본인의 국적이탈을 가능케 하는 개정이 추가되었다[제3장, 제7장, 보론 2 참조].[32] 일본 사법성은 재만 일본인·조선인의 이중국적을 법제화하는 문제에 일관되게 부정적이었던 것으로 보인다.[33]

---

29 大平善悟, 「滿洲国の国籍問題」, 『東京商科大学研究年報 法学研究』 2, 1933.
30 遠藤, 『近代日本の植民地統治における国籍と戸籍』, 202~205쪽.
31 위의 책, 40~50·56·202~205·228~231쪽.
32 坂口滿宏, 『日本人アメリカ移民史』, 不二出版, 2001, 273~300쪽.
33 木戸日記研究会·日本近代史研究会, 『片倉衷氏談話速記録』 上, 日本近代史料研究会, 1982, 111~112쪽. 가타쿠라(片倉)가 '하와이나 미국 본토 일본인의 경우'로 언급하고 있는 것은 당시의 논의를 바탕으로 한 것으로 추측된다.

이에 반해 공민권안이란 만주국 영토 내의 모든 주민에게 국적과 관계없이 속지주의적으로 '공민권'을 부여하는 것이었다.[34] 특히 구보타 다다카즈久保田忠一[만철 사원, 관동군 촉탁]은 만주국에 '공민의회' 또는 '국민의회'를 설치하고 '일본민족', '조선민족'이 '한漢민족', '만주민족', '몽골민족', '회교민족'과 함께 대표를 보내는 '공민'의 '민족연합국가'를 구상하고 있었다. 국적과 공민권을 분리하는 것으로 일본인·조선인도 국적을 불문하고 '민족'으로서 만주국의 '공민'이 될 수 있었던 것이다.

또한, '공민의회'의 민족별 대표자 수 비율은 한민족 7, 만주민족 3, 조선민족 2, 회교민족 2, 몽골민족 2, 일본민족 7, 백계민족백철(白哲)민족 또는 백계러시아인 1로 정했다.[35] 이는 '개인적 데모크라시의 요구', 즉 개인에게 속하는 참정권이 수인구로서의 측면을 가지는 것을 인정하면서도 '각 민족'의 '민족단체'로서의 '대등권'과 '건국의 공적자인 일본 및 만주 거주 일본인의 입장'을 이유로 사전에 대표의 비율을 설정하여 인구비[(표 6-2)]보다 '한민족'을 훨씬 적게 하고 '일본민족'을 훨씬 많게 정한 것이다. 대표 비율의 설정이라는 발상은 후술하는 협화회의 전국연합협의회의 전제로서도 주목된다.

결과적으로 1932년 3월 1일 만주국 건국에 맞춰 만주국 정부는 건국 선언에서 만주국 내[관동주는 제외]에 거주하는 전 주민에게 '평등한 대우'를 할 것을 다음과 같이 약속했다.

---

34 遠藤, 『近代日本の植民地統治における国籍と戸籍』, 203~205쪽.
35 久保田忠一, 「久保田嘱託案」(稲葉ほか 編, 『現代史資料』 11), 557~560쪽; 木戸日記研究会·日本近代史研究会, 『片倉衷氏談話速記録』上, 167쪽; 橘樸, 「満洲一新国家建國大綱私案」, 『満洲評論』 2(1), 1932는 구보타의 안과 유사하다.

연도	한·만·몽골인	일본인	조선인	기타	합계
1933	30,426 98.5%	179 0.6%	580 1.9%	100 0.3%	30,879
1934	32,304 98.3%	242 0.7%	691 2.1%	79 0.2%	32,869
1935	33,536 98.1%	319 0.9%	775 2.3%	73 0.2%	34,201
1936	34,515 97.7%	393 1.1%	895 2.5%	68 0.2%	35,338
1937	35,533 96.2%	418 1.1%	932 2.5%	66 0.2%	36,950
1938	36,979 95.7%	522 1.4%	1,056 2.7%	66 0.2%	38,624
1939	37,582 95.3%	642 1.6%	1,162 2.9%	67 0.2%	39,454
1940	39,385 94.5%	862 2.1%	1,345 3.2%	67 0.2%	41,660
1941	40,640 94.1%	1,017 2.4%	1,465 3.4%	66 0.2%	43,188
1942	41,756 93.9%	1,097 2.5%	1,541 3.5%	68 0.2%	44,462
1943	42,475 93.7%	1,148 2.5%	1,634 3.6%	66 0.1%	45,323

출처 : 小林英夫監修, 『日本人の海外活動に関する歴史的調査』13(満州編 1), ゆまに書房, 2002 참조.
주 : 1943년 한·만·몽골인 중 몽골인은 1,116,000명. 일부 연도의 합계가 맞지 않지만 그대로 인용했다.

무릇 신국가 영토 내에 거주하는 자는 모든 종족의 기시岐視[이유 없이 편견을 갖고 차별함-역주] 존비의 분별을 하지 않는다. 본래 있었던 한족, 만주족, 몽골족 및 일본, 조선의 각 종족을 제외한 나머지, 즉 기타의 국인 중에 장구히 거류를 원하는 자도 평등한 대우를 누릴 수 있다.[36]

---

36 「満洲国建国宣言」(稲葉ほか編, 『現代史資料』11), 524~525쪽.

즉, 일본 이외의 국적을 가진 외국인에게도 만주국 내에 거주하는 한 평등한 대우를 보장한 것이다. 그리고 이를 통해 '민족'으로서의 재만 일본인·조선인을 일본 국적 보유 여부를 묻지 않고 '한족, 만주족, 몽골족'과 나란히 만주국의 구성 요소로 인정한 것이다. 이는 명확한 공민권 규정은 아니지만, 구보타의 '민족연합국가'에 가까운 것이었다고 할 수 있다.[37]

이때 만주국의 헌법은 제정되지 않았고, 헌법 제정 전의 잠정법暫定法으로서 1932년 3월 9일에 제정된 정부조직법에도 만주국의 국민에 관한 규정은 없었다. 그러나 같은 날 제정된 인권보장법은 '만주국 인민'의 공무 참여권, 관공리 취임권을 인정했다.[38] 건국 선언에 비추어보면 '만주국 인민'이란 일본 국적을 가진 재만 일본인·조선인을 포함하는 것이었다. 다만 정부조직법이 규정한 입법기관인 입법원에 실체는 없었고, 만주국의 통치기구에 정치적으로 참여할 수 있는 시스템은 존재하지 않았다. 그로 인해 실제로는 만주국 정부 내 일본인 관리의 존재를 정당화하는 효과만이 존재했다.[39] 일본인 관리는 일본 국적을 보유하면서 '일본계 만주인', '일본계 관리'로 불리게 되었다.[40] 이후 성문법으로서 국적법의 제정은 끊임없이 검토되었으나 실현되지 않았다. 이러한 상황 속에서 실무상의 필요 때문에 건국 선언은 만주국 내에 생활 거점을 마련한 모두를 '만주국 인민'으로 취급한다는 관습법상의 국적법으로 인식되고 있었다.[41]

---

37 가타쿠라 다다시(片倉衷)는 구보타의 안이 건국 구상의 일부로 받아들여졌다고 증언하고 있다.(木戸日記研究会·日本近代史研究会, 『片倉衷氏談話速記録』上, 189쪽)
38 外務省情報部, 『満洲国現行法令集』, 外務省情報部, 1932, 11~18쪽.
39 遠藤, 『近代日本の植民地統治における国籍と戸籍』, 215~217쪽.
40 関東軍司令部, 「対満蒙方策(第四次案)」, 1932.5.21(稲葉ほか編, 『現代史資料』11), 636~639쪽.
41 遠藤, 『近代日本の植民地統治における国籍と戸籍』, 212~217쪽.

다만, 속지주의에 기반한 '만주국 인민'을 실질적인 국민으로 취급한다는 조치는 단적으로 성문법으로서의 국적법에 비하면 불명확할 뿐만 아니라, 건국 당초 만주국 내 일본의 치외법권 때문에 심각한 균열을 안고 있었다.

만주국은 건국 당시에 중화민국이 각국과 체결한 조약을 계승했기 때문에 일본은 만주국에서 계속 치외법권을 가졌고, 만철 부속지의 행정권을 보유했다. 일본 측의 인식에서는 치외법권의 철폐가 일본이 만주국을 보다 완전한 주권국가로 인정한다는 것을 의미했고, 만주국이 국제적 승인을 얻는 데에 유효하지만, 만주국의 사법제도·법전의 정비가 필요하기 때문에 시간이 필요하다고 보았다.[42] 그러나 만주국 내에 거주하는 일본인·조선인이 이미 '만주국 인민'임에도 불구하고, 일본 국적을 유지하기 위해 만주국의 법률이나 과세에 따르지 않는 것은 민족협화의 독립국이 되어야 하는 만주국에 중대한 문제였다. 이는 만주국 정부의 일원으로서 '일본계 만주인', '일본계 관리'로 간주된 일본인 관리에 대해서는 특히 심각했다. 실제로 만주국 법상 범죄를 '일본계 관리'가 범해도 영사재판권 때문에 만주국에서 처벌할 수 없는 사태가 빈발했다.[43]

이러한 일본의 치외법권하의 재만 일본인·조선인과 그 밖의 '만주국인', '외국인'의 '불균형'을 제거하기 위해, 만주국 외교부는 1932년 5월에 만주국에 5년 이상 재주한 외국인에게 만주국의 법률·과세에 대한 복종을 조건으로 '모든 공권 및 사권'을 부여하는 '공민권법안'을 작성했다.[44] 그러나 만주국의 국내법을 통해 국가 간 조약에 근거한 치외법권의

---

42   副島昭一, 「「満洲国」統治と治外法権撤廃」, 山本編, 『「満洲国」の研究』, 133~134쪽; 浅野, 『帝国日本の植民地法制』, 418~422쪽.

43   「日系官吏の綱紀粛正に臨時辨法を設ける」, 『満洲日報』, 1933.4.8; 「帰化法制定急務」, 1933.4.9.

작용을 해소하는 것은 불가능했다. 이는 재만 일본인에게 이중국적을 부여하는 경우에도 마찬가지였다.[45] 또한 앞서 서술했던 것과 같이 재만 일본인을 즉시 일본 국적에서 이탈하게 하는 것은 어려웠다. 후술하겠지만, 이 때문에 치외법권의 철폐는 국적법 제정이 난항을 겪는 상황에서 '만주국 인민' 내 '민족협화'를 위한 선결과제로서 추진되었다.

그런데 치외법권 문제를 별개로 두고 보면, 만주국 외교부가 작성한 '공민권법안'이 왜 폐안이 되었는지는 명확하지 않다.[46] 국적과는 구별되는 공민권에 의한 만주국의 '민족협화'를 실현한다는 구보타 등이 제기한 구상은 무엇에 의해 중단되었을까. 구보타의 '공민'에 의한 '민족연합국가' 구상이 '공민의회'를 '최고기관'으로 상정한 것에서 보이듯이, 이는 공민권에 내실을 부여하는 정치 참여 시스템이 만주국의 통치기구에 존재할 수 있었는가라는 문제를 빼고서는 생각할 수 없을 것이다.

관동군이 건국운동에 협력시킨 중국인 유력자의 일부[특히 한인]는 원수元 首 공선이나 의회제도 등을 요망했다.[47] 그러나 관동군은 건국 구상 당초부터 '대의정치', 즉 신국가의 통치를 제약할 수 있는 의회제도를 인정하지 않겠다는 의향을 굳혔다. 그로 인해 입법원은 명목상의 존재에 그쳤다.[48] 이는 한인이 주도권을 쥘 가능성을 배제하기 위해서[49]만이라고 할 수는 없다. 애초에 관동군은 일본 본국 내 의회정치·정당정치에 현저한

---

44 浅野, 『帝国日本の植民地法制』, 407~409쪽; 遠藤, 『近代日本の植民地統治における国籍と戸籍』, 207~208쪽.
45 위의 책, 412~416쪽.
46 위의 책, 408~409·739쪽.
47 平野, 「満洲国協和会の政治的展開」, 239~240쪽.
48 片倉衷, 「満洲事変機密政略日誌」, 小林龍夫·島田俊彦編, 『現代史資料 7 満洲事変』, みすず書房, 1964, 253쪽; 山室, 『キメラ』, 160~161쪽.
49 田中隆一, 『満洲国と日本の帝国支配』, 有志舎, 2007, 62~83쪽.

불신감을 갖고 있었던 것이다.[50]

그러나 관동군은 '대의정치'를 부정하는 한편, "인민 대표로 구성되는 기관으로 하여금 국정國政, 특히 입법에 참여시키는 것"의 의의는 인정했다.[51] 관동군의 가타쿠라 다다시片倉衷는 건국 직전인 1932년 2월에 '복와거사伏臥居士'라는 필명으로 발표한 논설에서 만주국에서 '의회정치'를 행하는 것을 부정했다. 그러면서 '재만 민족의 융합혼화'를 위해서 '공적 대표권'을 '일본인에게도' 부여하는 것은 "이중국적 문제를 해결하지 않는다 해도" 필요하며, 이는 '대의제도'와는 다른 '자치기관', '공적 기관'의 '의지 발표'에 의한 것이어야 한다고 서술했다.[52] 의회제도를 부정함에도 불구하고 만주국의 건국은 '전 인민'의 '민의'에 기반해야만 한다는 정치적 요청은 인식되었다.[53] 그로 인해 의회제도와는 다른 정치 참여 시스템을 모색하는 가운데 재만 일본인의 참가도 필요시되었던 것이다. 그리고 의회제도를 대신할 '통제주의에 의한 민중의 대표기관[이시와라 간지]'을 위해 1932년 7월에 설립된 것이 만주국 유일의 정치 단체인 협화회였다.[54] 만주국 내 정치 참여와 '민족협화'를 둘러싼 정치 과정이 드디어 이 협화회를 둘러싸고 전개되기 시작한 것이다.

---

50 木戸日記研究会・近代史料研究会, 『片倉衷氏談話速記録』上, 255쪽; 三谷太一郎, 「満州国国家体制と日本の国内政治-戦時体制モデルとしての満州国」, 木戸日記研究会・近代史料研究会, 『近代日本の戦争と政治』, 岩波書店, 2010, 121쪽.

51 片倉, 「満洲事変機密政略日誌」, 253쪽.

52 伏臥居士, 「更生満蒙の展望」, 『満洲評論』 2(8), 1932.

53 緒方, 『満州事変と政策の形成過程』, 211~218쪽; 三谷, 「満州国国家体制と日本の国内政治」, 122~124쪽.

54 「満蒙問題解決に関する石原中佐手記」, 1932.6.25(稲葉正夫ほか編, 『太平洋戦争への道-開戦外交史』, 別巻資料編, 朝日新聞社, 1963), 182~183쪽; 平野, 「満州国協和会の政治的展開」.

3) '만주국' 건국 후 일본인의 정치운동

만주사변 발발 후 재만 일본인은 대체로 관동군의 행동을 적극적으로 지지했다. 그러나 만주국 건국 후에 재만 일본인은 두 가지의 상이한 방향으로 정치화되었다. 하나는 건국운동의 연장선상으로 협화회를 결성하는 것, 다른 하나는 만철 및 영사관하에서 '자치'를 계속하는 것이었다.

만주국의 건국운동에 종사한 재만 일본인 단체로는 대웅봉회大雄峰會와, 앞서 서술한 만주청년연맹이 있었다. 가사기 요시아키笠木良明 등이 1929년에 결성한 아시아주의 단체인 대웅봉회는 관동군이 지휘했다. 또한 관동군은 위충한于冲漢을 부장으로 하는 자치지도부의 주도권을 장악했다. 그리고 현縣 단위의 자치를 통한 지방 통일을 추진했다. 만주국이 건국되자 자치지도부는 해산하고, 대웅봉회의 회원들은 국무원 자정국資政局에 들어갔다. 이에 반해 관동군의 항일 세력 진압 전선에서 선전·선무宣撫 활동을 전개한 만주청년연맹은 건국 전후부터 관동군의 지원 아래 '협화당協和黨'의 설립을 계획하고, 1932년 4월에 결당했다. 가사기 등이 이에 대항하는 정치 결사 설립의 움직임을 보이자 관동군은 자정국을 해산시켰다. 그리고 1932년 7월에 수도 신징新京, 창춘의 국무원에서 명예 총재를 집정 푸이溥儀, 명예 고문을 관동군 사령관 혼조 시게루本庄繁, 회장을 국무총리 정샤오쉬鄭孝胥로 하는 '협화회'가 발족했다. 주요 구성원이 협화회의 중요 직위에 취임한 만주청년연맹은 같은 해 10월에 해산했다.[55]

만주청년연맹의 협화당 구상은 그들의 지론인 민족협화주의를 일당제로 결합함으로써 만주국의 '국민' 통합을 지향하는 것이었다. '봉건 군벌'

---

55 平野, 「満州国協和会の政治的展開」, 239~251쪽.

인 장쉐량 정권을 대신할 '민중 자치의 신국가'인 만주국에서 '만몽에 현재 거주하는 여러 민족'이 '민족적 편견'을 버리고 '대동단결'하는 것이 협화당의 목적이었다. 협화당은 각 지방에서 직업·단체마다 분회分會, 세포를 결성함으로써 각 민족[특히 '일본계'와 '한인계']를 당원으로 조직할 것을 계획했다.[56] 그리고 협화회로 개명한 직후로 보이는 1932년 5월에 발표된 「전 만주의 애국자여 손을 잡으라」는 만주국에서 '평등 무차별'한 '국민'의 탄생을 주장했다. 이 글에서는 "종래에는 일본, 조선 등의 종족이 국민이 되는 것이 인정되지" 않았기 때문에 '국가의 보호'를 받지 못하고 배척되었고, '만주, 한, 몽골의 각 종족'도 동일한 보호를 받지 못해 '종족적인 투쟁'을 반복했다고 했다. 그러나 건국 선언과 인권보장법에 의해 이들은 '종족, 종교의 구별' 없이 동등하게 '만주국가의 국민'이 되었으므로 '신국가'의 '완성'을 위해 분회 조직 참가를 통한 '애국자', '선각자'의 협력·단결을 호소한 것이다.[57] 이는 어쩌면 의식적으로 일본의 치외법권이나 만철 부속지의 존재를 사상捨象시킨 주장이지만, 여기에서 주목해야 할 것은 외국인이었던 재만 일본인·조선인이 만주국의 건국에 의해 '한, 만주, 몽골' 종족과 평등한 '국민'이 되었다는 인식이다. 다만 건국 선언과 인권보장법에 의해서만 근거가 제시된 이 인식에는 실체가 동반하지 않았기 때문에 이를 '완성'하는 조직·운동으로서의 협화회가 필요하다고 여겨진 것이다.

한편, 관동군의 이시와라 간지가 발견한 협화회의 이용가치는 국가·정부와는 구별된 단일한 정치결사인 협화회를 관동군의 지도하에 둠으로써 독립국가인 만주국 정부를 '한민족의 자존심이 손상되지 않는' 형태로 통

---

56 満洲帝国協和会編, 『満洲帝国協和会組織沿革史』, 不二出版, 1982, 19~45쪽.
57 満洲協和会(投書), 「全満の愛国者よ手を握れ（下）」, 『満洲評論』 2(21), 1932.

제하는 것에 있었다.[58] 이를 위해서는 만주국의 최고 권력은 '전제 군주푸이'나 '자유주의에 의한 민중의 대표기관 입법기관'이 아니라, '통제주의에 의한 민중의 대표기관인 하나의 정치적 단체'로서의 협화회여야만 했다. 그리고 일본인은 만주국에서 '국권의 엄호'에 의해 "우월한 위치를 점"하고자 하는 것을 멈추고, '맨몸'으로 협화회에 참가하여 "실력에 의해 각 민족의 지도자가 되는 위치를 획득하고, 3천만 대중을 장악"할 필요가 있었다.[59] 이는 결과적으로 만주청년연맹이 구상한 일당제 모델 및 민족협화 이데올로기와 기본적으로 합치되는 것이었다.

협화회는 이시와라의 구상에 따라 '유일 정치 단체'로서 "민중의 지지를 획득하고, 이를 통해 국가의 근본정책을 결정"하여 만주국을 "일본국가의 정치적 지배에 따르지 않고 일본인이 참여하는 민족협화의 독립국가로" 만드는 것을 목표로 했다.[60] 협화회는 민족협화의 이념에 근거하여 일본인·조선인을 일본 국적인 채로 만주국 '국민'으로 통합하는 한편, 일당제와 일본인의 참여를 통해 독립국가인 만주국을 일본의 국책에 따르게 하고자 했다. 동시에 협화회는 건국 선언과 인권보장법을 근거로 '재만 일본인'은 이미 '일본계 만주국 국민'이 되었기 때문에 재만 일본인이 "지금 다시 부속지가 어쩌고 국적이 어쩌고 하는 사사로운 일에 사로잡혀 만주 국민이 되는 일을 주저한다면 일본인 자신들이 배일하는 결과가 된다"고 하여, 기존의 재만 일본인으로서의 지위에 구애되어서는 안 된다고 했다.[61]

58　平野, 「満州国協和会の政治的展開」, 260쪽.

59　「満蒙問題解決に関する石原中佐手記」, 1932.6.25(稲葉ほか編, 『太平洋戦争への道』, 別巻資料編), 182~183쪽.

60　「満洲帝国協和会ノ理念」(原題, 「満洲国協和会ノ理念」), 1932.8(満洲帝国協和会編, 『満洲帝国協和会組織沿革史』), 16~18쪽; 石原莞爾, 「満蒙ニ関スル私見」, 1932.8.23. (稲葉ほか編, 『太平洋戦争への道』別巻資料編), 185~187쪽.

다만 설립된 협화회의 실체는 이상적인 구상과 상당한 격차가 있었다. 설립 당초의 조직은 중앙사무국에 중점을 두었고 지방에서 분회 조직 활동을 시행하기 위한 거점은 매우 취약했다.[62] 또한, 분회 대표에 의해 조직된 자문기관인 전국·지방의 연합협의회[63]는 당초 실제로는 개최되지 않았다. 만주사변으로 탄생한 만주국의 통치 그 자체가 매우 불안정했기 때문에 협화회의 주요 임무는 만주청년연맹과 마찬가지로 만주국 내의 한인이나 조선인, 몽고인 등에게 만주국의 통치를 받아들이게 하기 위한 선무공작이었다. 협화회의 목적이 된 '건국 정신'의 보급이란 '각 민족의 민족적 자저自恃운동'에 대한 '대항 선전'인 동시에, 우선 만주국의 존재 자체를 부정하는 반만反滿 항일 활동[비적(匪賊), 공산주의, 삼민(三民)주의]에 대한 '대항 선전'이었다.[64] 그뿐 아니라 "소요의 근거지인 북만北滿의 치안 확립이 긴요함을 인정하여 (…중략…) 군대와 비적이 설치는 각지에 일본군 및 만주국군의 제일선 부대에 종속되어 몸에 무기도 두르지 않고 건국정신의 선전 포스터를 유일한 무기로 삼아 결사적 적전敵前 공작"을 실시한다고 하는 '특별 공작'이 협화당 결성부터 협화회 설립 당초까지 지방에서의 중심적 활동이었던 것이다.[65]

또한, 관동군이나 만주국 정부 중 일부는 협화회가 정당으로서 정치운

---

61 「日系満洲国々民」, 1932(防衛省防衛研究所所蔵, 『満洲帝国協和会史料 協和会史資料集』2, 1940, JACAR : C12120171900).

62 平野, 「満州国協和会の政治的展開」, 245~246쪽.

63 「満洲国協和会設立委員会会議事録」, 1932.7.18(稲葉ほか編, 『現代史資料日』11), 843~848쪽.

64 「今後ノ方針」(1932.8로 추측)(満洲帝国協和会編, 『満洲帝国協和会組織沿革史』), 54~57쪽.

65 「協和会組織大綱並活動状況」, 『満洲評論』3(3), 1932; 満洲国史編纂刊行会編, 『満洲国史 各論』, 満蒙同胞援護会, 1971, 79~82쪽.

동을 하는 것을 기피하는 경향이 매우 강했다. 협화당에서 협화회로 개명한 것 자체가 관동군의 혼조 등이 정당을 기피했기 때문이다. 또한, 협화회의 강령 서두에는 "본회는 정치상의 운동을 하지 않는다"고 정해져 있었다. 고이소 구니아키 참모장[1932년 8월 착임]은 협화회를 국무원 총무청의 감독하에 두고 '교화 단체'로 그치게 하는 방침을 세웠다. 또한, 만주국 정부의 일계 관료는 종종 협화회와 대립하여 협화회 자체가 불필요하다고 주창했다.[66] 1934년에 이르러서도 협화회는 '가까운 장래에 만주국의 독재 정당'이 될 것을 자인하면서 '당분간은 소위 사상 건국 단체'라는 것에 만족하지 않을 수 없었다.[67] 그래서 협화회가 기사회생의 수단으로 삼은 것이 1934년 3월 제제帝制 실시에 맞춰 시행한 제제 수립운동이었다. 같은 해 1월 정부의 제제 실시 성명 직전에 협화회는 제제 청원 시민대회를 개최했고, 제제 실시 직전인 2월 28일에는 제1차 전국연합협의회를 개최하여 황제 추대 결의를 시행했다. 협화회는 이 운동에서 유일한 제제 촉진 단체로서의 정치적 권위를 획득했다.[68] 이것은 단지 권력에 대한 추종은 아니었다. 국무원 총무청장인 엔도 류사쿠遠藤柳作는 황제 푸이의 즉위는 '하늘의 계시'에 의한 것이며 '인민의 추대'는 이에 대한 '순응'에 불과하다며 제제 청원 시민대회를 개최한 협화회를 견제했다. 그러나 협화회의 고야마 사다토모는 이에 대해 '민의는 즉 천의天意, 천의는 즉 민의'이며 "천의의 계시는 관리에게만 내리는 것이 아닙니다", "민의를 배격하고 천의를 완수할 수는 없다"

---

66 平野, 「満州国協和会の政治的展開」, 243・253・262~263쪽; 満洲国史編纂刊行会編, 『満洲国史 各論』, 86~87쪽.
67 三谷, 「満洲国国家体制と日本の国内政治」, 131쪽; 「弁事処工作ニツイテ」, 1934(大同 3)(満洲帝国協和会編, 『満洲帝国協和会組織沿革史』), 90쪽. 1934년은 3월 제제(帝制) 실시에 의해 강덕(康徳) 원년이 되었기 때문에 그 전에 작성된 것으로 추정된다.
68 平野, 「満州国協和会の政治的展開」, 263~265쪽.

고 만주국의 국시인 '왕도정치'의 논리에 따라 비판했다.[69] 정부가 국책으로 내세운 제제 실시를 정부의 뜻을 거슬러서라도 나서서 지지하여 '민의'의 대표기관으로서의 위상을 획득하고자 했던 것이다.

관동군·만주국 정부는 정부와 협화회의 대립 가능성을 제거하기 위해 1934년 9월에 협화회를 개조하여 일본계 관리와 협화회 간부의 교체를 실시했다.[70] 그러나 협화회의 '독재 정당' 지향이 이것으로 사라지지는 않았다. 이 개조에 즈음하여 협화회는 북만주에서 특별 공작을 담당하던 회무會務 직원의 '정치상의 운동'을 포기하지 않고 '회 자체의 기반'을 획득해야 한다는 주장[71]을 받아들여 다시 '국민운동'의 방침을 재정비했다. 특히 지방기구를 확충하고 농촌의 지역별 분회와 도시의 동업 분회 조직에 중점을 두었다.[72] 이러한 조직 활동에 대한 관심은 '독재 정당' 지향과 결부되어 있었다. 협화회는 "천의를 완벽하게 하기 위해서는 먼저 민의 존중을 제일로 삼아야 한다"는 견지에서 '유일무이한 민중적·국민적 통일기관'으로서 "입법원 감찰원[행정감찰기관]의 국민적 지원 임무를 수행할 의무가 있다"고 하여 만주국 정부에 대한 지지를 통해 통치기구 상의 권력 획득을 기도하고 있었다.[73]

---

69 小山貞知, 「天意? 民意?」, 『満洲評論』6(4), 1934; 「第一回全連当時の思ひ出を山口重次氏に訊く」, 『協和運動』1(1), 1939 참조.
70 満洲国史編纂刊行会編, 『満洲国史 各論』, 86~87쪽; 平野, 「満洲国協和会の政治的展開」, 265~266쪽.
71 「協和会革正案」, 1934.8(防衛省防衛研究所所蔵, 『満洲帝国協和会史料 協和会史資料集』5, 1940, JACAR:C12120180400).
72 連合協議会籌備小委員会, 「国民運動ノ提唱組織ノ整備運用大綱」, 1935.2(満洲帝国協和会編, 『満洲帝国協和会組織沿革史』), 119~178쪽; 満洲国史編纂刊行会編, 『満洲国史 各論』, 88~90쪽.
73 連合協議会籌備小委員会, 「国民運動ノ提唱組織ノ整備運用大綱」.

1934년 개조의 큰 특징은 전국, 지방省, 현縣·기旗·시市의 각급 연합협의회를 다시 설치했다는 것이다. 협화회의 최고 자문기관으로 규정된 전국연합협의회는 연 1회 정례 개최가 1935년에 시작되었고, 지방 단위의 연합협의회 개최도 일부 개시되었다.[74] 그러나 연합협의회가 협화회의 조직 활동화에 반드시 결정타가 된 것은 아니었다.

첫째, 전국, 지방, 현·기·시의 연합협의회는 각지의 분회 대표에서 대표를 선출했지만 공선제는 아니었다. 둘째, 각지 분회에서 제출된 의안은 상정 전에 '정리'되었고, 또한 의결에는 만장일치제가 채택되었다.[75] 셋째, 전국·지방 각급 연합협의회의 결의는 '국민의 올바른 여론'으로 여겨지면서도,[76] 그 기능은 협화회의 자문기관에 머물렀고 만주국 정부와의 연락도 규정되지 않았다. 당초 전국연합협의회의 협의원은 거의 한인'만주계'에서 선출되었는데[〈표 6-5〉], 그것은 '일본계' 회원이 극히 드물었기 때문만이 아니었다. 히라노 겐이치로가 지적한 것처럼, '일본인 이외의 만주국 국민'에게 '"민의 반영"의 환상'을 심어주기 위해서였다고 할 수 있다.[77]

실제로 1935년 3월에 처음으로 각지 분회가 제출한 의안을 모아 개최된 전국연합협의회는 의안 95건 중 29건만을 의회에 상정했다. 그리고 상정된 의안도 "해결에 관한 방침을 협의"했을 뿐이고, 이후에는 '정부와 교섭'하도록 했다. 각지 대표의 불만에 대해 협화회 중앙본부의 사카타니 기이치阪谷希一[겸 국무원 총무청장]는 다음과 같이 분명히 말했다. 그는, 연합협의회는 '선덕달정宣德達情 공작', 즉 정부가 "민의를 반영"하고 협화회가 "정부의

74 満洲国史編纂刊行会編, 『満洲国史 各論』, 93·118~119쪽.
75 위의 책, 93쪽; 平野, 「満州国協和会の政治的展開」, 269~271쪽.
76 連合協議会籌備小委員会, 「国民運動ノ提唱組織ノ整備運用大綱」,
77 平野, 「満州国協和会の政治的展開」, 270쪽.

〈표 6-3〉 협화회의 회원수와 조직율(1934~1943년)

연도	회원수	조직율(%)
1934	300,000	0.9
1935	330,000	1.0
1936	370,000	1.0
1937	814,897	2.2
1938	1,093,634	2.8
1939	1,491,397	3.8
1940	1,771,852	4.3
1941	2,789,962	6.5
1942	3,208,223	7.2
1943	4,116,341	9.1

출처 : 회원수는 野町融, 「会組織の研究」, 『協和運動』 7(1), 1945 참조. 조직율은 회원 수와 각 연도의 만주국 인구[〈표 6-2〉] 참조.

뜻을 알기" 위한 것이지 '민주대표로 구성된 의회'가 아니므로, 정부와 '권리의무관계'는 없으며 어디까지나 '도의적'인 관계, '도의적인 의무'가 있을 뿐이다. 따라서 의안을 과반수로 표결하는 방법은 '절대로 채택'하지 않고, 상정 이전의 '제안 정리'에 무게를 두며, 상정 의안의 체결은 '만장일치의 형식'을 채택한다. 또한, 의결을 거치더라도 "제안의 실행을 강요"할 수는 없다고 했다.[78] 다수결 원리와 의결사항을 정부가 의무적으로 시행함으로써 협화회 전국연합협의회가 사실상 만주국의회가 되는 것을 만주국 정부는 거절했던 것이다. 이러한 연합협의회의 '관료적 한계'는 '민중이 협화회에 느끼는 매력'을 감소시키는 것으로 인식되었다.[79] 애초에 반만 항일 활동이 완전히 수습되는 일은 없었지만, 만주국 통치에 복종한 한인 등의 주민에게도 협화회에 참가하는 동기가 부족했다고 할 수 있을

---

78 阪谷希一, 「協和会·連合協議会の特異性」, 『満洲評論』 8(14), 1935; 阪谷希一, 「協和会の使命と社会的地位」, 『満洲評論』 8(18), 1935.
79 宮城, 「満洲帝国協和会の「再生」は如何にして徹底するか」, 위의 책, 11(11), 1936.

것이다. 협화회의 회원은 만주국 총인구의 1% 전후였다〈표 6-3〉.

그리고 협화회의 부진은 '민족협화'의 중요한 구성요소가 될 예정이었던 재만 일본인이 협화회운동에 종사하는 회무직원 이외에는 거의 가입하지 않았기 때문이기도 했다. 만주국 건국 후에도 재만 일본인 대부분은 만철 부속지나 개방지에 거주하고 있었다〈표 6-1〉. 이들은 부속지의 지방 위원회나 각지 영사관 관할하의 거류민회에 의한 '자치'를 계속하고 있었을 뿐만 아니라 오히려 그 강화를 바라는 경향이 있었다.

특히 주의해야 할 것은 만철 부속지의 동향이다. 만주국 건국 직후인 1932년 3월에 부속지의 지방 위원회 연합회는 만주 내 '일본 측 각 기관'관동군, 관동청, 만철, 외무성의 통일과 '총독 정치'의 실현이라는 안건[奉川, 鉄嶺]을 만장일치로 가결했다. 또한, 지방 위원회에 예산안 의결권을 부여하여 만철을 자문기관에서 의결기관으로 바꾸는 안건[奉川]을 가결했다.[80] 타이완이나 조선과 같이 총독부를 설치하고자 했던 것은 만주국을 사실상의 일본 영토로 간주하는 인식을 나타낸 것이라고 할 수 있을 것이다.[81] 이는 다음 해인 1933년에도 "이제는 만주국이 건설되어 대외관계를 고려할 필요"가 없기 때문에, 지방 사무소·지방 위원회라는 명칭을 '지방행정사무를 처리하는 것과 상응하는 명칭'으로 바꾸어야 한다는 안건[新京]이 만장일치로 가결된 것에서도 명확하다.[82] 그러므로 지방 위원회를 의결기관으로 삼고자 했던 것은 만주국을 사실상 일본령으로 간주하여 만철 부속지

---

80 「地委連合会奉天の提案」, 『満洲日報』, 1932.2.18;「満蒙諸問題に関する重要議案審議 地方委員連合会議事」;「全満地委連合会六日終了す」, 1932.3.7.

81 이에 대한 만주국 공식 이데올로기로부터의 비판은 伏臥居士(談), 「在満諸機関の形式的 統一論を排し民族協和の再認識を促がす」, 『満洲評論』, 2(24), 1932 참조.

82 「第十回全満地委連合会提出議案 (三)」, 『満洲日報』, 1933.3.21;「第十回全満地委連合 会(第一日)」, 1933.3.29.

내 정치 참여를 실질적인 자치권으로 확립시키려는 의도였다고 여겨진다. 나아가 1934년에도 '부속지 자치제' 시행 촉진 요망[新京]이 제출되었으나, 전회前回에 같은 취지의 결의가 있었다는 이유로 철회되었다.[83] 지방 위원회 연합회에는 '만주의회'라는 통칭이 있을 정도였다.[84] 이러한 사례에서 볼 수 있는 만철 부속지 내 일본인의 정치의식은 민족협화라는 이념이 요청한 '일본계 만주 국민'과는 거리가 있는 것이며, 지배 식민지화의 실태를 솔직하게 표현하고 있었던 것이라고 할 수 있다.

거류민회 또한 그 존재 이유로 보자면 당연하지만, '일본계 만주 국민' 관념과는 전혀 양립되지 않는 행동을 취하고 있었다. 그 단적인 예는 1932년 4월 펑톈 거류민회가 리튼 경Lord Lytton이 이끄는 국제연맹조사단에 '재만 일본 국민의 입장'을 전달하여 장쉐량 정권이 1915년에 대화 21개 조 요구에서 일본이 획득한 권리를 인정하지 않고, 재만 일본인·조선인의 활동을 압박한다고 진정한 것이다.[85] 그리고 앞서 서술한 대로 거류민회는 만주사변 이전에는 저조했으나, 만주사변 후에는 만철 부속지 외의 지역에도 재만 일본인이 증가함에 따라 각지에서 결성되어 그 수가 증가했다. 또한, 1933년에는 공유할 문제를 협의하는 전만全滿 거류민회 연합회가 결성되었다.[86] 나아가 연합회 결성의 주요 계기는 재만 일본인 소학교 경영 비용 문제 때문이었다. 만주사변 이전부터 부속지에서는 만철이 일본인 학교를 경영하고, 부속지 이외에서는 영사관의 관할과 만철의

---

83 『第十一回全満地方委員会連合会定時会議々事録』.
84 「全満地方委員会連合会定時会議」, 『満洲日報』, 1935.3.17.
85 野田編, 『奉天居留民会三十年史』, 272~284쪽.
86 満鉄地方部残務整理委員会, 『満鉄附属地経営沿革全史』 下, 347쪽; 野田編, 『奉天居留民会三十年史』, 219~220쪽.

재정 보조하에서 거류민회가 일본인 학교를 경영하고 있었다.[87] 그러나 만주사변 후 부속지 이외의 지역에 일본인 인구가 급증하여 소학교 수요가 급격히 확대되었고, 각지 거류민회는 재정부담에 난처한 상황이었다.[88] 만주국 내 일본인 교육권은 이후 치외법권이 철폐될 무렵에 다시금 문제가 되었다.

또 한 가지 다루어야 할 것은 관동주 조차지의 일본인에 관한 것이다. 관동주는 만주국의 영토에 포함되지 않고 중화민국으로부터 조차를 받은 땅으로, 일본관동청의 통치가 계속되었다. 즉 만철 부속지나 영사관 관할 하의 일본인과는 다른 국가에 거주하게 된 것이며, 만주국 건국에 따른 정치적 지위의 변동, 특히 '만주국 인민' 내지 '일본계 만주 국민'으로서의 정치적 귀속이 문제시되는 사태에는 직면하지 않았다. 그러나 예를 들어 만주국 건국 후에도 만주 상공회의소 연합회에 다롄상공회의소가 참가했던 것처럼, 실제 재만 일본인 사회에서는 특히 관동주와 만철 부속지의 사이에서 밀접한 관계가 지속적으로 유지되고 있었다.[89] 만주국 내의 일본인과 관동주의 일본인의 관계도 결국 치외법권·부속지 행정권의 정치쟁점화로 인해 문제가 되고 있었던 것이다.

이상과 같이 만주국의 건국과 민족협화의 이념은 재만 일본인관리, 민간인에게 '일본계 만주 국민'으로 통합될 것을 요청했으나, 재만 일본인의 국적을 포기하게 하는 것은 어려웠다. 뿐만 아니라 재만 일본인은 일본의 치

---

87 塚瀬, 『満洲の日本人』, 108~109쪽; 南満州鉄道株式会社庶務部調査課編, 『南満州鉄道株式会社第二次十年史』, 南満州鉄道株式会社, 1928, 1137~1138쪽.
88 「何処に落着くか吉林教育費」, 『満洲日報』, 1933.3.25; 「邦人子弟教育に根本的施設計画」, 1933.11.10.
89 「全満商議大会」, 『満洲日報』, 1932.10.9.

외법권하에 있었고, 또한 대부분이 일본 측 기관하의 '자치'에 의거하고 있었기 때문에 만주국의 공식 이데올로기에 따를 필요성을 느끼지 않았다. 따라서 만주국의 독립성을 높여야 할 일본-만주 사이에서 추진된 치외법권의 철폐와 부속지 행정권의 이양은 재만 일본인에게 중대한 정치 문제가 되었다.

3. 치외법권 철폐·부속지 행정권 이양과 재만 일본인

1) 치외법권 철폐·부속지 행정권 이양의 정치 쟁점화

1932년 9월 15일에 일본과 만주국은 일만의정서日滿議定書를 체결했다. 일본은 리튼 조사단의 보고를 기다리지 않고 만주국을 주민의 의사에 근거한 독립국으로 승인했다. 이와 함께 두 나라는 중일 간의 조약·협정을 바탕으로 만주국 내 일본의 권익 계승과 일만 공동방위를 위한 만주국 내 일본군의 일방적인 주둔에 합의한 것이다. 그리고 같은 날에 일본 정부가 발표한 성명에는 '치외법권의 철폐 및 일반 외국인에 대한 내지 개방 문제'를 위한 만주국의 조치에 대한 평가가 보인다.[90] 일만의정서는 일본과 만주국이라는 독립국가 간의 특수관계라는 형태로 지배-종속관계를 정식화했다. 그러나 이는 일본의 만주국 승인을 전제로 하기 때문에,[91] 일본은 만주국의 독립성을 불완전하게 했던 치외법권을 철폐할 필요를 간접적으

---

90 外務省編, 『日本外交文書満洲事変』 2(1), 外務省, 1979, 621~640쪽.
91 소에지마 쇼이치(副島昭一)는 "괴뢰국가 형식의 식민지와, 만철을 통한 사실상의 식민지라는 식민지의 이중구조는 관동군에게도 조만간 해소해야 할 과제"였다고 설명한다. 副島, 「「満洲国」統治と治外法権撤廃」, 133쪽.

로 인정한 것이다.

치외법권의 철폐와 동시에 '내지 개방' 즉 국내 외국인의 이동·거주·영업의 자유가 문제시 된 것은 만주국 내 일본의 치외법권이 만철 부속지·개방지의 존재와 불가분이었기 때문이다. 이것은 제2장에서 논한 바와 같이, 19세기 말 일본의 조약 개정 당시 유럽·미국 각국의 영사재판권의 철폐와 함께 거류지 제도를 폐지하고 유럽·미국인에게 내지 개방내지 잡거을 하는 것과 구조적으로 같은 문제였다. 그러나 유럽·미국인에 대한 일본의 내지 개방과 비교하면, 만주국은 실질적으로 일본의 지배지역이라는 점에서 근본적인 차이가 있다. 뿐만 아니라 사실상 만주국에서는 치외법권 철폐 이전에 일본인·조선인에 대한 내지 개방이 실질적으로 이루어지고 있었다. 우선 1915년의 '남만주 및 동부 내몽골에 관한 조약'에 근거한 남만주 내 이동·거주·영업의 자유가 일만의정서에 의해 계승되었다. 둘째로 1920년대에 중국 측의 국권 회복운동에 의해 사문화된 토지상조권이 1933년 만주국에 의해 국내 전역으로 확장되어 보장되었다.[92] 그리고 셋째로 토지상조권에 뒤이어 이동·거주·영업의 자유도 사실상 만주국 내 전역으로 확장되었다.[93] 따라서 치외법권 철폐의 의미는 무엇보다 재만 일본인·조선인을 만주국의 법령에 따르게 하려는 것에 있었다. 특히 사실상 내지 개방이나 토지상조권의 확립과 함께 재만 일본인·조선인은 만주국의 과세대상이 되지 않은 것에 대해 한인漢人의 불만이 강해지고 있었다.[94]

92　浅田, 『日本帝国主義下の民族革命運動』, 372~377쪽.
93　広田外務大臣宛在満洲国菱刈大使(外務省編, 『日本外交文書 昭和期』 II 1(2), 外務省, 1998), 1933.12.9, 309~310쪽.
94　「王道と日満両国人民の税金問題, それから支那の人は満洲国をどうみる?」, 『満洲評論』 5(4), 1933; 広田宛菱刈, 副島, 「「満洲国」統治と治外法権撤廃」, 浅野, 『帝国日本の植民地法制』, 1933.12.9, 426~427쪽.

내지 개방에도 불구하고 만철 부속지 내 일본의 행정권도 사실상 치외법권과 함께 유지되고 있었다. 재만 일본인의 대부분은 부속지에 거주하고 있었고 그 인구는 증가하는 추세였다〈표 6-1〉. 앞서 서술한 협화회의 재만 일본인 비판이 보여주듯이, 부속지에 집단거주하는 것은 민족협화 이데올로기와 상통하지 않는 것이었다. 또한, 개발·식민정책의 관점에서도 일본인이 만주국에서 '안정의 기초'를 세우고 '앞으로 만몽의 개발'을 실현하기 위해서는 "나라 안에 다시 나라를 건설"하는 부속지는 바람직하지 않다고 인식했다.[95] 따라서 만주국으로의 부속지 행정권 이양은 치외법권 철폐와 더불어 만주국의 독립이라는 체재를 정비한다는 의의가 있었고 또한, 재만 일본인이 의존하는 일본 지배지역을 철거하고 내지 개방을 보다 실질화한다는 의의가 있었다.

그러나 일본 정부와 만주국 정부가 치외법권 철폐·부속지 행정권 이양을 수행하는 과정에서 재만 일본인은 종래의 지위를 유지하고자 활발한 정치운동을 전개했다.

1933년 6월부터 7월 사이에 일본 정부와 만주국 정부가 치외법권의 철폐를 본격적으로 검토하고 있는 것, 치외법권의 철폐는 만주국에 부속지 행정권이 이양되는 결과를 가져온다는 것이 보도되었다.[96] 이때 부속지의 지방 위원회 연합회나 펑톈 거류민회는 치외법권의 철폐는 시기상조라는

---

95 難波勝治, 「滿蒙植民地問題に就て」, 『滿洲評論』2(3), 1932. 난바(難波)는 타이완 내 일본인 입식정책을 비판하는 한편, 모범적인 사례로서 브라질의 '식민 융화정책'을 들었다. 여기에서 '식민지'란 주권의 소재를 의미하지 않는다. 난바의 논의는 내지 잡거 논쟁에서 거류지 제도 비판(정치적 독립)과 내지 잡거 상조론(유럽·미국인의 식민 활동에 대한 우려) 양측의 입장과 통하는 것이다(제2장).
96 「時期を早めた治外法權撤廢」, 『滿洲日報』, 1933.6.18; 「附屬地行政權移讓治外法權の撤廢斷行」, 1933.7.19; 「滿洲国の法権撤廃最早や時間の問題」, 1933.9.11.

의사를 밝혔으나, 상세한 내용은 명확하지 않다.[97]

만철 부속지 내 일본인의 관심이 특히 부속지 자체에 있던 것은 분명하다. 1933년 11월에 만철의 조직개편안은 치외법권에는 직접적인 관심을 두지 않고, 만철지방부의 부속지 행정권을 만주국 정부에 이양하고 만주국이 과세할 수 있도록 하는 내용이 검토되었다.[98] 이에 대해 지방 위원회 연합회는 임시총회를 열어 "만주국의 형식과 실질이 모두 완비되지 않았다"는 다수의 의견에 따라 이양은 시기상조라고 결의했다.[99] 1934년 3월에 전만지방 위원회 연합회에서는 치외법권 철폐·부속지 반환은 '이상理想'이지만, "만철이 30년 동안 막대한 자본과 노력을 기울인" 부속지는 "어떠한 형태로든 남겨야 할 것"이라는 발언[奉川]이나, "부속지는 만주국의 재정 수입을 경감시키는 복마전이라고 부르는 등의 발언을 태연하게 외치"고 있는 '만주국의 일본계 관리'에게 "비국민, 매국노라고 외치고 싶다"는 발언[新京]이 있었다. 다만 그 한편으로 만철이 위임경영하는 만주국 국유철도의 경우 부속지를 확장하려는 안건[大石橋]은 "오늘날 이미 있는 부속지를 반환하는" 것은 '당치도 않지만', 만주국의 철도에 부속지를 설치하는 것은 '일만융합'의 취지에 어긋난다는 점에서, "오지마다 일본의 영토로 보이는 듯한 것을 건설"하는 것은 "외국으로부터 상당히 의심을 살 것"이라는 반대[新京]가 있어 보류되었다.[100] 전체적으로 장래에는 치외법권 철

---

97 「治外法権の撤廃時期尚ほ早し」, 『満洲日報』, 1933.8.29; 野田編, 『奉天居留民会三十年史』, 75쪽.

98 「地方部の処置」, 『満洲日報』, 1933.11.7; 「附属地行政の移管は改組と同時に実現か」, 1933.11.11.

99 「附属地行政権の移管尚早論多数を占む」, 『満洲日報』, 1933.11.22(석간); 「満鉄附属地行政権移管は時期尚早」, 1933.11.22.

100 『第十一回全満地方委員会連合会定時会議々事録』.

폐·부속지 행정권 이양이 불가피하다고 인정하면서 부속지 내 생활환경을 강력히 유지하고자 하는 의도였다고 할 수 있다.

한편 부속지 외의 거류민은 개방지에서 치외법권을 가능한 한 유지할 것을 요구하는 한편, 부속지 '주권'의 반환을 계기로 부속지 내외를 불문한 일본인의 '자치'를 요망했다. 펑텐 거류민회는 1933년 11월의 평의원회에서 다음과 같은 의향을 밝혔다. 즉, 첫째 치외법권의 철폐를 인정한 이후 일본인이 '다년 거주 경영'하는 개방지를 '점차 실행구역'으로 하고 철폐에 '상당 시간의 준비 기간'을 마련하며 또한 일본인에 대한 교육·과세·경찰행정에 대한 '자치적 규정'을 마련하도록 요구하는 것. 둘째 부속지의 '주권' 반환에 대해서도 인정한 후 역시 교육·과세·경찰행정에 대하여 부속지 내외를 불문하고 '재류 국인의 자치'를 '속인적으로 구분'하도록 요구했다.[101] 같은 시기 펑텐 거류민회의 간담회에서 회장인 노구치 다나이가 부속지가 반환될 경우에는 부속지·거류민회의 구별을 없애고 "펑텐에 있는 일본인의 일대 자치체를 조직"하면 된다고 주장한 것은 이와 같은 취지라고 할 수 있을 것이다.[102] 교육·과세·경찰행정의 '자치' 요망은 "거류민회가 경영하고 있는 교육 위생 등의 여러 사업을 만주국에 일임하는 것은 만주국의 현 상황으로 볼 때 도저히 불가능하다"는 펑텐 거류민회의 인식[103]에 입각해 있었던 것으로 보인다. 또한 펑텐 거류민회의 관할 지역 자체가 펑텐의 만철 부속지에 인접해 있었기 때문에 이전부터 펑텐 거류민회는 부속지 내외의 일본인에게 대우의 격차가 생기는 것을 문

---

101 「滿洲國內の法権撤廃 二段に分け実行せよ」, 『滿洲日報』, 1933.11.29.
102 「法権撤廃問題で奉天民会座談会」, 『滿洲日報』, 1933.12.5.
103 有田外務次官宛林関東庁警務局長(外務省編, 『日本外交文書昭和期』II 1(2), 280~283
쪽), 1933.3.28.

제로 삼고 있었다.[104] 그 결과 재만 일본인의 속인적 '자치'라는, 부속지 내외를 불문하고 일본인이 만주국의 통치에 따르는 범위를 최소한으로 하려는 구상이 생겨난 것이다.

1934년 7월 이후 일본 정부[오카다 게이스케(岡田啓介) 내각]에서 육군의 요구에 따라 재만 기구의 개혁이 검토되는 가운데[105] 부속지 행정권의 만주국 이양이 도마에 오르자, 재만 일본인의 활발한 부속지 행정권 이양 반대운동이 전개되었다. 이 운동은 다음과 같은 세 가지 특징이 지적된다.

첫째, 펑톈 등을 중심으로 하는 만철 부속지에서 진행된 치외법권 철폐, 부속지 행정권 이양에 대한 반대의 핵심은 부속지의 만주국 과세, 특히 영업세에 대한 반대였다.[106] 특히 주만 일본대사관의 시안으로 부속지 행정권 이양에 따라 만주국에 과세하는 것을 검토하고 있음이 신문지상에 공표되자, 펑톈 상업회의소를 비롯한 각지의 단체가 속속 만주국 과세 반대를 진정했다. 부속지에 부과되던 공비는 극히 저율이며, 만주국의 과세하에서는 재만 일본인 상공업자는 한인 상공업자와 경쟁할 수 없게 된다고 인식되고 있었던 것이다.[107] 펑톈에서 열린 부속지 정내회町內會연합회는 '법권 철폐 시기상조', '부속지 행정권 반환 절대 반대'에 더해 특히 '부속지 과세권 승인 반대'를 결의했다.[108] 마찬가지로 펑톈에서 개최된 부속

---

104 有田宛林, 1933.3.28.

105 満洲国史編纂刊行会編, 『満洲国史 総論』, 満蒙同胞援護会, 1970, 344~346쪽.

106 「邦人憂慮の中心は附属地課税問題」, 『満洲日報』, 1934.8.24.

107 広田外務大臣宛在奉天蜂谷総領事(外務省編, 『日本外交文書 昭和期』 II 1(3), 外務省, 2000), 1934.8.23, 722~723쪽; 田中隆一, 『満洲国と日本の帝国支配』, 有志舎, 2007, 91~92쪽; 浅野, 『帝国日本の植民地法制』, 433~435쪽.

108 広田外務大臣宛在奉天蜂谷総領事(外務省編, 『日本外交文書昭和期』 II 1(3), 675~676쪽), 1934.8.22.

지 재주 국인 대표자 간담회에서는 치외법권 철폐는 '시기상조'로 합의했고, 부속지 행정권 이양은 '시기상조', '절대 반대', '반대'하였고 의견이 나뉘었지만 '대체적으로 반대'로 과세에 대해서는 '반대'로 합의했다.[109] 치외법권의 철폐는 만주국을 독립국으로 인정하는 이상 시간 문제로 인식되었지만, 이와 분리해서라도 부속지 행정권을 유지하려는 요청이 존재했다. 나아가 그것이 불가능하더라도 만주국 과세만은 회피 내지 경감을 요청한다는 것이 부속지 재주 일본인의 최대공약수적인 의향이었다고 할 수 있다.

둘째, 부속지 행정권 이양 반대운동의 중심이 된 것은 만철 부속지만이 아니었고 관동주의 다롄에서도 격렬한 반대운동이 일어났다. 다롄에서 개최된 재만 기구機構 문제 시민대회에서는 부속지 행정권 이양에 대한 반대가 결의되었다.[110] 또한 다롄 상업회의소는 치외법권 철폐는 점진적으로 하고 부속지 행정권 이양은 절대 불가라고 진정했다.[111] 신징의 재만주국 일본대사관이 개최한 전만 민단대표 간담회에서도 다롄이 제출한 '부속지 행정권 반환 반대' 의안에 대해 '관동주 대표자'와 '부속지를 가진 토지 대표자'가 중심이 되어 의견을 주장했다.[112] 관동주의 일본인은 만철 부속지의 행정권 이양에 따라 관동주와의 경제적인 결합이 상실되는 것을 우려했던 것이다.[113] 그것은 바꾸어 말하면 동년 9월의 관동주민대회에서 나타

---

109 「要路に陳情決定」, 『満洲日報』, 1934.9.3.
110 広田宛蜂谷, 1934.8.22.
111 「大連商工会議所陳情」, 『満洲日報』, 1934.8.21; 柳沢遊, 『日本人の植民地経験−大連日本人商工業者の歴史』, 青木書店, 1999, 265쪽.
112 広田外務大臣宛在満洲国菱刈大使(外務省編, 『日本外交文書昭和期』 II 1(3), 678~680쪽), 1934.8.25.
113 広田宛在菱刈; 柳沢, 『日本人の植民地経験』, 1934.8.25, 265쪽.

난 것처럼 같은 일본 지배하에 있던 관동주와 만철 부속지에 거주하는 '우리 30만의 재만 국인'의 일체성이 상실되는 것에 대한 우려였다. 그래서 그들은 '재만 정치기구 개혁'이 '일본 국민을 중심으로' 이루어지지 않고 "만주국을 순전히 외국과 동일시한다"고 강하게 비판했던 것이다.[114]

셋째, 만철 부속지 외부에 거주하던 만주국 일본인은 이 반대운동에서는 눈에 띄는 활동이 없었으며, 위의 민단간담회에서도 "부속지를 가지지 않는 지방의 대표자는 부속지 대표자의 눈치를 보듯이" 부속지 행정권 이양 반대에 동의했다고 관찰되었다.[115] 다만 전만 거류민회 연합회는 만주국 과세에 즈음하여 징세분을 종래의 민회 부과금으로 대신하여 만주국에서 일본인 교육비로 보조하도록 요청했다.[116] 즉 치외법권 철폐에 대한 태도는 불분명하지만, 부속지 행정권 이양에 대해서는 소극적으로만 반대하는 한편, 일본인 교육의 '자치'에는 강한 관심을 가지고 있었다고 할 수 있다.

1934년 10월에 결정되어 동년 12월에 실시된 일본 재만 기구 개혁의 주된 내용은 관동군사령관의 주만駐滿전권대사 겸임, 관동청關東廳·관동장관의 폐지와 관동국·관동주지사의 설치, 대만사무국對滿事務局의 설치였다. 이 기구 개혁 직후부터 일본 정부와 만주국 정부는 치외법권 철폐·부속지 행정권 이양을 위한 작업을 개시했지만, 재만 일본인의 요청은 치외법권 철폐·부속지 행정권 이양이라는 원칙을 제외하면 어느 정도 반영되어 갔다. 그러나 그 과정에서 새삼 문제가 된 것이 재만 일본인의 정치 참여를 둘러싼 문제였다.

114 「宣言·決議関係方面に電送 関東州民大会」, 『満洲日報』, 1934.9.16.
115 広田宛菱刈, 1934.8.25.
116 浅野, 『帝国日本の植民地法制』, 434쪽.

2) 치외법권 철폐·부속지 행정권 이양의 실시와 재만 일본인의 '자치'

1935년 2월에 일본 정부는 외무성을 중심으로 '만주국 치외법권 철폐에 관한 위원회'를 설치했다. 신징에서도 관동군·일본대사관·관동국·만주국 정부 대표로 구성된 '치외법권 철폐 현지위원회'가 설치되어 치외법권 철폐·부속지 행정권 이양을 위한 심의가 개시되었다. 같은 해 5월에 치외법권 철폐는 우선 산업·과세 법규를 먼저하고, 다음으로 경찰과 사법이라는 '사항별 점진주의'에 따르도록 결정되었다. 과세권은 부속지의 재만 일본인이 가장 반대했던 사항이었지만, 만주국 재정상의 요청과 한인의 불만을 해소하라는 통치상의 요청 때문에 최우선으로 삼았던 것이다. 같은 해 8월에 각의 결정된 일본 정부의 기본방침은 "재류 제국 신민의 생활에 급격한 변동을 주지" 않고, "만주국 전 영역에서 제국 신민의 안주와 발전을 더욱 확보"하도록 철폐·이양을 점진적으로 실시하는 것이었다. 또한, 치외법권의 철폐를 통해야만 '만주국의 건전한 발달', '만주국에서 우리 국민의 전면적 발전', '일만 양국 선린 불가분의 관계'가 가능해진다고 의의를 부여했다. 또한, 이때 관동주는 만주국에 편입되지 않는 것이 확인되었다.[117]

치외법권의 일부 철폐에서 과세권을 우선한다는 방침이 밝혀지자, 펑톈의 상공회의소, 거류민회, 지방 위원회 등의 일본인 단체는 관동군의 의견 청취에 대해 과세권보다 사법권과 경찰권의 이양을 우선할 것, 영업세는 실시를 연기하고 경감할 것, 지방세를 당분간 부과하지 않을 것을 요청했다.[118] 지방 위원회 연합회나 만주상의商議연합회도 이 방침으로 운동을 전

---

117 副島, 「「満洲国」統治と治外法権撤廃」, 136~140쪽.
118 広田外務大臣宛在奉天宇佐見総領事(外務省編, 『日本外交文書 昭和期』Ⅱ 1(4) 下, 外務

개했다.[119] 그러나 그 효과는 불분명했고 재만 일본인의 관심은 과세권 이양 이후 문제로 바뀌었다.

첫 번째, 정치 참여 문제이다. 펑톈 거류민회는 1935년 4월 시점에 만주국 과세를 부속지 밖에서만 실시한다는 신문보도를 받고 '차별적 취급'을 하지 말라고 일본 정부·만주국 정부에 청원했다. 그런데 이때 부대사항으로 "만주국의 과세권을 인정하는 경우에는 동시에 거주하는 제국 신민에게 만주국 국정 또는 시정 등에 참여할 권능을 부여"하도록 요청했다.[120] 전술한 일본인의 '자치' 구상이 만주국에 납세함으로써 정치에 참여한다는 구상으로 연결된 것이라고 할 수 있을 것이다. 1935년 10월에 개최된 '치외법권에 따른 교육행정 및 과세 문제 선처방 협의회'에서도 참가자의 신상은 명확하지 않지만, 청원 결의에서는 과세의 경감이나 유예, 과세권의 이양에 따른 만주국의 교육비 교부 등과 함께, "만주국에 신속하게 자치제도를 확립하여 일본인으로서 참여하게 할 것"이 거론되었다.[121]

두 번째 문제는 그때까지 재만 일본인이 유지했던 '자치' 조직의 존폐이다. 과세권 이양에 대해 "현지의 일부 반대의견 때문에 이제 와서 이것을 변경하는 일은 거의 불가능"[122]하다고 보도되었던 1936년 2월에 펑톈 거류민회, 상공회의소, 지방 위원회, 연합정내회에서는 치외법권 철폐 후 거류민회의 존폐에 대한 시안이 작성되었다. 하나는 교육행정을 만철, 병사

省, 2006, 860~861쪽), 1935.8.26.

119 「各要路の愼重な考慮を要請」, 『満洲日日新聞』, 1935.9.14(석간); 「課税権移讓問題」, 1935.10.9.

120 広田外務大臣宛在満洲国南大使(外務省編, 『日本外交文書 昭和期』 II 1(4) 下, 850~853쪽), 1935.4.9.

121 「課税問題に関する請願決議」, 『満洲日日新聞』, 1935.10.28.

122 「邦人の立場を考慮し実施には細心の考慮」, 『満洲日日新聞』, 1936.2.7(석간).

행정을 영사관, 신사행정을 우지코氏子[고장의 수호신에 제사지내는 사람들-역주]에게 관리시키고 거류민회를 해산하는 한편, '현재의 정내회를 확대한 것과 같은 집단적 사교기관'을 설치하는 방안이었다. 다른 하나는 만철지방사무소와 거류민회를 '포함하는 통합 일본인회'를 조직하여 교육·병사·신사행정을 담당하게 하는 방안이었다.[123] 후자는 속인적 일본인 '자치'의 구상을 의미하지만, 어쨌든 만주국 과세로 전환됨에 따라 거류민회의 기본적 기능이 상실된다는 것이 인식되었던 것이다.

또한, 1936년 2월 전만지방 위원회 연합회에서 펑톈 대표는 '부속지는 관동주의 연장과 같은 역사적 존재'로 치외법권과는 별개로 존속시켜야 한다고 주장했다. 또 만약 행정권 이양이 불가피하다면 "부속지를 특별지역으로 만들어 주로 일본계가 경영하게 할 것"을 제안했지만, 반대의견도 있어 결의에 이르지는 못했다.[124] 그러나 치외법권 철폐 현지위원회에 '부속지 거주민의 유일한 민의 대표 기관'으로서 출석을 특별히 요청하여 인정받은 만철은 같은 위원회에서 '부속지 거주 일본인의 발언을 확보할 것', 부속지를 '당분간 특별행정구역'으로 할 것을 요청했다. 1936년 4월에 같은 위원회는 부속지를 '특별행정구'로 하지 않고 '현행·만주국 기구로 흡수'하는 한편, 지금까지 지방 위원회가 설치된 지역에 대해서는 "해당 지방행정에 참여하기 위한 자문기관을 설치"한다고 결정했다. 다만, 이 자문기관[후의 자의회(諮議會)]는 '민선'으로 하지 않는 것으로 했는데, 만철에 따르면 그 이유는 "만주국은 다른 민족과의 관계상 민선의 참여제도를 인정하지 않는 방침"이었기 때문이었다.[125] 이 이유는 첫째, 일본인만 참여

---

123 「治外法権撤廃と民会の善後処置」, 『満洲日日新聞』, 1936.2.24.
124 「撤廃の時期を繞り痛烈な論戦展開」, 『満洲日日新聞』, 1936.2.28.

하는 공선제는 인정하지 않는다는 의미, 둘째 일본인과 다른 민족이 참가하는 공선제도 인정하지 않는다는 의미의 두 가지로 해석이 가능하다. 첫째가 민족협화 이데올로기의 필연적 요청인 반면, 둘째는 만주국에서 선거제 의회가 부정되는 기본적 이유의 하나와 관련된다. 전술한 '공민의회' 구상이나 후술할 협화회연합협의회가 보여주듯이 공선제는 표결을 통해 민족 간의 인구비를 분명히 드러내기 때문에 피했던 것으로 생각된다.

1936년 6월 10일에 조인된 만주국의 일본국 신민 거주 및 만주국 과세 등에 관한 조약 및 '부속 협정'은 첫째 '일본국 신민'에게 만주국의 이동, 거주, 영업, 토지 소유에 대해 '만주국 신민'과 완전히 동등하게 권리를 부여했다.[126] 이에 따라 재만 일본인·조선인은 이미 사실상 이루어진 만주국의 내지 개방을 다시 공인받았을 뿐만 아니라 토지상조권을 대신할 완전한 토지소유권도 손에 넣었다. 그들은 어디까지나 '일본국 신민'으로서이기는 하지만, '만주국 신민'과 동등한 권리를 얻은 것이다. 만주국의 내지 개방이란, 요컨대 일본에 의한 투자·이주 식민화를 위한 환경 정비였다고 할 수 있다. 둘째 이 조약은 치외법권을 일부 철폐하고 일본인에 대한 과세권[영업세, 지세 등]을 이양했다. 다만 과세에 대해서는 재만 일본인의 요청을 고려하여 단계적인 경감 조치가 행해졌다.[127] 또한, 거류민회의 요청에 기반하여 만주국이 일본인 교육을 분담하는 것도 정해졌다.[128] 아울러 치외법권의 완전한 철폐는 1937년 말에 실시하는 것으로 결정되었다.[129]

---

125 満鉄地方部残務整理委員会,『満鉄附属地経営沿革全史』上, 1348~1349·1392~1393쪽.
126 副島,「「満洲国」統治と治外法権撤廃」, 146~147쪽.
127 위의 글, 147~148쪽.
128 浅野,『帝国日本の植民地法制』, 445쪽.
129 副島,「「満洲国」統治と治外法権撤廃」, 149쪽.

전만 일본 거류민회 연합회 상임이사·전만 조선인민회 연합회 회장으로서 노구치 다나이는 이 조약에 대해 만주국 내의 내지 개방·토지소유권 획득을 '왕년의 꿈'이라며 환영했다.[130] 또한 만주상의연합회회장인 이시다 다케이石田武亥는 "다년간 순치馴致된 중요하고 광범위한 특권을 하루아침에 포기하여 이곳에 머무르는 일본인에게 급격한 위협을 준 것은 크게 경계할 만"하다며 '적당한 점진 기간'을 설정한 것을 평가했다.[131] 재만 일본인의 권리 획득과 의무 경감이라는 두 가지 요망이 이루어졌다고 인정한 것이라 할 수 있다. 그러나 이것으로 만주국 내 일본인의 '자치'를 유지하고 싶다는 요망은 충족되지 않았다.

1936년 7월 1일에 치외법권 일부 철폐 실시와 함께 각지 거류민회는 과세·위생 사무를 시공서市公署 등에 인계하고, 교육·군사·신사 행정사무만을 맡게 되었다.[132] 이때 신징 거류민회 사무를 인계받은 신징 특별시장 한위엔지에韓雲階는 "기존의 만주 국민 측에서 말하자면, 일본인에 대한 특별대우 등에 관한 불평, 불만을 없애는 것은 보장하기 어려운 부분이 있"지만, "앞으로는 전부 똑같이 되"어서 "실로 일본과 만주의 친선을 실현"하고 싶다고 서술했다.[133]

각지의 거류민회는 치외법권의 완전한 철폐 후에도 존속되기를 요구했다.[134] 또한 그것이 불가능하다 해도 '재류 일본인의 자치적 단체'로서 거

---

130 野口多内,「"往年の夢"玆に実現す」,『満洲日日新聞』, 1936.6.11(호외); 副島,「「満洲国」統治と治外法権撤廃」, 149쪽.

131 石田武亥,「対立政策より一転 協力政策に飛躍」,『満洲日日新聞』, 1936.6.11(호외).

132 野田編,『奉天居留民会三十年史』, 293~296쪽; 満鉄地方部残務整理委員会,『満鉄附属地経営沿革全史』下, 347쪽; 満洲国史編纂刊行会編,『満洲国史 総論』, 487~488쪽.

133 「居留民会の引継を終って」,『満洲日日新聞』, 1937.7.3.

134 「哈爾浜居留民会 改組問題で波乱」,『大阪朝日新聞』(満洲版), 1937.3.31.

류민회의 기능을 계속하고, '재류 일본인의 총의를 대표'하는 단체의 창설을 요구했다. 주목해야 할 것은 1937년 3월 말 이누이 시게오乾重雄[재 바이청즈(白城子) 일본총영사관 분관 주임]의 보고에 의하면, 이에 대해 협화회 관계자는 거류민회를 대신할 것이 협화회의 '일본인 분회'와 연합협의회라고 주장했다는 것이다. 다음 절에서 상세히 논하겠지만, 협화회는 관동군의 지도 아래 치외법권 일부 철폐를 기회로 재만 일본인을 조직하는 대규모 '일본계 공작'을 전개하고 있었다. 이누이 시게오의 관찰에 따르면, 협화회에 찬동하고 있던 것은 '일부의 일본계 관리' 등 거류민회 임원뿐이며, 이누이 시게오 자신도 '일본인회의 창설'이 '가장 타당'하다고 주장했다.[135] 그러나 1937년 4월 관동군과 만주국 정부, 협화회 관계자의 참석 아래 개최된 전만 거류민회 연합회에서는 '어디까지나 공법인에 의한' 거류민회의 존속을 요구하는 주장에 대해 "오족협화 정신에서 볼 때 일본인만의 민의를 창달하는 일본인회는 불필요하다, 적절히 협화회를 통해 일본인의 민의를 반영해야 한다"는 의견이 나왔다. 그 절충안으로 '협화회설'을 취하여 '민회를 대신할 단체'를 만드는 것이 결정되었다.[136] 1937년 6월에 우에다 젠키치植田謙吉 관동군사령관 겸 재만전권대사의 주재로 개최된 영사회의에서 거류민회는 치외법권 철폐와 함께 거류민회가 다루어온 '일본인 관계 사무'는 되도록 협화회에서 다룬다는 것이 결정되었다.[137] 관동군의 강력한 지도 아래 재만 일본인 단체인 거류민회의 기능을 '만주 국민' 단체인

---

135 佐藤外務大臣宛在白城子乾分館主任(外務省編, 『日本外交文書 昭和期』 II 1(5) 下, 外務省, 2008), 1937.3.30, 1579~1581쪽.
136 「全満居留民会連合会(第二日)」, 『満洲日日新聞』, 1937.4.22.
137 広田外務大臣宛在満洲国植田大使(外務省編, 『日本外交文書 昭和期』 II 1(5) 下), 1937.6.28, 1588~1589쪽.

협화회가 흡수하게 되었다고 보아야 할 것이다.

한편 1937년 3월에 개최된 '최후의' 전만지방 위원회 연합회에서는 목전으로 다가온 부속지 행정권 반환 후에도 '지방 위원회와 같은 행정참획기관行政参画機關'을 설치하고자 만주국에 청원한 것을 검토했다. 그 결과 '행정 수뇌자'로 일본인 임명을 요망하는 안이 철회된 한편, '시정市政 운용 자문기관' 설치를 요망하는 안이 가결되었다.[138] 예상대로 협화회가 지방위원회를 대신하는 '민의 창달 기관'이 되어 이 회의에도 협화회 관계자가 참석했다. 회의 후 좌담회에서는 각 지방위원으로부터 "협화회에 의한 민의창달 방법은 어떠한 형식으로 이루어지는가, 또한 그 실현에는 어떤 염려도 없는가"라는 질문이 있었다. 협화회 측에서는 "연합협의회의 결정은 위정 당국에 도덕적 의무를 부여한다"고 회답했다.[139] 다음절에서 논하겠지만, 이러한 재만 일본인이 요구했던 '자치'는 머지않아 연합협의회의 정치적 기능을 쟁점화하게 되었다.

1937년 6월에 만주국 신민법·신상법 제정에 이어, 중일전쟁 개시 후인 같은 해 11월 5일에 만주국 내 치외법권 철폐 및 남만주 철도 부속지 행정권 이양에 관한 일본국·만주국 간 조약이 체결되어 치외법권 철폐와 부속지 행정권 이양이 완료되었다[12월 1일 실시]. 다만 상당히 중대한 다른 형태의 두 가지 예외가 설정되었다. 첫째는 '부속 협정'에 의해 일본이 만주국 내 일본 국적 보유자에 대한 신사·교육·군사에 관한 행정권을 유보하게 된 것이다[조선인은 일부 지역의 초등교육만].[140] 부속지 행정권의 이양과 함께

---

138 「行政参画機関設置請願の件」, 『満洲日日新聞』, 1937.3.13; 「地方委員制の最後を飾る 連合会定時総会開く」, 1937.3.17.

139 「忌憚なき質疑 協和会へ集中」, 『大阪朝日新聞』(満洲版), 1937.3.20.

140 副島, 「満洲国」統治と治外法権撤廃」, 150~152쪽; 浅野, 『帝国日本の植民地法制』, 467

일본 행정권의 일부가 변경되어 만주국 내 전체 일본인·조선인에게 속인적으로 확대된 것이다.[141] 더욱이 재만 일본인은 이후에도 일관되게 일본의 징병제 아래 놓여 있었다.[142] 그리고 두 번째로 일본 국적 보유자에 대한 사법권·경찰권 행사는 만주국 정부의 일본인 사법관·경찰관이 담당하게 되었다. 특히 경찰관은 일본 측 기관[관동국 경찰, 영사관 경찰]으로부터 그대로 인계되었다. 또한 일본 국적 보유자가 형법상 중범죄를 저질렀을 때는 일본의 관동주 법원이 관할했다.[143] 치외법권 철폐·부속지 행정권 이양은, 말하자면 '일본계 관리'와 '일본계 만주 국민'의 관계로 치환되는 형태로 환골탈태되었고, 그마저도 관철되지 않았던 것이다.

이상과 같이 일본 행정권은 유보되었으나, 교육·신사 행정사무는 대사관, 군사 행정사무는 관동군·대사관에 인계되어[144] 기존에 일본 측 기관 아래에서 '자치'를 행한 만철 부속지 지방 위원회, 그리고 거류민회는 전부 해산되었다. 더욱이 「부속 협정」의 '양해사항'으로 1936년 4월에 현지 위원회에서 결정된 대로, 부속지 지방 위원회가 있던 지역에는 원칙적으로 만주국 정부가 자문기관을 설치하게 되었다.[145] 만주국 내 일본 측 기관하에서 일본인의 '자치'는 각종 행정권으로 분해되어 일부는 만주국에

~471쪽.

141 日本近代史研究会·木戸日記研究会, 『片倉衷氏談話速記録』上, 292~293쪽.

142 만주국은 1940년에 만주국국병법(滿洲國國兵法)이 제정되었지만 일본인과 조선인은 적용대상에서 제외되었다. 조선인에 대한 일본의 조선인 징병제는 1944년부터 실시되었다. 田中, 『満洲国と日本の帝国支配』, 141~147쪽.

143 副島, 「「満洲国」統治と治外法権撤廃」, 152~154쪽; 浅野, 『帝国日本の植民地法制』, 470~475쪽.

144 満洲国史編纂刊行会編, 『満洲国史 総論』, 494~495쪽.

145 「御署名原本 昭和十二年 条約第一五号·満洲国ニ於ケル治外法権ノ撤廃及南満洲鉄道附属地行政権ノ移譲ニ関スル日本国満洲国間条約」(国立公文書館所蔵, JACAR：A030 22157599).

이양되었고, 일부는 일본에 유보되었다. 그러나 마지막에 남았던 '자치' 그 자체, 즉 정치 참여는 거류민회 폐지 경위에서 분명히 드러나듯이 일본 행정권의 결정에 따라 유지하는 것이 인정되지 않았다. 또한, 부속지 반환 경위에서 명확하게 드러나듯이 만주국 정부도 공선제에 의한 정치 참여를 인정하지 않았다. 선거제 의회를 갖지 못한 만주국에서 재만 일본인의 '자치'를 대신해야 하는 역할을 새롭게 부여받았던 것은 협화회였던 것이다.

4. 협화회와 '일본계 만주 국민'

1) 협화회의 '일본계 공작'

1936년 이후 협화회는 재만 일본인을 회원으로 조직한다는 '일본계 공작'을 전개했다. 그 계기가 되었던 것은 첫째로 치외법권 철폐·부속지 행정권 이양이며, 둘째는 일본인 개척이민자의 입식이었다.

먼저 일본-만주 간의 치외법권 철폐·부속지 행정권 이양은 협화회가 재만 일본인을 '일본계 만주 국민'으로 통합하기 위한 계기가 되었다. 그리고 협화회는 이를 통해 다시금 민족협화의 일당제 시스템이라는 창설 이념을 실현하고자 했다.

1936년 2월 이후, 협화회는 관동군의 지도하에 신징 특별공작이라는 일본인 조직 활동을 개시했다. 조직 대상은 수도 신징에 거주하는 일본인, 특히 관리[만주국, 일본 측 기관] 및 만철 등의 특수회사 소속 사원이었다.[146] 이

---

146 満洲国史編纂刊行会編, 『満洲国史 各論』, 95~97쪽.

신징 특별공작은 치외법권 일부 철폐 조약과 밀접하게 관계를 맺고 있었다. 이 조약의 체결 직전인 1936년 6월 1일에 관동군 이타가키 세이시로는 신징 특별공작 관민간담회에서 "종래의 특권을 계속 가지고 부속지에 고착"해 온 재만 일본인은 치외법권 철폐·부속지 행정권 이양과 함께 '마침내 오족五族의 일원'으로서 '건국의 대업에 총동원'된다고 서술했다.[147] 더불어 조약 체결 때에 협화회 중앙 사무국장인 루룽후안呂榮寰은 "재만 일본 신민은 형식적인 것과 별개로, 실질적으로는 오늘 이후 진정한 만주 국민의 구성 요소"로서 "공·사법상 모든 권리를 향유"하며, 이를 기회로 종래의 '일부 특지기特志家'뿐만 아니라, 재만 일본인 전체가 협화회에 참가하기를 호소했다.[148]

또한 같은 해 7월에 협화회는 전면적으로 개조되었다. 개정된 장정과 강령에는 "정치상의 운동을 하지 않"는다는 문구를 삭제하는 한편, 협화회는 '정부와 표리일체'라고 정했다. 또한 공작 방침으로 '각 민족'의 '국민적 융합', '전국민'의 '동원'에 의한 '국민적 조직체' 결성 등을 정하여 분회·회원 수를 급격히 늘렸다.[149] 이 개조에는 일본의 국책에 따라 만주국의 국가동원체제 확립에 협화회를 이용한다는 목적이 있었다. 그런데 이를 위해서도 협화회는 '국민조직'이 되어야만 하므로,[150] 동시에 재만 일본인의 조직화가 추진되었다. 개조와 함께 개최된 전국연합협의회에서는 만주계한인 톈샤오원田紹文[지린성]이 '민족협화의 실질적 구체화'를 위해 '일선日鮮계 국민'을 소수라도 입회시켜야 한다는 의안을 제출했다. 이를

---

147 板垣征四郎, 「在滿日本人諸君に与ふ」, 『滿洲評論』 11(4), 1936.
148 「第二の誕生」, 『滿洲日日新聞』, 1936.6.11(호외).
149 滿洲国史編纂刊行会編, 『滿洲国史 各論』, 97~99쪽.
150 平野, 「滿州国協和会の政治的展開」, 265~274쪽.

협화회 중앙본부도 '지당'하다고 인정했다.[151] 이때 신징에서는 각 관서, 특수회사마다 조직된 분회를 통괄하는 수도본부가 설치되었다.[152] 같은 해 8월에는 펑텐 시공서로 과세·위생 사무 인계를 마친 펑텐 거류민회가 "전만주 일본인 각종 단체에 앞서" 펑텐 민회 분회를 창설했다.[153]

　더욱이 같은 해 9월 18일에 관동군 사령관 우에다 겐키치는 「만주 제국 협화회의 근본정신」이라는 제목이 붙은 성명을 발표했다. 이는 도쿄로 이동한 이시와라 간지참모본부나 가타쿠라 다다시육군성가 7월의 개조를 협화회의 '관료화'라고 비판했던 것에 대응하여 제출된 것이었다.[154] 이 성명은 협화회에 만주국 국제國制 상의 단일 정당이라는 의의를 재차 부여했다. 즉 '만주국의 정치'는 '민주주의적 의회정치'와도, '전제정치'와도 다른 형태로 "올바른 민의를 반영"한다고 서술했다. 또한 협화회를 '국가기구'인 '단체', '정부의 정신적 모체'라고 규정하고, '건국 정신 즉 협화회 정신'은 협화회에 의해 '실천'되는 한편, 만주국 정부에서 '진정한 협화회원'인 관리에 의해 '현저'하다고 설명했다.[155] 우에다의 성명이 협화회를 "올바른 민의를 반영"하기 위한 일당제로 규정한 것은 "민의의 창달도 협화회에 의해 결정될 수 있는 것이며, 치외법권 철폐 이후에는 필연적으로 재만 일본인이 동등하게 가입할 수 있다", 즉 협화회는 재만 일본인의 '자치'를 대신하는 그릇이라는 주장에 근거를 두었다.[156]

　협화회를 통한 재만 일본인의 정치 참여는 기본적으로 전국·지방 각급

151　満洲帝国協和会, 『康徳三年度全国連合協議会記録』, 1937.
152　「首都本部規則」, 『満洲日日新聞』, 1936.7.23.
153　野田編, 『奉天居留民会三十年史』, 296쪽.
154　近代史研究会·木戸日記研究会, 『片倉衷氏談話速記録』 上, 257~260쪽.
155　「満洲帝国協和会の根本精神」(稲葉ほか編, 『現代史資料』 11), 907쪽.
156　「在満日本人よ須らく大乗的見地に立て」, 『満洲日日新聞』, 1937.7.1.

의 연합협의회를 통해서 가능하다고 상정되었다. 그런데 여기에 더해 1936년 10월에 펑톈시 자의회奉天市諮議會를 시작으로, 부속지의 지방 위원회를 대체할 자문기관으로 설치된 자의회들과 협화회의 연락체계가 마련되었다. 일본인과 만주국인으로 구성된 자의원諮議員은 각지 협화회의 추천 후보 가운데 시장이 선임하는 방식으로 구성되었다.[157]

오래전부터 재만 일본인은 일본인만의 단체를 유지하기를 원한다는 강한 요구와 바람을 가지고 있었다. 그러나 1937년 12월의 치외법권 철폐 · 부속지 행정권 이양 이후 만주국 측은 이들의 요망을 민족협화에 반하는 것으로 여겨 협화회 분회 조직에 합류시켰다.[158] 협화회는 "치외법권 철폐에 따라 일본인이 만주국의 구성 분자가 된 이상" 재만 일본인의 "정치 생활은 협화회에 의해 또한 협화회에 의해서만 행해져야 한다"고 설명했다.[159]

또한, 재만 일본인의 입장에서도 치외법권의 철폐는 협화회 참가에 일정한 동기부여가 되었다. 1937년 5월 이후 지린성吉林省 둔화현敦化縣에서 분회 조직 활동을 했던 일본계 회무직원에게 만주사변 당시부터 거주한 재만 일본인은 "만주국은 일본인 덕분에 탄생한 나라이며 우선 우리의 이익을 지켜야 한다. 당신은 일본인이면서 일본인을 제쳐놓고 다른 민족의 비위만 맞추고 있다"고 반응했다. 그러나 '치외법권의 철폐'와 함께 영사관 경찰의 보호를 상실하고 반만 항일 활동에 의한 '치안의 악화'에 직면하자, 재만 일본인은 협화회의 "의의를 이해"하고 1940년 말경에 "드디어

---

157 今西忠一編, 『奉天市要覽康德六年度』, 奉天市長官房文書科, 1940; 「治廃実施その後(二)」, 『満洲日日新聞』, 1938.3.3; 「治廃実施その後(四)」, 1938.3.5.

158 「日本人特有の行事 存在の理由はない」, 『満洲日日新聞』, 1938.1.24; 「治廃実施その後(七)」, 1938.3.9.

159 「協和会と邦人の政治生活」, 『満洲日日新聞』, 1938.6.9.

일·선·만으로 구성된 임시 분회를 결성"하기에 이르렀다.[160] 만주국의
통치 자체가 항상 동요하던 상황에서 일본영사관의 보호를 상실한 이들은
'민족협화'의 이념을 받아들일지 어떨지는 별개로 더 나은 '치안'을 찾아
협화회에 기댄 것이라고 할 수 있다.

둘째로 1936년 이후에 본격화된 일본인 개척 이민은 만철 부속지 등 철
도 연선을 중심으로 거주해온 종래의 재만 일본인과 함께 새로운 '일본계
공작'의 대상이 되었다. 만주국 건국 당초부터 관동군과 척무성은 일본인
농업 이민의 입식을 계획하고 모집을 실시했다. 그러나 반만 항일 세력의
존재를 전제로 한 재향군인의 '무장 이민'이 중심이었고 인원수는 극히 적
었다. 그러나 일본 정부[히로타 고키(広田弘毅) 내각]는 1936년 관동군과 척무성에
의해 다시 입안된 대규모 이민계획을 국책으로 정했고, 대량의 일본인 이
민의 입식이 개시되었던 것이다.[161] 1930년대 전반에 일본인 이민자의
주요 행선지였던 브라질이 1934년 헌법 개정 이후 이민 수용을 대폭 제한
한 것도 만주국 이민으로의 전환을 가져왔다[보론 2].[162] 개척 이민의 총수
는 23~27만 명 정도로 만주국 일본인 총수의 약 5분의 1 정도이지만,[163]
1930년대 말 이후 일본인의 급격한 인구증가[〈표 6-2〉]의 큰 부분을 차지했
다. 개척 이민의 입식은 치외법권 철폐·부속지 행정권 반환과 시기를 같

---

160 大同学院史編纂委員会編, 『大いなる哉 満洲』, 大同学院同窓会, 1966, 296~305쪽.
161 浅田喬二, 「満州農業移民政策の立案過程」, 満洲移民史研究会, 『日本帝国主義下の満州
　　移民』, 龍渓書舎, 1976; 塚瀬進, 『満洲国-「民族協和」の実像』, 吉川弘文館, 1998,
　　199~206쪽.
162 青柳郁太郎, 「ブラジルに於ける日本人発展史」上, ブラジルに於ける日本人発展史刊行委
　　員会, 1941, 56~61·111~129쪽; 蘭信三, 『「満州移民」の歴史社会学』, 行路社, 1994,
　　60쪽.
163 塚瀬, 『満洲国』, 199쪽.

이 하여 일본인의 활동 범위를 만주국 전체로 넓히는 의의를 가졌다고 할 수 있다. 다만 입식지의 대부분은 이미 한인이나 조선인이 개간한 토지를 만주척식공사가 강제적으로 매수하여 확보되었다.[164]

일본인 이민단·개척단의 협화회 분회는 지후리 이민단千振移民團의 분회가 1937년 9월에 결성된 것을 최초로 각지의 이민단·개척단마다 결성되었다. 이들 '일본계 이민자'는 '장래에 만주 국민의 중견이자 지도자가 되어야 할 사람'으로서 '선주토착민'과 대립하지 않고 '서로 제휴'하여 "민족협화를 실천적으로 표현"할 것이 요구되었다.[165] 또한, 개척 이민이 농업을 통해 '만주의 국토 사회'와 결합하면 그러한 결합이 없었던 기존의 재만 일본인과 함께 "비로소 재만 일본인 전체가 만주국 국민으로서" 정착하는 계기가 될 수도 있을 것으로 기대되었다.[166]

하지만 실제로 일본인 개척 이민자의 대부분은 협화회에 매우 냉담했고,[167] 분회 결성이 진전되지 않았을 뿐만 아니라, 분회가 결성되어도 실제 활동은 부진했다. 또한, 민족협화의 독립국이라는 만주국의 공식 이데올로기에 대해서도, 예를 들면 1938년에 국책 이민의 모범 사례가 되었던 오히나타촌大日向村은 1940년 협화회 보고에서 "만주국에 대한 인식은 매우 낮고 대부분 식민지적 이념을 품고 있"는 것으로 관찰되었다.[168] 여기서 '식민지적 이념'이란 일본 지배지역으로 간주했다는 의미일 것이다. 아라라기 신조蘭信三에 의하면 일본인 개척 이민자는 한인이나 조선인이 대다수

---

164 위의 책, 207~208쪽.
165 「日系移民団の協和分会結成」,『満洲日日新聞』, 1937.10.4. 지후리 이민단은 1933년 제2차 이민단을 기초로 하는 건국 초기부터의 이민. 塚瀬,『満洲国』, 202쪽.
166 久保田豊,「満洲開拓事業の意義(上)」,『協和運動』2(1), 1940.
167 広部永三郎,「協和会運動と開拓団」,『協和運動』2(4), 1940.
168 「満洲帝国協和会第二部第二期第一次訓練生の開拓地視察報告」, 위의 책, 2(5), 1940.

〈표 6-4〉 협화회 회원의 민족별 인구·인구비·조직율(1939·1943년)

연도		일본	만주	조선	몽고	러시아	기타	합계
1939	인구(명)	129,839	1,061,938	63,834	6,689	3,481	286	1,266,067
	인구비(%)	10.3	83.9	5.0	0.5	0.3	0.0	100.0
	조직율(%)	20.2	불명확	5.5	불명확	불명확	불명확	3.2
1943	인구(명)	345,647	3,702,647	195,580	39,268	5,453	215	4,288,810
	인구비(%)	8.1	86.3	4.6	0.9	0.1	0.0	100.0
	조직율(%)	30.1	9.0	12.0	3.5	불명확	불명확	9.5

출처 : 1939년 회원수는 満洲帝国協和会, 『康徳六年度全国連合協議会会勢報告』, 満洲帝国協和会, 1939 참조.
1943년 회원수는 塚瀬進, 『満洲国』, 吉川弘文館, 1998, 83쪽 참조. 조직율은 회원 수와 각 연도의 만주국 민족별
인구[〈표 6-2〉]에서 계산했다.
주 : 회원 수는 〈표 6-3〉과 약간 차이가 있다. '만주'는 만주인을 포함하고 있지만, 기본적으로 한인을 가리킨다.

를 차지한 만주국 현지에서 민족적 정체성을 드러내면서 '개척공동체'로 변화했다.[169] 그 자체는 마찬가지로 인구상 마이너리티였던 브라질의 '일본계 콜로니아'와도 공통된다[보론 2].[170] 그러나 다른 점은 관동군과 일본계 관리가 지배하는 만주국에서 일본인은 전술한 것처럼 강제적 매수로 얻은 토지를 바탕으로 다시 한인이나 조선인을 소작으로 하여 지주계급화하는 등, 일본인 개척 이민자가 민족 간 지배-종속관계에 의존했다는 점이다.[171] 개척 이민을 통한 '일본계 만주 국민'의 통합이라는 만주국 공식 이데올로기의 이상과 이민단·개척단의 현실 사이에는 기존의 재만 일본인의 경우와 마찬가지로 혹은 그 이상으로 큰 괴리가 있었다고 할 수 있다.

이상과 같은 재만 일본인에 대한 협화회의 '일본계 공작'의 결과를 살펴보면, 1943년 시점에도 재만 일본인의 협화회 회원에 대한 조직률은 약

---

169 蘭, 『「満州移民」の歴史社会学』, 204~206쪽.

170 久保田豊, 「満洲開拓事業の意義(下)」, 『協和運動』 2(3), 1940; 浅川四郎, 「開拓農村に於ける諸問題」, 『協和運動』 4(10), 1942; 蘭, 『「満州移民」の歴史社会学』, 290~297쪽; 塚瀬, 『満洲国』, 219~221쪽.

171 平野, 「満州国協和会の政治的展開」, 268~269쪽.

30%였다〔표 6-4〕. 조선인이나 한인에 비하면 월등히 웃돌았지만, 대부분의 일본인은 참여하지 않았다. '일본계 공작'은 신징이나 펑톈 등 옛 부속지와 그 주변의 일본인부터 먼저 진행되었는데,[172] 여기에 더해 속속 만주국으로 이주하는 일본인을 협화회에 가입시키는 것, 또한 그들에게 '민족협화'를 이해시킨 뒤 스스로를 '만주 일본계 국민'으로 인식시키는 것은 매우 곤란했다고 할 수 있다.[173] 다만 이전에는 거의 회무직원뿐이었던 일본계 회원의 구성은 '일본계 공작'에 의해 다른 민족과 마찬가지로 일반회원 중심으로 크게 변화했다고 생각된다. 그리고 협화회에 가입한 재만 일본인이 거기에서 의미를 찾으려고 할 때, 문제가 되는 것은 실제의 기능이었다. 거기서 특히 중점이 되었던 것이 전술한 것처럼 만주국의 '민의 창달' 기관이자 재만 일본인의 '자치'를 대신할 역할도 부여받은 연합협의회였던 것이다.

2) 전국연합협의회와 '일본계 만주 국민'

전술한 바와 같이 일본인에게 만주국 국적을 부여하는 것은 만주국 건국 당초부터 추구되었지만, 그것을 위해 일본 국적 이탈이 필요한 것이 장애로 여겨졌다. 치외법권 철폐 이후 일본인에게 이중국적을 부여하는 만주국 국적법은 다시 검토되었다. 하지만 결과적으로 '만주국 국민'의 주민등록법인 잠행원적법暫行員籍法, 1940년이 제정되는 데 그쳤다.[174] 그러나 만

---

172 위의 글, 205쪽.
173 佐藤公一, 「東辺道雜感」, 『協和運動』 1(3), 1939. 사토(佐藤)는 만주국의 현실은 "한 민족의 패도에 의한 다른 민족의 지배 압박"이라며 '대륙으로부터의 총퇴각'을 예감하고 있었다.
174 浅野, 『帝国日本の植民地法制』, 474~482쪽; 遠藤, 『近代日本の植民地統治における国籍と戸籍』, 276~313쪽.

주국에서의 정치 참여 혹은 시티즌십이라는 관점에서 보면 전술한 바와 같이 치외법권 철폐·부속지 행정권 이양을 기점으로 첫째, 일본 국적을 통한 정치 참여는 만주국에서는 불가능해졌다. 둘째, 이를 대신하는 것으로 재만 일본인을 '일본계 만주 국민'으로 통합하려는 협화회의 일본계 공작이 추진되었다. 여기에서는 마지막으로 대표의회인 전국연합협의회[이하, 전련(全聯)]에서 재만 일본인을 '일본계 만주 국민'으로서 정치에 참여시키고자 했던 과정에 대해 고찰하고자 한다.

1935년부터 1945년까지 전련은 1942년 2월 제9회['대동아전쟁' 개전에 따른 '조서봉대(詔書奉戴) 임시전국연합협의회']를 제외하고 연1회 개최되었다. 기록이 남아 있는 1944년까지의 민족별 대표 구성을 보면[〈표 6-5〉], 제4회1937년부터 제7회1940년의 경우 그때까지 얼마 되지 않았던 일본계일본인의 비율이 30% 가까이 대폭 상승했다. 또한 조선계조선인도 3~4%에서 10% 전후까지 점증했다. 한편 만주계[기본적으로 한인을 가리킴]의 비율이 80~90%대에서 50~60%로 축소되었다. 전련의 대표는 줄곧 공선제를 채택하지 않았기 때문에 비율의 변화는 협화회의 의도적인 조정에 의한 것이라고 할 수 있다. 하지만 치외법권 철폐·부속지 행정권 이양에 따른 일본계·조선계 회원의 증가가 고려된 것은 분명할 것이다.[175] 또한 제12회1944년에는 일본계의 비율이 과반수에 이르렀다. 이것은 제10회1942년 이후 지방대표와 별개로 추가된 개척·과학기술부회 등의 대표직능 또는 직장대표가 제12회에 대폭 증가했는데 그 전원이 일본계였기 때문이다. 또 제12회에는 지명대표로서 문화관

---

175 上田知作, 「全国連合協議会に就て」, 『協和運動』 1(1), 1939. 마지막 전국연합협의회 (아마도 제13회)는 1945년 7월에 개최되었으나 상세 내용은 불명. 満蒙同胞援護会編, 『満蒙終戦史』, 河出書房新社, 1962, 63쪽.

〈표 6-5〉협화회 전국연합협의회의 민족별 대표수·대표비(1934~1944년)(단위 : 명)

회/연도	일본	조선	만주	몽골	러시아	합계
1 1934	2 2.1%	4 4.1%	90 92.8%	1 1.0%	0 0.0%	97 100.0%
2 1935	1 1.1%	4 4.4%	84 92.3%	2 2.2%	0 0.0%	91 100.0%
3 1936	3 2.6%	4 3.4%	104 88.9%	6 5.1%	0 0.0%	117 100.0%
4 1937	19 11.2%	8 4.7%	138 81.2%	5 2.9%	0 0.0%	170 100.0%
5 1938	30 17.4%	12 7.0%	126 73.3%	4 2.3%	0 0.0%	172 100.0%
6 1939	41 24.1%	18 10.6%	105 61.8%	6 3.5%	0 0.0%	170 100.0%
7 1940	50 28.7%	16 9.2%	102 58.6%	6 3.4%	0 0.0%	174 100.0%
8 1941	50 29.2%	14 8.2%	102 59.6%	5 2.9%	0 0.0%	171 100.0%
9 1942	59 18.6%	25 7.9%	215 67.6%	16 5.0%	3 0.9%	318 100.0%
10 1942	61 34.5%	13 7.3%	92 52.0%	10 5.6%	1 0.6%	177 100.0%
11 1943	32 29.1%	10 9.1%	62 56.4%	5 4.5%	1 0.9%	110 100.0%
12 1944	60 52.2%	7 6.1%	42 36.5%	4 3.5%	2 1.7%	115 100.0%

출처 : 満洲帝国 協和会, 『第十二回全国連合協議会協議員名簿』, 1944 참조.
주 : 모두 정부 측 대표 인원은 포함하지 않았다. '만주'는 만주인을 포함하지만, 기본적으로는 한인을 가리킨다.
제10회는 직능 대표 15명(일본계 15명)을 포함한다. 제11회는 부회 대표 10명(일본계 10명)을 포함한다. 제12
회는 부회 및 직장대표 39명(일본계 39명)과 지명대표 20명(일본계 9명, 조선계 1명, 만주계 10명)을 포함한다.

계, 종교 교화 단체, 부인 단체국방부인회도 추가되었다.[176] 또한, 연합협의회
는 기본적으로 일본어와 중국어滿語 통역을 붙여 운영되었다.[177]

주의해야 할 것은 한편으로 일본계 증가가 실제로는 회원 비율[〈표 6-4〉]
보다 상당히 크게 반영된 점, 다른 한편으로 제12회를 제외하면 만주계가

---

176 満洲帝国協和会, 『第十二回全国連合協議会協議員名簿』, 1944.
177 満洲帝国協和会, 『康徳九年度全国連合協議会運営要領』, 1942.

과반수를 유지했다는 점이다. 회원 비율보다 큰 대표 비율은 "만약 '수'를 기반으로 다수의 뜻을 행하는 것을 존중한다면, 만주에서 수가 적은 일본인의 발언은 봉쇄되고" 그것은 '몽골인'이나 '조선인'도 마찬가지라며[片倉衷],[178] 일찍이 공민의회 구상을 통한 민족별 대표권이라는 논리에 따라 정당화되었다. 다만 이렇게 일본계 회원에게 일정한 만족을 주는 한편 회원 비율 혹은 그 전제인 만주국의 인구 구성과 동떨어진 대표 비율을 설정하는 것은 "'민의 반영'의 환상'을 유지하기 위해 억제되었다고 할 수 있다. 그리고 이와 같이 만주국 통치의 정통성을 높이기 위한 민족별 대표 비율의 조정과 떨어질 수 없는 전제조건은 만장일치제, 즉 다수결 원리에 의한 표결의 부정이었다.[179]

다만, 그 한편으로 만주국은 "복합민족국가이기 때문에 절대 다수민족의 자의恣意를 막기 위해서" '다수결주의'가 부정되고 있다는 의견에 대해 어느 협화회 간부는 '피상'이라고 반론했다. 그는 '복합민족국가'인지 '단일민족국가'인지를 불문하고 협화회 및 연합협의회의 '정치운영형식'은 '현대정치의 세계적 선두'라고 주장했다.[180] 전술한 바와 같이 관동군의 지도 아래 협화회가 '전제정치'와도 '민주주의적 의회정치'와도 다른 일당제를 추구하고 있었던 것이 이론의 병존을 전제로 하는 다수결 원리가 부정된 또 하나의 기본적 요인이었던 것이다. 그러나 거기에서 더 생기는 문제는 이런 일당제를 추구한다면 다수결 원리의 부정에 입각한 전체주의적인 정치 운영이 연합협의회에서 가능해졌을 경우, 이에 대해 만주국 정부

---

178 片倉衷, 「協和会全連を顧みて（下）」, 『満洲日日新聞』, 1938.10.9.
179 위의 글.
180 戸倉勝人, 「連協随想」, 『協和運動』 7(4), 1945.

에 의무가 생기지 않는가 하는 점이었다. 전술한 바와 같이, 전련과 만주국 정부 (및 지방 각급 연합협의회와 지방 각급 정부)와의 관계는 '도의적'이라고 되어 있고 의결사항의 집행에 대한 법적 의무는 존재하지 않았다. 그리고 만주국 정부에 대한 전련의 의결권 획득 자체가 일본계 대표의 참여와 함께 전련의 중대 쟁점이 된 것이다.

제4회 전련1937년 9월은 치외법권 일부 철폐·부속지 행정권 일부 이양에 따른 '일본계 공작'을 수용하여 처음으로 일정 규모의 일본계 대표가 참여한 회의였다. 이때 평톈 대표는 '일본인 분회'가 제안한 연합협의회의 운영에 관한 안건의안을 제출했다. 이 안건에는 전련의 개최일을 만주국의 예산편성·시정방침 결성 직전인 7월 중으로 할 것, 그리고 '의결사항의 처리'가 포함되어 있었다. '의결사항 처리'의 상세한 내용은 불분명하지만, 이는 이후 일관되게 전련에서 쟁점이 된 문제로, 연합협의회에서 의결된 안건, 특히 만주국 정부 측의 조치를 필요로 하는 안건의 결과를 명확하게 하라는 요망으로 보인다. 이와 함께 전련의 개최를 예산편성·시정방침 결정 전에 할 것으로 요구한 것은, 명백하게 전련을 만주국의 입법기관으로 삼을 것을 의도한 것이었다고 할 수 있다. 그러나 협화회 중앙본부는 "실현을 위해 노력한다"고 하며 명확한 답변을 피했다. 이후의 설명에서도 의결사항의 처리에는 "철저를 기하고" 있으나, 안건에는 "각 단체 자체가 해결을 위해 노력해야 하는" 것도 있어, "분회의 능동적 활동에 기대"한다고 답변하는 데 그치는 등, 정부의 실행에 대해서는 명확하게 언급하지 않았다.[181]

---

181 「会期延長, 繰上げ 民意を施政に反映」, 『満洲日日新聞』, 1937.9.13; 満洲帝国協和会, 『康徳四年度全国連合協議会議決事項処理経過報告』, 1938.

일본계 대표가 한층 중대한 문제를 제기한 것은 치외법권 철폐·부속지 행정권 이양이 완료되고 일본계 대표가 더욱 증가한 제5회 전련1938년 9월에서이다. 첫 번째 중요 쟁점은 의사議事 운영이었다. 회의의 서두에서 싼장성三江省 대표인 기라 후미오吉良文乙는 긴급 동의動議를 제출하여, 전련에 "법률적으로는 어떠한 근거가 없"는 점에 입각하여, 대표가 회의 장소에서 "추호도 제재를 받지" 않고 '실컷 발언'할 수 있도록 보장할 것, 그리고 의사록 서명인을 대표 중에서 선출할 것을 요구했다. 이에 대해 협화회 중앙본부 총무부장인 미나가와 도요지皆川豊治는 '일본의 제국 의회'와 달리 법적인 보장은 불가하지만, '올바른 정치적 의견'은 보장하며 또한 의사록은 작성하지 않는다고 답했다. 이 발언 보장 요구에 대해서는 『만주일일신문』도 "대표 대다수의 희망을 솔직하게 표명했다"고 평가했다. 그러나 국무원 총무장관 (겸 협화회 참여)인 호시노 나오키星野直樹는 회의 폐막 후에 "찬성의 뜻을 표하기 어렵다"고 한발 물러서서 '전체주의적 관점'을 강조했다.[182]

또한 일본계 대표는 전련의 만장일치제에도 의구심을 드러냈다. 무단장성牧丹江省 대표인 다무라 다헤이지田村太平次는 한 안건의 처리 과정에서 부의장이 박수로 만장일치 찬성을 얻은 것에 대해 "나는 이에 찬성하지 않는다"고 반론하여 회의장을 '동요'하게 만들었다.[183] 이 때문에 다음 해인 제6회 전련부터는 '중의통재제衆議統裁制'가 도입되어 의장이 "개개의 의견

---

182 満洲帝国協和会, 『康徳五年度全国連合協議会記録』, 1938; 「全連の本質を衝き劈頭先づ一波瀾」;「録音記」, 『満洲日日新聞』, 1938.9.28;「全連協議会閉幕」, 1938.10.6.
183 満洲帝国協和会, 『康徳五年度全国連合協議会記録』. 이미 1937년 7월에 펑톈성 연합협의회에서도 '일본계 대표의 진출'과 함께 "다수결 문제가 시끄럽게 논의되고" 있었다. 小山貞知, 「協和会·省連合協議会を観る」, 『満洲評論』 13(7), 1937 참조.

을 단지 양적으로 총화하지 않고 단체의 의사를 질적으로 판정, 재결裁決"
하는 식의, 다른 의견 표명이 있어도 의장의 판단으로 재결할 수 있는 '질
적'인 만장일치제가 실시되었다.[184]

두 번째 쟁점은 앞선 회의에서도 일본계 대표들이 제출한 연합협의회의
의결사항 처리에 관한 문제였다. '연합협의회 의결사항의 철저한 처리'를
제안한 러허성熱河省 대표 마스다 시치로增田七郞는 "실행을 피하여 애매하게
처리"된 의결사항이 많음을 지적하여, "민의가 정부에 반영되지 않게 된
다"고 비판하며 "의결사항을 [협화회] 각급 본부와 정부 관계자의 협력하
에 실천"할 것을 요구했다.[185] 회의 개최 이전부터 일본계 대표의 참여와
함께 연합협의회의 '법제화'나 결의사항에 '강제권'을 부여하는 것에 대한
요망이 높아졌음이 관찰된다.[186] 그리고 회의장에서는 많은 대표가 러허
성의 제안에 찬성의 뜻을 보였다. 특히 일본계 대표뿐만 아니라, 빈장성濱江
省 대표인 허완시우賀万秀, 만주계나 쿵칭야오孔慶堯, 만주계도 러허성 연합협의회
에서 의결한 사항이 실행되지 않는다고 언급하며 찬동한 것은 주목된다.
이 안건에 대해서, 협화회 중앙본부미나가와나 만주국 정부호시노는 되도록 의
결사항의 실행을 기한다고 답하며 명확한 답변은 피했다.[187]

회의 종료 후에 관동군 (겸 협화회 중앙본부 위원)의 가타쿠라는 '치외법권
철폐에 따른 일본인의 참가'에 의해 일본의 제국 의회나 부현회府縣會, 그리

---

184 「連合協議会要綱」, 満洲帝国協和会, 『康徳九年度全国連合協議会運営要領』, 1942; 野々
　村一雄, 「満洲帝国協和会の本質と主要内容(完)」, 『満洲評論』 18(4), 1940; 上田, 「全国
　連合協議会に就て」, 満洲国史編纂刊行会編, 『満洲国史 各論』, 120~121쪽.
185 満洲帝国協和会, 『康徳五年度全国連合協議会記録』.
186 「四千万の民意を反映 議案審議に万全の策」, 『満洲日日新聞』, 1938.8.19.
187 満洲帝国協和会, 『康徳五年度全国連合協議会記録』; 満洲帝国協和会, 『康徳五年全国連
　合協議会提出議案之関係機関説明書』, 1938.

고 재만 일본인 거류민회나 지방 위원회 경험이 영향을 미쳐 '의회적인 입장'이 들어가게 되었는데, 의결사항 실행 요구나 만장일치제에 관한 논의, 발언 보장 요구 등은 모두 "협의회의 본질을 이해"하지 못한 것이었다고 비판했다.[188] 발언 보장 요구나 만장일치제에 대한 비판은 전체주의적·일당제적인 회의 운영에 대한 이론을 의미한 것이었다. 그러나 이에 비해 의결사항 실행 요구는 협화회가 표방한 일당제에 적합한 것이었다고 할 수 있다. 가타쿠라는 의결사항에 관해 '정부의 직접적인 책임'은 아니며, "쓸데없이 정부의 시정을 탓하지" 말고, 스스로 '실천'하라고 설명했다. 그러나 '정부 당국'도 '협화회 정신의 체득자'로서 정부를 통한 '실천'이 필요하다는 것은 인정해야만 했다.[189]

이 점에서 주목되는 것은 협화회 설립 초기부터 간부였던 고야마 사다토모의 주장이다. 고야마는 1937년 10월 시점에서 "만장일치로 결정되어도 그것은 오직 정부 당국의 도의심에 호소해야만 실행에 옮겨진다"고 하며 연합협의회는 '전체주의' 관점에서 '일본의회'보다 앞서 있다고 평가하고, 나아가 '내일의 정치 양식'을 실현하기 위해 "'제안은 자유롭게' '결의는 실천으로'"를 양립시킬 것을 주장했다. 이를 위해 고야마가 제안한 방법은 연합협의회 이전에 '제안심의위원회'에서 장기간 의안을 심의하는 '선덕달정공작宣德達情工作', 즉 정부 측과 대표 측의 의사소통을 '이 심의회에 집중'함으로써 "협의회에서 결의가 되었을 경우에는 곧바로 '결의를 실천'에 옮기는" 것이었다.[190] 즉, 고야마는 정부 측이 실행 가능하다고 인정

---

188 片倉衷, 「協和会全連を顧みて (上)」, 『満洲日日新聞』, 1938.10.8; 片倉衷, 「協和会全連を顧みて (下)」
189 片倉, 「協和会全連を顧みて (下)」.
190 小山[貞知], 「協和会と議会」, 『満洲評論』 13(16), 1937.

하는 의안만을 회의에 상정해 의결함으로써 연합협의회에 사실상의 의결권을 부여하려 했다고 할 수 있다. 이에 고야마는 제5회 전련의 쟁점에 대해서도 발언 보장 요구를 비판하고 만장일치제를 지지하는 한편, 의결사항 처리 문제[정신적 모체 문제]에 대해서는 '아직 석연치 않은 방향'을 인정하고 사전 의안정리위원회에서 상정 의안 결정과 의안 각하·철회를 통해 선덕달정을 실시해야 한다고 재차 주장한 것이다.[191]

협화회 중앙본부는 '의결사항의 철저한 처리'를 요구한 러허성 대표의 의안에 대해 전혀 대응하지 않고 넘길 수 없었기 때문에, 전련 의결사항의 '사후처리'를 위해 '처리위원·간사'를 설치하고 중앙본부, 정부, 특수회사 등 관계기관에서 위원을 임명하는 조치를 취했다.[192] 정부에 의결사항을 실행할 의무를 부과한 것은 아니지만 정부 측이 협화회 일원으로서 '도의적 책임'을 지기 위해 스스로 처리 결과를 밝히는 제도를 마련한 것이다. 그러나 이것으로 연합협의회 운용에 관한 불만이 해소되지는 않았다.

이후 제6회1939년 9월, 제7회1940년 9월, 제8회1941년 9월 전련에서도 연합협의회 의결사항을 만주국 정부가 실행하도록 요구하는 의안이 반복적으로 제출되었다. 제4, 5회 전련을 포함한 이 정치적 과정에 대해서는 네 가지 중요한 특징을 지적할 수 있다.

첫째, 의안 제출을 주도한 것은 펑톈성 등의 일본계 대표였지만 만주계나 조선계 대표도 관여하고 있었다. 특히 제6차 전련에서 펑톈성 대표 고가 하쓰이치古賀初一와 함께 '모든 법령 제정 시 민의창달 철저'에 관한 의안

---

191 小山貞知,「協和奉公と協和治政と全連」(満洲帝国協和会, 『康徳五年度全国連合協議会記録』).

192 満洲帝国協和会, 『康徳五年度全国連合協議会議決事項処理経過報告』, 1939.

을 제출했고 전국·지방 각급 연합협의회·본부위원회를 만주국 정부·지방정부의 법령·예산 자문기관으로 만들 것을 요구한 안둥성 대표 김동호金東昊[조선계]는 '최근에 나오는 수많은 통제법령'은 '국민의 거짓 없는 적나라한 실정에 미치는 영향'이 고려되지 않았고 "법령 제정과 관련해 그야말로 거짓 없는 민의가 철저히 창달되지 않았다"고 비판했다.[193] 중일전쟁 개시 후 만주국의 식량·원료 공출을 비롯한 본격적인 총동원정책이 주민들에게 중대한 부담[194]을 주자, 민의창달 논리를 이용하여 불만을 표명한 것이다.

둘째, 연합협의회를 만주국 의결기관으로 삼으라는 요구는 의회제도와의 공통성이 있다는 이유로 만주국 정부·협화회 중앙본부로부터 거절당했다. 전술한 "모든 법령 제정 시 민의창달 철저"에 관한 의안제6회에 대해 국무원 총무청 차장 기시 노부스케岸信介는, '민의창달'에 이론은 없지만, '협화회의 논의'에 부치지 않는 법령은 부당하고 무효이며, "반드시 협화회의 논의에 부쳐야 한다"고 말하는 것은 '민주주의적인 의회 제도와 어느 하나 다를 바 없는 무서운 상태'라고 했다.[195] 또한, 제8회 전련에 펑톈성 대표 미자 지세이美座時省 등이 제출한 '연합협의회 운영 강화'에 관한 의안은 전국·지방 각급 연합협의회를 '협화회의 최고 의사결정기관'으로 하고 각급 본부위원회는 그 '집행기관'으로 규정할 것을 요구했으며, 본부위원도 연합협의회에서 임명할 것을 제안했다. 미자는 연합협의회를 '의회',

---

193 満洲帝国協和会, 『康徳六年度全国連合協議会記録』, 1939. 김동호에 대해서는 満洲帝国協和会, 『康徳六年度全国連合協議会代表者名簿』, 1939 참조.

194 塚瀬, 『満洲国』, 156~160·166~198쪽.

195 満洲帝国協和会, 『康徳六年度全国連合協議会記録』; 奥村弘, 「地方統治における満洲国協和会の位置-満洲国協和会第七次全国連合協議会の分析をとおして」(山本編, 『「満洲国」の研究』), 172~174쪽.

'민주주의'에 관계없이 만주국 의사결정을 시행하는 기관으로 삼기 위한 것이라고 설명했지만, 협화회 중앙본부 총무부장 스가와라 다쓰로菅原達郎는 '관념의 유희'이며, "당연한 결론으로 민주주의적인 것이 된다"고 일축했다.[196] 만주국 통치를 제약할 수 있는 권력을 연합협의회에 부여하는 것은 절대로 허용하지 않았던 것이다.

셋째, 연합협의회의 위상과 관련하여 협화회를 만주국 조직법[1934년에 정부조직법을 개정] 등 법제상에 규정할 것을 요구하는 의안이 반복적으로 제출되었다.[197] 이는 직접적으로 연합협의회의 의결사항 실행 문제[제7회, 펑톈성][198]에 국한되지 않고 진치시金起銑[제6회, 러허성, 몽골계][199]나 사카미야 시게루坂宮茂[제8회, 쓰핑성(四平省), 일본계]가 말했듯이 만주국 정부 관리나 만철 사원이 협화회의 일원으로서 행동하지 않는 실태를 개선하는 의도를 가지고 있었다.[200] 그러나 협화회 중앙본부와 만주국 정부는 이미 협화회가 '불문의 헌법적 기관'이며,[201] 앞으로 조직법을 만주국의 '국가 성격', '국체의 근본'을 규정하는 기본법으로 개정할 때, 즉 만주국 헌법을 제정할 때

---

196 滿洲帝国協和会, 『康德八年度全国連合協議会議案』, 1941; 滿洲帝国協和会, 『康德八年度全国連合協議会記録別冊附録懇談会記録』, 1941.

197 「協和会活動力整備充実に関する件」(第六回, 熱河省, 演江省)(滿洲帝国協和会, 『康德六年度全国連合協議会記録』, 1939); 「協和会の地位確立に関する件」(第七回, 奉天省)(滿洲帝国協和会, 『康德七年度全国連合協議会議決事項処理経過報告』, 1940); 「協和会運動の徹底強化に関する件」(第八回, 首都, 奉天省, 四平省)(滿洲帝国協和会, 『康德八年度全国連合協議会議案』, 1941).

198 滿洲帝国協和会, 『康德七年度全国連合協議会議決事項処理経過報告』.

199 滿洲帝国協和会, 『康德六年度全国連合協議会代表者名簿』.

200 「協和会運動の徹底に関する件」(第六回)의 가네코 가이치(金子嘉一)[수도, 일본계]나 이용덕(李龍德)[간도, 조선계]의 발언도 같은 취지. 滿洲帝国協和会, 『康德六年度全国連合協議会記録』, 滿洲帝国協和会, 『康德八年度全国連合協議会記録並各部分科委員会記録』, 1941; 奥村, 「地方統治における滿洲国協和会の位置」, 175쪽.

201 滿洲帝国協和会, 『康德六年度全国連合協議会記録』; 奥村, 「地方統治における滿洲国協和会の位置」, 175~176쪽.

는 협화회에 대해서도 규정하겠다고 답했다.[202] 만주국 정부에 관한 기본
법인 조직법을 헌법으로 개정하기 위해서는 만주국 국민에 관한 규정이
필요하기 때문에,[203] 성문 국적법을 제정하지 못한 상황이 걸림돌이 되었
을 가능성이 높다.

그리고 넷째, 이상에서 기본적으로 공통된 부분은 정부 관리가 협화회
회원으로서 의결사항을 '실천'하는 것은 '민의창달'을 위해 필요한 도의적
책임이라는 논리, 즉 일당제에 의한 정치 참여의 실질화 요청이며, 그 자체
는 협화회 중앙본부, 만주국 정부도 인정하지 않을 수 없었다. 애당초 '일
반 국민'이 연합협의회에 지극히 무관심한 현 상황을 바꿀 수 있는 수단은
"의안의 사후처리를 실행해 정치에 반영시키는" 것뿐이었다.[204] 제6회 전
련 종반에 야기 모토하치八木元八[안둥성, 일본계] 등은 '전련 의결사항 실천'에
관한 긴급 의안을 제출했는데, 의결사항을 "회원으로서 실천해야 할 것은
반드시 실천"하여 '민관협력'의 결실을 거둘 것을 주장했다. 이것은 분명
히 만주국 정부 관료도 협화회 회원이라는 전제에 입각해 있으며, 기시는
'정부를 구성하고 있는 관리'도 '협화회원의 일원'으로서 '실천해야 할 사
항'에는 '스스로 응한다'고 답했다.[205] 제7차 전련부터 의안처리위원을 구
성하는 협화회 중앙본부·정부관리·특수회사 사원이 형태상 지방대표와
동격인 전련 구성원으로 회의에 참석한 것[206]은 이와 무관치 않을 것이다.

---

202 満洲帝国協和会, 『康徳八年度全国連合協議会並各部分科委員会記録』; 奥村, 「地方統治
における満洲国協和会の位置」, 182~183·188쪽.
203 遠藤, 『近代日本の植民地統治における国籍と戸籍』, 213~214쪽.
204 長野口嶺雄, 「協議会の期間短し」, 『協和運動』 2(9), 1940.
205 満洲帝国協和会, 『康徳六年度全国連合協議会記録』.
206 鳥海篤助, 「康徳七年度全連の感想」, 『協和運動』 2(10), 1940; 高橋, 「連合協議会の本
質と現状」, 『協和運動』 4(7), 1942.

더욱이 네 번째 특징과 관련된 중대한 변화는 1940년에서 1941년 즈음 '중의통재제' 확립에 따라 연합협의회의 '민의창달' 기관으로서의 유효성을 인식한 만주국 정부가 관동군과 협의해 입법기관 개설의 필요성이 희박해졌다며 당초부터 실체가 없던 입법원을 폐쇄하고 이를 대신해 연합협의회를 활용하기로 결정했다는 점이다.[207] 또 예전 부속지의 시공서 등에 설치되어 있던 자의회諮議會도, 협화회에 의해 "충분히 민의를 반영할 수 있다"는 판단으로 1941년 1월에 폐지되었다.[208] 만주국 정부 자신이 일당제 혹은 전체주의 시스템에서 협화회 및 연합협의회를 입법부를 대체해야 할 존재로 인정하기에 이른 것이다.

1941년 1월부터 3월까지 협화회에서는 인사교류를 명목으로 대부분의 회무직원이 정부로 전출되는 한편, '이위일체제二位一體制'라고 불리는 기구 개혁으로 정부 관리나 지방 수장이 협화회 임원을 겸임하게 되어 만주국 정부가 협화회의 주도권을 장악하게 되었다.[209] 이것은 종래의 협화회 간부의 영향력을 결정적으로 빼앗는 한편, 정부 측이 협화회와의 일원화를 실시한 것이라고 할 수 있다. 또 일본과 연합국과의 개전 후인 제10회1942년 10월 이후의 전련에서는 미리 '반드시 승리하고 반드시 성공하는 신념 확립', '생산에의 국민 총동원'에 관한 의안 이외에는 상정하지 않고 정리하는 것으로 정해졌다. 그러나 한편, 협화회 중앙본부와 만주국 정부 관리들이 구성하는 '처리위원·간사'가 협화회 회원으로서의 '도의적 절대 책임' 아래 '의결사항의 철저한 처리'를 실시하도록 정하고, 중앙본부는 사전 의

---

207 古海忠之, 『忘れ得ぬ満洲国』, 経済往来社, 1978, 153쪽; 満洲国史編纂刊行会編, 『満洲国史 総論』, 571~572쪽. 다만 조직법의 입법원에 관한 규정은 삭제되지 않았다.
208 満洲国史編纂刊行会編, 『満洲国史 各論』, 176~177쪽.
209 奥村, 「地方統治における満洲国協和会の位置」, 176~183쪽.

안 정리도 직접 실시하기로 했다.[210] 일찍이 고야마가 제안한 '제안은 자유롭게', '결의는 실천으로'의 모델에 한층 더 가까워졌다고 할 수 있을 것이다.

지방대표 측은 상정 의안의 현저한 제한에도 불구하고, 그 범위 내에서 협화회와 연합협의회를 통한 정치 참여의 실질화를 요망했다. 그중 하나는 제10회에 펑톈성 대표, 제11회1943년 9월에 싼장성三江省 대표가 제안한 대표협의원 임기제이다.[211] 이는 지방대표가 연합협의회 회기 이외에도 '사후처리 실천' 활동을 하기 위한 신분보장을 의미하는 것으로 생각된다.[212] 그러나 '의회정치의 폐해인 직업 정치인'을 기피했던[213] 중앙본부 측은 "폐해를 우려하여" 이 시점에서는 임기제를 채택하지 않았다.[214] 또 다른 하나는 제10회에 오사와 히로사부로大沢広三郎[펑톈성, 일본계]가 제안한, '진정한 민의창달'을 위해 협화회 각급 본부 위원회에 '민간위원'을 참가시키는 의안이다. 이위일체제에 의해 정부 관리가 본부위원을 독점한 것과 앞서 언급한 자문회의 폐지1941년가 그 주된 이유이며, 오사와는 이를 "4천3백만을 총동원하는 체제로서 좋지 않다"고 비판했다. 협화회 중앙본부, 만주국 정부는 이 요청을 고려하는 자세를 보였지만 결과는 분명치 않다.[215]

---

210 満洲帝国協和会, 『康徳九年度全国連合協議会運営要領』, 1942; 満洲帝国協和会, 『康徳十年九月自二十五日至二十九日第十一回全国連合協議会記録』, 1943.

211 満洲帝国協和会, 『康徳九年度全国連合協議会議案』, 1942; 満洲帝国協和会, 『康徳十年度全国連合協議会議決事項処理経過報告』, 1944.

212 弓場信夫, 「康徳十年度省(首都)連合協議会の成果」, 『協和運動』 5(8), 1943; 「全連を語る座談会」, 『協和運動』 6(10), 1944.

213 満洲帝国協和会, 『康徳八年度全国連合協議会提出議案文書説明書』, 1941.

214 満洲帝国協和会, 『康徳十年度全国連合協議会議決事項処理経過報告』; 「協和会報」, 『協和運動』 6(5), 1944.

215 満洲帝国協和会, 『康徳九年度全国連合協議会議案』; 満洲帝国協和会, 『協和会創立十周年記念全国大会並康徳九年度全国連合協議会記録及分科委員会記録』, 1942.

전황의 악화와 함께 총동원체제의 부담이 만주국의 정치적 통합을 심각한 위기에 빠뜨리자,[216] 협화회의 입장에서 연합협의회의 '민의창달' 기능을 통해 '국민'을 연결시킬 필요는 한층 높아졌다고 할 수 있다. 제12회의 전련1944년 9월에서는 협화회 중앙본부가 "최근 연합협의회의 기능이 다소 저조하다"는 인식을 바탕으로 '민의창달을 적정하게 할 개선 요점'이 자문되었다.[217] 이에 대해 대표 측은 "사후처리 책임 소재를 밝히겠다"며 대표의 임기제를 제안했을 뿐만 아니라,[218] 사후처리위원에 대표를 참가시켜 "정부와 함께 사후처리에 임한다"고 하는 요망을 가지고 있었다[빈장성(濱江省), 마쓰모토 센킨(松本瑄根), 조선계].[219] 이는 극히 제한적이지만 일당제를 통한 정책 결정 참여 요구를 의미했다고 할 수 있다. 결과적으로 처리위원에 대표가 임명되지 않아 대표 일각에서는 실망의 목소리가 나왔지만, 그 불만을 '당연'하다고 인정한 중앙본부는 '제12회 전련 의결사항 처리 사후 방침'에 처리위원회에 지방대표를 추가할 것을 명기했다. 다만, 그 실현은 '가까운 장래'라고 말하는 데 그쳤다.[220] 1945년 3월 협화회가 제정한 연합협의회 협의원 규칙은 마침내 대표 임기제를 규정했을 뿐만 아니라 정부 관리와 중앙본부 위원을 포함한 구성원의 '의결사항 사후처리의 도의적 절대 책임'도 명문화했다.[221] 이 무렵에는 이미 '경제와 전황의 전망'으

216 松岡二十世,「転換期労務問題と達協」,『協和運動』4(9), 1942; 塚瀬,『満洲国』, 173~176쪽.
217 満洲帝国協和会,『康徳十一年第十二回全国連合協議会議案』, 1944.
218 満洲帝国協和会,『第十二回全連要録』, 1944.
219 「全連を語る座談会」. 마쓰모토에 대해서는 満洲帝国協和会,『第十二回全国連合協議会協議員名簿』, 1944 참조.
220 米田健二郎,「第十二回全連事後処理の推進」,『協和運動』6(11), 1944;「第十二回全連議決事項事後処理方針」.
221 「連合協議会協議員規則」,『協和運動』7(4), 1945.3.2.

로부터 '수만 수십만의 대륙 일본인'의 '민족의 목표 전환'이 예상되고 있었는데,[222] 아마도 그 때문에 형태만이라도 일당제에 의한 정치 참여를 실질화할 필요가 인식되었던 것이다. 그것은 한편으로 중의원의원선거법이 1945년 4월 타이완·남가라후토·조선에서 시행된 것[223]과도 공통된 상황이었다고 할 수 있다. 다만 1945년 7월에 개최된 마지막 전련에서[224] 이러한 제도 개정이 어떻게 반영되었는지는 분명하지 않다.

이상과 같이 협화회의 정치 참여 실질화는 '일본계 대표'의 연합협의회 참여와 함께 쟁점화되어 관동군과 만주국 정부가 공인하는 전체주의 시스템 내지 일당제 논리를 통해 계속 추구되었다. 관동군과 만주국 정부는 '민주주의', '의회제도'를 일관되게 부정해 왔으나, 만주국 통치의 정통성 강화를 위해 협화회를 통한 '민의창달'의 제도적 보장 요구를 완전히 억압하기는 어려웠다고 할 수 있다. '정당한 민의', 즉 만주국의 공식 이데올로기에 입각한 '정치적으로 정당한' 의견을 봉쇄하면 오히려 "거국체제를 어지럽힐 것"이라는 우려가 있었던 것이다.[225]

이 정치 과정에서 일본인과 한인, 조선인, 몽골인이 일정한 공동행동을 취했다는 점은 주목할 필요가 있다. 원래 한인이나 몽골인에게는 협화회 참여 자체가 만주국 통치를 수용하는 행위를 의미했다.[226] 또한, 조선인은

---

222 戸倉, 「連協隨想」.
223 岡本真希子, 「アジア・太平洋戦争末期における朝鮮人・台湾人参政権問題」, 『日本史研究』 401, 1996; 浅野, 『帝国日本の植民地法制』, 492~559쪽.
224 満蒙同胞援護会編, 『満蒙終戦史』, 63쪽.
225 連協事務局, 「県, 旗, 市連の構想と期待」, 『協和運動』 6(3), 1944.
226 러허성에서의 [아마도 중국공산당에 의한] 반만항일운동은 협화회 관계자에게 현상금을 걸어, "회원증을 내걸고 있는 집이나 표창을 받은 회원에 대해서는 특히 혹독하게 공격"했다고 한다. 佐藤岩之進, 「思想専門委員会の経過と反省」, 『協和運動』 6(10), 1944.

협화회에서는 '선계'의 '만주 국민'으로 취급받았으나, 일본의 조선 지배와 그에 기인한 일본 국적에 따라 일본인에 대한 종속적 지위와 한인과의 대립에 모두 직면할 수밖에 없었다.[227] 연합협의회는 일본계 대표가 참여하는 동시에 '지도 민족'으로서 주도권을 잡는 자리가 되었고,[228] "일본계 대표에 대한 타민족의 태도는 멀리서 방관하는 것"이었다.[229] 더욱이 전시 상황에서 연합협의회를 통한 '민의창달'의 내실은 물자 총동원 합의 도출에 국한되어, 기본적으로 부족한 한인들의 '신뢰'와 '관심'은 더욱 사라졌다.[230]

그러나 연합협의회는 첫째, 특히 한인들한테는 청원하기 위한 기관으로 인식되었고,[231] 또한 둘째, '민족협화'를 비롯한 '정치적으로 정당한'의안이라면 실제 효과를 떠나 만주국 통치에 대한 일단의 이의제기도 가능했다.[232] 히라노 겐이치로가 지적했듯이, 만주국 통치에 대해 어떤 정치 행동을 취하려면 반만 항일 활동에 가담하는 것 외에는 협화회를 통해 정치에 참여할 수밖에 없었기 때문에,[233] 그러한 한계가 있는 상황에서 일본계 대표와 함께 연합협의회를 통한 정치 참여의 실질화를 요구하는 것도 일정한 이용가치가 있었다고 할 수 있다.

---

227 田中, 『満洲国と日本の帝国支配』, 130~149쪽; 塚瀬, 『満洲国』, 102~106쪽.
228 塚瀬, 『満洲国』, 90~91쪽.
229 弓場信夫, 「県連視察所感」, 『協和運動』 1(1), 1939.
230 「省連協議会」, 『協和運動』 6(7), 1944.
231 安達征一, 「連合協議会は誰のものか」, 『協和運動』 1(1), 1939; 新井練三, 「首連縦横観」, 『協和運動』 2(8), 1940; 佐藤慎一郎, 「傍聴席から見たある省連」, 『協和運動』 4(9), 1942.
232 예를 들어 만주국 관리 채용에서 '일본계' 우대에 대한 비판. 「民族的差別待遇廃止に関する件」(濱江省)(満洲帝国協和会, 『康徳五年全国連合協議会提出議案之関係機関説明書』, 1938). 또한 奥村, 「地方統治における満洲国協和会の位置」, 160~171쪽 참조.
233 平野, 「満州国協和会の政治的展開」, 274쪽.

이에 반해, 재만 일본인의 입장에서 '일본계 만주 국민'으로서 협화회에서 정치에 참여하는 것은 일본 행정하에서의 '자치'를 대체해야 하는 것이었지만, '민족협화'를 내세우는 만주국 통치 아래에서 일본인 한정의 권리를 요구하는 것은 불가능했다. 확실히 '일본계 대표'는 인구나 회원 수 이상의 대표 비율을 얻었지만, 원칙적으로 협화회를 단위로 하는 정치 참여를 요구할 수밖에 없었던 것이다. 요컨대 연합협의회는 일본인과 타민족 사이에 있었던 지배-종속관계를 해소하는 것은 전혀 아니었지만, 그럼에도 불구하고 전체주의 시스템을 통한 민족 간 정치의 장이 되었다고 생각된다.

이상과 같이, 만주국 내에서 일본인은 협화회 및 연합협의회를 통해 제한된 형태로 정치에 참여하여 그 실질화를 추구했다. 다만 그것은 어디까지나 재만 일본인이 동시에 '일본계 만주 국민'이라고 인정되는 것을 전제로 하고 있었다. 1944년 9월 제12회 전련에서 협화회 중앙본부는 '일본계 협의원'에게 "일본인의 전쟁 감각을 그대로 다른 곳에 강매하지 말 것"을 요청하며 다음과 같이 주의했다.

전쟁을 가장 가깝게 느끼고 그 완수 의욕에 목말라하는 일본계 협의원이 불타는 열정을 회담에 쏟아내는 것은 당연하지만, 그 감각을 그대로 타민족에게까지 강제하는 것은 도리어 타국으로 하여금 입을 다물게 하는 이유이지 함께 싸우는 태도가 아니다.[234]

---

[234] 満洲帝国協和会, 『第十二回全連要録』. 「県連研究会」(『協和運動』 6(4), 1944)에서도 '대동아전쟁'에 대해 연합협의회에서 '비분강개'하는 것은 '일본계'뿐이어서 "만주계는 어떤 심정으로 듣고 있는가"라는 우려가 언급되어 있다.

일관되게 일본의 교육과 징병제 아래에 있던 재만 일본인이 전황의 악화에 따라 표면화시킨 일본에 대한 내셔널리즘은 한인 등에게 공유될 수 없었을 뿐만 아니라, 그들 재만 일본인이 동시에 '일본계 만주 국민'으로서 '민족협화'를 내세우는 만주국에 귀속된다고 하는 의제를 성립할 수 없게 만들고 있었다고 할 것이다.

5. 나가며

만주의 일본인들은 중국으로부터 일본이 획득한 치외법권과 만철 부속지 행정권·관동주 조차지 통치권의 보호 아래 만주로 이주하여 사회를 형성하고, 일본 측 기관 아래에서 정치 참여를 포함한 '자치'를 영위하고 있었다. 그런데 만주사변 이후 진행된 만주국 건국1932년은 관동군과 일본인 관료들의 지배하에서 일본인이 활동할 수 있는 범위를 만주 전역으로 넓히는 한편, '민족협화'의 독립국이라는 공식 이데올로기 아래에서 만주국의 일본인을 '일본계' 국민으로 통합하고자 하는 요청을 초래했다. 다만 이들에게 일본 국적을 포기하게 하는 것은 곤란했기 때문에, 이중국적의 가능성이 모색되는 한편, 국적 이외의 다른 시티즌십을 통해 정치적 통합을 창출하는 구상도 생겨났다. 그 중심이 된 것이 만주국의 단일 정당으로 만들어진 협화회이다.

만주국 건국 후에도 재만 일본인은 기존 부속지를 중심으로 한 일본인의 '자치'에 의거하고 있어 협화회와는 교섭하지 않았다. 그러나 만주국이 독립국 체재를 갖추기 위해 일본-만주국 간에 치외법권 철폐가 이루어졌고, 동시에 건국 후 실질화되었던 내지 개방이 공인되어 부속지 행정권 이양이 이루어졌다. 그동안 재만 일본인들은 기존의 사회적 기반 유지를 요구하며 활발하게 정치운동을 벌였으나, 일본과 만주국 양국 정부는 만주국 과세 경감이나 일본계 관공리에 의한 행정, 일본 신사·교육·군사 행정권 유보 등 다양한 조치를 실시한 반면, 만주국 통치하의 일본인의 '자치'는 관동군에 의해 부정되었다. 관동주를 제외한 재만 일본인은 타민족과 함께 '일본계 만주 국민'으로서 협화회에 가입해야 하는 것으로 여겨졌던 것이다.

1936년에 치외법권 철폐·부속지 행정권 이양과 병행하여 개시된 협화회의 '일본계 공작'은 이 시기부터 개척 이민을 포함해 급격히 증가한 재만 일본인의 일부를 조직화한 것에 불과하지만, 협화회에서의 일본계 회원 비율은 크게 상승했다. 이들은 협화회 대표회의인 연합협의회를 재만 일본인의 자치를 대체하는 정치 참여의 경로로 파악하고 의결사항을 실행시킬 것을 만주국 정부에 요구하며 정치 참여의 실질화를 추구했다. 그 요구는 한인이나 조선인 등에게도 이용가치가 있었으며, 또 연합협의회가 '민주주의', '의회제도'가 되는 것을 부정한 관동군이나 만주국 정부도 전체주의 시스템 내지 일당제에 의한 '민의창달'을 위해 이 요구를 완전히 물리칠 수 없었다. 다만 연합협의회를 통한 정치 참여는 재만 일본인이 동시에 '일본계 만주 국민'이라는 의제에 의해 이루어졌으나, 아시아태평양전쟁 말기 재만 일본인들이 표면화시킨 일본에 대한 내셔널리즘은 그 한계를 분명히 보여주고 있었다.

만주국이 일본의 지배 식민지였다는 것과 만주국이 독립국으로 건국되었다는 것 사이에는 매우 큰 괴리가 있다. 다만 그 괴리란 민족자결 원리,

혹은 국민국가 규범을 전제로 하여 표면화되는 것이기 때문에, 그 괴리를 되도록 축소하기 위해 도입된 것이 민족협화 이데올로기였다. 이러한 만주국의 성격이 만주국에서의 일본인을 규정하고 있었다. 이들에게는 만주국의 투자·이주 식민지화를 추진하고 한인이나 조선인, 몽골인 등에 대한 지배-종속관계를 형성하는 동시에, 일본이라는 다른 국가로부터 이민해 온 한 사람으로 규정된다는 두 가지 측면이 있었다. 국민국가 규범 속에서 이 양면은 양립할 수 없는 것으로 인식되었기 때문에 민족협화 이데올로기하에서 그들은 '일본계 만주 국민'으로서 통합되어야 할 존재가 되었던 것이다.

실제로 재만 일본인은 일본 국적 그대로 '만주국 인민'으로 인정받았고, 또 치외법권 철폐 이후에는 일본 국적 보유자로서 만주국 국적 보유자와 동등한 권리를 부여받았다. 이들은 인구상의 마이너리티이며 스스로 '이민자'로 인식하고 있기는 해도, 실질적 일본 지배지역인 만주국의 국민이 될 필요는 거의 인정하지 않았다고 할 수 있다. 그러나 만주국 통치 아래에서 정치에 참여하는 문제의 경우 치외법권 철폐·부속지 행정권 이양 이후, '일본계 만주 국민'이라는 의제를 받아들일 수밖에 없었고, 그 테두리 내에서 타민족과 함께 정치 참여의 실질화를 추구하고자 했다. 만주국은 확실히 다른 독립국과는 달랐지만, 동시에 일본의 공식 속령이었던 타이완이나 남가라후토, 조선과도 동일시할 수 없는 식민주의와 국민국가 규범이 팽팽히 맞서며 동거하는 정치 공간을 형성했다고 할 수 있다.

제3부
국민국가 규범과
이민·식민

제7장

제국 일본의 식민자인가 '동양계 시민'인가

미국령 하와이 일본계 주민의 정치 행동

1. 들어가며

제7장에서는 20세기 전반 미국령 하와이의 일본계 주민일본인 및 일본계 미국인의 정치 행동을 미국의 속령 통치와 아시아계 주민에 의한 이주 식민지화, 그리고 일본의 제국화 아래에서 형성된 민족 간 정치 속에서 평가하여 분석한다. 즉 20세기 전반에 하와이는 미국의 속령이었고, 또 실질적으로는 소수 백인의 지배하에 있었지만, 동아시아에서 이민한 사람들이 인구의 대부분을 차지했고, 그중에서도 일본계 주민은 하와이 최대의 민족집단을 형성했다. 제7장에서는 이들 일본계 주민이 2세의 '일본계 시민', '동양인계 시민'이라는 입장에서 정치 참여를 통한 안정적 발전을 추구하는 한편, 아시아태평양지역에서의 일본 제국화로부터 강한 영향을 받았음을 밝힌다.

하와이는 제3장에서 논했듯이 19세기 내내 유럽계 주민백인에 의해 투자 식민지화·군사 식민지화되었다가 1898년 미국에 병합되었다. 미국령이 된 하와이는 준주準州, 즉 미국 헌법하에 있기는 했지만 제한된 자치권만을 가진 속령으로 통치되었다. 새로운 영토를 일정 기간 준주로 통치한 후 주州로 승인하여 본국에 편입하는 것은 독립 이후 미국의 관행이었다. 그러나 하와이의 경우 소수 백인에 의한 사회경제적 지배를 유지하고 이민 노동력으로 이주하여 인구의 대다수가 된 아시아계 주민의 영향력을 최소화하기 위해 준주 통치가 1959년까지 유지되었다. 이는 근본적으로는 인종주의에 뿌리를 두고 있었는데, 특히 제2차 세계대전이 끝나기 이전에 하와이에서 가장 큰 민족집단이었던 일본계 주민들은 아시아태평양 지역에서 일본이 세력을 확장하자, 미국의 안보상 위협으로 취급되었다. 귀화 불능 외국인으로 여겨져 일본 국적만을 보유한 1세와 달리 시민권을 보유한 2세 (이후)의 정치 참여는 일본계 주민들에게는 정주와 사회통합을 위한 중요한 발판이었지만, 백인들의 입장에서는 미국의 하와이 지배를 위태롭게 하는 중대한 문제로 간주되었던 것이다.[1]

선행연구에서는 백인이 지배적 지위를 차지한 미국령 하와이의 인종주의적 통치와 그에 대한 일본계 주민의 적응, 특히 2세의 미국 시민으로서의 승인 획득이라는 관점에서 검토해 왔다. 게리 오키히로Gary Okihiro는 이민 노동력이었던 일본계 주민에 대한 착취에서부터 1920년대 2세 시민에 대한 미국화동화운동을 거쳐, 진주만 기습 이후 하와이 군정과 일부 일본계 주민일본인·일본계 시민의 강제 수용, 2세 병사의 종군 충성 증명에 이르기까

---

1   Roger Bell, *Last among Equals : Hawaiian Statehood and American Politics*, Honolulu : University of Hawaii Press, 1984; Gary Y. Okihiro, *Cane Fires : The Anti-Japanese Movement in Hawaii, 1865~1945*, Philadelphia : Temple University Press, 1991.

지를 일관된 배일운동의 과정으로 그려냈다.[2] 또한, 로저 벨Roger Bell은 일본계가 주를 이루는 아시아계 시민에 대한 인종주의가 입주立州의 일관된 저해요인이었다는 점을 밝혔다. 아울러 이들 아시아계 시민이 특히 제2차 세계대전 이후 전쟁 경험을 바탕으로 하와이 백인 지배구조를 바꾸기 위해 미국 통치하에서 완전히 평등한 민주정치와 자치를 요구하며 입주를 적극 지지하고 유권자 인구 증가와 맞물려 각 민족의 정치대표를 획득했다고 밝혔다.[3]

이상과 같은 하와이의 일본계 주민에 관한 선행연구는 미국에서의 인종주의와 백인 지배하에서 일본계 주민을 비롯한 아시아계 주민들이 미국 시민으로 승인받기 위한 활동 및 하와이의 민주화를 요구한 과정에 대해 많은 것을 밝혀 왔다. 그러나 일본계 주민을 비롯한 아시아계 주민들의 정치 행동과 그 출신 지역인 동아시아와의 관계에 대해서는 충분한 주의가 기울여지지 않았다.

첫째, 최근 하와이 연구에서 중시되고 있는 것처럼 다민족 사회로서 하와이는 미국에 의한 지배 식민지화U.S. colony와 아시아인에 의한 이주 식민지화Asian settler colonialism의 양면에서 파악할 필요가 있다.[4] 왕국을 잃은

2　Okihiro, *Cane Fires*. 2세 교육 문제에 대해서는 아래와 같은 상세한 연구가 있다. Eileen H. Tamura, *Americanization, Acculturation, and Ethnic Identity : The Nisei Generation in Hawaii*, Urbana and Chicago : University of Illinois Press, 1994; 沖田行司, 『ハワイ日系移民の教育史』, ミネルヴァ書房, 1997; 吉田亮, 『ハワイ日系二世とキリスト教移民教育－戦間期ハワイアン・ボードのアメリカ化教育活動』, 学術出版会, 2008.

3　Bell, *Last among Equals*.

4　*Amerasia Journal*, 26(2), 2000(*Whose Vision? : Asian Settler Colonialism in Hawai'i*); Candace Fujikane and Jonathan Y. Okamura ed., *Asian Settler Colonialism : From Local Governance to the Habits of Everyday Life in Hawai'i*, Honolulu : University of Hawaii Press, 2008.

하와이인의 존재를 전제로 하면 백인뿐만 아니라 이민으로 건너와 사회의 핵심을 차지하기에 이른 아시아계 주민[일본계 포함] 또한 식민자로 규정된다.

그리고 둘째, 하와이의 중국계·한국계·오키나와계 주민에 관한 연구[5]에서 볼 수 있듯이, 하와이로 이주한 아시아계 주민들은 특히 20세기 전반에는 각각의 출신 지역과 강한 유대감을 갖고 있었고, 이 때문에 일본의 제국화는 하와이 아시아계 주민들 간의 관계에도 영향을 미칠 수밖에 없었다. 아시아계 주민 1세가 미국에서 귀화 불능 외국인으로 취급되고 출신 지역의 국적을 유지한 것도 동아시아에서의 국제질서 변동이 하와이 아시아계 주민에게 직접적인 영향을 미치는 요인이 되었다.

이와 같이 20세기 전반 미국령 하와이에서의 일본계 주민의 정치 행동은 아시아태평양지역에서 제국화하는 미국이 하와이를 속령 통치하는 한편, 노동력으로 도입된 아시아인이 하와이를 이주 식민지화하고, 나아가 미국과 경합·충돌하는 일본의 제국화가 하와이 민족 간 정치에 영향을 미치는 구조에서 파악해야 할 것이다. 제7장에서는 이 문제를 하와이의 일본계 주민이 제국 일본과 어떤 관계에 있으며, 그것이 백인과의 관계 및 아시아계 주민 간의 관계에 어떠한 영향을 미쳤는가의 관점에서 파악하고, 중심 쟁점으로서 하와이 태생으로 미국 시민권을 가진 일본계 2세의 정치 참여를 둘러싼 정치과정을 분석한다. 하와이의 민족 간 정치는 미국

5　대표적인 연구는 아래와 같다. 중국계에 대해서는 Clarence E. Glick, *Sojourners and Settlers : Chinese Migrants in Hawaii*, Honolulu : University of Hawaii Press, 1980. 한국계에 대해서는 Wayne Patterson, *The Ilse : First-Generation Korean Immigrants in Hawai'i, 1903~1973*, Honolulu : University of Hawaii Press, 2000. 오키나와계에 대해서는 Ethnic Studies Oral History Project and United Okinawan Association of Hawaii ed., *Uchinanchu : A History of Okinawans in Hawaii*, Honolulu : Ethnic Studies Program, University of Hawaii, 1981.

과 일본이라는 아시아태평양지역의 두 제국 질서의 작용 속에 놓여 있었기 때문에, 그 작용의 결절점으로서 일본계 주민의 정치 행동, 특히 일본계 시민의 정치 참여를 파악하는 것이 제7장의 과제이다.

제7장에서는 제2절에서 미국령 하와이의 속령 통치 구조에 대해 설명하고, 그 속에서 형성된 다민족 사회를 동아시아 출신 이민을 중심으로 정리하며 나아가 각 민족의 정치 참여 지표로서 시민권 보유자의 추이를 검토한다. 제3절에서는 일본계 주민과 타민족과의 상호관계를 백인 지배와 출신 지역과의 관계 쌍방이 미친 영향을 중심으로 고찰한다. 제4절에서는 제1차 세계대전 이후 동아시아에서의 일본의 제국 지배가 하와이 아시아계 주민들에게 분쟁을 일으키는 한편, 하와이에서 출생한 시민이 성장하면서 '동양인계 시민'의 정치 참여에 대한 기대감이 형성되었음을 보여준다. 마지막으로 제5절에서는 하와이의 일본계 2세 시민들이 본격적으로 정치 참여를 시작하고 하와이 입주가 정치과제가 된 1930년대 이후 일본의 중국 침략과 미일전쟁이 하와이의 일본계 주민과 민족 간 정치에 가져온 변용을 분석한다.

제7장에서 주로 사용한 사료는 하와이에서 간행되던 일본계 신문인『닛푸시사日布時事』1906~1942년 및 『하와이 호치』1912년~이다. 『닛푸시사』는 1896년 일본에서 하와이로 건너간 소가 야스타로가 사장 겸 주필을 맡았고, 1909년에 일본계 노동자 파업에서 지도적인 역할을 한 것을 비롯해 하와이 일본계 주민들에게 지속적으로 영향력을 미쳤다. 『하와이 호치』의 중심인물인 마키노 프레데릭 긴자부로Frederick Kinzaburo Makino는 1877년에 요코하마에서 무역상을 하던 영국 남성과 일본 여성 사이에서 태어나 1899년에 하와이로 건너갔다.『하와이호치』는 후술하는 1920년대의 외

국어 학교 단속법에 대한 소송운동으로 인기를 끌었으며, 『닛푸시사』에 필적하는 영향력을 가졌다.[6] 또 이 장에서는 하와이에서 발행되던 중국계 신문 등도 사용했다.

아울러 제7장에서 아시아계 주민에 대해 '일본계 주민' 등의 명칭을 사용하는 것은 각 민족집단의 출신 지역 국적을 가진 경우[주로 1세]와 미국 국적·시민권을 가진 경우[주로 2세 이후]를 총칭하기 위해서이다. '일본인 이민자'와 같은 명칭은 후자를 포함하는지 여부가 불명확하고, 반대로 '일본계인'이라는 명칭은 일반적으로 전자를 포함하지 않는다. 또한, 이 쌍방이 미국에서 '외국인'과 '시민'이라는 구분을 넘어 일괄적으로 '민족', '인종'으로 인식된 것 자체의 중요성도 고려하여 이와 같이 호칭하고자 한다.

2. 미국령 하와이의 속령 통치와 이민 사회

1) 미국령 하와이의 속령 통치체제

미국 연방의회는 1898년 하와이공화국 병합을 결의한 뒤 1900년에 하와이기본법을 제정해 하와이를 준주incorporated territory로 통치하기로 했다. 준주란 주州로 구성된 본국연방에 포함되지 않는 속령 가운데 미국 헌법의 적용을 받는 영토를 뜻한다. 준주로 인정한다는 것은, 전례에 따르면 장래

---

6   相賀安太郎, 『五十年間のハワイ回顧』, 「五十年間のハワイ回顧」刊行会, 1953; 牧野金三郎伝編纂委員会編, 『牧野金三郎伝』, 牧野道枝, 1965; 白水繁彦, 『エスニック・メディア研究－越境・多文化・アイデンティティ』, 明石書店, 2004, 242~278쪽; Helen Geracimos Chapin, *Shaping History : The Role of Newspapers in Hawai'i*, Honolulu : University of Hawaii Press, 1996, pp.143~147.

에 주로 인정하여 본국에 편입할 전망이 있다는 뜻이었다. 공화국 정부 및 연방의회의 일부는 병합 과정에서 비백인 주민이 다수를 차지하는 하와이의 입주 가능성을 부정하고자 했으나, 결과적으로 준주로 규정된 것이다. 당시 미국 준주는 애리조나1848년와 뉴멕시코1848년, 알래스카1867년가 있었지만, 애리조나와 뉴멕시코는 1912년에 입주되어 준주는 알래스카와 하와이뿐이었다. 한편 하와이 병합과 같은 시기에 미국은 미국-스페인전쟁의 결과로 푸에르토리코, 필리핀, 괌을 스페인으로부터 획득했고모두 1898년, 나아가 웨이크섬1899년, 미국령 사모아1899년, 미국령 버진 제도1917년도 획득했는데, 이들은 헌법 적용 범위 밖의 속령unincorporated territory으로 규정되었다.[7]

준주로서의 하와이는 미국 헌법하에서 일정한 자치권을 부여받았지만, 그 내용은 주에 비해 훨씬 제한적이었다. 준주지사는 대통령이 하와이 시민 중에서 임명하는 임명제였고, 준주의회상하원의 의원은 하와이 시민에게 선거·피선거권이 주어졌지만, 입법은 준주지사와 미국 연방의회에 거부권이 주어졌다. 준주는 연방의회에 의석을 두지 않았고 하원에 투표권이 없는 대의원을 보낼 뿐이었다. 하와이 시민은 본국연방에 대한 납세·병역의 의무를 지고 있지만, 부여된 것은 이 대의원의 선거·피선거권뿐이었던 것이다. 하와이의 지배층이었던 백인 주민들은 이처럼 제한된 자치권과 대표권을 당초 자신들의 특권적 지위를 온존하기 위해 유효한 것으로 간주했고 연방의회에는 로비를 통해 영향력을 행사했다. 그러나 후술하는 바와 같이 연방의회가 1934년 하와이에 불리한 설탕 할당량을 정하는 입

---

7 푸에르토리코는 1917년에 미국 자치령이 되었고, 필리핀은 1934년에 장래의 독립을 인정받았다. Bell, *Last among Equals*, pp.32~41.

법을 실시한 것을 계기로 하와이에서는 백인 지배층도 포함한 주민들의 입주운동이 전개된다.[8]

2) 아시아인에 의한 하와이 이주 식민지화

동아시아에서 하와이로 이민 노동력이 도입된 것은 백인의 사탕수수 농장 경영을 위해 왕국시대인 19세기 중반에 시작되었는데, 미국-하와이 병합 이후에도 형태를 바꾸면서 계속되어 하와이의 인구 구성을 크게 바꾸어 나갔다. 1878년부터 1950년까지의 하와이 민족별 인구 추이[〈표 7-1〉]를 참조하면서 아시아계 주민의 이주 경위를 중심으로 각 민족집단에 대해 개관하자.

하와이 최초의 주민으로서 왕국을 이룬 하와이인의 인구는 서구인이 처음 하와이에 상륙한 18세기 말에서 19세기를 거쳐 감소했다. 그 주된 요인은, 구미계나 아시아계의 이주민이 가져온 다양한 역병으로 생각된다. 20세기에 들어서면서 하와이계의 인구는 증가세로 돌아섰는데, 이는 백인 및 아시아계와의 혼혈 하와이인 인구의 증가에 따른 것이며, 혼혈을 제외한 하와이인 인구는 일관되게 감소되었다. 또한, 인구비로 보면 19세기 중기까지 인구의 대부분을 차지한 하와이인[혼혈 포함]의 비율은 그 후 급격히 축소되어 20세기 전반에는 15% 내외가 되었다.[9]

미국이나 유럽 국가를 출신지로 하는 백인들은, 앞서 언급한 바와 같이 18세기 말부터 하와이에 들어와 사탕수수 농장의 소유·경영 등을 통해

---

8   Lorrin A. Thurston, *The Fundamental Law of Hawaii*, Honolulu : The Hawaiian Gazette, 1904, pp.257~290; Bell, *Last among Equals*, pp.41~43·55~62.

9   Eleanor C. Nordyke, T*he Peopling of Hawai'i*, 2nd ed., Honolulu : University of Hawaii Press, 1989, pp.13~42.

투자 식민지화를 추진했고, 나아가 19세기 후반에는 정치 권력도 장악했으나 그 인구는 미미했다. 백인 인구는 1878년 시점에는 전체 인구의 5~6%에 불과했고, 그 후 포르투갈로부터의 노동력 이민과 미국본국으로부터의 이주를 중심으로 증가하지만, 1930년 무렵까지는 전체 인구의 20% 전후에 머물렀다. 백인 인구가 눈에 띄게 증가하는 것은 1930년대 이후이며, 그 주된 요인은 하와이의 군사적 중요성 증대로 인해 미국 본국에서 건너와 주재하는 군인·군속의 증가였다.[10]

이상의 하와이인이나 백인에 비해, 아시아계 주민은 19세기 후반부터 사탕수수 농장의 가혹한 노동 조건을 견디는 저렴한 노동력으로 대량 도입되어 20세기 전반을 거치며 전체 인구의 60% 내외를 차지했다. 일본계 주민은 그중 가장 큰 비중을 차지했다.

동아시아에서 하와이로 가장 먼저 온 중국계 주민들은 당초 18세기 말 백단白檀 매입을 목적으로 했으나, 1830년대에는 사탕수수 농장에서 일하게 되었다. 1850년에는 중국으로부터의 계약노동 이민이 개시되었고, 1870년대 후반에 본격화되어 인구가 증가했다. 그러나 인구 증가는 백인 노동자들의 배척을 야기했고, 1885년에서 1886년에는 계약노동 이민이 사실상 중단되어 입국자 수도 대폭 제한되었다. 미국-하와이 병합으로 미국의 배화법1882년이 하와이에도 적용되어 이민이 거의 불가능해졌다.[11] 따라서 이후 중국계 인구는 큰 변화가 없었고, 후속 아시아계 주민들의 증가로 그 인구비는 축소되었다.

일본으로부터의 계약노동 이민은 제3장에서 기술한 바와 같이 중국으로

---

10   Nordyke, *The Peopling of Hawai'i*, p.42~52·113~114.
11   Glick, *Sojourners and Settlers*, pp.1~22; Nordyke, *The Peopling of Hawai'i*, pp.52~60.

〈표 7-1〉 하와이의 민족별 인구 구성(1878~1950년) (단위 : 명)

연도	합계	하와이계			백인(구미계)				아시아계					기타
		합계	하와이아계	혼혈하와이아계	합계	포르투갈계	푸에르토리코계	기타	합계	중국계	일본계	조선계	필리핀계	
1878	57,985 100%	47,508 81.9%	44,088 76.0%	3,420 5.9%	3,748 6.5%	486 0.8%		3,262 5.6%	6,045 10.4%	6,045 10.4%				684 1.2%
1890	89,990 100%	40,622 45.1%	34,436 38.3%	6,186 6.9%	18,939 21.0%	12,719 14.1%		6,220 6.9%	29,362 32.6%	16,752 18.6%	12,610 14.0%			1,067 1.2%
1900	154,001 100%	37,656 24.5%	29,799 19.3%	7,857 5.1%	28,819 18.7%	18,272 11.9%		10,547 6.8%	86,878 56.4%	25,767 16.7%	61,111 39.7%			648 0.4%
1910	191,909 100%	38,547 20.1%	26,041 13.6%	12,506 6.5%	44,048 23.0%	22,301 11.6%	4,890 2.5%	16,857 8.8%	108,243 56.4%	21,674 11.3%	79,675 41.5%	4,533 2.4%	2,361 1.2%	1,071 0.6%
1920	255,912 100%	41,750 16.3%	23,723 9.3%	18,027 7.0%	54,742 21.4%	27,002 10.6%	5,602 2.2%	22,138 8.7%	158,762 62.0%	23,507 9.2%	109,274 42.7%	4,950 1.9%	21,031 8.2%	658 0.3%
1930	368,336 100%	50,860 13.8%	22,636 6.1%	28,224 7.7%	80,373 21.8%	27,588 7.5%	6,671 1.8%	46,114 12.5%	236,323 64.2%	27,179 7.4%	139,631 37.9%	6,461 1.8%	63,052 17.1%	780 0.2%
1940	423,330 100%	64,310 15.2%	14,375 3.4%	49,935 11.8%	112,087 26.5%	불명확	8,296 2.0%	불명확	246,099 58.1%	28,774 6.8%	157,905 37.3%	6,851 1.6%	52,569 12.4%	834 0.2%
1950	499,769 100%	86,090 17.2%	12,245 2.5%	73,845 14.8%	124,344 24.9%	불명확	9,551 1.9%	불명확	285,066 57.0%	32,376 6.5%	184,598 36.9%	7,030 1.4%	61,062 12.2%	4,269 0.9%

출처 : Eleanor C.Nprdyke. The Peopling of Hawaii. 2nd ed., Honolulu:University of Hawaii Press, 1989. pp.178–181.
주 : 각 민족 인구는 국민(하와이 국민, 미국 시민)·외국인 생번을 포함.

부터의 계약노동 이민이 중지되기 시작하자 1885년에 개시되어 1890년대 중반부터 급증했다. 미국-하와이 병합에 따라 근로계약은 비합법이 되어 자유 이민으로 전환되었지만, 이민은 계속 증대했다. 그중에는 미국 본국으로의 '전항轉航'을 목적으로 하는 이민도 포함되어 있어 본국 배일운동의 주요 비판 대상이 되었다. 일본에서 하와이를 포함한 미국으로의 이주는 미일신사협약[1907년 체결, 1908년 발효]에 의해 가족 초청으로 제한되었고, 1924년의 미국 이민법 개정[이른바 배일 이민법]에 의해 전면적으로 금지되었지만, 일본계 주민은 이 시점에서 하와이 전체 인구의 40% 이상에 달했다.[12]

이 일본계 주민 중 일부는 오키나와계 주민이 포함되어 있었다. 1899년에 시작된 오키나와인의 하와이 이민은, 서장에서 언급했듯이 청일전쟁의 결과[1895년로 류큐가 일본에 병합된 이후 오키나와인이 일본 국적 보유자오키나와현민로서 처음 실시한 일본 국외 이주이다. 이후 하와이는 1910년대 전반까지 오키나와인들의 주요 국외 이주지가 되었다. 상세한 통계를 얻을 수는 없으나 일본으로부터의 이민이 불가능해진 1924년 시점까지 일본계 주민의 15% 안팎을 차지하기에 이르렀을 것으로 추정된다.[13]

조선계 주민은 1902년부터 1905년까지 한국에서 보낸 약 7,500명의 노동력 이민을 기초로 한다. 그 규모는 미미하지만 주목해야 할 것은 일본과의 관계이다. 1905년에 일본이 한국을 보호국화하자, 일본 정부는 일본인과 경쟁할 수 있는 조선인의 하와이 이민을 중지시키고 또 하와이의 조선인을 호놀룰루 일본총영사의 보호하에 두었다. 일본의 한국병합[1910년

---

12 Okihiro, *Cane Fires*, pp.20~39; Nordyke, *The Peopling of Hawai'i*, pp.60~70.
13 Mitsugu Sakihara, "An Overview of the Past 80 Years", ESOHP and UOA ed., *Uchinanchu*, pp.105~123; 石川友紀, 『日本移民の地理学的研究―沖縄・広島・山口』, 楢樹書林, 1997, 311~350・488~494쪽.

으로 이들은 강제로 일본 국적을 부여받았다. 일본 총영사의 등록 명령에 대부분의 조선인들은 응하지 않으려 했으나 하와이와 조선·일본 간 왕래에는 등록이 필요했다. 이어 1910년부터 1924년까지 미일신사협약에 따라 가족 초청 형태를 취한 이른바 사진 신부로서 600명에서 1,000명 정도의 조선인 여성이 일본 국적 여권으로 하와이로 이주했다.[14]

필리핀계 주민이 다른 아시아계 주민과 가장 다른 것은 같은 미국령이 된 후 필리핀에서 하와이로 이주해 왔다는 점이다. 하와이가 미국령이기 때문에 중국과 일본으로부터의 이민이 제한·금지되고, 또 사탕수수 농장에서 다수를 차지한 일본계 노동자들의 노동운동이 고양되는 가운데 백인 농장주들은 같은 미국령이기 때문에 입국 규제가 없는 필리핀으로부터 노동력을 도입했다. 미국 국적 보유자인 필리핀인의 이주는 1910년대와 1920년대에 성행하여 필리핀계 주민은 하와이 전체 인구의 10% 이상에 달했다.[15]

이상과 같이 하와이의 민족별 인구 구성의 변용을 개관하면, 먼저 지적할 수 있는 것은 저렴한 노동력에 대한 백인 사탕수수 농장주의 수요가 일관되게 아시아계 주민의 인구를 증가시키는 요인이 되었다는 점이다. 그러나 다른 면에서 각각의 출신 지역으로부터의 인구 이동은 크게 변동했다. 그 요인은 출신 지역의 사회 경제 상황과 노동자들의 민족적 단결에 대한 백인 농장주들의 기피 지향[16]뿐만 아니라, 하와이 및 미국과 중국, 일본, 한국 등과의 국가 간 관계와 아시아태평양지역에서 미국과 일본이

---

14 Patterson, *The Ilse*, pp.1~36·61~62·80~99·101~103·111~112.
15 1934년에 미국 정부는 필리핀의 장래 독립을 승인하면서 필리핀으로부터의 이민을 규제했지만, 하와이는 농장주의 요청으로 제외되었다. 그러나 미국의 불황의 영향으로, 이후 이민은 얼마 되지 않았다. Nordyke, *The Peopling of Hawaii*, p.76~84; Bell, *Last among Equals*, pp.47~48·56; Okihiro, *Cane Fires*, pp.53~55·82~87.
16 Okihiro, *Cane Fires*, p.59.

실시한 국경의 변경에 있었다고 할 수 있을 것이다.

3) 하와이의 시민권과 민족 간 정치

20세기 전반의 미국령 하와이에서는 인구상 다수파가 된 아시아계 주민의 시민권이 민족 간 정치를 규정하는 기본적 요인이 되었다. 이민으로 하와이에 온 아시아계 주민 1세는 미국 시민권에서 배제되었지만, 시민권을 가진 하와이에서 태어난 2세 이후가 성인이 되자 아시아계 주민은 처음으로 각각의 인구를 반영한 정치 참여가 가능해졌다.

하와이 기본법1900년은 하와이 공화국의 시민권 보유자에게 미국 및 하와이에서의 시민권을 부여하고, 또한 미국 시민권 보유자에게 하와이에서의 시민권을 인정했다. 이에 따라 모든 하와이인과 대부분의 백인은 시민권을 얻었지만, 아시아계 주민은 병합 전까지 공화국 시민권을 얻은 소수의 사람들을 제외하고 대부분 외국인으로 분류되었다. 또한, 미국으로 병합되면서 백인과 아프리카계 이외의 외국인을 귀화 불능 외국인으로 하는 귀화법제가 하와이에도 적용되어 중국인, 일본인, 조선인의 귀화는 불가능해졌다. 나아가, 위의 사실은 미국 국적과 미국 시민권의 일치를 전제로 하고 있는데, 미국령 필리핀 출신 필리핀인은 전술한 바와 같이 미국 국적 보유자였음에도 불구하고, 그들이 부여받은 시민권은 필리핀 이외에는 적용되지 않는 것이며 또한 미국 시민권 취득도 인정되지 않았다.[17]

아시아계 주민 1세가 이상과 같이 시민권에서 배제된 반면, 출생지주의 원칙에 따라 하와이에서 태어난 아시아계 주민은 모두 미국 국적·시민권

---

17   Rick Baldoz, *The Third Asiatic Invasion : Empire and Migration in Filipino America, 1898~ 1946*, New York and London : New York University Press, 2011, pp.72~85.

을 취득했다. 따라서 시기가 지나감에 따라 아시아계 주민의 구성은 시민 중심으로 변화하여[〈표 7-2〉] 하와이 유권자[12세 이상 시민]의 아시아계 비율이 증대되었다. 이미 언급했듯이 20세기 전반 하와이의 아시아계 인구는 전체 인구의 60% 내외를 차지했지만, 정치 참여는 당초 하와이계와 백인이 유권자의 대다수를 차지하고 있었다. 중국계 유권자는 1920년 무렵부터 증가했지만, 그 인구 규모는 제한적이었다. 그러나 1930년대 후반 이후 훨씬 큰 인구 규모를 가진 일본계 시민이 유권자가 된 것을 중심으로 아시아계 유권자 인구비는 급속히 증대되어 하와이의 민족별 인구 구성을 반영하게 되었다[〈표 7-3〉, 〈표 7-4〉].[18]

이상과 같이 미국의 속령 통치하의 하와이에서는 시민권에 의한 정치 참여는 극히 제한되어 있었고, 노동력 이민으로 이주하여 인구의 대다수를 차지한 아시아계 주민 1세는 시민권 자체에서 배제되어 있었다. 인구상 소수파인 백인과 하와이인이 유권자의 대다수를 차지한 것은 사탕수수 농장주를 중심으로 한 하와이 백인 지배층이 정치적 영향력을 확보하는 데 매우 유리하게 작용했다. 일본계를 중심으로 한 아시아계 주민들이 하와이 태생 시민의 성장과 함께 정치 참여를 확대하자 1910년대 말경부터 백인 지배층은 강한 위기의식을 갖게 되었다. 그래서 그들은 실제로 장악하고 있던 정치 권력을 통해 미국화운동이나 배일운동을 추진해 나갔다. 또한, 원주민인 하와이인도 시민으로서 백인 지배하에서의 현상 유지를 지향하여 아시아계 주민과는 대립관계에 있었다.[19]

---

18 George K. Yamamoto, "Political Participation among Orientals in Hawaii", *Sociology and Social Process*, 43, 1959.
19 Bell, *Last among Equals*, pp.44~49 · 106~108; Okihiro, *Cane Fires*, pp.129~162.

〈표 7-2〉 하와이 각 민족의 성인 시민 비율(1910 · 1930 · 1950년)(단위 : %)

민족	1910년	1930년	1950년
하와이계	99.2	99.8	99.0
포르투갈계	40.4	77.6	63.9
기타 백인	76.7	50.1	
중국계	5.9	45.5	82.1
일본계	0.2	16.0	70.8
필리핀계			14.9
전체 성인	24.7	37.1	65.7

출처 : Andrew W.Lind, *Hawaii's People*, Honolulu : University of Hawaii Press, 1955, p.89.
주 : 1910년의 유권자는 남성뿐임.

〈표 7-3〉 하와이 민족별 유권자(성인 시민) 인구 비율(1910~1950년)(단위 : %)

민족	1910년	1930년	1950년
하와이계	47.5	26.8	18.5
포르투갈계	9.6	12.2	25.4
기타 백인	25.4	36.9	
중국계	3.9	8.0	8.6
일본계	0.4	12.0	40.2
조선계		0.3	불명확
필리핀계			3.0
푸에르토리코계	7.5	3.5	불명확
전체 유권자 인구(명)	20,748	81,079	189,616

출처 : Lind, *Hawaii's People*, p.91.
주 : 각 연도 합계는 100%에 못 미치지만 그대로 인용했다. 1910년의 유권자는 남성뿐이다. 1950년 푸에르토리코계는 백인에 포함되었을 가능성도 있다.

〈표 7-4〉 하와이 민족별 선거등록자 인구 · 인구 비율(1902~1940년)(단위 : 명)

연도	하와이계	백인	중국계	일본계	기타	합계
1902	8,680 68.8%	3,786 30.0%	143 1.1%	3 0.0%	0 0.0%	12,612 100%
1910	9,619 66.6%	4,414 30.6%	396 2.7%	13 0.1%	0 0.0%	14,442 100%
1920	14,650 55.6%	9,886 37.5%	1,141 4.3%	658 2.5%	0 0.0%	26,335 100%
1930	19,858	20,269	4,402	7,017	603	52,149

연도	하와이계	백인	중국계	일본계	기타	합계
	38.1%	38.9%	8.4%	13.5%	1.2%	100%
1940	21,581 24.7%	26,322 30.1%	7,422 8.5%	27,107 31.0%	4,880 5.6%	87,312 100%

출처 : Lind, *Hawaii's People*, p.93.
주 : 1902년과 1910년의 유권자는 남성뿐임.

3. 하와이의 '동양인'과 동아시아

1) '동양인'으로서의 중국계 주민·일본계 주민

20세기 초 미국령 하와이의 일본계 주민 대부분은 일본 국적을 보유하고 미국 시민권을 갖지 않은 1세였고, 또한 그 대부분은 백인이 경영하는 사탕수수 농장에 고용된 노동자였다. 이들 일본계 주민은 소수 백인이 지배적 지위에 있는 하와이에서 근로조건과 생활환경 개선을 요구했다는 점에서, 함께 백인으로부터 '동양인' 취급을 받던 중국계 주민 등과 처지를 공유하고 있었다. 그러나 중국계와 일본계를 비롯한 하와이의 아시아계 주민들은 출신 지역의 국적만을 보유한 1세들을 중심으로 각 출신 지역과의 사회적·정치적 유대를 유지하고 있었다. 따라서 아시아계 주민 간의 관계는 동아시아의 국제분쟁이나 질서 변동, 특히 일본의 제국화에 영향을 받을 수밖에 없었다.

중국계 주민은 아시아계 주민 중 가장 먼저 하와이에 온 민족집단이었다. 이들은 일본계 주민들보다 하와이에 앞서 거주하면서 정주의 기초를 닦은 민족집단인 동시에 청일전쟁을 치른 이웃 나라 출신이라는 양면을 지니고 있었다.

또한, 중국계 주민들은 출신 지역과의 유대를 유지했고, 20세기 초에는 정치적으로도 중국 혁명과 밀접한 관계를 갖기 시작했다. 중국계 주민 대부분은 광둥 출신이며 그중에는 쑨원孫文의 친족도 포함되어 있었다. 쑨원은 하와이에서 1894년 홍중회興中會를 결성했으며 이후에도 이곳을 혁명운동의 중요한 거점으로 삼았다. 더욱이 1900년 하와이를 방문한 량치차오梁啓超에 의한 보황회保皇會 결성 이후, 하와이의 중국계 주민들은 혁명파·입헌파로 나뉘어 양측의 지원자가 되었다. 1911년 신해혁명 이후 전자는 쑨원 등의 혁명당, 후자는 위안스카이袁世凱 정권을 지지했다. 대부분 전자에 속했지만, 이후에도 하와이의 중국계 주민들은 중국의 정치 변동에 연동되어 이합집산했다.[20]

한편, 초기 미국령 하와이의 일본계 주민들은 제3장에서 밝혔듯이 이민회사를 통해 옛 자유당계 정치운동가들과 연결되어 있었으며, 호놀룰루 일본총영사의 보호·감독은 이들에게 막강한 영향력을 갖고 있었다. 중앙일본인회가 1905년 해체된 후 동종의 단체를 설립하는 운동은 성공하지 못했고, 일본계 주민들은 일본이라는 국가로부터 일정한 거리를 두게 되었지만, 일본계 주민들의 일본과의 유대가 소멸된 것은 아니었다. 국적에 한하더라도 미국 국적·시민권을 얻을 수 없는 1세의 일본 귀속은 부정할 수 없으며, 또한 미국 국적·시민권을 가진 2세도 1924년 일본 국적법이 개정될 때까지 일본 국적을 이탈하기 어려웠다.[21] 고향으로의 송금 등을 통한 1세와 일본과의 관계는 미일 개전까지 오래 지속되었다.[22] 또한, 1900년대 후

20 Glick, *Sojourners and Settlers*, 26, pp.273~292; Yansheng Ma Lum and Raymond Mun Kong Lum, *Sun Yat-sen in Hawaii*, Honolulu:University of Hawaii Press, 1999, p.1~39.
21 坂口満宏, 『日本人アメリカ移民史』, 不二出版, 2001, 273~300쪽.
22 相賀, 『五十年間のハワイ回顧』, 270~273쪽.

반에는 2세 교육을 위한 일본어 학교 설립이 증가했는데 이에 대해 백인 주민이 배일운동을 전개하자, 2세를 '일본 국민'으로 교육할 것인가 '미국 시민'으로 교육할 것인가의 문제는 1세에게 중대한 쟁점이 되었다.[23]

이와 같이 하와이의 중국계·일본계 주민은 각각 중국·일본 정치 사회의 연장이라는 측면을 유지하는 한편, 다음에서 보듯이 두 주민은 백인 지배하의 '동양인'으로서 처지나 이해관계를 어느 정도 공유하고 있었다.

청일전쟁과 의화단사건이 병합 전후 하와이에서 중국계·일본계 주민 간 긴장관계를 낳은 것은 분명했고, 사탕수수 농장에서 중국계·일본계 노동자의 충돌이 주먹다짐으로 번진 사례도 있었다.[24] 중일 간의 군사분쟁은 두 주민에게 출신국에 대한 내셔널리즘의 고양을 가져온 것이다. 그러나 이 같은 갈등은 동시에 하와이 현지에서 두 주민의 처지와 이해관계의 반영이기도 했다. 중국계 주민들은 중국으로부터의 이민이 금지된 반면, 일본 정부의 보호 아래 하와이에 일본인 이민자가 급격히 유입되는 상황에 반감을 갖고 있었다.[25] 또한, 일본계 주민들은 사탕수수 농장에서 "지나인의 세력이 강해 일본인들이 항상 압박을 받을 기미가 있었기" 때문에 청일전쟁의 승리로 "오래된 불만이 해소되었다"고 여겼다.[26]

다만, 두 주민은 하와이 현지에서 이해관계를 공유할 수 있는 문제에 관해서는 협력하는 경우도 있었다. 1895년 이후 공화국 정부는 일본계 주민만 증가하는 것을 억제하기 위해 일시적으로 중국인의 이민을 허가했지

---

23   沖田行司, 『ハワイ日系移民の教育史』, ミーネルヴァ書房, 1997, 102~137쪽.
24   一八九九年七月一七日付佐藤嘉蔵宛佐藤常蔵書簡(柳田利夫·赤木妙子編著, 『ハワイ移民佐藤常蔵書簡-近代日本人海外移民史料』, 慶應通信, 1995), 41~42쪽; 相賀, 『五十年間のハワイ回顧』, 25~26쪽. Glick, *Sojourners and Settlers*, pp.301~303.
25   Glick, *Sojourners and Settlers*, p.301.
26   相賀, 『五十年間のハワイ回顧』, 25~26쪽.

만, 계약노동 종료 후 강제귀국을 조건으로 했다. 이에 대해 1897년 중국계 주민의 지도자는 일본계 주민의 지도자와 함께 조건 철폐를 공화국 정부에 요구하여 인정받았다.[27] 또한, 제3장에서도 언급했듯이 1900년 준주 인정 직전 하와이 정부가 차이나타운에서 페스트 예방 소각으로 큰 화재를 일으켰을 때 다수의 이재민을 낸 중국계·일본계 주민들은 공동으로 배상 요구를 했다.[28]

두 주민의 협력이 두드러지게 나타난 것은 백인 지배층이 운영하는 사탕수수 농장에서였다. 특히, 1908년부터 1909년까지 일본계 노동자들이 중심이 되어 실시한 첫 대규모 조직적인 파업에서 중국계 상인의 쌀 외상 판매, 중국계 주민에 의한 운동비 기부 등의 경제적 지원이 이루어졌고, 또한 농장주에 의해 파업을 진압하기 위해 동원된 중국계 노동자 일부가 반대로 파업에 참가하기도 했다.[29] 농장 노동자가 많았던 포르투갈 주민들도 파업에 대한 지지를 표명한 것처럼[30] 중국계·일본계 주민 사이에 어떠한 특별한 관계가 있었다고는 할 수 없다. 중국계 주민의 사회 이동이 진행되고 농장 노동자가 감소한 후에 이들은 일본계 노동자들의 파업에 대해 소극적인 태도를 취했다.[31] 즉, 사탕수수 농장에서의 처지 공유가 중

---

27 山本英政, 『ハワイの日本人移民－人種差別事件が語る, もうひとつの移民像』, 明石書店, 2005, 99~100쪽; Glick, *Sojourners and Settlers*, p.223.

28 藤井秀五郎, 『新布哇』, 文献社, 1902, 686~690쪽.

29 「支那人大会」, 『日布時事』, 1909.5.24;「支那人大会」, 『布哇殖民新開』, 1909.5.26; 根来源之, 『明治四十一~二年布哇邦人活躍史』, 根来源之, 1915, 279~280쪽; Edward D. Beechert, *Working in Hawaii : A Labor History*, Honolulu : University of Hawaii Press, 1985, p.172; Takaki, *Pau Hana*, p.161.

30 「ア, セターの熱心なる同盟罷工論」, 『布哇殖民新聞』, 1909.5.24.

31 「葡国人ルナに油断はならず」, 『馬哇新聞』, 1919.12.23;「憎べし支那人」, 『馬哇新聞』, 1919.12.19.

국계·일본계 주민의 협력을 가져온 것이다.[32]

　게다가 중요한 것은, 미국령 하와이의 '동양인Orientals'의 지위야말로, 중국계·일본계 주민들이 처지를 공유하는 데 큰 영향을 주었다는 것이다. 1910년에 하와이의 이민 상태를 조사하기 위해 미국 정부가 파견한 이민국장관 다니엘 키프Daniel J. Keefe는 하와이에서 증가하고 있는 "일본인과 지나인 또는 기타 동양 이민은 하와이의 미국화라는 과제를 위해서는 불필요하고 바람직하지 않은 이민"이며 필요한 것은 '오직 백인 인종뿐'이라고 발언했다. 『닛푸시사』의 사설은 이에 대해 "미국화와 백인화를 혼동"하고 있다고 비판하고, '오늘날 하와이의 지나인 청년'의 '미국화'가 보여주듯이, '하와이의 동양인'은 '백인화'는 불가능하나 시간이 지남에 따라 반드시 '미국화'할 것이며, '하와이에서의 동양인 아니 오히려 일본인'은 '하와이의 번영'에 불가결하다고 주장했다.[33] 논자의 관심은 기본적으로 하와이 일본계 주민의 안정적 발전에 있었지만, '동양인'에 대한 인종주의적 배척은 중국계·일본계 주민에게 동일하게 쏠려 있었기 때문에, 하와이 출생 중국계 주민의 '미국화'는 2세 이후 일본계 주민도 '미국화'한다는 것을 보여주는 논거로서의 의미를 가졌던 것이다.

　현지 사회에서의 처지나 이해관계와 달리, 일본계·중국계 주민의 출신국과의 유대는 양국 관계에 변화가 없는 한 양자의 관계에 영향을 미치지 않았다. 그러나 일본의 제국화와 함께 중일관계는 두 주민의 관계에 중대한 영향을 미치기 시작한다.

32　야나기다 도시오는 페루의 중국계 주민과 일본계 주민의 관계에 대해 같은 지적을 했다 (柳国利夫, 「ベルーにおける日系社会の形成と中国人移民」, 『アジア遊学』 76, 2005).
33　「米化と白化」, 『日布時事』, 1910.12.8.

2) 오키나와계 주민·조선계 주민과 제국 일본

미국령 하와이의 일본계 주민과 일본과의 유대는 미국과의 관계나 중국계 주민과의 관계에 영향을 미쳤을 뿐만이 아니었다. 하와이에 온 아시아계 주민 중에는 오키나와계 주민과 조선계 주민이라는 일제의 제국화에 의해 일본이라는 국가와 연결된 민족집단이 있었으며, 일본계 주민은 일본과의 유대를 통해 제국 일본의 식민주의도 끌어안고 있었던 것이다.

오키나와계 주민은 이미 말했듯이 1899년 이후 일본 통치하의 오키나와현에서 일본 국적 보유자로 미국령 하와이에 이주했으며 하와이와 미국 본국에서도 일본계 주민으로 취급되었다. 그러나 하와이의 일본계 주민 내부에서 오키나와계 주민의 위치는 일제 치하에서 오키나와인이 강요받은 야마토인과 오키나와인 사이의 지배-종속관계[34]의 연장선상에 있었다. 『닛푸시사』는 1909년 하와이에서 '내지 인사'가 '대일본제국의 신민으로서 내지인과 아무런 차이'가 없는 '오키나와 인사'를 '의붓자식 취급'하고 있다고 비판했고, 오키나와계 주민 자신도 '스스로 내지인보다 열등에 위치한 자'라고 생각하지 말라고 조언했다.[35] 야마토계 주민이 일본의 오키나와 지배를 전제로 오키나와계 주민을 종종 스스로와는 다른 열등한 존재로 취급했을 뿐만 아니라, 그에 대한 『닛푸시사』의 비판도 오키나와인은 야마토인과 같은 일본 국적 보유자라는, 일본의 오키나와 지배를 전제로 하는 논리에 따르고 있었던 것이다.

하와이 오키나와 주민들의 입지를 더욱 복잡하게 만든 것은 조선계 주

---

34 塩出浩之, 「北海道・沖縄・小笠原諸島と近代日本－主権国家・属領統治・植民地主義」, 大津透ほか編, 『岩波講座日本歴史 15 近現代 1』, 岩波書店, 2014.

35 「編輯局便り」, 『日布時事』, 1909.1.23(比嘉武信編著, 『新聞にみるハワイの沖縄人九〇年 戦前編』, 若夏社, 1990, 21쪽.

민들의 존재이다. 일본의 한국병합 직후 호놀룰루 일본총영사 우에노 센이치上野專一는 신문 담화에서 "조선인이든 오키나와현인이든 똑같이 제국민이므로 구별할 필요가 없다"고 발언했다. 이에 대해 한 '오키나와현인'은 익명으로 투서하여, '폐번치현 이래로 30여 년간 충량한 제국 국민'인 '우리 현인'을, "이제야 합병된 조선인과 동일한 아래에 둔다"는 것에 대한 '분노'를 표명했다.[36] 이것은 일본 국적 보유자인 야마토인, 오키나와인, 조선인 간의 중층적 지배-종속관계가 미국령 하와이까지 연장된 것을 의미한다. 투서자는 일본 야마토인 관료들이 오키나와인과 조선인을 '동등한 제국의 백성'이라고 지칭하는 것 자체의 식민주의를 알아차리고 반발했다. 그러나 투서자의 저항 논리는, 양측이 모두 일본의 영토 확장에 의해 일본 국적 보유자가 된 사실을 받아들이면서 야마토인으로부터의 억압에 대한 두려움에 규정되어 일제의 지배를 받은 지 얼마 되지 않은 조선인과의 차이화라는 형태를 취했다. 중요한 것은 일제 치하에서 형성된 이러한 민족 간 관계가[37] 미국 통치하의 하와이에서 일본 총영사관과 일본 국적을 통해 재현된 사실이다.

한편, 하와이 현지 사회에서 오키나와 주민은 기본적으로 일본계 주민의 일부였다. 『닛푸시사』가 '내지 인사'가 '오키나와 인사'를 '의붓자식 취급'하는 것을 비판한 원인은, 일본계 노동자의 파업에 오키나와계 주민이 참가하지 않을 수도 있다는 우려였지만, 실제로 오키나와계 주민은 노동운동에 적극적으로 참가했다.[38] 그것은 민족의식 등의 문제라기보다 이들이 농장

---

36 「投書(沖縄県人)」, 『日布時事』, 1910.9.1.
37 森宣雄, 「琉球併合と帝国主義, 国民主義」, 『日本学報』 20, 2001; 米谷匡史, 「アジア / 日本」, 岩波書店, 2006, 60~68쪽 참조.
38 「編輯局便り」; Arnold T. Hiura and Vinnie K. Terada, "Okinawan Involvement

에서 일본계 노동자로 고용되어 이해 불일치가 없었기 때문으로 보인다.

하와이의 오키나와계 주민은 이주 초기부터 잡지『오키나와 동포沖縄同胞』1908년를 발행했고, 구양구락부球陽俱樂部, 1910년 · 오키나와현인 동지회1917년 결성을 비롯한 커뮤니티 형성 활동을 시작했다.[39] 그것은 야마토계 주민에 의한 일본어 신문 발행이나 각 현인회 결성과 공통되는 면을 가지는 동시에 하와이의 오키나와계 주민을 오키나와인이라는 '동포', '민족'의 일부로 여기는 의식에 의한 것이었다.[40] 미국령 하와이의 오키나와계 주민은 일본 국적(· 호적) 보유자로서 하와이로 이주한 일본계 주민이라는 민족집단의 일부였지만, 동시에 일본 국가와의 관계에서는 다른 일본계 주민야마토계 주민과는 다른 위치에 있었으며, 그들 스스로 하나의 민족집단을 구성한 것이다.

반면, 대부분 한국 국적 보유자로 하와이로 이주한 뒤 일제의 한국병합으로 일본 국적을 강제로 부여받은 조선계 주민은, 이후에도 일본계 주민과 다른 민족집단이었을 뿐만 아니라 일본의 조선 지배에 대한 거절과 저항이야말로 그들이 일본 국가와 가지는 연관성이었다. 미국령 하와이는 이승만李承晚 등에 의한 한국 독립운동의 중요한 활동거점 중 하나가 되었으며, 한국계 주민들은 국가로서의 일본뿐만 아니라 하와이 현지 일본계

in Hawaii's Labor Movement", ESOHP and UOA ed., *Uchinanchu*, pp.223~232.

39 山里勇善編,『布哇之沖縄県人』, 実業之布哇社, 1919, 16~17 · 29~30 · 76쪽; 湧川清栄, 「ハワイ沖縄県人の思想活動小史」, 1979(湧川清栄遺稿 · 追悼文集刊行委員会編,『アメリカと日本の架け橋 · 湧川清栄－ハワイに生きた異色のウチナーンチュ』, 湧川清栄遺稿 · 追悼文集刊行委員会, 2000); Sakihara, "An Overview of the Past 80 Years", pp.110~112.

40 예를 들면, 当山哲夫, 「発刊に際して」, 山里編,『布哇之沖縄県人』, 4~10쪽; 平良感吉, 「オキナハコロンブス当山久三」, 山里編,『布哇之沖縄県人』, 20~25쪽.

주민들과도 자주 적대했다.

하와이 이주 초부터 여러 자치·상조 단체와 함께 민족주의 단체도 조직한 조선계 주민들의 항일운동은 1905년 일본이 러일전쟁에서 승리하고 한국을 보호국화한 것을 계기로 시작되었다. 특히 보호국화 과정에서 일본 정부가 하와이 조선인을 호놀룰루 일본 총영사 관할하에 둔 것은 이들의 반발을 불렀다. 1909년에는 통일 단체인 국민회가 결성되었고, 1910년 일본이 한국을 병합하자 운동은 정점에 이르렀다. 1913년 이후 항일 독립운동은 이승만 등의 동지회와 박용만朴容萬 등의 국민회로 분열되었다. 전자가 주로 미국 정부에 독립 지원을 요구한 반면, 후자는 군사력에 의한 독립을 주장했다.[41]

일본의 조선 지배는 하와이에서 일본계 주민과 조선계 주민과의 관계에도 영향을 미쳤다. 1910년 9월 한국병합 직후에 『닛푸시사』는 조선계 주민을 '신동포'라고 부르고, '동정'을 나타내면서 병합을 '운명'으로 간주하고, '무익한 정치적 운동'을 피하라고 주장했다.[42] 이어 그해 12월에 이 신문은 조선인 단체가 일본계 주민들에게 '교육칙어 사본'을 요구했다고 보도하면서 '신동포'는 "점차 일본 국민화를 시도하고 있다"고 평했고, 일본계 주민들은 이들을 '망국민'으로 취급하면 안 된다고 '숙려'를 요청했다.[43] 일제의 한국 보호국화·병합 과정에서 일부 일본계 주민들은 조선계 주민을 깔보는 태도를 취하여 조선계 주민들의 반발을 샀다.[44] 『닛푸시

---

41 Patterson, *The Ilse*, pp.44~54·101~107.
42 「新同胞に切望す」, 『日布時事』, 1910.9.1.
43 「鮮人の日本化」, 『日布時事』, 1910.12.19; 「ホノルル便り」, 1911.9.23. '조선인'이 '국어독본'을 구입했다고 보도했고, 이것을 '올바른 신동포의 의무'라고 칭찬했다.
44 Patterson, *The Ilse*, p.47.

사』는 이러한 일본계 주민에 대해서는 비판적이었다고 할 수 있지만, 조선계 주민의 독립운동의 정당성은 인정하지 않았고, 오키나와계 주민과 마찬가지로 어디까지나 '일본 국민'의 일부로 간주했다.

반면, 조선계 주민 측은 일본 정부와 그 파견기관인 호놀룰루 일본 총영사를 적대시할 뿐 아니라 하와이의 일본계 주민에게도 일본의 조선 지배에 대한 반감을 표출했다. 조선계 주민에게 친근감을 느끼던 일본계 주민들도 일반적으로 조선 독립에는 부정적이었기 때문에 두 주민은 종종 충돌했다.[45]

하와이 현지 사회에서 조선계 주민은 중국계 주민과 마찬가지로 아시아계 노동력 이민으로 왔기 때문에 처지나 이해관계를 일본계 주민과 어느 정도 공유하고 있었다. 사탕수수 농장에서 일본계 노동자들이 파업을 단행했을 때 이들은 농장주에 의해 파업을 진압하기 위해 동원되었지만, 일부는 운동비를 기부하는 사람도 있었다. 다만 항일 내셔널리즘은 이들이 파업을 진압하는 데 협력하는 중요한 동기가 되었다.[46] 일본의 한국병합 이후에도 오키나와 주민들과 비교하여 조선계 주민들이 하와이 현지에서 일본계 주민으로 취급받지 못한 것은 이 같은 행동의 전제조건이었다고 할 수 있다. 그러나 조선계 1세의 일본 국적은 후술하는 미일 개전 이후에는 큰 문제가 되었다.

이상과 같이 19세기 말부터 20세기 초까지 동아시아에서의 일본의 제국화와 하와이로의 노동력 이민이 병행하여 진행된 결과, 미국령 하와이의 민족 간 정치에는 야마토계 주민과 오키나와계 주민, 일본계 주민과 조

---

45 위의 책, pp.114~116.
46 위의 책, pp.16~17·69~70·114; 根来, 『明治四十一, 二年布哇邦人活躍史』.

선계 주민이라는 일본국가와의 관계에 의해 규정되는 민족 간의 중층적 지배-종속관계가 포함되어 있었다. 오키나와 주민들은 스스로 민족의식을 키우면서도 야마토계 주민들의 억압을 피해 일본계 주민의 일부로 행동했지만, 일본계 주민과 조선계 주민의 관계는 긴장을 안고 있었다. 이미 살펴본 바와 같이 조선계 주민의 인구 규모는 오키나와계 주민과 비교해도 작았기 때문에, 일본계 주민에게 조선계 주민과의 관계가 그 자체로 큰 문제였던 것은 아니다.[47] 그러나 제1차 세계대전을 계기로 동아시아에서의 일본의 제국화는 하와이의 일본계 주민들에게 경시하기 어려운 영향을 미치게 되었다.

4. 제1차 세계대전기와 전간기 하와이의 일본계·아시아계 주민

1) 제1차 세계대전과 하와이의 일본계·아시아계 주민

하와이의 중국계·조선계 주민들은 제1차 세계대전부터 전후까지 중국과 조선에서 일본의 제국화에 대항하여 훌륭한 항일 내셔널리즘에 호응하여 하와이에서의 양자와 일본계 주민과의 관계도 긴장되었다. 그것은 민족자결 규범의 확산, 그리고 백인 주민의 배일운동과도 결부되어 일본계 주민이 하와이에서 안정적으로 발전하는 데 영향을 미치는 문제로 인식되기 시작했다.

1914년 제1차 세계대전에 참전한 일본이 산둥반도의 독일 조차지를 점

47　Patterson, 위의 책, pp.115~116.

령하고 이듬해 대중국 21개조 요구를 한 것이 중국에서 내셔널리즘이 발흥하는 결정적 계기가 되었는데, 이는 미국 본국이나 미국령 하와이의 중국계 주민들에게도 마찬가지였다. 하와이 중국계 주민의 반일 내셔널리즘 고양은 이들과 일본계 주민과의 관계에도 영향을 미쳤다.

전술한 바와 같이, 중국의 정치 사회와 깊이 연결된 하와이의 중국계 주민들에게 일본의 대중국 21개조 요구는 민족주의를 강하게 환기시키는 사건이 되었으며, 중국계 신문인 『자유신보自由新報』[혁명파]나 『신중국보新中國報』[입헌파]는 함께 일본을 강하게 비난했다.[48] 여기에 하와이의 중국계 주민과 일본계 주민 사이에도 긴장관계가 생겼다. 하와이 출생 중국계 주민으로 이루어진 소년연설사少年演說社는 연설회를 열어, '강도' 일본에 대한 항전도 불가피하다고 주장했고, 나아가 미국 서해안 등에서 중국계 주민이 실시하고 있던 일본인 상점 보이콧불매운동에 찬동할 의사를 표명했다.[49]

중국계 주민의 중심적 조직인 중화총회관中華總會館은 위안스카이 정권에게 대중국 21개조 요구에 관한 결정 전에 의회 소집을 요구하는 결의를 보내는 한편, '재류 중국인'의 "사회에서의 지위를 유지"하기 위해 전비戰費 모집이나 의용군, 보이콧을 부정하는 결의를 했다.[50] 또한, 『신중국보』는 중국계 주민들의 '애국 열성'을 인정하면서도 '해외 유민'으로서 미국령 하와이에 있음을 자각하도록 호소했다.[51] 그러나 중화총회관의 결의 이후에도 중국계 주민 일부는 전비 모집이나 보이콧 움직임을 보였고, 또 소년

---

48 「日本帝国を日賊と罵詈す」, 『日布時事』, 1915.2.12; Glick, *Sojourners and Settlers*, pp.292~296・304.

49 「昨夜の在留支那人演説会」; 「支那問題逆転」, 『布哇報知』, 1915.3.15.

50 「在留支那人間二派に別る」, 『布哇報知』, 1915.3.17.

51 「敬告愛国熱誠之同胞」, 『新中国報』, 1915.3.16.

연설사의 존재에서도 나타나듯이 미국 시민권을 가진 하와이 출생 중국계 주민들이 이에 적극적으로 관여했다.[52] 이에 대해 일본계 주민 측은 『닛푸시사』가 21개조 요구는 정당하다고 지지하면서 중일 국가 간 문제로 '제3자인 외국'에 있는 하와이의 두 주민이 충돌해서는 안 된다며 보이콧에 대항하지 않도록 일본계 주민들에게 자제를 촉구했고, 『하와이호치』도 일본에 대한 중국계 주민들의 '악평'은 '유감'이라고 언급하면서 "하와이 재류민은 동등하게 하와이의 현민"이라며 "지나인과 말다툼을 벌이는 것을 자제해야 한다"고 주장했다.[53]

이상과 같이 대중국 21개조 요구가 하와이의 일본계·중국계 주민 간에 긴장을 초래했을 때 양자 쌍방에서 중일 국가 간 관계와 하와이에서의 일본계·중국계 주민의 관계를 구별함으로써 충돌을 회피하려는 태도를 보였다. 중국계 주민은 중국에 대한 민족주의를 고양시키고 일본계 주민은 일본을 지지했지만, 그와 동시에 두 주민 간의 충돌은 미국령 하와이에서의 각각의 입지를 위태롭게 한다는 우려가 있었던 것이다. 그러나 일본이 중국에 권익을 강요한다는 비대칭적 관계 때문에 중국계 주민들이 일본에 대한 반감을 일본계 주민들에게 표출하는 것을 억제하기는 쉽지 않았다. 하와이 출생 중국계 주민도 예외는 아니었다.

더욱이 제1차 세계대전이 종식되면서 1919년 파리강화회의가 개최되

---

52 「当地支那人のボイコット」, 『日布時事』, 1915.3.31; 「在布支那人日支戦費募集」, 『布哇報知』, 1915.4.2; 「支那人間の排日熱高まる」, 『布哇報知』, 1915.4.5; 「支那人大会には日本人を入場せしめず」, 『布哇報知』, 1915.4.24; 「日本は首都を朝鮮京城に移さんと叫ぶ」, 『日布時事』, 1915.4.26; 「支那国防協会当地に生る」, 『布哇報知』, 1915.5.3.

53 「日支問題と在留両国人」, 『日布時事』, 1915.3.1; 「日支問題と在留両国人」, 1915.4.26; 「支那人大に勇み日本悪評」, 『布哇報知』, 1915.4.21; 「支那人と口論する事勿れ」, 1915.5.6.

자 하와이 일본계 주민들은 조선의 3·1독립운동에 호응한 조선계 주민들의 항일민족주의와, 산둥 문제를 둘러싸고 재점화된 중국계 주민들의 반일민족주의, 그리고 이들과 결합된 백인 주민의 배일운동에 직면하게 되었다.

애초에 파리강화회의 과정에서 하와이 일본계 주민들이 강한 관심을 기울인 것은 일본 대표가 국제연맹 규약에 인종차별 철폐 조항을 넣자고 제안한 것이었다. 인종차별 철폐 조항안은 그 자체로 미국과 캐나다, 호주에서의 일본 이민 입국 규제를 염두에 두고 있었지만, 더욱이 일본계 주민들은 이를 같은 시기 하와이 준주의회에 제출된 외국어 학교 단속법안[54]과 직결되는 문제로 파악한 것이다. 1919년 3월 10일에 개최된 하와이 재류 일본인 대회는 일본·프랑스·영국·미국·이탈리아의 강화회의 대표에게 일본의 제안을 지지하는 결의를 보내는 동시에 일본어 학교에 대한 법적 규제에 반대하는 결의를 준주지사·의회에 보냈다.[55]

하와이 재류 일본인 대회의 연설에서 일본이 인종차별 철폐 조항을 제안한 것은 '모든 황색인종을 위함'이라는 주장이 나왔는데, 이는 하와이 일본계 주민들의 문제의식을 반영하고 있었다. 이들이 반대한 외국어 학교 단속법안의 규제 대상은 모든 외국어 학교였고, 중국어 학교와 조선어 학교도 수는 적지만 포함되어 있었다. 『하와이호치』는 "지나인도 반드시 이를 모욕으로 여겨야 한다"고 이해관계의 공유를 주장하고, 나아가 중국계 주민으로부터 협력을 얻어내는 데에도 성공했다. 특히 이 신문은 중국계 주민이 많은 투표권을 가지고 있고 일본계 주민보다 준주의회에 영향

---

54 沖田, 『ハワイ日系移民の教育史』, 172~173쪽.
55 「大会決議電送」, 『布哇報知』, 1919.3.11.

력을 갖는다는 점에 주목했다. 법안은 4월 28일에 준주의회에서 부결되었다. 일본계 주민 입장에서 외국어 학교 단속법안은 백인 지배층의 배일운동에 대항할 때 다른 아시아계 주민과의 협력이 유효함을 보여주는 쟁점이었던 것이다.[56]

그러나 일본계 주민의 운동과 병행하여 하와이에서는 조선계 주민의 독립운동이 고양되고 있었다. 1918년 우드로 윌슨Woodrow Wilson 미국 대통령이 전후 세계질서를 위한 14개조에서 제기한 민족자결 원칙은 일제 치하의 조선인뿐만 아니라 미국 본국과 하와이의 조선계 주민들도 촉발시켰다. 1919년 3월 조선에서 3·1독립운동이 발발하자 국민회가 집회를 열고 조선독립선언 승인과 함께 미국 정부에 원조를 요청하는 전보를 보낸 것을 최초로 조선계 주민들은 시위와 집회 등을 통해 독립운동을 전개했다.[57] 그중 일부는 하와이 출생자였다.[58] 이승만은 같은 해 4월 상하이에 설립된 대한민국 임시정부의 대통령으로 취임했는데, 이후에도 하와이를 중요한 거점으로 삼았다.[59]

일본계 주민들에게 문제였던 것은 조선계 주민의 독립 축하회에 백인 선교사들이 축사를 보내고, 또 현지 유력 영자 신문인 『호놀룰루애드버타이저Honolulu Advertiser』와 『스타 불레틴Star-Bulletin』이 일본의 조선 지배를 비판

---

56 위의 글; 「外国語学校案は日支人侮辱」, 『布哇報知』, 1919.3.7; 「在留支那人一致協力外国語学校取締反対運動のため昨日相談会を開く」, 1919.4.26; 沖田, 『ハワイ日系移民の教育史』, 173쪽.

57 「朝鮮独立宣言電報着」, 『布哇報知』, 1919.3.10; 「朝鮮独立宣言」, 『日布時事』, 1919.3.10; 「講和会議若し朝鮮独立を承認せずば朝鮮及満洲の鮮人は武器を執って起ち日本の羈絆を脱せん」, 1919.6.5; 「今後を警しむ」, 1919.6.12; 「昨日の朝鮮人大会」, 1919.6.16.

58 「花の如き朝鮮人少女世界の婦人に訴ふ」, 『布哇報知』, 1919.5.29.

59 Patterson, *The Ilse*, pp.107~111.

하고 조선계 주민들의 운동을 '매우 통쾌한 일'인 것처럼 보도하는 등 하와이 백인 지배층이 독립운동에 이해를 표시했다는 점이다. 『닛푸 시사』는 영자지의 태도를 '배일적 압박'의 일환이라고 비판하고, 3·1독립운동에 관한 영자지 보도의 영향으로 '재류 일본인과 조선인의 감정'이 '점점 멀어지고' 있을 뿐만 아니라 '일본인 학동'은 공립학교에서 '각국인 학동'에게 적대시되고 있다고 밝혔다. 또한, 1919년 1월부터 『닛푸시사』는 영어란을 설치했는데, 그 주장도 영자지로부터 "일본주의를 하와이에 선전하는 것"이라는 비판을 받았고 조선계 주민들로부터는 "독립운동을 방해하려고 한다"는 비판을 받고 있다고 이 신문은 관찰했다. 두 신문은 모두 조선계 주민의 독립운동을 인정하는 것은 하와이인의 독립운동을 인정하는 것과 같은 것이 아닌가라고 하여, 일본의 조선 지배와 미국의 하와이 지배의 공통성을 지적하며 백인 지배층의 태도에 의문을 제기했다.[60]

더욱이, 1919년 5월 파리강화회의에서 일본의 산둥 권익이 승인됨에 따라 중국계 주민들의 내셔널리즘도 재점화되었다. 중국계 신문은 중국 대표를 '국적國賊', '매국노'라고 비판하며 '동포'로서의 '분노'를 표명했다. 소년연설사 등은 미국 의회에 강화조약 비준 거부를 청원하는 운동을 벌이는 한편, 일본에 대한 반감은 일부 중국계 주민, 특히 하와이 출생자로 추정되는 '청년회', '청년단'을 중심으로 일본계 상점 보이콧으로 발전했다.[61] 일본계 주민들은 보이콧의 경제적 영향을 문제시할 뿐만 아니라 중

---

60 「朝鮮人に祝辞を送る」, 『日布時事』, 1919.4.14;「両幹事の所説」, 1919.4.24;「一種の罪悪」, 1919.4.26;「在布朝鮮人に対するの態度は誠心誠意を要す」, 『布哇報知』, 1919.6.12;「是れ果して米国主義乎」, 『日布時事』, 1919.6.14;「筆硯余沫」, 1919.6.16. 한편 『布哇報知』의 영어란은 1925년에 개설되었다. 白水, 『エスニック·メディア研究』, 271~272쪽.
61 「支那新聞憤慨」, 『布哇報知』, 1919.5.3;「当地支那青年雄弁会決議」, 1919.5.8;「支那

국계 주민의 운동이 조선계 주민의 운동과 마찬가지로 백인 지배층의 배일운동과 연계될 것을 우려했다.『닛푸시사』는 '동종동문同種同文의 지나 국민이나 [일본인과] 흥망부침을 같이 하는 조선인의 일부'가 '무모한 행동'을 취하는 것은 '배일 신문'의 영향이며, 또 다른 한편으로는 '미국인'의 '배일'의 원인은, '산둥성 문제'나 '조선 문제'에 대한 '몰이해'에서 비롯된 것이라고 관찰한 것이다.[62]

중국계·조선계 주민의 항일 내셔널리즘과 백인 지배층의 배일운동의 결합을 두려워한 일본계 주민들은 두 가지 대응을 보였다. 첫 번째 대응은 일본 국책에 대한 일정한 상대화이다.『하와이호치』는 배일이란 사실 동양인 배척을 의미하는데도 불구하고 일본이 다른 동양제국으로부터 동정을 얻지 못하는 것은 일본이 그들을 대하는 태도가 잘못되었기 때문이라고 했다. 또한, 일본인이 '지나인', '조선인'을 '경시'하기 때문이라고 지적하고 "백인의 압박과 경시를 막기" 위해서는 "일본과 일본인이 먼저 태도를 바꾸어야 한다"고 주장했다. 나아가『닛푸시사』는 앞에서 서술한 바와 같이 '미국인'의 '몰이해'를 비판하는 동시에 '동포'는 "고국에서의 정책 전부를 찬성"하는 것이 아니라 "조만간 당연히 개혁이 필요하다는 것도 인정하고 있다"고 언급했다.[63]

新聞痛憤」, 1919.5.29;「国賊と絶叫す」, 1919.6.3;「支那字新聞の憤慨」,『日布時事』, 1919.6.19;「在留支那人の一群昨夜旭劇場をボイコットす」,『布哇報知』, 1919.7.16;「日本人を殺さざれば誓って人たらず」;「支那人躍起運動止まず」,『日布時事』, 1919.7.21;「支那青年団日貨排斥を力説」,『布哇報知』, 1919.7.29,「支那人の団体」, 1919.8.14;「在留同胞排日貨の対応策」, 1919.8.18.

62 山の人,「日支鮮人親善運動」,『日布時事』, 1919.7.13;「願くは其の最善を尽くさん」, 1919.7.18.

63 「東洋人間の了解」,『布哇報知』, 1919.5.20;「願くは其の最善を尽くさん」.

특히 두 신문은 공통적으로 조선 통치에 대한 개선의 필요성을 인정했다. 『하와이호치』는 재하와이 조선인들이 "조국의 독립을 희망"하는 것은 '애국자로서 당연'하다고 인정하며, '독립운동'은 어디까지나 부정하면서 "세계 개조의 호기를 이용"하여 '자치정을 시행하기 위한 운동'을 벌이라고 제안했다. 『닛푸시사』도 요시노 사쿠조吉野作造의 조선 통치 개혁론을 언급하며 조선 독립은 '먼 미래'라며 '완전한 자치정치'를 주장하기에 이르렀다.[64] 다만 하라 다카시 내각이 발표한 조선 시정 개선 선언에 대해 조선계 주민 지도자들이 '어중간하다'고 비판하며 독립운동 속행을 표명하자, 『닛푸시사』는 "끝까지 제멋대로 말한다", "남의 말을 듣지 않는 자는 도저히 구제할 도리가 없다"고 반발했다.[65]

두 번째 대응은 하와이의 일본계 주민의 인구 규모에 대한 의거이다. 한 논자는 『닛푸시사』에 '하와이의 배일 열풍'에 대해 "하와이는 정치상 미국 땅이지만 하와이 사회 그 자체는 일본인의 사회"이며 '주요 산업인 당업'도 '일본인이 있어야 유지'할 수 있는 이상 '재류 동포'의 "전도는 유망"하다며 '낙관'한 뒤, '오늘날의 배일론'에 대해서는 '표면상', '미국인'에게 "공로를 돌려야 한다"고 주장했다.[66] 미국 통치하의 하와이에서 백인에게 반항하는 것은 현시점에서는 불리하다고 인정하는 한편, 일본계 주민의 인구 규모나 경제적 중요성으로 보아 배일운동에 영속성은 없다고 기대한 것이다.

일본계 주민의 인구 규모를 이점으로 삼는 태도는 백인 지배층에 순응

---

64 「在布朝鮮人に対するの態度は誠心誠意を要す」;「朝鮮施政改善の一歩」,『日布時事』, 1919. 8.14.

65 寸評子,「如是観」,『日布時事』, 1919.8.25;「原首相の誓言書と当地朝鮮人の態度」.

66 山の人,「排日論議に対し在留民の対策如何」,『日布時事』, 1919.7.20.

하는 한편 다른 아시아계 주민에 대해서는 압력으로 나타났다. 우선 조선계 주민들도 독립운동을 위해 일본계 상점에 대해 보이콧을 하는 움직임이 있었으나 일부 조선계 주민들은 식료품이나 일용품의 대부분을 일본계 상점에 의존한다는 이유로 거절했고, 『하와이호치』는 조선계 주민의 보이콧을 "애들 장난과 유사하다"고 간주했다.[67] 그리고 중국계 주민의 보이콧에 대해 『닛푸시사』와 『하와이호치』는 중일관계와 하와이의 일본계·중국계 주민의 관계와의 구별을 호소하면서, 일본계 주민이 중국계 상점을 보이콧하면 중국계 주민은 훨씬 더 큰 타격을 입을 것이라고 주장했고, 『하와이호치』는 '지나 상인 유력가'에게 직접적인 의사 표시도 했다. 이러한 주장의 논거는 '지나인 레스토랑' 등이 일본계 주민을 주요 고객으로 하는 한편, 일본계 상점에 있어서 '지나인 고객'은 그다지 비중을 차지하지 않는다는 인식이었다.[68] 두 주민의 경제적 상호의존, 그리고 인구 규모 차이를 전제로 중국계 주민들에게 보이콧 보복을 시사하며 자제를 당부한 것이다. 중국계 주민의 보이콧은 '자승자박'이라는 일본계 신문의 주장을 알게 된 중국계 신문들은 강한 반발을 표명했다.[69]

이상에서 살펴본 바와 같이, 제1차 세계대전 기간부터 전후에 걸쳐 일본의 조선 지배와 중국에서의 권익 확대는 하와이의 일본계 주민과 중국계·조선계 주민의 대립을 가져왔다. 이 대립이 백인 지배층의 배일운동과 결합될 것을 우려한 일본계 주민들은, 하와이 현지 사회에서의 안정적

---

67 「ボイコット交渉を拒絶す」,『布哇報知』, 1919.5.1;「鮮人の新態度」, 1919.6.16.
68 「在留支那人の一群昨夜旭劇場をボイコットす」;「布哇在留日支両国人は須らく親和を保てよ」,『布哇報知』, 1919.7.17;「何ぞ訓戒せざる」, 1919.7.29;「同胞もボイコット対抗策を講ぜざるべからず」, 1919.7.29;「支那人非買運動に就き」,『日布時事』, 1919.8.16;「支那商人弁明」,『布哇報知』, 1919.8.16.
69 「日本人を殺さざれば誓って人たらず」,『日布時事』, 1919.7.21.

발전을 위해 한편으로는 일본이라는 국가와 스스로의 입장을 구별하여 일본 국책에 대해서도 일정한 거리를 두고, 한편으로는 중국계 주민의 보이콧 대응에서 나타나듯이 스스로 하와이 인구 규모를 통해 영향력을 행사했던 것이다.

2) 전간기 하와이의 '동양인계 시민' 의식

하와이에서의 자신들의 인구 규모를 안정적 발전을 위한 이점으로 삼는 일본계 주민들의 인식은 하와이 출생 시민이 증대함에 따라 정치 참여를 통해 영향력을 행사할 수 있다는 기대를 불러왔다. 그러나 이 시기 일본계 시민의 증대는 백인 지배층에 의한 미국화운동의 압력도 초래했고, 일본계 시민 중 유권자=성인도 아직은 미미했다[표 7-4]. 이러한 상황에서 일본계 주민은 먼저 정치 진출을 개시한 중국계 주민에게 주목하여 이해관계를 공유하는 '동양인계 시민'의 형성을 기대했다.

『닛푸시사』는 1914년 하와이 선거를 앞두고 '선거에 광분하는 미국 시민'과 아무런 관계가 없는 '우리 다수 일본인'이 '하와이처럼 좁은 소사회'에서 '차가움과 뜨거움이 거의 별천지'처럼 동거하는 것을 이상하다고 평가한 뒤 '향후 10년 동안'에는 '재류 동포 간 시민권 소유자'가 '하와이 정계'의 '한 세력'이 될 것으로 전망했다.[70] 미국 시민권을 가진 하와이 출생 일본계 주민은 이미 증대하고 있으며, 이들이 성인이 됨으로써 일본계 주민의 정치 참여가 전망되었던 것이다.

그러나 대규모 인구를 가진 일본계 미국 시민들의 정치 참여라는 전망

---

70   「選擧日と同胞」, 『日布時事』, 1914.11.3.

은 하와이 백인 지배층한테는 중대한 위협을 의미했다. 이들은 종종 하와이에 준주 통치 대신 위원회제에 의한 통치commission government를 도입하여 시민의 참정권을 박탈할 가능성도 거론했다.[71] 더욱이 1920년 사탕수수 농장에서 일본계 노동자들이 필리핀계 노동자들과 협력하여 벌인 대규모 장기 파업은 백인 지배층에 강한 위기감을 초래했다. 영자지는 일본계 노동자들의 운동을 반미 내셔널리즘에 의한 것으로 간주하고, 또한 일본의 동아시아 식민지화colonize정책의 연장선상에 있다고 주장했다. 백인 지배층이나 하와이 주둔 미군은 일본계 시민도 일본과 결부된 일본인인종이며, 이들이 하와이를 정치적으로 지배하는 것은 미국 국방을 위기에 빠뜨린다고 주장하기 시작했다. 일본계 시민이 일본 국적을 보유한 이중국적자였다는 점, 또한 일본어 학교의 존재에 더해 일본에서 교육을 받고 '미국으로 돌아온' 일본계 시민의 존재는 이들의 비판거리가 되었다. 이러한 인식하에 1920년대 하와이의 일본계 시민들에게 미국으로의 동화와 충성을 강력히 요구하는 미국화운동이 추진되었다.[72]

미국화운동이 당초부터 표적으로 삼은 것은 일본어 학교이며, 1920년에는 전년에 폐안된 전술한 법안과 같은 취지의 외국어 학교 단속법이 준주의회의 가결을 거쳐 제정되었다. 이에 따라 외국어 학교는 준주정부의 감독을 받게 되었고 교원은 자격시험제[민주주의, 미국의 역사·제도, 영어], 커리큘럼과 교과서는 허가제가 되었다. 이어 준주정부는 1923년에 이 법에 따라 외국어 학교 유치원과 초등학교 1·2학년을 폐지하는 학년 단축 규칙을

---

71 「十年後の在布同胞と当地政体」, 『日布時事』, 1911.8.12;「選挙日と同胞」; Bell, *Last among Equal*, p.58.
72 Okihiro, *Cane Fires*, pp.65~162; Tamura, *Americanization, Acculturation, and Ethnic Identity*, pp.84~88; Bell, *Last among Equal*, pp.48~49.

제정했다. 일본계 주민 측에서는 기독교 선교사인 오쿠무라 다키에奧村多喜衛 등이 배일 요인을 제거하기 위해 스스로 미국화운동에 참여·협력하는 한편, 『하와이호치』는 외국어 학교 단속법의 합헌성을 묻는 소송운동을 시작하여 1927년 연방대법원의 위헌 판결을 받아내기에 이르렀다.[73]

이와 같이 준주정부·의회에서 주도권을 장악하는 백인 지배층이 일본계 주민을 표적으로 미국화주의에 기초한 정책을 추진하는 가운데, 일본계 주민들 사이에는 2세 시민의 정치 참여에 의한 백인 지배의 시정을 바라는 목소리가 한층 높아졌을 뿐만 아니라, 같은 '동양인', 특히 중국계 주민과의 처지·이해관계의 공유라는 의식이 높아졌다.

1세를 귀화 불능 외국인으로 규정하는 처우나 외국어 학교 단속법이 보여주듯이, 일본계 주민이 받은 법적 규제는 기본적으로 아시아계 주민 전체에 대한 것이었다. 1924년 이민법 개정에 따른 일본[조선 포함]으로부터의 이민 전면 금지는 일본계·조선계 주민과 중국계 주민을 같은 처지에 놓았다.[74] 또한, 1924년에서 1925년경 『닛푸시사』는 하와이 출생 '동양인계 시민'이 미국 본국에 도항했을 때, 외국인의 입국과 동일하게 검사받는 것을 문제 삼았다.[75] 하와이 '동양인'의 처지 공유라는 인식은 첫째, 협력의 필요성, 둘째, 시민권의 필요성이라는 문제의식으로 이어졌다. 1926년에

---

73 Okihiro, *Cane Fires*, pp.129~155; Tamura, *Americanization, Acculturation, and Ethnic Identity*, pp.148~151; 沖田, 『ハワイ日系移民の教育史』, 172~255쪽; 吉田, 『ハワイ日系二世とキリスト教移民教育』.

74 쑨원은 '배일 이민법'을 '일본·중국 친선의 실마리'라고 평했다. 「排日移民法から東洋民族の団結」, 『日布時事』, 1924.7.17.

75 「日系市民の抑留問題」, 『日布時事』, 1924.7.29; 「市民権問題解決の効果」, 1925.12.8; "Citizens of Oriental Blood not Accorded Square Deal", *The Nippu Jiji*, 1925.11.8; Bell, *Last among Equal*, p.56.

백인 주민들이 벌인 일요폐점법日曜閉店法운동을 『닛푸시사』는 '동양인 구멍가게 괴롭히기'라고 평하고, 이에 대해 '지나인, 일본인, 조선인, 필리핀인 등 기타 커뮤니티 리더와 제휴'해 대항할 것을 제안했다. 신문은 또 이 일요폐점법을 포함해 준주의회에서 "시민권 없는 동양인 학대를 목적으로 한" 입법이 종종 이루어지고 있다고 비판했다.[76]

이런 상황에서 중국계 시민들이 일본계 시민에 앞서 유권자 증대와 함께 정치 진출을 시작한 데 대해 『닛푸시사』는 동양인계 시민의 대두라고 관심과 기대를 보였다. 신문은 1926년 선거 때 일본계 시민이 '단 한 명' 입후보한 것에 비해 4명의 '지나계 시민'이 입후보했다는 점에 주목했다. 또한, 하원 대의원 후보인 빅터 칼레오알로하 휴스턴Victor Kaleoaloha Houston[하와이인과 백인의 혼혈]이 정치 공약으로 '동양인의 권리 승인'을 꼽은 데 대해 이 신문은 "동양인 시민의 정치권 세력이 점차 강해졌기 때문"이라고 평가했다. 선거 결과 일본계 후보는 낙선했지만 이 신문은 중국계 후보 2명의 당선[준주 하원의원, 시 참사원]을 "일본계 시민에게는 큰 암시이자 자극"이라고 특필했고, 이어 이들이 동양인뿐 아니라 '일반 투표민'에게서 득표해 당선된 것을 "일반 동양인계 시민의 자랑으로 축하"했다.[77] 처음 선거에서 공직을 얻은 일본계 시민은 1930년에 준주 하원의원으로 당선된 2명이었다.[78]

일본계·중국계 주민 모두, 1세뿐 아니라 하와이 출생 시민들에게도 백인 지배하에 비백인이 일상적으로 불평등한 처우를 받고 있다는 인식은

---

76 「日曜閉店法と次期県会」, 『日布時事』, 1926.9.27;「日曜律励行と卑劣手段」, 1926.8. 24;「県会に出し各種の法案」, 1927.2.28.
77 「支那系市民四名が候補に飛び出す日系市民はただ一人」, 『日布時事』, 1926.9.2;「布哇東洋人の権利を認めよ」, 1926.9.6;「本選挙余談」, 1926.11.4;「東洋人系市民の擡頭」, 1926.11.6.
78 Yamamoto, "Political Participation among Orientals in Hawaii", p.360.

공통적으로 나타났으며[79] 중국계 주민 측에도 일본계 주민과의 처지와 이해관계 공유라는 인식이 생겨나고 있었다. 중국계 신문인 『단화신보檀華新報, Hawaii Chinese News』는 1926년에, 『닛푸시사』와 마찬가지로 하와이 출생 '동양인계 미국 시민'이 본국에 상륙할 때 받는 대우에 대해 불공평하다고 비판했다.[80] 이어 1926년에 선거에 출마한 한 중국계 시민은 선거광고영문에서 "준주의 현재 문제는 이 땅의 중국계와 일본계 미국 시민에 관한 문제", 즉 하와이의 중국계·일본계 '시민'에게는 공통된 이해관계가 있다고 호소했다.[81]

중국계 주민들이 일본계 주민과의 이해관계 공유를 의식하게 된 주요 요인 중 하나는 외국어 학교 문제였다. 중국어 학교는 일본어 학교에 비해 소수였고 다니던 학생의 비율도 작았다.[82] 그러나 외국어 학교 학년 단축 규칙 제정에 즈음해 『신중국보』는 일본계 주민들의 반대운동에 주목하여 이 규칙은 '미국화주의'에 해당하는 '지나친 규정'이며 '민의'에도 '인류 도덕의 사상'에도 어긋난다고 비판하며 '중국·일본 교민'은 모두 반대라고 보도했다.[83] 또 한편으로 『단화신보』는 미국의 지배하에 들어간 하와이에 '거액의 자본'을 투하해 '농단'하는 '미국인'뿐 아니라 나중에 온 '일

---

79 Bell, *Last among Equal*, pp.51~53.

80 "The Yellow Peril Again", *Hawaii Chinese News*, May 21, 1926. 『檀華新報』(*Hawaii Chinese News*)는 하와이에서 태어난 중국계 주민이 중심이 되어 간행한 신문이다. Glick, *Sojourners and Settlers*, pp.293~295.

81 Hoon Wo Wong, "Republican Candicate For Representative Fourth District", *Hawaii Chinese News*, 1926.10.1. 이 후보는 낙선했다.

82 1925년에 일본어 학교가 142개, 일본어 학교에 다니는 일본계 아동의 비율이 3분의 2였던 것에 비해 중국어학교는 10개, 4분의 1, 한국어 학교는 9개, 5분의 1이었다. Patterson, *The Ilse*, pp.118~122.

83 「評外国語学校案施行新例」, 『新中国報』, 1922.11.30; 「華日僑反対外語校之公道」, 1922. 12.28.

본인'도 '화교의 강적'이라고 평하며, '일본 교민 자제교육'을 위한 '학교'가 '늘어서고' 있다는 점에 주목했다.[84] 이러한 일본계 주민과의 경합이라는 인식도 백인 지배층에 대한 처지나 이해관계의 공유라는 인식으로 연결될 수 있었다고 할 수 있을 것이다. 1927년 외국어학교단속법에 대해 위헌 판결이 나오자 하와이 출생 중국계 주민이자 하와이대 교원정치학이었던 칼프레드 럼Kalfred Dip Lum, 린뎨(林疊)은 이 판결을 지지하는 논설을 영자지에 발표했다.[85]

이상과 같이 일본계·중국계 주민 쌍방에서 하와이 출생 미국 시민이 성장하고, 또 서로 처지나 이해관계의 공유가 인식되는 가운데, 일각에서는 일본계·중국계 시민의 제휴라는 움직임도 생겼다. 그중 하나가 1930년에 결성된 마우이 중국계·일본계 시민협회Chinese-Japanese Civic Association of Maui[이하 중일시민협회]이다.

하와이 일본계 시민협회Society of American Citizens of Japanese Ancestry나 화인토생회華人土生會, Hawaii Chinese Civic Association를 비롯해 하와이 출생 일본계·중국계 주민에 의한 민족별 시민 단체는 1910년대 이후 각지에서 조직되었다. 이들과 달리 마우이섬에 거주하는 일본계·중국계 시민의 통일 단체인 중일시민협회는 1930년 3월 중국계 시민의 발기로 양 시민이 모인 친목회 자리에서 결성되었다. 그 취지는 미국 시민으로서 의무와 책임을 자각하고 민주주의의 이상을 체득하는 것 등이며, 회장에는 중국계

---

84 檀江, 「日人為我華僑之勁敵」, 『檀華新報』, 1926.6.18.
85 럼은 1923년 석사논문(콜롬비아대학 정치학)에서 하와이 출생 아시아계 주민은 미국화가 가능하다고 주장하며 '동양인 문제'는 존재하지 않는다고 했다. Franklin Ng, "Kalfred Dip Lum", Hyung-Chan Kim ed., *Distinguished Asian Americans : A Bibliographical Dictionary*, Westport : Greenwood Press, 1999, pp.212~215.

시민준주의회 의원이, 부회장에는 일본계 시민이 선출되었다.[86] 1931년 3월 회원은 약 400명이었고, 4분의 3이 일본계 시민, 4분의 1이 중국계 시민이었다.[87]

중일시민협회 결성에 대해 일본계 『마우이 신문馬哇新聞』은 '현재 하와이 시민의 과반수'를 차지하는 '동양인계 시민'이 '다른 인종'보다 '불리한 입장'에서 벗어나 '사회적 진출'을 실현하기 위해 제휴하는 것을 칭찬했다.[88] 또한, 중국계 『단화신보』도 인종주의자들로부터 '새로운 "황화黃禍"'로 간주되어 블록 투표 등을 의심받을 가능성을 우려하면서도 '동양계 미국 시민'이 미국령 하와이 정치·사회에서 앞으로 더욱 활약할 것임을 보여주는 움직임이라고 기대했다.[89]

그러나 중일시민협회의 활동은 오래가지 못했다. 결성 직후에는 중국의 대기근에 대해 의연금 모집을 하는 등 적극적으로 활동했으며 창립 1주년 기념대회에서는 하와이 일본계 시민협회와 화인토생회 대표도 축사를 했다. 또한, 만주사변 발발 후인 1931년 12월에 열린 총회도 "성대하게 개최"되었으나, 1932년 말 이후의 이 모임 소식은 불분명하다. 1933년 9월에 마우이섬 일본계 시민협회가 '본도 일본계 시민'의 '급증'을 이유로 '순수한 일본계 시민협회'로서 결성되었을 때는 이미 활동이 정지된 것으로 보인다.[90]

---

86 「日支系市民たちの懇親晚餐会 新たに団体を組織す」, 『馬哇新聞』, 1930.3.3; 「市民会の役員決定」, 1931.3.17; "Maui Japanese and Chinese to Form Civic Club", *Hawaii Chinese News*, 1930.3.7; "A. p. Low Chosen 1st President of Maui Civic Club", *Hawaii Chinese News*, 1930.3.21.

87 当山哲夫, 「馬哇支日人公民協会一周年記念会に寄す」, 『馬哇新聞』, 1931.3.13.

88 「東洋人系市民提携」, 『馬哇新聞』, 1930.3.5.

89 "Maui Leads the Way", *Hawaii Chinese News*, 1930.3.21.

중일시민협회가 단명에 그친 요인으로 마우이섬의 중국계 주민이 호놀룰루 등 도시지역으로 이주하면서 그 수가 감소했던 것[91]은 고려해야 하지만, 이 모임에 호응하는 움직임이 타지역으로 확산되지 않았던 것을 포함해 생각하면, 이하의 두 가지 이유가 중요하다고 생각된다. 우선 만주사변 이후 중일관계의 악화가 일본계·중국계 주민 간 긴장관계를 초래했음은 분명하다. 이에 대해서는, 다음 절에서 재차 고찰하고자 한다. 또한, 다른 요인은 백인 지배층이 '동양인계 시민'의 결집을 위험시했을 것이라는 예측이다. 『단화신보』가 황화론黄禍論의 가능성을 언급했듯이, 일본계 주민 측에서도 이 모임이 '인종적 음모'에 대한 의심을 불식시킬 필요는 있다고 인식되고 있었다.[92] 일본계·중국계 시민이 명확한 제휴관계를 구축하는 것은 백인 지배층의 압력을 한층 강화한다고 염려하지 않았을까.

이상과 같이 마우이 중일시민협회의 활동은 국지적이고 단기간이었지만, 이 모임의 결성에서 보여주듯이, 1920연대 일본계·중국계 주민 중 하와이 출생 미국 시민이 증대하면서, 양자는 백인 지배하의 미국령 하와이에서 처지를 개선하기 위해 '동양인계 시민'으로서 정치 참여를 통해 협력할 가능성을 인식했다. 중국계 시민들이 발 빠르게 정치에 진출한 것, 대규모 인구를 가진 일본계 주민들이 외국어 학교 문제 등에서 적극적인 운동을 벌인 것은 양측이 서로에 대한 관심을 높이는 요인이 되었다고 할 수 있다. 한편, 아시아계 주민 중에서도 인구가 적은 조선계 주민이나 미국

---

90 「隣国民を救恤せよ」,「支那飢饉救済費募集」,『馬哇新聞』, 1930.5.28;「支那飢饉救済事業良好」, 1930.6.4;「支那飢饉救済金千七百余弗」, 1930.6.25;「百花けん爛の観あり 支那日本系市民大会」, 1931.3.16;「日支市民協会の総会」, 1931.12.14;「日支公民協会」, 1932.9.30;「日系市民会議を開催」, 1933.9.1.

91 Glick, *Sojourners and Settlers*, pp.127~131.

92 当山,「馬哇支日人公民協会一周年司記念会に寄す」.

시민권 보유자가 얼마 되지 않았던 필리핀계 주민에 대해 일본계·중국계 주민이 '동양인계 시민'으로서 강한 관심을 보인 흔적은 보이지 않는다.[93]

또한, 일본의 중국 권익 확대가 워싱턴체제하에서 억제된 결과로, 이 시기 하와이의 일본계·중국계 주민 관계가 중일관계로부터 큰 영향을 받지 않은 것도 '동양인계 시민' 의식 형성에 있어서 중요한 배경이었다고 생각된다.[94] 이에 반해 일본계 주민과 조선계 주민과의 관계, 야마토계 주민과 오키나와계 주민과의 관계는 미국령 하와이에서의 정주를 통해 변용되면서도 일본의 제국 지배에 의한 영향을 지속적으로 받았다.

3·1독립운동 이후 일본 정부는 하와이와 미국 본국에서의 조선계 주민의 독립운동을 상하이나 만주, 극동 러시아에서의 조선독립운동과 함께 '재외 불령선인'의 활동으로 간주해 감시 대상으로 삼았으나, 1920년대 후반 하와이 조선계 주민에 대한 경계는 풀렸다. 호놀룰루 일본총영사관은 1925년에 일부 '직업적 독립운동가'를 제외하고 조선계 주민들은 '일본에 대한 감정'을 '완화'시켰으며 '귀국' 등 총영사관에서의 절차가 필요할 때 '직접 볼일을 보는 사람'이 늘었을 뿐 아니라 일본계 주민에 대한 '동정'도 생겨나고 있다고 보고했다. 총영사관이 전년의 이민법 개정을 비롯해 미국령 하와이에서 '동양인에 대한 각종 차별적 대우'를 인식한 데 그 원인이 있었다. '동양인'으로서의 처지 공유가 일본과 일본계 주민에

93　『日布時事』를 보면 한국계·필리핀계 주민들의 시민권에 대한 관심은 있었다. 「七百名に
市民証」, 『日布時事』, 1925.12.2; 「戦時帰化日本人の市民権剝奪訴訟を提起す」, 1927.
1.28. 또한, 이 신문은 경제적 관계의 밀접성 때문에 필리핀계 주민과의 '이해'와 '융화'
를 촉구했다. 「良き友人としての比島人」, 1930.2.13.

94　이 시기에도 중국계 신문에서 일본의 중국정책을 비판하는 보도는 볼 수 있었다. 檀郎訳,
「日本之陰謀暴露」, 『檀華新報』, 1926.6.25. 또한, 후술하는 것처럼 일본의 산둥 출병은
일시적으로 양쪽 주민의 긴장을 높였다.

대한 반발을 완화시키고 있다고 분석한 것이다.[95]

다만, 이상은 어디까지나 일본 정부 측에서 본 독립운동의 위험성 여부에 관한 평가라고 할 수 있다. 확실히 조선계 주민들은 조국의 독립이 당장 실현되기 어려운 상황을 점차 받아들였지만, 일본에 대한 반감은 사라지지 않았고 일본계 주민들과의 관계도 2세 시민을 포함해 소원한 상태였다. 그럼에도 이들이 일본계 주민과의 관계 악화를 피한 것은 인구 규모상 현저한 열세 때문이었다. 동양인으로서의 처지 공유도 일본계 주민에 대한 접근으로 이어지기보다 오히려 일본에 대한 반감을 공유하는 중국계 주민과의 관계를 촉진했다. 더욱이 조선계 주민들은 조국 상실과 인구 감소로 일본계·중국계 주민들보다 미국으로의 동화에 적극적이었으며, 조선어 학교 활동은 저조했다.[96] 대체로 조선계 주민들은 미국령 하와이에서의 안정적 발전과 일본의 지배로부터의 이탈을 함께 지향한 것이다.

하와이의 야마토계 주민과 오키나와계 주민의 관계는 양자가 모두 일본계 주민으로 취급된 이상 동양인의 처지와 이해관계 공유라는 인식에 따라 달라지는 것은 아니었다. 그러나 제1차 세계대전 이후 국제규범의 형성은 두 주민의 관계를 둘러싼 환경에 일정한 변화를 가져왔다. 『닛푸시사』는 1925년 말부터 1926년 초에 내지 일본인의 '오키나와현인', '차별관념'을 비판하면서 "같은 동포를 인종적으로 배척"하는 한 "일본인은 밖을 향해 평등한 대우를 요구할 자격이 없다", "전 일본인 대 백인, 황색인종 대 백색인종 사이에 벌어지고 있는 문제와 동일하다"고 주장했다. 어디

95　在ホノルル帝国総領事館, 「布哇朝鮮人事情」, 1925(金正柱編, 「朝鮮統治史料」 7, 韓国史料研究所, 1971); Patterson, *The Ilse*, pp.107~113.

96　Patterson, *The Ilse*, pp.30~36·78~79·111~122·159~163.

까지나 오키나와계 주민을 '같은 동포'로 규정하고 '동포' 내부의 '차별'을 비판한다는 논리이기는 하지만, 그것을 일본계 주민, 그리고 아시아계 주민에 대한 백인의 인종주의 비판과 공통 규범을 통해 의미를 부여하여 우선 스스로 인종주의를 극복하라고 설파한 것이다.[97]

오키나와계 주민, 특히 2세 시민의 경우 하와이의 다양한 아시아계 주민과의 접촉은 야마토계 주민과의 관계에 따라 규정되지 않고 민족집단으로서의 자기인식을 형성할 기회가 되었다. 다만, 아동의 일본어 학교 통학 등을 포함해 오키나와계 주민은 기본적으로 일본계 주민의 일부였기 때문에 오키나와계 주민을 이질적이고 열등한 존재로 간주하는 야마토계 주민의 태도는 하와이 출생 2세에게도 계승되었다.[98]

이상과 같이 1920년대 미국령 하와이에서 일본계 주민들은 2세 시민들의 성장을 맞이하여 백인 지배층으로부터 미국화운동의 압력을 받으면서 중국계 주민들과 함께 '동양인계 시민'을 형성해 나아가고자 했다. 그때 규정 요인이 된 것은 첫째, 백인 지배층에 대해 일본계 주민과 중국계 주민이 처지와 이해관계의 공유를 인식한 것, 둘째, 조선계 주민이나 필리핀계 주민과 달리 일본계·중국계 주민이 유권자 인구의 증대를 통해 정치적 영향력을 행사하고 있었다는 점, 셋째, 워싱턴체제하의 동아시아에서 일본의 제국 지배가 유지되는 한편으로 중일 충돌이 억제되었다는 점이다. 이 중 두 번째 요인은 이후에도 각 민족집단의 인구비가 크게 변하지 않은 채 아시아계 유권자 인구가 늘어났고, 또한 준주의 정치 참여 시스템이 유

---

97 「同胞間の差別的観念」, 『日布時事』, 1925.12.29; 渓芳, 「日曜漫録」, 1926.2.7(比嘉 編, 『新聞にみるハワイの沖縄人九〇年 戦前編』), 175~177쪽.
98 Philip K. Ige, "An Okinawan Nisei in Hawaii", ESOHP and UOA ed., *Uchinan-chu*, pp.149~160.

지됨에 따라 중요성이 계속 증대되었다. 그러나 일본의 중국 침략, 나아가 미일전쟁에 의해 첫째와 셋째 요인은 중대한 변화를 겪게 되었다.

5. 아시아태평양전쟁과 하와이의 일본계·아시아계 주민

1) 만주사변과 일본계 시민의 '충성'

1930년대 전반부터 유권자 인구에서 일본계 시민이 차지하는 비중이 급속히 증대되고[〈표 7-5〉] 본격적인 정치 진출이 시작되자 우려를 증폭시킨 백인 지배층의 미국화운동 압력은 한층 강화되었다.[99] 그래서 이 시기에 일본이 개시한 중국 침략은 일본계·중국계 주민들 사이에 긴장을 야기했을 뿐만 아니라, 백인 지배층이 하와이 '동양인계 시민'의 대부분을 차지하게 된 일본계 시민의 충성을 의심하는 계기가 되기도 했다.

이미 1928년에 일본의 제2차 산둥 출병과 함께 일어난 중일 양군의 충돌[제남사건(済南事件)]은 하와이의 중국계 주민들을 강하게 자극하고 있었다. '중화 청년 호조회中華青年互助會'가 중국어 학교에서 중국어로 된 연설회를 개최했는데, 산둥 출병을 국제법 위반이라고 비판하는 칼프레드 럼의 연설과 일본군이 중국인을 '학살'하는 '시국극時局劇'이 행해진 것이다.[100] 『닛푸시사』는 중일관계와 하와이의 '일본인, 중국인 관계'를 구별하는 입장에서 이 연설회를 '경거망동'이라고 비판했다.[101] 그러나 당시 럼이 국민당 하

---

99 Bell, *Last among Equals*, p.62; Okihiro, *Cane Fires*, pp.149~150.
100 「日本の出兵に対し当地支那人大会」, 『日布時事』, 1928.5.27; 「日本の山東出兵は国際公法違反だ」, 1928.5.29.
101 「在留支那人の為に惜む」, 『日布時事』, 1928.5.28; "Regrettable Affair", *Nippu Jiji*,

<표 7-5> 하와이 민족별 유권자 인구·인구 비율(1930~1936년)(단위 : 명)

연도	하와이계	백인	중국계	일본계	기타	합계
1930	16,894 38.8%	16,528 38.0%	3,697 8.5%	6,012 13.8%	390 0.9%	43,521 100%
1934	19,444 31.1%	22,570 36.2%	5,447 8.7%	13,630 21.8%	1,341 2.1%	62,427 100%
1936	18,918 29.5%	21,901 34.1%	5,701 8.9%	16,215 25.3%	1,448 2.3%	64,183 100%

출처 : Sidney L.Gulick, *Mixing The Races In Hawaii*, Honolulu : The Hawaiian Board Book Rooms, 1937.
주 : 1934년은 합계가 맞지 않지만 그대로 인용했다.

와이 지부장이었고, 1931년 이후에는 중국에서의 국민당 대회에 참가한 것이 보여주듯이,[102] 중국계 주민들은 하와이 출생 시민을 포함해 중국과의 유대를 유지하고 있었다. 이전의 외국어 학교 문제에서처럼 일본계 주민과의 이해관계를 공유한다는 인식과 중국에 대한 내셔널리즘에 근거한 일본 비판이 럼과 같은 중국계 시민들에게 동거하고 있었다고 할 수 있다.

1931년 9월에 일어난 만주사변은 중국계 주민들의 반일 내셔널리즘을 고양시켰다. 국민당 하와이지부는 미국 대통령과 국제연맹에 일본군에게 항의해 줄 것을 청원했고, 호놀룰루 중화총상회와 중화총회관도 미국 대통령에게 보내는 비슷한 청원서를 주미 중국공사에게 건넸다.[103] 더불어 이듬해 1월의 상하이 사변은 광둥 출신이 많은 중국계 주민들을 강하게 자극했다. 국민당 관계자들이 조직한 화교구국회華僑救國會를 비롯한 구국헌금운동은 중국계 주민들에게 확산되었으며, 동향 단체와 동업 단체, 중국어 학교, 학생 단체 등도 참여해 대규모로 진행되었다.[104]

1928.5.29.
102 Ng, "Kalfred Dip Lum", p.214.
103 「日支衝突に激昂する当地の支那人」, 『日布時事』, 1931.9.22; 「日支問題に躍起の当地支那国民党」, 1931.9.27.
104 Glick, *Sojourners and Settlers*, pp.304~306.

일본계・중국계 주민들의 관계도 만주사변 발발 이후부터 긴장되었다. 중국계 주민 일부는 일본 비판에 그치지 않고 일본계 양돈업체와 이발소 등에 보이콧을 벌여 일정한 타격을 입혔다. 이에 대해『닛푸시사』와『하와이호치』는 중일관계와 하와이의 '일본인, 중국인'을 구별해야 한다고 주장하며 두 주민의 경제적 상호의존과 인구 규모를 감안해 보이콧 보복 가능성을 언급하며 중국계 주민들의 자제를 촉구했다.[105] 이들 주장 중 일부는 1920년대 후반부터 일본계 신문이 확충하던 영어란에도 실렸다. 영어란은 증가하는 일본계 2세를 독자로 끌어들이려는 목적과 함께, 지역의 민족집단에 일본계 주민의 주장을 전하고자 하는 의도로 설치되었다.[106]

다만 만주사변 이후 일본계 주민들에게 중국계 주민과의 관계만 문제가 된 것은 아니다. 보이콧에 대한 비판 가운데 이전과 다른 것은『하와이호치』가 일본계・중국계 주민의 '자녀'는 '미국 시민'이며, 이들을 "일본과 중국의 분쟁 소용돌이에 말려들게" 하여, "미국의 엄정 중립을 어기는"일은 없어야 한다고 설파한 것이다.[107] 이와 같이 '미국 시민'의 존재를 중시하는 주장은, 이하에서 보듯이, 일본계・중국계 주민의 관계 악화가 배일・미국화운동과 결부되는 것에 대한 위기감, 그리고 미국이 만주사변에서의 일본의 행동을 비판한 데 따른 우려에서 비롯되었다.

사변 발발 직후 일본계 주민들 사이에 하나의 '소문'이 퍼지고 있었다.

---

105 「排日ボイコット問題」, 『布哇報知』, 1931.11.15; 「在留支人のボイコット」, 『日布時事』, 1931.11.16; 「国法違反のボイコットを慎しめ」, 『布哇報知』, 1931.11.19; 「我が養豚業者と支那人」, 『日布時事』, 1931.12.9.; 「特に冷静なれ 在布日支人に忠告す」, 『布哇報知』, 1932.2.4; 「在布支人のボイコット」, 『日布時事』, 1932.4.2.
106 "The Chinese Boycott", *Hawaii Hochi*, 1931.11.19; "Cool Heads Are Needed", 1932.2.4; 白水, 『エスニック・メディア研究』, 270~273쪽.
107 「国法違反のボイコットを慎しめ」.

하와이의 한 공립학교가 학생들에게 '일본·중국 문제 토론회'를 열게 하고 교사들이 '모두 지나 편'을 든 데다 일본계 학생들에게 "당장 일본·중국 문제가 악화되면 너희 부모는 일본으로 돌아가야 한다. 그러나 너희는 일본계 미국 시민이기 때문에 일본으로 돌아갈 필요는 없다"고 말했다는 것이다.[108] 『닛푸시사』는 이 이야기가 "사실이라면 묵과할 수 없는 문제"라며 '일본 인종이든 지나 인종이든 모두 미국 시민'인 아동에게 "일본·중국 문제의 곡직을 논하게 한다"는 것에 의문을 제기했다.[109] 또한, 전해진 교사의 발언은 미국이 중국을 지지해 만주사변에 개입할 경우 일본인1세이 적성 외국인이 될 뿐 아니라 '일본계 미국 시민'도 적성 외국인 자녀로 궁지에 몰릴 것임을 시사했다.

이상의 '소문'은 진위를 떠나 만주사변이 일본계 주민들에게 초래한 위기감을 반영하고 있었다. 첫째, 배일운동에 대한 우려다. 『하와이 호치』는 '일본·중국 분쟁'시 일본계·중국계 주민은 '고국에 대한 동정'보다 "미국에 대한 충성을 우선"으로 해야 하며 특히 '하와이에서 태어난 일본계 시민'은 "미국에 대한 절대 충성을 입증"해야 한다고 주장했다. 만주사변을 둘러싸고 일본계·중국계 주민의 대립은 배일·미국화운동에 의해서 일본계 주민, 특히 일본계 시민과 일본과의 연결을 비판하는 재료가 될 것을 우려했던 것이다. 그것은 두 번째 우려, 즉 일본이 미국의 적국이 될 가능성과 밀접하게 연결되어 있었다. 『하와이호치』는 '일본·중국 문제'가 "미일 국교 단절을 초래"할 것이라는 우려에 대해 "아마도 그런 일은 없을

---

108 「公立学校で日支問題討論会」, 『日布時事』, 1931.10.20. 하와이 섬 히로에서 간행된 『布哇毎日』에서 얻은 정보.
109 「学校児童間の満洲問題」, 『日布時事』, 1931.10.24.

것"이라고 부인하면서, 설령 현실이 되더라도 "일본계 시민인 그 자녀를 모두 데리고 일본으로 돌아갈 수 있는 것은 아니"며 "어떠한 경우에도 하와이에 머물러야 하는" 이상 '우리 기존의 태도와 행동'을 고쳐야 한다고 설명했다. 만주사변이 초래한 불안에 대해 미국 시민인 2세와 함께 미국령 하와이에서의 정주를 유지하는 것을 일본인인 1세의 최우선 사항으로 인식한 것이다.[110]

사실 일본계 시민들의 미국에 대한 충성 압력은 1920년대 말부터 더해져 만주사변 이후 시기에는 더욱 거세졌다. 미국화운동에 호응한 오쿠무라 다키에 등은 1927년부터 1941년까지 매년 2세 시민들을 모아 일본계 시민회의New Americans Conference를 개최했다. 회의에서는 백인 지배층의 요인이나 오쿠무라가 일본계 시민에게 미국에 대한 충성을 거듭 설파했고, 또 선거에서 블록 투표를 실시하지 않도록 촉구했다. 특히 1932년 이후에는 하와이 주둔 미군 지휘관들이 매번 참석해 일본계 시민들에게 충성을 요청했다. 만주사변과 상하이사변 이후 미군부는 하와이의 군사적 중요성과 '일본인의 위협'을 강하게 의식하고 일본계 시민들의 정치 진출도 국방상 위험으로 간주했다.[111]

또한, 미연방의회에서는 1932년 말 군사기지로서의 중요성에도 불구하고 비백인 유권자가 대다수를 차지한다는 이유로 하와이에 위원회제에 의한 통치를 도입하는 법안이 제출되었다. 하와이 백인 지배층은 예전에 비슷한 생각을 갖고 있었지만, 고등판무관high commissioner을 연방정부에

---

110 「特に冷静なれ」, 『布哇報知』, 1932.2.7; 「此試練中に何を学ぶか」.
111 Okihiro, *Cane Fires*, pp.147~150・163~168; 吉田, 「ハワイ日系二世とキリスト教移民教育」, 64~70쪽.

서 파견하는 이 법안이 오히려 자신들의 지배적 지위를 빼앗을 것으로 보고 극렬히 반대했다. 법안은 폐지되었고 백인 지배층은 시민의 참정권 박탈이라는 선택지를 포기한 결과로 일본계 시민에 대한 미국화운동에 주력하게 되었다.[112]

즉, 만주사변 이후 미국이 대일전쟁을 상정하면서 하와이 일본계 시민들의 정치 참여에 대한 위기감이 높아졌지만, 일본계 시민들의 정치 참여를 막기 위해 하와이 통치제도를 변경할 가능성은 부정되었다. 만주사변이 종결되면서 일본계·중국계 주민 간 긴장이 완화되어도 일본계 시민의 충성을 묻는 미국화운동 압력은 지속되었다. 1934년 이후 본격화된 하와이 입주운동은 하와이 시민의 완전한 자치권·대표권 획득을 목표로 일본계 시민의 충성 문제를 미국 국정상 쟁점으로 삼았다.

2) 하와이 입주 문제와 중일전쟁

이전까지 하와이의 입주에 대해서 일본계와 중국계를 포함해 유권자들은 일반적으로 적극적이었으나 실권을 장악한 백인 지배층이 준주 통치 유지를 원했기 때문에 입주를 요구하는 본격적인 운동은 일어나지 않았다. 그러나 1934년 연방의회가 하와이의 설탕 할당량을 대폭 삭감하는 법률을 제정하자 하와이 제당업은 맹렬히 반발했다. 이 때문에 하와이가 연방세를 부담하고 또 연방의회에 하와이준주에 대한 입법권이 있음에도 불구하고, 하와이에 연방의회 투표권이 없는 것을 치명적 문제로 인식하게 되었다. 백인 지배층을 포함한 하와이 시민의 대다수는 즉각 입주를 지지

112　Bell, *Last among Equals*, pp.58~59; Okihiro, *Cane Fires*, pp.161~162.

하기에 이르렀고, 이듬해인 1935년 연방의회에 입주를 요구하는 법안 제출과 로비 활동이 개시되었다.[113]

연방의회는 하와이 입주법안을 검토하면서 곧바로 일본계 시민에 초점을 맞추었다. 1935년 10월 하와이에서 개최된 연방하원 속령위원회 공청회에서 일본계 시민의 미국화와 충성, 블록 투표 여부 등이 논의의 중심이 되었고, 준주 하원의원 등 공직자를 포함해 일본계 시민도 증언을 했다. 관심의 초점은 분명히 일본계 시민의 충성에 있었지만, 기본적인 문제 설정은 동양인계 시민의 정치 참여 여부였다. 하와이 백인 지배층 중 일부는 여전히 입주를 통한 일본계 시민의 정치 진출 확대에 대해 소극적이었으며, 『애드버타이저』는 공청회 회기 중 일본어 학교의 존재나 일본계 시민의 이중국적을 근거로 '동양인계 시민'의 '이중충성'을 논했다. 이에 대해 『닛푸시사』는 "동양인계 시민이 하와이 인구의 대부분을 차지하고 있다"는 것은 불가역의 '사실'이며 '동양인'의 '책임'이 아니라며, '일부 미국인'이 "과거에 동양인의 땀과 노고를 이용해 오늘날의 하와이를 건설했으면서 이제 와서 여러 가지 트집을 잡아 이를 배격하려 한다"고 비판했다. 속령위원회는 하와이 시민 대다수가 입주를 원한다는 것을 인정하면서도 '동양인계 시민'의 미국화가 미흡하다며 입주 불가라는 결론을 내렸다.[114]

다만 일본계 시민과 중국계 시민이 입주 문제를 통해 '동양인계 시민'으로서의 의식을 강화했다고 할 수는 없다. 1936년 11월에 『닛푸시사』가

---

113 Bell, *Last among Equals*, pp.56~63.
114 「ハワイ立州公聴会」, 『日布時事』, 1935.10.8; 「タイザー紙の社説」, 1935.10.9; 「タイザー紙の曲説」, 1935.10.10; 「タイザー社説に対し築山検事声明書を発表」, 1935. 10.14; 「日系市民に対する謂れ無き誤解を一掃」, 1935.10.14; 渓芳(相賀安太郎), 「折に触れて」, 1935.11.2; "A Ridiculous Charge", *Nippu Jiji*, 1935.10.10; Bell, *Last among Equals*, pp.63~64.

실시한 일본계 시민 좌담회에서는, 선거를 통한 '지나계 시민'의 정치 진출이 화제가 되었다. 윌프레드 쓰키야마ᴵWilfred C. Tsukiyama, 쓰키야마 나가마쓰(築山長松)]ᴵ호놀룰루시군(市郡) 검사]에 따르면 1934년 선거에서 "[호놀룰루]시군 참사로 세 명의 지나인계가 당선되어 시군 참사회의 대부분을 차지"했지만 "백인은 그다지 시끄럽지 않았다". 반면 쓰키야마는 '일본계 시민의 진출'에 대해서는 "육해군과 직접 관련된 사람은 색안경을 끼고 볼 수 있다"고 인정했다. 또한, 홋타 시게루堀田繁[건축청부업]는 일본계 시민들이 비판을 두려워해 블록 투표를 피하고 있는 반면, 백인 시민이나 중국계 시민은 블록 투표를 실시하고 있다고 보았다.[115] 일본계 시민이 국방상의 위험분자로 간주되었기 때문에 정치 참여에 관해 일본계 시민과 중국계 시민이 공유하는 이해관계는 부족했던 것이다.[116]

1937년 7월 중일전쟁 개전으로 만주사변 이후에 변용된 하와이의 민족 간 정치 구도는 더욱 뚜렷해졌다. 이하에서 보듯이 일본계 주민과 중국계 주민 사이에 긴장관계가 생겼을 뿐만 아니라, 그 이상으로 중일전쟁은 백인 지배층이나 미군부, 연방의회가 일본계 시민의 미국 충성에 대한 의구심을 강화하는 요인이 되었던 것이다.

중일전쟁은 하와이의 일본계·중국계 주민 쌍방의 출신국에 대한 내셔널리즘을 환기시켰고, 개전 직후부터 중국계 주민뿐만 아니라 일본계 주민도 각각 중국·일본에의 헌금 활동을 실시했다. 『닛푸시사』나 『하와이호치』는 중일의 국가 간 관계와 하와이의 두 주민의 관계를 구별해 충돌을

---

115 「座談会 第二世の角度から見た日系市民の諸問題」, 『日布時事』, 1937.1.1. 윌프레드 쓰키야마에 대해서는 村山有, 『ハワイ二世』, 時事通信社, 1966 참조.
116 이 시기에도 일본계 시민과 중국계 시민이 '협력 일치'할 만한 문제가 존재한다는 인식은 있었다. 「日本人公民協会に望む 東洋人系市民権確認運動に就て」, 『日布時事』, 1937.5.5.

피할 것을 호소하면서도 일본의 입장 자체는 지지했고, 일본에 '출병헌금'을 지원하는 창구가 되기도 했다.[117]

미국 본국에서 중국계 주민들의 일본계 주민 보이콧 등이 가시화된 것과 달리, 하와이에서 두 주민의 관계가 결정적으로 악화되지는 않았다. 그 요인은 이전과 마찬가지로 두 주민의 경제적 상호의존과 인구 규모에 기인한다. 중국계 주민들의 일본계 상점에 대한 보이콧은 일부에 그쳐 조직적 보이콧은 나타나지 않았다. 『닛푸시사』는 이 같은 중국계 주민들의 태도를 현명하다고 평가하며 일본계 주민들이 보이콧에 보복할 경우 초래될 중국계 주민 측의 손해 규모를 지적했다. 또한, 1939년의 조사보고에 의하면, 중국계 주민 자신도 '그들[일본계 주민]은 우리에게' 수로 이기고 있기 때문에, "[보이콧을 하면] 우리가 질 것"이라고 인식하고 있었다.[118]

그러면서도 일본계 주민들은 일본에 대한 내셔널리즘이 배일·미국화 운동을 자극할 것을 우려하고 있었다. 전술한 일본계·중국계 주민의 헌금 활동의 큰 차이는 중국계 주민의 헌금에는 하와이 출생 시민도 적극적으로 참가한 반면, 일본계 주민의 헌금은 대부분 일본인1세에 한정되었다는 것이다. 일본계 시민의 헌금은 의식적으로 억제되고 있었다. 『닛푸 시사』는, 일본계 주민의 헌금은 "약간의 예외를 제외하고 전부 1세"로부터

117 「北支事変と在布日支人」, 『布哇報知』, 1937.7.17; 「お互ひに註意したき事」, 『日布時事』, 1937.7.26; 「在留同胞よりの献金続出」, 1937.8.10; 「国防·恤兵費献金」, 『布哇報知』, 1937.8.26; 「日支事変と布哇の児童」, 1937.8.30.; "Let's Be Tolerant!", *Hawaii Hochi*, 1937.7.17; "But the War is in China", 1937.8.30; Glick, *Sojourners and Settlers*, pp.306~307.

118 Edwin G. Burrows, *Chinese and Japanese in Hawaii During the Sino-Japanese Conflict*, Honolulu : Hawaii Group, American Council Institute of Pacific Relations, 1939; 「日貨排斥と支那人商人」, 『日布時事』, 1938.1.10; 相賀, 『五十年間のハワイ回顧』, 599~601쪽.

의 '순전히 자발적'인 헌금이기 때문에 "어느 누구로부터도 절대로 비난을 받을" 이유는 없다고 주장하는 한편, '2세 일본계 미국 시민'이 동일하게 헌금하는 것은 '삼가야' 하며, '지나인계 시민'이 중국에 헌금을 실시하고 있어도, "일본계 시민은 그 특수한 환경을 고려하지 않으면 안 된다"고 설파했다.[119] 이는 일본계 시민들이 중국계 시민과 달리 미국 국방상 위험분자로 충성을 의심받고 있다는 상황을 인식하고 있었음을 보여주고 있다.

일본계 시민이 처한 입장에 대한 우려는 헌금 문제에 국한되지 않았다. 준주정부 교육국장이 하와이 공립학교에서 중일전쟁에 관한 토론을 벌이는 것은 "동양과의 지리가 근접하고 문화관계가 밀접"하기 때문에 '자연'스럽다고 인정한 반면, 『하와이호치』는 강하게 반대했다. 그것은 '미국 시민'이라고는 하지만 '일본·중국 양국 국민'을 '부모'로 하는 학생들 사이에 '불필요한 반감'을 부추기는 위험한 행위이며 '미국 중립의 정신'에 위배된다고 주장한 것이다.[120] 중립에 대한 언급은 중일전쟁에 대한 미국의 입장을 의식한 것으로 보인다. 이 신문이 일본계·중국계 시민들의 관계 악화와 함께 우려한 것은 일본계 학생들이 일본을 지지해 궁지에 몰릴 가능성이었던 것 같다.

그리고 사실 중일 개전 후 하와이 입주 문제가 전개되는 가운데 일본계 시민의 충성은 한층 더 추궁당하게 되었다. 1937년 10월 연방 상원·하원 합동위원회는 하와이 입주법안에 관한 두 번째 공청회를 열어 다시 일본

---

119 Glick, *Sojourners and Settlers*, pp.306~307. 「同胞の恤兵献金に就て」, 『日布時事』, 1937.8.24; 「支那事変に対する加哇同胞の赤誠」, 『布哇報知』, 1937.9.7. 『布哇報知』도 '외국인인 일본인 및 지나인'이 "모국에 동정하고 이를 원조하는 것은 조금도 이상하지 않다"고 말했다. 「北支事変と在布日支人」.
120 「日支事変と公立学校に就て」, 『布哇報知』, 1937.9.3; 「再び日支事件討議問題を論ず」, 1937.9.7; "Playing with Dynamite", *Hawaii Hochi*, 1937.9.3.

계 시민의 충성 문제를 논의의 중심으로 삼은 뒤, '국제 정세의 혼란', 즉 중일전쟁을 이유로 일본계 주민이 '단일한 다수파 민족집단'을 이루는 하와이의 입주를 부정했다. 이후 하와이에서는 입주운동이 계속되는 한편 일본계 시민의 충성 문제를 주요 쟁점으로 하는 입주 반대파들도 지지를 모았다. 그동안 1세를 중심으로 한 일본계 주민들이 일본에 헌금과 위문품을 보낸 것은 이중국적 및 일본어 학교 문제와 함께 일본계 시민 충성 의혹의 근거로 지목되었다.[121]

입주 문제 공청회에서 조선인 한길수韓吉壽, Kilsoo Haan의 활동은 사태를 복잡하게 만들었다. 조선 태생으로 1905년에 하와이로 이민 온 한길수는 1930년대 초부터 조선 독립운동에 종사해 왔으며 만주사변 이후 연방정부와 미군부에 일본의 하와이 침략 가능성을 호소했다. 한길수 측은 공청회에서 "일본 정부는 호놀룰루 총영사관을 통해 하와이의 동양인들을 대동단결하여 백인과 대립시키려 하고 있다"고 언급한 것을 비롯하여, 일본계 시민들의 일본과의 연결, 미국에 대한 불충을 주장하는 증언을 행했다. 이에 일본계 시민 증언자나 『닛푸시사』는 사실무근이라고 반박했다. 한길수의 의도는 미일관계의 악화를 이용한 조선 독립 추구에 있으며, 전시에 대비하여 미국이 외국인등록법을 시행했을 때1940년는 조선인을 일본제국 신민일본 국적 보유자이 아닌 조선인으로 등록하도록 허가를 획득했다. 그러나 한길수의 활동은 일본계 주민들을 더욱 궁지에 몰아넣을 수밖에 없었다.[122] 아울러, 중일전쟁 개전 직후 브뤼셀에서 개최된 9개국 회의에 하와

121 Bell, *Last among Equals*, pp.65~75; Okihiro, *Cane Fires*, pp.180~181; 「日系市民三名証言 何れも立州賛成」, 『布哇報知』, 1937.10.16.
122 「日系市民を中傷する牽強附会の証言」, 『布哇報知』, 1937.10.22; 「余沫」, 『日布時事』, 1941.11.1; 「日系代表か証言」, 1941.11.7; 相賀, 『五十年間のハワイ回顧』, 552~555·

이 조선계 주민[국민회]이 한국 독립을 청원한 데 대해 『닛푸시사』는 중일전쟁의 해결을 저해한다고 비난하고, 또한 이전처럼 일본의 조선 지배는 미국의 하와이 지배와 마찬가지로 움직일 수 없는 사실이라고 주장했다.[123]

일본계 시민들이 중일전쟁 동안 미국에 대한 충성을 엄격하게 검증받은 것은 그들 자신에게도 변화를 가져왔다. 이들이 받은 가장 중대한 타격은 이중국적 비판이었다.

1924년에 법률 제19호로 일본 국적법이 개정된 후에도 상당수의 2세 시민이 일본 국적을 보유하고 있었던 것은 사실이며, 1933년 일본계 시민의 약 69%는 이중국적자였다. 그 가장 큰 요인은 극히 단순하게 제도상 이중국적 유지가 가능했다는 데 있다. 일본 국적법 개정 이전에 출생한 2세는 일본 국적의 이탈 신청이 가능했지만, 신청 절차에는 일본의 호적초본을 가져와야 하는 등 수고와 시간이 소요되어 이탈 신청 동기가 부족했다. 한편, 개정 이후 출생한 2세는 일본 국적 취득을 위해서는 출생 직후 일본 총영사관 등록이 필요했는데 당초 부모들[1세] 대부분이 등록을 했다. 2세 중에는 전술한 바와 같이 일본에서 교육을 받는 자[재일 2세, 미국 귀국 2세]도 존재하고, 또한 2세가 백인 지배하의 하와이에서는 한정되어 있던 취직 기회를 일본 혹은 만주국에서 찾는 것은 이례적인 일이 아니었다. 그러므로 일본계 주민들에게 일본 국적을 보유하는 것이 유리하다는 인식도 있었던 것이다.[124]

644~645쪽; "A Damnable Lie!", *Nippu Jiji*, 1937.10.22; Patterson, *The Ilse*, pp.186~188; Richard S. Kim, *The Quest for Statehood : Korean Immigrant Nationalism and US. Sovereignty 1905~1945*, New York : Oxford University Press, 2011, pp.109~134.

123 "Foolish Move", *Nippu Jiji*, 1937.11.4.

124 「国籍離脱と日本留学生」, 『日布時事』, 1938.3.3; Tamura, *Americanization, Accultura-*

그러나 중일전쟁 발발 이후 일본계 시민들의 이중국적이 일본에 대한 충성을 의미한다는 비판은 급격히 높아졌고, 1937년 10월 입주법안 공청회 이후 이 비판에 대처할 필요성을 인식한 일본계 시민들 일부는 일본 국적 이탈운동을 시작했다. 특히 1940년 후반 이후에는 미일관계 악화로 압력이 증가하자 '애국'운동의 일환으로 일본 국적 이탈 캠페인이 진행되어 미일 개전 직전까지 이중국적자는 일본계 시민의 약 3분의 1까지 감소했다.[125] 한편 연방정부는 1941년 가을 이중국적 금지법안을 연방의회에 제출했다. 이 법안은 미국에 충성을 맹세하는 조건으로 이중국적자를 사실상 단일국적자로 인정하는 것으로 『닛푸시사』는 이를 환영했다.[126] 그러나 법안이 통과되기 전에 미일은 개전을 맞이했다.

또한, 일본계 시민남자에게 충성 증명의 수단이 된 것은 병역이었다. 이들의 종군은 1920년대부터 미군의 의향으로 금지되었는데, 만주사변 이후 일본계 시민회의 등에서 2세 시민은 국방에 참여할 수 있도록 허용해 달라고 요구했다. 일본계 시민의 종군은 1940년 8월에 시행된 징병법에 의해 가능해졌고 미일 개전까지 지원병 약 300명, 소집병 약 1,400명이 군복무를 하게 된다.[127]

tion, and Ethnicldentity, pp.85~88; John J. Stephan, "Hijacked by Utopia : American Nikkei in Manchuria", *Amerasia Journal*, 26(2), 1997, pp.1~42; Okihiro, *Cane Fires*, pp.180~181.

125 「国籍離脱問題と第一世」, 『日布時事』, 1937.11.19; Bell, *Last among Equals*, p.70; Okihiro, *Cane Fires*, pp.201~204.

126 「新国籍法と国籍離脱」, 『日布時事』, 1941.12.5.

127 Okihiro, *Cane Fires*, p.126 · 150; Edwin M. Nakasone, *The Nisei Soldier : Historical Essays on Japanese American Participation in World War II and the Korean War*, 4th ed., White Bear Lake : Nakasone, 2012, pp.39~41; 比嘉太郎, 『ある二世の轍－奇形児と称された帰米二世が太平洋戦を中心に辿った数奇の足どり』, 比嘉とし子, 1982, 30~33쪽.

아울러 1941년 8월경이 되면 일본의 미국령 필리핀 침공이 예상되어 사탕수수 농장 등에서 '시국에 흥분한' 필리핀계 주민들이 일본계 주민들에게 "불온한 언동을 보이고" 있다는 보도가 나왔다. 또한, 일본계 '청년'이 "일본군이 필리핀을 점령하는 것은 식은 죽 먹기"라고 발언해 필리핀계 주민들을 '격앙'시키는 사건도 벌어졌다.[128] 필리핀계 주민과 중국계·조선계 주민의 차이는 필리핀이 미국의 속령이었다는 것이다. 일본계 주민과 필리핀계 주민과의 관계는 미일의 적대감이 표면화됨으로써 비로소 동아시아에서의 일본 제국화의 영향을 받게 되었다.

3) 미일전쟁과 하와이의 일본계·아시아계 주민

1941년 12월 7일[미국 시각] 일본군의 진주만 기습과 이어진 일본의 대미 선전포고는 하와이와 미국 본국 일본계 주민들의 처지를 완전히 바꿔놓았다. 그들의 출신국인 일본은 미국의 교전국이자 복수의 대상이 되었던 것이다. 다만 진주만 기습 때 미군 관계자 약 2,300명과 함께 사망한 약 50명의 하와이 민간인 중, 약 20명이 일본계 주민[모두 미국 시민]으로 보이는 것은 지적해 두고자 한다. 일본군의 공격은 일부 지상 포격을 제외하고 군사 시설에 국한되었으며 시가지에 떨어진 폭탄은 미군의 불발탄이었다. 그러나 어쨌든 미국에 의해 군사 요새화되는 한편 일본계 주민들이 최대의 민족집단을 구성한 미국령 하와이를 일본군이 공격한 결과 일본을 조국으로 하는 사람들도 희생될 수밖에 없었다.[129]

---

128 「日比人の融和に就いて」, 『日布時事』, 1941.8.21; 「余沫」, 1941.9.1.
129 USS 애리조나 기념관이 공표한 명단에 의거했다(http://www.nps.gov/valr/his-toryculture/civilian-casualties.htm). 기습 직후 보도로 일본계 주민 사망자가 존재했음을 확인할 수 있다. 「民間死傷は死者三十四名負傷九十二名」, 『日布時事』, 1941.

하와이는 12월 7일 기습을 당한 후 곧바로 1941년 10월 준주의회에서 제정된 하와이 방위법에 따라 준주지사에게 특별 권력이 부여되었다. 하와이 주둔 미군은 사전 계획에 따라 군정계엄령 실시를 요청했고 준주지사는 대통령 확인을 거쳐 신속하게 군정을 선언했다. 이러한 조치 자체가 일본계 주민의 위험성에 대한 군사적 필요를 이유로 하고 있었고 미군은 사전 계획에 따라 12월 8일까지 391명의 일본계 주민일본인과 일본계 시민을 구속해 샌드섬Sand Island에 설치한 수용소로 보냈다. 이들은 일본어 학교 교사나 불교·신도 관계자, 신문기자 등 파괴 활동 가능성과 무관하게 미군이 일본계 주민의 지도자로 지목한 사람들이었다. 1942년 2월 17일에 그중 172명이 본국의 수용소로 이송되었다. 이후 일본인·일본계 시민에 대한 간첩·파괴 활동 조사에서 미군이 충성을 증명할 수 없다고 판단한 사람들도 강제 수용 대상이 되었다. 종합하면 1945년까지 하와이 일본계 주민 중 1,466명이 하와이 각지의 수용소로 보내졌고, 이들 중 일부를 포함한 1,875명이 본국의 수용소로 보내졌다.[130]

일본계 주민 이외의 강제 수용 대상이 적성 외국인독일인, 이탈리아인에 한정된 것에 비해, 일본계 주민에 관해서는 전술한 바와 같이 일본인Japanese aliens과 일본계 시민Japanese citizens이 함께 대상이 되었다. 일본계 주민은 국적에 관계없이 파괴 활동을 할 가능성이 있는 '인종Japanese race'으로 취급되었던 것이다. 이 중대한 차이는 미국 본국[주로 서해안]에서의 일본계 주

12.8; 島田法子, 『戦争と移民の社会史—ハワイ日系アメリカ人の太平洋戦争』, 現代史料出版, 2004, 27~32쪽; Stetson Conn, Rose C.Engelman and Byron Fairchild, *Guarding the United States and Its Outposts*, Washington, D.C. : Office of the Chief of Military History, Department of the Army, 1964, p.193.

130 Okihiro, *Cane Fires*, pp.204~224·244~246·267.

민 강제 퇴거와 동일했다[보론 2 참조]. 다만, 본국의 강제 퇴거·수용 범위가 일본계 주민 전체였던 데 비해 하와이는 일본계 주민의 일부뿐이었다. 이는 하와이의 일본계 주민들의 인구 규모 때문에 전체를 퇴출시키기가 극히 어려울 뿐 아니라 제당업과 군수 노동력으로 필수적이라고 인식되었기 때문이었다. 그래서 이들은 군정에 의해 감시를 받게 되었다.[131]

군정하에서 현저하게 증대된 충성 증명 압력은 하와이 일본계 시민들의 시민권에도 심각한 영향을 미쳤다. 1942년에 치러진 선거에서 공화당은 일본계 시민의 입후보 자숙을 제안했다. 공화당 현직 일본계 시민 중 2명은 이를 따랐으나, 카우아이섬의 4명은 불복해 모두 재선에 성공했다. 이들은 미국 전역의 거센 비판을 받아 사퇴해야 할 희생양이 되었지만, 그로 인해 '충성', '애국심'을 보여줬다는 찬사를 받았다.[132]

일본계 시민남자에게 충성 증명의 거의 유일하고 유효한 수단이 된 것은 병역이었다. 미일 개전 후 일본계 시민은 징병 자격상 '적성 외국인'으로 분류되어 징병이 정지되었다. 개전 전 종군하던 일본계 병사 중 지원병 300여 명은 제대했는데, 이들의 항의와 요청에 따라 군속으로 재배치되었다. 한편, 일본계 소집병 약 1,400명은 무장해제된 후 1942년 5월 본국 주둔지로 이송되어 제100보병대대로 편성된 후 훈련에 종사했다. 1943년에 미군은 하와이 일본계 시민들의 강력한 요청 및 보론 2에서 살펴볼 본국 일본계 미국 시민 협회Japanese American Citizen League, 이하 JACL의 요구에 따라 지원병을 모집하는 한편 제100보병대대를 유럽 전선에 파견했다. 당초 지원병 배정은 본국 3,000명, 하와이 1,500명이었다. 그러나 수용소

---

131 위의 책, pp.226·237~243·270~271.
132 위의 책, pp.235~236; "Proof of Loyalty", *Nippu Jiji*, Oct 16, 1942.

생활을 해야 했던 본국 서해안의 일본계 시민들에게 충성 등록 절차를 통해 미국에 대한 충성과 함께 종군 의사를 물은 결과[보론 2 참조], 지원자 1,256명, 입대자 800명에 그친 것과 대조적으로 하와이에서는 1만 명 가까운 일본계 시민이 지원했고 2,686명이 입대했다. 이리하여 본국·하와이 지원병에 의해 편성된 제442연대는 1944년 유럽 전선에서 제100보병대대와 합류했다. 이들 이른바 일본계 2세 부대는 많은 희생자를 내면서 일본계 시민의 충성을 증명하는 데 성공했다. 지원병 이외의 일본계 시민도 1944년 이후 징병에 의해 병역을 이행했다.[133]

반면, 미국 시민임에도 불구하고 강제 수용 대상이 된 일본계 시민 중 일부는 거듭된 충성 증명 요청에 저항하기에 이르렀다. 본국 수용소로 보내진 일본계 시민들은 1943년 이후 서해안의 일본계 시민들과 함께 앞서 언급한 충성 등록 대상이 되었지만, 이들 중 일부는 충성 선서를 거부했다. 더욱이 연방정부가 1944년 시민권 포기법을 제정하자, '불충성자'나 일본 '귀국' 희망자를 중심으로 하는 2세가 시민권[국적 포함] 포기를 신청했다. 이러한 행동은 미국 시민인 그들의 강제 수용을 부당하다고 항의하는 성격이 강했다. 연방정부가 일본에 '송환'해야 할 대상으로 규정한 시민권 포기자 중 2세는 본국과 하와이를 합쳐 5,589명이었고, 그중 하와이 출신은 275명이었다. 이들 중 2,000여 명은 전쟁 종결 직후 실제로 일본으로 '송환'되었다[보론 2].[134]

미일전쟁은 이상과 같이 하와이 일본계 주민의 처지를 일변시켰을 뿐만

133 Nakasone, *The Nisei Soldier*, pp.39~61; Okihiro, *Cane Fires*, pp.249~252; 島田, 『戦争と移民の社会史』, '제3장'; 村川庸子, 『境界線上の市民権─日米戦争と日系アメリカ人』, 御茶の水書房, 2007, 49쪽.
134 Okihiro, 위의 책, pp.260~267; 村川, 『境界線上の市民権』.

아니라, 하와이 아시아계 주민들에게 각각의 출신국·지역과 일본·미국과의 관계에 따른 처지 변화를 가져왔다.

오키나와계 주민들은 일본이 미국의 적국이 된 결과, 야마토계 주민내지인과의 관계에서 스스로를 '일본인'과는 다른 '오키나와인'이라고 인식할 수 있게 되었다. 그러나 미국의 입장에서 오키나와계 주민은 전적으로 적성 외국인·적성 시민인 일본계 주민의 일부였다. 그리고 오키나와계 주민이 일본계 주민으로서 위에서 서술한 군정이나 강제 수용, 2세 시민의 종군 등의 전시 경험을 공유한 것은 오키나와계 주민과 야마토계 주민 사이에 있던 장벽을 무너뜨리는 역할도 했다.[135]

조선계 주민들은 미일전쟁이 조선의 독립을 가져올 것이라고 예상하고 개전을 환영했지만 조선인1세이 일본 국적 보유자여서 적성 외국인으로 지정되어 강한 충격을 받았다. 조선인은 강제 수용 등의 대상이 되지 않았고, 조선계 시민2세은 적성 시민으로 취급되지 않았지만, 조선인의 입장에서 일본제국 신민으로 인정된다는 사실 자체가 받아들이기 어려웠다. 조선계 주민들은 연방정부·미군부에 적성 외국인 지정을 해제하고 한국 임시정부의 승인을 요구하는 운동을 벌였고, 나아가 조선은 미국의 동맹국이라고 호소했다.[136]

이 조선계 주민의 운동이, 전쟁 목적의 하나로 미국이 내세운 민족자결 원칙과 밀접하게 관련되어 있었기 때문에 1942년 시점에서 미군부는 조선 독립 승인 요구에는 의문을 품으면서도 조선인을 '우호 외국인'으로 인

---

135 Sakihara, "An Overview of the Past 80 Years", pp.114~115; Ige, "An Okinawan Nisei in Hawaii", pp.158~160.

136 Patterson, *The Ilse*, pp.181~183·195~200.

정할 가능성을 고려했다. 그리고 1943년 12월 미국·영국·중국이 카이로 선언을 통해 조선의 해방과 독립을 표방한 직후 하와이의 조선인들은 적성 외국인 외출금지령 지정에서 해제되었고, 1944년 5월에는 적성 외국인 지정 자체가 해제되었다. 조선인 적성 외국인 지정이 오래 유지된 까닭은 이들의 요구를 인정하면 '타이완인이나 오키나와인'에도 같은 지위 변경을 허용해야 한다는 이유도 있었다. 제2차 세계대전의 전개 속에서 미국이 조선의 독립을 인정한 결과 하와이 조선인은 일본 국적 보유자라는 입장을 벗어나게 되었다.[137]

중국계 주민은 미국과 중국이 연합국으로 동맹을 맺은 결과 일본계 주민과는 대조적으로 상황이 호전되었다. 특히 큰 변화는 1943년 연방의회가 배화법을 폐지한 것이다. 이에 따라 '중국 인종'의 입국이 연 105명의 할당이기는 하지만 허용되었고, 또 '중국인 및 중국계 사람들'에게는 다른 이민자와 같은 조건으로 귀화권이 주어졌다. 하와이의 중국인 1세도 미국 시민권 획득이 가능해진 것이다. 결과적으로 이는 미국이 오랫동안 유지한 아시아인 이민 금지정책을 전환하는 첫 번째 계기가 되었다.[138]

다만 배화법 폐지 등 중국계 주민의 처지 개선은 미국과 중국이 동맹국이 된 결과였고 중국계 주민 자신의 요청을 감안한 것은 아니었다. 한편, 하와이에서 1943년 일본어 학교를 표적으로 한 외국어 학교 학년 제한법이 준주의회를 통과했고 이에 대해 중국어 학교는 이의신청을 했다.[139] 미국과 중국이 일본과 교전하는 상황에서도 하와이의 일본계 주민과 중국계

---

137 위의 책, pp.203~205.
138 Roger Daniels, *Asian America : Chinese and Japanese in the United States since 1850* (Seattle and London : University of Washington Press, 1988), pp.186~199.
139 Daniels, *Asian America*, pp.197~198; Okihiro, *Cane Fires*, pp.234~235.

주민 사이에는 일정한 처지와 이해관계가 공유되었던 것이다.

또한, 미국 시민으로 병역을 지는 것도 일본계 주민을 포함한 아시아계 주민들이 제2차 세계대전에서 공유하는 처지였다. 하와이에서 군복무를 한 아시아계 시민남자은 일본계 시민뿐 아니라 중국계·조선계·필리핀계 시민도 포함되어 있었다. 이들에게 미군으로서 종군하는 것은 각각의 조국을 침략·지배하는 일본과의 전쟁이라는 의미도 있었지만, 한편으로 일본계 시민과 마찬가지로 종군이 인종주의를 불식시키고 미국 시민으로서의 대등한 지위를 얻을 수 있는 수단이라는 의미도 있었다. 특히 필리핀인 1세은 미국 국적 보유자이면서도 시민권이 없어 종군 자격이 없었다. 미국 전역의 필리핀인들의 운동에 의해 연방정부는 1942년 1월에 그들을 미국 시민으로 재분류하여 종군을 허가했다.[140]

이하에서는 전후 하와이의 일본계·아시아계 주민의 귀추에 대해 개관하고자 한다. 백인 지배층을 중심으로 한 호놀룰루 상업회의소는 1942년 12월에 하와이의 군정을 환영하며 헌법에 의한 통치 부활에 반대하는 의견을 대통령에게 전달해 연방정부를 곤혹스럽게 했다. 군정 통제하에서 아시아계 주민의 값싼 노동력을 얻을 수 있었기 때문에 속령 통치 이상으로 유익하다고 본 것이다. 그러나 군정은 1944년 10월에 군부가 일본인·일본계 시민의 강제 수용 권한 등을 보유한 상태로 해제되었다. 강제 수용되었던 하와이의 일본계 주민은 1945년 7월부터 12월까지 석방·송환되었다. 하와이 군정은 1946년 2월 연방대법원에서 헌법 위반으로 판정되었다.[141]

---

140 Bell, *Last among Equals*, p.83; Baldoz, *The Third Asiatic Invasion*, pp.205~208; Patterson, *The Ilse*, pp.194~195.

141 Bell, 위의 책, pp.85~86; Okihiro, *Cane Fires*, pp.268~270; 相賀, 『五十年間のハワイ回顧』, 681~685쪽.

헌법에 의한 통치가 부활된 전후 미국령 하와이에서 아시아계 시민의 정치 진출과 그에 따른 민주화의 진전은 전쟁 전보다 튼튼하게 이루어졌다. 아시아계 유권자는 한층 증대되었고, 또한 일본계 시민의 정치 참여에 대한 종래의 비판은 2세 병사의 종군을 상징으로 하는 충성 증명에 의해 기각되었다. 일본계 시민들은 다른 아시아계 시민들과 제휴하여 정치 참여를 통해 하와이 백인 지배층의 사회적·경제적 기득권에 도전하는 동시에 하와이 입주를 통한 자치와 시민권 확충을 요구하는 운동을 전개해 나갔다.[142] 일본의 패전과 탈제국화는 하와이의 아시아계 주민들이 현지 사회에서 관계를 구축하는 데 장애물을 제거했다고 할 수도 있을 것이다.

또한, 연방의회는 1952년에 1924년 이민법에서 지정된 '귀화 불능 외국인' 카테고리를 철폐한 이민국적법McCarran-Walter Immigration Act을 제정해 중국인뿐만 아니라 일본인과 조선인에게도 인원할당제에 의한 입국 및 시민권 획득이 가능하도록 했다.[143] 인종주의를 강하게 남기면서도 미국은 아시아계 주민의 국민 통합으로 방향을 틀었던 것이다.

이상과 같이 아시아태평양전쟁기 하와이의 일본계 주민들은 일본의 동아시아 침략이 초래한 적대감과 일본계 시민의 정치 진출에 대한 백인 지배층의 압력의 결합으로 곤경에 처했다. 아시아계 주민 간에는 백인 지배층에 대한 처지나 이해관계의 공유가 있었고, 또 일본계 주민의 인구 규모 때문에 충돌은 표면화되지 않았지만, 일본의 침략이나 제국 지배로 인해 일본계 주민은 전체적으로 고립되었다고 할 수 있을 것이다. 미일전쟁 그리고 일본의 패전과 탈제국화를 계기로 하와이 일본계 주민들은 미국 시

---

142 Bell, 위의 책, pp.84~91·109~119·140~161.
143 Daniels, *Asian America*, pp.305~306.

민으로서의 국민 통합을 거스를 수 없는 선택으로 여기고 인구 규모에 상응하는 정치세력을 획득해 나갔다. 이리하여 하와이에서 민족으로서의 일본계 주민은 일본이라는 국가로부터 분리되어 간 것이다.

다만, 일본의 패전과 탈제국화로 전후 하와이 일본계 주민들이 완전히 일본과의 유대를 잃은 것도, 동아시아 정치 변동과 무관해진 것도 아니었다. 우선 하와이 일본계 주민들은 전후 곧바로 일본난민구제위원회를 조직해 미국 라라(LARA, Licensed Agencies for Relief in Asia, 아시아구제연맹)를 통해 구호물자를 기증했다. 일본계 주민은 일본이라는 국가에서 이탈해도 향토와의 유대는 잃지 않았다고 할 수 있다. 더구나 1세 중 일부는 일본 승리를 믿는 '전승파'가 존재하여 일본 구제운동과는 대항관계에 있었다. 그들은 브라질의 일본계 주민과 마찬가지로[보론 2], 군정하의 하와이에서 스스로 고립을 심화시켜 일본국가에의 귀속 의식을 강화하고 있었던 것이다. '전승파'는 1946년 이후 영향력을 잃었고 일부는 상이군인 원호운동으로 전환하며 패전을 인정했지만, 이후에도 끈질기게 활동을 이어가는 자가 있었다. 하와이에서 일본으로 보낸 라라 물자에는 호놀룰루의 중국계 주민 회사의 '상당액'의 기부가 있었다. 이는 아마도 일본계 주민과의 관계 복원 의사에 따른 것으로 보인다.[144]

다음으로 하와이 오키나와계 주민들은 미국의 오키나와 지배의 영향을 강하게 받으면서 민족의식을 변용시켰다. 전후에 이들은 한편으로는 일본 구제운동에 참여했고, 또 일부는 '승전파'에도 가담했으나 한편으로 지상전을 거쳐 미군에 점령된 오키나와의 참상을 알게 되면서 이하 후유(伊波普猷

---

144 相賀, 『五十年間のハワイ回顧』, 691쪽; 島田, 『戦争と移民の社会史』, '제7장'.

등 도쿄의 오키나와인이나 미국 본국·남미의 오키나와계 주민들과 호응하여 오키나와 구제운동을 시작했다. 1951년 샌프란시스코 강화조약 체결에 즈음하여 미국에 의한 오키나와琉球諸島 통치의 지속이 결정되자, 이들은 '하와이 오키나와인 연합회'를 결성했다. 오키나와계 주민들 사이에서는 오키나와의 미국령화와 일본 복귀를 둘러싼 논쟁이 벌어졌고, 또 '오키나와인'만의 단체를 만드는 데 이견도 있었다. 한편 미군은 일본 복귀운동이 격화되는 오키나와의 통치 안정을 위해 하와이 오키나와 주민들을 '류큐계 미국인'이라고 부르며 미국 통치하의 오키나와인琉球人과 교류시켰다. 그러나 1972년 오키나와가 일본에 복귀하자 하와이 오키나와인 연합회는 '하와이 오키나와현인 연합회'로 개칭되었다.[145] 오키나와의 정치적 귀속 변동이 하와이 오키나와계 주민들의 민족의식에 강한 영향을 준 것이다.

야마토계 주민과의 관계 변화와 전후 오키나와 통치를 둘러싼 변동을 거치면서 하와이의 오키나와계 주민은 오키나와계이자 일본계이며 동시에 미국 시민이라는 자기 인식을 가질 수 있게 되었다.[146] 다만, 오키나와계 1세인 와쿠가와 세이에이湧川清栄의 다음 발언1988년이 보여주듯이, 오키나와인이자 일본인이라는 이들의 의식은 하와이의 민족 간 정치에도 규정되어 있었다.

오키나와계는 기껏해야 하와이에서 4만 명 정도예요. 그런데 일본인 전체

---

145 Sakihara, "An Overview of the Past 80 Years", pp.115~119; 北米沖縄人史編集委員会, 『北米沖縄人史』, 北米沖縄クラブ, 1981, 185~310쪽; 岡野宣勝, 「占領者と被占領者のはざまを生きる移民ーアメリカの沖縄統治政策とハワイのオキナワ人」, 『移民研究年報』 13, 2007; 島田, 『戦争と移民の社会史』, '제7·8장'.
146 예를 들면, Ige, "An Okinawan Nisei in Hawaii", pp.159~160.

를 따지면 25만 명이나 됩니다. 하와이 인구의 4분의 1을 차지하고 있습니다. 오키나와계가 일본인의 일부여야만 일본인과 같은 정치세력을 가지고 사회에서 일할 수 있는 것입니다. 그런데 오키나와인이 일본인이 아니라고 하면 불과 4만 명으로는 중국인, 한국인과 같은 정도의 정치세력밖에 가질 수 없게 됩니다.[147]

하와이의 대부분의 주민이 미국 시민이 된 후에도 민족집단의 정치 대표가 필요하다는 인식은 계속 존재했다. 한편, 미국의 한 주가 된 하와이는, 인구 규모가 '정치세력'과 등가가 되었다. 그러므로 인구 규모는 민족의식을 규정하는 한 요인이 되었던 것이다.

6. 나가며

미국령 하와이의 일본계 주민은, 미국의 속령준주이 된 하와이에, 백인 지배층이 경영하는 사탕수수 농장의 값싼 아시아계 노동력의 일부로서 이주했다. 20세기 전반에 하와이 인구의 60% 전후를 차지한 아시아계 주민 중에서도, 일본계 주민은 하와이 최대의 민족집단이 되었다. 아시아계 주민들은 준주 통치하의 하와이에서 실권을 장악한 소수 백인 아래 '동양인'이라는 처지를 공유하고 있었다. 그러나 동시에 아시아계 주민들은 각각 귀화 불능 외국인인 1세를 중심으로 각 출신지역과의 유대를 유지하고 있

---

147 湧川清栄,「ハワイ沖縄県人のアイデンティティ」, 湧川清栄遺稿・追悼文集刊行委員会 編, 『アメリカと日本の架け橋・湧川清栄』, 156~157쪽. 와쿠가와는 1969년에 미국 시민권을 취득했다(湧川清栄,「ハワイ沖縄県人のアイデンティティ」, 414쪽).

었으며, 이에 따라 일본과 중국과의 관계와 일본의 오키나와·한국 지배는 아시아계 주민 간의 관계에 강하게 영향을 미쳤다.

제1차 세계대전부터 전후에 걸쳐 일본의 대중국 21개조 요구에 반발하는 중국계 주민의 내셔널리즘과 3·1독립운동에 호응하는 조선계 주민의 내셔널리즘이 함께 고양되어 일본계 주민과의 긴장관계가 발생했다. 일본계 주민들에게 특히 문제였던 것은 백인 지배층의 배일운동이 중국계·조선계 주민들의 일본 비판과 결부되는 것이었다. 백인 지배층은 일본계 주민들의 노동운동과 2세 시민들의 향후 정치 참여를 경계하여 일본어 학교 등에 대한 압박을 강화하고 있었다. 일본계 주민들은 일본국가와 스스로를 구별해 백인 지배층의 배일 압력이나 중국계·조선계 주민과의 충돌을 피하는 한편, 중국계 주민들의 보이콧에 대해서는 자신들의 인구 규모를 이용해 자제를 촉구했다.

1920년대에는 일본계 주민과 중국계 주민 사이에 동양인계 시민의 정치 참여라는 공통된 관심이 생겨났다. 백인 지배층과 미군은 군사거점인 하와이에서 일본계 시민이 정치에 참여하는 것을 국방상 위기라고 주장하며 미국화운동을 추진했는데, 이는 외국어 학교 단속법 등 중국계 주민들이 일본계 주민들과 이해관계를 공유하는 쟁점을 가져왔다. 또한, 중국계 하와이 출생 시민이 일본계 시민보다 빠르게 정치에 진출하자, 일본계 주민들은 일본계 시민의 선례로서 기대를 걸었던 것이다. 다만 마우이 중일 시민협회의 예를 제외하고 '동양인계 시민'의 단결은 찾아볼 수 없었다. 또한, 유권자 인구가 극히 적었던 조선계·필리핀계 주민들은 '동양인계 시민'에 대한 관심의 바깥에 있었다.

만주사변 이후 일본의 중국 침략과 그에 따른 미일관계 악화는 하와이 일본계 주민들을 궁지에 몰아넣었다. 일본계·중국계 주민이 함께 출신국에 대한 내셔널리즘을 고양시켜 중국계 주민과의 긴장관계가 생겼을 뿐만 아니라, 미일전쟁의 가능성이 높아지면서 일본계 시민들의 미국에 대한 충성도가 중대한 정치 쟁점이 되었던 것이다. 일본계 시민들의 정치 진출 확대와 하와이 입주운동의 본격화는 충성 증명 압력을 키웠다. 일본계 시민의 상당수가 일본 국적을 보유하고 있었던 것은 비판의 대상이 되었으며, 특히 중일 개전 후부터 미일 개전 직전기에는 국적 이탈운동이 이루어졌다.

미일 개전 후 하와이에는 곧바로 군정이 설치되었고 일부 일본인·일본계 시민이 강제 수용되는 동시에 다른 일본계 주민들은 감시하에 놓였다. 하와이 최대의 민족집단이었던 일본계 주민은 서해안의 일본계 주민과 달리 전체 주민의 퇴거보다 노동력으로서의 확보가 우선시되었다. 일본계 시민남자의 종군에 의한 충성 증명 등을 발판으로 전후의 일본계 주민은 미국 시민으로서의 완전한 통합을 향해 나아갈 수 있었다. 일본계 주민과 중국계·조선계 주민의 관계는 전시하 미국과 중국의 동맹, 미국의 조선 독립 지지, 그리고 일본의 패전과 탈제국화에 의해 변화되었다. 또한, 일본계 주민 내부의 오키나와계 주민의 위치는 전쟁 경험과 전후 미국의 오키나와 지배에 따라 변용되었다. 대체로 전후 하와이의 일본계 주민은 일본과의 유대를 유지하면서도 일본국가에서는 이탈하여 다른 아시아계 주민과 함께 미국 시민으로서 인구 규모에 비례한 정치세력 획득을 추구했다.

20세기 전반의 미국령 하와이는 미국의 속령이자 일본계 주민들의 이주 식민지였다. 다만 그것이 백인 지배층이나 하와이 주둔 미군이 미국화 운동 과정에서 주장했듯이 하와이 일본계 주민들이 일본의 아시아태평양

전략의 연장선상에 있었다는 의미는 아니다. 하와이에서 일본계 주민이 가장 큰 민족집단을 형성한 것은 사탕수수 농장의 노동력으로 대량 도입된 이들이 현지 정주를 선택한 결과일 뿐이다. 그럼에도 불구하고 이를 단순 이민이 아닌 이주 식민지화로 보는 것은 첫째, 일본계 주민의 인구 규모 자체 때문이며 둘째, 일본계 주민과 일본과의 연계가 그들의 하와이 정주지향성과 동시에 다양한 형태로 지속되었기 때문이다.

우선 미국령 하와이는 당초 소수의 백인 식민자가 원주민 하와이인과 함께 정치권력을 장악하고 있었다. 그러나 일본계 주민은 인구상 최대 민족집단이 되었을 뿐만 아니라 하와이 출생자의 미국 시민권을 통해 하와이 민족 간 권력 배분에 큰 폭의 변동을 가져왔다. 백인 지배층이 배일·미국화운동을 벌이고, 또 1930년대 중반까지 하와이의 본국 편입입주에 부정적이었던 것은 이런 의미에서 일본계 주민들의 이주 식민지화 저항이었다고 이해할 수 있다. 무엇보다 일제 치하의 타이완·조선 지방 선거나 '만주국' 협화회에서 제도 조작을 통해 일본인이 인구비 이상의 대표를 얻은 것과는 달리[보론 1, 제6장] 인종별 참정권이나 위원회제 등의 제안은 실현되지 못했고, 이와 유사한 조치는 전시하 군정에 그쳤다.

다음으로 일본계 주민들은 일본 국가권력의 보호를 통해 하와이에 정착한 것이 아니라, 미국 통치하에서의 안정적 발전, 2세의 미국 시민으로서의 국민 통합을 지향했다. 그러나 동시에 일본 정치 사회의 일부로서의 성격을 계속 가지고 있었고 1세귀화 불능 외국인 및 일부 2세미국 시민의 일본 국적 보유뿐만 아니라 일본으로의 원격지 내셔널리즘 형성도 현저했다. 나아가 동아시아에서의 일본의 제국화로 아시아계 주민들 사이에서 민족집단 간에 민족주의가 충돌했고 식민주의도 지속되었다. 일본계 주민이 최대의 민족집단이었던 것은, 다른 아시아계 주민과 일본계 주민의 관계 악화를 피하는 요인이 되었다. 하와이의 아시아계 주민 중 일본계 주민은 한편으로 정치 참여를 통한 백인 지배 시정을 위해 '동양인계 시민'의 형성을 지향하면서, 다른 한편으로는 출신국·지역 간의 관계를 둘러싼 분쟁에서는 다수파로서의 영향력을 행사한 것이다.

이러한 일본계 주민에 의한 미국령 하와이의 이주 식민지화는 아시아태평양지역에서의 활발한 인구 이동과 미일 양 제국의 형성의 귀결이자 하와이라는 지역을 미국 국민국가 규범 외부에 두는 결과를 만들었다고 할 수 있다. 하와이의 속령 통치야말로 대규모 일본계 주민의 존재, 일본계 시민의 정치 참여를 허용시킨 것이다. 그러나 1930년대에 한편으로 미일이 적대하고 다른 한편으로는 하와이 백인 지배층이 본국 편입을 요망하게 되자 일본계 주민들은 2세 시민의 이중국적 비판을 비롯해, 미국의 국민국가 규범과 인종주의 압력에 본격적으로 직면했다. 그리고 제2차 세계대전을 통한 국제질서의 변용과 일본계 주민 자신의 전쟁 경험에 의해 그들은 일본 국가의 연장이라는 측면을 버리고 미국 시민으로서의 통합을 지향하는 민족집단이 되어 갔다.

남북미의 일본계 주민과 제2차 세계대전

1. 들어가며

근대를 통틀어 일본인의 주요 이주지 중 하나였던 남북미 지역에는 유럽 각국에 의한 이주 식민지화를 거쳐 형성된 나라들이 존재했다. 이들 나라에서는 유럽계백인 이민이 원주민에 대해 지배적 지위를 차지했고, 나아가 중국이나 일본 등지에서 온 아시아계 이민이 노예제[주로 아프리카계 이민] 폐지 후 저렴한 노동력으로 도입되는 구조가 널리 나타났다.[1] 각도를 바꾸어 보면, 유럽계 이민과 아시아계 이민 사이에는 인종주의와 결합된 지배-종속관계가 있었지만, 원주민과 대비하면, 양자는 모두 이 지역의 개발을 위해 이주한 식민자였던 것이다.

---

1 園田節子, 『南北アメリカ華民と近代中国──一九世紀トランスナショナル・マイグレーション』, 東京大学出版会, 2009; 貴堂嘉之, 『アメリカ合衆国と中国人移民──歴史のなかの「移民国家」アメリカ』, 名古屋大学出版会, 2012.

이상에서 서술한 것은 기본적으로 제7장에서 검토한 하와이의 사례에도 해당된다. 여기에서 유추할 수 있듯이 남북미의 일본계 주민[일본인 이민과 현지 태생 일본계인]의 역사에 공통된 특징은 이들이 일본과의 유대를 유지하면서 남북미 각국에서의 정주와 발전을 추구하는 민족집단이 되었다는 점이다. 단, 남북미에서는 하와이와 달리, 일본계를 포함한 아시아계 주민은 인구상의 마이너리티였다. 그로 인해 일본계 주민들은 현지에서 중대한 영향력을 가진 민족집단이 아니며 그 지위는 하와이에서보다도 더 불안정한 것이었다.

일본이 미합중국을 비롯한 연합국들과 대결한 전쟁은 남북미의 일본계 주민의 처지를 바꾸어 다른 아시아계 주민들과는 다르게 만들었다. 이 전쟁은 남북미 국가 전체를 끌어들였기 때문에 각지의 일본계 주민들의 경험은 상당 부분 공통되었다. 다만 전쟁에 대한 각국의 관여 차이나 각국에서 일본계 주민의 지위의 차이에 따라 각각의 경험은 달랐다.

이 보론에서는 대표적 사례로 미국, 캐나다, 브라질, 페루를 중심으로 일본계 주민의 이민, 정착 과정과 전쟁 경험에 대해 논하고자 한다.

2. 남북미 각국에서의 일본계 사회 형성

미국 미합중국으로의 일본인의 도항은 1885년 이후에 본격화되었다. 주요 구성은 학생과 기업가, 그리고 특히 이주 노동자였다. 일본에서의 자본주의 경제 침투에 따른 농민층의 분해를 배경으로 하와이 이상의 임금이 예상되는 미국에서의 이주 노동은 주목되었다. 일본의 세력을 평화적으로 '팽창'시킨다는 국가주의 이데올로기와 개인적인 '성공', '입신출세'의 이데올로기가 뒤섞여 도미는 성행했다. 일본인은 주로 캘리포니아주 등 서해안 주들에 생활의 거점을 두고 농업 등에 종사하며 정주를 지향하는 사람도 증가했다.[2]

일본인 노동자의 증가에 대해, 19세기 말에는 백인 노동자를 중심으로 배일운동이 높아졌다. 이미 중국으로부터의 이민은 1882년의 배화법으로 금지되어 있었지만, 이를 대신하는 저렴한 노동력으로 도입된 일본인 역시 새로운 '동양인'으로서 배척의 대상이 되었던 것이다. 1900년에 일본 외무성은 미국 본토로의 일본인 도항을 거의 전면적으로 금지하고, 1902년 이후에는 노동자에 한하여 도항 금지를 계속했다. 이 때문에 입국이 금지되지 않았던 미국령 하와이에서 전항轉航하거나 멕시코로 입국해서 미국 본토로 들어오는 일본인이 급증했지만, 1907년에는 시어도어 루스벨트 Theodore Roosevelt 대통령의 행정명령으로 하와이로부터의 전항도 제3국으로부터의 입국도 금지되었다. [그 후에도 일본인의 불법 입국은 계속되었다.] 1908년에는 미일신사협약에 의해 신규 미국 이민은 금지되었다. 이후에도 가족 초청을 통한 이민은 가능했기 때문에 이미 이민 간 독신 남성과 결혼하는 여성[이른바 사진 신부]을 비롯한 일본인은 활발히 도항했지만, 1924년에는 미국의 이민법 개정으로 일본으로부터의 이민은 전면 금지되었다. 미국 본토의 일본계 주민 인구는 1920년 시점의 111,055명[그중 미국 출생자는 29,672명, 26.7%]에서 1933년에는 138,834명[미국 출생자 68,357명, 49.2%], 1940

2   ユウジ・イチオカ, 富田虎男ほか訳, 『一世－黎明期アメリカ移民の物語り』, 刀水書房, 1992, '제1~4장'; 東栄一郎, 飯野正子監訳, 『日系アメリカ移民 二つの帝国のはざまで－忘れられた記憶 一八六八~一九四五』, 明石書店, 2014, '제1장'.

년에는 126,947명[미국 출생자 79,642명, 62.7%]의 추이를 보여 미국 출생자가 증가하는 한편, 1세의 급감으로 전체 인구가 점진적으로 감소했다. 이는 1924년 이후 이민 금지와 더불어 1세를 중심으로 일본 귀국자가 증가했기 때문으로 추측된다.[3]

미국의 일본인 이민자들은 고향 친족에 대한 송금 등을 통해 일본 사회와의 유대를 유지했을 뿐만 아니라, 그들이 일본국가와 연결고리를 끊기는 어려웠다. 우선 일본인1세은 미국 국적을 취득할 수 없는 귀화 불능 외국인이었다. 귀화권이 '자유로운 백인'과 아프리카계 주민으로 한정되었을 뿐만 아니라 1882년의 배화법은 중국인의 귀화권을 부정했다. 그 후 일본인의 귀화가 예외적으로 인정된 경우는 있었으나, 1906년에는 행정조치에 의해 완전히 금지되었다. 다음으로 아시아계 주민에 대해서도 미국 출생 2세에게는 시민권이 부여되었지만, 일본 국적법1899년은 일본인일본 국적 보유자을 아버지로 하는 자에게 국적을 부여했기 때문에 양국에 출생신고가 이루어진 일본계 2세는 자동적으로 이중국적자가 되었다[제2·3·7장 참조]. 더욱이 일본 정부도 일본의 행정권이 미치지 않는 미국의 일본인 이민을 일본 국적을 통해 통제하려고 했다. 일본 외무성 샌프란시스코 총영사는 1908년 이후 일본인 이민 지도자에게 재미일본인회를 조직하게 하고, 1909년에 일본인에게 의무화된 영사관에서의 재류등록 증명 권한을 일본인회에 부여했다. 일본인회를 일본 정부의 하부기관화함으로써 이민을 통제했던 것이다.[4] 이는 제3장에서 논한 미국령 하와이의 중앙일본

---

3   イチオカ, 『一世』, 60~80·271~281쪽; Roger Daniels, *Asian America : Chinese and Japanese in the United States since 1850*, Seattle and London : University of Washington Press, 1988, pp.155~156.

4   イチオカ, 『一世』, 175~182·218~236쪽; 東, 『日系アメリカ移民』, '제2장'.

인회와 매우 비슷하지만, 이 모임은 이 시점에서는 이미 해체되었으며 이후 하와이에서 동종의 일본인회는 실현되지 않았다.

아울러 아래에서도 언급하듯이 미합중국 이외의 남북미 국가들은 아시아계 이민자들에게도 원칙적으로 귀화권을 허용하고 있었다. 한편 일본인을 아버지로 하는 2세가 이중국적이 된 것은 출생지주의로 국적을 부여하는 남북미 국가들의 공통된 현상이었다.

미국에서는 배일운동이 전개되는 가운데 1913년에 캘리포니아주에서 외국인토지법 개정으로 귀화 불능 외국인의 토지소유권이 부정된 것을 비롯하여 1910년대부터 1920년대에 걸쳐 차지借地권 등을 포함한 일본인의 농업경영상 권리가 대폭 제한되었다. 이에 일본인은 법정 투쟁을 시도했으나 패배로 끝났고, 또한 1922년에는 오자와 다카오小沢孝雄 시소試訴의 패배[5]로 인해 일본인의 귀화권이 법적으로도 부정되었다. 1924년의 이민법 개정은 이러한 일본인 배척 합법화의 도달점이었다. 일본인 이민은 백인 지배하의 미국에서 마이너리티 집단으로서의 민족의식을 강화하는 한편, 시민권을 가진 2세의 성장에 기대를 걸었다.[6] 2세의 이중국적은 배일운동 측이 2세의 시민권 박탈을 주장하는 근거가 되었기 때문에, 미국 본토 각지 일본인회의 일본 정부와 의회에 대한 운동에 의해, 일본 국적법은 1916년의 개정으로 2세의 국적 이탈 규정이 만들어졌고, 나아가 1924년의 개정으로, 만 17세 이상의 남자는 일본에서의 병역을 종료하지 않는 한 국적을 이탈할 수 없다는 규정도 폐지되었다.[7] 2세의 시민권은 일본계 주민이 미

---

5 [역주] 오자와 다카오가 일본인회의 지원으로 귀화권 확립을 요구하며 연방대법원의 법적 판단을 구하는 소송을 제기했으나 1922년에 인종적 차이를 이유로 일본인 이민은 미국 시민권 획득의 은혜를 입을 수 없다는 판단을 받고 패소했다.
6 イチオカ, 『一世』, '제4~6장'; 東, 『日系アメリカ移民』, '제3장'.

국에서 안정적으로 발전하기 위한 열쇠였고, 또한 토지소유권이 없는 일본인 1세에게 농지 취득을 위해서도 사활이 걸린 문제였다.

미국의 일본계 주민은 그 후에도 일본이라는 국가와 유대를 유지했다. 1세가 귀화 불능 외국인인 데 더해 일본 국적법 개정 이후에도 상당수 2세들은 일본 국적을 이탈하지 않았다. 1세는 종종 2세를 일본의 학교 교육을 시키는 등의 목적으로 일본에 보냈다. 또한, 앞에서 언급한 것처럼 미국에서의 생활을 마감하고 일본에 귀국하는 1세는 특히 1924년 이후에 증가했지만, 1세가 2세를 일본으로 데려간 경우, 그들은 이중국적 상태로 일본에서 살게 되었다. 또한 2세 중에는 인종 배척이 심한 미국에서는 곤란한 전문직에 종사할 기회를 찾아 일본으로 건너가는 사람도 있었다. 1934년 당시 미국 본토에는 약 7만 명, 하와이에는 약 10만 명의 2세 시민이 있었지만, 같은 시기에 일본에 있던 미국본토와 하와이 출생 '재일 2세'는 적어도 15,000명, 많으면 5만 명으로 추정되고 있었다. 재일 2세 중 일본에서의 생활과 교육을 거쳐 미국으로 돌아간 2세는 '귀미 2세'로 불렸다. 그러나 이처럼 일본과 미국이라는 두 국가를 아우르는 일본계 주민의 삶은 양국 간 긴장이 고조되는 가운데 곤란해졌다. 만주사변과 중일전쟁 당시 1세를 중심으로 한 일본계 주민들은 일본을 지원하는 운동을 벌여 중국계 주민의 보이콧과 백인들의 적대시를 초래했다. 일본에 있던 2세는 미국인으로서 경찰 당국의 감시를 받고 일본 사회에서도 박해를 받았다. 1940년에는 미국 국적법 개정에 따라 일본 국적을 이탈하지 않으면 시민권을 박탈당할 우려가 생긴 탓도 있어, 일본에서 귀미미국으로 귀국하는 2세는 급증했다.

---

7   坂口満宏, 『日本人アメリカ移民史』, 不二出版, 2001, '제7장'.

이들 귀미 2세는 미국의 충성 압력을 특히 강하게 받게 된다. 아울러 1940년 1월 말 시점에는 본토에 거주하는 일본계 시민 76,642명 중 14,000명 이상이 이중국적자로 추정되었다.[8]

캐나다 일본인의 영국령 캐나다연방 이주는 1880년대에 점차 증가하여 1890년대 말에 본격화되었다. 일본계 주민은 대부분 서해안의 브리티시컬럼비아BC주에 집중되었고 당초 주된 직업은 어업이나 제재소 노동이었다. 일본계 주민은 영국 본국이나 미국으로의 원료 공급지로서의 캐나다 개발을 담당하는 노동 이민의 일부가 되었던 것이다.[9]

캐나다에서는 현지 출생자가 캐나다 국적영국 신민이 될 뿐만 아니라, 아시아계 이민자 1세도 3년간의 거주를 조건으로 귀화해 캐나다 국적을 취득하는 것이 가능했다. 게다가 1892년 이후, 어업 자격증에는 캐나다 국적이 필요해졌기 때문에, 일본계 어업자는 필요에 따라 캐나다로 귀화했다. 1941년 시점에는 캐나다의 일본계 주민 약 22,000명 중 2세 시민이 76.6%, 귀화 시민이 14.5%, 일본인1세이 8.9%였다. 그러나 캐나다에서도 아시아계 이민의 배척은 합법화된 형태로 존재했다. 특히 BC주에서는 1872년에 중국계, 1895년 이후에는 일본계를 포함한 '아시아계 영국 신민'이 캐나다에서 출생한 2세까지 포함해 선거권에서 배제되었다. 또한 일본인의 귀화 자체도 1923년 이후에는 매우 어려워졌다.[10]

8 　外務省亜米利加局第一課, 『北米日系市民概況』, 1936; 粂井輝子, 「一九三〇年代の帰米運動－アメリカ国籍法との関連において」, 『移住研究』 30, 1993; 東, 『日系アメリカ移民』, '제5~7장'; 村川庸子, 『境界線上の市民権－日米戦争と日系アメリカ人』, 御茶の水書房, 2007, 220쪽.

9 　新保満, 『カナダ日本人移民物語』, 築地書館, 1986.

10 　新保満, 『石をもて追わるるごとく－日系カナダ人社会史(新版)』, 御茶の水書房, 1996,

아시아계 이민의 캐나다 입국은 백인들의 배척운동을 요인으로 제한되었다. 중국인의 입국 제한은 1885년에 인두세 형태로 개시되었고, 그 금액은 1901년부터 1908년에 고액화되었다. 1907년에는 미국 캘리포니아주의 배일운동의 영향을 받아 밴쿠버에서 중국인거리, 일본인거리를 습격하는 백인 노동자의 폭동이 발생했고, 일본과 캐나다 양국 정부 사이에서는 같은 해 일본인의 도항을 가족 초청과 계약 이민 등 연간 400명으로 제한하는 르뮤협약(Lemieux Agreement)이 체결되었다. 1923년에는 중국인 이민이 사실상 정지되었고, 1928년에는 르뮤협약의 개정으로 일본인 이민이 연간 150명으로 제한되었다.[11]

아시아계 주민의 권리도 제한이 심화되었다. 1910년대에 미국의 영향으로 BC주에서 제출된 동양인 토지 소유 금지법안은 귀화권과의 관계나 영일관계에 대한 영향 때문에 실현되지 못했다. 그러나 같은 주에서는 1919년 이후 백인과 원주민 이외의 어업 자격증 발급을 제한하는 입법이 이루어져 캐나다 국적의 일본계 주민이 어업에서 배척되었다. 이들은 캐나다 국적임에도 불구하고 선거권이 없기 때문에 이 입법에 영향을 미칠 수 없었으며, 또한 일본영사관은 이들이 캐나다 국적인 것을 이유로 불간섭 방침을 채택했다. 이 제한은 일본계 어업자가 1927년에 제기한 재판에 의하여 1929년에 비로소 철회되었다. 2세 역시 BC주의 입법과 비공식적인 차별로 인해 육체노동 이외의 취업은 어려웠다.[12] 캐나다의 일본계 주민은, 1세를 포함해 캐나다 국적으로의 통합이 진행되는 한편, 2세를 포함해 동

1·35~38·169~170쪽; 新保, 『カナダ日本人移民物語』, 46~47·174~175쪽; 飯野正予, 『日系カナダ人の歴史』, 東京大学出級会, 1997, 84쪽.

11 新保, 『石をもて追わるるごとく』, '제2장'; 飯野, 『日系カナダ人の歴史』, '제1~3장'.
12 新保, 위의 책, '제4장'; 新保, 『カナダ日本人移民物語』, '제3~4장'.

양인으로서 합법화된 배척의 대상이 되었던 것이다.

1세는 귀화 시민을 포함하여 일본 귀속 의식을 갖고 있었고, 대부분은 2세를 공립학교와 함께 일본어 학교에 다니게 했다. 그러나 1930년대에 일본과 영국, 캐나다와의 관계 악화 속에서 배일 풍조가 강해지자, 1세의 일본 귀속 의식이 높아지는 한편, 2세는 캐나다로의 통합을 지향했다. 2세가 결성한 일본계 캐나디언 시민연맹은 1936년 이후, 선거권을 비롯한 시민으로서의 평등을 요구하는 운동을 전개하여, 일본계 2세의 의견을 표명한 신문 『뉴 캐나디언*The New Canadian*』[13]은 1939년 제2차 세계대전이 시작되자 캐나다에 충성을 표명했다. 다만, 2세 중에는 직업 기회를 찾아 일본이나 '만주국'으로 향하는 사람도 있었다. 또한, 1941년 당시 캐나다에 있던 2세의 11%는 일본에서 교육을 받고 캐나다로 돌아간 '귀가歸加 2세'였다.[14]

브라질 1908년에 시작된 일본인의 브라질 이민은 커피농장에서의 계약노동을 목적으로 가족 단위로 도항했다. 노예제아프리카계 이민 및 원주민를 1888년에 완전히 폐지한 브라질에서는 1880년대 이후 커피 재배를 위해 이탈리아, 스페인, 포르투갈 등에서 대량으로 이민 노동자들을 받아들였고 일본인들도 그중 일부가 되었다. 일본인 이민의 상당수는 경제적 자립을 위해 커피농장에서의 임금노동에서 차지借地농, 자작농으로 전환해 일본인 집단 정착촌을 형성했다. 이러한 정착촌은 브라질에서는 '콜로니아'로 불렸고 일본인들 또한 이를 '식민지'라고 불렀다. 또한 1908년에 가사토마루笠

---

13 [역주] 1938년에 캐나다의 일본계 주민들이 발행을 시작한 영자 신문으로 2세들의 문화적, 경제적, 정치적 동화를 지원하는 장을 제공하기 위해 설립되었다.
14 新保, 『石をもて追わるるごとく』, '제2장'; 新保, 『カナダ日本人移民物語』, '제3~4장'.

戸丸에 승선한 제1회 이민 781명 중 325명은 오키나와현 출신[1위]이었다. 외무성은 오키나와인의 브라질 도항을 야마토인과의 풍속의 차이나 도망자가 많다는 이유로 1913년부터 1917년까지 금지했고, 1919년부터 1926년까지 엄격하게 제한했다. 이 조치는 오키나와인들에 대한 식민주의를 여실히 보여주지만, 그래도 오키나와인들에게 브라질은 계속 유망한 이민지였다. 캄푸그란데처럼 대부분이 오키나와인인 정착촌도 생겨났다.[15]

일본에서는 1924년에 내무성 사회국이 브라질 이민을 위한 도항비 전액 지급을 개시했고 1929년에는 신설된 척무성으로 이관되었다. 그때까지 이민 행정을 전담해 온 외무성은 이 정책에 비판적이었고, 척무성은 '만주국'이나 싱가포르, 필리핀과 함께 브라질에 기사를 파견했기 때문에 외무성과의 사이에서 사무 불통일이 문제가 되었다. 이 도항비 보조나 미국의 이민법 개정, 그리고 세계공황의 영향 등으로, 브라질로의 일본인 이민은 1920년대 말부터 30년대 전반에 걸쳐 급증했다. 전쟁 전에 브라질에 도항한 일본인 188,986명 중 약 70%가 1924년부터 1934년에 도항했다.[16] 한편 유럽에서 브라질로의 대량 이민은 1930년경, 역시 세계공황의 영향 등으로 종식을 맞이했다. 일본인의 입국은 1934년 헌법 개정으로 국가별 할당 제도가 도입되고 나서 급감했으나, 1930년대 브라질 입국자 수는 국적별로 일본인이 가장 많았다. 1940년 현재 브라질의 국세조사에 따르면 일본계 주민은 248,848명에 달했다. 단, 이는 브라질 전체 인구의 약

---

15 ボリス・ファウスト, 鈴木茂訳, 『ブラジル史』, 明石書店, 2008, 148~169・232~249쪽; 半田知雄, 『移民の生活の歴史』, サンパウロ人文科学研究所, 1970, 10~294쪽.

16 飯窪秀樹, 「ブラジル移民から満州移民への結節点」, 『東京大学社会科学研究所調査研究シリーズ五 アジアと経営―市場・技術・組織』下, 東京大学社会科学研究所, 2002; 上田浄, 「拓務省設置以後の移民行政覚書」, 安岡昭男編, 『近代日本の形成と展開』, 巌南堂書店, 1998.

0.6%에 불과했다. 같은 해 일본 외무성의 조사에서는 브라질 거주 일본인 일본 국적 보유자은 202,514명, 그중 일본 출생자는 129,356명이었다. 두 통계의 차이가 일본 측에 출생 신고가 없었던 브라질 출생자라고 가정하면, 브라질 출생자는 총 119,492명으로 추산된다. 일본 출생자 중 오키나와현 출신은 6.9%로, 구마모토현[10.5%], 후쿠오카현[8.3%] 다음으로 많았다. 아울러 일본계 이외의 아시아계 이민은 전쟁 전에는 거의 볼 수 없었다.[17]

　브라질에서는 현지 출생자에게 국적이 부여되었고 1세의 귀화도 가능했다. 그러나 일본인의 귀화는 외국인에게 금지되었던 연안어업을 목적으로 하는 자 등 예외에 그쳤다. 일본계 주민은 대체로 '식민지'에 집주하여 민족집단으로서의 일체성을 유지했다. 특히 일본 정부의 도항비 지급으로 일본인이 급증한 1920년대 말 이후에는 각 '식민지'에서 일본인회와 일본어 학교가 활발히 창설되었다. 브라질의 일본계 사회는 각지의 일본인회를 중심으로 통합되었고, 그 정점에 행정기관으로서의 일본영사관을 두는 이른바 '일본의 월경지[前山隆]'가 되었다. 1세에게 정주 지향은 장래의 귀국이라는 소망과 동거하고 있었고, 2세에 대해서도 그들이 '브라질 시민'으로서 살 필요는 인식되면서도 일본어를 하고 '일본 정신'을 가지도록 요구되었다. 브라질 출생자의 국적에 대해 살펴보면, 1938년 바우루 일본영사관 관내에서 실시된 조사에서 일본계 주민의 80% 이상으로 추정되는 11,576 가족으로부터 얻은 회답에 의하면, 23,549명의 현지 출생자 중 52.2%가

17　ファウスト, 『ブラジル史』, 232~249・325쪽; 青柳郁太郎, 『ブラジルに於ける日本人発展史』下, ブラジルに於ける日本人発展史刊行会, 1953; 石川友紀, 『日本移民の地理学的研究』, 榕樹書林, 1997, 537~551쪽; 前山隆, 『エスニシティと ブラジル日系人 － 文化人類学的研究』, 御茶の水書房, 1996, 208, 324~326, 337쪽; Daniel M. Masterson, *The Japanese in Latin America*, Urbana and Chicago : University of Illinois Press, 2004, p.131.

이중국적, 45.1%가 브라질 국적만, 2.7%가 일본 국적만이었다.[18] 또한, 앞에서 언급한 1940년의 브라질 국세조사와 외무성 조사에서 추산하면, 브라질 출생자 중 이중국적을 포함한 일본 국적 보유자가 61.2%, 브라질 국적만이 38.8%가 된다.

브라질에서는 1930년에 권력을 장악한 제툴리우 바르가스Getúlio Vargas 하에서 내셔널리즘이 고양되어, 특히 계속 증가하던 일본계 주민 같은 이민은 배척과 동화의 강한 압력을 받았다. 인종주의에 더해 일본의 만주 침략도 일본인 배척의 유력한 논거로 꼽혔다. 1933년에는 상파울루주에서 외국어 학교 규제가 강화되었고, 1934년의 국가별 할당제도는 실질적으로 일본인의 입국 제한을 노린 것이었다. 나아가 1937년에 성립된 바르가스 독재정권은 자원의 국유화나 외국인과 귀화 시민의 소유권·영업권 제한 등 포괄적인 내셔널리제이션정책을 시행하여, 1938년에는 외국어 학교 폐쇄를 명했다. 외국어 출판물의 발행도 엄격한 제한을 받아 1941년에는 전면 금지되었다. 일본어 학교 폐쇄와 일본어 신문 발금은 일본계 주민들에게 강한 충격을 주어 '귀국열'을 초래했다. 일본어 학교의 폐쇄는 2세를 교육을 위해 일본으로 보내거나 가족 전체가 귀국하고자 하는 바람을 강화했다. 나아가 일본 귀국뿐 아니라 만주나 하이난섬 등 일본 지배지역으로의 재정착도 활발하게 논의되었다. 앞에서 언급한 1938년의 바우루

18　香山六郎編著, 『移民四十年史』, 香山六郎, 1949, 279~281쪽; 半田, 『移民の生活の歴史』; 前山隆, 『移民の日本回帰運動』, 日本放送出版協会, 1982; 前山, 『エスニシティとブラジル日系人』; 根川幸男, 「戦前期ブラジル日系移民子弟教育の先進的側面と問題点—サンパウロ市日系子弟の二言語・二文化教育に注目して」, 森本豊富·根川編著, 『トランスナショナルな「日系人」の教育·言語·文化—過去から未来に向って』, 明石書店, 2012; 輪湖俊午郎, 『バウル管内の邦人』, 1939, 石川友紀監修, 『日系移民資料集第二期南米編』第二五巻, 日本図書センター, 1999.

영사관 내 조사에서 '귀국이냐, 영주냐'라는 질문에 85%가 귀국을 희망했고, 영주를 선택한 것은 10%였다[응답자는 가정]. 실제로 귀국을 단행한 사람이나 2세를 일본에 보낸 사람은 극히 일부에 머물렀다. 그러나 이러한 '귀국열'은 일본과의 유대를 유지하면서 브라질에 정주한다는 희망이 끊어지고 고립되는 가운데, 1세를 중심으로 하는 일본계 주민이 일본에 대한 내셔널리즘에 깊이 경도된 것을 나타내고 있었다.[19]

페루 일본에서 페루로의 이민사업은 하와이 이민을 담당했던 모리오카상회森岡商會에 의해 1899년에 시작되었다. 1848년에 시작된 중국에서 페루로의 쿨리 무역은 1872년 마리아·루스호사건으로 폐지되었고, 이후에도 중국인의 이민은 계속되었으나 노동력 부족이 발생했던 것이다. 일본인은 고무림, 은광산, 사탕수수 농장 등의 계약노동자로 도입되었고, 그후에는 도시로 진출해 상업 등에 종사했다. 계약 이민은 1913년에 폐지되었지만, 이후에도 가족 등의 초청을 통해 이민은 활발히 이루어져 1940년당시 페루의 일본인은 약 21,200명에 달했다. 그중 58%가 오키나와 출신이었다.[20]

페루의 일본계 주민은 중국계 주민과 함께 아시아인으로 인종주의 아래 놓였지만, 현지 출생자에게는 국적이 부여되었고 1세의 귀화도 가능했다.

19 半田, 『移民の生活の歴史』, 586~593·618~624쪽; 斉藤広志·中川文雄, 『ラテンアメリカ現代史』, 山川出版社, 1978, 231~233쪽; 前山, 『移民の日本回帰運動』, 90~94·118~119·130~134쪽; 輪湖, 『パウル管内の邦人』, 日本移民八十年史編纂委員会編, 『ブラジル日本移民八十年史』, 移民八十年祭祭典委員会·ブラジル日本文化協会, 1991, 134~146쪽.
20 伊藤力·呉屋勇編著, 『在ペルー邦人七五年の歩み 一八九九年―一九七四年』, ペルー新報社, 1974; 中川文雄ほか, 『ラテンアメリカ現代史』, 山川出版社, 1985, 104~105쪽.

그러나 일본계 주민은 일반적으로 장래의 일본 귀국을 전제로 하고 있어, 실제로 축재를 이루어 귀국하는 이들도 적지 않았다. 그로 인해 1932년에 페루 정부가 페루인 실업자 구제책으로 기업 종업원의 80% 이상을 페루인으로 하는 법령을 제정하자, 일본계 주민은 격렬하게 동요했다. 현지에 정착한 유력자 중에는 페루로 귀화한 이들도 있었지만, 이는 일본계 주민의 일부였던 것으로 보인다. 2세에 대해서도 일본어 학교에서의 교육뿐만 아니라, 부유한 1세 중에는 2세[주로 남성]를 일본에 보내 교육을 받게 하는 자가 있었다. 국적등록 무효법의 제정1937년으로 출생 후 8일 이내에 신고가 없었던 자의 국적을 인정받지 못하게 될 때까지는 2세의 출생을 일본총영사관에만 신고하고, 페루 정부에 신고하지 않은 자도 드물지 않았다.[21]

1917년에 사이토 가즈斎藤和 총영사의 제안으로 조직된 페루 중앙일본인회는 일본계 주민의 일본국가로의 유대의 중핵이 되었다. 이민 초청을 영사관에 신청할 때에는 중앙일본인회의 회비 납부가 조건으로 되어 있는 등 중앙일본인회와 영사관과는 밀접한 관계에 있었는데, 이 이민 초청을 둘러싸고 1930년대 중반에는 영사관·중앙일본인회와 오키나와계 주민과의 충돌이 일어났다. 초청절차는 영사관에 공인된 출신 현의 현인회를 통해 이루어졌으며, 현인회는 중앙일본인회의 회비 징수에도 힘썼는데, 1933년 취임한 가스가 가쿠묘春日廓明 총영사는 오키나와현인의 초청에 대해 언어와 습관의 차이를 이유로 제한을 두려고 하여 오키나와 현인회로 공인되었던 오키나와현 해외협회 페루 중앙지부의 맹렬한 반발을 불러왔

---

21 (1) 伊藤·吳屋編著『在ペルー邦人七五年の歩み』, 東出誓一, 小山起功編, 『涙のアディ
    オス 日系ペルー移民, 米国強制収容の記[増補版]』, 彩流社, 1995, 73~74·98~103
    ·135·190~193쪽.

다. 총영사와 중앙일본인회는 해외협회와 대립하는 오키나와계 주민들이 결성한 신오키나와인회를 공인하고 해외협회의 공인을 취소했으나, 해외협회가 맞서 중앙일본인회의 회비 징수에 대한 협조를 중단하자 중앙일본인회는 운영난에 직면했다. 1936년에 후임 후지무라 노부오藤村信雄 총영사는 현인회를 대신해서 다시 해외협회를 공인 단체로 삼았다.[22] 오키나와인 이민 규제 시도는 브라질 이민의 경우와 마찬가지로 식민주의의 소산이라고 할 수 있지만, 그것은 일본계 주민 중 오키나와계 주민의 비율의 크기 때문에 좌절되었던 것이다.

1930년대 후반의 페루에서는 이민 및 영업제한령1936년이나 앞에서 언급한 국적등록 무효법 등 일본계 주민에 대한 압력이 강해졌다. 이에 박차를 가한 것이 1940년에 중앙일본인회 및 총영사와 대립한 후루야 도키지로古屋時次郎가 이미 페루로 귀화했음에도 영사관으로부터 일본 송환 처분을 당한 사건이었다. 이 과정에서 중앙일본인회 관계자가 후루야를 습격해 그 자리에 있었던 페루인 여성이 사망한 결과, 리마시 등에서 대규모 배일 폭동이 발생한 것이다. 또한, 그때까지 내란 등으로 폭동이 일어났을 때는 중국계 상점과 일본계 상점은 구별 없이 습격의 대상이 되었는데, 이때 중국계 상점은 청천백일기를 내걸어 피해를 막았다고 한다.[23]

---

22 伊藤・呉屋編著,『在ペルー邦人七五年の歩み』, ラテン・アメリカ協会編,『日本人ペルー移住の記録』, ラテン・アメリカ協会, 1969, 127쪽.
23 伊藤・呉屋編著,『在ペルー邦人七五年の歩み』; 柳田利夫,「ペルーにおける日系社会の形成と中国系移民」,『アジア遊学』76, 2005.

3. 남북미 각국의 일본계 주민과 제2차 세계대전

미국 1941년 12월 7일에 일본이 하와이 진주만 기습을 감행하자, 미국 내 일본계 주민의 처지는 결정적으로 변했다. 12월 7일 당일부터 1942년 2월까지 일본계 주민의 지도자 또는 의심 조직에 속한다고 지목된 일본인 약 2,300명이 본토에서 체포되어 구류되었고, 또한 12월 8일의 대일 선전 포고 직후 모든 일본인1세은 독일인, 이탈리아인과 함께 적성 외국인으로 지정되었다. 일본어 신문은 발행이 금지되었으며, 『서해안』 이외하와이 포함 일부 신문만 영어 번역 병기를 조건으로 재개가 허용되었다. 또한, 1942년 2월 19일의 대통령 행정명령 9066호에 기초하여 군사지역으로 지정된 서해안으로부터 일본인과 일본계 시민을 합친 일본계 주민 전체노인이나 유아도 포함의 퇴거와 내륙 수용소로의 이송이 강제되었다. 그 인원은 약 11만 명으로 1940년 당시 서해안 일본계 인구와 거의 일치한다.[24]

열악한 환경의 수용소에서 감시 아래 생활을 해야 했던 일본계 주민들은 불만과 굴욕감을 느꼈고, 두 수용소에서는 집단적인 저항운동이 벌어졌다. 1942년 11월 애리조나주 보스턴 수용소에서는 한 귀미 2세가 연방 경찰 내통자로 의심받아 폭행을 당했고 수용소 당국은 두 명의 다른 귀미 2세를 체포했다. 일본계 주민들은 이들의 억울함을 주장하며 석방을 촉구하고 이어 집회를 열어 수용소에서의 작업에 대한 파업을 결행했다. 당국과의 협상 결과 일본계 주민들은 두 사람의 석방과 보석뿐 아니라 수용소

---

[24] Roger Daniels, *Prisoners without Trial : Japanese Americans in World War II*, Rev. ed., New York : Hill and Wang, 2004; Greg Robinson, *A Tragedy of Democracy : Japanese Confinement in North America*, New York : Columbia University Press, 2009.

내 자치를 허용받았다. 이전부터 당국은 피수용자를 위해 공선제의 자문 회의를 마련했지만, 그 선거 · 피선거권이 미국 시민2세에 한정된 것에 1세는 반발했고, 새로운 자치조직에서는 구획마다 1세와 2세 각 1명씩 대표가 선출되었다. 한편, 그해 12월에 캘리포니아주 맨자나 수용소에서는 일본계 미국 시민 협회의 지도자 중 한 명이던 2세가 일부 일본계 주민으로부터 폭행을 당해 중상을 입었다. 전쟁 전부터 미국화운동을 추진해 온 JACL은 강제 수용 이후에는 수용을 담당하는 전시전주국WRA에 협력하면서 수용소 내 일본계 주민의 처우를 개선해 줄 것을 요구해 왔으나, 다른 일본계 주민들로부터는 당국과 내통하는 '개'로 지목받았다. 당국이 폭행의 주도자로 한 명의 귀미 2세를 체포하자 수천 명의 일본계 주민이 집회를 열고 석방을 요구했다. 이어 일본계 주민들이 데모행진을 벌여 경찰서를 포위하자 당국은 군을 도입하여 진압했다. 발포에 의해 2명의 2세또는3세가 사망하고, 10명 이상이 부상당했다. 보스턴이나 맨자나에서도, 일본계 주민은 일본 노래를 부르며 일장기를 게양하는 등의 행동을 취했는데, 이것은 단지 일본에의 귀속 의식을 나타내는 것이라기보다는, 미국에 대한 저항을 상징하는 행위였다고 할 수 있을 것이다. 1세든 2세든, 아니면 귀미 2세든 관계없이 일본과 유대를 가지며 미국에서 살아온 일본계 주민들이 미국에 강요된 수용소 생활에 대해 이의를 제기한 것이 이러한 저항운동이었다.[25]

25 Robinson, *A Tragedy of Democracy*, pp.163~167; Dorothy S. Thomas and Richard S. Nishimoto, *The Spoilage*, Berkeley and Los Angeles : University of California Press, 1946, pp.45~52; Gary Y. Okihiro, "Japanese Resistance in American's Concentration Camps : A Re-evaluation", *Amerasia Journal*, 2(1), 1973; Jeanne Wakatsuki Houston and James D. Houston, *Farewell to Manzanar*, Boston : Houghton Mifflin, 1973.

1942년 12월에 맨자나에서 사건이 일어나기 며칠 전에 JACL은 WRA의 허가를 받아 각지의 수용소에서 대표에 의한 회의를 열고 일본계 주민의 병역 부활을 촉구하는 결의를 했다. 그들은 군에 복무하는 '시민으로서의 평등 권리'를 얻어, 미국의 전쟁에 몸 바쳐 공헌함으로써 전후의 지위 향상의 지반을 닦으려 했던 것이다. 미육군성은 JACL의 요구와 제7장에서 살펴본 하와이 일본계 시민의 요구에 따라 1943년 1월에 일본계 지원부대제442연대 창설을 결정했다. 단, 이 결정은 다음에 살펴볼 일본계 주민의 충성 등록과 결부되어 있었다.[26]

　　미육군과 WRA는 1943년 2월에 17세 이상 일본계 주민에 대한 충성 등록을 하고 미국에 대한 충성과 종군 의사에 대해 질문했다. 이에 대해 1세는 일본인이면서 92.8%가 충성을 맹세했지만, 충성을 맹세한 2세 시민은 82.1%였고, 그 외의 일본계 주민은 충성에 대한 질문에 아니라고 답하거나 회답하지 않았고, 혹은 충성 등록 자체를 거부했다. 충성을 맹세하고 종군의 의사를 표명한 2세 남자에 대해서도, 가족을 수용소에 남겨두는 것에 대한 불안도 있어서, 하와이의 2세 병사와 마찬가지로 지원병이 된 자는 극히 일부에 머물렀다. (1944년 이후에는 징병되었다.) 대체로 1세를 포함한 일본계 주민의 대부분이 충성 선서를 통해 미국에 수용되고자 했던 반면, 일정 수의 일본계 시민이 미국 시민인 자신에 대한 강제 퇴거와 수용, 그리고 충성 등록 자체에 대한 불복 의사를 나타낸 것이다. 또한, 강제 퇴거 직후부터 미육군이나 WRA가 일본계 주민을 상대로 실시한 일본으로의 '귀국' 희망자 조사에 대해, '귀국'을 희망한 자는 2세 시민을 포함해

26　マイク正岡・ビル細川, 塩谷紘訳, 『モーゼと呼ばれた男マイク正岡』, TBSブリタニカ, 1988.

존재했지만, 충성 등록은 희망자 증가의 한 요인이 되었다. 충성 등록에서 아니라고 답한 시민이나 '귀국'을 희망한 시민들 중에는 이중국적자나 귀미 2세가 포함되어 있었지만 그것은 일부에 불과했고, 보다 중대한 요인은 미국에 대한 실망이었다고 할 수 있다. 충성 등록에서 '불충성'으로 분류된 일본인이나 일본계 시민 및 일본 '귀국'을 희망한 일본인이나 일본계 시민은 가족과 함께 캘리포니아주 툴레이크의 수용소로 격리되었다.[27]

연방정부는 1944년 사법부가 '적국에 충성심을 가진' 미국 시민을 적성외국인으로 취급하도록 입안한 시민권 포기법을 제정했다. 이 법에 기초한 의향조사에 따라, 1944년 12월부터 1945년 8월까지 일본계 시민 5,692명[본토·하와이 출신 포함]이 시민권 포기를 신청하여 승인되었다. 그중 94.5%는 툴레이크 수용소에 격리된 자이며['불충성자' 이외도 포함], 시민권 포기의 중요한 동기는 자신의 시민으로서의 권리가 실제로 인정되지 않고 있는 것에 대한 항의와 미국에 대한 실망이었다고 생각된다. 시민권 포기자는 적성외국인으로서 WRA에서 사법부로 이관되어 전원이 강제적으로 일본에 '송환'될 예정이었다. 시민권 포기자가 일본 국적을 갖지 않았을 경우 실제로는 무국적이 되었다.[28]

1944년 12월에 강제 퇴거와 수용을 부당하다고 하여 1942년 4월부터 소송을 제기한 2세 미쓰에 엔도ミツエ エンドウ가 연방대법원에서 승소했다. 이를 계기로 서해안에서의 퇴거 명령은 1945년 1일에 해제되었고, WRA 관할하의 수용소는 1945년 말까지 단계적으로 폐쇄되었다. 일본계 주민

27 村川, 『境界線上の市民權』, 11~14·258~262쪽; 南川文里, 『「日系アメリカ人」の歴史社会学－エスニシティ, 人種, ナショナリズム』, 彩流社, 2007, 180~182쪽; Robinson, *A Tragedy of Democracy*, pp.208~211.

28 村川, 『境界線上の市民權』, '제3장'.

의 약 반수는 서해안으로 되돌아왔지만, 그들의 재산은 접수나 배일 풍조를 이용한 부정으로 인해 대부분이 소실되어 생활의 재건은 극도로 어려웠다. 다른 일본계 주민들은 서해안으로의 귀환을 피해 수용소 인근이나 시카고, 뉴욕 등의 도시에 재정착했다.[29]

한편, 1945년 12월에서 1946년 3월에 걸쳐 미국에서 일본으로 약 8,000명이 '송환'되었다. 첫 번째 그룹은 WRA 관할하에 있던 일본인과 일본계 시민 4,724명의 '귀국' 희망자이며[모두 미국 본토에서 옮], 두 번째 그룹은 사법부 관할하에 있던 시민권 포기자 2,031명이었다. 일본 국적도 방일 경험도 없는 시민권 포기자를 원고로 하여 '송환' 정지와 시민권 회복을 요구하는 집단소송이 이루어진 결과, 강제 '송환'은 최초의 약 2,000명만으로 중지되었다. 단, 시민권 포기자 중 300여 명은 이후에도 시민권 회복을 인정받지 못했다. 마지막으로 세 번째 그룹은 뒤에서 언급하듯 미국의 요청에 따라 중남미 각국에서 구속되어 미국의 수용소에 억류되었던 일본인과 일본계인들 2,118명 중 일본 '귀국'을 선택한 사람들이다. 이들 천 수백 명추계 중 약 900명은 페루에서 온 일본인과 일본계인들이었다.[30]

전후 미국 본토의 일본계 주민은 2세가 주도권을 장악하고 미국에 100%의 충성을 맹세하는 한편, 배일과 인종주의에 저항하는 '일본계 미국인'으로서 살아갔다. 인종에 의한 귀화권 제한을 철폐하여 일본인 1세의 귀화를 가능하게 하고, 일본인의 신규 이민도 인정한 1952년의 이민국적법은 일본계 2세 로비스트인 마이크 마사오카Mike M. Masaoka, 正岡優나 JACL에

---

29 Robinson, *A Tragedy of Democracy*, pp.217~225 · 252~259.
30 村川, 『境界線上の市民權』, '제4~5장'; 東出, 『淚のアディオス』, 231~236쪽; Daniels, *Prisoners without Trial*, 85; Robinson, *A Tragedy of Democracy*, pp.259~262.

의한 운동의 성과였다. 이와 같이 미일전쟁 중의 수용 경험을 거쳐 미국 사회로 복귀한 일본계 주민이 미국 시민으로서의 통합과 평등을 추구하는 과정에서 그들은 일본과의 유대를 어디까지나 공통의 출신이라는 아이덴티티로 억제하고 국가를 아우르는 민족집단으로서의 생활방식에서는 멀어져 갔다.[31]

캐나다 1939년 9월에 캐나다연방이 영국 본국에 이어 대독 참전을 결정하자, 일본계 시민의 병사로서의 종군을 인정할지가 논쟁거리가 되었다. 종군은 선거권 획득으로도 이어질 것으로 예상되었기 때문에, BC주에서는 배일운동가가 일본이 적국이 될 가능성을 주창하며 강하게 반대했다. 1940년에 일·독·이 삼국동맹이 체결되자, 캐나다 정부는 일본과의 전쟁에 대비해 일본계 주민의 처우를 검토하기 시작했다. 1941년 1월에 캐나다 정부는 아시아계 시민의 종군을 인정하지 않는 결정을 내렸고, 같은 해 3월에는 BC주의 일본계 주민을 일본인, 귀화 시민, 캐나다 출생 시민을 불문하고 등록 대상으로 삼았다. 또한, 일본계 2세 시민의 종군은 1941년 1월까지 지원하여 인정된 25명을 제외하고 1945년 1월까지 인정되지 않았다.[32]

1941년 12월 7일에 캐나다연방은 영국 본국과 함께 대일참전했다. 캐나다 정부는 일본인과 귀화 시민, 캐나다 출생 시민 모두를 적국인으로 규정한 후, 지도적 지위에 있는 것으로 지목된 약 40명의 일본계 주민을 체

---

31 南川, 『「日系アメリカ人」の歴史社会学』, '제6장'; 南加州日本人七十年史刊行委員会編, 『南加州日本人七十年史』, 南加日系人商業会議所, 1960, 614~659쪽.
32 新保, 『石をもて追わるるごとく』, 168~170쪽; Robinson, *A Tragedy of Democracy*, pp.39~42·214~217.

포하고 일본어 학교 폐쇄나 일본어 신문 발행 정지 권고 등을 실시했다. 영국령 홍콩에서 캐나다 병사가 일본군에 항복해 억류된 일도 있어서, BC주에서는 일본계 주민의 강제 퇴거와 수용을 요구하는 소리가 높아졌다. 캐나다 정부는 당초에 모든 일본계 주민의 퇴거에는 소극적이었고, 1942년 1월 14일에는 병역 연령의 일본인[캐나다 시민 제외]을 노동 수용소에 보낼 것을 공표했다. 그러나 BC주에서의 일본계 주민 퇴거 요구는 그치지 않았고, 캐나다 정부는 미국에서의 서해안 일본계 주민 퇴거 명령에도 촉발되어 1942년 2월 26일에 모든 일본계 주민의 BC주 퇴거를 공표했다. 일본계 주민의 90.9%에 해당하는 20,881명이 같은 해 10월까지 수용소 등 내륙으로 옮겨졌다. 일본계 주민의 재산은 강제적으로 매각 처분되었다.[33]

BC주의 배일운동을 배경으로 캐나다 정부는 1945년 4월에 모든 일본계 주민[성인]에게 일본 '송환'과 캐나다 동부로의 '재정착' 중 어느 쪽을 선택할지를 물었다. 캐나다에 남을 가능성을 BC주 밖으로의 이동에 국한한 다음, 일본인뿐만이 아니라 일본계 시민에게도 일본으로 '돌아간다'는 선택을 제시했던 것이다. 더구나 이 조사의 진의는 일본계 주민들에 대한 충성조사에 있었다. 강제 퇴거와 수용으로 인해 1세를 중심으로 일본에 대한 내셔널리즘이 고양된 탓도 있어, 1945년 9월 2일까지 6,903명의 일본계 주민[일본인 42.7%, 귀화 시민 21.2%, 캐나다 출생 시민 36.1%]이 일본 '귀국'을 선택했고, 가족을 포함해 10,891명이 '귀국' 예정이었는데, 이 중 캐나다 시민권을 가진 자는 '송환'과 동시에 캐나다 시민·영국 신민으로서의 자격을 상실하게 되었다. 1946년 5월부터 12월까지 3,964명의 일본계 주민[일본

---

33 新保, 위의 책, 174~209·254~270쪽; Robinson, 위의 책, pp.74~79·94~101.

인 32.1%, 귀화 시민 15.4%, 캐나다 출생 시민 50.3%]이 일본으로 '송환'되었다. 일본계 주민의 항의에 더해 캐나다의 일반 시민이 정부의 시민권 박탈에 반대한 결과, 1947년에 캐나다 정부는 시민권 박탈을 철회하고, 이미 일본에 '송환'된 자의 귀국이나 방위지역BC주 연안 이외로의 거주를 인정했다. 그러나 일본계 주민의 동부 확산정책하에서 방위지역 지정은 1949년 4월까지 해제되지 않았다. 이 해제에 의해 일본계 주민이 BC주 연안으로의 복귀가 허용되는 한편, 일본계 캐나다 시민은 처음으로 선거권을 포함한 완전한 시민권을 부여받았다.[34]

브라질 제2차 세계대전 직전부터 미국은 중남미, 특히 브라질 북동부를 안전보장권으로 간주하여 압박을 가하기 시작했다. 브라질은 독일을 미국과 함께 중요한 무역 상대로 삼고 있었는데, 미국이 1941년 12월에 참전하자 미국 지지 입장을 분명히 하고, 1942년 1월에는 일·독·이와 단교, 8월에는 독·이에 선전포고했다.[35]

브라질의 대일 단교로 1942년 1월에 일본영사관은 폐쇄되었고, 그 관원은 척무성계와 외무성계 이민회사 직원 등과 함께 7월에 귀국했다. 이미 일본어 학교나 일본어 신문을 잃은 일본계 주민은 이로 인해 일본과의 교통이 끊긴 데다, 특히 1세에게 일본 국가와의 유대의 핵심에 있던 행정기관마저 잃었던 것이다. 또한, 브라질은 1945년 6월까지 일본에는 선전포고를 하지 않았으나 단교 이후 일본인은 독일인·이탈리아인과 함께 공공장소에서의 자국어 사용 금지, 여행 허가제, 집회 금지 등 엄격한 제한

---

34 新保, 『石をもて追わるるごとく』, 270~298쪽.
35 ファウスト, 『ブラジル史』, 314~318쪽.

아래 있다가 간첩 혐의를 받아 체포되고 구금된 자도 있었다. 1942년에는 일본계 주민이 집중되어 있던 콘데 거리에서 일본인[브라질 시민 제외]의 강제 퇴거가 이루어졌고, 1943년에는 브라질이나 미국 화물선이 산토스항 부근에서 독일 잠수함에게 격침된 사건을 계기로 인근 해안 지대에서 구축 국민의 대규모 강제 퇴거가 이루어졌다.[36]

구류나 강제 퇴거는 일부에 그쳤고 대부분의 일본계 주민은 정착촌 등에서의 생활을 계속했지만, 1세를 중심으로 한 일본계 주민은 일본과의 유대를 잃고 감시와 배일 풍조 속에서 고립되었다. 그들 사이에서는 종전 후에 일본으로 귀국하거나 혹은 일본이 새로 점령한 동남아시아에 재정착하려는 열망이 높아졌고, 또한 일본계 주민들이 생산하는 박하나 생사가 미국으로 수출되어 전쟁 수행을 떠받치고 있다는 비판적성 산업론이 떠들썩했다. 이러한 사상의 핵심이 된 퇴역군인 깃카와 준지吉川順治 등이 1944년 2월에 결성한 흥도사興道社, 이후 신도연맹臣道聯盟을 비롯해 일본계 주민들 사이에서는 일본에 대한 내셔널리즘을 부르짖는 비밀결사가 다수 결성되었다. 이들 결사는 일본국가와의 잃어버린 유대를 대신하는 것으로 생겨난 것이다. 한편, 2세 중에는 단교 전에 일본에 건너간 결과로 일본군 병사가 된 사람도 있었고 브라질군에 자원해 종군하여 유럽 전선으로 건너간 사람도 있었다.[37]

일본 패전 직후부터 일본계 주민들 사이에서는 일본 승리와 일본으로

---

36 前山, 『移民の日本回帰運動』, 141쪽; 半田, 『移民の生活の歴史』, 626~639쪽; 日本移民八十年史編纂委員会編, 『ブラジル日本移民八十年史』, 移民八十年祭祭典委員会・ブラジル日本文化協会, 1991, 147~150쪽.

37 前山, 『移民の日本回帰運動』, '제3장'; 前山, 『エスニシティとブラジル日系人』, 129~135쪽; 日本移民八十年史編纂委員会編, 『ブラジル日本移民八十年史』, 180~190・226쪽.

부터의 인양선 도래를 믿는 '승자 그룹'이 급격히 세력을 늘렸다. 그 중심이 된 신도연맹은 한때 2만 가족[추정 10만 명 이상]을 조직했다고 하여, 적어도 '승자 그룹'은 마이너리티는 아니었다. 일본 패전 소식은 현지 보도는 물론 일본어 단파 방송을 포함해 날조로 여겨졌고, 1945년 10월에 일본정부로부터 쇼와 천황의 종전조칙이 도착하자 승자 그룹의 위세는 더욱 높아졌다. 일본 패전을 인정할 것을 호소한 '인식파'의 일본계 주민들을 상대로 1946년 3월에서 1947년 1월에 걸쳐 신도연맹 등 '승리 그룹'의 습격사건이 잇따라 발생하여 모두 23명이 살해되었다. 이 테러리즘은 브라질의 배일 감정을 고조시켰고, 의회에서는 헌법 수정에 의한 일본인 이민 금지도 검토되었다. 신도연맹원 수백 명이 브라질 경찰에 검거되어 177명이 국외추방처분을 받았으나, 인신보호율의 적용으로 실행에는 이르지 않았다.[38]

인식파의 운동과 더불어 1946년 9월에는 브라질에서 외국어 출판이 허가되었고, 또한 이 시기부터 일본과의 통신도 쉬워진 결과, 일본계 주민들은 점차 일본 패전을 받아들였다. 패전의 수용은 브라질의 일본계 주민에게 '일본의 월경지'에서 '영주'로의 결정적인 전환으로 이어졌다. 브라질을 일본의 연장으로 믿기 위해 필요했던 일본어 학교와 일본영사관을 잃은 것이 일본 패전 당시 많은 일본계 주민이 '승리 그룹'으로 경도된 요인이었고, 이렇게 이들이 일본과의 유대를 고집했기 때문에 일본 패전을 받아들인 것은 브라질 사회의 일원이 되겠다는 결의로 귀결된 것이다. 단, 일본으로의 도항이 가능해진 1949년경부터 1951년경까지 약 500명이

---

38 前山, 『移民の日本回帰運動』, '제4장'; 半田, 『移民の生活の歴史』, 649~679쪽; 日本移民八十年史編纂委員会編, 『ブラジル 日本移民八十年史』, 152~216쪽.

'영구 귀국'을 위해 일본으로 건너갔다. 그들은 아직도 일본 승리를 믿는 자였다고 하며, 일부는 패전 후의 일본을 보게 되자 비로소 재개된 신규 이민과 함께 브라질로 '재도항'했다.[39]

페루 친미 노선을 취한 페루 정부는 1942년 1월에 일·독·이와의 국교를 단절했다. 일본공사관과 영사관은 폐쇄되었고 일본인[페루 시민 제외]은 독일인, 이탈리아인과 함께 여행 허가제, 집회 금지, 자국어 출판물 발금, 상점이나 자국어 학교 폐쇄 등을 명령받았다.[40]

페루 정부는 미국 정부의 요청에 따라 일본인 회장이나 일본어 학교장 등 일본계 주민의 지도자로 지목된 사람을 여러 차례에 걸쳐 체포·구금한 후 미국으로 강제 이송했다. 이송 대상이 된 일본계 주민은 일본인뿐만 아니라 귀화 시민이나 페루 출생 시민도 포함되었고, 1942년 4월부터 1945년 2월까지 가족을 포함한 1,771명이 미국 수용소로 보내졌다. 미국이 중남미 국가들에 독일과 일본의 포로교환 요원으로 양국인의 제공을 요청하자, 페루 정부는 국내의 배일 감정을 배경으로 적극적으로 응했던 것이다. 군항이나 광산의 일부 지역에서는 일본계 주민들이 강제 퇴거를 당했고, 페루 정부는 성인 남자들을 모두 미국으로 이송하려 했으나, 수송 수단이 없어 퇴거만으로 끝났다. 미국의 수용소로 이송된 중남미의 일본계 주민은 파나마, 볼리비아, 에콰도르, 니카라과, 엘살바도르 등을 포함해 모두 2,264명이나 되었다. 멕시코에서는 일본계 주민 약 80%가 국내에서의 강

---

39 前山, 『エスニシティとブラジル日系人』, 249~282쪽; 日本移民八十年史編纂委員会 編, 『ブラジル日本移民八十年史』, 216~227쪽.
40 伊藤·呉屋編著, 『在ペルー邦人七五年の歩み』, 143~148쪽.

제 퇴거를 당했지만, 미국으로의 이송은 이루어지지 않았고, 브라질도 이점에서는 미국에 협력하지 않았다. 아르헨티나나 칠레는 늦게까지 중립을 유지하여 역시 일본계 주민의 이송에는 응하지 않았지만, 아르헨티나 정부는 1944년에 일·독과 단교한 후, 미국의 요청에 의해 일본인의 일부를 첩보 활동 용의 등으로 검거했다.[41]

강제 이송이나 퇴거의 대상이 된 일부를 제외한 페루의 일본계 주민은 일본인 상점의 강제 양도정책 등으로 감시와 곤궁 속에서 생활을 계속했다. 일본의 전승을 믿고 이 생활을 견뎌낸 일본계 주민들 중에는 일본 패전 직후 애국동지회 등 '승자 그룹'이 생겼고 브라질에서 불법 입국한 신도연맹원들의 영향도 받아 일본 총인양설이 신봉되었다. 다만 테러리즘의 발생에는 이르지 않았고, 일본계 주민은 점차 일본 패전을 받아들이는 한편 페루 영주로의 전환을 이루었다.[42]

중남미 각국에서 미국의 수용소로 이송된 일본계 주민은 일부만 포로교환에 의해 일본으로 보내졌을 뿐이며, 2,118명은 전후까지 억류되었다. 그러나 페루를 비롯한 중남미 국가들은 1945년 2월 당시 이들을 받아들이지 않기로 합의를 보았다. 미국 정부는 중남미 출신 피억류자에 대해 일본으로의 '귀국'을 권고하고 페루에서 온 약 900명을 포함한 천 수백 명이 이에 응했다. 그중에는 일본 승리를 믿는 사람도 있었다. 일본 '귀국'을 선택하지 않은 사람 중 일본계 페루 시민과 그 가족 79명은 1946년에 시민권을 근거로 페루 정부에 수용을 인정받았고, 페루의 일본계 주민을 주로

---

41 東出, 『涙のアディオス』; 伊藤·呉屋編著, 『在ペルー邦人七五年の歩み』, 145~153쪽; アルゼンチン日本人移民史編纂委員会編, 『アルゼンチン日本人移民史』第一巻, 在亜日系団体連合会, 2002, 300~312쪽; Robinson, *A Tragedy of Democracy*, pp.145~152.
42 伊藤·呉屋編著, 『在ペルー邦人七五年の歩み』, 154~164쪽.

하는 364명은 미국 잔류를 요망했다. 미국 법무부는 이들 364명을 불법 입국자로 일본으로 '송환'하려 했으나, 이들은 입국 경위나 미국 수용소에서 태어나 시민권을 가진 가족을 포함하는 것을 유력한 근거로 들어 잔류를 허용받았다.[43]

4. 나가며

19세기 말에서 20세기 전반에 일본에서 남북미 지역으로 이민을 떠난 사람들에게 공통적인 특징은 일본과 이민 국가의 쌍방에 결부된 민족집단을 형성했다는 점이다. 원래 이민이 일방통행적인 현상이 아닌 것은 보편적이지만, 첫째, 남북미 각국에서의 아시아계 이민은 인종주의하에서 사회적으로 주변화되어 있었고 입국 관리와 국적=시민권을 중핵으로 하는 합법화된 배제가 그것을 강화했다. 둘째, 일본인 1세는 귀화 또는 그것이 불가능하더라도 2세의 시민권을 통해 정착을 위한 포섭을 요구할 수는 있었다. 그러나 1세는 귀화가 가능하더라도 직업상의 필요 등이 없으면 대부분 일본 국적을 유지했고, 2세의 상당 부분이 이중국적을 유지했다. 그것은 일본에 대한 민족적 귀속의식에 의한 것일 뿐만 아니라, 인종주의하의 마이너리티로서의 불안정한 생활 때문에 귀국의 가능성을 포함해 일본이라는 국가에 의존하지 않을 수 없었기 때문이라고 할 수 있을 것이다. 그리고 셋째, 일본 정부는 현지의 영사관을 통해 일본계 주민을 보호·관

43　東出, 『涙のアディオス』; Robinson, *A Tragedy of Democracy*, pp.151~152·261~262.

리하에 두었다. 그 근거는 그들의 일본 국적이었지만, 일본계 주민이 일본과의 유대를 유지하도록 조직한 일본인회나 일본어 학교는 일반적으로 일본영사관과 밀접한 관계를 형성했기 때문에 일본국가의 영향력은 일본 국적을 갖지 않은 일본계 주민에게도 미쳤다. 이러한 일본계 주민과 일본국가의 유대는 현지에서의 배척의 근거가 되기도 했다.

제2차 세계대전 당시 일본이 미국을 비롯한 연합국과 싸웠기 때문에 일본계 주민들은 구축국 출신자로서의 처우와 인종주의적 배척이 결합된 혹독한 처지에서 국경을 넘나드는 민족집단으로서의 삶에 변화를 겪어야 했다. 첫째, 많은 나라에서는 현지 시민을 포함한 민족집단으로서의 일본계 주민이 강제 퇴거와 수용 등의 처분을 받았고, 그렇지 않은 경우에도 일본계 주민은 일본과의 유대를 잃고 고립되었다. 이 때문에 현지 시민을 포함한 일본계 주민 중에서 일본에 대한 귀속의식이 높아졌고, 강제 퇴거와 수용 등에 대한 실망이나 항의는 그 강한 요인이 되었다. 둘째, 일본과 직접 교전한 미국과 캐나다에서는 민족으로서의 일본계 주민이 '송환' '귀국'의 이름으로 일본으로의 이동을 강요당했으며, 그 과정에서 귀화 시민이나 현지 출생 시민이 국적=시민권을 박탈당하기에 이르렀다. 전시하에 고양된 국민국가 규범의 압력이 인종주의와 결합된 것이다. 셋째, 제2차 대전 종결 후 남북미 각국에서 일본계 주민은 일부가 강제 또는 자신의 의사에 따라 일본으로 '귀국'한 반면, 남은 사람들은 대체로 일본이라는 국가로부터의 이탈을 강화하여 현지 사회의 일원으로서의 통합으로 향했다. 일본의 패전은 그 중요한 한 계기가 되었다. 다만 각지의 일본계 주민은 민족집단으로서의 성격을 잃지는 않았고, 또한 일본과의 문화적·사회적인 유대를 상실한 것도 아니었다. 이 점은 제8장에서 언급하기로 하자. 아울러 일본계 주민의 남북미 지역으로부터의 '송환' '귀국'은 여러 가지 점에서 구 일본 지배지역으로부터의 인양/송환과 공통되는 것이었다. 이 점도 제8장에서 확인하기로 하자.

인양, 전후 개척, 해외 이주

전후 일본 · 오키나와 이민 · 식민

1. 들어가며

제8장에서는 일본 패전1945년 이후에 일어난 일본인의 이동을 분석하고, 전후 국제질서의 형성 속에서 일본의 정치적 경계와 일본인과의 관계가 어떻게 변용되었는지를 밝히고자 한다. 제2절에서는 일본인의 인양/송환, 제3절에서는 일본본토와 오키나와 내부에서의 '전후 개척', 특히 홋카이도 전후 개척, 제4절에서는 일본과 오키나와에서의 '해외 이주'를 분석의 대상으로 한다. 또한, 이상을 통해 일본 독립 후에도 오키나와류큐 제도가 1972년까지 미국의 시정권하에 놓인 데 따른 야마토인과 오키나와인의 이동의 공통점과 차이점을 검토한다.

아시아태평양전쟁과 그 종결로 일본의 지배 영역 내외에 대한 일본인의 이주 행동 및 이주 지역에서의 일본인의 활동은 근본적으로 변화되었다. 지배 영역 밖에서는 미일관계의 악화와 함께 북미뿐만 아니라 남미 각국으로의 이주도 금지되어 미영과의 개전 이후에는 남북미 등의 일본인과 일본계 주민들이 강제 수용이나 일본 '송환'의 대상이 되었다. 나아가 일본의 항복과 함께 전쟁터에서 복원한 일본군과 함께 구 일본 지배 영역에 있던 일반 일본인의 일본과 오키나와로의 '인양' 혹은 '송환'이 이루어졌다. 그러나 이로 인해 전후 일본인의 이주 활동이 전쟁 전과 완전히 단절되었다고 볼 수는 없다. 일본과 오키나와 내부에서는 개척과 정착이 이루어졌고, 일본과 오키나와에서 남북미 각국으로 이민도 송출되었던 것이다.

이러한 변화를 규정한 중요한 조건은 일본의 항복에 따른 국경의 변경과 미국의 오키나와琉球諸島 통치이다. 우선 구 일본령에 있던 일본인은 '인양'에 앞서 국경의 변경으로 재외 일본인이 되었고, '전후 개척'과 '해외 이주'라는 두 가지 이주 활동을 나누는 경계도 새로운 국경이었다. 다음으로 오키나와인은 전쟁 전에 야마토인에 대해 종속적 지위에 놓이면서 일본인일본 호적 보유자·일본제국 신민일본 국적 보유자으로서 일본 지배 영역 내외로의 이주 활동을 했다. 그러나 패전 후, 오키나와인은 미국 시정권하의 '류큐인'이 되었다. 그 결과, 오키나와인은 야마토인과는 다른 형태로, 그럼에도 불구하고 '인양', '전후 개척', '해외 이주'라는 공통의 틀에서 이주를 경험하게 되었다.

이상을 통해 전후 국제질서 속에서 일본인의 이주 활동은 어떻게 이루어졌고 균질한 국민국가의 자화상이 정착되어 가는 일본의 정치질서와 어떻게 관련되었는지를 묻는 것이 제8장의 과제이다.

이상과 같은 전후 일본인의 이동에 대해, 노조에 겐지野添憲治는 일찍이 인양, 전후 개척, 해외 이민의 상관관계를 지적했다. 최근에는 아라라기 신조蘭信三가 이 세 가지 이주 행동에서 일본과 오키나와의 차이라는 틀을 제시하고 이 '전후 일본을 둘러싼 사람의 이동'을 동아시아에서의 '(일본) 제국 붕괴 후의 사람의 이동'이라는 포괄적인 틀로 규정하고 있다.[1] 그러나 노조에나 아라라기가 사람의 이동 자체에 초점을 맞추고 있는 반면, 제8장에서는 일본인(야마토인과 오키나와인)의 이동을 정치 과정의 관점에서 분석하고, 사람의 이동을 둘러싼 틀의 변화를 통해 전후 국제질서와 정치 질서의 변용을 고찰하고자 한다.

개별 분야에 대해 살펴보면, 우선 일본인의 인양/송환에 대해서는 많은 연구 축적이 있지만,[2] 특히 아사노 도요미浅野豊美나 가토 기요후미加藤聖文는 GHQ/SCAP(연합국군 최고사령관 총사령부, 이하 GHQ)이 전 일본인의 송환을 기본방침으로 하기 이전에 일본 정부나 구 지배지역의 일본인 자신이 현지 정착을 모색하고 있었던 점을 지적하고 있다.[3] 제8장에서는 이를 바탕으로 하여 인양/송환을 일본 국경 내부로의 일본인의 이동과 미국 시정권역 내로의 '류큐인'의 이동으로 파악하고, 그 이동을 정치 과정으로 분석한다.

다음으로 전후 개척에 대해서는 미치바 지카노부道場親信가 인양자가 농지 개혁법상의 농지 취득 자격을 가진 '일본인'으로 포섭되어 개척민으로서

---

1 野添憲治, 『開拓農民の記録－日本農業史の光と影』, 日本放送出版協会, 1976; 野添, 『海を渡った開拓農民』, 日本放送出版協会, 1978; 蘭信三, 「戦後日本をめぐる人の移動の特質－沖縄と本土の比較から」. 安田常雄編, 『シリーズ戦後日本社会の歴史4 社会の境界を生きる人びと』, 岩波書店, 2013; 蘭, 「序説Ⅰ帝国以後の人の移動」, 蘭編著, 『帝国以後の人の移動－ポストコロニアリズムとグローバリズムの交錯点』, 勉誠出版, 2013.
2 대표적인 것으로 若槻泰雄, 『戦後引揚げの記録』, 時事通信社, 1991.
3 浅野豊美, 「折りたたまれた帝国－戦後日本における「引揚」の記憶と戦後的価値」, 細谷千博ほか編, 『記憶としてのパールハーバー』, ミネルヴァ書房, 2004; 加藤聖文, 「海外引揚問題と日本人援護団体－戦後日本における帝国意識の断絶」, 小林英夫ほか編, 『戦後アジアにおける日本人団体引揚げから企業進出まで』, ゆまに書房, 2008; 加藤, 「大日本帝国の崩壊と残留日本人引揚問題－国際関係のなかの海外引揚」, 増田弘編著, 『大日本帝国の崩壊と引揚・復員』, 慶應義塾大学出版会, 2012.

'재정주'의 기회를 부여받는 한편, '"국민"의 주변'에 놓인 것을 밝혔다.[4] 특히 미치바는 북미와 하와이 등의 재외 일본 국적 보유자나, 홋카이도 구토인 보호법에 의한 급여지를 야마토인에게 임대한 아이누가, 농지개혁으로 '부재지주'로서 토지 매수의 대상이 된 것을 지적하여, 일본의 새로운 국경과 '에스니시티의 경계'를 '일치시키는 정책'의 일환으로서 인양자의 전후 개척을 평가하고 있다. 제8장에서는 이를 바탕으로 홋카이도 전후 개척을 주요 분석 대상으로 함으로써 전후 일본 국경 내부에서의 이주 식민지화의 연속과 단절이라는 관점에서 설명을 시도하고, 또한 전후 오키나와의 야에야마八重山 개척에 대해 미국 시정권역 내의 이주 식민지화로 고찰한다.

마지막으로 전후 해외 이주에 대해서는 일본 해외협회 연합회[일본 외무성의 외곽 단체]의 일원으로 남미 이민사업에 종사한 와카쓰키 야스오若槻泰雄의 연구가 있다.[5] 최근에는 이토 준지伊藤淳史나 야스오카 겐이치安岡健一가 일본 정부의 전후 이민정책과 전쟁 전의 만주 이민정책과의 연속성을 지적했고[6] 또한, 이시카와 도모노리石川友紀는 오키나와에서의 전후 이민에 대해 망라적인 고찰을 하고 있다.[7] 제8장에서는 이를 바탕으로 전후 일본과 오키나와에서의 이민 송출의 정치 과정을 분석한다.

---

4 道場親信, 「戦後開拓と農民闘争－社会運動の中の「難民」体験」, 『現代思想』 30(13), 2002; 道場, 「「復興日本」の境界－戦後開拓から見えてくるもの」, 中野敏男ほか編, 『沖縄の占領と日本の復興 植民地主義はいかに継続したか』, 青弓社, 2006; 道場, 「「戦後開拓」再考－「引揚げ」以後の「非国民」たち」, 『歴史学研究』 846, 2008.

5 若槻泰雄・鈴木讓二, 『海外移住政策史論』, 福村出版, 1975; 若槻泰雄, 『発展途上国への移住の研究－ボリビアにおける日本移民』, 玉川大学出版部, 1987.

6 伊藤淳史, 『日本農民政策史論－開拓・移民・教育訓練』, 京都大学学術出版会, 2013; 安岡健一, 『「他者」たちの農業史－在日朝鮮人・疎開者・開拓農民・海外移民』, 京都大学学術出版会, 2014, '제5장'.

7 石川友紀, 「戦後沖縄県における海外移民の歴史と実態」, 『移民研究』 6, 2010.

2. 인양/송환 　일본 패전과 일본 · 오키나와 내부로의 이동

1) 현지 정착 방침에서 전 일본인의 송환으로

일본의 포츠담 선언 수락[1997년 8월 14일]은 일본이 연합국에 대한 항복과 함께 카이로 선언에 기초하여 타이완과 조선에 대한 주권 및 관동주, '만주국', 남양군도, 기타 점령지 등의 지배를 포기하고 혼슈, 홋카이도, 규슈, 시코쿠와 '우리들[미·영·중]이 결정하는 작은 섬들'만을 주권의 범위로 하는 것을 의미했다. 또한, 8월 9일에 대일 참전한 소비에트연방은 일본의 항복 9월 2일까지 만주, 남가라후토[사할린] 남부 및 지시마 열도[쿠릴] 제도를 점령했다. 그러나 이렇게 일본의 주권과 지배가 상실된 지역에 거주하고 있던 일본인에 대해 일본 정부는 당초 현지 정착을 기본방침으로 하고 '인양자'의 수용은 어쩔 수 없는 경우에 한정하려고 했다.[8]

일본 정부가 현지 정착 방침을 취한 요인으로는 소련군 침공 지역 등의 상황 파악 부족뿐 아니라 식량 부족을 비롯한 국내 경제 상황 악화나 급격한 인구 유입에 대한 우려가 있었다.[9] 일본 정부는 주권과 지배가 상실된 지역에서 일본인이 일차적으로는 재외 일본인으로 정착할 것을 요구했고, 나아가 외무성은 "중국에 재류하는 일본인을 중국적으로 귀화"시키는 것도 검토하고 있었다.[10]

1945년 9월 들어 만주 등 소련군 침공 지역에서의 일본인의 상황이 전해지자, 일본 정부의 현지 정착 방침은 크게 동요했으나, 명확한 방침 전

8　加藤, 「大日本帝国の崩壊と残留日本人引揚方針」, 16~23쪽.
9　加藤, 「大日本帝国の崩壊と残留日本人引揚方針」, 20~30쪽.
10　浅野, 『折りたたまれた帝国』, 287~288쪽.

환에는 이르지 않았다. 10월 이후 인양 문제는 GHQ의 지도하에 놓여 미군에 의한 송환과 후생성에 의한 수용이라는 실시체제가 확립되었지만, 당초의 대상 지역은 미국 관할 지역[남한, 필리핀, 남양군도, 아마미·오키나와 등]에 한정되었으며, 송환 대상자의 범위는 결코 명확하지는 않았다. 미국은 중국 국민정부의 요청에 따라 12월에 만주와 타이완에서의 일본인 송환을 결정했다. 나아가 1946년 1월 15일부터 17일에 걸쳐 GHQ와 아시아태평양 각지의 미군이 도쿄에서 개최한 회의에서는 아시아태평양 전역의 모든 '일본인'의 송환을 기본방침으로 할 것이 확인되었다.[11]

다만 GHQ는 소련 관할 지역에 관해서는 송환에 직접 관여할 수 없었다. 만주는 1946년 3월의 소련군 철병에 따라 앞에서 언급한 모든 일본인 송환체제에 편입되었는데, 남은 소련 관할 지역[다롄, 북한, 남사할린, 쿠릴 제도]으로부터의 송환에 대해서는 1946년 9월 이후의 미소 교섭에서 겨우 구체화되었다. 1946년 10월 중하순에 소련군이 각 지역에서 일본인 송환 실시를 발표했고, 같은 해 12월 19일의 미소 간 협정으로 소련령 및 소련 점령 지역으로부터의 일반 일본인과 일본군 포로의 송환이 정식으로 합의되었다.[12]

또한, 미군의 일본인 송환체제에서 미군의 직접 통치하에 놓인 류큐 지

---

11 加藤, 「大日本帝国の崩壊と残留日本人引揚方針」, 30~41쪽.
12 加藤, 「大日本帝国の崩壊と残留日本人引揚方針」, 30~41쪽; 若槻, 『戦後引揚げの記録』, 192쪽; 森田芳夫, 『朝鮮終戦の記録－米ソ両軍の進駐と日本人の引揚』, 巌南堂書店, 1964, 742~756쪽; 樺太終戦史刊行会編, 『樺太終戦史』, 全国樺太連盟, 1973, 555~557쪽; 横手慎二, 「スターリンの日本人送還政策と日本の冷戦への道 (一)」, 『法学研究』82(9), 2009; ユリア・ディン, 天野尚樹訳, 「戦後処理における未解決の問題－南サハリン朝鮮人の送還問題(一九四五~一九五〇年)」, 『北海道・東北史研究』9, 2014, 47~49쪽.

역아마미와 오키나와은 GHQ 점령하의 일본과 구별되었다. 첫째, 오키나와에 거주하고 있던 민간의 '일본인'('현지인' 제외)은 1945년 10월 이후 복원하는 군인·군속과 함께 일본으로 송환되었다. 둘째, GHQ는 1945년 11월 이후 일본에 거주하는 오키나와인을 조선인, 타이완인과 함께 '비일본인'으로 규정하고, 나아가 오키나와인을 '류큐인'이라 명명했다. 1946년 2월에는 일본에 거주하는 '비일본인' 등록과 각각의 '본국'으로의 귀환 희망 조사가 이루어졌고, 같은 해 5월 SCAP 지령에 따라 귀환을 희망하는 '비일본인'의 송환이 결정되었다. 다만 '류큐인'의 오키나와 본도로의 송환과 수용은 당초 군정을 맡고 있던 해군이 식량과 주거의 부족 등을 이유로 거부했고, 군정 담당이 1946년 7일 육군으로 바뀐 후 같은 해 8월에 개시되었다. 셋째, 남양군도나 타이완, 필리핀 등에 있던 오키나와인도 1945년 12월의 SCAP 지령으로 '비일본인'의 일부인 '류큐인'으로 규정되어 송환 시에 '일본인'과는 구별되었다. 이들 '류큐인'의 미군에 의한 오키나와 본도로의 송환과 수용은 남양군도에서는 주로 1946년 1월부터 4월에 실시되었고, 그 이외는 1946년 7월 이후에 실시되었다.[13]

이상과 관련하여 여기서 1945년 이후의 '일본인'의 범위, 구체적으로는 오키나와인, 타이완인, 조선인의 일본 국적을 둘러싼 변화를 확인하고자 한다. 일본 통치하에서 오키나와인, 타이완인, 조선인은 일본 국적을 부여받았지만 일본호적법의 적용을 받은 것은 오키나와인뿐이었다. 타이

---

13 浅野豊美, 「米国施政権下の琉球地域への引揚−折りたたまれた帝国と重層的分離」, 『社会科学研究』 26(1), 2006; 大野俊, 「「ダバオ国」の沖縄人社会再考−本土日本人, フィリピン人との関係を中心に」, 『移民研究』 2, 2006; 恩河尚, 「戦後沖縄における引き揚げの歴史的背景とその意義」, 『東アジア近代史』 10, 2007; 沖縄県文化振興会公文書管理部史料編集室編, 『沖縄県史 資料編』 14, 沖縄県教育委員会, 2002, 81~86쪽; 『沖縄県史 資料編』 20, 沖縄県教育委員会, 2005, 7~8쪽.

완인과 조선인은 1945년 12월에 참정권이 정지되었고, 1947년 5월에 외국인등록이 의무화되었다. 또한, 1952년 샌프란시스코 강화조약 발효에 즈음하여 일본 정부는 타이완인과 조선인[일본 호적 비보유자]의 일본 국적을 강제로 박탈했다.[14] 한편, 오키나와인에 대해서는 앞서 언급한 바와 같이 미국은 류큐 열도의 주민을 '류큐인'으로 규정했지만, 주민 파악에는 일본 호적을 사용했다. 1952년에 미국 민정부하에 설립된 류큐 정부도 류큐 열도[1953년까지 아마미 포함]에 호적을 가진 자를 '류큐 주민'으로 정했다. 이에 대해 일본 정부는 강화조약 발효 후에도 잠재주권을 가진 오키나와와 아마미, 오가사와라 제도에 대한 일본호적법 적용을 유지했고, 또한 주민의 일본 국적은 소멸하지 않는다는 입장을 취했다.[15] 일본 정부는 일본의 주권 및 잠재주권하에 있는 것으로 인정되는 영역을 호적법의 적용 범위로 하고 일본 호적 보유자만을 일본 국적 보유자로 간주했던 것이다.

2) 구 일본 지배지역 이외로부터의 인양/송환

〈표 8-1〉은 후생성에 의한 '일반 방인邦人'의 일본으로의 '인양자' 수 통계이며, 〈표 8-2〉는 미국 통치하 오키나와에서의 '해외 귀환자' 수의 통계이다. 각각 결코 정확한 통계라고 할 수는 없으나, 여기에서는 어떤 지역에서 일본 및 오키나와로의 인양/송환이 이루어졌는지를 개관하기 위한 단서로 삼고자 한다.

---

14 田中宏, 『在日外国人 新版』, 岩波書店, 1995, 63~72쪽; 桐山昇, 「日本の敗戦処理と戦後アジア」, 『歴史学研究』 599, 1989.

15 오키나와의 호적부의 대부분은 오키나와 전투에서 소실되었기 때문에 1946년 9월 이후 각 시정촌에서 임시 호적이 편제되었는데, 그 효력은 원호적보다 우월한 것은 아니었다. 西原諄, 「戸籍法制の変遷と問題点」, 宮里政玄編, 『戦後沖縄の政治と法』, 東京大学出版会, 1975.

우선 오키나와에서 일본[〈표 8-1〉], 일본에서 오키나와[〈표 8-2〉]로의 사람의 이동이 각각 '일본인'과 '류큐인'을 나타내는 것은 틀림없지만, 그 밖에 남양군도에서의 귀환자 수를 고려하면, 〈표 8-1〉의 '일반 방인'은 전체적으로 '류큐인'을 포함하지 않았을 가능성이 높다. 한편, 〈표 8-2〉에서는 오키나와로의 '류큐인' 인양자는 일본에서 63,000명, 전체 105,000명 정도이나, 다른 기록에 의하면 1949년 10월까지 일본에서 18만여 명, 전체 약 25만 명이 송환되었다고 한다.[16] 이러한 어긋남이 발생한 요인은 오키나와 본도에서의 수용이 가능해질 때까지 '류큐인'도 일본으로 송환된 데 있을 것으로 생각된다.

다음으로 일본과 오키나와 사이의 이동을 별도로 하면, 〈표 8-1〉과 〈표 8-2〉의 양쪽에서 중심이 되는 것은, 물론 타이완, 조선, 남가라후토, 남양군도, 다롄관동주, 만주 등 구 일본 지배지역과 중국, 필리핀, 동남아시아 등 전시 중에 일본이 점령한 지역에서 일본과 오키나와로의 이동이다. 또한, 소련에서 송환된 것은 만주나 남가라후토에서 소련군에 억류되어 시베리아 등지에서 강제 노동에 종사한 일본인이다.

이를 바탕으로 여기에서 확인해 두고 싶은 것은, 〈표 8-1〉과 〈표 8-2〉 모두 다음과 같이 구 일본 지배지역 이외에서 송환된 인원수를 포함하고 있다는 점이다.

첫째, 오스트레일리아[〈표 8-1〉, 〈표 8-2〉]나 네덜란드령 동인도[〈표 8-1〉, 〈표 8-2〉], 프랑스령 뉴칼레도니아[〈표 8-2〉]에서의 인양자는 전쟁 전에 이러한 지역으로 이민한 일본인[야마토인]과 오키나와인이다. 이들 지역에서는 일본의 대

---

16 法務局出入管理庁, 『琉球における出入域管理』, 法務局出入管理庁, 1968, 6쪽.

미영 개전 이후 일본 국적 보유자일본인, 타이완인, 조선인와 현지 출생 2세, 3세가 오스트레일리아로 강제 수용되었으며, 전후에는 현지 출생자를 제외한 일본 국적 보유자일본인, 타이완인, 조선인가 오스트레일리아군에 의해 일본, 타이완, 조선으로 강제 송환되었다.[17]

둘째, 〈표 8-2〉에만 나타나는 미국이나 페루에서 돌아온 귀환자는 미국에서 1945년 12월부터 1946년 3월까지 '송환'된 일본계 주민일본인과 일본계인 중 오키나와계 주민으로 추측된다. 보론 2에서 기술한 바와 같이, '송환'된 일본계 주민의 총수는 약 8,000명에 이르지만, 이들은 후생성의 원호 대상이 아니었기 때문에 〈표 8-1〉에는 포함되지 않은 것이다. 또 어느 표에도 포함되어 있지 않지만, 캐나다에서도 일본계 주민 약 4,000명이 '송환'되었다.[18]

셋째, 〈표 8-1〉의 하와이 인양자는 전쟁 중에 미군에 의해 다른 지역에서 하와이로 이송되었던 사람들로 추측된다.[19] 〈표 8-2〉의 하와이 귀환자도 마찬가지일 가능성이 높다.

이 중 첫째와 둘째 사례는 일본 지배지역 이외로 이주한 일본인 일부도 전쟁과 일본 패전의 결과로 이주 지역 정주가 불가능해졌음을 나타낸다. 아래에서 논하는 구 일본 지배지역에서의 인양/송환도 이와 완전히 다른 현상이 아니라 일정한 공통점을 가졌다.

---

17 永田由利子, 『オーストラリア日系人強制収容の記録-知られざる太平洋戦争』, 高文研, 2002; 津田睦美, 「マブイの往来-ニューカレドニア-日本 引き裂かれた家族と戦争の記憶」, 人文書院, 2009.
18 若槻, 『戦後引揚げの記録』, 69~72쪽.
19 若槻, 『戦後引揚げの記録』, 70~71쪽.

원 지역	인원수
소련	19,155
지시마, 가라후토	277,485
만주	1,003,609
다롄	215,037
중국	493,635
홍콩	5,062
북조선	297,194
한국(남조선)	416,109
타이완	322,156
본토 인접 제도(오가사와라 등)	2,382
오키나와	12,052
네덜란드령 동인도	1,464
프랑스령 인도차이나	3,593
태평양 제도(남양군도)	27,506
필리핀	24,211
동남아시아	56,177
하와이	310
오스트레일리아	8,445
뉴질랜드	406
합계	3,185,988

출처 : 若槻泰雄, 『戰後引揚げの記錄』, 時事通信社, 1991, 252~253쪽.

〈표 8-2〉 오키나와로 돌아간 '해외 귀환자' 총수(1951년까지)

원 지역	인원수
일본	63,381
남양군도	25,892
타이완	4,841
조선	138
만주	1,966
중국	1,248
필리핀	5,248
말레이	224
네덜란드령 동인도	125
뉴기니	36
오스트레일리아	138
동남아시아	497
프랑스령 인도차이나	43
뉴칼레도니아	64
하와이	708

원 지역	인원수
미국	203
페루	104
브라질	57
아르헨티나	49
소련	279
기타	401
합계	105,644

출처 : 琉球政府文教局編, 『琉球史料』 第4集(社会編 I), 那覇出版社, 1959, 102~103쪽.
주 : 합계가 맞지 않지만 그대로 두었다.

3) 필리핀

1939년 당시 미국령 필리핀의 총인구 16,000,303명 중 일본인은 29,057 명0.2%으로, 외국인 인구 157,945명1.0% 중 최대인 중국인 117,487명0.7% 에 이은 규모였다. 여기서 말하는 외국인에는 미국인 8,709명은 포함하지 않는 것으로 한다.[20] 일본인의 약 반수는 오키나와인이며, 야마토인이 오키 나와인을 멸시했을 뿐 아니라 필리핀인들도 오키나와인을 '다른 일본인otro Hapon'이라고 불렀다.[21]

일본인의 대부분은 다바오에 집주해 오타 흥업太田興業이나 후루카와 척 식古川拓殖 등 일본계 기업의 아바카 재배 농장에서 일했기 때문에 '만주국' 을 빗대어 '다바오국'이라고도 불렀다. 그러나 필리핀은 어디까지나 일본 의 지배가 미치지 않는 미국령이었다. 일본인 남성 중에는 외국인은 토지 소유권을 얻을 수 없기 때문에 시민권을 가진 2세를 얻기 위해 필리핀 여 성과 결혼하는 사람도 있었다.[22]

---

20 小林英夫監修, 『日本人の海外活動に関する歴史的調査』 第二一巻, ゆまに書房, 2002, 492쪽.
21 大野, 「『ダバオ国』の沖縄人社会再考」.
22 大野俊, 『ハポンーフィリピン日系人の長い戦後』, 第三書館, 1991; 大野, 「『ダバオ国』の

미일의 전쟁으로 상황은 일변했다. 일본인들은 일단 '적성 외국인'으로 강제 수용된 후, 필리핀이 일본 군정하로 들어가자 일본인회와 거류민단을 중심으로 일본군에 협력하여 지배자 편에 섰고, 나아가 일본군과 미·필리핀군과의 전투에서는 필리핀 시민 2세를 포함해 동원되었다. 그 결과 필리핀의 일본인은 다수가 전투에서 사망했을 뿐만 아니라, 일본 패전 후 미군에 의해 '일본인', '류큐인' 모두 1945년 10월부터 12월에 일본으로 강제 송환되었다. '류큐인'은 이듬해 8월 이후에 오키나와 본도로 송환될 때까지 일본 각지에서 생활을 할 수밖에 없었다. 또한, 미군은 일본인 남성과 결혼했던 필리핀 여성과 그 자녀들[혼혈 2세]에게는 일본 '인양'과 현지 잔류 중 어느 쪽을 선택할지 물었고 대부분이 잔류를 선택했다. 이 필리핀에 남은 '혼혈 2세'들이 1999년 일본에서 개정 출입국관리법이 시행된 후 일본 정부에 신원이나 일본 국적의 확인을 요구하게 되었던 것이다.[23]

이상과 같이 미국령 필리핀의 일본인은 미일 개전에 의해 '적성 외국인'이 되었고, 나아가 전쟁 중의 일본 지배를 거쳐 전후에는 일본인 강제 송환의 틀에 넣어졌다. 이는 일면으로는 구 일본 지배지역으로서의 취급이라고 할 수 있지만, 다른 면에서는 '혼혈 2세'의 처지가 보여주듯이 앞에서 언급한 오스트레일리아나 뉴칼레도니아에서의 강제 송환과도 공통된

日本帝国編入と邦人移民社会の変容」, 蘭信三編, 『日本帝国をめぐる人口移動の国際社会学』, 不二出版, 2008. 아울러 혼인신고를 하면 필리핀 시민권 관련 법과 일본국 헌법의 규정에 따라 필리핀인 여성과 그 자녀는 일본 국적 보유자가 되어 필리핀 시민권을 잃기 때문에 신고를 하지 않고 결혼하는 일이 많았다.

23   大野, 『ハポン』; 大野, 「『ダバオ国』の日本帝国編入と邦人移民社会の変容」; 大野, 「『ダバオ国』の沖縄人社会再考」; 早瀬晋三, 『フィリピン近現代史のなかの日本人－植民地社会の形成と移民・商品』, 東京大学出版会, 2012; 金武町史編さん委員会編, 『金武町史 第一巻 移民・本編』, 金武町教育委員会, 1996, 352~354쪽.

다. 대체로 필리핀 정주를 모색하던 일본인 이민의 처지가, 전쟁과 일본 지배를 거치면서 변전된 귀결이 일본인의 송환과 잔류 '혼혈 2세'의 국적 문제라고 할 수 있다.

4) 남양군도

제1차 세계대전 후 국제연맹의 위임통치령으로 일본이 지배한 남양군도는 현지에서 제당업을 독점한 남양흥발南洋興發 등의 노동력으로서 일본인, 특히 오키나와인이 많이 이민했다. 1939년 당시 총인구 129,104명 중 현지 주민[일본 국적 없음] 51,723명40.1%에 비해 일본 국적 보유자의 인구는 77,257명59.8%이며, 그중 일본인이 75,286명58.3%, 조선인이 1,968명 1.5%, 또한 일본인 중 45,701명전체의 35.4%, 일본인의 60.7%이 오키나와인이었다.[24] 남양군도는 일본의 주권하에 있지는 않았으나,[25] 일본 통치하에서 일본인, 특히 오키나와인에 의해 이주 식민지화되었던 것이다. 남양군도 사회에는 "일등 국민 일본인, 이등 국민 오키나와인 혹은 조선인, 삼등 국민 도민"이라는 민족 간의 서열이 있었다고 한다.[26]

미일 양군의 격전에 휘말려 다수의 민간인이 사망한 후, 남양군도를 점령한 미군은 살아남은 일본인야마토인과 오키나와인이나 조선인을 일본군과 함

---

24 南洋厅內務部企画課, 『南洋厅統計年鑑』第九回(昭和一四年), 1941, 2~3쪽.

25 1940년의 삼국동맹 체결 시에 일본은 남양군도가 독일의 양도로 일본령이 되었다고 해석했으나, 일독 이외의 나라들은 그 후에도 남양군도를 위임통치령으로 간주했다. 等 松春夫, 『日本帝国と委任統治-南洋群島をめぐる国際政治 一九一四-一九四七』, 名古屋大学出版会, 2011.

26 Mark R. Peattie, *Nan'yo : The Rise and Fall of the Japanese in Micronesia, 1885~1945*, Honolulu University of Hawaii Press, 1988, pp.111~112. 今泉裕美子, 「南洋群島」, 具志川市史編さん委員会編, 『具志川市史 第四巻 移民・出稼ぎ論考編』, 具志川市教育委員会, 2002.

께 수용했다. 미군은 민간인 송환 시 1945년 10월에 모든 '일본인'의 강제 송환을 개시하는 한편, '비일본인'에 대해서는 1945년 12월에 잔류냐 인 양이냐를 자유의사에 맡기기로 했다. 단, 다수를 차지하는 '류큐인'의 잔 류에는 이론이 있었기 때문에, 10년 이상 현지에 거주한 자에 한해 잔류를 허용하기로 했다. 10년 이상 거주한 '류큐인'의 대다수는 당초 미군에 잔 류 의향을 표명했다. 그러나 미군이 잔류를 희망하는 '류큐인'에게 현지 주민이 적은 티니안섬으로의 이동을 강력히 요청하자, 이에 응하는 '류큐 인'은 적었고, 또한 인양 희망자의 송환이 1946년 초부터 실시되는 가운 데 잔류 희망자는 격감했다. 결국, 미군은 1946년 5월에 모든 '류큐인'의 강제 송환을 결정했다.[27] 그러나 뒤에서 언급하듯이 오키나와로의 송환 후에도 오키나와인은 남양군도로의 재이주를 강하게 요망하게 된다. 일본 통치 종결에도 불구하고 이주 식민지화의 결과로 그들은 일단 정착한 남 양군도에서의 생활을 원했던 것이다.

아울러 미군은 강제 송환시에 필리핀에서 행한 것과 마찬가지로 일본인 ['류큐인' 포함] 남성과 결혼한 현지인 여성과 그 자녀들에게는 동행할지 현지 에 잔류할지를 선택하게 했다. 모계 사회인 탓에 대부분은 잔류를 선택했 고, 2000년 당시에도 구 남양군도 지역 주민의 약 20%가 일본계인으로 추정되었다.[28]

---

27 浅野, 「米国施政権下への琉球地域への引揚」; 今泉裕美子, 「南洋群島引揚げ者の団体形
    成とその活動—日本の敗戦直後を中心として」, 沖縄県教育委員会, 『史料編集室紀要』
    30, 2005.
28 三木健, 『原郷の島々—沖縄南洋移民紀行』, ひるぎ社, 1991; 小林泉, 『ミクロネシアの
    日系人—日系大酋長アイザワ物語』, 太平洋諸島地域研究所, 2007; 小林, 『南の島の日
    本人—もうひとつの戦後史』, 産経新聞出版, 2010.

5) 만주

1943년 말 당시 '만주국' 총인구 45,323,000명 중 한인漢人과 만주인은 41,359,000명91.3%, 몽골인은 1,116,000명2.5%, 일본인은 1,148,000명 2.5%, 조선인은 1,634,000명3.6%이었다.[29]

1945년 8월 9일의 소련군 침공에 대해 관동군의 지시로 만주국 정부는 황제 푸이와 함께 신징新京에서 통화通化로 이전했으나, 일본 정부의 포츠담 선언 수락으로 8월 18일 오전 1시경 푸이는 퇴위하고 만주국은 해체되었다. 한편, 만주국의 정식 해체를 기다리지 않고, 각지에서는 8월 15일 이후 한인 관리를 중심으로 '치안유지회'가 조직되는 한편, 일본인에 의한 '일본인회'나 '거류민회', '거류민단' 결성이 시작되었다. 만주국협화회는 8월 16일에 해산했다. 9월 1일에는 각지 일본인회의 지도·통제 기관으로 창춘長春=新京에서 동북지방 일본인 구제총회[이하. 구제총회]가 설립되었다.[30]

재만 일본인에 의한 일본인회 결성은 일본의 만주 지배가 종결되면서 그들이 스스로를 재외 일본인으로 인식한 것을 나타낸다. 후술하는 조선이나 타이완과 마찬가지로 일본인회의 당초 목적은 기본적으로 일본인의 현지에서의 보호와 자치였으며 결코 일본으로의 귀환은 아니었다. 구제총회는 결성 당초 조기 일본 귀환은 일본의 식량 사정이나 수송력의 한계로 곤란하다는 인식을 나타냈는데, 그뿐만 아니라 재만 일본인 중에는 만주 잔류를 원하는 자가 있었고, 또한 그것이 가능하다는 견해가 존재했던 것이다.[31]

29 小林英夫監修, 『日本人の海外活動に関する歴史的調査』第一三卷, ゆまに書房, 2002, 227쪽.

30 満蒙同胞援護会編, 『満蒙終戦史』, 河出書房新社, 1962, 51~55·62~64·289~362쪽.

31 満蒙同胞援護会編, 『満蒙終戦史』, 289~362·562~563쪽; 高碕達之助, 『満州の終

더불어 만주의 일본인회에는 일본령이었던 조선이나 타이완과는 다른 의미도 있었다. 만주국 건국 이전에 만주 각지의 개방지에서 일본영사관이 조직한 거류민회는 건국 후에도 만주국은 일본과 다른 독립국이라는 전제하에 1937년의 치외법권 철폐까지 유지되어 재만 일본인의 '자치'의 근거가 되고 있었다[제6장]. 일본 지배의 종결 때문이 아니라, 재만 일본인이 '일본계 만주 국민'이라는 의제가 소멸되었기 때문에, 그들은 일본 보호하의 거류민으로 복귀했던 것이다. 실제로, 재만 일본대사관과 총영사관은 포츠담 선언 수락 소식을 접하고, 더욱이 관동군의 제안을 받아, 8월 17일 이후에 치외법권 철폐 이래 "전면적으로 거류민 보호 등의 본무로 돌아가"게 되었다.[32]

그러나 소련군의 점령 직후부터 재만 일본인은 재외 일본인으로서 만주에 잔류하는 어려움을 인식하게 되었다. 소련군은 일본대사관과 총영사관을 일단 재만 일본인의 대표기관으로 인정했으나, 일본군 억류에 더해 만주국 관료나 협화회 관계자, 일부 민간인을 연행하는 가운데 9월 중 일본 공사와 총영사 이하 직원 대부분을 체포했다. 소련병의 폭행과 약탈이 빈발하는 상황에서 구제총회나 각지의 일본인회는 일본 정부와의 연계 없이 일본인의 보호에 임하게 된 것이다.[33]

게다가 각지의 일본인회는 북만 개척지 등에서 일본인 난민이 쇄도하는 예기치 못한 사태에 직면했다. 소련군의 침공과 소련병의 폭행에 더해, 일본 지배에서 해방된 한인들이 자주 보복 습격을 자행하자 일본인 개척민들

爲』, 実業之日本社, 1953, 217~220쪽.

32 満蒙同胞援護会編, 『満蒙終戦史』, 139~145쪽.

33 満蒙同胞援護会編, 『満蒙終戦史』, 59~60・139~145・156~177쪽; 加藤, 「海外引揚問題と日本人援護団体」, 53~56쪽.

은 현지 잔류를 단념했던 것이다. 다만 개척민 중 극히 일부는 어쩔 수 없이 혹은 자발적으로 현지 잔류를 선택했다. 대부분 한인의 가족이 되었다.[34]

일본인회는 활동의 대부분을 난민 구제에 할애했고, 구제총회는 소련군이나 중국공산당군에, 재만 일본인 약 160만 명 중 '노약자, 어린이 부녀자' '생활 곤궁자' 등 약 70만 명의 일본 송환을 요구했지만, 소련군의 점령 기간중에 일본인의 송환이 이루어지지 않았다. 재만 일본인의 일본 귀환 지향은 현저하게 강해졌고, 또한 일부 일본인 난민은 일본 귀환을 목표로 한반도로 남하했다. 다만 한편으로 정주로의 지향도 여전히 존재했다. 1945년 10월에 소련군은 선양瀋陽, 옛 펑톈에서 일본인의 학교교육 재개를 명령하여, 선양이나 창춘, 치치하루, 하얼빈 등의 일본인회는 일본인 학교교육을 "기정사실로서 장래의 기득권도 된다"는 생각에 기초하여 계속했다. 교수 용어는 기본적으로 일본어였지만 과목으로는 러시아어와 중국어도 설치되었다.[35]

재만 일본인의 송환은 국민정부군의 만주 점령을 통해 가능해졌다. 국민정부군은 1946년 3월 이후 소련군이 철수한 만주 각지를 중공군과 싸우면서 점령하는 한편, 전 일본인 송환 방침을 명확히 했다. 각지의 일본인회는 일본인 행정 일반을 담당하는 일교부日僑俘 관리소의 하부 조직인 일교선후日僑善後 연락처로 개편되어 일본인 송환을 기본 업무로 삼았다. 구제총회를 흡수하여 설치되어 재만 일본인 전체의 송환을 관할한 도호쿠東北 일교선후연락총처가 일본인의 상호연락·대표기관으로서의 역할을 겸

---

34 蘭信三, 『「満洲移民」の歴史社会学』, 行路社, 1994, 146~193쪽.
35 満蒙同胞援護会編, 『満蒙終戦史』, 363~397·468~501·562~563쪽; 加藤, 「海外引揚問題と日本人援護団体」, 56쪽; 加藤, 「戦後東アジアの冷戦と満洲引揚－国共内戦下の「在満」日本人社会」, 『東アジア近代史』 9, 2006, 123~125쪽.

제8장_ 인양, 전후 개척, 해외 이주   531

했다. 재만 일본인은 송환정책의 대상이 되는 한편, 거류민으로서의 자치는 상실되었다고 할 수 있다. 재만 일본인의 송환은 주로 1946년 5월부터 10월까지 실시되었고, 그 사이에 국공의 협정에 따라 총 약 101만 명이 양측 지배지역에서 송환되었다. 국부 지배지역에는 국민정부로부터 잔류해서 일하도록 강하게 요청받은 기술자 등 유용자留用者 약 11,000명이 남았지만, 미송환 난민 등과 함께 1948년까지 대부분이 일본으로 송환되었다. 중공 지배지역에는 8만여 명의 유용자가 잔류했다.[36]

국민정부군의 일본인 송환정책은 소련군 점령하에서 높아진 재만 일본인의 일본 귀환 지향과 기본적으로는 합치되었다고 할 수 있겠다. 그러나 그것은 자유의사에 의한 송환이라고 할 수는 없다. 1946년 7월에 어느 일본인 학교가 초등과 6학년에게 일본 송환 가부에 대해 글을 쓰게 했더니, '송환 희망'이 34명, '잔류 희망'이 4명이었다. 한 아동은 엄마와 같은 조선 태생으로 "내지內地로 돌아간" 적이 없고, "돌려보내 주겠다고 해도 갈 곳이" 없기 때문에, "돌아가든 안 돌아가든 상관없다"고 썼다.[37] 일본인 송환은 어디까지나 새로운 국경 내부로의 강제 이주였던 것이다.

한편, 일본 국적 보유자였던 재만 조선인은 일부는 국부군에 의해 한국남조선으로 송환되었고, 일부는 한인으로부터 '한간漢奸'으로 규탄받는 가운데 한반도로 자진해서 이주했지만, 대부분은 잔류했다. 잔류한 조선인은 중화인민공화국 국적을 부여받았다.[38]

36 満蒙同胞援護会編, 『満蒙終戦史』, 259~362쪽; 加藤, 「海外引揚問題と日本人援護団体」, 56~58쪽; 加藤, 「戦後東アジアの冷戦と満洲引揚」, 127~132쪽.

37 「日本へ帰る日まで」, 『東北日本新報』, 1946.7.11.

38 花井みわ, 「帝国崩壊後の中国東北をめぐる朝鮮人の移動と定住」, 蘭編, 『帝国以後の人の移動』; 李海燕, 「中華人民共和国の建国と中国朝鮮族の「創出」」, 蘭信三編, 『帝国崩壊とひとの再移動－引揚げ, 送還, そして残留』, 勉誠出版, 2011.

이상과 같이, 패전과 함께 만주 각지에서 결성된 일본인회는 거류민으로서의 정주 유지를 요구했지만, 소련군의 점령과 일본인 개척민의 난민화 등으로 인해 재만 일본인들 중에서는 일본 귀환의 지향이 높아졌다. 일부 일본인은 여전히 잔류를 원했으나 국부군 점령 후 유용자를 제외한 일본인은 강제적으로 송환되었다.

6) 조선

1942년 말 당시 조선 총인구 26,361,401명 중 일본 국적 보유자는 일본인이 752,786명2.9%, 조선인이 25,525,409명96.8%, 타이완인이 37명이며, 외국인이 83,169명0.3%이었다. 또한, 일본인 중 오키나와인은 706명이었다.[39]

1945년 8월 9일에 소련군은 조선 동북부를 침공했다. 미국이 8월 15일에 한반도를 북위 38도선에서 분할하고 남과 북을 각각 미소가 점령하는 명령안을 소련에 통보하자, 소련은 이의를 제기하지 않았다. 일본 정부의 포츠담 선언 수락으로 조선에서는 8월 15일 이후 각지에서 다양한 조선인 정치 단체가 탄생하는 한편, 8월 18일에는 경성의 일본인 민간 유력자들이 '경성 일본인회' 조직을 개시하여 조선총독부의 양해 아래 8월 21일에 '경성 내지인 세화회世話會'를 결성했다. 라디오를 통한 호소로 조선 각지의 일본인이 9월 초순 무렵까지 '내지인일본인 세화회'나 '일본인회'를 결성했다. 북한을 점령한 소련군은 8월 26일에 각도의 도청[조선총독부 지방통치기구]으로부터 행정권을 접수하여 조선인들로 구성된 인민위원회에 넘겨주었다.

---

39 森田, 『朝鮮終戦の記録』, 6・10쪽.

미군은 9월 9일 조선총독부로부터 남조선 시정권을 넘겨받아 9월 20일에 직접 군정을 개시했다.[40]

패전 직후부터 일본인의 자주적인 인양은 시작되었지만, '내지인일본인 세화회'나 '일본인회'의 결성은 더 이상 일본령이 아닌 조선에서 일본인이 한국 병합1910년 이전과 마찬가지로 거류민단을 결성한다는 희망과 밀접하게 연결되어 있었다. 경성 일본인회에서 경성 내지인 세화회로의 개칭은 "지금까지 '내지인'이라고 하던 것을 갑자기 '일본인'이라고 하는 것은 어떨지"라며 일본의 조선 지배 종결을 인정하는 것 자체에 저항감을 나타내는 의견에 따른 것이었다. 그러나 회장 호즈미 신로쿠로穂積真六郎가 "돌아갈 자는 돌아가고, 머무를 자는 머문다"8월 25일고 언급했듯이, 어쨌든 그들은 많은 일본인이 일본 귀환을 바라는 것을 상정하는 한편 잔류를 원하는 일본인은 거류민단을 결성해 조선 현지에 정착할 수 있다고 생각했던 것이다. 각지에서 결성된 '내지인일본인 세화회', '일본인회'도 같은 생각을 공유하고 있었다.[41] 이 같은 재조 일본인의 기대는 이후 남북한의 정치 상황 속에서 여지없이 배반당했다.

북한을 점령한 소련군은 일본 군인과 일본인 관료를 억류할 뿐만 아니라 1945년 8월 말에서 10월 초에 걸쳐 일본인의 주거를 소련군과 조선인

---

40 長谷川毅, 『暗闘－スターリン、トルーマンと日本降伏』下, 中央公論新社, 2011, 201~211쪽; 加藤, 「海外引揚問題と日本人援護団体」, 58~60쪽; 加藤, 『「大日本帝国」崩壊－東アジアの一九四五年』, 中央公論新社, 2009, 59~100쪽.

41 森田, 『朝鮮終戦の記録』, 121~146쪽; 森田芳夫・長田かな子編, 『朝鮮終戦の記録 資料篇』第一巻(日本統治の終焉), 巌南堂書店, 1979, 429쪽; 森田・長田編, 『朝鮮終戦の記録 資料篇』第二巻(南朝鮮地域の引揚と日本人世話会の活動), 巌南堂書店, 1980, 20・232~233・256・269・315~316・390쪽; 加藤, 「海外引揚問題と日本人援護団体」, 59~60쪽.

을 위해 접수하고 일본인 전체를 일부 주거지나 특정 건물에 집단적으로 수용했다. 만주나 소련이 침공한 조선 동북부에서 온 일본인 난민 역시 수용되었다. 이로써 일본인이 종래대로 정주하는 것은 불가능해졌다. 게다가 소련군은 일본인의 송환은 하지 않았으므로 일본인들은 계속 수용 생활을 할 수밖에 없었고, 식량 결핍이나 위생상태 악화로 사망자가 속출했다. 만주와 마찬가지로 점령 초기부터 소련군에 의한 폭행과 약탈도 잦았다. 또한, 일부 지역에서는 단기간 동안 허가나 명령에 의해 일본인 초등학교가 개설되었다.[42]

소련군에 대해 각지의 일본인회는 식량 배급 증량과 생활환경 개선 등과 함께 일본 인양을 거듭 진정했다. 소련군도 1946년 1월에서 5월경까지는 송환 실시의 자세를 보였으나 실행에는 이르지 못했다. 1946년 3월 이후, 일본인은 각지 일본인회의 지도로 38도선을 넘어 미군정하의 남한으로 '남하'하는 대규모 집단 탈출을 개시했다. 북한 재류 일본인들은 소련의 책임으로 귀환시키라고 미군이 항의했기 때문에 소련군은 6월 '남하' 금지를 명령했으나, 조선인 측이 식량 및 주거 부족 등으로 인해 일본인의 귀환을 원했기 때문에 집단 탈출은 소련군과 인민위원회의 묵인 속에 계속되었다. 1946년 10월 하순에 소련군이 드디어 일본인 송환 실시를 발표했을 때 군인을 제외한 일본인의 대부분은 이미 탈출했고, 남아 있던 것은 8,000여 명이었다.[43]

북한에서의 일본인 송환은 1946년 12월부터 1948년 7월에 실시되었

---

42 森田, 『朝鮮終戦の記録』, 195~265・430~431・470~471・517・525・527쪽.
43 森田, 『朝鮮終戦の記録』, 569~668・694~701・747~748쪽. 소련은 1946년 2월 말에 북한의 일본인 송환에 대해 일본 정부가 수송을 부담하는 형태의 실시를 미국에 제안했지만, 미국은 응하지 않았다. 横手, 「スターリンの日本人送還政策と日本の冷戦への道 (一)」.

다. 집단 탈주가 시작된 후에도 일본인의 '영구 잔류 희망'자는 존재했지만, 소련군과 인민위원회는 송환 개시 당시 조선인 남성과 결혼한 일본인 여성 이외에는 일본인의 잔류 희망을 인정하지 않았다. 그 반면, 일부 일본인 기술자는 귀환을 원했으나 유용되었다. 유용자도 1948년 7월까지 송환되었으나, 십여 명이 소련군에 억류되었다.[44]

남한에서는 미군이 점령과 군정 개시와 함께 관청이나 주요 시설 접수를 실시했고, 또한 조선인이 여러 기관과 시설 접수운동이나 경영권과 퇴직금 요구를 했다. 그러나 북한과 달리 일본인 수용과 같은 사태는 일어나지 않았고, 각지의 일본인회는 여전히 잔류와 거류민화를 모색하고 있었다. 조선총독부가 해체됨에 따라 '경성 내지인 세화회'는 9월 15일에 '경성 일본인 세화회'로 개칭하고 9월 19일에는 '일본 정부의 섭외기관'을 경성에 설치하도록 요시다 시게루吉田茂 외상에게 청원했다. 미군정 개시를 앞두고 이 세화회는 명칭상으로도 재외 일본인화를 명확히 하는 한편, 일본 외무기관하에서의 거류민화를 요구했던 것이다.[45]

하지만 미군정장관 아치볼드 아널드Archibald V. Arnold가 9월 17일에 학교 교육에서 조선어만을 사용하도록 정한 것은, 재조 일본인이 거류민으로서의 정착을 단념하는 중요한 계기가 되었다. 일본어로의 학교 교육은 일본 통치하의 조선에서 이루어졌을 뿐만 아니라 한국병합 이전의 재조 일본인 거류민에게도 '자치'의 일부였다[보론 1]. 경성 일본인 세화회는 9월 20일에 소규모 학원 형태로 일본어에 의한 일본인 교육을 실시하는 것에 대해 일본

---

44 森田, 『朝鮮終戦の記録』, 575·747~812쪽.
45 森田·長田編, 『朝鮮終戦の記録 資料篇』第一巻, 123쪽; 加藤, 「海外引揚問題と日本人援護団体」, 62쪽. 가토는 '경성 일본인 세화회'로의 개칭을 '정착에서 인양으로'의 전환으로 보지만, 필자는 이 개칭이 인양으로의 전환을 나타내는 것으로 생각되지는 않는다.

인 학도단과 함께 미군정청에 타진해 묵인을 얻었으나, 10월에 일본어에 의한 학교교육 허가와 일본인을 위한 학교 개설을 요망하자, 미군정청은 일본인만의 학교는 인정하지 않았고 교수 용어는 조선어뿐이라고 회답했다. 재조 일본인 교육자 중에는 "장래 일본영사관이 설립되었을 때의 해외 소학교 교육의 꿈"을 품은 자도 있었지만, 그 실현 전망은 없어졌다.[46]

나아가 미군정청은 10월 2일에 조선에서 일본 정부가 일체의 행정권을 행사하는 것을 부정했으며, 이후 일본 정부가 일본인 송환을 위해 외무성 직원의 파견을 요청해도 인정하지 않았다. 재조 일본인이 요구한 거류민화 가능성은 이로써 기본적으로 끊어졌다고 할 수 있다.[47]

10월 3일에 미군정청은 일반 일본인을 급속히 송환한다고 발표했고, 10월 8일에는 전 일본인에게 각지의 일본인세화회를 통해 국적 등록을 하도록 명령했다. 이에 경성 일본인 세화회도 일본인 전체가 "결국 귀국한다"는 인식을 나타냈다. 이 모임은 10월 17일에 "미군에 협력하여 가능하면 체류하고 싶다는 특수한 사람"도 귀환해야 하느냐고 미군정청에 문의했고, 미군정청은 "전부 인양시킬지 일부를 남길지"는 GHQ의 지시가 없다며 "체재가 불필요한 사람, 게다가 뚜렷한 직업이 없는 사람"은 인양하라고만 답할 뿐이었다. 일본인 가운데서도 잔류를 강하게 바라는 자가 있었고, 미국의 정책도 그 여지를 남겼던 것이다.[48]

---

46 森田, 『朝鮮終戦の記録』, 317~320쪽; 森田・長田編, 『朝鮮終戦の記録 資料篇』第一巻, 290・429쪽; 森田・長田編, 『朝鮮終戦の記録 資料篇』第二巻, 187~190・228~229 쪽. 木村健二, 「在外居留民の社会活動」, 大江志乃夫ほか編, 『岩波講座近代日本と植民地 5 膨張する帝国の人流』, 岩波書店, 1993, 46~49쪽.

47 森田, 『朝鮮終戦の記録』, 380~381쪽.

48 森田, 『朝鮮終戦の記録』, 351~365쪽; マーク・カプリオ, 「朝鮮半島からの帰還ーアメリカの政策と日本人の引揚げ」, 小林ほか編, 『戦後アジアにおける日本人団体』, 89; 「協

그러나 미군의 일본인 송환이 10월 23일에 개시된 후, 남한 재류 일본인은 패전 당초의 50만 명 가까이에서 1945년 말까지 28,000여 명까지 급감했다. 조선인의 내셔널리즘으로 인해 일본인 철수 압력은 높아졌다. 미군정청이 일부 일본인 잔류 가능성을 인정한 이유 중 하나는 기술자의 유용을 고려했기 때문이라고 생각되지만, 조선인의 접수운동이나 퇴직금 요구 등으로 일본인 기술자의 상당수는 귀국을 선택했고, 미군정청도 이를 만류하지 않았다.[49]

그런데도 여전히 일부 일본인은 "일본인은 모두 인양해야 합니까. 어떻게든 돌아가지 않으면 안 됩니까"라며 잔류를 원했지만, 1946년 1월에 미군은 앞에서 언급한 바와 같이 아시아태평양 전역의 전 일본인 송환 방침을 확정했다. 미군정청은 1946년 1월 22일에 경성 일본인 세화회를 통해 모든 일본인의 철수를 지시했고, 이 모임은 남은 일본인에 대해서 "국적을 분명히" 하고 '국제적 요청'인 일본 인양에 응하도록 요구했다. 일부 일본인은 잔류를 위해 일본 국적 보유자로서의 등록을 피하려 했다. 2월 말에는 대부분의 일본인이 인양을 끝냈지만, 다시 미군정청은 3월 8일에 허가한 자를 제외한 모든 일본인의 귀국을 명령했다. 허가를 받은 것은 북한 탈출자의 수용과 송환을 담당한 경성과 부산의 일본인 세화회 직원이나 소수의 유용자, 조선인 남성과 결혼한 일본인 여성 등에 한정되었다. 북한 탈출자를 기다리던 가족 등 얼마 안 되는 잔류 희망자도 이 강제 송환 명령으로 귀국을 강요당했다. 경성 일본인 세화회 직원은 1946년 12월에,

同的精神の結集を急ぐ」, 『京城日本人世話会会報』 30, 1945(平和祈念事業特別基金編, 『資料所在調査結果報告書(別冊)』, 平和祈念事業特別基金, 1999 수록).
49 森田, 『朝鮮終戦の記録』, 331~332·383~391쪽.

부산 일본인 세화회 직원은 1948년 7월에 일본인 송환 업무를 마치고 철수했다.[50]

이상과 같이 패전 후의 재조 일본인은 일본 귀환과 거류민으로서의 잔류라는 두 가지 지향으로 나뉘었다. 소련군 점령 하의 북한에서는 수용을 통해 거류민으로서의 잔류가 비현실적인 것이 되었고 일본 송환도 이루어지지 않았기 때문에 대부분이 남한으로의 집단 탈출을 했다. 미군 점령하의 남한에서는 자유의사에 의한 일본 귀환은 가능했으나, 거류민으로서의 잔류는 인정되지 않았고 원칙적으로 모든 일본인이 일본으로 강제 송환되었던 것이다.

7) 타이완

1943년 당시 타이완 총인구 6,585,841명 중 일본 국적 보유자는 일본인이 397,090명6.0%, 타이완인이 6,133,867명93.1%, 조선인이 2,775명0.04%였다. 외국인으로는 중화민국인 52,020명0.8%이 대부분을 차지했다. 또한, 일본인 중 오키나와인은 1940년 당시 14,695명일본인의 4.7%이었다.[51]

1945년 8월 15일에 일본 정부의 포츠담 선언 수락이 알려지자 타이완 각지에서는 타이완인들에 의해 전시하에서 억압받아 온 항일 정치 단체의 재건이 시작되었다. 그러나 타이완 총독부의 통치는 타이완인의 정치운동으로부터 도전을 받지 않고 국민정부에 의한 접수를 기다렸다. 일본 송환

---

50 森田,『朝鮮終戦の記録』, 391~401・415~425・726~731・816~827쪽;「日本人よ, 帰れ祖国に!」,『京城日本人世話会会報』93, 1945;「国籍を明らかにして, 国際的要請に応へん」,『京城日本人世話会会報』117, 1946.

51 小林英夫監修,『日本人の海外活動に関する歴史的調査』第八巻二, ゆまに書房, 2002, 20~21쪽; 野入直美,「生活史から見る沖縄・台湾間の双方向的移動」, 蘭編,『日本帝国をめぐる人口移動の国際社会学』, 564쪽.

은 개시되지 않았고 타이완 거주 일본인의 대부분은 예전처럼 현지에 거주하고 있었다. 민간 일본인 유력자는 '자치적 상조 조직'으로 '타이베이 상공경제회', 이후에 '봉래구락부'를 조직해, 이것을 "일본인회로 발전시키고"자 했다. '봉래구락부'로 개칭한 것은 총독부의 이의에 의한 것으로, 이는 '상공경제회'가 1944년에 총독부가 조직한 일본인·타이완인 상공업자 통제 단체의 명칭이었기 때문인 것으로 보인다[보론 1]. 타이완 거주 일본인은 한편으로는 '타이완 통치 후 50년'의 정주, 다른 한편으로는 '일본 내지의 식량난이나 취직난'이라는 상황인식에서 중국령이 된 타이완에 거류민으로 정착하기를 원했고, 또 그것이 가능하다고 생각했던 것이다.[52]

10월 25일에 국민정부 타이완성 행정장관 천이陳儀가 타이베이에서 타이완 총독 겸 타이완군 사령관인 안도 리키치安藤利吉로부터 항복을 받아 타이완과 펑후섬澎湖島의 중화민국 편입을 선언함으로써 타이완 총독부의 통치는 이윽고 종결되었다. 타이완성 행정장관 공서公署, 천이 정부는 통치기구의 접수를 개시했고 타이완 총독부와 군사령부는 타이완 지구 일본관병 선후연락부로 개칭되어 천이 정부의 명령전달기관이 되었다. 타이완인은 중화민국적을 '회복'했고 일본인은 '일적日籍인' '일교日僑'로 타이완성 일교관리위원회의 관리하에 놓였다.[53]

52 何義麟, 『二・二八事件－台湾人形成のエスノポリティクス』, 東京大学出版会, 2003, 79~80·85~86쪽; 塩見俊二, 『秘録・終戦直後の台湾』, 高知新聞社, 1979, 44~50·116~117쪽; 加藤聖文, 「台湾引揚と戦後日本人の台湾観」, 台湾史研究部会編, 『台湾の近代と日本』, 中京大学社会科学研究所, 2003, 125~127쪽; 波形昭一, 「台北商工会議所の設立と展開過程」, 柳沢遊・木村健二編著, 『戦時下アジアの日本人経済団体』, 日本経済評論社, 2004, 82~87쪽.
53 楊子震, 「帝国解体の中の人的移動－戦後初期台湾における日本人の引揚及び留用を中心に」, 『東アジア地域研究』13, 2006, 26~30쪽; 加藤, 「台湾引揚と戦後日本人の台湾観」, 127~128쪽.

새로운 지배자의 도래로 인해 타이완 거주 일본인은 다시 패전을 인식했다. 타이완인들의 반일감정이 표면화되고 생활이 점점 궁핍해지는 가운데, 일본인들 사이에서는 일본 귀환 지향이 증대되었다. 그러나 타이완 잔류의 희망은 굳건히 존재하여 "일본인으로서 계속 타이완 거주가 가능할지 여부"에 비상한 관심이 쏠렸다. 봉래구락부는 천이 정부에 "장래의 일본거류민단 설립", "합법적 조직으로의 승인"을 청원했으나 답변을 얻지 못했다. 일본인 내부에서 봉래구락부는 '전범 유사자', '구 세력의 자기보존'이라는 비판을 받았고, '협화회', '호조사互助社', '신일본인회', '민주주의동맹' 등 각종 단체들이 일본인 지도 단체로서의 지위를 다투었다. 타이완 거주 일본인은 '타이완 거류 희망 실현'을 위해 '개인, 단체 각각'에 '책모미태策謀媚態'를 거듭했다.[54]

또한, 일본인 학교나 일본어에 의한 수업 존속을 희망했던 타이완 일본인에게 천이 정부의 교육정책이 결코 엄격하지는 않았다. 천이 정부는 기존 학교를 접수해 중국인외성인 교원을 임용하고 타이완 교원을 유임하는 한편으로 일본인 교원을 해고했지만, 일부에서는 일본인 교원을 유용하고 일본어 수업도 인정했다. 다만 과목으로는 종래의 국어일본어, 지리, 역사를 폐지하고, 중국어북경어나 중국의 역사와 지리 수업을 실시했다.[55]

---

54 池田敏雄, 「敗戦日記Ⅰ・Ⅱ」, 『台湾近現代史研究』 4, 1982, 92~99쪽; 塩見, 『秘録・終戦直後の台湾』, 91~92・116~119쪽; 小林英夫監修, 『日本人の海外活動に関する歴史的調査』 第九巻, ゆまに書房, 2002, 80・91쪽.

55 塩見, 『秘録・終戦直後の台湾』, 54・66쪽; 台湾協会編, 『台湾引揚史』, 台湾協会, 1982, 22~23・164・382~383쪽; 何, 『二・二八事件』, 80쪽; 安里光代, 「わが生い立ちの記」, 安里積千代, 『一粒の麦－八十年の回顧 米軍施政下の四半世紀』, 民社党沖縄連合会, 1983, 350쪽. 이와 같은 천이 정부의 교육정책은 전시 중에 일본어로 교육을 받아온 타이완인을 중화민국으로 어떻게 통합할지의 문제와 밀접하게 연관되어 있었던 것으로 보인다.

그러나 일본인 거류민으로서의 타이완 잔류는 역시 인정되지 않았다. 천이 정부는 1945년 12월 31일에 유용자를 제외한 모든 일반 일본인들을 일본으로 송환하는 방침을 발표했다. 유용은 일본인이 귀국을 원하는지 잔류를 원하는지에 상관없이 천이 정부가 필요하다고 인정하는 자가 대상이었다. 송환도 유용도 일본인의 자유의사에 의한 것이 아니었던 것이다. 일교관리위원회는 일본인 호구조사를 실시하여 308,232명의 일본인 중 약 28,000명의 유용자를 제외한 자가 송환 대상이 되었다. 타이완인^{중화민국적} 남성과 결혼한 일본인^{일본 국적} 여성은 잔류를 인정받았으나, 그 외의 귀화^{중화민국 국적 취득}에 따른 잔류 희망은 인정되지 않았다. 대립하던 각종 일본인 단체는 1946년 2월 말에 봉래구락부를 중심으로 통폐합되었고, 일본인 송환을 기본 업무로 하는 일교호조회가 조직되었다. 거류민회의 가능성도 이로써 소멸되었다.[56]

1946년 3월부터 5월에 걸쳐 일반 일본인 약 284,000명이 일본으로 송환되었다.[57] 남겨진 것은 유용자와 '류교琉僑'로서 오키나와 본도로의 송환을 기다리는 오키나와인 2만여 명이었다.

일본인 송환 개시에 앞서 타이완 오키나와 동향회 연합회[1945년 12월 결성]는 일교관리위원회에 오키나와인이 일본본토가 아닌 오키나와로 귀환할 수 있도록 요청했고, 일교관리위원회도 오키나와인을 '류교'로 구별한다고 인정했다. 다만 '류교'도 유용자 외에는 강제 송환 대상이며, 1946년 2월 이후 다른 일본인^{야마토인}이 타이완 각지에서 집결하여 송환된 데 이어 오키나

---

56 小林監修, 『日本人の海外活動に関する歴史的調査』第九巻, 91～105쪽; 塩見, 『秘録・終戦直後の台湾』, 118～119쪽; 台湾協会編, 『台湾引揚史』, 155・406쪽; 加藤, 「台湾引揚と戦後日本人の台湾観」, 129～131쪽.
57 加藤, 「台湾引揚と戦後日本人の台湾観」, 30쪽.

와인도 송환을 위해 집결되었다. 이 시점에서는 미군이 '류큐인'의 오키나와 본도의 송환을 인정하지 않았기 때문에 일본과 미야코·야에야마로의 송환을 원했던 오키나와인 이외에는 오도 가도 못 하게 되었다. 오키나와 본도로의 송환을 원하는 오키나와인들은 1946년 5월에 일교관리위원회에 의해 마찬가지로 오키나와 본도 송환을 원하는 오키나와인 복원병과 함께 류큐 관병官兵 선후연락부구 타이완총독부 청사에 수용되어 송환을 기다리게 되었다. 오키나와 본도로의 송환은 1946년 10월에서 12월에 이루어졌다.[58]

유용자가족 포함는 우선 1946년 11월부터 12월에 약 2만 명이 송환되었다. 이후에도 약 3,300명이 잔류했지만, 그 대부분은 '2·28사건'으로 일본인이 타이완인에게 폭동을 교사했다고 천이 정부가 의심하기도 했기 때문에, 1947년 4월에서 5월에 송환되었다. 이로써 타이완에서 일본인의 송환은 거의 종료되었다.[59]

이상과 같이 타이완의 일본인은 패전 후에도 거류민으로서의 잔류를 강력히 원했고 국민정부의 타이완 접수 후에도 일본 귀환 지향이 높아지는 한편으로 잔류 가능성이 모색되었는데, 국민정부는 일본인을 그 의사와 관계없이 유용 또는 송환했다. 다만 오키나와 본도로의 송환을 원하는 오키나와인은 미군이 송환을 실시할 때까지 '류교'로서 타이완에 잔류했던 것이다.

58　台湾協会編,『台湾引揚史』, 37~40·67~70·130~132쪽; 台湾引揚記編集委員会編,『琉球官兵顛末記－沖縄出身官兵等の台湾引揚げ記録』, 台湾引揚記刊行期成会, 1986, 259~296·316~325·437~441쪽; 安里,『一粒の麦』, 85~86쪽; 松田良孝,『台湾疎開－「琉球難民」の一年一一ヵ月』, 南山舍, 2010, 270~291쪽.
59　加藤,「台湾引揚と戦後日本人の台湾観」, 130~131쪽; 楊,「帝国解体の中の人的移動」, 32~39쪽.

8) 남가라후토

남가라후토는 1943년 3월에 법제상으로 일본 본국에 편입되었다[제5장]. 같은 해 말 총인구 399,697명 중 일본 국적 보유자는 399,402명99.9%이 고, 그중 일본인이 373,223명총인구의 93.4%, 조선인이 25,765명6.4%. 윌타 나 니브흐 등 선주민이 413명이었다. 다만 일본인에는 1933년에 일본 호 적을 부여받은 가라후토 아이누도 포함되어 그 인구는 1941년 말 현재 1,272명이었다. 조선인 인구는 전시동원으로 급증했다.[60]

1945년 8월 11일에 소련군은 남가라후토를 침공했다. 가라후토청은 12일에 노인, 어린이, 여성을 비롯한 주민의 긴급 대피를 각 시정촌과 경 찰서에 통보하고 13일부터 대피에 들어갔다. 15일에 일본 정부의 포츠담 선언 수락이 보도된 뒤에도 소련군의 침공은 계속되어 긴급 대피의 기세 는 늘어났다. 22일의 일소 정전협정과 23일의 소련군의 해상 봉쇄로 긴급 대피는 종료되었지만, 이후에는 자력으로 남가라후토를 탈출하는 자가 급 증했다. 피난자 약 76,000명과 자력 탈출자[주로 1945년 8~11월] 약 20,000명 이 후술하는 소련군의 공식 송환 이전에 홋카이도로 건너갔다.[61] 더욱이 대피자 중에는 가라후토 아이누나 조선인도 있었다.[62]

긴급 대피의 기본 목적은 소련군의 침공에서 벗어나는 것이었고, "피난

---

60 小林英夫監修, 『日本人の海外活動に関する歴史的調査』第一一巻, ゆまに書房, 2002, 180~181쪽; 三木理史, 『移住型植民地樺太の形成』, 塙書房, 2012, 347~357쪽.

61 長谷川, 『暗闘』下, 183~186쪽; 樺太終戦史刊行会編, 『樺太終戦史』, 320~331쪽; 木 村由美, 「脱出」という引揚げの一方法－樺太から北海道へ」, 『北海道・東北史研究』9, 2014, 5~23쪽.

62 田村将人, 「樺太アイヌの〈引揚げ〉」, 蘭編, 『日本帝国をめぐる人口移動の国際社会学』, 483~484쪽; 「高昌男 一九三五年一一月二日知取生 男性」, 今西一編著, 『北東アジアの コリアン・ディアスポラ－サハリン・樺太を中心に』, 小樽商科大学出版会, 2012, 267 ~268쪽.

기간은 길지 않을 것"이라며 남가라후토로의 귀환을 상정했던 사람도 있었다. 그러나 일본인 지도층은 포츠담 선언 수락으로 남가라후토는 더 이상 일본 영토가 아니라고 인식하고 일본인들을 일본으로 귀환시켜, 특히 홋카이도에 정착시키는 방침을 즉각 굳혔다. 1943년에 가라후토청이 조직한 농업 통제 단체인 가라후토농업회는 피난자를 위해 '홋카이도의 미간지'에 "가라후토 개척촌을 건설할 계획"을 세웠고, 8월 21일 자 『가라후토 신문樺太新聞』에는 '일본 최북단의 국토, 홋카이도'에서 '가라후토 마을 건설자'를 모집하는 광고가 있다. 후술하는 남가라후토 인양자에 의한 홋카이도 전후 개척의 구상이, 패전 직후부터 시작되었던 것이다.[63]

그 한편, 남가라후토에서는 만주나 조선, 타이완과 달리 일본인회나 거류민회 결성이 시도된 흔적이 없다. 이는 많은 일본인이 일본 귀환을 원했기 때문이라는 해석도 가능하지만, 더 중요한 요인은 소련군 침공과 패전 후에도 시정촌이나 앞에서 언급한 가라후토농업회를 비롯해 일본 통치하에서의 조직들이 기능을 잃지 않았던 것으로 보인다. 일본인 중에는 소련군의 점령을 받아들인 다음 장래의 일본 송환 때까지 종래의 생활을 계속하려는 자도 있었다. 고노토로촌小熊登呂村의 농업회는 8월 16일경의 임원회에서 긴급 대피 없이 소련군 아래서 농축산업을 유지하기로 결정했는데, 피난에 반대한 자는 "가라후토는 일본 본국과 마찬가지로 호적도 국민으로서 있고 소유지도 등기되어 있으므로 조선과 만주와 달리 반드시 군함

---

63 原田宏, 「引揚げ前後の苦い思い出」, 平和祈念事業特別基金編, 『平和の礎－海外引揚者が語り継ぐ労苦』第二巻, 平和祈念事業特別基金, 1992, 267~269쪽; 樺太終戦史刊行会編, 『樺太終戦史』, 76~78・506・608~609쪽; 樺太帰農協同組合, 「所感」, 『北海道開拓新聞』, 1950.8.1; ジョナサン・ブル, 天野尚樹訳, 「「樺太引揚者」像の創出」, 『北海道・東北史研究』 9, 2014, 34~35쪽.

이 와서 태워 줄 것이므로 그때까지 기다리라"고 주장했다.[64] 법제 면에서 본국에 통합된 남가라후토는 다른 일본 지배지역과 다르다는 인식이 정주 유지를 택하는 한 요인이 되었던 것이다.

이처럼 소련군의 침공과 일본 패전 후에도 남가라후토에서 일본인이 종래의 조직을 유지할 수 있었던 것은, 인구의 압도적 다수를 일본인이 차지했고 원주자가 극히 드물었기 때문이었을 것으로 보인다. 다만 이때 일본인과 조선인의 관계는 급격히 악화되었다. 일본인 측은 조선인이 소련군을 돕고 있다는 의심에 사로잡혀 그들을 박해하여 조선인 측에서는 민족의식과 반일감정이 고조되었던 것이다.[65]

한편 소련군은 점령 통치를 확립한 다음, 일본인이든 조선인이든 현지 주민을 생산 활동에 동원하려 했다. 따라서 이들을 돌려보내려 하지 않았다.

남사할린 점령작전은 8월 26일에 완료되고, 소련군은 27일에 군정을 개시했다. 만주나 북한과 마찬가지로 소련군의 폭행이나 약탈이 잦았다. 소련군은 즉각 일본 군인과 경찰관을 억류하는 한편 주민들에게 생산 재개를 명령했다. 이에 대해 가라후토청은 1943년에 조직한 통제 단체인 가라후토 상공경제회를 기초로 가라후토 생산확보위원회를 조직하여 소련군의 요청에 응하는 한편, 주민을 보호하고 질서를 회복하고자 했다. 그러나 소련군은 탄광 등 여러 산업이나 은행을 직접 접수하고 필요한 일본인 직원은 유용했다. 소련군은 9월 17일에 가라후토청을 접수하고 남사할린 민정국을 설치했다. 민정국은 일본인 관료를 유용했고 일본의 시정촌 조

---

64 小能登呂村の沿革史編集委員会, 『樺太・小能登呂村の沿革史』, 全国小能登呂会, 1992, 193~198・214쪽.

65 李炳律, 『サハリンに生きた朝鮮人―ディアスポラ・私の回想記』, 北海道新聞社, 2008, 61~91쪽; 樺太終戦史刊行会編, 『樺太終戦史』, 481~482・551쪽.

직도 명령전달기관으로서 그대로 이용했다.[66]

민정국은 일본인 학교와 조선인 학교를 개교시켜, 수신, 역사, 지리나 군국주의적 교재는 금했지만, 각 학교에 각각의 언어로 교육하는 것을 허락했다. 이것은 일본인과 조선인을 정착시켜 동원을 용이하게 하기 위한 시책이었던 것으로 보인다. 민정국은 '가라후토의 일본인'에 대한 10월 1일 포고에서 "소련으로 돌아"온 남사할린에서 '일본민족'의 '권리 독립 문화 습관'은 존중될 것이라고 알린 후, 일본인에게 '생산 앙양' 등을 위해 노력할 것을 요구했다. 이후 민정국은 접수한 단체와 기업, 전시 중의 도나리구미隣組 조직, 나아가 학교를 통해 일본인과 조선인을 생산 활동에 동원했다.[67]

소련군은 일본인이 대다수를 차지하는 남사할린 주민에 대해 당초에는 일본시대의 조직을 차용하여 통치와 동원을 추진했으나, 이것이 궤도에 오르자 일본 각 조직들을 배제해 갔다. 첫째, 소련군은 1945년 12월부터 1946년 1월에 걸쳐 가라후토청 관료나 민간 유력자 등 일본인 지도자층을 일제히 체포했다. 체포·억류된 일본인 약 2,000명은 억류된 일본군과 마찬가지로 시베리아에서 강제 노동에 종사했다. 둘째, 소련 정부는 1946년 2월 2일에 '남사할린주'를 창설하여 점령에서 영토 편입으로의 전환을

---

66 樺太終戦史刊行会編, 『樺太終戦史』, 118~120·428~474·485·489~496·508~522쪽.

67 北海道教育研究所編, 『北海道教育史　地方編』 第二巻, 北海道教育委員会, 1957, 663~669쪽; 樺太終戦史刊行会編, 『樺太終戦史』, 480·523~528·543~544쪽; 「李世鎮 一九三一年四月二八日惠須取生 男性」, 今西編著, 『北東アジアのコリアン・ディアスポラ』, 251~253쪽; 조선인 학교는 1963년에 해체되었다. アナトーリー・T・クージン, 岡奈津子・田中水絵訳, 『沿海州・サハリン　近い昔の話ー翻弄された朝鮮人の歴史』, 凱風社, 1998, 290~291쪽.

개시했다. 사할린 농업회와 각 지구 농업회는 이 시기에 해산당했다. 3월 31일에는 일본의 시정촌 조직이 소련의 지구 민정서로 변경되었다. 각 수장에는 소련 시민소련 국적 보유자이 착임했고, 일본인은 같은 해 여름까지 대부분 해고되었다. 또한, 소련 정부는 1947년 2월에 남사할린주를 러시아 연방공화국의 영토로 정식으로 소련령에 편입했다.[68]

소련 정부는 1946년 이후 남사할린으로의 인구 이입을 추진했다. 첫째, 소련 정부의 1946년 4월 결정에 따라 대륙부에서 소련 시민들의 이주가 시작되었고, 같은 해 12월까지 24,942명, 1947년 중에 165,000명의 소련 시민들이 이주했다. 둘째, 소련 정부는 1946년부터 1949년까지 북한에서 어업 노동자로 모집한 조선인북한 국적과 그 가족 26,065명을 남사할린에 파견했다.[69] 이러한 인구이입정책은 다음에 살펴볼 일본인 송환 문제와 밀접하게 관련되어 있었을 것으로 추측된다.

1946년 3월에 소련 정부는 GHQ에 남사할린의 일본인 어부들에게 일본에서 그 가족 약 8,500명을 보내줄 것을 제안했었다.[70] 아마도 일본인 송환 요청을 의식하여 일본인 잔류를 전제로 제안을 한 것이다. 미소 교섭을 거쳐 민정국은 1946년 10월 중순에 일본인 송환을 발표하고 12월에 송환을 개시했는데, 남사할린에서의 일본인 송환은 일본인의 자유의사에 따르는 것으로 정해져 있었다. 송환 개시 이후에도 소련군의 일본어 홍보

68　樺太終戦史刊行会編, 『樺太終戦史』, 503~507・533~542쪽; ジョン・J・ステファン, 安川一夫訳, 『サハリン－日・中・ソ抗争の歴史』, 原書房, 1973, 188쪽; 小能登呂村の 沿革史編集委員会, 『樺太・小能登呂村の沿革史』, 199쪽.

69　クージン, 『沿海州・サハリン 近い昔の話』, 242~243쪽; 天野尚樹, 「個別的愛民主義の 帝国－戦後ソ連のサハリン朝鮮人統治一九四五~一九四九年」, 今西編著, 『北東アジア のコリアン・ディアスポラ』, 127쪽.

70　横手, 「スターリンの日本人送還政策と日本の冷戦への道 (一)」, 17~21쪽.

지 『신생명新生命』은 일본인에게는 잔류의 자유가 있고 소련 시민과 동등한 권리가 부여될 것이라고 거듭 주장했다.[71] 소련 시민의 이입이 순조롭게 진행되지 않는 상황에서, 민정국은 일본인 송환에 의한 노동력 부족을 강하게 우려하고 있었던 것이다. 민정국은 월별 송환 인원을 계획보다 최대한 줄이려고 했으며, 특히 1947년 8월 이후 송환 인원은 계획을 크게 밑돌았다. 송환을 요구하는 일본인들은 청원과 파업을 벌였다. 송환은 종종 중단된 끝에 일반 일본인 합계 266,872명을 송환하고 1949년 7월에 중단되었다.[72]

민정국이 자유의사에 의한 송환을 표영했는데도, 남사할린에 잔류한 일본인은 추정으로 약 1,500명에 지나지 않는다[가라후토 아이누 포함. 윌타, 니브흐는 제외]. 대부분 유용자이거나 후술하는 사할린 잔류 조선인의 가족이 되어 있던 자였다.[73] 일본인 인양자 대부분이 송환을 '명령'으로 기억하고, 그 중에는 '소련 이민'을 위해 주거를 제공하도록 '인양 명령'을 받은 자도 있어 실제로는 강제 송환이 이루어진 것으로 추측된다.[74]

이 '일본인'의 '송환'이라는 틀을 통해 가라후토 아이누의 대부분[약 1,200명]과 윌타, 니브흐의 일부[총 수십 명]도 일본에 보내졌다. 이들에 관해서는 송환이냐 잔류냐를 스스로의 의사로 선택할 수 있었을 가능성이 있다. 또한, 가라

---

71 「日本人住民の帰国」, 『新生命』, 1947.4.10; 「"新生命"読者の質問に答ふ」, 『新生命』, 1947.5.27.

72 樺太終戦史刊行会編, 『樺太終戦史』, 555~557・581~586쪽; クージン, 『沿海州・サハリン 近い昔の話』, 245~253쪽; ディン, 「戦後処理における未解決の問題」, 48~50쪽; 横手「スターリンの日本人送還政策と日本の冷戦への道 (一)」, 41쪽; 奥山亮, 『ああ 樺太』, 北海道地方史研究会, 1966, 51쪽.

73 中山大将, 「サハリン残留日本人―樺太・サハリンからみる東アジアの国民帝国と国民国家そして家族」, 蘭編, 『帝国以後の人の移動』, 749~751쪽.

74 小能登呂村の沿革史編集委員会, 『樺太・小能登呂村の沿革史』, 240・291・323쪽.

후토 아이누는 앞에서 언급한 것처럼 일본 호적을 부여받았지만 윌타와 니브흐에게는 일본 도착 후에 일본 호적으로의 '취적就籍'이 이루어졌다.[75]

조선인에 관해서는 미소협정의 범위를 벗어났으나, 1947년 말 당시에 소련 정부는 북한으로의 송환을 검토했다. 그러나 일본인 송환에 따른 노동력 부족을 우려한 사할린 현지 당국의 반대로 송환은 이루어지지 않았고, GHQ도 이를 용인했기 때문에 조선인들은 사할린 잔류를 할 수밖에 없었다. 1952년에 일본 국적을 공식적으로 박탈당한 그들에게는 소련이나 북한 국적을 취득하거나 무국적인 채로 소련과 국교가 없는 한국으로의 귀환을 기다리는 길 외에 다른 길은 없었고, 대부분 후자를 택했다.[76]

1957년부터 1959년에 걸쳐 일소공동선언1956년에 기초하여 사할린에서 819명의 일본인이 조선인 가족 1,471명과 함께 일본으로 송환되었다.[77] 이때 일본으로 건너간 조선인 중 일부에 의해 사할린 잔류 조선인을 일본 경유로 한국으로 송환하도록 요구하는 운동이 시작되었다. 그러나 일본 정부는 일본 국적 보유자로 남가라후토로 건너간 조선인의 잔류에 대해서는 책임을 인정하려 하지 않았다. 또한, 한국 정부는 북한과 대항하며 사할린 잔류 조선인 문제에 관심을 보였지만, 이들의 수용 자체에는 소극적이었다. 1980년대 말 냉전 종식과 함께 사할린 잔류 조선인의 한국

---

75 田村, 「樺太アイヌの〈引揚げ〉」; 田村, 「サハリン先住民族ウイルタおよびニヴフの戦後・冷戦期の去就－樺太から日本への〈引揚げ〉とソビエト連邦での〈残留〉, そして〈帰国〉」, 蘭編, 『帝国以後の人の移動』; 田中了&D・ゲンダーヌ, 『ゲンダーヌ－ある北方少数民族のドラマ』, 現代史出版会, 1978, 156~161쪽; 遠藤正敬, 『戸籍と国籍の近現代史－民族・血統・日本人』, 明石書店, 2013, 257쪽.

76 ディン, 「戦後処理における未解決の問題」, 50~57쪽; ディン, 「アイデンティティを求めて－サハリン朝鮮人の戦後, 一九四五－一九八九年」, 今西編著, 『北東アジアのコリアン・ディアスポラ』, 149~151쪽.

77 中山, 「サハリン残留日本人」, 754~755쪽.

영주 귀국과 상호 방문이 마침내 실현되었다.[78]

이상과 같이 소련군의 침공 후 남가라후토南サハリ린의 일본인들은 일본 귀
환과 홋카이도 정착을 시작했으나, 남겨진 일본인들은 인구의 대부분을
차지한 채 소련의 지배 아래 노동력으로서 정착을 요구받았다. 그러나 결
국 대부분의 일본인이 아마도 강제로 일본으로 송환되었다. 대부분의 가
라후토 아이누나 일부 월타, 니브흐도 '일본인'으로 송환되었지만, 조선인
은 현지에 잔류해야 했다.

9) 인양/송환과 '일본인'

이상에서 살펴본 바와 같이 인양/송환이란 일본 패전과 국경 변경에 따
라 교전국 및 일본의 새로운 국경 외부에 놓인 아시아태평양지역의 일본
인이 일부는 스스로, 나머지는 그 영역을 지배하는 교전국의 강제에 의해
국경 내부로 이동한 것을 의미한다. 이 국경 내부로의 이동이 부분적으로
는 조국으로의 귀환이라는 희망을 담고 있었다 해도, 전체적으로는 자유
의사에 의하지 않은 강제 이동이었음을 거듭 확인해 두고자 한다. 확실히
구 일본 지배지역에서는 일부 일본인이 유용되었지만, 그들의 잔류도 기
본적으로 자유의사에 의한 것은 아니었다. 요컨대 거주 지역이 일본 지배
지역이었는지의 여부와 관계없이 일본인들은 각 지역에서 외국인으로서
의 정주가 허용되지 않았기 때문에 일본 내부로 이동한 것이다. 남북미 각
국에서 강제 퇴거와 수용을 당한 일본인·일본계 시민 일부가 일본으로

---

78 玄武岩, 「サハリン残留韓国·朝鮮人の帰還をめぐる日韓の対応と認識―一九五〇~七〇
年代の交渉過程を中心に」, 今西編著, 『北東アジアのコリアン·ディアスポラ』; 大沼保
昭, 『サハリン棄民―戦後責任の点景』, 中央公論社, 1992.

'송환'된 것도 이 강제 이동의 일환이었다고 할 수 있다.

재외 일본인들이 현지 정주를 허용받지 못하고 국경 내부로 강제 이동된 것이 인양/송환이라는 전제에 서면, 이들이 기본적으로 현지 국적의 취득, 즉 귀화 가능성이 차단되어 있었던 것의 중요성이 명확해진다. 유용자를 별도로 하면,[79] 출생과 함께 현지 국적을 부여받았던 자, 현지 국적 보유자의 가족 이외에는 대부분 일본 국적 보유자로서 송환 대상이 되었던 것이다. 다만, 한편으로 구 일본 지배지역에 잔류를 원했던 일본인이 기본적으로 거류민으로서, 즉 일본 국적 그대로 잔류하려고 한 것은 간과할 수 없다.[80] 단순히 제국의식의 잔존뿐만이 아니라, 현지를 새롭게 지배한 국가의 국민이 되는 길을 일본인 자신도 선택하지 않았던 것은 아닐까.

또 하나의 문제는 일본의 새로운 국경 내부로 이동하게 된 '일본인'의 범위와 새로운 국경과의 관계이다. 첫째, 오키나와인은 류큐열도를 직접 점령한 미군에 의해 '류큐인'으로 규정되어, GHQ의 간접 통치하에 있는 일본본토의 '일본인'과는 구별해서 송환되었다. 다만 이들은 미군 점령 당초 남양군도를 제외하면 '모든 일본인' 송환체제의 틀에 들어가 있었으며, 일본 정부도 이들을 일본 호적·국적 보유자로 간주했다. 둘째, 타이완인과 조선인은 GHQ에서 '류큐인'과 마찬가지로 '비일본인'으로 간주되었을 뿐만 아니라 '모든 일본인' 송환체제의 틀에서도 빠졌고, 일본 정부도 이들의 일본 국적을 박탈했다. 이로 인해 만주의 조선인 대부분이 스스로 잔류하는 한편, 남사할린의 조선인은 대부분 한반도 귀환 가능성이 끊겼

---

79 유용자 중 일부는 현지 국적을 취득하여 잔류한 사례가 있다.
80 앞에서 언급한 바와 같이 타이완에서는 귀화를 원했지만 인정되지 않은 일본인의 사례를 확인할 수 있고, 또한 조선 등지에서 잔류를 위해 국적 등록을 피하려고 한 일본인은 있다.

다. 셋째, 남사할린에서 '일본인'으로서 일본으로 이동한 가라후토 아이누나 월타, 니브호에 대해서는 일본 호적 보유자였던 가라후토 아이누뿐만 아니라, 월타, 니브호도 새롭게 일본 호적을 부여받아 일본 호적·국적 보유자, 즉 전후 '일본인'의 일부로 간주되었다. 요컨대 일본 국적 보유자가 새로운 일본 국경 내부로 이동하게 된 과정을 통해 일본 정부는 일본 국적 보유자의 범위를 국경에 맞게 재정의하여 국경과 주민의 국적의 일치를 추구했다. 그 가장 중대한 예외가 GHQ하에서 '비일본인'으로서 일본 잔류를 택했다가 일본 정부로부터 일본 국적을 박탈당한 조선인이었다고 할 수 있을 것이다.

3. 전후 개척 일본과 오키나와 내부의 이주 식민지화

1) 전후 일본의 국내 개척과 인양자

전후 개척의 전제가 되는 것은 패전 직전 일본 정부가 개시한 도시 전재민의 '집단 귀농' 정책, 특히 홋카이도의 '다쿠호쿠拓北 농병대'이다. 1945년 3월에 정부는 전재민의 증가와 식량 사정의 악화에 대처하기 위해 「도시 피난자의 취농에 관한 긴급조치 요강」을 각의 결정했다. 그러나 도부현에서의 '취농'은 쉽게 진행되지 않았고, 홋카이도 선출 중의원의원 구로사와 도리조黑沢酉蔵 등의 의견에 따라 정부는 5월 말에 광대한 '미이용지'가 있는 홋카이도에서 전재민을 식량 생산에 종사하게 한다는 방침을 다시 결정했다. 다쿠호쿠 농병대로 명명되어 홋카이도청에 수용 본부를 설치하여 7월에 개시된 이 정착사업은 패전 후에도 속행되었다. 홋카이도청은,

패전 당초부터 실질적인 전후 개척을 개시하고 있었던 것이다.[81]

홋카이도청은 나아가 10월 1일에 다음에 기술할 정부의 긴급 개척사업 요령에 앞서 홋카이도 전후 개척 요령을 결정했다. 이 요령에서 주목되는 것은 전재민, 피난민, 복원자, 전몰자 유족, 상이군인, 공장 등의 이직자와 함께 '외지 실지에서 온 인양자'를 '개척자'로 규정한 것이다.[82] 이는 홋카이도청이 이미 남가라후토에서 피난온 자와 탈출자의 수용과 원호에 나섰기 때문이라고 생각된다.

일본 정부의 전후 개척정책은 농림성이 주도한 긴급 개척사업을 출발점으로 한다. 일본의 항복이 명확해지자 농림성에서는 "졌으면 이제부터 개간"이라며 즉각 국내 개척 계획이 시작 되었다. 10월 25일에는 농림성 개척국이 설치되었고, 정부는 11월 9일에 긴급 개척사업 실시 요령을 각의 결정했다. 그 취지는 '종전 후의 식량 사정 및 복원'에 따른 '새 농촌 건설 요청'에 응하기 위해 대규모 개척을 실시하여 '식량의 자급화'와 '이직한 직공, 군인 등의 귀농'을 도모하는 것이며, '귀농 호수'는 '100만 호[내지 80만 호, 홋카이도 20만 호]'가 목표로 되었다. 식량 증산과 사회정책을 겸하고 있었다는 점에서 긴급 개척사업은 앞서 언급한 전재민 '집단 귀농'의 연장선에 있었다. 다만, 동시에 농림성의 전후 개척정책은 사사야마 시게타로笹山茂太郎[농림 관료]에 따르면, '외지 식민에서 내지 식민' "밖에서 잃은 것을 안에서 되찾자"는 발상에 입각해 있었다. 전후 국내 개척은 일본 지배지역의 축소

81 小野寺正巳,「北海道における戦後開拓事業の展開と開拓農民」, 高倉新一郎監修,『北海道の研究』第六巻, 清文堂出版, 1983, 343~347쪽; 戦後開拓史編纂委員会編,『戦後開拓史』, 全国開拓農業協同組合連合会, 1967, 610~611쪽; 北海道戦後開拓史編纂委員会編,『北海道戦後開拓史』, 北海道, 1973, 27~29쪽.
82 北海道戦後開拓史編纂委員会編,『北海道戦後開拓史 (資料編)』, 北海道, 1973, 194~197쪽.

가 가져온 농지의 상실을 메우기 위해 추진되었던 것이다. 실제로 척무성이나 대동아성, 만주국 정부 등에서 만주 개척정책을 담당했던 관료들은 이후 농림성 개척국이나 도부현 농지부 등에 배치되어 전후 개척정책에 종사했다.[83]

전후 개척의 추진에서 중요한 요인이 된 것은 일본 지배지역의 축소에 따른 인구 과잉이라는 인식이다. 『아사히신문』이 긴급 개척사업을 "8천만 인구를 혼슈, 시코쿠, 규슈, 홋카이도에서 먹여 살리지 않으면 안 된다는 절대명령"에 대한 대응으로 간주했듯이, 식량 증산 요청은 그 자체로 인구 과잉이라는 위기의식과 결부되어 있었다. 예를 들면 1945년 12월 15일에 귀족원에서 아키타 산이치秋田三一[고액 납세자 의원, 연구회]는 다음과 같이 말했다. 즉, 패전의 결과, "지시마, 타이완, 조선, 만주, 가라후토, 지나 등에서 구축"된 '수많은 우리 동포'가 '수백만 장병'과 함께 "나날이 이 본토로 송환"되어, "옛날 인구 4천만시대에도 이미 곤란을 겪고, '미국' 등에 돈벌이에 나선 이 일본이 시코쿠, 규슈, 혼슈, 홋카이도의 네 개의 작은 섬에 8천만에 가까운 사람들이 강제로 쫓겨 밀어넣어지"려 하고 있다. 이미 '개간, 간척, 또는 농지조정' 등 '증산의 수단'은 쓰고 있지만, 그것만으로 "야마토 민족이 존속"하는 것은 곤란하다. "어려운 이야기이긴 하지만, 지나에서 일하게 한다"거나, 또 "'미국'이나, 남미, 호주 등 광막하고 인구가 희박한 곳에서 농업을 하게 하는" 등 "이민의 장소를 부여받"거나, 자유 무역 허가를 얻거나 하지 않으면 앞으로 산아제한밖에 없다는 것이다. 즉 일본

---

83 戰後開拓史編纂委員会編, 『戰後開拓史』, 32~35・624쪽; 農地改革資料編纂委員会, 『農地改革資料集成』第三巻, 農政調査会, 1975, 294~301쪽; 安岡, 『「他者」たちの農業史』, 182~190쪽.

지배지역의 상실과 그 지역에서 송환된 일본인에 의한 인구 과잉의 심각화라는 현상 인식을 제시하고, 국외 이민·자유 무역에 의한 해결을 주장하며, 그 속에서 전후 개척을 응급조치로 규정했던 것이다.[84]

전후 개척의 또 다른 전제는, 위의 아키타 발언에서 볼 수 있듯이 국외 이주의 금지이다. 연합군의 일본 점령과 함께 일본인의 국외 도항은 원칙적으로 금지되었다. 해외 이주 협회[1947년 창립, 후술]의 기관지 『해외로의 문海外へのとびら』은 1947년 10월에 '과잉 인구 처리 대책'으로 "미개지 특히 홋카이도의 개척" 등 '내부적인 시책'을 거론한 후, 그 효과는 부족하다며 국외 이민의 필요를 설파하고 있다. 그러나 일본인의 일본 출국은 이 1948년 10월에 제한적으로 일본인의 상용 여행이 허가되는 것에 그쳤고, 일본 국외로 일본인이 이주하는 것은 독립 이전에는, 후술하듯이 미군의 배우자나 친족에 의한 초청 등 한정된 자격을 제외하면 극히 어려웠다.[85] 『아사히신문』의 농정 전문기자 단노 노부오団野信夫는 브라질이나 만주 등으로의 '과잉 인구 해외 방출'이 불가능해졌고 '네 개의 섬에 밀집한 일본민족'이 "좁은 국토를 유일한 근거지"라며 "우리 국토의 잠재생산력에 도전한" 것이 전후 개척이라고 논했다.[86] "네 개의 섬", "좁은 일본"에 갇힌 일본인'이라는 것은 전후의 상투적인 표현인데, 그것은 일본 지배지역의 축소를 가리키는 동시에 일본인이 일본 국경 밖으로 나갈 수 없다는 의미를 갖고 있었다고 할 수 있을 것이다.

나아가 일본에 귀환한 인양자와 전후 개척 사이에도 관련이 생겼다. 긴

84　「開墾達成の目算ありや」, 『朝日新聞』, 1945.11.11; 『貴族院議事速記録』, 1945.12.16.
85　若槻泰雄·鈴木譲二, 『海外移住政策史論』, 福村出版, 1975, 79~99쪽; 「海外移住への見透し」, 『海外へのとびら』1, 1948.
86　戰後開拓史編纂委員会編, 『戰後開拓史』, 536쪽.

급 개척사업의 대상자는 당초, 앞에서 서술한 것처럼 패전에 따른 실업자나 복원자로 여겨졌고 인양자에 대해서는 명확한 언급이 없었다. 이는 구일본 지배지역으로부터의 일반 일본인 송환에 대해 정부가 전망을 하지 못했기 때문일 수도 있다. 그러나 앞에서 서술한 것처럼 남가라후토에서의 피난민과 탈출자를 수용했던 홋카이도청은 이미 인양자를 '개척자'의 일부로 간주하고 있었고, 아시다 히토시芦田均 후생대신시대하라 기주로 내각도 1945년 11월 28일의 중의원 답변에서는 '개척사업'을 '복원자 및 인양 동포'의 실업 대책으로 규정했다. 미군에 의한 일본인 송환이 본격화하는 가운데, 정부는 1946년 4월에 '해외동포로 내지로 인양된 자'의 '생활 재건'을 위해 인양자 중 '취농을 적합하다고 여기는 자'는 '각 도도부현의 정착 계획'에서 '우선 정착'시키고, 나아가 인양자를 위해 '집단 특정 개간지구 설정' 등을 도모하기로 결정했다. 같은 해 9월에는 만주에서 인양한 개척 민들에 의해 전국 개척민 자흥회自興會가 결성되었고, '자력갱생'을 위한 '국내 개척'을 활동목적으로 내세웠다. 이리하여 전후 개척의 일부로서 인양자의 정착이 추진되었던 것이다.[87]

아울러 1946년 10월 이후의 제2차 농지개혁에서 자작농 창설정책은 농림부가 국내 개척정책을 추진하는 중요한 계기가 되었지만, 인양자 정착에 있어서는 양의적인 성격을 가졌다. 자작농 창설 특별조치법[1946년 10월, 법률 제43회], 통칭 '자창법'은 1945년 11월 23일 시점의 부재지주의 토지를 정부가 강제 매수하여 자작농이 될 가능성이 있는 자에게 매도하도록

---

87 『衆議院議事速記録』, 1945.11.29; 「定着地に於ける海外引揚者援護要綱」, 1946.4.25,
引揚援護庁長官官房総務課記録係編, 『引揚援護の記録』, 引揚援護庁, 1950, 99~100
쪽(자료); 満洲開拓史刊行会編, 『満洲開拓史』, 満洲開拓史刊行会, 1966, 826~835쪽.

정하고, 개척용지를 대규모로 매수할 수도 있도록 했다.[88] 단, GHQ와 농림성은 미국 등 외국에 거주하는 일본인[이중국적 포함] 및 1945년 11월 23일 시점에서 귀환하지 않았던 일본인 인양자[즉 인양자의 대부분]가 일본 국내에 농지를 소유했던 경우에도 부재지주로 토지 매수의 대상으로 삼았다. 부재지주였던 인양자가 '귀농'을 원할 경우에도 토지 환매가 허용되지 않아 새로 개척지를 취득할 수밖에 없었다.[89] 즉 자창법은 재외 일본인의 일본 내 농지 소유를 일률적으로 부정한 후에 일본 국내 일본인에게 국내 개척용지 취득의 기회를 주었는데 인양자는 둘 다 대상이 된 것이다.

일본 국내에서의 전후 개척 결과에 대해 통계로 확인해 보자. 1964년까지 약 20만 호추정 80만 명 이상가 정착했는데, 그 76.6%가 1950년까지의 정착이었다〈표 8-3〉. 1950년 이후 전후 개척정책의 중점은 사회정책에서 식량 증산으로, 농촌의 지역 농가의 차남이나 삼남에 의한 정착으로 이행했으며, 1945년부터 1950년까지를 일단락으로 보는 것이 타당할 것이다.[90] 이는 또한 대부분의 일본인 송환이 이루어진 시기이기도 하다. 전후 정착민 중 인양자가 차지하는 비율은 중심을 점한 만주, 남가라후토 인양자에 대해 살펴보면, 1949년 당시 약 22%32,819호가 되어 있었다〈표 8-4〉, 〈표 8-5〉. 또한, 인양자 중 전후 정착자의 비중을 살펴보면, 마찬가지로 1949년 당시 만주에서 인양한 농가의 약 40%, 남가라후토에서 인양한 농가의 약 60% 이상이 정착을 했다〈표 8-5〉. 즉 전후 개척에서 인양자는 복원자나 전재민, 실업자, 농가의 차남·삼남 등과 함께 정착자의 일부를 이룬 것

88 戰後開拓史編纂委員会編, 『戰後開拓史』, 35~36쪽.
89 道場, 「『復興日本』の境界」, 260~267쪽; 安岡, 『「他者」たちの農業史』, 245~252쪽.
90 戰後開拓史編纂委員会編, 『戰後開拓史』, 51쪽.

<표 8-3> 일본의 전후 개척에서의 정착 호수의 추이(1945~1964년)

연도	전국 합계	홋카이도	도부현
1945	28,352	3,825	24,527
1946	52,079	8,004	44,075
1947	37,454	6,423	31,031
1948	16,149	3,690	12,459
1949	10,825	4,025	6,800
1950	10,296	2,559	7,737
1951	6,688	1,700	4,988
1952	7,401	2,121	5,280
1953	7,895	2,001	5,894
1954	6,061	1,998	4,063
1955	4,939	1,860	3,079
1956	4,475	1,788	2,687
1957	2,825	689	2,136
1958	2,202	873	1,329
1959	1,481	681	800
1960	975	300	675
1961	926	248	678
1962	758	191	567
1963	552	149	403
1964	270	100	170
합계	202,603	43,225	159,378
재농 호수(1965년 현재)	125,868	21,947	103,921
이농률(1965년 현재)	37.9%	49.2%	34.8%
재농 호수(1971년 현재)	96,149	13,380	82,769
이농률(1971년 현재)	52.5%	69.0%	48.1%

출처 : 戰後開拓史編纂委員会編, 『戰後開拓史』, 全国開拓農業協同組合連合会, 1967, 702~703・773쪽. 전국 도부현 모두 오키나와는 제외. 1971년의 재농 호수는 北海道戰後開拓史編纂委員会編, 『北海道戰後開拓史 (資料編)』, 北海道, 1973, 45・74쪽. 정착 호수에서 재농 호수를 뺀 숫자를 바탕으로 이농률을 산출했다.

에 지나지 않는다. 그러나 재외 일본인의 국경 내부로의 이동인 인양/송환과 국경 내부에서의 일본인의 정착 활동인 전후 개척 사이에 강한 상관관계가 있었던 것은 분명하다고 할 수 있다.

다만 전후 개척에 종사한 정착민 가운데 상당 부분은 이농을 해야만 했다. 통계상의 이농률은 1965년 시점에서 40% 가까이, 1971년 시점에서는 약 50%에 달했다<표 8-3>. 미개척지의 대부분은 토지 조건이 나쁘고

〈표 8-4〉 일본 전후 개척에서의 인양자 비율(1945~1949년)(단위 : %)

전국	홋카이도		도부현
	합계	남가라후토 인양자만	
22.7	27.4	24.3	21.6

주 : 〈표 8-3〉, 〈표 8-5〉에서 작성.

〈표 8-5〉 1949년 현재 인양자 농가 정착 상황(단위 : 명)

		만주	남가라후토	합계
송출 호수	'내지'	141,828	–	141,828
	홋카이도	1,334	11,750	13,084
	합계	143,162	11,750	154,912
귀환 호수	'내지'	64,264	–	64,264
	홋카이도	1,005	10,154	11,159
	합계	65,269	10,154	75,423
정착 호수	'내지'	25,709	–	25,709
	홋카이도	790	6,320	7,110
	합계	26,499	6,320	32,819
정착 호수/ 귀환 호수	'내지'	40.0%	–	40.0%
	홋카이도	78.6%	62.2%	63.7%
	합계	40.6%	62.2%	43.5%

출처 : 農林省農地局, 「開拓関係統計資料」, 1950(農地改革資料編纂委員会編, 『農地改革資料集成』 第16巻, 農政調査会, 1972), 965쪽.
주 : '내지'의 만주 인양자 정착 호수 25,709호에는 남가라후토 인양자도 포함.

사회경제적으로도 산간벽지 등 불리한 조건에 놓여 있었으며, 정착민의 자본도 부족했기 때문에 무엇보다 개척 자체가 매우 어려웠다. 또한, 일부 개척지는 미군과 자위대 기지나 공장 용지, 공항 용지 등으로 대규모 매수의 대상이 되었다. 한편, 도시지역에서는 공업노동자 등의 수요가 증대하여 이농자를 흡수했다. 덧붙여 일부 정착민은 국내 개척에서 전환하여, 후술하는 남미 각국으로의 '해외 이주'로 활로를 찾고 있었던 것이다.[91]

---

91 戦後開拓史編纂委員会編, 『戦後開拓史』, 135~140쪽; 野添, 『戦後開拓の記録』, 120~258쪽; 道場, 「戦後開拓と農民闘争」, 223~235쪽.

전후 일본의 국내 개척은 개척, 정착의 대상 지역이 새로운 국경 내부로 한정되었다는 큰 단절에도 불구하고, 만주·남가라후토를 비롯한 1945년까지의 일본 지배지역에서의 이주 식민지화와 일정한 연속성을 가지고 있었다고 할 수 있다. 연속성은 첫째, 일본 정부의 개척정책에서 볼 수 있다. 둘째, 전후 개척에 종사한 인양자의 존재는 이주 식민지화의 주체인 이주자의 일부에게 연속성이 있었음을 의미한다. 그리고 나아가 셋째로 지적해야 할 연속성은 전쟁 전에 일본의 영토로서 이주 식민지화된 홋카이도가 전후 새로운 국경 내부에서 다시 중요한 개척지로 규정되었다는 점이다. 다음 항에서 보는 바와 같이, 전후 홋카이도는 한편으로 자치체화에 의해 속령으로서의 성격을 완전히 불식시키려 하면서도, 다른 한편으로는 국내 유일의 개척지로 지목되어 개발을 위한 특별 행정이 요구된다는, 1890년대 이래로 지속된 딜레마 상태에 다시 놓이게 되었다.

2) 홋카이도의 전후 개척과 지방자치체화

홋카이도에서의 전후 개척은 이미 언급한 바와 같이 전쟁 말기의 다쿠호쿠 농병대 정착을 단서로 하여 남가라후토에서 온 피난민과 탈출자를 받아들이면서 시작되었다. 1949년 현재 홋카이도의 인양자 67.0%약 25만 명가 남가라후토에서, 17.4%약 65,000명가 만주에서 귀환한 사람이었다〈표 8-6〉. 남가라후토에서 귀환한 인양자 중 약 60%가 홋카이도에 정착했다.[92]

홋카이도에서 가라후토 개척촌 건설을 구상한 가라후토 농업회의 오리토 소이치折戸惣市는 1946년 2월에 남가라후토를 탈출하여, 같은 해 5월에

---

[92] 樺太終戦史刊行会編, 『樺太終戦史』, 596~597쪽.

〈표 8-6〉 1949년 당시 홋카이도 인양자의 인양 지역

지역	인원수	백분율(%)
가라후토	248,867	67.0
지시마	12,304	3.3
조선	11,025	3.0
만주	64,575	17.4
중국	21,009	5.7
남방 등	13,699	3.7
	371,479	100.0

출처 : 樺太終戦史刊行会編, 『樺太終戦史』, 全国樺太連盟, 1973, 596쪽.

〈표 8-7〉 일본의 전후 개척에서 개간 면적(1945~1964년)

	전국 합계	홋카이도	도부현
정착	372,901 100.0%	201,157 53.9%	171,744 46.1%
증설	165,583 100.0%	14,782 8.9%	150,801 91.1%
합계	538,484 100.0%	215,939 40.1%	322,545 59.9%

출처 : 戦後開拓史編纂委員会編, 『戦後開拓史』
주 : 전국·도부현 모두, 오키나와 제외.

결성된 가라후토 인양자 단체 연합회의 회장으로 취임했다. 이 모임은 남사할린에 남는 일본인의 송환을 요구하는 한편, '가라후토촌 건설의 추진 모체'가 되었다. 나아가 소련군이 남사할린에서 일본인 송환을 개시한 직후인 1947년 1월에는 가라후토 인양자 단체 연합회에서 농업부가 분리 독립하여 가라후토 귀농협동조합을 결성하여 인양자의 정착을 추진했다.[93] 홋카이도 전후 개척에서 인양자의 비중을 살펴보면, 1945년부터 1949년까지 남가라후토에서 홋카이도로 인양한 농가의 62.2%가 정착했으며(〈표

---

93 樺太終戦史刊行会編, 『樺太終戦史』, 608~610·621~623쪽; ブル, 「「樺太引揚者」像の創出」, 35쪽; 北海道戦後開拓史編纂委員会編, 『北海道戦後開拓史』, 205~207쪽; 樺太帰農協同組合, 「所感」.

8-5)], 이는 같은 시기 홋카이도 정착자의 24.3%에 해당한다〈표 8-4〉. 전쟁 전에 홋카이도의 연장으로서 이주 식민지화된 남가라후토의 정착민들이 인양자로서 홋카이도 전후 개척에서 중요한 위치를 차지한 것이다. 한편, 홋카이도(청)의 전후 개척행정에는 홋카이도에서 만주나 남가라후토에 걸쳐 전후에 인양한 기술자들이 참가하여 중요한 역할을 했다.[94]

일본 국내 전후 개척에서 홋카이도의 비중을 살펴보면, 1964년 당시 정착 호수의 21%, 개간면적에서는 약 40%, 특히 늘어난 경작면적을 제외한 정착 면적에서는 50%를 홋카이도가 차지했다〈표 8-3〉, 〈표 8-7〉. 이는 특히 새로운 개척지로의 정착에서 홋카이도가 일본의 전후 국내 개척의 중심적 위치를 차지했음을 나타낸다. 그 한편으로 개척용지 확보에 중요한 역할을 한 자창법에 의한 부재지주로부터의 토지 강제 매수가 홋카이도에서는 구 토인보호법1899년에 따라 아이누에게 부여된 급여지에도 적용되었다.

이 급여지는 야마토인에 의한 홋카이도 이주 식민지화로 인해 생활환경을 파괴당한 아이누에게 농업에 종사할 경우에 한하여 부여된 토지였는데, 급여지의 하달은 그 자체로 권농이라는 이름의 보호·동화정책을 의미했다. 급여지를 취득하여 농업에 종사하는 아이누는 증가했지만, 선정된 땅에는 기존 거주지에서 떨어진 곳이나 농경 부적지도 포함되었다. 아이누에 의한 개간이 성공하지 않았을 경우, 급여지는 종종 홋카이도청에 몰수되거나 차지의 형태로 야마토인의 손에 넘어갔다.[95] 1935년 시점에서 급여지를 부여받은 아이누 중 부재지주는 30.1%에 달했다. 자창법 제

---

94 高倉新一郞, 「北海道の拓殖と戰後開拓」, 北海道戰後開拓史編纂委員會編, 『北海道戰後開拓史』, 711~713쪽.
95 山田伸一, 『近代北海道とアイヌ民族狩猟規制と土地問題』, 北海道大学出版会, 2011, 209~328쪽.

정 후 홋카이도 아이누협회 등을 통해 급여지에 대한 자창법 적용을 제외
해 달라는 진정이 종종 있었지만, GHQ 및 농림부는 제외를 인정하지 않
았는데, 그 이유로 '민족' '인종'의 평등을 들었다. 결과적으로 1951년까
지 급여지 면적의 26.3%[농지면적으로는 34.3%]가 강제 매수된 것이다.[96] 홋카
이도의 전후 개척은, 아이누의 생활 공간의 축소를 강요하면서 야마토인
의 정착을 추진한 점에서도, 전쟁 전의 이주 식민지화와의 연속성을 가졌
다고 말할 수 있을 것이다.[97]

이상과 같이 홋카이도 전후 개척의 특징은 첫째, 남가라후토에서 온 인
양자를 중심으로, 다른 지역보다 높은 비율로 인양자가 개척에 종사한 것.
둘째, 일본 국내 전후 개척에서 홋카이도의 비중은 매우 높으며, 특히 새
로운 개척지로의 정착은 홋카이도를 중심으로 이루어진 것. 셋째, 자창법
적용을 통해 '부재지주'로 간주된 아이누의 급여지가 강제 매수된 점이다.
메이지시대 이래 야마토인에 의해 이주 식민지화된 홋카이도는 패전 후의
새로운 국경 내부에서 다시 이주 식민지화가 되었던 것이다. 다만 넷째,
결과적으로 이농률이 현저히 높았다는 점도 홋카이도 전후 개척의 특징으
로 덧붙여야 할 것이다[〈표 8-3〉].[98]

그런데 전후 홋카이도는 이상과 같이 국내 개척, 혹은 이주 식민지화가
추진되는 과정에서 '네 개의 섬'이 된 일본에 남겨진 유일한 '호프' '프런

---

96 北海道編,『北海道農地改革史』下, 北海道, 1957, 229~251쪽; 道場, 「「復興日本」の境
界」, 259~260쪽.
97 아울러 홋카이도의 전후 개척에서는 일부의 아이누도 집단정착을 했다. 그러나 그 자체
는 아이누가 야마토인과 동일한 틀에서의 '개척'에 활로를 찾을 수밖에 없었다는 것을
의미한다. 北海道戰後開拓十年記念大会協賛会編,『北海道戰後開拓十年記念誌』, 北海道
戰後開拓十年記念大会協賛会, 1955, 165~166쪽.
98 小野寺, 「北海道における戰後開拓事業の展開と開拓農民」, 378~382쪽.

티어', 즉 일본의 새로운 국경 내부의 유일한 식민지로 규정되어 갔다.[99] 그러나 거기서 문제가 된 것은, 한편으로 패전 직후부터 홋카이도의 지방 자치체화가 시작되고 있었다는 것이다.

제1장에서 언급한 바와 같이, 홋카이도는 1900년 전후 지방제도의 정비와 홋카이도회의 설치를 전제로 중의원의원선거법이 시행된 후에도 홋카이도청이 통치했다. 홋카이도청은 홋카이도의 개발·통치 모두를 관할하는 행정기구로, 지방관제나 부현제에는 속하지 않았다. 홋카이도회는 부현회와는 달리, 그 의결권은 홋카이도 지방비에 한해서 인정되었다. 전쟁 전의 홋카이도는 본국 편입 후에도 부현과 같은 지방 자치 단체는 아니었던 것이다. 패전 후인 1946년 9월에 GHQ의 민주화정책하에서 부현제를 대신하는 도부현제가 제정되어 홋카이도는 처음으로 부현과 동렬의 지방 자치체로 개편되었다.[100]

홋카이도의 지방자치체화는 곧바로 정부 내부와 홋카이도에서 홋카이도 개발행정 소관을 둘러싼 대립을 낳았다. 홋카이도의 전후 개척은 그 주요 쟁점 중 하나였다.

내무성은 1946년 11월에 산하에 홋카이도 개발국을 설치하여 개발 계획과 예산보조금 편성을 일원적으로 실시하고 이를 홋카이도에 실시하게 할 구상을 명확히 했다. 기존에 내무성에 속했던 홋카이도청이 홋카이도 척식비국비로 실시해 온 개발행정을 홋카이도의 자치체화 이후에도 내무성 관할하에 두려고 했던 것이다. 그러나 농림성과 대장성을 비롯한 각 성은

99　岡田包義, 『再建日本と北海道の開発』, 北海道市長会·北海道町村会, 1952; 伴野昭人, 『北海道開発局とは何か－GHO占領下における「二重行政」の始まり』, 寿郎社, 2003.

100　北海道総務部総合開発企画本部編, 『北海道開発行政機構の変遷』, 北海道総務部総合開発企画本部, 1957, 14~20쪽.

내무성안에 강력히 반대했다. 특히 농림성은 홋카이도의 고유림을 부현과 통일하여 관할할 것을 강력히 요구했고, 또한 홋카이도청 아래에 놓였던 개척 행정도 전후 개척 행정의 일원화를 위해 농림성개척국으로 이관하도록 요구했다. 이에 따라 대장성은 이하의 세 가지를 제안했다.

①홋카이도 개발 행정 중 미간지 개척에 한해 내각 직속의 홋카이도 개발청을 설치해 직할한다.
②기타 개발 행정은 부현과 마찬가지로 중앙의 각 담당 부처가 분할하여 감독한다.
③홋카이도 국유림은 농림성으로 이관한다.

대장성은 홋카이도의 지방자치체화를 전제로 농림성에 의한 국유림 통일을 인정하는 한편[②, ③], 홋카이도의 전후 개척에 대해서는 내무성의 관할을 부정하면서도 농림성으로의 통합은 인정하지 않았던 것이다. 1947년 1월에 제1차 요시다 시게루 내각은 대장성의 제안에 따라 홋카이도 개발청의 설치와 홋카이도 국유림의 농림성 이관을 각의 결정했다.[101]

한편 홋카이도 측의 반응도 엇갈렸다. 첫째, 홋카이도청과 홋카이도회 모두 당초 내무성안에 찬성했지만, 홋카이도 개발청의 설치가 결정되자 어디까지나 일원적 개발 행정을 유지할 것, 또한 홋카이도 개발청이 현지 기관을 설치하지 않고 홋카이도에 개발 행정을 실시하게 할 것을 요망했다. 자치 단체로서의 홋카이도가 기존의 홋카이도청과 마찬가지로 개발

---

101 北海道總務部総合開発企画本部編, 『北海道開発行政機構の変遷』, 19~23쪽; 伴野, 『北海道開発局とは何か』, 31~34쪽.

행정의 실시를 담당하는 것을 중시한 것이다. 그러나 둘째, 홋카이도 전후 개척의 정착민 단체인 홋카이도 개척자연맹[1946년 10월 결성]은 홋카이도 개발청의 설치에 반대하여 GHQ 천연자원국에 직소를 했다. 즉, 홋카이도의 개척 행정이 내무성 홋카이도청의 관할하에 있고, 농림성에 의한 부현의 개척 행정으로 분할되어 있기 때문에 "홋카이도의 정착민들은 타 부현에 비해 보조금은 적고 행정적인 대응도 열악하다"는 현상 인식 아래 "홋카이도 개발청이 설치되면 도내에서의 개척 행정은 더욱 분산될 것"이라고 반대하며, 홋카이도의 개척 행정은 농림성 산하에 부현과 통합해야 한다고 주장한 것이다.[102] 즉 홋카이도청과 홋카이도회가 홋카이도의 개발 행정을 전쟁 전의 특별 행정의 연장선에서 파악한 데 비해, 홋카이도 개척자연맹은 전후 개척이 홋카이도와 부현 쌍방에서 추진되는 상황에 따라 개척 행정을 포함하여 홋카이도를 부현과 완전히 통합하도록 요구한 것이다.

요시다 내각은 1947년 3월에 홋카이도 국유림의 농림성 이관을 실시하고, 4월에 홋카이도 개발청 관제를 정했다. 국유림 이관 실시는 일원적 개발 행정 유지라는 홋카이도청 홋카이도회의 요청이 받아들여지지 않았다는 것을 의미하지만, 홋카이도 개발청의 현지 기관은 요청대로 설치되지 않았다. 그 사이 홋카이도청은 지방자치법의 제정[1947년 4월, 법률 제67호]에 따라 폐지되어 홋카이도는 완전히 지방 자치 단체가 되었다.[103]

그러나 일본 정부가 홋카이도 개발청 설치에 대한 승인을 요청하자, GHQ는 "홋카이도에만 타 부현과 다른 특별한 기구를 설치하는 것" 자체를 인정하지 않고 각하했으며, 나아가 홋카이도 개발 행정을 농림성에 이

---

102 伴野, 『北海道開発局とは何か』, 32~35・41~42쪽.
103 北海道総務部総合開発企画本部編, 『北海道開発行政機構の変遷』, 24~27쪽.

관하도록 일본 정부에 권고했다. GHQ 천연자원국은 1946년 7월 당시 "홋카이도가 일본의 다른 부현과 동등할 필요가 있다. 내무성의 현 관리체제하에서는 홋카이도는 일본의 식민지적 지위에 불과하다"고 하여, 홋카이도 개척을 농림성이 장악해야 한다고 주장했다. 이 천연자원국이 농림성, 특히 개척국과 연계하고, 또한 앞서 언급한 홋카이도 개척자연맹의 요청도 받아들여 GHQ를 홋카이도 개발청 설치의 각하로 이끌었던 것이다. 한편, 초대 홋카이도지사가 된 다나카 도시후미田中敏文[사회당, 홋카이도청장관 역임]는 GHQ에 개발청 설치를 호소했다. 같은 해 6월에 가타야마 데쓰片山哲 내각은 홋카이도 개발청 설치 취소를 각의 결정하여, 부현과 마찬가지로 홋카이도의 '개척에 관한 사무'는 농림성, 기타 개발 행정은 관계 각 성으로 이관하고, 각각 실시 주체는 홋카이도로 했다.[104] 홋카이도의 완전한 지방자치체화에 따라 전후 개척이 일단 농림성 개척국의 관할하에 부현과 통합되었던 것이다.

그런데도 홋카이도의 개발 행정을 부현과는 다른 틀로 실시하려고 하는 움직임은 정부와 홋카이도의 쌍방에서 뿌리 깊게 계속되었다. 제3차 요시다 내각이 1949년에 설치한 홋카이도 총합개발심의회는 홋카이도의 '총합 개발 계획'을 입안·실시하는 기관으로 재차 홋카이도 개발청의 설치를 답신했다.

심의회 과정에서 회장인 이타야 준스케板谷順助[홋카이도 선출 참의원의원]는 "만주, 타이완을 잃은" 일본에는 홋카이도 개발이 필요하다는 인식을 표명하며 "홋카이도가 다른 부현처럼 취급되는 바람에 개발이 늦었기 때문에 옛

---

104 北海道総務部総合開発企画本部編, 『北海道開発行政機構の変遷』, 27~29쪽; 伴野, 『北海道開発局とは何か』, 36~39·44~63·74~77쪽.

날처럼 개척사장관을 두거나 해서 강력하게 추진하고 싶다"고 주장했다. 홋카이도를 다시 본국에서 분리해서라도 새로운 국경 내부의 식민지로 개발하도록 요구한 것이다. 또한, 이시카와 이치로石川一郎[일본경제단체연합회 회장]는 "이민 문제를 [GHQ에] 요청"하기 전에 "홋카이도를 하루빨리 개발해야 한다"고 주장했다. 국외 이민 송출이 인정되지 않는 상황을 감안하여 우선 국내의 이민 송출지로 홋카이도의 개발을 요구한 것이다.[105] 이처럼 홋카이도 개발기관에 대한 요청은 국경 내부로 제한된 개발과 이주의 대상지로서 홋카이도를 규정하는 인식에 입각해 있었다.

요시다 내각은 심의회의 답신을 받고, 홋카이도 개발청의 설치를 결정했다. 단, 다나카 지사의 요청에 따라 개발청은 개발 계획의 입안기관으로 하고, 그 실시 주체는 홋카이도가 되었다. 농림성의 반대에도 불구하고 GHQ는 개발청 설치를 약간의 수정 후에 승인했다. 국회 심의를 거쳐 홋카이도 개발청은 1950년 6월에 발족했다.[106] 이로써 홋카이도 개발 행정은 다시 부현과는 다른 관할하에 놓였으며, 그 일부인 홋카이도 개척 행정도 농림성에서 개발청으로 이관되었다.

지금까지 살펴본 바와 같이, 홋카이도청하에서 개발 행정과 통치 행정이 결합된 홋카이도의 자치체화 당시 개발 행정은 정부 각 성으로, 자치 행정은 홋카이도로 관할 상으로는 분리되었지만, 개발 행정은 홋카이도에 맡겨졌다. 홋카이도 개발청 설치에 따라 개발 행정은 각 성에서 이 개발청으로 이관되었지만, 실시 기관은 그대로 홋카이도였다. 그러나 개발청 설

---

105 伴野, 『北海道開発局とは何か』, 148~154쪽.
106 北海道総務部総合開発企画本部編, 『北海道開発行政機構の変遷』, 33~47쪽; 伴野, 『北海道開発局とは何か』, 156~166쪽.

치 후 얼마 지나지 않은 1951년에 홋카이도지사로 다나카 전 지사[사회당]가 재선되자, 요시다 내각은 홋카이도 개발청 산하에 현지 기관인 홋카이도 개발국을 설치하고 개발 행정 실시도 홋카이도에서 분리했다.

홋카이도에서 열린 개발국 설치 반대 도민대회는 개발 행정의 분할은 '지방자치'에 반한다고 비판했고, 다나카 지사는 국회에서 홋카이도에서의 '개발 행정'과 '자치 행정'의 깊은 관련성을 주장했다. 이들은 홋카이도청 관할하에 개발 행정과 통치 행정이 통합된 것을 전제로 자치체화한 홋카이도가 개발 행정을 계속 실시하도록 요구한 것이라고 할 수 있다. 그러나 정부는 국회에서의 다른 질문에 대한 답변에서 홋카이도청은 '국가 파견기관'이었으며 홋카이도가 지자체가 된 후에도 "국가의 개발 사무를 공공 단체인 홋카이도에 위임하지 않았다"고 설명했다. 홋카이도청이 부현과 같은 지방자치체가 아니었다는 사실을 근거로 개발과 자치의 분리를 정당화했던 것이다.[107]

개척 행정의 실시도 홋카이도에서 홋카이도 개발국으로 이관되었다. 단, 실제 취급에 대해서는 약 1,000정보 이상 규모의 개척지를 홋카이도 개발국이 담당하고, 그 이하는 홋카이도가 대행하는 형태가 되었다.[108] 홋카이도 개척자연맹 기관지 『홋카이도 개척신문北海道開拓新聞』은 홋카이도 개발국 설치에 대해 "본도道 개발도 이제 국가가 본격적으로 나섰다"고 환영하면서도 "향토 홋카이도 개발이 관청의 세력 다툼이나 정쟁의 도구가 되었다"고 비판했다. 또한 '우리 개척인'의 입장에서 앞에서 언급한 개척 행정에서 개발국과 홋카이도의 분업에 대해 정착지의 '개척 계획 및 건설공

---

107 北海道総務部総合開発企画本部編, 『北海道開発行政機構の変遷』, 52~82쪽.
108 北海道戦後開拓史編纂委員会編, 『北海道戦後開拓史』, 41~42쪽.

사'가 "토건업자에게만 맡겨져", "개척조합은 무시"되는 것이 아닌가 하는 강한 불안감을 나타냈다.[109] 이 신문 좌담회에서 와리이시 미쓰오割石光夫[홋카이도 개척자연맹]는 "농림성은 '농지 행정은 우리가' 내고, 도청은 내무성 이래 척식 계획의 연장적 기분을 남기고 개발청은 자유당 정부의 홋카이도 개척 행정기관"이라며, "삼자가 모두 다른 행정 할거주의"를 야유했다.[110] 일찍이 연맹은 홋카이도 개발청의 설치에 반대하여, 홋카이도 개척 행정의 농림성 이관을 요구했다. 그러나 이 시점에서의 관심은 이미 관할이 어떻든 홋카이도의 전후 정착민에게 유효한 지원이 이루어질지 여부에 쏠려 있었다고 할 수 있다.

이상과 같이 전후의 홋카이도는 일본의 새로운 국경 내부로 제한된 개발과 정착의 대상지로 주목받는 한편, 지방자치체로서 다른 지역과의 제도적인 균질화가 요구되었기 때문에 개발 행정의 틀이 정치 쟁점이 되었다. 홋카이도 개발청 및 개발국 설치는 홋카이도의 지방자치체화를 전제로 하여 다른 지역과 다른 개발 행정을 펴는 틀과 그 선 긋기를 의미했다고 할 수 있다. 이 과정에서 홋카이도의 전후 개척은 주요 쟁점의 일부를 이루었지만, 홋카이도 전체로는 전쟁 전의 연장선에 개발과 자치의 일체화를 요구하는 요구가 강했던 반면, 전후 정착민들은 개발 행정의 틀보다는 실제 지원에 관심을 집중시켰다. 그들에게는 새로운 정착지에 정착할 수 있을지 여부가 초미의 문제였던 것이다.

---

109 「開拓行政に望む」, 『北海道開拓新聞』, 1951.7.1.
110 「鼎談会 開拓危機をどう見る」, 『北海道開拓新聞』, 1951.11.15.

3) 전후 오키나와에서의 야에야마 개발

전후 개척은 미국의 직접 통치하에 놓인 오키나와류큐 제도에서도 이루어졌다. 오키나와 본도, 미야코 등지에서 이시가키섬, 이리오모테섬 등 야에야마에 1948년부터 1950년대 말까지 약 1,200호약 5,000명가 이주·정착했다.[111]

1944년에 약 59만 명이었던 오키나와의 인구는 오키나와 전투에서 다수의 민간인 사망자가 발생한 결과, 1946년에는 약 51만 명까지 감소했다. 그러나 일본 패전 이후, 일본본토이나 구 일본 지배지역, 기타 국외에서 1950년까지 약 14만 명이 인양했고, 출생률 상승과 더불어 1950년 현재 인구는 70만 명에 육박했다.[112] 이러한 인구의 급증과 지상전에 의한 황폐화 속에서 오키나와에서는 전쟁 이전부터 지속된 이민에 대한 지향이 다시 높아졌다.

한편 오키나와에서 야에야마는 전쟁 전부터 이주 식민지로서의 성격을 가지고 있었다. 1890년대 이래 야마토인이나 오키나와 본도의 오키나와인이 이주해 사탕수수 재배나 제당업에 종사하기 시작하여 1930년대에는 타이완인이 이주해 파인애플 생산 등을 실시했다.[113]

그러나 전후에 야에야마가 개척과 이주의 대상지로서 초점이 맞춰진 요인은 미국 통치하의 오키나와에서 다른 지역으로의 이민이 곤란했다는 전제를 빼고는 설명하기 어렵다. 1945년 6월에 미군은 오키나와의 점령 개

---

111 金城朝夫, 『ドキュメント 八重山開拓移民』, あ~まん企画, 1988, 289~290쪽; 名護市史編
　　さん委員会編, 『名護市史本編 5 出稼ぎと移民 Ⅳ』(戦後編·展望), 名護市役所, 2008, 8쪽.
112 石川友紀, 「戦後沖縄県における海外移民の歴史と実態」, 『移民研究』 6, 2010, 49~52
　　쪽. 오키나와 전투에서 오키나와현 출신자의 사망자는 122,228명(민간인 94,000명,
　　군인·군속 28,228명)이라고 한다(沖縄県平和祈念資料館 웹사이트).
113 名護市史編さん委員会編, 『名護市史本編 5 出稼ぎと移民 Ⅳ』, 14~24쪽.

시와 함께 전시형법을 시행하여 류큐 제도의 출입역을 전면 금지했고, 일본항복 후에도 이를 계속 유지했다. 이 전시형법은 류큐 제도의 네 개 군도아마미, 오키나와, 미야코, 야에야마 간의 도항도 엄격히 제한했다.[114]

1946년 6월에 오키나와 민정부의 시키야 고신志喜屋孝信 지사는 미군에 대해 첫째로 전후 부흥, 둘째로 일본을 비롯한 지역에서의 인양으로 인한 인구증가에 대한 대처를 이유로 야에야마로의 이주와 정착 계획을 요청했다. 같은 해 9월에 미군의 지령으로 각 군도 간의 이동은 민정부에 의한 허가제로 되었지만, 여전히 도항은 제한되었다. 1997년 7월에 민정부 4지사회의에서 오키나와와 미야코 지사는 야에야마로의 정착 실현을 요구했고, 야에야마 지사도 이를 "고대하고 있다"고 발언했다. 미야코 민정부는 1947년 10월부터 이리오모테섬에 '이민지 조사대'를 파견하여 1948년 10월에 전후 최초의 야에야마 이민을 정착시켰다. 한정된 도항의 틀을 통해 이민을 실현시킨 것이다.[115]

한편 1948년에는 후술하는 바와 같이 남양군도 귀환자회에 의한 남양군도 재이민 요청이나 오키나와 해외협회 등에 의한 남미 이민 요청도 시작되었지만, 친족 초청 등 한정된 자격으로 남미 이민이 개시된 것을 제외하면 이는 실현 전망이 없었다. 1948년 10월에 오키나와 민정부는 "당분간 해외 이민은 생각할 수 없으므로" 야에야마 이주를 실시한다는 계획을 발표했고, 이주 신청이 잇따랐다. 그러나 오키나와 민정부의 야에야마 이

---

114 岸本弘人, 「戦後アメリカ統治下の沖縄における出入域管理について渡航制限を中心に」, 沖縄県立美術館・博物館, 『博物館紀要』 5, 2012, 51~52쪽; 土井智義, 「米国統治期の 「琉球列島」における「外国人」(「非琉球人」)管理体制の一側面ーー九五二年七月実施の永 住許可措置を中心として」, 『沖縄公文書館研究紀要』 15, 2013, 36쪽.
115 名護市史編さん委員会編, 『名護市史本編 5 出稼ぎと移民 IV』, 5~6・25~27쪽; 土井, 「米国統治期の「琉球列島」における「外国人」(「非琉球人」)管理体制の一側面」, 36쪽.

주 계획은 미군이 부흥원조자금 지출에 난색을 표했기 때문에 개시 시기로 여겨진 1949년 7월 이후에도 실시되지 않았다. 오기미촌大宜味村에서 야에야마 이주촉진협의회를 결성한 야마구치 주지로山口忠次郎는 『오키나와 타임즈沖縄タイムス』1949년 10월 14일에 보낸 투서에서 "해외 이민의 수많은 어려움" 가운데 "우리 앞에 열린 하나의 길이 야에야마 이주"이며, "현재의 한정된 입장에서 자신의 통치권 내부를 완전히 개척 이용"해야 "해외 이주로의 서광"도 열릴 것이라고 주장하며 이주 실현을 강하게 요구했다. 나아가 미군이 야마구치의 문의에 대해 '본국 정부'의 의향으로 "강화회의 체결까지 이주 문제는 실시할 수 없다"고 답했기 때문에, 야마구치를 비롯한 오기미촌의 정착단은 1950년 3월에 '자유 이민'으로서, 지원을 받지 않고 오키나와 민정부의 묵인하에 이시가키섬에 정착했다. 또한, 류큐 제도의 네 개 군도 간 도항 제한은 같은 해 1월 27일에 미군정부가 발표한 「해운규칙」3월 1일 시행으로 해제되었다.[116]

야마구치 등의 뒤를 따라 오키나와 본도와 미야코섬에서 야에야마로의 '자유 이민'이 잇따라 이루어졌다. 이주자의 상당수가 복원자나 인양자였으며, 인양자는 필리핀, 남양군도, 만주, 타이완, 일본 등지에서 귀환했다. 한편 1950년 12월 이후, 미군정부 천연자원부의 입안에 따라 류큐 농림성[같은 해 4월, 각 군도 민정부에서 분리되어 발족]이 야에야마 개발 계획을 작성하기 시작했고, 1952년 7월에 류큐 정부[같은 해 4월 성립]에 의해 '계획 이민' 모집이 개시되었다. 이 모집에서 '농경지를 군용지로 접수당한 자'가 우선 사항으로 꼽혔듯이, 미군의 기지 건설을 위한 대규모 토지 접수도 이 무렵부터

---

116 山口忠次郎, 『開拓』, 山口忠次郎, 1980, 10~19쪽; 森宣雄, 『地のなかの革命－沖縄戦後史における存在の解放』, 現代企画室, 2010, 265쪽.

야에야마 이주의 한 요인이 되었다. 특히 1954년 이후 미군은 류큐 정부의 야에야마 '계획 이민'에 적극적인 자금 원조를 시작했는데, 이는 군용지 접수의 본격화와 결부되었다. 다만 토지를 접수당한 군용지 지주들은 이민처로서는 대부분 남미를 희망했다.[117]

야에야마의 전후 정착민은 1960년 현재 약 5,000명약 1,200호으로 추정되며 야에야마의 총인구 약 5만 명약 1만 호에 대해 약 10%에 달하고 있었다. 정착민의 출신지는 미야코와 오키나와 본도를 주로 하지만, 일부에는 현지 야에야마[둘째 셋째 아들 등]도 포함되었고 일본이나 타이완에서 온 정착민도 약간 존재했다. 가뭄이나 태풍 등 개척 조건은 혹독하여 1954년경부터 발생한 이농자는 1960년대 후반에 현저히 증가했다. 또한, 1957년에는 오키나와에서 일본으로의 취직이 가능해졌는데, 1968년경부터 야에야마 정착민의 일본 취직이나 이주 노동이 급증했다. 또한, 오키나와의 일본 복귀 직전인 1971년경부터 야에야마 전후 개척자의 정착지 대부분은 '본토' 기업에 의해 매점되어 갔다.[118]

이상과 같이 미국 통치하의 전후 오키나와에서의 야에야마 개척은 인양자 등에 의한 인구의 급증과 오키나와에서 외부로의 이주가 곤란했던 조건하에 개시된 점이나 전쟁 전의 이주 식민지화와 연속성을 가진 점에서는 일본의 전후 국내 개척과 공통성이 있었다. 한편 미군의 직접 통치하에서의 개척정책 형성이나 군용지 접수를 요인으로 하는 이주는 일본과의 차이점이라 할 수 있다. 그러나 그 위에 가장 중요한 차이는 오키나와인의

---

117 金城, 『ドキュメント 八重山開拓移民』; 名護市史編さん委員会編, 『名護市史本編 5 出稼ぎと移民 IV』, 29~58쪽.
118 金城, 『ドキュメント 八重山開拓移民』, 262~286쪽.

이동을 제약하고 있던 것이 국경이 아니라 미국 시정권의 경계선이었다는 것이다. 이 차이는 마지막에 고찰하는 '해외 이주'에서 보다 중대한 의미를 갖는다.

4. 해외 이주 일본과 오키나와에서 외부로의 이민

1) 일본과 오키나와에서 미국으로의 이민

전후 초기 일본인이 일본본토에서 외국으로 이민하는 것과 오키나와인이 오키나와에서 외국으로 이민하는 것은 원칙적으로 불가능했다. 그러나 한편으로는 일본과 오키나와에서의 정치 상황 변화, 다른 한편으로는 이민 수용국 측의 조건 변화에 따라 일본과 오키나와에서 외국으로의 이민은 다양한 형태를 취하며 이루어졌다. 그 경위에는 일본과 오키나와 쌍방에 공통되는 측면과 다른 측면이 있었다.

전후 일본과 오키나와에서 외국으로 간 이주자 수의 통계를 〈표 8-8〉 및 〈표 8-9〉에 나타냈다. 우선 〈표 8-8〉의 일본에서의 이민 수는 일본 정부가 일본 국적 여권을 발급한 인원수이며, 오키나와에서의 이민 수는 미국 시정권하의 오키나와에서 일본 여권에 의하지 않고 이주한 인원수이다. 전자는 '일본인'으로서의 이민, 후자는 '류큐인'으로서의 이민이라고 볼 수 있을 것이다. 다만 오키나와인도 일본에서 일본 여권을 취득하는 것은 가능했다. 특히 1954년 이후 일부 오키나와인은 후술하는 일본 정부의 도항비 대부를 받아 이민했는데, 이 경우 미국 민정부가 발행하는 신분증을 일본의 여권으로 전환할 필요가 있었다. 일본 여권을 취득한 오키나와

연도	합계	일본	오키나와	일본 원조 이민
1945~1950	1,677	1,195	482	
1951	4,999	4,227	772	
1952	6,161	5,724	437	54
1953	6,275	5,733	542	1,498
1954	9,177	8,166	1,011	3,741
1955	11,795	10,493	1,302	3,512
1956	15,274	14,169	1,105	6,168
1957	16,620	15,229	1,391	7,439
1958	16,440	15,306	1,134	7,606
1959	14,914	13,769	1,145	7,610
1960	14,643	13,762	881	8,386
1961	12,472	11,426	1,046	6,263
1962	8,372	7,353	1,019	2,201
1963	7,181	6,444	737	1,526
1964	5,710	4,827	883	1,105
1965	4,867	4,322	545	818
1966	5,590	5,159	431	1,531
1967	5,473	4,858	615	1,543
1968	4,397	4,397		1,129
1969	4,390	4,390		1,146
1970	4,849	4,849		1,236
1971	8,561	8,561		1,098
1972	7,326	7,326		1,012
1973	6,405	6,405		631
1974	5,531	5,531		534
1975	6,158	6,158		506
1976	5,671	5,671		502
1977	4,369	4,369		467
1978	3,648	3,648		483
1979	3,564	3,564		549
1980	3,653	3,653		597
1981	3,517	3,517		600
1982	2,822	2,822		357
1983	2,349	2,349		217
1984	2,445	2,445		137
1985	2,523	2,523		109
1986	2,818	2,818		146
1987	2,953	2,953		171
1988	2,886	2,886		157
1989	3,603	3,603		88

출처 : 国際協力事業団, 『海外移住統計』, 1994, 14~17 · 116~119쪽.
주 : '일본'은 일본 정부의 여권 발급자 수, '오키나와'는 미국 시정권하 오키나와에서의 이주자 수를 가리킨다.

〈표 8-9〉 일본과 오키나와로부터의 이민 수용 국가별 총수 (1945~1989년)

국가	합계	일본	오키나와 (1945~1967년)	오키나와 (1948~1993년)
미국	134,842	129,684	5,158	불상
캐나다	11,226	11,226		102
브라질	71,372	68,110	3,262	9,494
파라과이	9,612	9,612		32
아르헨티나	12,066	8,989	3,077	3,897
도미니카	1,390	1,390		
볼리비아	6,357	3,067	3,290	3,448
멕시코	671	659	12	12
페루	2,615	1,938	677	733
오스트레일리아	1,525	1,525		
기타	10,402	10,400	2	8
합계	262,078	246,600	15,478	17,726

출처 : 国際協力事業団, 『海外移住統計』, 116~119쪽. 오키나와(1948~1993년)는 石川友紀, 「戦後沖縄県における海外移民の歴史と実態」, 『移民研究』 6, 2010, 54쪽.
주 : 오키나와의 미국 이주자 수(1948~1977년)는 12,846명이라는 통계가 있다. 沖縄市町村三十年史編纂委員会編, 『沖縄市町村三十年史』 上巻(通史編), 沖縄市町村三十年史発行委員会, 1983, 783쪽.

인은 통계상 '류큐인'에 들지 않고 '일본인'으로 분류되었을 것으로 보인다. 오키나와에서의 이민 수가 1967년을 마지막으로 계상되지 않은 것은, 같은 해 9월 이후 오키나와의 일본 복귀를 앞두고 오키나와에서의 이민도 일본 정부가 여권을 발급하게 되었기 때문일 것이다.[119] 다만 후술하듯이, 미국 이민국 통계에서는 그 후에도 '류큐 제도'에서의 입국자가 보인다.

다음으로 〈표 8-9〉에서 이민의 수용국을 보면 일본과 오키나와 양쪽에서 우선 미국으로의 이민이 최대 비율을 차지하고, 그 다음으로 남미 각국으로의 이민이 현저하다. 다음 항부터 논하듯이, 전후 일본과 오키나와에서 추진된 '해외 이주'는 기본적으로 남미 각국으로의 이민을 가리키지만, 전후 국외 이주자 자체는 일관되게 미국의 비율이 높아서 전체의 거의 절

---

119 名護市史編さん委員会編, 『名護市史本編 5 出稼ぎと移民 IV』, 69~75쪽; 石川, 「戦後沖縄県における海外移民の歴史と実態」, 53~62쪽.

반을 차지했던 것이다. 여기에서는 미국으로의 이민에 대해 고찰하고자 한다.

전후 초기 일본과 오키나와에서 외국으로의 도항이 금지되어 있었을 뿐만 아니라, 미국에서는 이 시점에서도 1924년 이민법하에서 일본에서의 이민이 금지되어 있었다. 그러나 첫째, 일본 항복 이후 약 3만 명으로 추산되는 일본계 2세가 일본과 오키나와에서 미국으로 건너갔다. 대부분은 미일 개전 전에 미국에서 일본[오키나와 포함]으로 건너가 개전에 의해 미국으로의 도항이 불가능해졌던 사람들이며, 또 일부는 전시부터 전후에 미국에서 '송환'된 이들이었다. 이들 일본계 2세는 미국 시민권국적 보유가 증명되면, 미국으로의 도항이 인정되었다. 그들은 미국 국적 여권으로 도항했기 때문에 〈표 8-8〉과 〈표 8-9〉의 통계에는 나타나지 않았다. 미군의 1946년 7월 보고에 따르면, 오키나와에서는 미국 시민권 보유를 주장하는 자가 하와이 출생자를 중심으로 338명 있었는데, 대부분 '귀국'을 희망했다. 아울러 이 시점까지 오키나와에서 일본 이외의 국적 보유를 신고한 자는 필리핀 312명, 페루 270명, 아르헨티나 83명, 브라질 60명, 캐나다 18명 등을 포함하여 합계 1,115명에 달했다.[120]

미국 '귀국'을 신청한 2세 중 수백 명은 일본 국적 보유자로서 일본 공무나 군무를 수행한 점이나 선거에서 투표한 점 등을 이유로 미국 시민권을 상실했다고 하여 여권 발급을 거부당했다. 이들은 연방지방법원에 제

---

120 T·K·イシ,「戦後の日本人の米国移住－移民の経済社会学」,『移住研究』20, 1983, 19쪽; フランク·F·チューマン, 小川洋訳,『バンブー·ピープルー日系アメリカ人試練の一〇〇年』下, サイマル出版会, 1976, 430~433쪽; 村川庸子,『境界線上の市民権－日米戦争と日系アメリカ人』, 御茶の水書房, 2007, 282쪽; 沖縄県文化振興会編,『沖縄県史資料編』九, 沖縄県教育委員会, 2000, 59~60쪽.

소하기 위해 미국 도항이 인정되었고, 일부는 시민권을 회복했으나 일부는 패소해 일본으로 강제 송환되었다. 또한, 시민권 포기를 이유로 '송환'된 2세 중 1,674명은 시민권 회복을 신청했으나, 347명은 '불충성'으로 간주되어 거절되었다. 미국 사법부의 설명에 의하면, 그 대부분은 일본에서 교육을 받고 귀국한 자들歸米이었다.[121] 2세들의 미국 '귀국'은 '이민'과는 다르지만, 미국의 일본계 주민이 전쟁 전에 일본과의 사이에서 쌍방향적 이동을 해 온 것의 귀결로서 간과할 수 없다. 또한, 후술하듯이 전후 남미 이민에서는 일본과 오키나와에 있던 2세의 초청이 이민 재개의 계기가 되었으니 '귀국'은 '이민'과 밀접하게 관련된 이주 형태였다고 할 수 있다.

둘째, 미국 시민으로서 미국에 '귀국'한 2세들을 제외하고, 전후 초기 일본과 오키나와에서 미국으로 건너간 이민자 대부분은 미군의 배우자로 이주한 여성, 이른바 '전쟁 신부'였다. 미군이 점령한 일본과 오키나와에 군인으로 체재한 미국인 남성[일본계 포함] 중에는 귀국 시에 현지에서 교제한 여성과 결혼하여 동반하고 싶어 하는 사람들이 다수 나타났다. 마찬가지로 미군이 점령한 남조선한국에서도 같은 상황이 발생했다. 그러나 1924년 이민법에 의해 일본인과 조선인의 미국 이주와 귀화는 불가능했다. 이로 인해 미국에서 1946년 6월에 공법 471호, 통칭 GI 약혼자법이 제정되어 미군의 외국인 약혼자의 입국이 허가된 것이다. 1950년 이후에는 배우자와 자녀의 입국도 가능해졌다. 또한, 1952년에는 이민국적법의 제정에 따라 군인뿐만 아니라 미국 시민의 배우자에게 입국이 허가되었다.[122]

---

121 チューマン, 『バンブー・ピープル』下, 433~453쪽; 村川, 『境界線上の市民権』, 312~316쪽.
122 チューマン, 『バンブー・ピープル』下, 462~467쪽; イシ, 「戦後の日本人の米国移住」, 19~21쪽; 嘉本伊都子, 「帰米二世との「国際結婚」－飯沼信子さんのライフヒストリー

셋째, 미군의 배우자와 같은 제한된 자격 이외의 이민은 일본과 오키나와에서의 출국·출역과 미국으로의 입국이 각각 공식적으로 인정됨으로써 가능해졌다. 우선 일본에서의 출국은 1951년 12월에 샌프란시스코 강화조약 발효를 앞두고 GHQ가 일본 정부에 여권의 자주적인 발급을 허가함으로써 가능해졌다. 다음으로 오키나와로부터의 출역은 일본 독립에 의해 오키나와가 명확히 미국 시정권하에 놓인 후에는 미국 민정부의 신분증 발급을 통해 이루어지게 되었다. 다만, 오키나와에서 외국으로 도항하는 것은 실제로는 여전히 엄격히 제한되었고, 신분증명서의 발급 절차는 외국 도항 희망자의 증대에 따라 1955년에 겨우 정비가 시작되었다. 1960년에는 신분증명서가 일본 도항 증명서와 동일한 조건으로 발급되었다.[123]

한편 미국에서는 1952년의 이민국적법에 의해 일본으로부터의 이민[미국 시민의 배우자는 제외]이 연간 185명 할당으로 인정되었고 또한 일본인의 시민권 획득이 인정되었다. 이에 따라 일본에서의 신규 이민이, 극히 일부이지만 가능해졌다. 더욱이 1965년의 이민국적법 개정으로 다른 나라들과 평등하게 일본에서 연간 2만 명까지의 이민이 미국 영주권을 얻을 수 있게 되었다. 이에 따라 미국 시민의 배우자로서의 이민이 일본으로부터의 이민에서 차지하는 비중은 저하되어 갔다.[124]

を通して」, 『京都女子大学現代社会研究』14, 2011; 沖縄県平和祈念資料館, 「日系二世が見た戦中・戦後－母国と祖国の間で」(日系米国人版戦争体験収集事業成果報告展), 2015.

123 法務省入国管理局編, 『出入国管理の回顧と展望』, 大蔵省印刷局, 1981, 80~81쪽; 法務局出入管理庁, 『琉球における出入域管理』, 法務局出入管理庁, 1968, 10~11쪽; 岸本, 「戦後アメリカ統治下の沖縄における出入域管理について」, 52~53쪽.

124 チューマン, 『バンブー・ピープル』, 478~485쪽; イシ, 「戦後の日本人の米国移住」, 20~25쪽.

아울러 미국 시정권하의 오키나와의 이민은 입국시에 일본의 이민과는 구별되었다. 미국 이민국 통계에서는 1952년 이후 입국한 이민자의 출신지로 '류큐 제도'가 '일본'과 별도로 항목이 설정되어 있다. 인원수는 1년에 100명에서 수백 명이었으나, 1972년에 1,000명을 넘은 것을 경계로 급감하여 1975년 이후로는 1년에 수명으로 줄었다. 1952년 이후에도 일본 여권으로 '일본인'으로서 미국에 이민한 오키나와인이 있었을 가능성은 있다. 하지만 미국 민정부의 신분증명서로 이민한 오키나와인은 '류큐인'으로 입국한 것으로 생각된다. 이 '류큐 제도'에서의 이민은 대부분이 전술한 미국 시민[주로 군인]의 배우자나 자녀들이었다.[125]

마지막으로 네 번째 카테고리로, 1953년 미국에서 제정된 난민구제법의 틀을 통해 일본에서 시행된 이민과 다섯 번째 카테고리로 일본에서 1956년부터 1964년까지 파견된 단기 농업노동자에 대해 함께 살펴보고자 한다.

우선 난민구제법은 제2차 세계대전에 의한 난민 214,000명의 미국 입국을 인정한 것이며, 극동에서는 3,000명의 틀로 이민이 인정되었다. 주미일본영사관이 일본인 난민의 수용에 필요한 미국 시민의 보증인을 요구하자, 이에 응한 것은 캘리포니아주의 일본계 농가, 즉 전쟁 전의 이민자였다. 그들은 일본의 출신지에서 친족이나 지인의 초청을 희망했고, 출신지 측에서도 미국 이민의 희망이 높아졌다. 그러나 이러한 이민이 난민 자격을 인정받기는 어려운 것으로 판명됨에 따라 일본 측에서는 이민 희망

125 イシ, 「戦後の日本人の米国移住」, 20~21쪽; U.S. Immigration and Naturalization Service, *Annual Report of the Immigration and Naturalization Service, 1946~1977*, Washington, D.C. : U.S.G.P.O.

자가 뒤에서 서술하는 국제농우회를 통해 외무성에 진정을 하고, 미국 측일본계 농가는 일본계 2세 로비스트 마이크 마사오카를 통해 연방정부에 난민 자격의 해석 완화를 촉구했다. 그 결과, 1959년까지 1,008명의 이민이 실현되고, 또한 1959년에는 난민 가족의 초청도 인정되었기 때문에, 총 2,268명이 미국으로 이민했다.[126]

다음으로 단기 농업노동자의 파견은 이른바 귀국을 필수로 하는 이주노동이었지만, 앞서 언급한 캘리포니아주로의 일본인 난민 이주와 맞물려 있었고, 또한 후술하는 남미로의 '해외 이주'와도 밀접하게 관련된다. 이 전제가 되는 농업실습생 미국 파견사업은 1950년에 농림 관료였던 이시구로 다다아쓰石黒忠篤에 의해 "중남미 등으로의 일본 농민 이주의 물꼬를 트는" 것을 하나의 목적으로 하여 발안되었다. 이시구로 및 농림성과 캘리포니아 주지사와의 교섭을 거쳐 1952년에 같은 주의 일본계 농가나 백인 농가에서 연간 수십 명 규모로 수개월 간의 실습이 시작되었다. 농림성에서 이 사업을 담당한 것은 1949년에 개척국을 개편한 농지국이었다. 또한, 파견을 실시한 국제농우회는 앞에서 서술한 만주 개척 인양자단체인 개척 자흥회를 모체로 하여 전 농림 관료나 농학자, 만주 이민사업 관계자 등을 추가하여 '농업 기술자의 도항 알선'이나 '이주를 희망하는 농민'에 대한 '이주 알선'을 목적으로 1952년 3월에 설립된 농림성 외곽 단체였다. 남미 이민에 관해서 뒤에서도 언급했듯이 농림부와 국제농우회는 전후 국내 개척의 연장선에 1952년 이후 외국으로의 농가 송출을 모색했던 것이다.[127]

---

126 若槻・鈴木, 『海外移住政策史論』, 181~184・259쪽; 川崎澄雄, 「鹿児島県南薩地域からの海外出稼ぎ者と海外移民－米国カリフォルニアへの渡航者を中心に」, 『鹿児島経済大学社会学部論集』 3(4), 1985, 78~84쪽; イシ, 「戦後の日本人の米国移住」, 21쪽.
127 伊藤, 『日本農民政策史論』, 105~114쪽; 杉野忠夫, 『海外拓殖秘史』, 文教書院, 1959,

국제농우회는 1954년 이후 농업노동자의 대규모 미국 파견을 위해 캘리포니아주나 일본계 농가에 손을 썼다. 그러나 외무성은 이것을 산하의 해외협회 연합회해협련[후술]가 관할하는 이민사업으로 간주하고 1956년에 캘리포니아주 농가 단체와의 사이에서 1년에 1,000명, 기간 3년의 파견 계약을 정리했다. 외무성과 농림성의 쟁탈 결과, 같은 해에 국제농우회와 해협련을 모체로 하는 농업노무자 파미派米 협의회가 설립되었다. 미국 파견은 1964년까지 실시되었으며 파견 인원은 4,331명에 달했다.[128]

일본인 난민과 단기 농업노동자는 모두 전쟁 전에 이주한 캘리포니아주의 일본계 농가에서 농업에 종사하여 이주 행동으로서는 전전과 연속성을 지녔다고 할 수 있다. 다만 실질적인 초청에 의한 미국 정착이 난민이라는 예외적 자격으로 인정된 반면, 단기 농업노동자는 정착 불가능한 순수 이주 노동자였다. 1965년의 이민국적법 개정 이전의 일본에서 미국으로의 이민의 어려움을 거듭 확인할 수 있다. 또한, 국제농우회 등에서 볼 수 있는 인양, 전후 개척과 전후 이민의 관계에 대해서는 아래에서 다시 고찰하고자 한다.

이상과 같이 일본과 오키나와에서 미국으로의 이주는, 특히 전후 초기에는 미국 시민으로서 '귀국'한 2세나 미군의 배우자로 이주한 여성들 위주였다. 전쟁 전과 같은 농업 이민 등의 요망도 존재했지만, 극히 한정된 자격을 제외하면, 1965년의 미국 이민국적법 개정까지 이민은 곤란했다. 그럼에도 불구하고 전후 일본과 오키나와에서 가장 큰 이주지는 미국이었다. 또한, 주목해야 할 특징은 일본에서의 이민과 미국 시정권하의 오키나

82~119쪽.
128 伊藤, 『日本農民政策史論』, 114~124쪽; イシ, 「戦後の日本人の米国移住」, 20~21쪽.

와류큐 제도에서의 이민이 미국 입국시에 구별된 점이다. 일본과 오키나와의 관계는, 이하에 언급하는 남미 이민에서는 보다 복잡한 양상을 나타내게 된다.

2) 일본에서 남미로의 '해외 이주'

전후 일본본토과 오키나와에서 남미 각국으로의 이민은 농업 종사를 주 목적으로 한 점에서 전쟁 전의 이민과 강한 연속성을 가지고 있었다. 다만 이민 송출과 수용은 일본과 오키나와 양쪽에서 처음에는 엄격한 제약을 받았다. 더욱이 이민 재개 과정은 일본과 오키나와에서 서로 다른 경로를 밟았다.

점령하의 일본에서 일본인의 외국 이민에 대해 실현을 요구하는 운동은 1947년 10월에 결성된 해외 이주 협회에 의해 시작되었다. 이 모임의 중심인물인 도리야 도라오鳥谷寅雄[무역청]는 영국령 말레이에서 일본 패전을 맞아 '고국의 힘에 의지하지 않는 화교'의 모습을 보고 '일교라는 구상'을 품고 1946년 6월에 귀국했다. 그러나 당시 이민을 논하는 것은 '침략주의 부활의 주장'과 동일시되었고, GHQ도 해외 이주 협회 발족에 즈음해 발기인 대표를 맡은 가가와 도요히코賀川豊彦에게 비공식적으로 사퇴를 권고하는 간섭을 했다. 그로 인해 해외 이주 협회는 처음부터 '침략성'을 불식시킨 '국제인'으로서의 이민을 제창했다. 이 모임을 비롯한 민간의 '이민 운동'을 배경으로 1949년 5월에는 중의원에서 '해외 이민' 재개를 위한 조사와 교섭을 요구하는 「인구 문제에 관한 결의안」이 가결되었다.[129]

---

129 鳥谷寅雄, 「戰後移民運動発展小史」, 『海外へのとびら』48, 1953; 「海外移住への見透し」.

다만, 해외 이주 협회는 이민처로 미국이나 남미를 상정할 뿐만 아니라, 뉴기니를 국제연합에 의해 '개발'하고 그 노동력으로 일본인 이민을 도입할 것을 주장했고, 1949년 9월에는 뉴기니 이민에 대해 GHQ에 청원했다.[130] 도리야가 추구하는 이민은 '야마토 민족'을 말레이의 화교와 같이 '국제적 민족'으로 간주하여 '브라질 사람 또는 아르헨티나 사람으로, 또는 인도네시아 사람'으로서 "중추적 지위를 차지할 때까지 발전"시키는 것을 의미했다. 그 근저에는 '해외 인양, 즉 일본인에 대한 반강제적인 수단에 의한 본국 송환'에 따른 일본의 '인구 과잉'이라는 문제의식이 있었으며, 도리야는 세계 각국이 '국경의 장벽'을 넘어 '수많은 식민지 또는 속령 등의 미개발지'를 '과잉 인구국'에 개방하도록 요구했다. 일본인이 일본국가를 이탈하는 조건으로 남미든 동남아시아의 구 일본 점령지역이든 '미개발' 지역으로의 일본인 이민 송출을 요구한 것이다. 또한, 외무성에서도 1949년 3월 당시 남미와 동남아시아를 이민 송출처로 여겼다.[131]

일본인의 동남아시아 이민에 대해 네덜란드나 영국, 필리핀, 호주는 한결같이 반대의 자세를 보여 실현의 여지는 거의 없었다.[132] 반면 남미 국가들에서는 1947년 이후 일본과 오키나와로부터의 이민 수용이 한정적으로 시작되었다. 우선 아르헨티나는 1947년에 전쟁 전 이민이 결성한 '재일 제2세 초청 기성동맹회'의 요구에 따라 일본과 오키나와에 거주했던 2세의 '귀국'을 허용하고 나아가 근친자의 초청도 허용했다.[133] 다음으로

130 鳥谷寅雄, 「世界連邦と移民問題」, 위의 책, 1, 1948; 鳥谷, 「戦後移民運動発展小史」.
131 鳥谷寅雄, 「海外移民の民族的意義」, 『海外へのとびら』 6, 1949; 鳥谷, 「国連と日本人移民問題」, 『海外へのとびら』 8, 1949; 鳥谷, 「海外移住運動の本質」, 『海外へのとびら』 12, 1950; 伊藤, 『日本農民政策史論』, 216~217쪽.
132 若槻・鈴木, 『海外移住政策史論』, 95~97쪽.
133 アルゼンチン日本人移民史編纂委員会編, 『アルゼンチン日本人移民史』 第二巻(戦後

브라질에서는 1946년에 일본인 내부에서 일본 승리를 주장하는 신도연맹[이른바 '승자 그룹']에 의한 테러리즘이 일어났고, 일본으로부터의 이민을 금지하는 헌법 개정까지 제안되었지만[보론 2], 1948년에는 일본과 오키나와에서 2세의 '귀국'이 인정되었고, 1950년에는 근친자의 초청도 인정되었다. 또한, 브라질에서는 1951년 9월에 전쟁 전 이민이 신청한 일본인 이민 도입 계획을 인정받아 1952년 8월에 정식으로 허가되었다. 1951년 12월에는 앞서 언급한 바와 같이 일본인의 일본 출국도 가능해졌고 이후 남미 각 국으로의 이민 송출이 본격화되었다.[134]

남미 이민이 시작되는 동시에 일본 국내에서는 외무성과 농림성 간에 미국으로의 단기 농업노동자 파견에 대해서도 언급했듯이 이민 행정의 관할을 둘러싼 충돌이 빚어졌다. 외무성이 1951년 12월에 구미국歐米局 제2과 이민반을 설치하여 이민 행정을 추진하는 한편, 1952년 3월에는 앞에서 언급한 국제농우회가 결성되어 농림성 농지국은 같은 해 9월에 권내 개척 외에 '해외로의 정착민' 선정과 송출을 업무로 했다. 처음에는 이민의 모집, 전형, 훈련을 농림성, 송출을 외무성이 실시하는 분업이 성립되었지만, 외무성은 1953년 9월에 이민과를 설치하여 이민 행정의 일원적 관리에 나섰고, 1954년 1월에 해외 이주 협회를 전신으로 하는 해외이주중앙협회[1952년 6월 결성]를 모체로 하여 이민 송출과 원조의 실무 기관으로 일본해외협회 연합회해협련을 설립했다. 그 결과 농림성 국제농우회와 외무성 해협련 사이에서 격렬한 충돌이 벌어졌던 것이다. 1954년 7월에 정부는

　編), 在亜日系団体連合会, 2006, 57~83・113~124쪽.

134 移民史刊行委員会編, 『ブラジル沖縄県人移民史－笠戸丸から九〇年』, ブラジル沖縄県人会, 2000, 175쪽; 若槻・鈴木, 『海外移住政策史論』, 94~95・172~173・238~241쪽.

'해외 이주'의 주무 관청을 외무성으로 하고, 농업 이민의 모집, 전형, 훈련을 외무·농림 양성의 소관으로 하는 각의 결정을 했지만, 이후에도 농림성이 1956년에 전국척식농업협동조합연합회를 설치하여 브라질로의 이민 송출을 실시하는 등, 이민 행정을 둘러싸고 양자는 충돌을 계속했다.[135]

농림성과 외무성의 충돌은 단순한 관할 싸움 이상으로, 전후 이민과 패전까지의 이민·식민의 연속과 단절을 반영하고 있었다고 할 수 있다. 외무성은 이민 행정은 '수용국'과의 "외교가 중심"이라며 외무성에 의한 일원적 관리의 필요성을 주장했으나, 이에 대해 농림성은 "이민의 주체는 농민"이라며 이민 행정은 '국내 개척'과의 연속성 아래 수행해야 한다고 주장했다.[136] 제6장에서 논한 만주 이민의 국적 문제나, 제4장과 보론 2에서 언급한 그들과 브라질 이민의 연속성이 보여주듯이, 일본 지배지역으로의 이민과 '외국'으로의 이민은 1945년까지 명확히 구분되지 않았으며, 전후 국경 안팎의 분단이야말로 농림성과 외무성의 분쟁을 낳았던 것이다.

1952년 이후 일본에서 남미 각국으로의 이민은 대부분은 일본 정부로부터 도항비를 보조받아 이주했다. 외무성은 연간 수만 명 규모의 대량 이민 송출 계획을 세우고 브라질이나 파라과이, 도미니카, 볼리비아, 아르헨티나의 정착지로의 이민자영 개척 이민을 추진했다. 이 정착지들은 일본 정부가 1955년에 설립한 일본 해외이주 진흥회사 등이 구입·조성한 것이었다. 그러나 해협련 및 후신인 해외이주사업단[후술]의 모집에 응해 이 정착지로 들어간 이민은 1952년부터 1972년까지 도항비 보조를 받은 이민의

---

135 海外移住事業団編, 『海外移住事業団十年史』, 海外移住事業団, 1973, 23~26쪽; 鳥谷, 「戦後移民運動発展小史」, 若槻·鈴木, 『海外移住政策史論』, 707~711쪽; 安岡, 『「他者」たちの農業史』, 288~293·298~302쪽; 伊藤, 『日本農民政策史論』, 219~226쪽.
136 若槻·鈴木, 『海外移住政策史論』, 711~720쪽; 安岡, 『「他者」たちの農業史』, 294~298쪽.

25.5%인 16,079명에 그친다. 다른 이민은 브라질이나 아르헨티나 등지로 전쟁 전 이민에 의한 초청 고용 등을 통해 이주했다. 아울러 이주진흥회사 등이 설정한 정착지에서는 토지 조건이나 열악한 환경으로 이민의 정착은 극히 어려웠다.[137]

일본의 고도 경제 성장에 따라 1960년을 정점으로 남미로의 이민은 급감했다. 또한, 1961년에 도미니카에서 일어난 혁명을 계기로, 도미니카 정착지 이민이 집단적으로 귀국하거나 타국으로 이주한 것은 일본 정부의 이민정책에 커다란 타격이 되었다. 정부는 해협련과 이주 진흥회사를 1963년에 해외이주사업단으로 개편하여 기술자 이주로 중점을 옮겨갔다.[138]

"정착 후에는 현지에 영주하여 이주국의 법령에 따라 현지 사회에 동화"하는 것이, 남미로의 도항비 보조시 외무성이 부과한 조건이었다.[139] 전후 남미 이민은 정부 보조에 의한 국책 이민이라는 의미에서는 전쟁 전의 남미 이민이나 만주 이민과 연속되어 있었지만, '영주', '동화' 요구는 전쟁 전 이민과의 단절을 의도한 것이라고 할 수 있다. 국경을 초월한 이민은 일본국가를 이탈하는 것으로 간주되었던 것이다. 이 조건을 받아들여 이주한 사람들 중에는 만주 등에서의 인양자나 전후 국내 개척의 경험자도 많이 포함되어 있었다.[140] 패전 이후의 국경 내부로의 이동, 국경 내부에서의 정착에서 정착에 이르지 못한 사람들이 국경을 넘어 일본국가를 이탈하는 이민에 합류한 것이다. 다만 전후 남미 이민의 다수는 전쟁 전 이

---

137 若槻・鈴木, 위의 책 133~185・235~610쪽; 若槻泰雄, 『原始林の中の日本人-南米移住地のその後』, 中央公論社, 1973.
138 若槻・鈴木, 위의 책, 809~821쪽; 海外移住事業団編, 『海外移住事業団十年史』, 38~71・242~255쪽.
139 若槻・鈴木, 위의 책, 104~121쪽.
140 野添憲治, 『海を渡った開拓民』, 日本放送出版協会, 1978; 野添, 『開拓農民の記録』.

민과 같이, 일본 국적의 이탈에는 이르지 않은 것으로 보인다. 전후 남미 이민의 최대 이주처인 브라질에서는 한편으로는 1980년에 외국인 토지 소유 제한법이 제정되어 토지 소유를 위해 귀화하는 사람이 증가했지만,[141] 한편으로는 1980년경부터 일본 국적을 가진 1세나 이중국적을 가진 2세의 일본 이주 노동이 시작되어, 이것이 1990년경부터 일본계 브라질인을 중심으로 남미의 일본계인으로 확대해 나가게 된다.[142]

마지막으로 점령기에 해외이민협회가 주장한 동남아시아 이민에 대해서 그 후의 전개에 대해 언급하고자 한다. 1953년 8월에 이미 남미 이민이 시작된 한편으로, 해외이주중앙협회는 '역무 배상 조사회'를 발족시켜 동남아시아 국가들에 대한 전후 배상을 통한 '경제 협력'을 이민 송출의 기회로 보고 많은 관심을 기울이고 있었다.[143] 실제로 미얀마, 필리핀, 인도네시아를 비롯하여 일본인 기술자나 일본 기업은 동남아시아 각국에 전후 배상을 계기로 재진출했다. 또한, 1974년에는 해외이주사업단이 해외기술협력사업단[1962년 설립]과 통합되어 국제협력사업단이 설립되었다. 해외이주 (중앙) 협회가 요구한 동남아시아 이민은 개발 원조로 형태를 바꾸어 실현되었다고 할 수 있다.[144]

이상과 같이 일본에서 남미 각국으로의 전후 이민은, 국내에서 과잉 인

141　外務大臣官房領事移住部領事第二課, 『海外在留邦人数調査統計(昭和五六年一〇月一日現在)』, 大蔵省印刷局, 1982, 26쪽.

142　梶田孝道・丹野清人・樋口直人, 『顔の見えない定住化—日系ブラジル人と国家・市場・移民ネットワーク』, 名古屋大学出版会, 2005. 브라질에서는 전쟁 전부터 귀화가 가능했지만, 전쟁 전 브라질 이민 약 19만 명 중 귀화자는 약 5,000명(약 2.6%)이라고 한다 (若槻・鈴木, 『海外移住政策史論』, 115쪽).

143　「東南アジアの国交回復に役務賠償調査会発足」, 『海外へのとびら』 47, 1953.

144　小林英夫, 「戦後アジアにおける日本人団体の活動と特徴」, 小林ほか編, 『戦後アジアにおける日本人団体』, 23~31쪽.

구의 미개발지역으로의 송출이라는 요망이 고조되는 한편, 남미 측의 전쟁 전 이민에 의한 초청 등을 계기로 시작되어 일본 정부의 원조하에 추진되었다. 미개발지역으로의 이민이라는 요구나, 국내 개척과의 연속성은, 전쟁 전과 전쟁 중의 이민 및 식민과 공통되었다. 그러나 이를 받아들인 것이 남미 각국에 국한되었고, 또한 일본 정부가 이민에 '영주', '동화'를 요구한 것은 일본 패전이 초래한 단절이라고 할 수 있다. 다만 남미로의 전후 이민 자체는 전쟁 전의 이민과 마찬가지로 현지 정착을 추구하면서도 일본국가로부터 완전히 이탈한 것은 아니었다.

3) 오키나와에서 남미로의 '해외 이주'

미국 통치하의 오키나와에서 남미 각국으로의 이민을 규정한 가장 기본적인 조건은 오키나와인이 출국을 통해서가 아니라, 미국 시정권하에서의 출역을 통해서 이민했다는 점이다.

이미 언급한 바와 같이 오키나와에서의 출역은 당초 원칙적으로 금지되었으나, 일본본토과 마찬가지로 첫째, 미국으로의 2세의 '귀국'과 미군 배우자의 이주가 인정되었고, 둘째, 아르헨티나에서 1947년에 2세의 '귀국'과 친족 초청이 인정되었으며, 셋째, 브라질에서 1948년에 2세의 '귀국', 1950년에 친족 초청이 인정되었다. 전쟁 전에 일본 국적 보유자로 이민한 오키나와계 주민의 2세나 친족 및 미군 배우자가 전후 최초로 오키나와에서 미국과 남미로 이주한 것이다. 또한, 아르헨티나 2세의 '귀국'을 계기로 1948년 10월에는 전쟁 전의 이민 송출 단체였던 오키나와 해외협회가 오키나와 민정부 지사 마쓰오카 세이호松岡政保를 회장으로 재발족했다. 아르헨티나의 제2세 초청 기성동맹회의 의뢰에 따라 협회가 1949년에 아르헨티나로의 이민 희망자를 조사한 바, 희망자는 91,845명에 이르렀다. 그러나 미군은 "해외협회는 외국 정부와 협상할 권한이 없다"는 것을 이유로 협회 활동을 제지했다.[145]

한편 1948년 2월에 오키나와의 남양군도 인양자들은 남양군도 귀환자회를 결성하여 같은 해 9월에 미군에 재이민을 요구하는 활동을 시작했다. 구 남양군도, 즉 미크로네시아는 앞에서 언급한 것처럼 일본 통치하에서 이민한 다수의 오키나와인이 인양된 지역이었을 뿐만 아니라, 전후에는 미국의 유엔 신탁통치령이 되었기 때문에 같은 미국 통치하의 지역으로서 재이민의 가능성이 있을 것으로 기대되었던 것이다. 그러나 오키나와 군도정부 지사 (겸 오키나와해외협회 회장) 다이라 다쓰오平良辰雄가 1951년 4월에 미크로네시아로의 '오키나와인 어업자'의 '진출'을 청원한 것에 대해 미국 민정부는 '도민의 복지'를 이유로 유보했다.[146]

이민의 돌파구가 된 것은 볼리비아였다. 볼리비아의 오키나와계 주민전쟁 전 이민은 1949년 이후 '고향 오키나와에서 고통받는 동포'를 이주시켜 "오키나와 민족의 연장을 도모"하기 위해 정착지를 획득하고 있었다. 1951년 9월에 중남미의 오키나와 출신자들을 조사할 준비를 위해 오키나와를 방문한 스탠퍼드대학의 제임스 티그너James Tigner에게 다이라 지사는 새로운 이민 송출에 대한 협력을 의뢰했다. 볼리비아에서 오키나와계 주민과 접촉한 티그너는 1952년 9월에 미국 민정부에 대해 도항비 지출을 포함한 볼리

---

145 名護市史編さん委員会編, 『名護市史本編 5 出稼ぎと移民 IV』, 65~66쪽; 石川, 「戦後沖縄県における海外移民の歴史と実態」, 59쪽.

146 今泉, 「南洋群島引揚げ者の団体形成とその活動」, 28~32쪽; 浅野豊美, 「南洋群島からの沖縄人引揚と再移住をめぐる戦前と戦後」, 浅野編, 『南洋群島と帝国・国際秩序』, 慈学社出版, 2007, 316~318쪽; 文教局研究調査課編, 『琉球史料』第四集, 琉球政府文教局, 1959, 108~110쪽.

비아 이민 계획을 제시했고 민정부는 이를 인정했다. 1953년 6월에 볼리비아 정부도 오키나와계 주민이 제출한 계획에 근거하여 '일본인, 특히 오키나와인의 농업 이민'의 정착을 허가했다. 류큐 정부는 이민 송출 준비를 위해 같은 해 5월에 오키나와 해외협회를 개편한 류큐 해외협회 회장인 이나미네 이치로稲嶺一郎를 류큐 정부의 세나가 히로시瀨長浩와 함께 남미에 파견하기로 결정했다.[147]

1953년 12월에 이나미네와 세나가의 남미 파견을 앞두고 류큐 해외협회를 비롯해 27개 단체에 의한 해외이민 촉진대회가 개최되었다. 이 단체들 중에는 필리핀, 남양군도, 타이완 등의 인양자 단체나 페루, 아르헨티나, 브라질의 이민 관련 단체도 포함되었다. 대회 결의는 "국제적 지위가 낮은 일본이 브라질로의 정식 이민에 성공"한 것에 입각하여 "오키나와의 통치권과 외교권을 갖는" 미국 정부에는 이민 송출 실현의 '책임'이 있다고 주장했다. 일본에서는 독립을 앞두고 1951년 12월에 일본인의 출국이 가능해져 브라질 등지로의 이민이 시작되었지만, 오키나와에서의 이민은 앞서 언급한 미국, 아르헨티나, 브라질의 전쟁 전 이민 2세, 근친자와 미군 배우자로 여전히 한정되어 있었다. 대회 결의가 특히 요구한 것은, 미국 통치하의 '남양군도'로의 이민 실현과 미국의 이민 '할당 제도'의 오키나와에의 적용이었다. 이 시점에서도 미크로네시아로의 이민이 강하게 요구되고 있던 것은 주의해야 할 것이다. 같은 해 6월에 미국 민정부가 류큐 정부에 남양군도 귀환자에 대해 조사하게 한 결과, 재이민 희망자는 21,458명[조사 대상자의 약 94%]에 달했다.[148] 그러나 미국은 결국 오키나와인의 미크

---

147 文教局研究調査課編, 『琉球史料』第四集, 107~114쪽; 玉城美五郎, 「沖縄から見たボリビア移住二十年の歩み」, 『雄飛』 31, 1974, 120~138쪽.

로네시아 이민을 인정하지 않았다. 그 원인은 "오키나와인을 허용하면 일본의 진출도 고려"되는 점이라고 했다. 같은 미국 통치하에서의 이민이 오키나와인이 일본 국적을 보유할 가능성에 의해서 저지되었던 것이다.[149]

볼리비아 이민은 1954년 6월에 개시되었다. 미국 민정부는 3월에 '류큐 내에 있는 경작 가능한 토지', 즉 야에야마의 개척을 끝낼 때까지 '해외 이민'은 원조하지 않는다며 도항비 지급 취소를 류큐 정부에 통고했지만, 이나미네 등의 미국 연방정부에 대한 진정으로 인해 이민은 결국 실시되었다. 당초 정원 400명에 대해 응모자는 3,591명에 달하여, 류큐 정부는 선발시에 남양군도, 필리핀, 만주 등의 '인양자', '개척 경험자'를 고려했다. 아울러 이 볼리비아 이민은 당초의 정착지에서 악성 열병으로 사망자가 속출하여, 정착지가 변경된 것을 비롯해 생활 조건은 혹독했고 정착은 곤란했다.[150]

볼리비아 이민은 오키나와에서의 일반적 자격에 의한 이민으로는 전후 처음으로 실현된 것이라고 할 수 있다. 하지만 거기서 문제가 된 것은 오키나와인의 국적이었다. 오키나와인은 오키나와 출역시에 미국 민정부로부터 신분증을 발급받았으나, 이 신분증은 어디까지나 국적을 증명하는 여권과는 다른 것이고, 따라서 미국 이외의 국가에서는 인정되지 않았다.

---

148 文教局研究調査課編, 『琉球史料』第四集, 110~111쪽; 名護市史編さん委員会編, 『名護市史本編 5 出稼ぎと移民 IV』, 65~69쪽; 石川, 「戦後沖縄県における海外移民の歴史と実態」, 59~61쪽.

149 浅野, 「南洋群島からの沖縄人引揚と再移住をめぐる戦前と戦後」, 324~325쪽.

150 稲嶺一郎, 『稲嶺一郎回顧録 – 世界を舞台に』, 沖縄タイムス社, 1988, 357~363쪽; 名護市史編さん委員会編, 『名護市史本編 5 出稼ぎと移民 IV』, 42 · 72쪽; 石川, 「戦後沖縄県における海外移民の歴史と実態」, 62~63쪽; 玉城, 「沖縄から見たボリビア移住二十年の歩み」, 151~157쪽.

볼리비아에서는 미국의 경제 원조에 의존했던 개발공사가 "볼리비아의 법규 및 이주정책 등을 무시"하고 오키나와인을 일본인으로 간주하여 받아들였던 것이다. 그러나 1955년에 볼리비아 정부는 정착 성적 불량을 이유로 당초의 인가를 취소했고, 오키나와로부터의 이민 송출은 근거를 잃은 채 계속되었다. 1958년에 류큐 정부가 이민협정의 체결을 의뢰하자, 볼리비아 정부는 "류큐 정부는 국제적으로는 인지되지 않는다"며 미국과의 협정을 주장했지만, 미국은 응하지 않았다.[151]

이러한 볼리비아 이민의 난국의 한편으로, 오키나와에서는 1957년 이후 일본 정부의 보조를 통한 남미 이민이 시작되었다. 1953년 8월에 오키나와나하에 설치된 일본 정부 남방연락사무소낼련는 같은 해 10월에 류큐 정부에 대해 일본 정부의 도항비 보조에 의한 브라질 이민 협력 의뢰를 했다. 이는 단순히 도항비가 보조될 뿐만 아니라 오키나와인들이 일단 일본에 출역하여 일본국 여권을 취득한 후 이민하는 것을 의미했다. 1954년 4월에 시범으로 5명이 브라질로 이민했고 1956년에 류큐 해외협회가 해협련의 준회원이 된 것을 거쳐 오키나와에서 브라질이나 아르헨티나로의 이 형태를 통한 초청 고용에 의한 이민은 1957년에 본격적으로 시작되어 급격히 증가했다.[152]

류큐 정부는 1960년경 볼리비아 이민에 대한 미국 측의 원조가 끊기려 한다며 비공식적으로 일본 정부의 원조를 요청했다. 이에 대해 일본 외무성은 "오키나와인이 제3국에서 일본 정부의 비호를 받는 것"은 "오키나와

---

151 玉城,「沖縄から見たボリビア移住二十年の歩み」, 160~169쪽; 伊集朝規,『移民根性－南米の大地に生きて』, ひるぎ社, 1987.
152 名護市史編さん委員会編,『名護市史本編 5 出稼ぎと移民 Ⅳ』, 69~73・87~89쪽.

에 대한 일본의 잠재주권을 높인다"며 원조를 검토했으나, '미일 양국 정부의 권한'이 '경합'할 것을 우려했다.[153] 결과적으로 1962년부터 1964년까지 일본 정부의 자금을 류큐 해외이주공사[1966년 설립]를 통해 대부하는 형태로 볼리비아의 오키나와인 이민 원조가 실현되었다.[154]

미일 양국 정부가 오키나와의 일본 반환을 향해 가자, 오키나와의 이민 행정은 재빨리 일본과 일체화되었다. 1966년 5월의 미일협의에서 '오키나와 주민의 해외 이주 및 도항'은 "일본 정부의 책임으로 행한다"는 것이 합의되었다. 1967년 7월에 류큐 정부의 이민 업무는 새롭게 설치된 해외이주사업단 오키나와 사무소로 통합되었고, 9월에는 일본 정부 오키나와 사무소에 의해 일본국 여권 발급이 개시되었다. 이에 따라 오키나와에서 브라질, 아르헨티나, 볼리비아, 파라과이 등지로의 이민이 일본과 같은 틀에서 이루어지게 되었다. 또한, 볼리비아의 오키나와인 이민도 일본 정부 해외이주사업단의 관할하에 들어갔다. 다만 1960년대 후반에 남미 각국으로의 이민보다 훨씬 현저해진 것은 '본토 이주 노동', 즉 일본으로의 이민의 본격화였다. 1972년에 오키나와가 일본에 복귀할 때까지 일본으로의 출역에는 일관되게 미국 민정부의 허가를 필요로 했지만, 오키나와인은 고도 경제 성장 속의 일본으로 노동력으로서 흡수되어 갔던 것이다.[155]

오키나와에서 남미로의 이민은 일본에서의 이민과 마찬가지로 현지로

153 浅野,「第二次大戦後米国施政権下沖縄人の移民・国籍問題に関する基本資料」, 340~342쪽.
154 名護市史編さん委員会編,『名護市史本編 5 出稼ぎと移民 Ⅳ』, 70쪽.
155 石川,「戦後沖縄県における海外移民の歴史と実態」, 61~65쪽; ボリビア日本人移住一〇〇周年移住史編纂委員会編,『日本人移住一〇〇年誌 ボリビアに生きる』, ボリビア日系協会連合会, 2000, 257쪽; 名護市史編さん委員会編,『名護市史本編 5 出稼ぎと移民 Ⅳ』, 8~10・113~150쪽; 岸本,「戦後アメリカ統治下の沖縄における出入域管理について」, 52~53쪽.

의 '영주'를 요구받았으며, 특히 볼리비아 이주민에게는 '귀화'도 권장되었다. 그러나 남미에서의 오키나와계 주민은 일본계 주민의 일부를 이루어, 일본오키나와 본토으로의 이주 노동도 행해지고 있다.[156] 물론, 오키나와계 이민에 대해 보다 중요한 특징은 전전·전후 이민과 그 자손, 또한 하와이나 남북미를 통해서 오키나와의 친족 등과의 유대가 유지되어 오키나와인으로서의 민족적 아이덴티티가 계속 재구축되고 있다는 것이다.[157]

이상과 같이, 미국 통치하의 전후 오키나와에서 오키나와인이 이민을 희망한 것은, 전쟁 전 이민이 거주하는 남미 각국과 전쟁 전에 오키나와인의 이주 식민지로 변해 있었던 미크로네시아구 남양군도였다. 미크로네시아로의 이민은 같은 미국 통치하에 있었던 탓에 유망해 보였지만, 미국은 원주민의 '복지'를 우선시했고, 또한 오키나와인이 일본 국적을 가질 가능성도 원인이 되어 실현되지 않았다. 한편 남미 각국으로의 이민은, 볼리비아이민이 나타내듯이 오키나와인의 국적이 불명확했기 때문에, 오키나와에서의 직접적인 이민은 곤란했고, 일본 정부의 도항비 보조와 일본국의 여권을 통해 확대되어 갔다. 그 후 오키나와의 일본 복귀를 앞두고 오키나와의 이민 행정은 일본과 통합되었던 것이다.

---

156 文教局研究調査課, 『琉球史料』 第四集, 119쪽; 名護市史編さん委員会編, 『名護市史本編 5 出稼ぎと移民 IV』, 151~187쪽; ボリビア日本人移住一〇〇周年移住史編纂委員会編, 『日本人移住一〇〇年誌 ボリビアに生きる』, 304~306쪽.
157 野入直美, 「「世界のウチナーンチュ大会」と沖縄県系人ネットワーク(2)ー参加者の〈声〉に見るアイデンティティと紐帯の今後」, 『移民研究』 4, 2008; 野入, 「構築される沖縄アイデンティティー第五回世界のウチナーンチュ大会参加者アンケートを中心に」, 『移民研究』 8, 2012.

5. 나가며

일본의 패전 이후 일어난 일본인(야마토인, 오키나와인 및 아이누 등 북방소수민족)의 이동을 제8장에서는 세 가지로 나누어 분석했다.

첫째, 일본의 교전국에 거주하던 일본인 중 일부와 일본의 지배가 상실된 지역에 거주하던 일본인 대부분은 일부는 스스로, 나머지는 강제로 일본본토 및 미국 통치하의 오키나와로 이동했다. 이러한 이동을 일본인은 '인양'이라고 불렀고 연합국 측은 '송환repatriation'이라고 불렀다. 그러나 이 이동에는 결코 자발성이 없었을 뿐 아니라 현지 출생자나 가라후토 아이누 등에게는 귀환조차 아니었다. 기본적으로는 '일본인'(일본 호적·국적 보유자)이 일본 국경 내부로, '류큐인'(오키나와에서의 일본 호적 보유자)이 오키나와의 역내로 이동하게 된 것이 인양/송환이었던 것이다. 인양/송환이라는 호칭은 국민국가를 규범적 단위로 하는 전후 국제질서의 형성이라는 관점에서 이 이동에 '바람직한 장소'로의 이동이라는 의미를 부여하게 되었다고 할 수 있을 것이다.

둘째, 일본과 미국 통치하의 오키나와에서는 식량난이나 전재 외에도 외부에서 다수의 사람들이 인양해 오는 한편, 외부로의 출국·출역은 곤란한 상황에서 개척·정착이 추진되었다. 일본에서는 홋카이도가 재차 일본인의 이주 식민지로 여겨져, 남가라후토 인양자의 재정착을 포함한 개척·정착이 추진되었다. 다만, 홋카이도의 지방자치체화에 따라 개발 행정은 일본 정부(개발청 개발국)로 옮겨져 제도상의 균질화가 진전되었다. 전후 개척은 일본인의 일본 국내 정착, 오키나와인의 오키나와 역내 정착을 추구함으로써 통치권자에 의해 그어진 경계선 내부의 균질성이라는 이미지를 강화했다고 할 수 있을 것이다. 홋카이도에서 아이누 급여지가 농지개혁을 통해 강제 매수되었듯이, 이 균질 이미지는 식민주의의 소멸을 의미하지 않는다.

셋째, 일본인의 일본 국외 이민, 오키나와인의 오키나와 역외 이민은 모두 미합중국과 남미 각국에 대해 이루어졌다. 점령하의 일본과 미국 통치하의 오키나와에서의 이민은 곤란했으며, 당초의 이주는 전쟁 전 이민 2세의 '귀국'이나 친족의 초청, 미군 배우자나 가족으로 한정되었다. 일본에서는 남미와 동남아시아로의 이민, 오키나와에서는 남미와 미크로네시아로의 이민이 요청되었지만, 구 일본 지배지역으로의 이민은 인정되지 않았고, 남미 이민만이 실현되었다. 오키나와에서의 이민은 국적의 불명확함 때문에, 볼리비아 이민 이외의 대부분은 일본의 여권으로 이루어졌으며, 오키나와의 일본 복귀를 앞두고, 일본에서의 이민으로 통합되었다. 일본인·'류큐인'의 출국·출역과 각각의 외국으로의 입국이 엄격히 제약된 것이 전후 이민의 규정 요인이었고, 이 때문에 이민은 현지 영주·동화, 즉 일본·오키나와로부터의 이탈을 강하게 요구받았던 것이다. 그러나 실제 이민은 전쟁 전과 마찬가지로 일본·오키나와와 완전히 단절된 것은 아니다.

인양, 전후 개척, 전후 이민은 모두 일본인일본 호적·국적 보유자을 일본의 새로운 국경 내부에 있어야 할 존재로 여기는 권력의 작용 속에서 이루어진 사람의 이동이었다. 그것은 전후 국제질서의 규범적 단위로 여겨진 국민국가의 이미지를 일본에 정착시키는 한 요인이 되었다고 할 수 있을 것이다. 다만 오키나와인이 '류큐인'으로서 미국의 시정권역으로 구분된 인양, 전후 개척, 전후 이민을 경험한 것은 조선으로의 '귀환'을 선택하지 않고 일본 국적을 박탈당한 재일조선인의 존재와 함께 국민과 국가의 일치가 전후에도 어디까지나 이데올로기에 그쳤음을 여실히 보여주고 있다. 그리고 일본 국내에서의 야마토인과 타민족 사이의 식민주의나, 국가를 초월하는 존재로서의 이민의 삶은 주권국가체제하에서 전후에도 계속 존재하고 있다. 그러나 거꾸로 보면 이 예외들을 비가시화하려고 해 온 것이 전후 국민국가체제라고 할 수 있다.

종장

이민·식민과 '민족'의 정치

이 책은 근대에 이민·식민 활동을 전개한 일본인들에 대해 그들 자신의 정치 행동이나 일본 국가 및 아시아태평양지역의 정치 질서와의 관계에 초점을 맞추어 고찰해 왔다.

일본인의 이민과 식민은 일본이 주권국가체제에 진입하여 글로벌 자본주의 경제의 일부로 편입되면서 발생한 사람의 이동이었다. 일면으로 일본의 주권국가화는 일본이라는 국가에 귀속된 국경 내부의 인민을 국민으로서 규정하는 것이며, 또한 일본의 자본주의화는 국민의 균질화와 통합을 촉진하는 요인이 되었다고 할 수 있다.[1] 그러나 다른 한편으로 주권국가는 통치 대상이 된 국민에게 국적[일본에서는 당초 호적]을 부여하는 대신에 신분이나 인간관계에 의한 지배, 혹은 공동체로서의 마을 등으로부터 해방하는 것이었다. 나아가 자본주의 경제가 침투함에 따라 돈과 물건이 세계시장과 직결되고 유통이 개시되었을 뿐만 아니라 각각의 가정 경영이나 개인의 생계를 위해 자본을 필요로 하게 된 결과, 사람 자신이 노동력으로서 고향을 떠나 세계시장에서의 이동을 개시했던 것이다.

물론 사람의 이동 중에는 일본본토의 도시로의 이동 등도 포함된다. 그러나 기본적으로 농업이 생업의 중심이었던 19세기 말부터 20세기 전반까지의 일본인에게는 새롭게 농업 개발 대상이 된 광대한 토지홋카이도, 남가라후토, 만주로의 이주가 노동력의 이동으로서 중요한 의미를 가졌다. 또한, 높은 수입을 요구한 사람들에게는 통화가치가 다른 하와이, 남북미로의 이주 노동이나 일본, 구미의 자본에 의한 개발투자 식민지화이 시작된 아시아 인근 지역[일본 지배지역 포함]으로의 이주는 매력적이었다. 근대 유럽 각국으로부터

1　アーネスト・ゲルナー, 加藤節監訳, 『民族とナショナリズム』, 岩波書店, 2000.

이민한 사람들도 그러했듯이, 언어의 표준화 등을 비롯해 일본의 국민 통합이 도상에 있던 시대에 사람들이 고향의 생활권을 떠나는 한, 이동처가 일본 국내인지 아닌지는 결코 큰 차이는 아니었다고 할 수 있을 것이다.[2]

그러나 새로운 영역으로 이동한 일본인에게 주권국가로의 귀속이나 법적·정치적 지위, 그리고 국민 통합은 중요한 문제가 되었다. 일본 국내에서는 속령으로 이동한 사람들은 현지민과 마찬가지로 정치적 권리를 얻을 수 없거나 제한되었으며, 또한 외국의 주권하에 들어간 사람들은 일본 국적을 통해 일본이라는 국가와의 유대를 유지하는 한편, 그 나라의 국적이나 시민권을 얻는 것이 종종 극히 어려웠다. 일본에서도 그 외의 국가들에서도 본국에서는 균질한 사회 집단으로서의 국민을 요청하고 요건을 충족시키는 자에게 시민권을 부여하는 한편, 속령에서는 국적과 시민권을 구별하고, 나아가 본국과 속령을 불문하고 국경 내부에서 외국인에 대한 국적과 시민권 부여를 엄격히 제한하는 압력이 작용하고 있었다.

일본이 주권국가로서 행한 지배 영역의 확대는 일본인의 이동이 가져오는 권력관계를 복잡하게 만들었다. 원주민들은 홋카이도 아이누나 오키나와인 등의 경우에는 일본 호적 편입, 타이완인이나 조선인, 남가라후토의 선주민 등의 경우에는 일본 국적 편입을 통해서 일본 국가의 통치 대상이 되었지만, 이주해 온 야마토인·일본인에 대해서는 종속적인 지위에 놓였다. 즉 식민주의의 발생이다. 그와 동시에 오키나와인은 일본인일본 호적 보유자로서, 조선인은 일본 국적 보유자로서 아시아태평양지역을 이동하는

2　E・J・ホブズボーム, 浜林正夫ほか訳, 『ナショナリズムの歴史と現在』, 大月書店, 2001, 149쪽. 예를 들면 오타니 마쓰지로(大谷松治郎)가 1908년에 "조선행을 변경하여 하와이행을 결심"한 경위를 참조할 수 있다. 大谷松治郎, 『わが人となりし足跡－八十年の回顧』, 私家版, 1971.

사람의 일부가 되어 이주처에서도 야마토인과 오키나와인, 일본인과 조선인 사이에 식민주의적인 관계가 지속되었다. 나아가 이 관계는 속령 및 기타 일본 지배지역으로 이주를 하든 외국으로 이주를 하든, 이민과 원주민과의 관계와 결부됨으로써 중층적인 민족 간의 관계를 초래했다.

이와 같이 주권국가의 탄생과 그 영역 확장, 세계시장에서의 사람의 이동, 각국의 국민 통합 등이 병행해서 행해지는 가운데 만들어진 것이, 중층적인 권력관계에 의해 규정되는 사회 집단으로서의 '민족'이었다.

19세기 말 일본에서 관심을 끌면서 일본 정부의 조약 개정 교섭이나 외국인 법제에도 영향을 미친 내지 잡거 논쟁은 이 시기의 일본을 둘러싼 사람의 이동에 대한 지식인과 정치 지도자의 인식과 그들에게 형성되고 있던 '민족'의식을 잘 보여주고 있다.

우선 내지 잡거 논쟁에서는 개국 이후 일본을 둘러싼 사람의 이동을 이민·식민이라는 관점에서 보는 견해가 공유되고 있었다. 내지 잡거에 찬성하는 다구치 우키치 등은 요코하마 등의 거류지에 왕래하는 구미인이 상하이 조계와 같은 자치로 갈 위험성을 우려했고 잡거 상조商阻론자들은 내지 잡거가 구미인에 의한 일본의 투자 식민지화를 초래한다고 주장했다. 또한 잡거 찬성론자들은 하와이나 미국으로의 이민 증가를 근거로 일본인은 이민·식민의 주체가 되어야 한다고 주장했지만, 이 점에서는 잡거 상조론자들도 홋카이도를 비롯한 일본 지배지역으로의 이민·식민을 고집한 것 외에는 큰 차이가 없었다.

다음으로 내지 잡거 논쟁에서는 한편으로는 외국인이 일본 국적으로 귀화해도 '민족'으로서 동화가 불가능하지 않을까라는 우려가 제기되었고, 다른 한편으로는 귀화 외국인도 홋카이도의 아이누와 마찬가지로 동화가 가능하다는 주장이 존재했다. 이때 깨닫게 된 것은, 일본이 외국인에 의한 이민·식민의 대상 지역이 되든, 일본인야마토인 자신이 이민·식민의 주체가 되든, 그 결과로서 국적과는 다른 카테고리의, 게다가 정치적 의미를 가지는 사회집단으로서의 민족이 생긴다는 사실이었다고 할 수 있다. 또한 주의해야 할 것은, '일본 국민'과 '야마토 민족'을 동일시하는 사고 습관의 존재이다. 내지 잡거 논쟁에서 '국토'를 전유해야 하는 독립 주체로 간주된 '국민'은 '신민'일본 국적 보유자과는 구별되는 입헌정치하에서 시티즌십을 보유해야 할 집단의 자칭이었다. 그리고 일본 사회의 압도적 머저리티인 야마토인의 관점에서는 시티즌십과 민족의 일치는 자연스러운 것으로 보였던 것이다.

내지 잡거 논쟁에서 드러난 민족의식 자체는, 일본의 지식인이나 정치지도자가 언급한 담론에 그치지만, 그것은 실제로 새로운 영역으로 이주한 '월경자'들의 민족의식과 공진하는 것이기도 했다.

일본 지배지역으로 이주한 야마토인·일본인이 형성한 식민자 의식은 분명 지배자로서의 식민주의에 바탕을 둔 동시에 스스로가 원주민과는 다른 사회집단이라는 민족의식을 의미했다. 한편 하와이나 남북미의 일본계 주민이 동양인의 일부로서 현지 국적을 보유하는 2세를 포함해 종속적 지위에 서게 된 것 역시 일본으로의 내셔널리즘을 가지는 민족집단의 형성을 촉진했다. 이주지가 일본 지배하에 있든 없든 관계없이 이민자들은 향토와의 유대를 유지하고 교육을 통한 언어나 문화의 계승을 요구하고 일본국가의 보호를 요구했다. 또한, 오키나와인이나 조선인은 일본 지배지역 내외 어디에 이주한 경우든 일본인·일본 국적 보유자로서의 법적·정치적 귀속과는 별도로 오키나와인·조선인으로서의 민족의식을 형성·유지했다.

국경을 넘어 이주한 일본인이 '이민'으로 불리고 일본이 지배하는 지역으로 이주한 일본인이 '식민(자)'으로 불려 양자가 구별되어 온 주된 요인으로는, 전자가 다른 국가의 통치 아래 마이너리티가 된 데 비해, 후자는 일본의 통치하에서 지배자 측에 섰다는 인식이 있는 것으로 보인다. 그러나 이미 언급한 것에서도 드러나듯이, 그것은 결코 틀리지는 않았지만 불충분한 견해라고 하지 않을 수 없다. 야나이하라 다다오가 지적했듯이, 민족으로서의 일본인이 이주지역 사람들과의 사이에서 형성한 민족 간 관계는 국가의 지배와는 구별하여 파악할 필요가 있다. 아래에서 정리하듯이, 이러한 민족 간 관계야말로 각 지역 정치질서의 중대한 요소로서 국가의 지배에도 영향을 미쳤다.

첫째, 일본 지배하의 지역에서는 말할 것도 없이 일본인은 각 민족과의 사이에 식민주의적인 지배-종속관계를 형성했다. 그러나 민족 간의 인구 구성이 각 지역에 따라 크게 달랐다는 것은 정치 질서에도 차이를 가져왔다.

홋카이도에서 인구의 대부분을 차지하기에 이른 야마토인은 제국 의회 개설1890년에 즈음하여 홋카이도, 오키나와현, 오가사와라 제도의 주민에게 참정권이 주어지지 않은 것에 반발하여 정치운동을 일으켰지만, 그들은 홋카이도 주민의 대부분이 야마토인이지 아이누가 아니라는 것을 참정권의 논거로 이용했고, 또한 오키나와인이나 오가사와라 제도의 구미·하와이계 주민들과 동렬로 취급되는 것에 대한 불만을 표명했다. 이처럼 다수파 의식과 결부된 민족적 특권의 주장은 남가라후토에서도 반복되었다. 1920년대 남가라후토 일본인들은 참정권 획득운동을 전개했는데, 그들은 역시 선주민이 극소수이고 대부분은 일본인이라는 논거를 이용해 조선이나 타이완과의 차이를 강조했던 것이다.

홋카이도가 20세기 초두에 본국에 편입되는 한편, 남가라후토도 본국 편입이 검토되면서 일본인 이민의 반대운동도 있어 패전 직전까지 실현되지 않았던 것은 얼핏 보면 양 지역을 구별하는 특징인 것으로 보인다. 그러나 두 지역에 공통되는 정치 질서의 근본적인 규정 요인은 홋카이도가 메이지 유신 직후에, 남가라후토가 러일전쟁 이후에 각각 일본의 주권하에 놓인 후 소수의 원주민을 에워싸면서 일본인야마토인에 의해 이주 식민지화된 것에 있었다. 두 지역의 정치 질서가 완전히 달라진 것은 일본의 패전에 따라 홋카이도가 일본령에 머물고, 남가라후토가 소련 통치하의 남사할린이 된 데다, 남사할린의 일본인이 거의 인양/송환의 대상이 된 결과라 할 수 있다.

한편, 조선이나 타이완의 일본인도 속령 통치하에서 조선인·타이완인과 동일한 정치적 무권리 상태에 놓인 것에 당초부터 불만을 표명했다. 특히 조선에서는 일본인들이 한국 병합 이전에 보유하고 있던 거류민으로서의 자치권을 유지하려고 했으며, 총독부로 하여금 구 거류지에서 일본인과 조선인의 한정적 정치 참여를 조기에 인정하도록 했다. 두 지역의 일본인들은 종종 일본인에게만 참정권을 부여하라며 민족적 특권으로서의 시티즌십을 요구했다. 그러나 인구상으로는 마이너리티였던 조선과 타이완의 일본인에게는 1920년대 양 지역에서 고양된 조선인과 타이완인의 민족주의를 무시하기 어려웠고, 지방 차원에서 한정적으로 인정된 정치 참여를 통해 일본인과 조선인·타이완인 엘리트 사이에는 서로 이용하는 관계가 생겼다. 또한, 중일전쟁 개전 후 총력전체제에 참가해야 했던 조선인과 타이완인들한테서 민족 간 평등에 대한 요구가 높아지자 일본인들 중에서는 우위를 잃고 완전히 마이너리티화될 것이라는 우려가 높아졌다.

패전으로 일본의 지배가 종결되자, 조선에서는 병합 이전과 같은 거류민으로서의 잔류나 보호를 요구하는 일본인회가 결성되었고 타이완에서도 거류민으로서의 잔류를 지향하는 일본인회가 결성되었다. 일본 통치하의 지배민족이냐 재외 거류민이냐의 차이는 물론 중대하지만, 그럼에도 불구하고 일관되게 조선과 타이완의 일본인들은 인구의 압도적 다수를 차지하는 조선인과 타이완인들 사이에서 민족적 마이너리티로서의 고립을 두려워하면서 정주를 추구했던 것이다.

둘째, 국경을 넘어 남북미 각국이나 태평양지역으로 이주한 일본인들은 백인의 지배 아래 '동양인'으로서 인종차별을 겪었다. 특히 미합중국에서는 동양인 1세의 귀화는 불가능했고, 캐나다에서는 귀화는 가능했지만 권리상의 차별이 있었다. 그러나 일본인을 포함한 동아시아에서 온 이민은 현지의 원주민 입장에서 보면 백인과 함께 식민자로서의 일면이 있었고, 또한 향토와의 사회적 유대뿐 아니라 출신국과의 정치적 유대 또한 가지고 있었다. 19세기 말 미국에 병합되기 직전의 하와이에서는 구미인이 귀화를 거치지 않고 참정권을 취득했을 때 중국인과 함께 제외된 일본인이 일본 국적 그대로 참정권을 요구하는 사태가 발생했다. 각각의 수용국에서 일본인은 사회적·법적으로 주변화되어 있었기 때문에 정주 유지를 위해 일본국가에 의존하여 각지의 일본영사관을 중심으로 일본인회에 의한 자치를 추구했다. 이들은 태어나면서부터 현지 국적을 가진 2세를 포함하여 일본과 수용국 쌍방에 유대를 가지는 민족으로서의 의식을 형성했다. 이러한 민족의식은 일본이 미국, 영국과 개전하면서 부정되어 인종주의와 결합된 국민국가 이데올로기의 압력이 높아지게 되었다.

이들에게도 인구 규모는 정치 질서의 중요한 규정 요인이었다. 20세기 전반의 미국령 하와이에서는 인구의 약 60%가 동아시아계이며, 또한 인구의 약 40%는 일본계였다. 아시아계 주민은 2세의 성장에 의해 정치 참여를 확대했지만, 백인 지배층이 인구상의 마이너리티인 하와이는 준準주로서 정치적 권리가 제한된 상태로 묶여 있었다. 아시아계 주민 내부에서는 '동양인계 시민'으로서 이해관계의 공유가 인식되는 한편, 동아시아에서 일본의 제국 지배와 침략이 일본계 주민과 중국계·조선계 주민 사이에 긴장관계를 낳았고, 일본계 주민 내부에서도 야마토인과 오키나와인 사이에 식민주의적인 관계가 지속되었다. 일본계 주민의 인구 규모 때문에 이 같은 민족 간의 대립은 치명적인 충돌로 이어지지는 않았지만, 백인 지배층은 일본계 주민을 안전보장상의 위협으로 간주했다. 미일 개전 직후 하와이에는 군정이 실시되어 일본계 주민들은 엄격한 감시 아래 합중국에 충성을 요구받았다. 다만 노동력 확보 등을 위해 강제 수용과 퇴거는 극히 일부에 그쳤다. 그리고 2세 남자가 충성 증명 요구에 종군하여 다대한 희생을 치른 것은 전후 하와이에서 일본계 주민이 인구 규모에 상응하는 정치 세력으로 대두하여 하와이가 주로 승격되는 데 중요한 계기가 되었다.

한편 하와이를 제외한 지역에서는 대체로 동아시아로부터의 이민은 '동양인'으로서 차별받았을 뿐만 아니라 인구상의 마이너리티이기도 했다. 일본의 미영과의 개전 후 미국 본국과 캐나다, 페루 등에서는 적성 외국인으로 규정된 일본인 1세뿐만 아니라 일본계 2세도 적성 시민으로 강제 퇴거와 수용의 대상이 되었고, 특히 교전국인 미국이나 캐나다에서는 일본계 주민의 충성이 의문시되었다. 1세·2세 모두에게서 충성을 표시하고 정주를 유지하려는 지향이 널리 확인된 한편, 일부 1세는 일본 귀국 지향이 높아졌고, 처우가 부당하다고 여긴 2세 중에도 충성 선서에 응하지 않는 자나 일본 '귀국'을 선택하는 자가 있었다. '불충성' 판정을 받은 2세나 '귀국' 희망 2세는 시민권 포기와 박탈이나 일본 '송환'이라는 처분을 받았다. 브라질에서는 일본영사관과 일본어 신문을 잃어 고립된 일본계 주민 일부가 1세를 중심으로 일본으로의 회귀를 주창했고, 전후에는 일본의 승리를 주장하며 이를 인정하지 않는 일본인을 습격하기에 이르렀다. 일본인과 일본계인의 강제 수용은 오스트레일리아나 네덜란드령 동인도, 프랑스령 뉴칼레도니아 등에서도 이루어졌다. 미국령 필리핀에서는 개전 직후 일본인이 강제 수용된 후, 일본군의 점령에 의해 지배자 편에 섰고, 다시 2세와 함께 동원되었다.

셋째, 실질적인 일본 통치하에 놓여 있으면서 독립국의 형태를 취한 '만주국'에서는 일본인 이민과 타민족과의 민족 간 관계는 첫째와 둘째 특징을 모두 가지고 있었다. 인구상의 압도적 머저리티인 한인, 선주민인 만주족과 몽골인, 그리고 일본 국적을 부여받은 조선인 이민에 대해 일본인은 관동군과 일본인 관료의 지배 아래 특권적 지위에 섰다. 그러나 만주국이 민족협화의 독립국으로 규정되는 한, 일본인은 '일본계 만주 국민'으로서 그 일원이 될 필요가 있었다. 물론 일본인이 일본 국적을 이탈하는 일은 없었고, 만주국에서는 국적법 자체가 제정되지 않았다. 그러나 건국 이전부터 치외법권하에서 일본인이 갖고 있던 남만주철도만철 부속지나 거류민회의 자치권은 일만조약 개정으로 해체되었고, 일본인의 정치 참여는 타민족과 함께 만주 국민으로서 만주국협화회라는 전체주의 시스템을 통해 실현되어야 한다고 여겨졌다. 이 협화회에서는 정치 참여의 실질화를 요구한 일본인과 한인·조선인·몽골들 간에 서로 이용하는 관계가 생겨났다. 다만 일본의 패전이 다가오자 일본인과 여타 민족 사이에서 민족의

식의 단절은 숨길 수 없게 되었다. 일본의 만주 지배 종식과 함께 일본인
은 조선이나 타이완에서와 마찬가지로 거류민으로서의 잔류나 보호를 요
구하며 일본인회를 결성했는데, 이는 동시에 '일본계 만주 국민'이라는 의
제의 소멸도 의미했다.

이상과 같이 19세기 말에서 20세기 전반에 아시아태평양지역에서 이
주 활동을 했던 일본인은 국적이나 시민권 등 다양한 조건의 차이 속에서
일본이나 미국의 제국 지배, 각국의 국민국가 규범 형성과 깊이 관련되어
각 지역에서 민족의식에 기초한 정치집단을 형성하며 민족 간 정치의 한
주체가 되었다. 출신 지역과의 연계나 인구 구성이 일본에 의한 지배 유무
나 국경의 변경을 넘어 정치 질서에 큰 영향을 미친 것이다.

제2차 세계대전의 일부가 된 일본과 연합국과의 전쟁에서는 양 진영이
민족의 자기결정을 전쟁 목적으로 내걸었고[3] 또한, 총력전하에 각국에서
내셔널리즘이 강화되었다. 그 결과, 전후 국제질서와 각국의 정치체제는
국민국가 규범을 체제화한다는 이데올로기적 요청 속에 구성되어 갔다고
할 수 있다. 일본의 탈제국화, 혹은 지배지역의 축소와 함께 이루어진 인
양/송환이나 이후의 전후 개척, 해외 이주의 양상은 광역적인 이민과 식민
에 대한 요청이 얼마나 국민과 국가영역의 일치라는 이데올로기에 구속되
었는지를 보여준다.

첫째, 아시아태평양지역에 널리 퍼진 민족으로서의 일본인들은 일본의
패전과 함께 새로 그어진 국경선을 기준으로 이동과 분단을 강요당했다.
이 이동과 분단을 규정한 것은 국경과 국적의 일치라는 틀이었다. 만주나

---

3   波多野澄雄, 『太平洋戦争とアジア外交』, 東京大学出版会, 1996.

남북조선, 타이완, 남가라후토, 남양군도 등 일본의 지배가 상실된 지역의 일본인들은 일부는 스스로의 의사, 전체적으로는 연합국의 강제에 의해 일본 국경 내부로 송환되었다. 필리핀이나 오스트레일리아, 뉴칼레도니아 등 연합국 지배지역의 일부에 있던 일본인들도 강제 수용을 거쳐 송환되었다. 이러한 강제 송환을 면한 것은 주로 현지 국적 보유자와 그 가족이며, 한편 미합중국이나 캐나다에서 일본계 주민이 일본으로 '송환'되었을 때는 시민권 포기와 박탈이 정당화에 이용되었다.

둘째, 다른 한편으로 이 이동과 분단은 국경 변경에 따른 '일본인' 자체의 재정의에도 규정되어 있었다. 일본 국적 보유자였던 오키나와인, 조선인, 타이완인은 연합군에 의해 '비일본인'으로 정의되었지만, 오키나와인이 '류큐인'으로서 각 지역에서 일본인과 함께 송환되어 일본본토 또는 미국 통치하의 류큐 제도로 수용된 데 비해, 조선인과 타이완인은 이 송환체제에서는 제외되어 있었다. 또한 일본에 있던 오키나와인, 조선인, 타이완인에 대해 일본 정부는 1952년 강화조약 발효시에 오키나와인을 일본 국적 보유자로 취급하는 한편 조선인, 타이완인의 일본 국적은 박탈했다. 일본인의 민족의식이 국경과 국적의 일치라는 틀 아래 '단일민족국가' 내셔널리즘으로 향하는 한편,[4] 오키나와인이나 조선인은 국적과 국경의 불일치를 일상으로 할 수밖에 없었던 것이다.

셋째, 전후 국제질서 속에서 국경을 초월한 사람의 이동은 국적에 따라 엄격하게 관리되었고, 냉전기에는 이동의 규모 자체도 현저하게 제한되었다. 국경의 축소와 경제적 곤궁 때문에 일본 국외나 류큐 역외로의 이민을

---

4   小熊英二, 『単一民族神話の起源―〈日本人〉の自画像の系譜』, 新曜社, 1995.

요구하는 목소리가 높았지만 점령하에서는 원칙적으로 인정되지 않아 홋카이도 등 일본 국내, 야에야마 등 류큐 역내에서의 정착과 개척이 추진되었다. 일본과 류큐에서 합중국이나 남미로의 이민은 당초에는 현지 국적 보유자의 배우자·친족 등 한정된 자격에만 허용되었다. 독립한 일본에서는 국외 이민이 가능해졌지만, 미국 통치하의 류큐에서의 이민은 볼리비아 이민 이외에는 일본 여권으로 이민했다.

전후 오키나와인의 이동이나 하와이의 오키나와계 주민에게 미국의 오키나와 지배가 초래한 영향이 현저하게 나타내듯이, 전후 국제질서에서도 국민국가는 어디까지나 규범적 단위에 지나지 않았고, 존재한 것은 새로운 제국으로서의 미국과 소련을 포함한 주권국가의 집합과, 그 아래에서의 중층적인 민족 간 관계였다. 물론 전후 일본의 탈제국화 과정에서 국가의 구성원을 국민국가 규범에 근접시키려는 권력의 작용은 일정한 성과를 거두었다. 일본 패전 후의 일본인 '송환'과 합중국에서의 일본계인의 국민 통합 등의 결과, 아시아태평양지역에서 민족으로서의 일본인이나 일본계인의 확산은 극히 눈에 띄지 않게 되었다. 그러나 하와이나 남북미의 일본계 주민은 일본국가와의 유대는 극히 한정된 형태라 해도 민족집단으로서 계속 존재하고 있다. 특히 남미나 필리핀의 일본계인은 일본으로의 이주노동 등을 통해서 국경을 넘는 민족으로서도 살고 있으며, 또한 하와이나 남북미의 오키나와인 커뮤니티는 현재도 오키나와 사회와 강한 유대를 유지하고 있다. 한편, 일본 국내의 민족 내셔널리즘이나 식민주의도 '일본인'과 야마토인의 동일시, 민족적 마이너리티에 대한 배척이나 구조적 차별, 또는 역사 인식 문제라는 형태로 연면히 이어지고 있는 것이다.

본서에서 검토해 온 '월경자'들의 정치사에서 밝혀진 것은 종래의 정치사 연구가 시야 바깥에 놓아 둔 '민족'이 주권국가와 밀접하게 관련을 맺으면서도 주권국가가 규정하는 국적이나 시민권의 틀에 완전히 회수할 수 없는 정치 주체로서 근대의 일본 및 아시아태평양지역의 정치 질서에 일관되게 영향을 미친 점이다.

전후 정치사 연구의 대부분은 규범적 단위로서의 국민국가를 과거에 투영한 결과, '식민지'나 '이민'을 그 일탈 부분으로 처리해 왔다. 또한, 식민지 연구나 이민 연구 측에서도 국민국가 규범의 관점에서 각각 '이민족 지배'나 '수용국에서의 배제와 통합'을 파악하려는 경향이 강했다. 그러나 사람의 이동과 정치 질서를 둘러싼 본서의 고찰을 근거로 하면, 근대를 통틀어 국민국가가 규범적 단위를 넘는 실재가 된 일은 실제로는 없었다고 보아야 할 것이다. 실재한 것은 지배 영역을 여러 차례 바꾸어 온 주권국가와 공간적 경계를 갖지 않고 이동하고 변용하는 부정형의 민족집단이었다.

물론 민족집단은 최종적으로 개개인의 정체성에 의해 규정되는 것이고, 또한 민족 간의 통혼 등에 의해 경계가 항상 유동적이기 때문에 실재라고 하기에는 불확실하지 않을까 하는 의문은 있을 것이다. 그러나 바로 정체성이나 가족 형성이라는 영역이야말로 민족집단을 국민국가의 규범에 의해 지워버릴 수 없는 존재로 만들어 왔던 것이다. '이민과 식민'이란 결코 정치사의 외부 영역이 아니라 정치사의 규정 요인으로서의 민족집단이 표면화하는 영역임을 드러낼 수 있었다고 한다면 본서의 목적은 달성되었다고 할 수 있을 것이다.

저자 후기

돌이켜 보면, 꽤 먼 곳까지 온 것이다. 본서의 출발점이 되는 연구에 임하기 시작한 것은 분명 18년 정도 전의 일이지만, 그것이 이러한 형태로 결실을 맺을 줄은, 당시의 나는 꿈에도 생각하지 못했다.

도쿄대학 교양학부, 통칭 '고마바駒場'에서 일본근대사 연구에 뜻을 두었던 당시의 나는 메이지시대 일본의 내셔널리즘과 국민국가 형성에 관심이 많았고, 자유민권운동이나 의회정치의 형성 과정을 분석하여 이를 밝히려고 생각하고 있었다. 그러나 한편으로 학부생 무렵부터 참가했던 미타니 히로시三谷博 선생님의 대학원 세미나에서 한국이나 중국, 타이완 등에서 온 수많은 유학생분들을 만나, 세미나 자리나 회식에서 논의를 거듭하는 사이에 나의 문제 설정은 반쯤 무의식적으로 바뀌기 시작했던 것 같다. 당시 내가 연구에 뜻을 둔 큰 동기는 이른바 역사 인식 문제에 대한 관심이었는데, 그럼에도 불구하고 유학생분들을 만나고 나서야 나는 내 사고의 틀이 일본인 내부에만 완결되어 있었음을 깨달았던 것이다.

그러던 어느 날 '미타니 세미나'에서 무엇을 읽었는지는 기억나지 않지만, "근대는 국민국가가 형성된 시대라고 하는데, 같은 시대에 온 세상에서 대량의 이민이 발생한 것은 이상하다"는 발언을 했을 때, 미타니 선생님은 나를 뚫어지게 쳐다본 후, "그거 재밌네!"라고 말씀하셨다. 지금 생각하면, 이것이 하나의 전기였는지도 모른다. 오구마 에이지小熊英二 씨의 『단일민족 신화의 기원単一民族神話の起源』新曜社, 1995을 읽고 흥미를 가졌던 내지 잡거 논쟁을 석사 논문 주제로 택한 것이 '이민과 식민'에 관한 연구를 시작하는 출발점이 되었다.

그러나 석사 논문 집필에는 많은 어려움을 겪었다. 선택한 연구대상의 범위에 대해 당시의 나는 이를 충분히 분석하기 위한 시야가 부족했고, 또한 일국사적인 사고의 틀을 사료 독해를 통해 바꾸어 나갈 만한 유연함도 부족했다. 논문 심사에서는 간신히 합격점을 받았지만, 앞날을 내다보지 못해 술에 의지해 부모님과 친구들에게 큰 폐를 끼친 것 같다.

박사과정에 들어가 이민한 사람들 자신을 연구대상으로 삼으려고 결심하고 답사를 하고 홋카이도 이민이나 하와이 이민에 관한 논문을 작성하면서 비로소 연구에 보람을 느낄 수 있게 되었다. 현지에 발을 내딛는 것 자체가 사물을 바라보는 눈을 바꾸어 준다는 지극히 당연한 사실을, 밖에 나가기 싫어하던 나는 뒤늦게나마 실감했다.

그러나 박사논문 작성 과정에서는 이 연구를 통해 포괄적인 역사상을 제시한다는 난제에 봉착해야 했다. 나는 홋카이도의 연장 선상에 남가라 후토의 일본인 이민을 연구대상으로 삼고 이것을 타이완이나 조선과 비교함으로써 연구에 포괄성을 부여하려고 시도했지만, 그 선택은 결과적으로 근대의 '이민과 식민'을 전체적으로 고찰하지 않는 한 진정한 의미에서는 연구가 완성되지 않는다는 것을 명확히 해 버렸다. 논문 심사에서는 역시 합격점은 받았지만, "이러한 프로그램의 완수에는 거의 한평생 이상의 시간이 필요하다"는 말씀을 듣게 되었다.

더욱이 출판 상담을 해주신 나고야대학출판회의 미키 신고三木信吾 씨는 역시 박사논문에서 다루지 않았던 지역의 이민을 포함해 포괄적인 연구로 완성해 달라고 조언해 주셨다. 시간이 꽤 걸릴 것 같다고 내가 묻자, 기다리겠다고 힘차게 답해 주셨다. 이리하여 믿음직한 길동무를 얻으며 본서의 연구는 새로운 출발을 했다.

이후 운 좋게도 류큐대학에 직장을 얻어 교원 생활로 단숨에 바빠졌고, 또 수많은 새로운 연구 주제를 만나는 가운데 본서의 연구를 좀처럼 진행할 수 없었던 시기도 있었다. 그러나 오키나와로의 '이민' 경험은, 제8장과 같은 눈에 보이는 부분뿐만 아니라, 본서 전체의 틀에 근본적인 영향을 미치는 것이었다. 이 땅에서의 생활이나 학생과의 교류가 차곡차곡 쌓이면서 나는 내 자신이 변하고 있다는 것을 느끼게 되었다. 그것은 나 자신 또한 사료라는 발견이었다.

2013년도에 하버드대학 라이샤워일본연구소의 방문연구원으로 미국에서 또 하나의 짧은 '이민' 경험을 한 것은 본서를 완성하는 데 결정적인 뒷받침이 되었다. 거의 하숙집과 도서관을 오가는 나날이긴 했지만, 보스턴 생활은 다양한 민족집단으로 이루어진 사회를 다시 생각해 보는 계기가 되기도 했다. 또한, 로스앤젤레스 조사 여행으로 리틀 도쿄의 일본계인 커뮤니티를 방문한 데다 북미 오키나와 현인회 신년회에도 참가했던 것은 잊을 수 없는 추억이다.

결국, 나는 근대 일본의 국민국가 형성이라는 당초의 문제 설정을, 주권국가와 민족집단이 자아내는 근대라고 하는 본서의 결론으로 스스로 돌파해 버린 것이다. 그러나 내셔널리즘이나 국민국가에 대한 관심 없이는 역시 본서는 만들어지지 않았다고 생각하며, 역사 연구에서 쓰기 전에는 생각지도 못했던 세계가 보이게 되는 것보다 더 큰 기쁨은 없을 것이다.

본서가 만들어지기까지의 과정에서는 많은 분에게 신세를 졌다. 우선, 미타니 히로시 선생님께 거듭 감사의 말씀을 전하고 싶다. 대학교 입학 첫날인 첫 수업에 우연히 출석한 선생님의 강의에서 당시 선생님이 관련되어 계셨던 한일 간의 역사교과서를 둘러싼 문제의 어려움에 대해 들은 것은 수험생 시절에 무심코 느꼈던 역사교육에 대한 의문을 학문적인 관심으로 결부시킨 결정적 만남이었다. 그리고 학부 2학년 무렵부터 10년 이상에 걸쳐 참가했던 미타니 세미나는 장시간 철저한 토론 후 또 다시 자리를 옮겨 술잔을 기울이는 떠들썩한 논쟁이 이어지는, 다시없는 공간이었다. 20대 동안, 나의 생활은 미타니 세미나를 중심으로 돌고 있었다고 해도 과언이 아니다. 미타니 선생님은 언제나 엄하게 지도해 주실 뿐만 아니라 세계의 연구자를 상대하라고 학생들의 시야를 넓혀 주셨다. 또한, 연구를 고민하다가 상담을 하러 가면 흔쾌히 이야기를 들어 주신 후 선생님께서 진행하고 계시는 연구나 프로젝트에 대해 열정적으로 이야기해 주셔서 돌아갈 무렵에는 언제나 신기하게 힘이 났다. 대학원을 나온 뒤에도 선생님의 엄하고 따스한 말씀이 얼마나 든든했는지 모른다. 꽤 시간이 걸려 버렸지만, 본서를 출간하는 것으로 조금이라도 은혜를 갚을 수 있었으면 한다.

도쿄대학 문학부 일본사 연구실의 스즈키 준鈴木淳 선생님은, 이전 직장인 고마바 캠퍼스에 부임하신 당초에 뵌 이래로 실증사학으로서의 일본 근대사 연구의 기초를 가르쳐 주셨다. 고마바시대에 열어 주신 소규모의 '초서くずし字'를 읽는 모임이나 독서회는 그립고 즐거운 추억이다. 스즈키 선생께는 사료를 찾아내 사료에서 무엇을 말할 수 있는지 혹은 말할 수 없는지를 생각하는 것의 어려움과 재미를 배웠고, 또한 메이지라는 시대의 매력을 통해 정치사를 항상 사회나 경제의 동태와 일체의 것으로 파악하는 견해를 배웠다.

마찬가지로 도쿄대학 문학부 일본사 연구실의 가토 요코加藤陽子 선생님의 세미나나 연구회에 자주 참가했던 경험은 20세기 전반, 특히 전쟁시대의 일본을 연구대상으로 삼는 데 있어 소중한 재산이 되었다. 나의 무모한 논의를 언제나 미소 띤 얼굴로 듣고 격려해주셨고, 그러나 동시에 부드러운 말씀으로 역사가로서의 엄격한 의견을 들려주신 것은 지금 생각하면 부끄럽기 짝이 없지만 학생으로서 고마운 일이었다.

고마바의 대학원총합문화연구과에서는 사카이 데쓰야酒井哲哉 선생님이나 와카바야시 마사히로若林正丈 선생님의 세미나에서도 많은 것을 배웠다. 사카이 세미나에서 이윽고 『근대 일본의 국제질서론近代日本の国際秩序論』岩波書店, 2007으로 결실을 맺는 교재 독해를 두 눈으로 지켜본 경험은, 이후에 나 자신이 야나이하라 다다오의 텍스트에 다가가는 데 있어서 큰 도움이 되었다. 와카바야시 세미나에서는 타이완 근대사의 시점에서 조선의 '식민지 근대'에 관한 논문집 Colonial Modernity in KoreaGi-wook Shin and Michael Robinson, eds., Cambridge, MA and London : Harvard University Asia Center, 1999를 읽는 귀중한 장에 참가하여 동아시아 근대에서 제국 일본의 임팩트에 대해 다면적으로 생각할 수 있었다.

또한, 하와이 이민 연구에 착수한 후, 고마바의 대학원에서 야구치 유진 矢口祐人 선생님을 만난 것은 천운이었다. 야구치 선생님께서는 직접 주최하신 하와이 연구회에 참가할 수 있도록 해 주셔서 미국 연구나 문화인류학을 비롯해 다양한 학문 분야에서 하와이 연구에 접근하신 분들로부터 조언을 들을 수 있었다. 이것은 국가로서의 일본과는 다른 틀로 하와이의 일본인 이민을 파악하는 데 둘도 없는 경험이 되었다.

본서의 원형인 박사논문 「근대 일본의 이식민과 정치적 통합」 심사는 미타니 히로시, 기바타 요이치木畑洋一, 무라타 유지로村田雄二郎, 스즈키 준, 야구치 유진 선생님이 맡으셨다. 덧붙여 박사논문의 준비 단계에서 열린 리

서치 콜로키엄에서는, 기타오카 신이치北岡伸一 선생님께서 조언을 해 주셨다. 구술시험 등에서는 많은 엄중한 코멘트를 해 주셨을 뿐 아니라, 선생님들 서로 간의 논의가 대단히 무르익어 이 심사는 정말 끝날 것인가 아찔한 생각이 들기도 했다. 본서가 선생님들이 주신 합격점에 보답하는 것이 되기를 바란다.

학창 시절부터 현재까지 연구의 영역이 넓어지면서 다양한 연구 분야의 분들과 만날 수 있었던 것은 참으로 다행스러운 일이었다. 고마고메 다케시駒込武 씨가 주최하시는 신세대 아시아사 연구회에서는 식민지기 타이완 연구를 중심으로 하는 다재다능한 분들로부터, 내가 진행하고 있던 홋카이도나 남가라후토 연구에 대해 귀중한 조언을 얻었다. 특히 오카모토 마키코岡本真希子 씨는 회식에서 뜨거운 논의로 힘을 나누어 주셨고, 남가라후토의 본국 편입에 관한 몇 가지 중요한 사료의 소재도 알려 주셨다.

'이민'과 '식민'에 걸친 영역의 연구는 내가 박사논문을 집필할 시기에 마침 활발해져서 나 자신도 남가라후토 연구를 계기로 그 현장에 참여할 수 있었다. 남가라후토 연구의 선배인 미키 마사후미三木理史 씨나 다케노 마나부竹野学 씨는 연구회나 조사 여행 등에서 자주 함께하며 많은 것을 배웠다. 또한 하라 데루유키原暉之 씨와 이마니시 하지메今西一 씨가 각각 주최하시는 공동연구에 넣어 주신 것은 연구를 계속하는 데에 큰 도움이 되었다. 그리고 아라라기 신조蘭信三 씨가 주최하시는 제국 일본과 사람의 이동을 둘러싼 공동연구에서는 외부인이면서도 이따금 연구회에 참가하여 큰 자극을 얻을 수 있었다.

학창 시절에 만난 학우들한테는 언제나 자극을 받고 또 조언이나 격려를 받았다. 여기에서는 미타니 세미나에서 함께 시간을 보낸 이원우李元雨,

야마구치 데루오미山口輝臣, 손국봉孫國鳳, 박훈朴薰, 박지영朴智泳, 우에다 준코上田純子, 이승기李承機, 히라야마 노보루平山昇, 이케다 유타池田勇太, 사카타 미나코坂田美奈子, 요나하 준與那覇潤, 후쿠오카 마리코福岡万里子, 미마키 세이코三牧聖子, 나카노 히로키中野弘喜, 그리고 스즈키 세미나나 가토 세미나에서 함께한 지바 이사오千葉功, 쓰치다 히로시게土田宏成, 이치카와 다이스케市川大祐, 이마즈 도시아키今津敏晃, 다니구치 히로노부谷口裕信, 마쓰자와 유사쿠松沢裕作, 마쓰다 시노부松田忍, 와카쓰키 쓰요시若月剛史 등 여러분들을 들고 싶다.

나고야대학출판회의 미키 신고 씨께는, 좀처럼 진전이 없는 나를 참을성 있게 기다려 주시고, 언제나 날카로운 조언과 격려를 해주신 것에 다시 한번 감사드린다. 그리고 출판회의 나가하타 세쓰코長畑節子 씨는 훌륭한 교정으로 본서를 현격히 다듬어 주었던 것에 감사한다. 또한, 본서의 간행에는 일본학술진흥회로부터 2015년도 과학연구비 조성금연구성과 공개 촉진비 학술도서을 지원받았다. 감사드리고 싶다.

마지막으로 학문의 길에 들어선 아들을 말없이 오랫동안 보살펴주신 부모님, 그리고 늘 심신의 의지가 되어주고 역사 연구자로서의 즐거움과 기쁨을 함께 나누는 아내에게 감사의 말을 전하고 싶다.

2015년 8월
시오데 히로유키

왜 '월경자'의 정치사인가

이 책의 원저는 저자인 시오데 히로유키塩出浩之 교수가 2004년에 도쿄대학 대학원 총합문화연구과에 제출한 박사논문 「근대 일본의 이식민과 정치적 통합近代日本の移植民と政治的統合」을 토대로 하여 2015년 말에 간행된 『越境者の政治史－アジア太平洋における日本人の移民と植民』名古屋大学出版会이다. 이 책은 출간 직후부터 커다란 반향을 불러일으키며 학계와 미디어에 주목을 받았고 2016년에는 산토리학예상, 마이니치출판문화상, 가도카와겐요시상角川源義賞 등 일본의 저명한 학술상을 휩쓸었다. 일본정치외교사, 미디어사 등을 연구주제로 하는 일본근현대사 연구자인 저자가 주권국가를 주체로 한 기존의 정치사를 역전시켜 국가의 경계를 넘어 이주한 '월경자'들을 주역으로 한 정치사를 그려낸 점, 이를 위해 아시아태평양지역 및 남북미 등의 이주지역에서 그들이 펼쳤던 정치 행위의 역사를 20년 가까운 세월 동안 전면적으로 추적 조사한 연구 결과였다는 점 등이 평가되었기 때문이다.

이 책은 근대 일본에서 아시아태평양지역으로 이민과 식민의 형태로 이주한 일본인을 '월경자'로 명명하고 그들이 현지에서 시민권이나 참정권 등을 요구하며 전개했던 정치 행위가 일본과 아시아태평양지역의 정치질서와 어떠한 관계를 가졌는지를 그려내고자 한 것이다. 근대 일본을 주권국가의 지배 영역으로 구획하여 국민을 다루고 경계를 넘어 이동하는 월경자들은 주변화했던 정적인 정치사와는 달리, 분석의 중심에 민족집단으로서의 '일본인'을 두고 인간의 이동에 초점을 맞춰 동적으로 파악한 정치사의 시도이다.

　저자는, '월경자'들은 종래에 정치사의 주체로 다루어지지 않았지만, 실은 이주지역이나 일본의 정치 질서에 끊임없이 영향을 미쳤다는 것을 구체적으로 밝혔다. 우선 국민국가 이데올로기가 주권국가 형성과 글로벌 자본주의 경제로의 편입과 맞물리면서 기층민들의 개체화를 낳아 '이민 · 식민'의 형태로 세계시장을 향해 경계를 넘는 사람의 이동을 보편화했다고 보고, 메이지 유신 이후 주권국가 형성기 일본에서 일본인의 이주를 시간순으로 세 부분으로 나누어 고찰했다. 제1부는 일본이 주권국가로 전환된 메이지 유신 직후인 19세기 후반부터 20세기 초반, 제2부는 20세기 전반, 제3부는 제2차 세계대전 이후 국제 사회에서 국민국가 규범이 체계화되는 시기를 다루고 있다. 공간적으로는 일본 본국뿐만 아니라 제국 일본이 판도를 확장하는 과정에서 속령 통치의 대상이 되었던 홋카이도, 타이완, 남가라후토남사할린, 조선과, 일본의 지배지역이 되었던 남양군도, 관동주, '만주국', 나아가 일본인의 이민지였던 하와이나 남북미, 미국령 필리핀 등 아시아태평양지역 전반을 다루고 있다. 여기에서 저자는 국경을 넘어 이주하는 이민과, 일본의 지배지역으로 이주하는 식민을 함께 다룸으로써 지배지역에서의 식민주의적인 지배-종속관계뿐만 아니라 민족 간 인구구성이나 본국과의 연계 등으로 형성된 민족 간 관계도 정치 질서에 영향을 미쳤음을 드러냈다. 이러한 인식은 예를 들어 19세기 후반 내지 잡거 논쟁에서 홋카이도 이주와 하와이 이주가 함께 논해졌던 담론공간이나, 이민과 식민의 성격을 동시에 띠고 있는 '만주국' 이주의 복합성, 지배민족의 지위에 있으면서도 인구상의 마이너리티로서의 불안으로 머저리티들과 교섭해야 했던 조선이나 타이완의 식민을 전체적으로 파악할 수 있게 한다. 이미 여러 연구자들이 지적하듯이, 이 책의 가장 큰 의의는 이민사와 식민사로 분단되었던 종래의 '월경자'들의 역사를 통합하고 그것을 정치사적으로 분석했다는 점에 있다.

그중에서도 저자가 특히 주목한 지역이 홋카이도와 남가라후토, 하와이, '만주국'이었다. 우선, 홋카이도는 1869년에 일본정부에 영유되어 20세기 초까지 속령 통치를 받았고, 야마토인이 이주 식민지화하여 인구구성에서 다수를 점하고 원주민인 아이누보다 우위를 확보하자, 점차 '국민'으로서의 인정을 요구하는 정치운동을 일으켜 본국 편입이 이루어졌다. 하지만, 홋카이도 개발사업을 위한 본국의 보호에 의존하면서 본국과는 다르게 취급되었다.

비슷한 시기에 하와이 이민도 급격히 추진되었고, 홋카이도와 마찬가지로 하와이에서도 일본인은 최대의 민족집단이 되었다. 그로 인해, 이들에게 참정권을 부여하는 것은 미국 측에 커다란 문제가 된다. 일본인들은 백인 통치하에 놓인 다른 아시아계 주민들과 때로는 연대하기도 하지만, 동아시아에서 일본의 제국 지배가 그들 사이에 긴장관계를 낳았다. 또한 이들의 일본에 대한 강한 귀속의식도 하와이 왕국의 미국 병합, 1924년의 배일이민법 통과, 제2차 세계대전을 겪으며 다양한 정치적 선택을 강요당했다.

남가라후토도 홋카이도처럼 속령 통치 속에 일본인이 이주하여 인구상의 다수를 점하여 민족적 특권을 주장하며 참정권운동을 전개하였다. 하지만, 가라후토청 통치하의 식민지 개발체제를 유지하기 위해 본국 편입 반대운동이 이어지고 결국 가라후토청의 내무성 이관이 지연되었다.

한편, '만주국'은 1930년대 말까지 일본인의 최대 이주지이면서도 인구상으로는 마이너리티에 머물렀던 지역이었다. 또한, 실질적으로는 일본의 지배 식민지였지만 형식상 독립국이었기 때문에, 일본인들은 일본 국적을 포기하지 않으면서도 다민족 국가의 틀 속에서 일본계 만주 국민으로서 정치 참여를 실현하고자 했다. 즉, 만주국으로의 일본인의 이주는 이민과 식민의 명확한 구분을 뛰어넘으며 식민주의와 국민국가 규범이 길항하면서 동거하는 정치공간을 형성했다고 보았다.

이를 통해 저자가 주장한 것은, 주권국가의 탄생과 영역 확장, 세계시장 편입으로 인한 노동력의 이동, 국민국가 단위의 국민통합 등이 진행되는 과정에서 만들어진 것이, 국적과는 다른 범주인, 중층적인 권력관계 속에서 규정되는 정치집단으로서의 '민족'이었다고 보았다. 즉 근대 국민국가에서 실제로 존재했던 것은 국민국가가 아니라, 지배 영역을 수시로 바꾸어 온 주권국가와 공간적 경계를 넘어 이동하고 변용하는 부정형의 민족 집단으로서의 일본인이었다는 것이다.

'조선인 월경자의 정치사'를 생각하며

물론 여기에서 말하는 '일본인'은 일본 국적 보유자를 가리키지 않는다. 이 책에 따르면, 근대 일본에서 일본 국적 보유자는 제국 일본의 신민을 말하는데, 신민은 다시 일본 호적 보유자와 일본 호적 비보유자로 나뉜다. 일본 호적 보유자는 야마토인, 홋카이도 아이누, 오키나와인, 가라후토 아이누 등이며, 일본 호적 비보유자는 조선인, 타이완인 등을 가리킨다. 그런데 이 책에서는 일본 호적 보유자만을 '일본인'으로 한정하여 분석한다.

그렇다면 일본 국적 보유자, 즉 제국 일본의 신민으로서 일본 여권으로 경계를 넘었던 조선인 월경자들의 정치사 또한 전면적으로 그려져야 할 것이다. 더욱이 일본의 식민 지배는 조선에서 기층민들의 분해를 가속화한 결과, 식민지 말기에는 조선인의 최대 약 20%가 월경자로서 일본, 일본의 지배지역, 일본인의 이주지역 등으로 이주했다. 비슷한 시기 일본인 월경자가 전체 인구의 약 5% 정도에 그친 것을 감안하면, 일제 강점기 조선인의 월경과 월경지에서의 그들의 정치 행위는 조선은 물론, 일본과 일본 지배지역, 수용국 등의 정치 질서에 다양한 영향을 미쳤을 것으로 예측해 볼 수 있다. 조선인들은 강제적으로 일본 국적을 부여받아 하와이, 남가라후토, '만주국', 남양군도 등 일본인들이 이민과 식민으로 이주한 아시아태평양지역에서 야마토인과 오키나와인들 사이에서 식민주의적인 관계에 놓여 만주국에서 일본인을 잇는 이등 국민으로서, 남양제도에서 일본인, 오키나와인을 잇는 삼등 국민으로서 일본인의 이주의 역사와 불가분의 관계로 맺어져 있었다.

또한, 한국병합 이전부터 대규모로 만주나 극동 러시아 혹은 하와이 등으로 일본의 지배가 미치지 않는 지역으로 이민을 떠난 조선인들이 국적법이 적용되지 않아 국적 포기가 불가능한 일본 국적을 강제적으로 부여받았을 때, 지배 민족인 일본인과 현지의 다민족 사이에서 어떠한 정치 행위를 전개하며 민족의식을 형성·유지했을까. 혹은 '내지'로 이주한 조선인들은 속지적으로 적용되었던 정치적 권리, 즉 중의원선거법의 선거·피선거권이 부여되었지만, 패전 이후가 되면, 일본국헌법 시행 직전에 외국인으로 간주되어 정치적 권리가 박탈되었고, 샌프란시스코조약 발효 이후에는 일본 국적이 박탈되었다. 이후 무국적 상태에서 외국인으로 분류된 재일조선인들은 분단된 본국의 남북과 유대를 형성하며 어떠한 정치 행위를 전개하며 본국과 일본의 정치 지형에 영향을 미쳐 왔을까.

남북한이라는 주권국가와 그 배타적인 영역 내의 국민을 주체로 한 정치사가 아니라, 이민, 식민지 경험, 이산, 전쟁, 그리고 분단을 겪으며 국경의 변화 속에 끊임없이 이동을 강요당했던 '조선인'을 주체로 하여 이동이 초래한 정치 질서의 변동을 고찰하는 정치사가 그려져야 할 것이다. 이것은 조선인을 주체로 하는 새로운 정치사를 그려내는 것임과 동시에 이 책이 간과한 일본으로의 이민 혹은 일본 국적 보유자들의 이민이 아시아태평양지역의 정치 질서에 미친 영향을 상호보완적으로 그려내는 데 빠질 수 없는 요소가 될 것이다.

역서가 간행되기까지

이 책의 원서는, 시간적으로는 19세기 후반부터 20세기 중반 이후까지의 약 한 세기를 다루고 있고, 공간적으로는 이 시기에 '일본인'들이 이주를 목적으로 이동한 아시아태평양지역과 남북미를 다루고 있는 500쪽이 훌쩍 넘는 대작이어서, 각각 전공을 달리하는 세 명의 역자가 분담하여 번역에 참여하였다. 은희녕이 서장~제3장, 이승찬이 제4~7장, 임경화가 한국어판을 위한 서문·보론 2~종장·후기를 번역하였고, 이후 임경화가 역문 전체의 감수, 교정 작업을 진행했다. 또한, 역서를 간행하며 한국어 독자들의 편의를 위해 원서에는 생략되었던 참고문헌 목록을 역자들이 임의로 작성하여 추가하였다. 역서 편집과 간행은 소명출판의 조이령 님께서

애써주셨다. 꼼꼼한 편집과 적극적인 대응에 다시 한 번 감사드린다. 마지막으로 번역을 개시한 후 역자들의 사정으로 간행까지 터무니없이 지체되었음에도 불구하고 항상 너그럽게 이해해 주시고 필요한 정보를 그때그때 제공해 주신 저자 시오데 히로유키 선생님께 마음 깊이 존경과 감사를 전하고자 한다. 선생님의 연구가 한국어 독자들에게 자극제가 되어 이민사, 정치사, 국제관계사를 포함한 한국의 근현대사 연구를 동적으로 이해하는 데 기여할 것을 확신하였기에, 많이 늦었지만 여기까지 올 수 있었다.

2024년 6월 4일
번역자 일동

출전 일람

제1장 「明治立憲制の形成と『殖民地』北海道」, 『史学雑誌』111(3), 2002.

제3장 「明治期ハワイ在留日本人の参政権獲得問題」, 『日本歴史』663, 2003.

「一九〇〇年代米領ハワイにおける中央日本人会の成立と解体」, 『年報地域文化研究』 6, 2003.

제4장 「植民地研究と〈植民〉概念」, 鴨下重彦ほか編, 『矢内原忠雄』, 東京大学出版会, 2011.

제5장 「日本領樺太の形成ー属領統治と移民社会」, 原輝之編, 『日露戦争とサハリン島』, 北海道大学出版会, 2011.(부분)

「戦前期樺太における日本人の政治的アイデンティティについてー参政権獲得運動と本国編入問題」, 北海道大学スラブ研究センター『21世紀COEプログラム「スラブ・ユーラシア学の構築」研究報告集』11(日本とロシアの研究者の目から見るサハリン・樺太の歴史I), 2006.

제6장 「『在満日本人』か, 『日系満洲国民』かー『満洲国』における日本人の政治参加」, 琉球大学法文学部, 「政策科学・国際関係論集」16, 2014.

이상의 논문은 본서를 정리하면서 대폭적으로 개고했다. 그 밖의 장은 새로 썼다.

도표 일람

참고문헌

1. 정기간행물·신문

1) 일본어

『亜細亜』,『あづま新聞』,『大阪朝日新聞』(満洲版),『樺太』,『樺太日日新聞』,『樺太民報』,『協和運動』,『基督教新聞』,『公文別録』,『公文類聚』,『公文録』,『国会』,『国家学会雑誌』,『国光』,『サガレン新聞』,『桑港新報』,『新生命』,『政論』,『朝野新聞』,『東京朝日新聞』,『東京経済雑誌』,『党報』(自由党),『日布時事』,『日本人』,『根室毎日新聞』,『函新』,『布哇殖民新開』,『布哇新聞』,『布哇報知』,『北毎』,『北辰』,『北海新聞』,『保守新論』,『毎日新聞』,『馬哇新聞』,『満洲日日新聞』,『満洲日報』,『満洲評論』,『やまと新聞』

2) 중국어

『檀華新報(*Hawaii Chinese News*)』,『新中国報』

2. 연감·사전·자료집

石川友紀監修,『日系移民資料集第二期南米編』第二五巻, 日本図書センター, 1999.

稲生典太郎,『内地雑居論資料集成』第1巻, 原書房, 1992.

_____,『内地雑居論資料集成』第2巻, 原書房, 1992.

_____,『条約改正論資料集成』第3巻, 原書房, 1994.

稲葉正夫ほか編,『現代史資料11続·満洲事変』, みすず書房, 1965.

_____編,『太平洋戦争への道-開戦外交史』, 別巻資料編, 朝日新聞社, 1963.

犬塚孝明·大島明子·広瀬順皓編,『黒田清隆関係文書』, 北泉社, 1993.

江差町史編集室,『江差町史』4(資料4), 江差町, 1981.

大蔵省,『開拓使事業報告附録 布令類衆』上, 大蔵省, 1885.

沖縄県文化振興会公文書管理部史料編集室編,『沖縄県史 資料編』14, 沖縄県教育委員会, 2002.

_____編,『沖縄県史 資料編』20, 沖縄県教育委員会, 2005.

沖縄県文化振興会編,『沖縄県史資料編』九, 沖縄県教育委員会, 2000.

沖縄県平和祈念資料館,「日系二世が見た戦中·戦後-母国と祖国の間で」(日系米国人版戦争体験
　　　収集事業成果報告展), 2015.

外務省監修,『条約改正関係日本外交文書』第4巻, 日本国際連合協会, 1950.

_____·日本学術振興会編,『条約改正関係日本外交文書』3巻上, 日本外交文書頒布会, 1956.

大蔵省財政室編,「昭和財政史資料」, 1-112-36~1-112-37.

外務省情報部,『満洲国現行法令集』, 外務省情報部, 1932.

外務省調査局編,『日本外交文書』20, 国際連合研究会, 1947.

外務省調査部編,『日本外交文書』8, 日本国際協会, 1940.

外務省編,『日本外交文書』21, 日本国際連合協会, 1949.

_____編,『日本外交文書』23, 日本国際連合協会, 1952.

_____編,『日本外交文書』26, 日本国際連合協会, 1952.

_____編,『日本外交文書』31(1), 日本国際連合協会, 1954.

_____編,『日本外交文書』33, 日本国際連合協会, 1956.

_____編,『日本外交文書』34, 日本国際連合協会, 1956.

_____編,『日本外交文書 対米移民問題経過概要』, 外務省, 1972.

_____編,『日本外交文書 満洲事変』2(1), 外務省, 1979.

_____編,『日本外交文書 昭和期』II 1(2), 外務省, 1998.

_____編,『日本外交文書 昭和期』II 1(3), 外務省, 2000.

_____編,『日本外交文書 昭和期』II 1(4下), 外務省, 2006.

_____編,『日本外交文書 昭和期』II 1(5下), 外務省, 2008.

外務大臣官房領事移住部領事第二課, 『海外在留邦人数調査統計(昭和五六年一〇月一日現在)』, 大蔵省印刷局, 1982.

樺太庁内政部総務課編,『樺太庁統計書 昭和一五年』, 樺太庁, 1943.

樺太庁編,『樺太要覧』, 樺太庁, 1908.

_____編,『国勢調査要覧表 第一回』, 樺太庁, 1922.

_____編,『昭和五年国勢調査結果表』, 樺太庁, 1934.

木戸日記研究会・日本近代史研究会,『片倉衷氏談話速記録』上, 日本近代史料研究会, 1982.

金正柱編,「朝鮮統治史料」7, 韓国史料研究所, 1971.

金武町史編さん委員会編,『金武町史 第一巻 移民・本編』, 金武町教育委員会, 1996.

日下部威編,『中村蒙堂文集』, 大北新報社, 1934.

国立公文書館所蔵,『公文雑纂』20.

小林龍夫・島田俊彦編,『現代史資料7 満洲事変』, みすず書房, 1964.

小林英夫監修,『日本人の海外活動に関する歴史的調査』全21巻, ゆまに書房, 2002.

下村冨士男編,『明治文化資料叢書』第4巻, 風間書房, 1962.

衆議院編,『第七〇議会帝国議会法律案』(議員提出法律案) 25, 1937.

『第一回帝国議会衆議院議事速記録』, 1891.

『第二回帝国議会衆族院議事速記録』, 1891.

『第三回帝国議会衆議院議事速記録』, 1892.

『第四回帝国議会衆議院議事速記録』, 1893.

『第五回帝国議会衆議院議事速記録』, 1893.

『第十一回全満地方委員会連合会定時会議々事録』, 1934

『第二六回帝国議会衆議院 外国人ノ土地所有権二関スル法律案委員会議録』第2回, 1910.

『第四〇回帝国議会衆議院議事速記録』, 1918.

『第四四回帝国議会衆議院 樺太ノ地方制度ニ関スル法律案委員会議録』, 1921.

『第五〇回帝国議会衆議院議事速記録』, 1925.

『第五一回常国議会衆議院議事速記録』, 1926.

『第五二回帝国議会衆議院 大正十四年法律第四十七号衆議院議員選挙法中改正法律案外一件委員
　　　会議事録』, 1927.

『第五九回帝国議会貴族院 樺太ニ衆議院議長選挙法施行ニ関スル法律案特別委員会速記録』, 1931.

『第七〇回帝国議会衆議院議事速記録』, 1937.

『第七五議会帝国議会衆議院議事速記録』, 1940.

台湾総督官房臨時国勢調査部編, 『昭和五年国勢調査結果表 全島編』, 台湾総督官房臨時国勢調査
　　　部, 1934.

台湾引揚記編集委員会編, 『琉球官兵顛末記－沖縄出身官兵等の台湾引揚げ記録』, 台湾引揚記刊
　　　行期成会, 1986.

台湾総督府総務局編, 『台湾人口動態統計 昭和一五年』, 台湾総督府総務局, 1943.

(拓務省)管理局, 『樺太ニ衆議院議員選挙法実施ニ関スル調査』, 1939.

朝鮮総督府, 『朝鮮の人口現象』, 朝鮮総督府, 1927.

＿＿＿＿＿編, 『昭和五年国勢調査報告 全鮮編 第一巻 結果表』, 朝鮮総督府, 1935.

＿＿＿＿＿編, 『朝鮮総督府統計年報 昭和一五年』, 朝鮮総督府, 1942.

内務省管理局, 「樺太庁内地編入関係ノ一」, 国立公文書館自治省移管文書四八, 3A・13-8・93.

＿＿＿＿＿＿, 「大正一四年 行政制度審議会関係書類 (三)」, 国立公文書館自治省移管文書四八,
　　　3A-13-7・79.

内務省地方局行政課, 「昭和一四年 地方制度関係(樺太)」, 国立公文書館自治省移管文書四八, 3A
　　　・13-8・99.

永井秀夫編, 『北海道民権史料集』, 北海道大学図書刊行会, 1986.

西田長寿・植手通有編, 『陸羯南全集』第1巻, みすず書房, 1968.

農地改革資料編纂委員会, 『農地改革資料集成』3, 農政調査会, 1975.

南洋庁内務部企画課, 『南洋庁統計年鑑』第九回(昭和一四年), 1941.

函館市史編さん室編, 『函館市史』通説編 第2巻, 函館市, 1990.

林茂・原奎一郎編, 『原敬日記』2, 福村出版, 1965.

原敬文書研究会編, 『原敬関係文書』3, 日本放送出版協会, 1985.

引揚援護庁長官官房総務課記録係編, 『引揚援護の記録』, 引揚援護庁, 1950.

広瀬順皓編, 『憲政史編纂会旧蔵・政治談話速記録』5, ゆまに書房, 1998.

文教局研究調査課編, 『琉球史料』第四集, 琉球政府文教局, 1959.

平和祈念事業特別基金編, 『資料所在調査結果報告書(別冊)』, 平和祈念事業特別基金, 1999.

防衛省防衛研究所蔵, 『満洲帝国協和会史料 協和会史資料集』2・5, 1940.

北海道開拓記念館編, 『北方の資源をめぐる先住者と移住者の近現代史－二〇〇五~〇七年度調
　　　査報告』, 北海道開拓記念館, 2008.

北海道戦後開拓史編纂委員会編, 『北海道戦後開拓史 (資料編)』, 北海道, 1973.

北海道編, 『新北海道史』第三巻 通説二, 北海道, 1971.

_____編, 『新北海道史』第四巻 通説三, 北海道, 1973.

_____編, 『新北海道史』第七巻 史料一, 北海道, 1969.

_____編, 『新北海道史』第九巻 史料三, 北海道, 1980.

満洲帝国協和会, 『協和会創立十周年記念全国大会並康徳九年度全国連合協議会記録及分科委員会記録』, 1942.

_____, 『康徳四年度全国連合協議会議決事項処理経過報告』, 1938.

_____, 『康徳五年度全国連合協議会記録』, 1938.

_____, 『康徳五年全国連合協議会提出議案之関係機関説明書』, 1938.

_____, 『康徳五年度全国連合協議会議決事項処理経過報告』, 1939.

_____, 『康徳六年度全国連合協議会記録』, 1939.

_____, 『康徳六年度全国連合協議会代表者名簿』, 1939.

_____, 『康徳七年度全国連合協議会議決事項処理経過報告』, 1940.

_____, 『康徳八年度全国連合協議会議案』, 1941.

_____, 『康徳八年度全国連合協議会記録別冊附録 懇談会記録』, 1941.

_____, 『康徳八年度全国連合協議会記録並各部分科委員会記録』, 1941.

_____, 『康徳八年度全国連合協議会提出議案文書説明書』, 1941.

_____, 『康徳九年度全国連合協議会運営要領』, 1942.

_____, 『康徳九年度全国連合協議会議案』, 1942.

_____, 『康徳十年九月自二十五日至二十九日第十一回全国連合協議会記録』, 1943.

_____, 『康徳十年度全国連合協議会議決事項処理経過報告』, 1944.

_____, 『康徳十一年第十二回全国連合協議会議案』, 1944.

_____, 『第十二回全国連合協議会協議員名簿』, 1944.

_____, 『第十二回全連要録』, 1944.

南加州日本人七十年史刊行委員会編, 『南加州日本人七十年史』, 南加日系人商業会議所, 1960.

南満州鉄道株式会社庶務部調査課編, 『南満州鉄道株式会社第二次十年史』, 南満州鉄道株式会社, 1928.

南満洲鉄道株式会社総裁室地方部残務整理委員会, 『満鉄附属地経営沿革全史』上, 南満洲鉄道株式会社, 1939.

森田芳夫, 『朝鮮終戦の記録－米ソ両軍の進駐と日本人の引揚』, 厳南堂書店, 1964.

_____・長田かな子編, 『朝鮮終戦の記録 資料篇』第一巻 (日本統治の終焉), 厳南堂書店, 1979.

_____編, 『朝鮮終戦の記録 資料篇』第二巻 (南朝鮮地域の引揚と日本人世話会の活動), 厳南堂書店, 1980.

柳田利夫・赤木妙子編著, 『ハワイ移民佐藤常蔵書翰－近代日本人海外移民史料』, 慶應通信, 1995.

山本四郎編, 『寺内正毅日記』, 京都女子大学, 1980.

吉野作造編,『明治文化全集』第二巻 正史編上, 日本評論社, 1928.

＿＿＿＿＿編,『明治文化全集』第六巻 外交篇, 日本評論社, 1928.

吉原和男ほか編,『人の移動事典－日本からアジアへ・アジアから日本へ』, 丸善出版, 2013.

陸軍省,『満大日記』, 明治三九年七月.

＿＿＿＿,『密大日記』, 明治四五年・大正元年.

「稟裁録自明治一一年一月至同年一二月」, 北海道立文書館.

3. 저서·논문

1) 일본어

アーネスト・ゲルナー, 加藤節監訳,『民族とナショナリズム』, 岩波書店, 2000.

青柳郁太郎,『ブラジルに於ける日本人発展史』上, ブラジルに於ける日本人発展史刊行委員会, 1941.

＿＿＿＿＿,『ブラジルに於ける日本人発展史』下, ブラジルに於ける日本人発展史刊行会, 1953.

秋月俊幸,『日露関係とサハリン島－幕末明治初年の領土問題』, 筑摩書房, 1994.

朝尾直弘ほか編,『岩波講座日本歴史16 近代3』, 岩波書店, 1976.

浅川晃弘,『近代日本と帰化制度』, 溪水社, 2007.

浅田喬二,『日本植民地研究史論』, 未来社, 1990.

＿＿＿＿＿,『日本帝国主義下の民族革命運動』, 未来社, 1973.

浅野豊美, 「米国施政権下の琉球地域への引揚－折りたたまれた帝国と重層的分離」,『社会科学研究』26(1), 2006.

＿＿＿＿＿,『帝国日本の植民地法制－法域統合と帝国秩序』, 名古屋大学出版会, 2008.

＿＿＿＿＿編,『南洋群島と帝国・国際秩序』, 慈学社出版, 2007.

東栄一郎, 飯野正子監訳,『日系アメリカ移民 二つの帝国のはざまで－忘れられた記憶 一八六八～一九四五』, 明石書店, 2014.

アナトーリー・T・クージン, 岡奈津子・田中水絵訳,『沿海州・サハリン 近い昔の話－翻弄された朝鮮人の歴史』, 凱風社, 1998.

阿部剛, 「北海道における徴兵制の展開－『国民皆兵』の虚実」,『年報新人文学』6, 2009.

阿部安成・加藤聖文, 「『引揚げ』という歴史の問い方（上）・（下）」,『彦根論叢』348・349, 滋賀大学経済学部, 2004.

新井勝紘・田村紀雄, 「在米日系新聞の発達史研究(5) 自由民権期における桑港湾岸地区の活動」,『人文自然科学論集』65, 東京経済大学, 1983.

蘭信三,『「満州移民」の歴史社会学』, 行路社, 1994.

＿＿＿＿＿,『日本帝国をめぐる人口移動の国際社会学』, 不二出版, 2008.

＿＿＿＿＿編,『帝国崩壊とひとの再移動－引揚げ, 送還, そして残留』, 勉誠出版, 2011.

＿＿＿＿＿編著,『帝国以後の人の移動－ポストコロニアリズムとグローバリズムの交錯点』, 勉誠出版, 2013.

有泉貞夫,『星亨』, 朝日新聞社, 1983.

アルゼンチン日本人移民史編纂委員会編，『アルゼンチン日本人移民史』第一巻，在亜日系団体連合会，2002.

_____編，『アルゼンチン日本人移民史』第二巻(戦後編)，在亜日系団体連合会，2006.

飯窪秀樹，『ブラジル移民から満州移民への結節点』，『東京大学社会科学研究所調査研究シリーズ五 アジアと経営－市場・技術・組織』下，東京大学社会科学研究所，2002.

飯島真里子，「ハワイ日本人移民の二段階移動－国際移動から国内移動へ」，『アメリカ・カナダ研究』28，2011.

飯田旗郎，『東洋商略』，金港堂本店，1891.

飯野正子，『日系カナダ人の歴史』，東京大学出版会，1997.

池田敏雄，「敗戦日記Ⅰ・Ⅱ」，『台湾近現代史研究』4，1982.

李相哲，『満州における日本人経営新聞の歴史』，凱風社，2000.

石川友紀，『日本移民の地理学的研究－沖縄・広島・山口』，榕樹書林，1997.

_____，「戦後沖縄県における海外移民の歴史と実態」，『移民研究』6，2010.

石橋秀雄編，『清代中国の諸問題』，山川出版社，1995.

伊集朝規，『移民根性－南米の大地に生きて』，ひるぎ社，1987.

板垣退助監修，『自由党史』下，五車楼，1910.

伊藤淳史，『日本農民政策史論－開拓・移民・教育訓練』，京都大学学術出版会，2013.

伊藤力・呉屋勇編著，『在ペルー邦人七五年の歩み 一八九九年～一九七四年』，ペルー新報社，1974.

伊藤博文，『憲法義解』，1889(岩波文庫版，1940).

井上清，『条約改正－明治の民族問題』，岩波書店，1955.

井上準之助論叢編纂会編，『井上準之助伝』，井上準之助論叢編纂会，1935.

稲生典太郎，『条約改正論の歴史的展開』，小峯書房，1976.

今井輝子，「米布併合をめぐる日米関係」，『国際関係学研究』6，1979.

今泉裕美子，「矢内原忠雄の国際関係研究と植民政策研究－講義ノートを読む」，『国際関係学研究』23，1996.

_____，「戦前期日本の国際関係研究にみる「地域」－矢内原忠雄の南洋群島委任統治研究を事例として」，『国際政治経済学研究』7，2001.

_____，「南洋群島引揚げ者の団体形成とその活動－日本の敗戦直後を中心として」，『史料編集室紀要』30，沖縄県教育委員会，2005.

今里準太郎，『北海道会史』，今里準太郎，1918.

今西一編著，『北東アジアのコリアン・ディアスポラ－サハリン・樺太を中心に』，小樽商科大学出版会，2012.

李炳律，『サハリンに生きた朝鮮人－ディアスポラ・私の回想記』，北海道新聞社，2008.

移民研究会編，『戦争と日本人移民』，東洋書林，1997.

_____編，『日本の移民研究－動向と文献目録』Ⅰ，明石書店，2008.

移民史刊行委員会編,『ブラジル沖縄県人移民史－笠戸丸から九〇年』, ブラジル沖縄県人会, 2000.

入江寅次,『邦人海外発展史』, 井田書店, 1942.

鵜飼信成ほか編,『講座日本近代法発達史』3, 勁草書房, 1958.

梅田又次郎,『国民之大責任 条約改正論』, 大倉書店, 1893.

榎本守恵,『北海道開拓精神の形成』, 雄山閣出版, 1976.

蛯原八郎,『海外邦字新聞雑誌史 附・海外邦人外字新聞雑誌史』, 学而書院, 1936.

榎森進,『アイヌ民族の歴史』, 草風館, 2007.

遠藤正敬,『近代日本の植民地統治における国籍と戸籍－満洲・朝鮮・台湾』, 明石書店, 2010.

_____,『戸籍と国籍の近現代史－民族・血統・日本人』, 明石書店, 2013.

逢坂信吾,『クラーク先生詳伝』, クラーク先生詳伝刊行会, 1956.

大内兵衛,『大内兵衛著作集』, 岩波書店, 1975.

大江志乃夫ほか編,『岩波講座近代日本と植民地1 植民地帝国日本』, 岩波書店, 1992.

_____編,『岩波講座近代日本と植民地4 統合と支配の論理』, 岩波書店, 1993.

_____編,『岩波講座近代日本と植民地5 膨張する帝国の人流』, 岩波書店, 1993.

大里康永,『沖縄の自由民権運動－先駆者謝花昇の思想と行動』, 太平出版社, 1969.

大谷松治郎,『わが人となりし足跡－八十年の回顧』, 私家版, 1971.

大津透ほか編,『岩波講座日本歴史 15 近現代 1』, 岩波書店, 2014.

_____編,『岩波講座日本歴史 20 地域編』, 岩波書店, 2014.

大沼保昭,『サハリン棄民－戦後責任の点景』, 中央公論社, 1992.

大野俊,『ハポン－フィリピン日系人の長い戦後』, 第三書館, 1991.

_____,「『ダバオ国』の沖縄人社会再考－本土日本人, フィリピン人との関係を中心に」,『移民研究』2, 2006

大橋安治郎編,『内地雑居論』, 文泉堂, 1887.

大平善悟,「満洲国の国籍問題」,『東京商科大学研究年報 法学研究』2, 1933.

大山梓,『旧条約下に於ける開市開港の研究－日本に於ける外国人居留地』, 鳳書房, 1967.

岡田包義,『再建日本と北海道の開発』, 北海道市長会・北海道町村会, 1952.

岡部牧夫,『海を渡った日本人』, 山川出版社, 2002.

岡本真希子,「アジア・太平洋戦争末期における朝鮮人・台湾人参政権問題」,『日本史研究』401, 1996.

_____,「戦時下の朝鮮人・台湾人参政権問題」,『文学研究科紀要』42(4), 早稲田大学大学院, 1996.

_____,「在台湾「内地」人の「民権」論－植民地在住者の政治参加の一側面」,『日本史攷究』25, 1999.

_____,「一九三〇年代における台湾地方選挙問題」,『日本史研究』452, 2000.

_____,『植民地官僚の政治史－朝鮮・台湾総督府と帝国日本』, 三元社, 2008.

_____, 「植民地統治初期台湾における内地人の政治・言論活動－六三法体制をめぐる相剋」,

『社会科学』86, 同志社大学人文科学研究所, 2010.

_____, 「植民地在住者の政治参加をめぐる相剋ー『台灣同化會』事件を中心として」, 『社会科学』89, 同志社大学人文科学研究所, 2010.

岡野宣勝, 「占領者と被占領者のはざまを生きる移民ーアメリカの沖縄統治政策とハワイのオキナワ人」, 『移民研究年報』13, 2007.

岡本柳之助編, 『日魯交渉北海道史稿』, 1898.

岡義武, 『岡義武著作集』6, 岩波書店, 1993.

緒方貞子, 『満州事変と政策の形成過程』, 原書房, 1966.

小川正人, 『近代アイヌ教育制度史研究』, 北海道大学図書刊行会, 1997.

沖島鎌三, 『振分け荷物』, 私家版, 1964.

沖田行司, 『ハワイ日系移民の教育史』, ミネルヴァ書房, 1997.

小熊英二, 『単一民族神話の起源ー〈日本人〉の自画像の系譜』, 新曜社, 1995.

_____, 『日本人の境界ー沖縄・アイヌ・台湾・朝鮮植民地支配から復帰運動まで』, 新曜社, 1998.

奥山亮, 『ああ樺太』, 北海道地方史研究会, 1966.

押本直正, 「ある明治人の生涯ー山県勇三郎に関する研究ノート (1)」, 『移住研究』8, 1972.

小野一一郎, 『小野一一郎著作集3 資本輸出・開発と移民問題』, ミネルヴァ書房, 2000.

恩河尚, 「戦後沖縄における引き揚げの歴史的背景とその意義」, 『東アジア近代史』10, 2007.

海外移住事業団編, 『海外移住事業団十年史』, 海外移住事業団, 1973.

外務省亜米利加局第一課, 『北米日系市民概況』, 1936.

外務省条約局法規課, 『外地法制誌第六部関東州租借地と南満洲鉄道附属地』前編, 外務省条約局法規課, 1966.

外務省編, 『日本統治下の樺太』, 外務省, 1969.

何義麟, 『二・二八事件ー台湾人形成のエスノポリティクス』, 東京大学出版会, 2003.

籠谷直人, 『アジア国際通商秩序と近代日本』, 名古屋大学出版会, 2000.

梶田孝道・丹野清人・樋口直人, 『顔の見えない定住化ー日系ブラジル人と国家・市場・移民ネットワーク』, 名古屋大学出版会, 2005.

糟谷英司, 「根室の新聞」, 『根室市博物館開設準備室紀要』7, 1993.

加藤聖文, 「政党内閣確立期における植民地支配体制の模索ー拓務省設置問題の考察」, 『東アジア近代史』1, 1998.

_____, 「戦後東アジアの冷戦と満洲引揚ー国共内戦下の「在満」日本人社会」, 『東アジア近代史』9, 2006.

_____, 『「大日本帝国」崩壊ー東アジアの一九四五年』, 中央公論新社, 2009.

加藤規子, 「北海道三県一局時代の対アイヌ政策とその実情」, 『北大史学』20, 1980.

加藤陽子, 『徴兵制と近代日本 一八六八〜一九四五』, 吉川弘文館, 1996.

金岡幸一編, 『石坂豊一・修一追悼集』, 石坂誠一, 1973.

鹿野政直, 『資本主義形成期の秩序意識』, 筑摩書房, 1969.

樺山紘一ほか編，『岩波講座 世界歴史19 移動と移民』，岩波書店，1999.

神山恒雄，『明治経済政策史の研究』，塙書房，1995.

嘉本伊都子，『国際結婚の誕生－〈文明国日本〉への道』，新曜社，2001.

_____，「帰米二世との『国際結婚』－飯沼信子さんのライフヒストリーを通して」，『京都女子
大学現代社会研究』14，2011.

香山六郎編著，『移民四十年史』，香山六郎，1949.

樺太アイヌ史研究会編，「対雁の碑」，北海道出版企画センター，1992.

樺太終戦史刊行会編，『樺太終戦史』，全国樺太連盟，1973.

樺太庁編，『樺太庁施政三十年史』上，樺太庁，1936.

神長英輔，「サハリン島水産業(1875~1904)をめぐる紛争－実態と構造」，『スラブ研究』50，2003.

岸本弘人，「戦後アメリカ統治下の沖縄における出入域管理について－渡航制限を中心に」，『博物
館紀要』5，沖縄県立美術館・博物館，2012.

貴堂嘉之，『アメリカ合衆国と中国人移民－歴史のなかの「移民国家」アメリカ』，名古屋大学出版
会，2012.

木戸日記研究会・近代史料研究会，『近代日本の戦争と政治』，岩波書店，2010.

木原隆吉，『布哇日本人史』，文成社，1935.

木村健二，「京浜銀行の成立と崩壊－近代日本移民史の一側面」，『金融経済』214，1985.

_____，「近代日本移民史における国家と民衆－移民保護法下の北米本土転航を中心に」，『歴史
学研究』582，1988.

_____，『在朝日本人の社会史』，未来社，1989.

_____，「近代日本の移植民研究における諸論点」，『歴史評論』513，1993.

木村由美，「「脱出」という引揚げの一方法－樺太から北海道へ」，『北海道・東北史研究』9，2014.

許世楷，『日本統治下の台湾』，東京大学出版会，1972.

桐山昇，「日本の敗戦処理と戦後アジア」，『歴史学研究』599，1989.

近代日本研究会編，『年報 近代日本研究19 地域史の可能性』，山川出版社，1997.

具志川市史編さん委員会編，『具志川市史 第四巻 移民・出稼ぎ論考編』，具志川市教育委員会，
2002.

国友重章，『条約改正及内地雑居 一名内地雑居尚早論』，内地雑居講究会，1892.

倉沢愛子ほか編，『岩波講座アジア・太平洋戦争4 帝国の戦争経験』，岩波書店，2006.

クリスチャン・ヨプケ，遠藤乾ほか訳，『軽いシティズンシップ－市民，外国人，リベラリズムのゆく
え』，岩波書店，2013.

黒坂博，『釧路地方政党史考』上，釧路市，1984.

黒田謙一，『日本植民思想史』，弘文堂書房，1942.

小島麗逸編，『日本帝国主義と東アジア』，アジア経済研究所，1979.

功刀真一，『北海道樺太の新聞雑誌－その歩みと言論人』，北海道新聞社，1985.

小能登呂村の沿革史編集委員会，『樺太・小能登呂村の沿革史』，全国小能登呂会，1992.

小林泉, 『ミクロネシアの日系人－日系大酋長アイザワ物語』, 太平洋諸島地域研究所, 2007.

_____, 『南の島の日本人－もうひとつの戦後史』, 産経新聞出版, 2010.

小林賢治, 「朝鮮植民地化過程における日本の鉱業政策」, 『経済科学』 34(4), 名古屋大学経済学部, 1987.

小林英夫ほか編, 『戦後アジアにおける日本人団体－引揚げから企業進出まで』, ゆまに書房, 2008.

小峰和夫, 『満洲－起源・植民・覇権』, 御茶の水書房, 1991.

小宮一夫, 『条約改正と国内政治』, 吉川弘文館, 2001.

粲井輝子, 「一九三〇年代の帰米運動－アメリカ国籍法との関連において」, 『移住研究』 30, 1993.

_____, 『外国人をめぐる社会史－近代アメリカと日本人移民』, 雄山閣, 1995.

経世社, 『現代業界人物集』, 経世社出版部, 1935.

古賀元吉, 『支那及満洲に於ける治外法権及領事裁判権』, 日支問題研究会, 1933.

駒木佐助, 「添田家文書から－室蘭郡民の主義」, 『茂呂瀾』 35, 2001.

近衛文麿, 『清談録』, 千倉書房, 1936.

近藤正己外編, 『内海忠司日記 一九二八～一九三九－帝国日本の官僚と植民地台湾』, 京都大学学術出版会, 2012.

斉藤虎之助著, 千歳篤編, 『函館ドック五十年の回顧』, 道南の歴史研究協議会, 1980.

斉藤広志・中川文雄, 『ラテンアメリカ現代史』 I, 山川出版社, 1978.

酒井哲哉, 『近代日本の国際秩序論』, 岩波書店, 2007.

坂口満宏, 「二重国籍問題とハワイの日系アメリカ人」, 『新しい歴史学のために』 207, 1992.

_____, 『日本人アメリカ移民史』, 不二出版, 2001.

坂根義久, 『明治外交と青木周蔵』, 刀水書房, 1985.

_____編, 『論集日本歴史10 自由民権』, 有精堂, 1973.

佐々博雄, 「熊本国権党と朝鮮における新聞事業」, 『人文学会紀要』 9, 国士舘大学文学部, 1977.

佐藤忠雄, 『新聞に見る北海道の明治大正－報道と論説の功罪』, 北海道新聞社出版局, 1980.

佐藤司, 「明治中期の拓殖政策と北海道協会」, 『日本近代史研究』 5, 法政大学, 1960.

塩見俊二, 『秘録・終戦直後の台湾』, 高知新聞社, 1979.

斯波義信, 『華僑』, 岩波書店, 1995.

渋沢青淵記念財団竜門社編, 『渋沢栄一伝記資料』 第18巻, 渋沢栄一伝記史料刊行会, 1958.

周婉窈, 濱島敦俊ほか訳, 『図説台湾の歴史』, 平凡社, 2007.

将基面貴巳, 『言論抑圧－矢内原事件の構図』, 中央公論新社, 2014.

George Nadel・Perry Curtis編, 川上肇ほか訳, 『帝国主義と植民地主義』, 御茶の水書房, 1983.

ジョナサン・ブル, 天野尚樹訳, 「「樺太引揚者」像の創出」, 『北海道・東北史研究』 9, 2014.

ジョン・J・ステファン, 安川一夫訳, 『サハリン－日・中・ソ抗争の歴史』, 原書房, 1973.

白水繁彦, 『エスニック・メディア研究－越境・多文化・アイデンティティ』, 明石書店, 2004.

新保満, 「石をもて追わるるごとく－日系カナダ入社会史」, 大陸時報社, 1975(新版, 御茶の水書房, 1996).

新保満,『カナダ日本人移民物語』, 築地書館, 1986.

杉本健,『樺太-還らざる島』, TBSブリタニカ, 1979.

杉本善之助,『樺太漁制改革沿革史』, 樺太漁制改革沿革史刊行会, 1935.

_____編,『樺太の思い出』, 杉本善之助, 1959.

鈴江英一,『開拓使文書を読む』, 雄山閣出版, 1989.

_____,『北海道町村制度史の研究』, 北海道大学図書刊行会, 1985.

瀬谷正二,『布哇国移住民始末』, 新井喜平, 1893.

戦後開拓史編纂委員会編,『戦後開拓史』, 全国開拓農業協同組合連合会, 1967.

相賀安太郎,『五十年間のハワイ回顧』,「五十年間のハワイ回顧」刊行会, 1953.

_____監修, 日布時事編輯局編,『布哇同胞発展回顧誌』, 日布時事社, 1921.

副島昭一,「朝鮮における日本の領事館警察」,『和歌山大学教育学部紀要 人文科学』35, 1986.

園田節子,『南北アメリカ華民と近代中国-一九世紀トランスナショナル・マイグレーション』, 東京大学出版会, 2009.

大同学院史編纂委員会編,『大いなる哉 満洲』, 大同学院同窓会, 1966.

台湾協会編,『台湾引揚史』, 台湾協会, 1982.

台湾史研究部会編,『台湾の近代と日本』, 中京大学社会科学研究所, 2003.

高倉新一郎,『北海道拓殖史』, 柏葉書院, 1947.

_____,『新版アイヌ政策史』, 三一書房, 1972.

高倉新一郎監修,『北海道の研究』6, 清文堂出版, 1983.

高崎宗二,『植民地朝鮮の日本人』, 岩波書店, 2002.

高碕達之助,『満州の終焉』, 実業之日本社, 1953.

竹野学,「人口問題と植民地-一九二〇・三〇年代の樺太を中心に」,『経済学研究』50(3), 2000.

田中修,『日本資本主義と北海道』, 北海道大学図書刊行会, 1986.

田中宏,『在日外国人 新版』, 岩波書店, 1995.

田中隆一,『満洲国と日本の帝国支配』, 有志舎, 2007.

田中了, D・ゲンダーヌ,『ゲンダーヌ-ある北方少数民族のドラマ』, 現代史出版会, 1978.

玉城美五郎,「沖縄から見たボリビア移住二十年の歩み」,『雄飛』31, 1974,

田村将人,「白浜における集住政策の意図と樺太アイヌの反応」,『北海道開拓記念館研究紀要』35, 2007.

陳培豊,『「同化」の同床異夢-日本統治下台湾の国語教育史再考』, 三元社, 2001.

塚瀬進,『満洲の日本人』, 吉川弘文館, 2004.

辻本雅史・沖田行司編,『新体系日本史16 教育社会史』, 山川出版社, 2002.

津田睦美,『マブイの往来-ニューカレドニア-日本 引き裂かれた家族と戦争の記憶』, 人文書院, 2009.

坪井みゑ子,『ハワイ最初の日本語新聞を発行した男』, 朝日新聞社, 2000.

鼎軒田口卯吉全集刊行会,『鼎軒田口卯吉全集』第四巻, 大島秀雄, 1928.

_____編,『鼎軒田口卯吉全集』第五巻, 大島秀雄, 1928.

T・K・イシ,「戦後の日本人の米国移住－移民の経済社会学」,『移住研究』20, 1983.

手塚豊編,『近代日本史の新研究』VIII, 北樹出版, 1990.

土井智義,「米国統治期の「琉球列島」における「外国人」(「非琉球人」)管理体制の一側面－一九五二
　　　年七月実施の永住許可措置を中心として」,『沖縄公文書館研究紀要』15, 2013.

東京大学法学部明治新聞雑誌文庫所蔵. 蛯原八郎,『海外邦字新聞雑誌史 附・海外邦人外字新聞雑
　　　誌史』, 学而書院, 1936.

等松春夫,『日本帝国と委任統治－南洋群島をめぐる国際政治 一九一四-一九四七』, 名古屋大学出
　　　版会, 2011.

都丸潤子,「アメリカとハワイの日本進出－初期ハワイ在留邦人の参政権をめぐって」, 東京大学教
　　　養学部教養学科国際関係論分科 1985年度卒業論文.

_____,「多民族社会ハワイの形成－併合前の『排日』とその『ハワイ的』解決」,『国際関係論研究』
　　　7, 1989.

鳥海靖,「帝国議会開設に至る『民党』の形成」, 1963(坂根義久編,『論集日本歴史10 自由民権』,
　　　有精堂, 1973.

鳥谷寅雄,「世界連邦と移民問題」,『海外へのとびら』1, 1948.

_____,「海外移民の民族的意義」,『海外へのとびら』6, 1949.

_____,「国連と日本人移民問題」,『海外へのとびら』8, 1949.

_____,「海外移住運動の本質」,『海外へのとびら』12, 1950.

_____,「戦後移民運動発展小史」,『海外へのとびら』48, 1953.

中川文雄ほか,『ラテンアメリカ現代史』, 山川出版社, 1985.

中野敏男ほか編,『沖縄の占領と日本の復興－植民地主義はいかに継続したか』, 青弓社, 2006.

中村隆英・伊藤隆編,『近代日本研究入門 増補版』, 東京大学出版会, 1983.

中村政則ほか編,『経済構想』(日本近代思想大系8), 岩波書店, 1988.

中山大将,『亜寒帯植民地樺太の移民社会形成－周縁的ナショナル・アイデンティティと植民地イ
　　　デオロギー』, 京都大学学術出版会, 2014.

永井秀夫,『日本の近代化と北海道』, 北海道大学出版会, 2007.

_____編,『近代日本と北海道－「開拓」をめぐる虚像と実像』, 河出書房新社, 1998.

永井松三編,『日米文化交渉史5 移住編』, 洋々社, 1955.

永田由利子,『オーストラリア日系人強制収容の記録－知られざる太平洋戦争』, 高文研, 2002.

波形昭一編著,『近代アジアの日本人経済団体』, 同文舘, 1997.

並木真人,「植民地期朝鮮人の政治参加について－解放後史との関連において」,『朝鮮史研究会論
　　　文集』31, 1993.

西鶴定嘉,『新撰大泊史』, 大泊町役場, 1939.

日本移民学会編,『移民研究と多文化共生』, 御茶の水書房, 2011.

日本移民八十年史編纂委員会編,『ブラジル日本移民八十年史』, 移民八十年祭祭典委員会・ブラジ

　　ル日本文化協会, 1991.

日本植民地研究会編, 『日本植民地研究の現状と課題』, アテネ社, 2008.

根来源之, 『明治四十一～二年布哇邦人活躍史』, 根来源之, 1915.

野入直美, 「「世界のウチナーンチュ大会」と沖縄県系人ネットワーク(2) 参加者の〈声〉に見るアイ
　　デンティティと紐帯の今後」, 『移民研究』4, 2008.

＿＿＿＿, 「構築される沖縄アイデンティティー第五回世界のウチナーンチュ大会参加者アンケー
　　トを中心に」, 『移民研究』8, 2012.

野添憲治, 『海を渡った開拓農民』, 日本放送出版協会, 1978.

＿＿＿＿, 『開拓農民の記録－日本農業史の光と影』, 日本放送出版協会, 1976.

野田正穂, 『日本証券市場成立史－明治期の鉄道と株式会社金融』, 有斐閣, 1980.

野田涼編, 『奉天居留民会三十年史』, 奉天居留民会, 1936.

長谷川毅, 『暗闘－スターリン, トルーマンと日本降伏』下, 中央公論新社, 2011.

長谷川雄一, 「一九二〇年代・日本の移民論 (一)～(三)」, 『外交時報』1265・1272・1279, 1990
　　～1991.

波多野澄雄, 『太平洋戦争とアジア外交』, 東京大学出版会, 1996.

馬場明, 『日中関係と外政機構の研究』, 原書房, 1983.

林英夫ほか編, 『戦後アジアにおける日本人団体引揚げから企業進出まで』, ゆまに書房, 2008.

早瀬晋三, 『フィリピン近現代史のなかの日本人－植民地社会の形成と移民・商品』, 東京大学出版
　　会, 2012.

原輝之編, 『日露戦争とサハリン島』, 北海道大学出版会, 2011.

春山明哲, 『近代日本と台湾－霧社事件・植民地統治政策の研究』, 藤原書店, 2008.

布哇日日新聞社編, 『布哇成功者実伝』, 布哇日日新聞社, 1908.

ハワイ日本人移民史刊行委員会編, 『ハワイ日本人移民史』, 布哇日系人連合協会, 1964.

半田知雄, 『移民の生活の歴史』, サンパウロ人文科学研究所, 1970.

伴野昭人, 『北海道開発局とは何か－GHO占領下における「二重行政」の始まり』, 寿郎社, 2003.

東出誓一, 小山起功編, 『涙のアディオス－日系ペルー移民, 米国強制収容の記[増補版]』, 彩流社,
　　1995.

比嘉武信編著, 『新聞にみるハワイの沖縄人九〇年 戦前編』, 若夏社, 1990.

比嘉太郎, 『ある二世の轍－奇形児と称された帰米二世が太平洋戦を中心に辿った数奇の足どり』,
　　比嘉とし子, 1982.

平井広一, 『日本植民地財政史研究』, ミネルヴァ書房, 1997.

平井松午, 「近代日本における移民の創出過程と多出地域の形成－北海道移民と海外移民との比較
　　から」, 『歴史地理学』207, 2002.

平田雅博, 『イギリス帝国と世界システム』, 晃洋書房, 2000.

平野健一郎, 「満州事変前における在満日本人の動向－満州国性格形成の一要因」, 『国際政治』43,
　　1970.

平野健一部,「満州国協和会の政治的展開－複数民族国家における政治的安定と国家動員」,『年報政治学』1972, 1973.

伏臥居士,「更生満蒙の展望」,『満洲評論』2(8), 1932.

＿＿＿＿,「在満諸機関の形式的統一論を排し民族協和の再認識を促がす」,『満洲評論』 2(24), 1932.

藤井秀五郎,『新布哇』, 文献社, 1902.

藤井康子,「一九二〇年代台湾における地方有力者の政治参加の一形態－嘉義街における日台人の協力関係に着目して」,『日本台湾学会報』9, 2007.

＿＿＿＿,「一九二〇年代台湾における高雄州設置と中等学校誘致問題－高雄・鳳山・扉東各街の日台人の動向に着目して」,『日本台湾学会報』12, 2010.

＿＿＿＿,「一九二〇年代台湾における市制運動の展開－地方制度改正後の台南州嘉義街における日・台人の動向を中心に」,『歴史学研究』918, 2014.

船津功,『北海道議会開設運動の研究』, 北海道大学図書刊行会, 1992.

フランク・F・チューマン, 小川洋訳,『バンブー・ピープル－日系アメリカ人試練の一〇〇年』下, サイマル出版会, 1976.

古田和子,『上海ネットワークと近代東アジア』, 東京大学出版会, 2000.

古海忠之,『忘れ得ぬ満洲国』, 経済往来社, 1978.

平和祈念事業特別基金編,『平和の礎－海外引揚者が語り継ぐ労苦』第二巻, 平和祈念事業特別基金, 1992.

法務局出入管理庁,『琉球における出入域管理』, 法務局出入管理庁, 1968.

法務省入国管理局編,『出入国管理の回顧と展望』, 大蔵省印刷局, 1981.

ホーレス・ケプロン, 西島照男訳,『ケプロン日誌－蝦夷と江戸』, 北海道新聞社, 1985.

北米沖縄人史編集委員会,『北米沖縄人史』, 北米沖縄クラブ, 1981.

細谷千博ほか編,『記憶としてのパールハーバー』, ミネルヴァ書房, 2004.

北海道議会事務局編,『北海道議会史』2, 北海道議会事務局, 1955.

北海道教育研究所,『北海道教育史 地方編』第二巻, 北海道教育委員会, 1957.

北海道戦後開拓史編纂委員会編,『北海道戦後開拓史』, 北海道, 1973.

北海道戦後開拓十年記念大会協賛会編,『北海道戦後開拓十年記念誌』, 北海道戦後開拓十年記念大会協賛会, 1955.

北海道総務部総合開発企画本部編,『北海道開発行政機構の変遷』, 北海道総務部総合開発企画本部, 1957.

北海道庁編,『新撰北海道史』第三巻通説二, 北海道庁, 1937.

＿＿＿＿編,『新撰北海道史』, 第四巻通説三, 北海道庁, 1937.

北海道編,『新北海道史』第三巻 通説二, 北海道, 1971.

＿＿＿編,『新北海道史』第四巻通説三, 北海道, 1973.

＿＿＿編,『北海道農地改革史』下, 北海道, 1957.

ホブズボーム, E. J., 浜林正夫ほか訳, 『ナショナリズムの歴史と現在』, 大月書店, 2001.

堀江安蔵, 『外資輸入の回顧と展望』, 有斐閣, 1950.

ボリス・ファウスト, 鈴木茂訳, 『ブラジル史』, 明石書店, 2008.

ボリビア日本人移住一〇〇周年移住史編纂委員会編, 『日本人移住一〇〇年誌　ボリビアに生きる』, ボリビア日系協会連合会, 2000.

本庄京三郎, 「大槻幸之助君起業談」, 『殖民協会報告』17, 1894.

マイク正岡・ビル細川, 塩谷紘訳, 『モーゼと呼ばれた男マイク正岡』, TBSブリタニカ, 1988.

前田康, 『火焔樹の蔭－風雲児山県勇三郎伝』, 近代文藝社, 1995.

前山隆, 『移民の日本回帰運動』, 日本放送出版協会, 1982.

_____, 『エスニシティとブラジル日系人－文化人類学的研究』, 御茶の水書房, 1996.

牧野金三郎伝編纂委員会編, 『牧野金三郎伝』, 牧野道枝, 1965.

増田弘編著, 『大日本帝国の崩壊と引揚・復員』, 慶應義塾大学出版会, 2012.

松沢裕作, 『町村合併から生まれた日本近代明治の経験』, 講談社, 2013.

松田良孝, 『台湾疎開－「琉球難民」の一年一一ヵ月』, 南山舎, 2010.

満洲移民史研究会, 『日本帝国主義下の満州移民』, 龍渓書舎, 1976.

満洲開拓史刊行会編, 『満洲開拓史』, 満洲開拓史刊行会, 1966.

満洲協和会, 「全満の愛国者よ手を握れ（下）」, 『満洲評論』2(21), 1932.

満洲国史編纂刊行会編, 『満洲国史 総論』, 満蒙同胞援護会, 1970.

_____編, 『満洲国史 各論』, 満蒙同胞援護会, 1971.

満洲帝国協和編, 『満洲帝国協和会組織沿革史』, 不二出版, 1982.

満鉄地方部残務整理委員会, 『満鉄附属地経営沿革全史』上・下, 龍渓書舎, 1977.

満蒙同胞援護会編, 『満蒙終戦史』, 河出書房新社, 1962.

三木健, 『原郷の島々－沖縄南洋移民紀行』, ひるぎ社, 1991.

三木理史, 『移住型植民地樺太の形成』, 塙書房, 2012.

水野直樹, 『創氏改名』, 岩波書店, 2008.

三谷博編, 『東アジアの公論形成』, 東京大学出版会, 2004.

道場親信, 「戦後開拓と農民闘争－社会運動の中の『難民』体験」, 『現代思想』30(13), 2002.

_____, 「『戦後開拓』再考－『引揚げ』以後の『非国民』たち」, 『歴史学研究』846, 2008.

南川文里, 『「日系アメリカ人」の歴史社会学－エスニシティ, 人種, ナショナリズム』, 彩流社, 2007.

宮里政玄編, 『戦後沖縄の政治と法』, 東京大学出版会, 1975.

宮嶋博史, 『朝鮮土地調査事業史の研究』, 東京大学東洋文化研究所, 1991.

宮田節子, 『朝鮮民衆化と「皇民化」政策』, 未来社, 1985.

村川庸子, 『境界線上の市民権－日米戦争と日系アメリカ人』, 御茶の水書房, 2007.

明治財政史編纂会編, 『明治財政史』第五巻租税（一）, 明治財政史発行所, 1928.

森田榮, 『布哇日本人発展史』, 真栄館, 1915.

森田芳夫, 「日本人よ, 帰れ祖国に!」, 『京城日本人世話会会報』93, 1945.

_____, 「国籍を明らかにして，国際的要請に応へん」，『京城日本人世話会会報』117, 1946.

_____, 『朝鮮終戦の記録－米ソ両軍の進駐と日本人の引揚』，巌南堂書店, 1964.

森宣雄，『地のなかの革命－沖縄戦後史における存在の解放』，現代企画室, 2010.

_____, 「琉球併合と帝国主義, 国民主義」，『日本学報』20, 2001.

森本豊富・根川幸男編著，『トランスナショナルな「日系人」の教育・言語・文化－過去から未来に
　　向って』，明石書店, 2012.

安井三吉，『帝國日本と華僑－日本・台湾・朝鮮』，青木書店, 2005.

安岡昭男編，『近代日本の形成と展開』，巌南堂書店, 1998.

安岡健一，『「他者」たちの農業史－在日朝鮮人・疎開者・開拓農民・海外移民』，京都大学学術出版
　　会, 2014.

安里積千代，『一粒の麦－八十年の回顧 米軍施政下の四半世紀』，民社党沖縄連合会, 1983.

安里延，『日本南方発展史 沖縄海洋発展史』，三省堂, 1941.

安田常雄編，『シリーズ戦後日本社会の歴史4 社会の境界を生きる人びと』，岩波書店, 2013.

矢内原忠雄，『植民及植民政策』，有斐閣, 1926.

_____，『帝国主義下の台湾』，岩波書店, 1929(復刻版, 1988).

_____，『矢内原忠雄全集』，岩波書店, 1963~1965.

柳沢遊・岡部牧夫編，『展望日本歴史20 帝国主義と植民地』，東京堂出版, 2001.

_____・木村健二編著，『戦時下アジアの日本経済団体』，日本経済評論社, 2004.

_____，『日本人の植民地経験－大連日本人商工業者の歴史』，青木書店, 1999.

柳田利夫，「ペルーにおける日系社会の形成と中国人移民」，『アジア遊学』76, 2005.

山口忠次郎，『開拓』，山口忠次郎, 1980.

山里勇善編，『布哇之沖縄県人』，実業之布哇社, 1919.

山下草園，『元年者移民ハワイ渡航史』，米布時報社, 1956.

山田伸一，『近代北海道とアイヌ民族－狩猟規制と土地問題』，北海道大学出版会, 2011.

山中速人，『エスニシティと社会機関－ハワイ日系人医療の形成と展開』，有斐閣, 1998.

山室信一，『キメラ－満洲国の肖像』，中央公論社, 1993.

山本茂，『条約改正史』，高山書院, 1943.

山本英政，『ハワイの日本人移民－人種差別事件が語る, もうひとつの移民像』，明石書店, 2005.

山本有造，『日本植民地経済史研究』，名古屋大学出版会, 1992.

_____編，『「満洲国」の研究』，京都大学人文科学研究所, 1993.

_____，『近代日本と外国人労働者－一八九〇年代後半と一九二〇年代前半における中国人・朝
　　鮮人労働者問題』，明石書店, 1994.

ユウジ・イチオカ，富田虎男ほか訳，『一世－黎明期アメリカ移民の物語り』，万水書房, 1992.

_____，関元訳，『抑留まで－戦間期の在米日系人』，彩流社, 2013.

ユリア・ディン，天野尚樹訳，「戦後処理における未解決の問題－南サハリン朝鮮人の送還問題(一
　　九四五-一九五〇年)」，『北海道・東北史研究』9, 2014.

Jürgen Osterhammel, 石井良訳, 『植民地主義とは何か』, 論創社, 2005.

楊子震, 「帝国解体の中の人的移動－戦後初期台湾における日本人の引揚及び留用を中心に」, 『東アジア地域研究』13, 2006.

横手慎二, 「スターリンの日本人送還政策と日本の冷戦への道 (一)」, 『法学研究』82(9), 2009.

横浜開港資料館・横浜居留地研究会編, 『横浜居留地と異文化交流－一九世紀後半の国際都市を読む』, 山川出版社, 1996.

横浜市編, 『横浜市史』第2巻・第3巻 下・第4巻 下, 横浜市, 1959・1963・1968.

吉田秀夫, 『日本人口論の史的研究』, 河出書房, 1944.

吉田亮, 『ハワイ日系二世とキリスト教移民教育－戦間期ハワイアン・ボードのアメリカ化教育活動』, 学術出版会, 2008.

米谷匡史, 「矢内原忠雄の〈植民・社会政策〉論－植民地帝国日本における「社会」統治の問題」, 『思想』945, 2003.

_____, 『アジア / 日本』, 岩波書店, 2006.

米山裕・河原典史編, 『日系人の経験と国際移動－在外日本人・移民の近現代史』, 人文書院, 2007.

ラテン・アメリカ協会編, 『日本人ペルー移住の記録』, ラテン・アメリカ協会, 1969.

ロジャース・ブルーベイカー, 佐藤成基・佐々木てる監訳, 『フランスとドイツの国籍とネーション－国籍形成の比較歴史社会学』, 明石書店, 2005.

若槻泰雄, 『原始林の中の日本人－南米移住地のその後』, 中央公論社, 1973.

_____・鈴木譲二, 『海外移住政策史論』, 福村出紋, 1975.

_____, 『戦後引揚げの記録』, 時事通信社, 1991.

若槻泰雄, 『発展途上国への移住の研究－ボリビアにおける日本移民』, 玉川大学出版部, 1987.

若林正丈, 『台湾抗日運動史研究(増補版)』, 研文出版, 2001.

_____, 『矢内原忠雄「帝国主義下の台湾」精読』, 岩波書店, 2001.

湧川清栄遺稿・追悼文集刊行委員会編, 『アメリカと日本の架け橋・湧川清栄－ハワイに生きた異色のウチナーンチュ』, 湧川清栄遺稿・追悼文集刊行委員会, 2000.

輪湖俊午郎, 『バウル管内の邦人』, 1939.

渡辺隆喜, 『日本政党成立史序説』, 日本経済評論社, 2007.

2) 영어

Akira Iriye, *Pacific Estrangement : Japanese and American Expansion, 1897~1911*, Cambridge, MA : Harvard University Press, 1972.

John J. Stephan, "Hijacked by Utopia : American Nikkei in Manchuria", *Amerasia Journal*, 26(2), 1997.

Candace Fujikane and Jonathan Y. Okamura ed., *Asian Settler Colonialism : From Local Governance to the Habits of Everyday Life in Hawai'i*, Honolulu : University of Hawaii Press, 2008.

Caroline Elkins and Susan Pedersen ed., *Settler Colonialism in the Twentieth Century : Projects, Practices, Legacies*, New York and London : Routledge, 2005.

Clarence E. Glick, *Sojourners and Settlers : Chinese Migrants in Hawaii*, Honolulu : University of Hawaii Press, 1980.

Daniel M. Masterson, *The Japanese in Latin America*, Urbana and Chicago : University of Illinois Press, 2004.

Dorothy S. Thomas and Richard S. Nishimoto, *The Spoilage*, Berkeley and Los Angeles : University of California Press, 1946.

Edward D. Beechert, *Working in Hawaii : A Labor History*, Honolulu : University of Hawaii Press, 1985.

Edwin G. Burrows, *Chinese and Japanese in Hawaii During the Sino-Japanese Conflict*, Honolulu : Hawaii Group, American Council, Institute of Pacific Relations, 1939.

Edwin M. Nakasone, *The Nisei Soldier : Historical Essays on Japanese American Participation in World War II and the Korean War*, 4th ed., White Bear Lake : Nakasone, 2012.

Eileen H. Tamura, *Americanization, Acculturation, and Ethnic Identity : The Nisei Generation in Hawaii*, Urbana and Chicago : University of Illinois Press, 1994.

Eleanor C. Nordyke, *The Peopling of Hawai'i*, 2nd ed., Honolulu : University of Hawaii Press, 1989.

E. p. Hutchinson, *Legislative History of American Immigration Policy, 1789~1965*, Philadelphia : University of Pennsylvania Press, 1981.

Ethnic Studies Oral History Project and United Okinawan Association of Hawaii ed., *Uchinanchu : A History of Okinawans in Hawaii*, Honolulu : Ethnic Studies Program, University of Hawaii, 1981.

Gary Y. Okihiro, *Cane Fires : The Anti-Japanese Movement in Hawaii, 1865~1945*, Philadelphia : Temple University Press, 1991.

Greg Robinson, *A Tragedy of Democracy : Japanese Confinement in North America*, New York : Columbia University Press, 2009.

Hilary Conroy, *The Japanese Frontier in Hawaii, 1868~1898*, Berkeley and Los Angeles : University of California Press, 1953.

Helen Geracimos Chapin, *Shaping History : The Role of Newspapers in Hawai'i*, Honolulu : University of Hawaii Press, 1996.

Horace Capron and his Foreign Assistants, *Reports and Official Letters to the Kaitakushi*, Tokei : Kaitakushi, 1875.

Hyung-Chan Kim ed., *Distinguished Asian Americans : A Bibliographical Dictionary*, Westport : Greenwood Press, 1999.

Jeanne Wakatsuki Houston and James D. Houston, *Farewell to Manzanar*, Boston :

Houghton Mifflin, 1973.

Jun Uchida, *Brokers of Empire : Japanese Settler Colonialism in Korea, 1876~1945*, Cambridge and London : Harvard University Asia Center, 2011.

Lorrin A. Thurston, *The Fundamental Law of Hawaii*, Honolulu : The Hawaiian Gazette, 1904.

Lorrin A. Thurston ed., *The Fundamental Law of Hawaii*, Honolulu : The Hawaiian Gazette, 1907.

Mark R. Peattie, *Nan'yo : The Rise and Fall of the Japanese in Micronesia, 1885~1945*, Honolulu : University of Hawaii Press, 1988.

Memoirs of Horace Capron, Volume 2 : Expedition to Japan, 1871~1875. Special Collections, National Agricultural Library, [1884].

Merzw Tate, *Hawaii : Reciprocity or Annexation*, East Lansing : Michigan State University Press, 1968.

Richard S. Kim, *The Quest for Statehood : Korean Immigrant Nationalism and US. Sovereignty 1905~1945*, New York : Oxford University Press, 2011.

Rick Baldoz, *The Third Asiatic Invasion : Empire and Migration in Filipino America, 1898~1946*, New York and London : New York University Press, 2011.

Roger Bell, *Last among Equals : Hawaiian Statehood and American Politics*, Honolulu : University of Hawaii Press, 1984.

Roger Daniels, *Asian America : Chinese and Japanese in the United States since 1850*, Seattle and London : University of Washington Press, 1988.

Roger Daniels, *Prisoners without Trial : Japanese Americans in World War II*, Rev. ed., New York : Hill and Wang, 2004.

Stetson Conn, Rose C. Engelman and Byron Fairchild, *Guarding the United States and Its Outposts*, Washington, D.C. : Office of the Chief of Military History, Department of the Army, 1964.

U.S. Immigration and Naturalization Service, *Annual Report of the Immigration and Naturalization Service, 1946~1977*, Washington, D.C. : U.S.G.p. O.

Wayne Patterson, *The Ilse : First-Generation Korean Immigrants in Hawai'i, 1903~1973*, Honolulu : University of Hawaii Press, 2000.

William Adam Russ, Jr., *The Hawaiian Revolution*, Selins grove, PA : Susquehanna University Press, 1959.

Yansheng Ma Lum and Raymond Mun Kong Lum, *Sun Yat-sen in Hawaii*, Honolulu : University of Hawaii Press, 1999.

Arnold T. Hiura and Vinnie K. Terada, "Okinawan Involvement in Hawaii's Labor Movement", in Ethnic Studies Oral History Project, ed. *Uchinanchu : A History of*

Okinawans in Hawaii. Honolulu : University of Hawai'i Press, 1981.

Donald Rowland, "Orientals and the Suffrage in Hawaii", *Pacific Historical Review*, XII, 1943

Gary Y. Okihiro, "Japanese Resistance in American's Concentration Campus : A Re-evaluation", *Amerasia Journal*, 2(1), 1973.

George K. Yamamoto, "Political Participation among Orientals in Hawaii", *Sociology and Social Process*, 43, 1959.

John J. Stephan, "Hijacked by Utopia : American Nikkei in Manchuria", *Amerasia Journal*, 26(2), 1997.

Maude Jones, "Naturalization of Orientals in Hawaii Prior to 1900", *Forty First Annual Report of the Hawaiian Historical Society for the Year 1932*. Honolulu, 1933.

Mitsugu Sakihara, "An Overview of the Past 80 Years", in Ethnic Studies Oral History Project, ed. *Uchinanchu : A History of Okinawans in Hawaii*, Honolulu : University of Hawai'i Press, 1981.

Philip K. Ige, "An Okinawan Nisei in Hawaii", in Ethnic Studies Oral History Project, ed., *Uchinanchu : A History of Okinawans in Hawaii*, Honolulu : University of Hawai'i Press, 1981.

찾아보기

인명